# Herderbücherei

Band 424

Über das Buch

„Man kann das Papsttum beschimpfen und verachten oder lieben und verherrlichen, niemals aber achtlos beiseite lassen. Wer es in seiner Idee und geschichtlichen Wirklichkeit begreifen will, muß ebensogut einen Sumpf von Verleumdungen durchwaten wie einen Wald von Legenden hinter sich lassen. Hier wird der Versuch unternommen, das Petrusamt des römischen Bischofs nüchtern und kritisch unter dem Blickwinkel des neugewonnenen Kirchenverständnisses und des heutigen Forschungsstandes zu betrachten und aus Höhen und Tiefen ein Gesamtbild zu entwerfen. Es lohnt sich, den verschlungenen Pfaden der Geschichte nachzugehen und das Ergebnis immer wieder an der ursprünglichen Idee zu messen. Hat das Papsttum noch eine Zukunft? Nicht oberflächliche Tageskritik, sondern nur solide Wahrheitssuche hilft weiter. Die Geschichte ist voll von dramatischen Spannungen; sie wird auch weiter so verlaufen ‚bis an das Ende der Zeiten'."

Über die Autoren

August Franzen, am 12. 2. 1912 in Wuppertal-Barmen geboren, studierte von 1931 bis 1937 in Bonn und Bensberg katholische Theologie. 1939 promovierte er in Bonn zum Dr. theol. Nach dem Kriege konnte er zwei Jahre im Vatikanischen Archiv forschen und zugleich an der „Gregoriana" Kirchenrecht studieren. 1951 habilitierte er sich in Bonn bei Hubert Jedin für das Fach der Kirchengeschichte. 1957 wurde er apl. Professor und 1960 o. ö. Prof. für Kirchengeschichte in Freiburg i. Br. Hauptforschungsgebiet: Konzilien- und Reformationsgeschichte. 1966 bis 1972 Vorsitzender des „Corpus Catholicorum". Gestorben am 30. März 1972 in Freiburg i. Br.

Remigius Bäumer, geboren am 11. Dezember 1918 in Gevelsberg, studierte von 1938 bis 1940 und – nach Unterbrechung durch den Krieg – von 1946 bis 1948 Theologie in Paderborn und Bonn. 1956 wurde er in Bonn (als Schüler von H. Jedin) zum Dr. theol. promoviert. Nach einem einjährigen Forschungsaufenthalt in Rom übernahm er 1957 die Hauptschriftleitung des „Lexikon für Theologie und Kirche" und setzte nach Abschluß der Redaktionsarbeiten 1965 seine Konziliarismusstudien fort. 1967 habilitierte er sich in Freiburg (bei A. Franzen) für das Fach Kirchengeschichte. 1968 wurde er Professor für Kirchengeschichte und Patrologie an der Theologischen Fakultät Paderborn. Seine Hauptforschungsgebiete sind die Reformkonzilien und das Zeitalter der Reformation. Er ist Mitherausgeber der Zeitschriften „Theologie und Glaube", „Annuarium Historiae Conciliorum" sowie der Reihe „Reformationsgeschichtliche Studien und Texte" und ist auch Vorstandsmitglied der Gesellschaft zur Herausgabe des Corpus Catholicorum.

# August Franzen
# Kleine Kirchengeschichte

Herderbücherei Band 237 · · · 416 Seiten

Das vorliegende Taschenbuch bietet einen kurzen, prägnanten und sachlich fundierten Überblick über die Geschichte der katholischen Kirche von ihren Anfängen bis zur Gegenwart. Dabei wird die Mitte gehalten zwischen der Darbietung eines notwendigen Zahlen- und Tatsachenmaterials und einer ideengeschichtlichen Verknüpfung auf dem Hintergrund der politischen, sozialen und allgemeinen Geistes- und Kulturgeschichte. Somit wendet sich das Werk an alle, die die Kirche in ihrer Geschichte und ihrer wesenhaften Geschichtlichkeit kennenlernen wollen, und wird nicht zuletzt auch für Schüler und Studenten ein willkommenes Arbeitsmittel sein.
Im Aufbau des Werkes ist die bewährte Einteilung in Altertum, Mittelalter und Neuzeit beibehalten worden. Die Problematik ist deutlich herausgestellt, die Schwerpunkte sind auch räumlich hervorgehoben (z. B. die Reformation und die neueste Zeit) und große Persönlichkeiten lebensvoll dargestellt.
Ein ausführliches Namen- und Sachregister, eine Bibliographie und eine Papstliste beschließen diesen neuen Band.

# Herderbücherei

# Herderbücherei

## Herders
## Theologisches
## Taschenlexikon

Herausgegeben
von Karl Rahner

bietet dem Benutzer in über 450 Großartikeln alles,
was er für die Auseinandersetzung mit der
Theologie und Bibelwissenschaft der Gegenwart,
für ein vertieftes Glaubensverständnis und für den
kritischen Verkündigungsdienst braucht.

8 Bände in Kassette
Bestellnummer 16750

August Franzen
Remigius Bäumer

# Papstgeschichte

Das Petrusamt in seiner Idee
und seiner geschichtlichen Verwirklichung
in der Kirche

Herderbücherei

Originalausgabe
erstmals veröffentlicht als Herder-Taschenbuch

Alle Rechte vorbehalten – Printed in Germany
© Verlag Herder KG Freiburg im Breisgau 1974
Herder Freiburg · Basel · Wien
Herder Druck Freiburg im Breisgau 1974
ISBN 3-451-01924-8

# Inhalt

*Vorwort* . . . . . . . . . . . . . . . . . . . . . . . . . . . 11

*Einleitung* . . . . . . . . . . . . . . . . . . . . . . . . . . 13

### ERSTER ABSCHNITT
### DAS CHRISTLICHE ALTERTUM

*I. Kapitel: Die frühchristliche Kirche Roms bis Konstantin* . 19
§ 1: Das Petrusamt. Apostolische Tradition und Sukzession . . . 19
§ 2: Petrus und die Anfänge der römischen Gemeinde . . . . . . 22
§ 3: Petrusnachfolge und apostolische Sukzession in Rom . . . . 27
§ 4: Die römischen Bischöfe der Verfolgungszeit (1.–3. Jahrhundert) . . . . . . . . . . . . . . . . . . . . . . . . . 32

*II. Kapitel: Die Reichskirche bis zum Ausgang der Antike* . 39
§ 5: „Konstantinische Wende" und römische Christengemeinde . 39
§ 6: Die römischen Bischöfe der Konstantinischen Zeit . . . . . 46
§ 7: Der Ausbau des römischen Primates bis auf Leo den Großen . 54
§ 8: Papst Leo der Große . . . . . . . . . . . . . . . . . . 65
§ 9: Das Papsttum in der Auseinandersetzung mit Byzanz . . . . 71
§ 10: Gregor I., der Große, an der Zeitenwende . . . . . . . . . 84
§ 11: Das Papsttum im griechischen Reiche während des 7. Jahrhunderts . . . . . . . . . . . . . . . . . . . . . . . . . 91

### ZWEITER ABSCHNITT
### DAS ABENDLÄNDISCHE MITTELALTER

*III. Kapitel: Das Frühmittelalter (700–1046)* . . . . . . . . . 101
§ 12: Der Bund mit den Franken und die Entstehung des Kirchenstaates . . . . . . . . . . . . . . . . . . . . . . . . . . 101
§ 13: Das Papsttum im Karolingerreich . . . . . . . . . . . . . 118

§ 14: Das „Dunkle Jahrhundert" der Papstgeschichte . . . . . . . 133
§ 15: Die Päpste und die Ottonischen Kaiser . . . . . . . . . . . 137
§ 16: Die Päpste und der römische Adel . . . . . . . . . . . . . 142

*IV. Kapitel: Die Machtstellung des Papsttums im Hochmittelalter* . . . . . . . . . . . . . . . . . . . . . . . . . . . . . . . 146
§ 17: Die Päpste in der Zeit der beginnenden Kirchenreform . . . 146
§ 18: Das Zeitalter der Gregorianischen Reform . . . . . . . . . 152
§ 19: Die Päpste im Bernhardinischen Zeitalter . . . . . . . . . 171
§ 20: Die Päpste in der Auseinandersetzung mit Kaiser Friedrich I. 182
§ 21: Das Papsttum auf der Höhe seiner äußeren Machtentfaltung 197
§ 22: Die Päpste im Zeitalter des Kampfes um die Führung im Abendland . . . . . . . . . . . . . . . . . . . . . . . . . 205

*V. Kapitel: Das Papsttum im Spätmittelalter* . . . . . . . . . . . 222
§ 23: Die Päpste von Gregor X. bis zu Bonifaz VIII. . . . . . . . 222
§ 24: Die Päpste in der Zeit des Avignoner Exils . . . . . . . . . 237
§ 25: Die Päpste in der Zeit des Abendländischen Schismas und der Reformkonzilien . . . . . . . . . . . . . . . . . . . . . . 251
§ 26: Die Päpste der Renaissance . . . . . . . . . . . . . . . . . 275

## DRITTER ABSCHNITT
## DIE NEUZEIT

*VI. Kapitel: Die Päpste im Zeitalter der Reformation und der Katholischen Reform* . . . . . . . . . . . . . . . . . . . . . . . 289
§ 27: Die Päpste im Zeitalter der Glaubensspaltung (1522–1565) . . 289
§ 28: Die Päpste der Tridentinischen Erneuerung . . . . . . . . . 301
§ 29: Die Päpste in der Zeit der katholischen Restauration und des Dreißigjährigen Krieges . . . . . . . . . . . . . . . . . . 306

*VII. Kapitel: Die Päpste vom Westfälischen Frieden bis zu Pius VII.* . . . . . . . . . . . . . . . . . . . . . . . . . . . . . 310
§ 30: Die Päpste in der Zeit der Vormachtstellung Frankreichs . . 310
§ 31: Die Päpste in der Zeit des Staatskirchentums bis zu Pius VII. 321

*VIII. Kapitel: Die Päpste des 19. Jahrhunderts* . . . . . . . . . 346
§ 32: Die Päpste in der Zeit der Restauration und der katholischen Bewegung . . . . . . . . . . . . . . . . . . . . . . . . . 346
§ 33: Der Pontifikat Pius' IX. . . . . . . . . . . . . . . . . . . 353
§ 34: Der Pontifikat Leos XIII. . . . . . . . . . . . . . . . . . 360

*IX. Kapitel: Das Papsttum und die moderne Welt* . . . . . . 373
§ 35: Die Regierungszeit Pius' X. . . . . . . . . . . . . . . . . . 373
§ 36: Der Pontifikat Benedikts XV. . . . . . . . . . . . . . . . . 378
§ 37: Papst Pius XI. . . . . . . . . . . . . . . . . . . . . . . . . . 383
§ 38: Die Regierungszeit Pius' XII. . . . . . . . . . . . . . . . . 399
§ 39: Der Pontifikat Johannes' XXIII. . . . . . . . . . . . . . . 408
§ 40: Papst Paul VI. . . . . . . . . . . . . . . . . . . . . . . . . 419

*Schluß* . . . . . . . . . . . . . . . . . . . . . . . . . . . . . . . . . 431

*Weiterführende Literatur zur Papstgeschichte* . . . . . . . . 432

*Papstliste* . . . . . . . . . . . . . . . . . . . . . . . . . . . . . . . 445

# Vorwort

Durch seinen unerwarteten Tod am 30. März 1972 wurde August Franzen aus der Arbeit an der von ihm übernommenen Papstgeschichte herausgerissen. Seine Darstellung hatte er bis zum Jahre 882 vollenden können. Trotz vieler Bedenken war es mir eine Verpflichtung, das Taschenbuch meines Freundes zu Ende zu führen. In vielen Gesprächen durfte ich mit ihm die Problematik erörtern, die in dem Versuch liegt, die fast zweitausendjährige Geschichte der Päpste auf etwa 400 Seiten zu skizzieren. Aber zugleich waren wir uns über die Notwendigkeit eines solchen Überblicks einig, der verständlicherweise ergänzungsfähig und ergänzungsbedürftig ist. Es bedarf keiner Begründung, daß die Geschichte der Päpste der neuesten Zeit eine stärkere Berücksichtigung gefunden hat. Einige Kapitel konnten kürzer gefaßt werden, da ihr Inhalt in anderen Bänden der Herderbücherei bereits behandelt wurde. Für die konziliengeschichtlichen Zusammenhänge darf ich hinweisen auf H. Jedin, Kleine Konziliengeschichte (⁸1969) HB 51. Eine Gesamtdarstellung der Kirchengeschichte bietet A. Franzen, Kleine Kirchengeschichte (⁴1973) HB 237. Das Zeitalter der Reformation und Gegenreformation behandeln J. Lortz – E. Iserloh, Kleine Reformationsgeschichte (1969) HB 342 und E. W. Zeeden, Das Zeitalter der Gegenreformation (1967) HB 281. Über das Zweite Vatikanische Konzil berichtet D. A. Seeber (1966) HB 260. Für eine weiterführende Orientierung sei auf die Literaturangaben verwiesen, die zugleich Aufschluß darüber geben, in welch hohem Maße die Geschichte der Päpste in der Gegenwart Interesse findet und Gegenstand der wissenschaftlichen Forschung ist.

Paderborn, den 15. Februar 1974            Remigius Bäumer

# Einleitung

Eine „Papstgeschichte" zu schreiben ist ein Wagnis. Das Risiko liegt nicht allein in der notwendigen Auswahl und Beschränkung des Stoffes, sondern vor allem auch im Gegenstand selbst. Ist doch kaum ein Thema seit jeher so umstritten wie das Papsttum. Der Chor der Stimmen reicht von den höchsten Lobrednern und Verehrern bis zu den erbittertsten Hassern und Bekämpfern. Um an die Wahrheit heranzukommen, muß man ebensogut einen Sumpf von Verleumdungen durchwaten wie einen Wald von Legenden und Anekdoten hinter sich lassen. Nur eine sachlich-nüchterne Betrachtung, sine ira et studio, kann zu einer gerechten Beurteilung des Problems „Papsttum" führen.

Dazu gehört auch eine systematische „Entmythologisierung" seiner Geschichte. Die Fortschritte der neueren Bibelexegese haben uns bereits die Anfänge des römischen Papsttums und sein Verhältnis zum Petrusamt in vieler Hinsicht heute anders sehen gelehrt als noch vor dreißig oder vierzig Jahren. Es ist selbstverständlich, daß diese neuen Ergebnisse voll und ganz in die geschichtliche Darstellung mit eingehen müssen. Daß dies nicht zum Schaden, sondern nur zur Vertiefung und Klarstellung der Problematik gereicht, wird sich bald zeigen. Wie in der Schrifterklärung, so ist auch in der Geschichtsbetrachtung die illusionslose, kritische Sicht der Dinge die beste Rechtfertigung des Geschehens.

Die „Idee" des Papsttums kann nicht losgelöst von der geschichtlichen Verwirklichung betrachtet werden. Sie ist eben keine „fixe Idee", sondern eine stets lebendig weiterwirkende und sich in Zeiten und Räumen entfaltende geistige Kraft. Es macht den besonderen Reiz einer solchen kurzgefaßten und komprimierten Gesamtdarstellung aus, daß man die ganze Entwicklung, den Verlauf des Stromes von der Quelle bis zum Meere, besser überblicken kann. Dabei zeigt sich, daß die Fahrt durch zwei Jahrtausende nicht immer gradlinig, sondern oft genug krümmungsreich und holprig verlaufen ist. Das Papsttum in Rom hat sich aus seiner anfänglichen keimhaften

Gestalt erst langsam zu seiner vollen Ausprägung entwickelt. Dabei sind ihm im Laufe der Zeit manche Aufgaben zugewachsen, die geschichtsbedingt waren und mit seiner Bestimmung vom Ursprung her wenig gemeinsam zu haben scheinen. Vor allem in der „Konstantinischen" Zeit sind der Kirche manche politische, kulturelle und soziale Aufgabenbereiche zugefallen, die ihr im Grunde auftragsfremd waren. An diesem Gestaltwandel der ganzen Kirche hat auch das Papsttum in Rom teilgenommen. War in den ersten Jahrhunderten das allgemeine kirchliche Bewußtsein vom Vorrang des römischen Bischofs noch relativ unentwickelt und mehr keimhaft vorhanden, wenn auch mannigfach bezeugt, so entfaltete das Papsttum des Mittelalters bald konkrete Herrschaftsansprüche, die uns besorgt fragen lassen, ob sie nicht eine allzu irdische und zeitgebundene, ja sachfremde Verwirklichung des Christusauftrages darstellten.

Kritik an der kirchlichen Entwicklung ist immer legitim, ja heilsam und notwendig, wenn sie dazu dient, Ziele und Wege des Heilswerkes nach dem göttlichen Auftrag wieder auszurichten und ihm neue Impulse zu geben. Doch darf sie nicht dem Fehler verfallen, das Leben in irgendeiner Form fixieren zu wollen. Weder die neutestamentlichen noch die urchristlichen Lebensweisen können als Maßstäbe schlechthin gelten. Nicht die unbedingte Rückkehr zum Ursprung in seiner zeitgebundenen Existenzweise, sondern die ständige Rückbesinnung auf den mit dem Anfang gegebenen göttlichen Auftrag kann das Regulativ der kirchlichen Entwicklung sein. Nur unkritische Geister sprechen voreilig von Abfall und Deformation, wo historische Entwicklung und zeitgemäße Anpassung das Verhalten der Kirche im einzelnen bestimmt haben. Ihnen fehlt der historische Sinn, wenn sie die Reinheit des Ideals allein in der Kopierung urchristlicher Zustände suchen und alles auf den Ursprung zurückführen wollen. Sie verlangen damit nicht nur Unmögliches, sondern auch etwas dem Wesen der christlichen Kirche Widersprechendes. Denn wenn diese nach dem Willen Gottes den Menschen aller Zeiten und Kulturen offenstehen und nahe sein soll, so kann und darf sie sich mit keiner Zeit und Kultur schlechthin identifizieren, auch nicht mit der der Urkirche. Maßgebend kann allein die schöpferische Erfüllung des Heilsauftrages sein, den der Herr seiner Kirche gegeben hat.

Dennoch wissen wir, daß göttlicher Auftrag und menschliche Verwirklichung oft in Spannung miteinander gestanden haben. Fehlentwicklungen hat es gegeben und wird es immer wieder geben. Diese Feststellung vermag denjenigen nicht zu irritieren, der gelernt hat, die streitende Kirche auf Erden nicht als Ort der „Seligen" und „Auserwählten" zu betrachten, sondern als göttliche Veranstaltung zum Heile aller Heilsbedürftigen ohne Unterschied der Rassen und Epochen. Nach ihrer menschlichen Seite bietet sie keinen Anlaß zu Ruhm und Überheblichkeit. Vielmehr steht sie im Spannungsfeld zwischen menschlicher Armseligkeit und göttlicher Heiligkeit und ist der Schauplatz eines dramatischen Ringens zwischen Heil und Unheil. Ihre gesamte zweitausendjährige Vergangenheit ist die drangvolle Geschichte menschlichen Versagens, das sich bis in ihre höchsten Spitzen und Institutionen hinein fortsetzt. „Dunkle Zeiten" haben immer wieder mit leuchtenderen Epochen abgewechselt, und jede Periode hat ihre Spuren im Antlitz der Kirche hinterlassen. Dieses Auf und Ab ist nur in seiner Gesamtheit und im großen heilsgeschichtlichen Zusammenhang zu begreifen und zu deuten.

Eine solche Betrachtung setzt freilich den Glauben an das göttliche Geheimnis der Erlösung voraus. Für den gläubigen Christen ist die Kirche selbst ein „mysterium fidei", das nicht mit rein menschlichen, innerweltlichen Kategorien zu ermessen ist. Das bedeutet jedoch keine Mystifizierung oder Spiritualisierung ihrer Existenz in Geschichte und Gegenwart. Im Gegenteil. Wenn wir sie in ihrem tiefsten Wesen als Fortsetzung der Inkarnation des gottmenschlichen Erlösers Jesus Christus sehen, hat das Menschliche ebenso wie das Göttliche in ihr Raum. Nach der christologischen Formel von Chalcedon (451), übertragen auf den in der Kirche fortlebenden Jesus Christus, lebt und wirkt beides „ungetrennt und unvermischt" miteinander. Die Ablehnung eines jeden ekklesiologischen Monophysitismus ist die unausweichliche Konsequenz. Deshalb ist die „ecclesia spiritualis" ebenso unchristlich und unrealistisch wie die rein irdische und materialistische Sicht der Kirche. Was von der Kirche als Ganzem gilt, trifft analog mehr oder weniger auch für ihre Institutionen und Amtsträger zu. Wir müssen das Menschliche an ihnen sehen und ernst nehmen, um das Göttliche zu begreifen. Nur wer Amt und Person zu unterscheiden gelernt hat, ohne sie voneinander zu trennen oder gar in Gegensatz zu stellen, wird dem inkarnatorischen Prinzip des ganzen Erlösungsgeschehens gerecht.

# Erster Abschnitt

Das christliche Altertum

# I. Kapitel

# Die frühchristliche Kirche Roms bis Konstantin

## § 1
### Das Petrusamt
### Apostolische Tradition und Sukzession

Apostelbegriff und Amtsstrukturen im Neuen Testament sind heute in der exegetisch-theologischen Diskussion sehr umstritten. Eins scheint festzustehen: Es gibt verschiedene Bedeutungen des Wortes „Apostel" schon bei den neutestamentlichen Schriftstellern. Für Paulus ist der Apostelbegriff eng mit der Erscheinung des Auferstandenen und mit seiner direkten Beauftragung zum Dienste der Verkündigung der Frohbotschaft verbunden. Er zählt auch die Wandermissionare zu ihnen, insofern sie „bevollmächtigte Vertreter" sind und der Geist des erhöhten Herrn in ihnen wirkt. Dieser ist es, der nicht nur die Sendung zum Verkündigungsdienst und Lehramt erteilt, sondern auch die Wahrheit garantiert; auf ihn geht alle Lehre zurück. Paulus weiß sich selbst in einer unmittelbaren Traditionskette stehend, die vom erhöhten Kyrios ausgeht.

Anders denkt Lukas. Für ihn sind eigentliche Apostel nur die Zwölf. Diese stellen daher auch die höchste Lehrautorität in der Kirche dar; ja, nur sie haben die Macht Jesu geerbt, und nur sie können den Geist weitergeben. Die Vollmacht, zu lehren, die Gemeinde zu leiten, die Hände aufzulegen und zum Dienste zu bevollmächtigen, wird von ihnen weitergeleitet; „apostolisch" wirken kann nur jener, der seinen kirchlichen Auftrag entweder unmittelbar oder später mittelbar von ihnen abzuleiten vermag. Die Zwölfzahl ist ein dogmatisches Postulat, das in Analogie zu den zwölf Stammvätern Israels den Anspruch der Jünger Jesu erhebt, das neue Gottesvolk zu konstituieren. Je stärker es ins allgemeine Bewußtsein trat, desto ausschließlicher wurde der Aposteltitel den Zwölfen vorbehalten. „Apostolische Tradition" und „apostolische Sukzession" leiten sich rechtmäßig allein von ihnen ab.

Wieder anders ist die Konzeption der Pastoralbriefe. Für sie ist

Paulus der Apostel schlechthin; die übrigen Apostel werden nirgends überhaupt nur erwähnt. Infolgedessen stellt Paulus auch die einzige „apostolische" Autorität dar; sein Evangelium bindet die ganze Kirche, und er hat ihr die Ordnung gegeben. Durch Handauflegung werden die Ämter in der Gemeinde übertragen, und diese Ordination, die ausdrücklich auf den Apostel persönlich zurückgeführt wird, garantiert die Reinheit der Lehre.

Zusammenfassend kann man sagen, daß bei aller Unterschiedlichkeit im einzelnen sowohl das Amt des Gemeindeleiters als auch die Lehrtradition der christlichen Kirche an die Apostel anknüpfen und „apostolisch" genannt werden, weil ihre jeweiligen Träger das tun und lehren müssen, was die Apostel, auf die sie ihre Vollmacht zurückführen, getan und gelehrt haben. Alle Verkündigungsdienste und alle übrigen Ämter sind dem Apostelamt zugeordnet und finden in ihm ihre letzte Norm. Daß dabei diejenigen Apostel, die schon „von Anfang an" dabeigewesen sind und den vorösterlichen Jesus auf seinen Lehrwanderungen begleitet haben, ein besonderes Gewicht hatten, lag nahe. Ihre Bevollmächtigung geht unmittelbar auf den irdischen Jesus zurück, der sie „berufen" und „bestellt" hat. Durch sie haben auch christliche Sukzession und christliche Tradition ihren Ursprung in Jesus selbst. Die Ordination bedeutet die Einsetzung zum autoritativen Träger der Lehre Jesu; sie machte den Kern des Leitungsamtes in der christlichen Gemeinde aus. An diese apostolische Tradition und Sukzession ist die Kirche auf Sein oder Nichtsein bis zum heutigen Tage gebunden. Das „Apostolische" in ihr garantiert ihr ihr Wesentlichstes, die Christusverbundenheit.

„Wie immer man in diesem Zusammenhang die *Frage des Petrusprimates* beantwortet, eins scheint doch genügend deutlich: Petrus hat innerhalb der engeren Jüngergemeinde eine Sonderstellung eingenommen, und dies wurde auf eine besondere Beauftragung durch Jesus zurückgeführt, die man als Primatsauftrag, als Schlüsselgewalt oder Hirtenaufgabe bezeichnet hat. Nicht nur in der synoptischen, sondern auch in der speziell lukanischen, in der paulinischen und in der johanneischen Tradition erscheint er als der Erste, als der Wortführer" (R. Pesch).

Bereits die älteste Mitarbeiterliste (Mk 1,16–18) stellt ihn an die Spitze der Fünfergruppe, die zuerst von Jesus berufen wurde. Mit Andreas bildete Simon, dem Jesus „den Beinamen Petros gab" (Mk 3,16), das erste Apostelpaar, das sich dem Herrn anschloß. Ihm folgten Jakobus und Johannes sowie Levi (Mk 1,19; 2,14). Wenn auch in der neutestamentlichen Wissenschaft noch keine Einigung darüber erzielt ist, ob der Beiname (Kephas = Petros) „auf eine

Verheißung Jesu zurückgeht oder aber auf die fundamentale Bedeutung, die Simon als Empfänger der Ersterscheinung (des Auferstandenen) erhalten hat", so steht doch auf jeden Fall fest, daß diese Bezeichnung selbst bis in die „Urtage der Kirche" zurückreicht. Desgleichen herrscht auch immer noch „keine Einigkeit in der davon wohl zu unterscheidenden Frage, wann und wo der Name die Erklärung in Mt 16,18f. gefunden hat, die auf die nachösterliche Situation vorausblickt bzw. aus ihr heraus gesprochen ist" (A. Vögtle). Das nach Herkunft und Sinn „lebhaft umkämpfte Logion Mt 16,18" selbst ist echt und enthält einen Sonderauftrag an Petrus, der durch andere Worte (Lk 22,31f.; Jo 21,15ff.) und dadurch, daß ihm die Ersterscheinung des auferstandenen Herrn zuteil wurde, unterstrichen wird. Auch für Paulus war Petrus offensichtlich der führende Mann der Jerusalemer Urgemeinde, dem sein erster Besuch galt (Gal 1,18). Er rechnete ihn zu den „Säulen" der Gemeinde (Gal 2,9). Mit Johannes und Jakobus war er auf dem Apostelkonzil sein maßgeblicher Verhandlungspartner in der entscheidenden Grundsatzfrage, die für die Zukunft der jungen Kirche von so großer Bedeutung war, daß nämlich die Heidenchristen grundsätzlich vom jüdischen Gesetz frei sein sollten (Apg 15,6ff. 19). Sein Beispiel war von besonderer Wichtigkeit. Als er nämlich nach dem Apostelkonzil Antiochien aufsuchte und dort im Umgang mit Heiden eine zwiespältige Haltung einnahm, hielt Paulus es für nötig, „ihm ins Angesicht zu widerstehen, weil er zu tadeln war" (Gal 2,11).

Wenn die Vorrangstellung des Petrus auch auf den vorösterlichen Jesus unmittelbar zurückzugehen scheint, so ist sie doch ebenso in seiner führenden Rolle *nach* der Auferstehung begründet. Denn während „nach meistvertretener und bestbegründeter Auffassung die Jünger nach der Hinrichtung Jesu in ihre galiläische Heimat zurückgingen, hat Simon sodann aufgrund der ihm zuteilgewordenen Erscheinung die Zwölf bzw. Elf wieder zusammengeholt oder, nach anderer Auffassung, aus ehemaligen Mitjüngern den Kreis der Zwölf – als Repräsentanten des endzeitlichen Gottesvolkes – konstituiert, der dann ebenfalls eine Erscheinung, nämlich die zweite, erlebte" (A. Vögtle). In Jerusalem, dem Zentrum Israels, haben sie schon bald eine Gemeinde gegründet, deren erster Leiter – zunächst wohl kollegial mit den übrigen Aposteln, insbesondere mit den beiden anderen „Säulen" Jakobus und Johannes (Gal 2,9) – Petrus selbst war.

Die Jerusalemer Kirche wurde die erste Missionszentrale, und die Zwölf waren die ersten und eigentlichen Missionare. Die kollegiale Leitung der Gemeinde bot Raum für die zeitweilige auswärtige Missionierung einzelner Apostel. Denen, die ständig oder meist in Jerusalem residierten, fiel von selbst eine größere Autorität in der Gemeinde zu. Vermutlich oder sehr wahrscheinlich bestanden die ersten Gemeindeleitungen auch sonstwo aus gleichberechtigten Mitarbeiterkollegien, aus deren Mitte einer, eben der Resident, mehr oder weniger bald die entscheidende Führungsrolle in der Gemeindeleitung übernahm, während die übrigen wieder auf Mission gingen. So wurde die „monarchische" Tendenz grundgelegt. Petrus scheint bereits eine feste „monarchische" Stellung in Jerusalem eingenommen zu haben. Denn als er Jerusalem im Jahre 44 auf der Flucht vor Herodes Agrippa II. verlassen mußte, bestimmte er selbständig über seinen Nachfolger in der Gemeindeleitung. Er übergab das Amt an Jakobus, und zwar an diesen „und die Brüder", wenn Apg 12,17 auf einer historisch zuverlässigen Quelle beruht. Er selbst begab sich „an einen anderen Ort".

Es ist schwer auszumachen, wohin er sich begeben hat. Daß er sogleich nach Rom gezogen sei, läßt sich historisch nicht nachweisen. Vermutlich hat er als freier Wanderapostel in der Mission gewirkt. Dabei ist er auch nach Rom gekommen und hat dort nach glaubwürdiger Überlieferung den Tod gefunden.

Was ist aber aus dem Petrusamt geworden? Hat er seine Primasstellung bei seinem Fortgang von Jerusalem ebenfalls dort zurückgelassen und dem Jakobus übertragen? Was die Apostel weitergeben konnten und weitergegeben haben, waren ihr Verkündigungsauftrag und ihre Funktionen in der Gemeindeleitung, nicht das in ihrem individuellen Urerlebnis und der Berufung durch Jesus gründende eigentliche Apostelamt. Dieses hat Petrus zweifellos mit sich genommen, als er Jerusalem verließ. Für ihn war mit diesem persönlichen Apostelamt außerdem die einmalige und an seine Person ausschließlich gebundene Primasstellung verknüpft. Sie war so unwiederholbar wie das Apostelamt. Dieses „Petrusamt" war seine persönliche Prärogative und ist deshalb mit ihm gewandert bis in seinen Tod zu Rom hinein. In Rom hat man das Bewußtsein, dieses Erbe des Petrus hüten zu müssen, stets bewahrt, und keine andere Gemeinde hat es ihm streitig gemacht.

## § 2
### Petrus und die Anfänge der römischen Gemeinde

Wann sich in Rom zum erstenmal Christen zusammengefunden und eine Gemeinde gegründet haben, läßt sich historisch nicht mehr feststellen. Auf jeden Fall muß es schon sehr früh gewesen sein. Schon beim ersten Pfingstfest in Jerusalem waren Juden aus Rom zugegen (Apg 2,10). Ob sie auch zu den Erstbekehrten gehört haben, die dann die christliche Botschaft mit nach Hause zurücknahmen, läßt sich weder mit Sicherheit behaupten noch auch bestreiten. Aber auch ohne eine solche Annahme liegt die Vermutung nahe, daß bei dem starken Verkehr, der zwischen der Hauptstadt des Römischen Reiches und allen seinen Provinzen herrschte, das Christentum schon bald nach Rom gelangt ist. Die römische Christengemeinde verdankt ihre früheste Entstehung wahrscheinlich zugewanderten Judenchristen aus dem Osten.

Daß es zu seiner Zeit in Rom zahlreiche vermögende, lateinisch sprechende Juden gegeben hat, bezeugt bereits Cicero (Pro Flacco, 28). Ihr wachsender Einfluß führte gelegentlich zu Spannungen und Streitigkeiten mit der römischen Bevölkerung. So wurden im Jahre 19 n. Chr. 4000 Juden aus der Stadt nach Sardinien deportiert und die übrigen ausgewiesen, als Folge solcher Unruhen. Zwölf Jahre später wurde diese Maßnahme wieder aufgehoben. Aber schon unter Kaiser Claudius folgten neue Unruhen und Ausweisungen im Jahre 49/50. Dem Kaiserbiographen Sueton (Vita Claudii, c. 15,4) zufolge war es in der römischen Judenschaft zu „Tumulten um Christi willen" („Judaeos impulsore Chresto assidue tumultuantes Roma expulit") gekommen. Dies ist die erste sichere Nachricht über das Vorhandensein von Christen in Rom. Unter den Vertriebenen befanden sich Aquila und Priscilla, ein judenchristliches Ehepaar, das in Korinth Zuflucht gesucht hatte und dort mit Paulus zusammengetroffen war (Apg 18,2ff.).

Als Paulus im Winter 57/58 oder im Frühjahr 58, wohl von Korinth aus, seinen Römerbrief schrieb, gab es in der Hauptstadt bereits eine blühende, weithin bekannte und in der christlichen Welt angesehene Gemeinde (Röm 1,8); der Apostel wollte sie kennenlernen und ihr das Evangelium predigen. Eine Reihe von Mitgliedern dieser Gemeinde war ihm schon persönlich bekannt, und er ließ ihnen Grüße ausrichten (Röm 16,1–15). Sicher werden ihm auch Aquila und Priscilla, bei denen er in Korinth Wohnung gefunden hatte, viel über die römische Gemeinde erzählt haben, so daß er schon damals den Wunsch hatte, selbst nach Rom zu reisen. Jedenfalls enthält der Römerbrief so viele Einzelheiten, daß wir die sichersten Nachrichten über die Anfänge der römischen Gemeinde ihm verdanken.

Es ist von jeher aufgefallen, daß Paulus in diesem Römerbrief mit keinem Worte des Petrus gedenkt. Diese Tatsache wurde nur zu gerne als Gegenargument gegen die Behauptung eines römischen

Aufenthaltes des Petrus schlechthin benutzt. Denn wie hätte Paulus diesen ignorieren können, wenn er sich damals in Rom aufgehalten hätte oder sonstwie eng mit der römischen Gemeinde verbunden gewesen wäre? Der Widerspruch erscheint um so krasser, je fester die älteste Tradition der römischen Gemeinde selbst ihre Gründung stets konstant auf Petrus zurückgeführt hat.

Dazu ist zunächst zu sagen, daß die zuerst von dem Kirchenhistoriker Eusebius († 339) überlieferte Nachricht von einem 25jährigen Daueraufenthalt Petri in Rom sicher unhistorisch ist; sie beruht auf der schlichten Annahme, daß Petrus im Jahre 42 direkt nach Rom gegangen und dort im Jahre 67 den Märtyrertod gestorben sei. Vielmehr ist anzunehmen, daß Petrus nach seinem Fortgang aus Jerusalem im Jahre 44 zunächst als freier Wandermissionar außerhalb Palästinas gepredigt hat. Wie die übrigen Wanderapostel gründete er durch seine Predigten neue Jüngergemeinden und übernahm eine Zeitlang ihre Leitung, bis er weiterzog und andere Vorsteher bestimmte. Wann er genau nach Rom gekommen ist, wissen wir nicht. Jedenfalls hielt er sich zur Zeit des sogenannten Apostelkonzils (48/49 n. Chr.) sicher in Jerusalem auf, und im Jahre 57/58, als Paulus den Römerbrief schrieb, war er ebenfalls nicht in Rom. Hingegen kann sein Martertod in Rom unter Nero, zwischen 64 und 67, heute als wissenschaftlich gesichert angesehen werden. Damit ist aber auch sein römischer Aufenthalt festgestellt. Die Auseinandersetzungen darüber „haben in der Gegenwart ... auch auf protestantischer Seite in zunehmendem Maße zu einer positiven Beantwortung der Frage geführt", wie der evangelische Kirchenhistoriker K. Aland feststellt (RGG³, V, 51).

Das Problem wird klarer, wenn wir die Missionsmethode der ersten Wanderapostel ins Auge fassen. Sie „gründeten" Gemeinden auch dort, wo bereits durch andere die christliche Botschaft verkündigt worden war, und bestellten autoritativ die Vorsteher, auch wenn solche schon vorhanden waren. Diese Bestellung geschah durch „Ordination" eines oder mehrerer Gemeindemitglieder. Sie scheint in ihrem Kern auf den vorösterlichen Jesus zurückzugehen und hatte die offizielle Bevollmächtigung zur authentischen Weitergabe der von dem Apostel überkommenen Lehre Christi zum Inhalt. Die auf diese Weise Ordinierten wurden also zu besonders beglaubigten Traditionsträgern der apostolischen Lehre „bestellt". Mit dieser Lehrbevollmächtigung war schon sehr bald die Leitungsvollmacht in der Gemeinde verknüpft. Beide Ämter wurden also im Ursprung der Kirche nicht von der Gemeinde übertragen, sondern vom Apostel, der in ihr – wenn auch nur vorübergehend – tätig war. So betrachtet, ist es kein Widerspruch, wenn die älteste römische Gemeindetradition ihre „Gründung" auf Petrus zurückgeführt hat. Sie betrachtete diesen als ihren eigentlichen „Gründer", weil er mit seiner apostolischen Autorität die schon vorhandenen Ansätze konsolidiert und auf das authentische apostolische Fundament gestellt hat. Von seinem ersten Auftreten in der Stadt an datierte sie ihre „Gründung". Das aber setzt voraus, daß Petrus tatsächlich in Rom gewesen und dort gestorben ist.

Der historische Nachweis dieser römischen Petrustradition stützt sich vor allem auf die folgenden Quellenzeugnisse, die in ihrer Gesamtheit eine durchschlagende Beweiskraft besitzen.

An erster Stelle steht der Brief, den der römische Bischof Klemens im Namen seiner Gemeinde um 96 n. Chr. an die Korinther schrieb. Er enthält das älteste literarische Zeugnis über den Martertod von Petrus und Paulus „bei uns", d. h. in Rom (6,1), und stellt diesen in einen engen Zusammenhang mit der neronischen Christenverfolgung (64 n. Chr.). Leider macht er über die Art und die Stelle der Hinrichtung keine genaueren Angaben; er setzt sie als bekannt voraus. Auch der Brief, den der Bischof Ignatius von Antiochien auf seiner Todesreise von Syrien nach Rom um 110 n. Chr. an die Römer richtete, beruft sich auf Petrus und Paulus in Rom und weiß um die autoritative Stellung, die sie dort innehatten. Wenn er schreibt, „nicht wie Petrus und Paulus befehle ich euch" (Röm 4,3), so setzt er voraus, daß diese nicht nur gelegentlich für kurze Zeit einmal in Rom gewesen sind, sondern daß sie eine besondere Autorität in der römischen Gemeinde besessen haben.

Es kann ferner auf die um 100 entstandene christliche Fassung der Ascensio Isaiae (4,2f.) und auf die nur wenig spätere Petrusapokalypse verwiesen werden, die deutliche Hinweise auf den Martertod Petri in Rom enthalten. Ein wenigstens indirektes Zeugnis für den Aufenthalt Petri in Rom bietet der 1. Petrusbrief des Neuen Testaments, der nach 1 Petr 5,13 „in Babylon" – d.h. in der jüdisch-apokalyptischen Bildersprache „in Rom" – geschrieben wurde. Der Verfasser muß um den Aufenthalt Petri in Rom gewußt haben; sonst hätte er ihn nicht von dort aus schreiben lassen. Auch das Johannesevangelium spielt deutlich auf den Martertod Petri am Kreuze an (Jo 21,18f.), wenn es auch den Ort der Hinrichtung verschweigt bzw. als bekannt voraussetzt.

Diese römische Petrustradition hat im zweiten Jahrhundert ihre Fortsetzung gefunden. Bischof Dionysius von Korinth (um 166–175) weiß um sie ebenso sicher wie Bischof Irenäus von Lyon, der um 185 von der Gründung der römischen Kirche durch Petrus und Paulus spricht (Adversus haereses III, 1, 1; 3, 2). Tertullian preist die römische Kirche glücklich, weil in ihr Petrus wie Christus am Kreuze gestorben und Paulus gleich Johannes mit dem Schwerte hingerichtet worden seien. Der römische Presbyter Caius rühmt sich, daß er „die Siegeszeichen der Apostel" zeigen könne, „welche diese Kirche gegründet haben"; das eine, Petri, am Vatikan, das andere, Pauli, an der Via Ostiensis (Eusebius, Hist. eccl. II, 25). Doch vielleicht noch wichtiger ist das Zeugnis „ex silentio": Kein anderer Ort hat Rom je diesen Vorrang, Ort des Martyriums der Apostelfürsten gewesen zu sein, streitig gemacht. Im frühen Christentum hat es nie eine Gegentradition gegen diese einmütig römische Tradition gegeben.

Sie wird durch die jüngsten Ausgrabungen unter St. Peter in Rom nachdrücklich bestätigt. Zwar kann nicht behauptet werden, sie hätten „das" Petrusgrab oder gar seine Gebeine zutage gefördert. Aber sie haben mit der Auffindung des von Caius erwähnten „Siegesmals" am Vatikan die uralte Tradition bestätigt und inmitten einer Nekropole heidnischen Ursprungs mit Gräbern, die z. T. ins erste Jahrhundert zurückreichen, unmittelbar unter dem „Tropaion" (Siegeszeichen des Caius) eine Grabstätte freigelegt, der zweifelsohne die besondere Verehrung der Christen gegolten hat. Die Gesamtheit aller Indizien und der Grabungsergebnisse führt zu dem Schluß, daß es sich bei dieser zentralen Grabstelle nur um das Petrusgrab handeln kann. Auf jeden Fall haben die Christen des zweiten Jahrhunderts an dieser Stelle die Beerdigungsstätte Petri verehrt.

Eine genaue Verifizierung des Petrusgrabes inmitten der zahlreichen anderen Gräber dieser Begräbnisstätte ist wohl schlechterdings unmöglich. Dies wird begreiflich, wenn man sich die allgemeine Situation jenes Schreckenstages im Juli 64 vor Augen hält. Es ist wahrscheinlich, daß die Trabanten Neros die verstümmelten und verkohlten Leichen der Christen am folgenden Tage in ein nahe dem Zirkus geschaufeltes Massengrab geworfen haben. Aber ebenso ist es möglich, daß die römischen Christen später den Leib des Petrus gefunden und in einem besonderen Grabe beigesetzt haben. Jedenfalls wird man den Umstand, daß die allerälteste Tradition der römischen Gemeinde diese Stätte stets mit der Grabstelle des Petrus verknüpft hat, nicht einfach beiseite schieben können. Diese Tradition stand zu Beginn des vierten Jahrhunderts so unerschütterlich fest, daß Kaiser Konstantin d. Gr. eben an dieser Stelle – mit dem Tropaion als Zentrum – die Petersbasilika errichtete. Dabei scheute er sich nicht, die Nekropole, die nach dem römischen Zwölftafelgesetz sakrosankt war, abzutragen und einzuebnen, um ein entsprechendes Fundament für die Kirche zu gewinnen.

Einer späteren Nachricht zufolge hat am 29. Juni 258 eine Petrusfeier auch „in Catacumbas", an der Stelle der heutigen Basilika St. Sebastian, stattgefunden. Dort entstand eine Triklia, d. h. eine Erfrischungsstätte (Refrigerium), deren Wand mit Kritzelinschriften an Petrus und Paulus bedeckt ist. Doch ist hier ein Apostelkult vor dem Bau der Triklia nicht nachzuweisen; ebenso fehlt jede Spur von einer Begräbnisstätte des Petrus. Wie man diese Verehrungsstätte auch immer erklären will (Translationstheorie usw.), sie stellt die ursprüngliche Grabestradition am Vatikan nicht in Frage.

Betrachtet man alle diese Indizien in ihrer Gesamtheit, kann man an der Tatsache des Petrusaufenthaltes und seines Todes in Rom nicht vorbeikommen. Die römische Gemeinde ist seit ihren Anfängen mit Petrus verknüpft und kann diesen als ihren eigentlichen „Gründer" bezeichnen, auf den sie ihre ganze Existenz gegründet hat.

## § 3
### Petrusnachfolge und apostolische Sukzession in Rom

Jesus selbst hat weder für Petrus noch für die übrigen Apostel ausdrücklich Nachfolger bestellt. Aber aus der Natur des Auftrages, den er ihnen erteilt hat, ergibt sich die Notwendigkeit der Nachfolge von selbst. Denn wenn er sie „bis ans Ende der Welt" (Mt 28,18f.) mit der Verkündigung der Heilsbotschaft betraute, schloß er die Fortführung der Lehr- und Hirtenaufgabe nach dem Tode der Apostel selbstverständlich mit ein.

Dabei ist zwischen den Aposteln selbst und ihren Amtsnachfolgern deutlich zu unterscheiden. Die persönlichen Vorrechte der ersteren, die auf ihrer Augenzeugengemeinschaft mit Jesus beruhten und ihnen die besondere Unfehlbarkeit in der Lehrverkündigung und die Sendung für die ganze Kirche verliehen, konnten nicht weitergegeben werden. Aber die mit ihrem Apostelamt verbundenen Funktionen, die dem weiteren Aufbau der Kirche dienen sollten, waren gerade darauf angelegt, fortzubestehen. Das „Amt" der Lehre, der Gemeindeleitung und der Hirtensorge stellt in seinem tiefsten Wesen die Gemeinschaft mit dem lebendigen Kyrios dar und hat die Aufgabe, die Kirche für alle Zeiten auf diesem entscheidenden Fundamente, Christus, zu erhalten. Dies war die eigentliche Apostelaufgabe. Sie ist auf die Amtsnachfolger übergegangen. Es ist demnach die Aufgabe des Bischofs als Apostelnachfolger, die Ortskirche durch reine Lehre, Leitung und Hirtenführung auf dieser von den Aposteln überkommenen Grundlage, dem „fundamentum Christi", in der „traditio apostolica" durch alle Zeiten hindurch zu bewahren.

Dieses Bewahren und Tradieren ist aber kein starres, mechanisches Weitergeben von Formeln und Worten, sondern lebendige Verkündigung des von den Aposteln verkündeten Herrn. Es ist ein schöpferisches Geschehen, das im Geiste Christi, dem Heiligen Geiste, Glauben zeugen und Heil vermitteln soll. Es muß sich den Menschen anpassen, in denen die Heilsbotschaft Gestalt annehmen soll. Eine Entwicklung ist demnach nicht auszuschließen. Damit diese aber den Boden der Offenbarung nicht verläßt, ist ihr das Apostolische Amt mitgegeben. Eine besondere Bestellung zum Amtsnachfolger der Apostel stellt die Zuverlässigkeit der Apostolischen Tradition sicher. Durch die „Ordination" wird der Nachfolger in das „apostolische" Kollegium der Bischöfe aufgenommen, das als Ganzes die Authentizität und Reinheit der apostolischen Verkündigung garantiert.

Die Sonderstellung des Petrus und seines Amtsnachfolgers steht dieser kollegialen Struktur nicht entgegen, sondern schließt sie ein. Sie ist die Zusammenfassung und wirksame Einheit des Ganzen. Insofern behält das Petrusamt als solches auch in der Nachfolge der Apostel, im Kollegium der Bischöfe, seine Funktion und Bedeutung. Die Primasstellung des Petrus ist auf seine Nachfolger, die römischen Bischöfe, übergegangen, weil Petrus der Hirte der Kirche geblieben ist, als er nach Rom ging, und weil diese seine besonderen Funktionen (Mt 16,13–19; Lk 22,31f.; Jo 21,15ff.) den dauernden Bestand der Kirche „bis an das Ende der Zeiten" sichern sollten.

Daß Petrus Jerusalem verlassen hat und nach Rom gegangen ist, beruht sowohl auf seiner eigenen Entscheidung als auch auf dem Drängen des Heiligen Geistes. Das Christentum sollte nicht als jüdische Sekte, sondern als eigenständige, universale Religion seinen Weg in die Welt antreten. Die Loslösung von Jerusalem, die schon auf dem Apostelkonzil begonnen hatte und mit dem Untergange der Stadt im Jahre 70 ihren Abschluß fand, war notwendig, um die Allgemeinheit des Heils zu sichern. Der Schritt in die Ökumene, der ganzen damaligen Kulturwelt, führte notwendig nach Rom, dem Mittelpunkt des römischen Universalreiches. So war es sinnvoll und heilsgeschichtlich bedeutsam zugleich, daß Petrus sich dorthin begab und die Leitung der römischen Christengemeinde übernahm. Die übrigen Kirchen haben diesen Schritt ohne weiteres anerkannt.

Die Sonderstellung der römischen Gemeinde tritt von Anfang an in die Erscheinung.

Bereits in dem ältesten uns überlieferten Dokument der nachapostolischen Zeit, dem Klemensbrief (um 96), tritt uns diese Sonderstellung eigentümlich – zwar noch zaghaft und zurückhaltend, dennoch aber klar und bewußt – entgegen. Das Schreiben gibt sich als eine Bitte und Mahnung der römischen Gemeinde an die Gemeinde von Korinth, die in ihrer Mitte ausgebrochenen Streitigkeiten beizulegen und die Eintracht wiederherzustellen. Der Ton ist brüderlich bittend. Aber dennoch will er mehr sein als eine gewöhnliche correctio fraterna. „Zuweilen nimmt die Sprache ... einen entschiedenen, fast drohenden Ton an, der Wert darauf legt, befolgt zu werden" (K. Baus). Und so „darf man hier schon den Geist, die Kraft und den Anspruch Roms auf eine besondere Stellung unter den Gemeinden ... angekündigt finden" (J. A. Fischer).

Die Korinther nahmen dieses römische Schreiben in Ehrfurcht auf, obwohl sie keineswegs darum gebeten hatten. Bald genoß es auch in anderen christlichen Gemeinden ein solches Ansehen, daß es fast wie eine inspirierte Schrift betrachtet und in den Gottesdiensten verlesen wurde. In Syrien und in Ägypten wurde es wiederholt den kanonischen Schriften des Neuen Testamentes zugezählt. „Hier deutet sich", so schließt K. Baus daraus, „im Bewußtsein außerrömischer Christen eine Wertung der römischen Gemeinde als solcher an, die in der Linie einer Vorrangstellung liegt."

Der eigentliche Verfasser dieses Schreibens war Klemens, den die älteste römische Tradition als den dritten Nachfolger Petri bezeichnet. Wenn er selbst auch noch ganz hinter der Gemeinde als solcher zurücktritt, so spricht aus seinen Worten dennoch ein gewisses höheres Autoritätsbewußtsein, das sich keineswegs allein mit dem Hinweis auf seinen römischen Charakter erklären läßt, sondern deutlich auf Petrus hinweist und über diesen hinaus auf Christus zurückgeht. Klemens sieht die Autorität des Gemeindevorstehers im Sendungsauftrage Christi an die Apostel verankert. Alle Leitungsgewalt in den christlichen Gemeinden muß sich in einer ununterbrochenen Sukzession von den Aposteln herleiten (c. 42, 1–4). Klemens selbst weiß sich in der Nachfolge Petri sicher verankert. Noch gibt es mehrere Presbyter in Rom.

Das Amt selbst ruht im Schoße der Gemeinde, die es trägt und der es dient. Die römische Gemeinde wird auch von dem Märtyrerbischof Ignatius von Antiochien (um 110) in seinem Römerbriefe überschwenglich gepriesen. Er rühmt nicht nur ihre christliche Liebestätigkeit, sondern auch – wohl in Anknüpfung an die Geschehnisse um den Klemensbrief, den er gekannt haben muß – ihre Glaubensfestigkeit und die Reinheit ihrer Lehrverkündigung, so daß „das besondere Ansehen und eine tatsächliche Vorrangstellung der römischen Gemeinde bereits deutlich zu spüren ist" (B. Altaner). Die besondere Verehrung, die Ignatius der römischen Kirche erweist, geht darauf zurück, daß in ihr die Apostelfürsten Petrus und Paulus längere Zeit gewirkt haben und dort gestorben sind (Röm 4,3); sie haben dadurch die reine Lehre grundgelegt.

In der Folgezeit sticht die Anziehungskraft, die die römische Gemeinde auf rechtgläubige Christen wie auch auf Häretiker ausgeübt hat, in die Augen. Bischof Polykarp von Smyrna, Justin der Märtyrer und Hegesipp ließen sich in Rom den rechten Glauben bestätigen, und die Häretiker Markion (139), Montanus und die Häupter der Gnostiker, Valentin, Kerdon u. a. zogen dorthin, um sich zu rechtfertigen bzw. um aus der kirchlichen Gemeinschaft ausgestoßen zu werden. In Rom Anerkennung gefunden zu haben bedeutete Legitimation der eigenen Glaubensverkündigung in der Heimat. So kam es, daß Rom „schon früh auf fast allen Gebieten des kirchlichen Lebens die Führung hatte" (H. E. Feine). Die Stellung der Gemeinde in der Hauptstadt des Reiches brachte es mit sich, daß sie weitreichende Beziehungen besaß. Hochgestellte Männer und Frauen zählten zu ihren Mitgliedern; sie konnten ihren Einfluß gelegentlich sogar am Kaiserhofe geltend machen, um verfolgte und bedrängte Christen zu schützen. Vermögende Gemeindeglieder ermöglichten eine umfassende und weithin gerühmte Liebestätigkeit für notleidende Brüder aus aller Welt. Mit ihr Gemeinschaft zu haben und zu behalten war für andere Gemeinden ein Bedürfnis und eine Notwendigkeit. Sie war ein Kristallisationspunkt christlicher Liebeseinheit.

Doch nicht auf den äußeren Gegebenheiten beruhte der Einfluß der römischen Gemeinde. Er gründete vielmehr auf der besonderen Stellung ihres Gemeindeleiters zu Petrus. Zwar tritt dieser oder treten diese Leiter in den Anfängen noch hinter der Gemeinde zurück. Noch Ignatius von Antiochien erwähnt sie nicht einmal besonders in seinem Briefe an die römische Gemeinde. Aber im Zuge der allgemeinen Herausbildung des monarchischen Bischofsamtes traten auch die römischen Bischöfe als einzelne Führer der Gemeinde und als die eigentlichen Garanten der apostolischen Lehrtradition immer stärker hervor.

Das Problem der Legitimation der authentischen Lehrverkündigung wurde mit der Zeit und mit dem wachsenden Abstande von den Aposteln immer akuter. Die konkreten Erfahrungen, die man besonders im zweiten Jahrhundert mit den Häresien und Schwärmereien machte, ließ die Frage nach der Rechtmäßigkeit und Sicherung der apostolischen Überlieferung erstehen. Das Empfangen und Weitergeben einer Lehrtradition durch eine Kette amtlicher Träger war schon der griechischen und jüdischen Welt geläufig. Es wurde in den christlichen Gemeinden mindestens seit der zweiten Hälfte des ersten Jahrhunderts durch die offizielle Ordination der Nachfolger im Apostelamte geübt. Nach Paulus war der Geist des erhöhten Herrn unmittelbar in der legitimen Tradition wirksam. Er wußte sich selbst vom erhöhten Kyrios in diese Kette der Traditionsträger hineingestellt. Durch Handauflegung bestellte er selbst seine Mitarbeiter und Nachfolger. Ursprung und Weitervermittlung des Amtes waren hierarchisch strukturiert. Wenn auch später die Gemeinden bei der Wahl der Ordinanden mitbeteiligt waren, so geschah doch die Weitergabe der Vollmachten zur Lehre und Leitung stets durch bereits ordinierte Traditionsträger. Der neu Ordinierte wurde dadurch in das Kollegium der Apostelnachfolger aufgenommen, wodurch seine Lehrverkündigung eine besondere Legitimation erhielt.

Der Nachweis einer ununterbrochenen Sukzession ihrer Presbyter und Bischöfe wurde mit dem zeitlichen Abstand von den Aposteln immer wichtiger. Schon früh galt er als Garantie für die Reinheit und Authentizität ihrer Lehre und ihres Kultes. Dabei war das Interesse an dieser Sukzession kein historisches oder chronologisches, sondern ein rein dogmatisches. Die lückenlose Aufeinanderfolge der Zeugen war entscheidend. Ihre Namen wurden sorgfältig im Gedächtnis behalten. Die Amtsdaten interessierten zunächst nicht. Für die Gesamtkirche waren die Sukzessionsreihen der ursprünglichen Apostelgemeinden bedeutsam; denn in ihnen wurde die apostolische Tradition besonders deutlich. So wird uns von dem Kleinasiaten Hegesipp berichtet, daß er um 160 eine Reise nach Korinth und Rom unternahm, um sich von der echten apostolischen Lehre zu überzeugen. In Rom angekommen, machte er sich zuerst eine Liste der dortigen Traditionsträger, wie er es auch schon in Korinth gemacht hatte, „bis auf Anicet". Er stellte befriedigt fest: „In jeder Stadt, in der ein Bischof auf den anderen folgte, entsprach das kirchliche Leben der Lehre des Gesetzes, der Propheten und des Herrn" (Eusebius, Hist. eccl. IV, 22).

Die älteste römische Bischofsliste hat uns um 180 Irenäus von Lyon überliefert (Adv. haer. III, 3,3). Auch ihm lag daran, gegenüber den falschen Lehren der Häretiker eine sichere Grundlage und Garantie für die echte Verkündigung zu erhalten. Er fand sie dort, wo die apostolische Tradition durch die apostolische Sukzession der Bischöfe am lückenlosesten und besten gesichert war, in der „größten und ältesten und allbekannten Kirche, die von den beiden ruhmreichen Aposteln Petrus und Paulus zu Rom gegründet und gebaut ist". Und er schließt daraus uneingeschränkt: „Mit der römischen Kirche muß nämlich wegen ihres besondern Vorranges jede Kirche übereinstimmen, d. h. die Gläubigen von allerwärts; denn in ihr ist immer die apostolische Tradition bewahrt worden."

## § 4
### Die römischen Bischöfe der Verfolgungszeit (1.–3. Jahrhundert)

a) Die Bischofsliste des Irenäus enthält keine Jahreszahlen und stellt Petrus und Paulus als Gründerapostel vor die Reihe der Bischöfe.

Diese Namenfolge kann heute als wissenschaftlich einwandfrei und historisch gesichert gelten. Irenäus hat sie bereits vorgefunden und gewissenhaft überliefert. Wenn man einwendet, daß anfangs sicher ein Gremium von mehreren Presbyter-Episkopen, die alle gleichermaßen „ordiniert" und bevollmächtigt waren, an der Spitze der Gemeinde gestanden haben, so zeigt doch schon Klemens, daß einer von ihnen besondere Leitungsfunktionen ausgeübt hat. Zur Sicherung der legitimen Sukzessionskette genügte es, nur seinen Namen festzuhalten. Wann sich aus dieser Gemeinschaft der monarchische Episkopat herausgehoben hat, ist nicht mehr festzustellen.

Um so unsicherer ist die Chronologie. Sie beruht auf dem späteren Versuch einer Synchronisierung mit den Kaiserdaten, den zuerst Eusebius von Cäsarea († 339) unternommen hat. Nach ihm hat dann der sogenannte Catalogus Liberianus (336 bzw. 354) dieses Verfahren nach rein schematischen Gesichtspunkten fortgesetzt und selbst Tages- und Monatsdaten hinzugefügt, die indes allesamt unhistorisch und wertlos sind. Dennoch aber läßt sich aus vielen kleinen Hinweisen eine gewisse Chronologie erarbeiten und verwenden, wenn man sie nicht als feste Werte betrachtet, sondern sie mit Fragezeichen versieht, wie es in der Papstliste geschehen ist.

Die historischen Nachrichten aus dieser Zeit sind äußerst dürftig und fragmentarisch. Doch läßt sich erkennen, daß die römische Gemeinde im zweiten Jahrhundert eine starke Anziehungskraft ausgeübt hat. Ihre Bewährung im Martyrium und ihre Spendenfreudigkeit wurden ebenso gerühmt wie ihre Festigkeit in der Bewahrung der apostolischen Überlieferung. Ihr Anspruch auf Petrus und

Paulus wurde ihr von keiner anderen Gemeinde bestritten. Er verlieh ihrer Lehrverkündigung ein besonderes Gewicht.

b) Im *dritten Jahrhundert* treten einzelne römische Bischöfe bereits stärker in die Erscheinung. Ihre Chronologie ist trotz mancher Lücken klarer erkennbar.

Schon gleich VICTOR tritt scharf hervor. Sein autoritatives Auftreten im Osterfeststreit läßt deutlich ein ausgeprägtes römisches Primatialbewußtsein erkennen. In der Auseinandersetzung mit den Orientalen über den Ostertermin brachte er den römischen Standpunkt, das Fest stets an einem Sonntag zu feiern, und zwar am Sonntag *nach* dem 14. Nisan, so energisch zur Geltung, daß er den widerstrebenden Bischof Polykrates von Ephesus und die kleinasiatischen Bischöfe, die am 14. Nisan selbst festhalten wollten, kurzerhand aus der kirchlichen Gemeinschaft ausschloß. Ebenso exkommunizierte er den Adoptianer Theodotos, der um 190 seine Lehren in Rom zu verbreiten suchte.

In seiner Schrift gegen die Gnostiker kommt Irenäus von Lyon (Adv. haer. III, 3, 2) auf die Bedeutung der römischen Gemeinde und ihrer Bischöfe für die Reinheit der christlichen Glaubensüberlieferung zu sprechen. Er sieht den besonderen Vorrang dieser Gemeinde in ihrer Nähe zur Urkirche, die durch die ununterbrochene Sukzession ihrer Bischöfe von Petrus und Paulus her garantiert ist. Ihre „principalitas", die sie vor allen anderen Kirchen voraus hat, stützt sich dabei auf Petrus und Paulus, wobei Petrus an erster Stelle als Gründerapostel genannt wird. Es ist „ihr höherer Vorrang authentischer Glaubensüberlieferung" (E. Caspar) und ihre geistige Verwandtschaft mit den Häuptern der Apostel, vor allem mit Petrus („ecclesia Petri propinqua", wie Tertullian später sagt). Mit der römischen Kirche müssen daher alle übrigen Kirchen in der apostolischen Tradition übereinstimmen. Wenn er auch keinen rechtlich-organisatorischen Primat im Auge hat, so steht doch die faktische Sonderstellung Roms für ihn außer Zweifel. Das hinderte ihn nicht, das schroffe Vorgehen Victors gegen Polykrates scharf zu kritisieren. Denn eine Befehlsgewalt über andere Bischöfe erkannte er ihm nicht zu.

Zum erstenmal zieht Tertullian die Schriftstelle Mt 16,18f. zur Begründung der Vorrangstellung des Petrus für den Glauben und die Kirche heran und verknüpft sie mit dem Amte des Petrus. Diese Gewalt des Petrus ist „auf jede Kirche übergegangen, die mit Petrus verwandt" ist, d.h. ihm durch Tradition und Sukzession in der Bewahrung der apostolischen Lehre verbunden ist. Wenn Petrus auch der ganzen Welt gehörte und diese „Petrus-Kirche" demzufolge zunächst nicht lokal gebunden war, so hatte doch die römische Gemeinde die Verwandtschaft Petri gleichsam aus erster Hand, und es lag nahe, daß Tertullian und mit ihm die afrikanische Kirche diesen Vorrang anerkannte. Hatten sie selbst doch das Licht des Evangeliums von Rom her empfangen. Für die Stelle Mt 16,18ff. war „Rom einzig und allein der Boden, in dem sie Wurzel schlagen und wachsen konnte" (J. Ludwig). Bald berief man sich hier immer stärker auf diese Verheißung zur Begründung des Primates.

Schon unter ZEPHYRINUS (199–217?) waren neue Auseinandersetzungen über die Trinitätsauffassung in Rom entstanden. Sabellius vertrat seit 215 die Meinung, Sohn und Heiliger Geist seien nur Erscheinungsformen (= modi, daher Modalismus genannt) des einzigen Gottes; er leugnet also die Dreipersönlichkeit. Gegen ihn wandte sich der gelehrte römische Presbyter Hippolyt. Da dieser sich von dem neuen Bischof CALIXTUS (217–222) nicht genügend unterstützt glaubte, warf er diesem, den er ohnehin haßte, Sympathie mit der Irrlehre vor. Er verstieg sich zu bösen Verleumdungen gegen Calixtus (Hippolyt, Philosophumena IX, 12) und suchte die Gemeinde gegen ihn aufsässig zu machen. Wenn auch die Nachricht, daß er sich zum Gegenbischof habe aufstellen lassen und daß er, zusammen mit Pontianus nach Sardinien verbannt, dort den Märtyrertod gefunden habe, nicht sicher beweisbar ist und möglicherweise auf einer Verwechslung mit einem gleichnamigen römischen Presbyter beruht, so stellte dieser Streit doch eine harte Zerreißprobe für die römische Gemeinde dar. Sie blieb in ihrer überwältigenden Mehrheit dem Bischof treu.

Von Calixtus erfahren wir, daß er in einem Erlaß die Vergebung auch der Fleischessünden den bußfertigen Sündern angekündigt habe; dabei habe er sich darauf berufen, daß er die Nachlaßgewalt für alle Sünden besitze. Dagegen ist Hippolyt Sturm gelaufen und hat ihn der Laxheit wie der Häresie bezichtigt (a. a. O.). Dieses Edikt scheint bis nach Afrika hinübergewirkt zu haben, wo Bischof Agrippinus von Karthago eine ähnliche Erleichterung der Bußpraxis verkündete und sich dafür den Zorn des Rigoristen Tertullian zuzog.

PONTIANUS (230–235) starb in den sardinischen Steinbrüchen den Märtyrertod; in der Verbannung verzichtete er am 28. September 235 auf sein Bischofsamt, um den Weg zur Neubesetzung freizugeben. Es ist dies das erste sichere Datum der Papstgeschichte. Auch FABIAN (236–250) starb den Märtyrertod; er fiel der Decischen Verfolgung als einer der ersten zum Opfer. Erst nach einem Jahre konnte CORNELIUS (251–253) zu seinem Nachfolger gewählt werden.

Trotz aller Bedrängnisse hatte sich die römische Gemeinde mächtig entwickelt. Sie zählte zur Zeit des Cornelius 1500 „Witwen und Hilfsbedürftige". Man hat daraus auf etwa 30 000 Mitglieder geschlossen. Der römische Stadtklerus zählte damals 46 Presbyter, 7 Diakone, 7 Subdiakone, 42 Akoluthen, 52 Lektoren, Exorzisten und Ostiarier. Sie alle waren in streng hierarchischer Ordnung dem einen Bischof unterstellt. So bot sie das Bild einer straff organisierten Gemeinschaft. Gerade dies aber reizte Kaiser Decius (249–251), der sich zum Ziele gesteckt hatte, die Organisation der christlichen Kirche zu zerschlagen; er soll geäußert haben, er nehme die Nachricht von der Erhebung eines kaiserlichen Nebenbuhlers gelassener hin als die Mitteilung, daß ein neuer Bischof der römischen Gemeinde gewählt worden sei.

Auch Bischof Cornelius hatte mit einer Opposition in seiner Gemeinde zu kämpfen. Die Veranlassung zum Streite war die Frage der Behandlung derer, die in der Verfolgung des Decius schwach geworden und ihren Glauben verleugnet hatten. Gegen die milde Praxis des Bischofs, der den Bußfertigen nach entsprechender Bußleistung die Wiederaufnahme in die Kirche verheißen hatte, wandte sich der in der Gemeinde hochangesehene römische Presbyter und Theologe Novatian. Er warf Cornelius Laxheit und Verrat am Glauben vor. Es kam zur Spaltung in der Gemeinde, und Novatian ließ sich sogar zum Gegenbischof weihen. So entstand eine Gegenkirche, die ein rigoristisch strenges Heiligkeitsideal verkündete und als „Kirche der Heiligen" alle Todsünder ausschloß. Seine Anhänger nannten sich die „Reinen" (= griech. „katharoi", daraus das deutsche Wort „Ketzer"). Vorgänge dieser Art sollten sich im Laufe der Kirchengeschichte noch oft wiederholen. Unter den gleichen Parolen traten alle Häretiker zum Kampfe gegen die „verrottete" und „sündige" Kirche an, von Novatian bis zu Hus und Martin Luther. Die Kirche aber blieb sich ihrer Aufgabe bewußt, Heilsgemeinschaft für die Heilsbedürftigen zu sein, nicht Sammlung der Elite oder gar der Scheinheiligen.

Um diese Zeit führte der gleiche Kampf um die Behandlung der Gefallenen, der „lapsi", die römische Kirche mit der nordafrikanischen zusammen. Bischof Cyprian von Karthago sah sich ebenfalls einer Opposition unter Führung eines gewissen Novatus gegenüber, die sich seiner milden Behandlung der Gefallenen widersetzte. Auch hier kam es zur Spaltung. Wie Novatus mit Novatian in Rom, so nahm Cyprian mit Cornelius Verbindung auf. Zur Abwehr des

Schismas verfaßte er seine Schrift „De ecclesiae unitate", in der er die Einheit der um den Episkopat gescharten Kirche mit ergreifenden Worten darlegte. Die überirdisch-unsichtbare Kirche wird für ihn sichtbar im Episkopat, indem die vom Himmel herabsteigende Kirche gleichsam auf den Schultern der Bischöfe Fuß faßt. Zeitlich gesehen, so führt er auf Mt 16,18 f. gestützt aus, hat sie zuerst auf Petrus Fuß gefaßt. Ihm kommt daher der „Primat" des Ursprungs zu. Durch Sukzession und fortschreitende Ausbreitung nehmen alle Bischöfe in gleicher Weise daran teil.

Das entscheidende Kapitel 4 dieser Schrift liegt uns in zwei voneinander abweichenden Fassungen vor. Nach J. Ludwig (Primatworte Mt 16,18 19 in der altkirchl. Exegese, 1952, 22 ff.) sind die Ausführungen über den „Primat", der „dem Petrus verliehen ist", Teil des ursprünglichen, echten Bestandes und stammen von Cyprian selbst. Der Ausdruck „Primat", den Cyprian geprägt hat, besagt freilich noch nichts vom späteren Inhalt des hierarchischen Jurisdiktionsprimates, und vor allem ist er nicht ohne weiteres auf den römischen Bischof als den Nachfolger Petri zu übertragen. Aber er hat dennoch zur Stärkung der römischen Autorität entschieden beigetragen. Denn je mehr man in den Bischöfen die Nachfolger der Apostel sah und sie mit den Aposteln gleichsetzte, desto näher lag es, auch die in Mt 16,18 ff. ausgesprochenen Vorzüge des Petrus auf seinen römischen Nachfolger zu übertragen. So dachte und handelte man jedenfalls in Rom, wo man Mt 16,18 ff. mehr und mehr in den Mittelpunkt der eigenen Primatiallehre stellte.

Gelegenheit dazu bot schon bald der Ketzertaufstreit. Die Frage, ob ein Ketzer gültig das Taufsakrament spenden könne, wurde in Karthago negativ beantwortet. Infolgedessen wurden alle, die aus der Ketzerei zur katholischen Kirche übertraten, erneut getauft. In diesem Sinne sprachen sich zwei Karthagische Synoden 255 und 256 unter Cyprians Vorsitz für die Notwendigkeit einer Wiedertaufe aus. Als Papst STEPHAN (254–257) davon erfuhr, wandte er sich in einem energischen Schreiben an Cyprian und verbot kurzerhand diese Wiedertaufe. Gestützt auf die bewährte Apostolische Tradition der römischen Kirche befahl er, daß man sich in Karthago der römischen Praxis anschließe und es bei Rekonziliation durch Handauflegung belasse. Leider kennen wir das Schreiben Stephans nicht. Um so wichtiger ist das Antwortschreiben Cyprians, in dem er sich bitter über den Befehlston Stephans beklagt und die afrikanische Übung verteidigt. Am meisten fühlte er sich durch „die weiteren hochmütigen und nicht zur Sache gehörigen Ausführungen" Stephans getroffen. Offensichtlich hatte dieser seine römische Primatialdoktrin entwickelt und sich zur Begründung des hierarchischen Vorranges Petri und seiner Nachfolger in Rom auf Mt 16,18 ff. berufen. Stephan behauptete, die römische Cathedra sei die cathedra Petri und habe teil an dessen Primat, wobei er sich als Nachfolger Petri bezeichnete. Es kam zu einem Zerwürfnis zwischen Rom und Karthago, in das auch Bischof Firmilian von Cäsarea hineingezogen wurde. Die eben jetzt im Jahre 257 neu ausbrechende Christenverfolgung unter Kaiser Valerian ließ den Streit in den Hintergrund treten. Stephan wie Cyprian starben den Märtyrertod. In ihrem Blute erstickte der ganze unselige Zwist.

Man hat die Gestalt des Papstes Stephan in eine Linie mit Gregor VII. und Innozenz III. gestellt (J. Ludwig). Er faßte die Primatialdoktrin seiner Zeit zusammen und gab ihnen die auf Mt 16,18 ff. fundierte gültige Form.

Auch sein Nachfolger SIXTUS II. (257–258) starb den Märtyrertod, zugleich mit seinen Presbytern und Diakonen, unter denen Laurentius besonderes Ansehen genoß. Die in der Verfolgung des Decius erfolgte Reinigung der Kirche bewirkte, daß die Zahl der Abtrünnigen jetzt weitaus geringer war. Die Kirche bot ein Bild innerer Stärke und Geschlossenheit. Vielleicht veranlaßte dies den Kaiser Gallienus (260–268), die Verfolgungsedikte seines Vaters alsbald zurückzunehmen. Von nun an trat für die Christen eine rund vierzigjährige Ruhepause ein. Papst DIONYSIUS (260–268) benutzte sie, um die von der Verfolgung hart getroffene und geschwächte römische Gemeinde wieder aufzubauen und zu reorganisieren.

Viele theologische und kirchliche Fragen standen zur Klärung und Entscheidung an. Ein reges synodales Leben entwickelte sich, vor allem im Orient. Mit zwei Schreiben an den Alexandriner Bischof Dionysius den Großen († 264/265) beteiligte sich Papst Dionysius von Rom an der Kontroverse, die im Orient über die Trinitätslehre ausgetragen wurde; es war eine friedliche Auseinandersetzung zwischen den beiden Bischöfen; die Sorge des Papstes war es, daß zwischen den Irrlehren des Subordinatianismus und des Sabellianismus der rechte Glaube an die Einheit und an die Dreipersönlichkeit Gottes gewahrt wurde. Dionysius von Alexandrien scheint eine Zeitlang – in der Abwehr des Sabellianismus – dem Subordinatianismus zu viel Spielraum gelassen zu haben. Der Papst warnte ihn davor. Es ist uns außer diesen beiden Briefen ein Trostbrief des Papstes an die in Kriegsnot geratene Gemeinde von Cäsarea in Kappadozien bekannt, in dem er ihr eine Geldspende übermitteln läßt. So mehrte Dionysius auf andere Weise als Stephan, durch Liebe und Belehrung, das Ansehen des römischen Stuhles.

Über die nachfolgenden römischen Bischöfe wissen wir leider nichts Näheres. FELIX I. (268/269–273/274), EUTYCHIANUS (274/275–282/283) und CAJUS (282/283–295/296) lebten in einer verhältnismäßig ruhigen Zeit. MARCELLINUS (296–304) erlebte noch den Anfang der diokletianischen Verfolgung; doch starb er ebensowenig als Märtyrer wie seine drei Vorgänger. Die Nachricht, daß er in der Verfolgung schwach geworden und die heiligen Bücher ausgeliefert habe, beruht auf Verleumdungen der Donatisten. Bald nach seinem (natürlichen) Tode brach indes die Christenverfolgung mit solcher Wucht über die römische Gemeinde herein, daß sie jahrelang keinen neuen Bischof wählen konnte. Innere Auseinandersetzungen über die Bußfrage und die Behandlung der Lapsi scheinen erneut ausgebrochen zu sein. MARCELLUS I. (307–308?) wurde von einem abtrünnigen Christen denunziert und starb in der Verbannung. Das gleiche Los traf seinen Nachfolger EUSEBIUS (18.4.–17.8.308 bzw. 309 oder 310?), der nach Sizilien verbannt wurde. Er wurde in der Calixtuskatakombe beigesetzt, wo die meisten Päpste seit Pontianus in der sogenannten Papstgruft ihre Ruhestätte gefunden haben. Leider schweigen die Quellen über sein Leben. Die zerrütteten Verhältnisse der Verfolgungszeit mögen daran schuld sein; möglicherweise sind ihr auch Akten der Vorgänger zum Opfer gefallen, falls es solche gegeben hat.

## II. Kapitel
## Die Reichskirche bis zum Ausgang der Antike

### § 5
*„Konstantinische Wende" und römische Christengemeinde*

Kaiser Konstantins (306–337) Hinwendung zum Christentum nach der siegreichen Schlacht an der Milvischen Brücke (28. 10. 312) brachte für die Kirche eine tiefgreifende Änderung. Bisher verboten, verfolgt und vernichtet, wo man ihrer habhaft werden konnte, wurde sie nun plötzlich vom Kaiser selbst geehrt, begünstigt und verwöhnt. Die Kirche sah sich vor eine völlig neue Weltsituation gestellt. Wenn Konstantin nun konsequent versuchte, das Christentum in den römischen Staat hineinzustellen, und damit die Aussicht auf eine völlige Christianisierung des öffentlichen Lebens eröffnete, so konnte dies den Führern der Kirche nur recht sein. Der „Heimholung der Welt" für Christus, von der man so lange geträumt hatte, schien nun nichts mehr im Wege zu stehen. Konstantin wurde der Bahnbrecher einer neuen christlichen Welt, und das Römische Reich erhielt unter einem christlichen Kaiser eine neue providentielle Aufgabe im Heilsplan Gottes.

Der zeitgenössische Kirchenhistoriker Eusebius von Cäsarea brachte die unter den Christen allgemein herrschende Stimmung zum Ausdruck, wenn er den Kaiser in seiner „Vita Constantini" (c. 46) als den Prototyp eines christlichen Herrschers darstellte und mit ihm eine neue Heilszeit für die Kirche angebrochen sah. Er hat uns ein prächtiges Stimmungsbild von der Abschlußfeier des Konzils von Nizäa hinterlassen. Am 25. Juli 325 gab Konstantin, der zugleich sein zwanzigjähriges Regierungsjubiläum feierte, den Konzilsteilnehmern ein großes Festbankett in seinem Palast zu Nizäa. „Da fehlte kein Bischof an der Tafel des Kaisers", schreibt Eusebius und fährt fort, „leicht hätte man dies für ein Bild vom Reiche Christi halten oder wähnen können, es sei alles nur ein Traum und nicht Wirklichkeit" (Vita Const. III, 15).

Es war eine *große* Wende; sie hatte ihre positiven, aber auch ihre negativen Seiten. Das scheint man schon damals gesehen zu haben.

Dankbar konstatierten die Bischöfe, daß sie nun, von der Angst befreit und von der kaiserlichen Gunst beschienen, viel ungestörter ihre Hirtenaufgabe erfüllen konnten. Zahlenmäßig immer noch eine kleine Minderheit, durften die Christen frei und ungehindert in der Öffentlichkeit ihren Glauben bekennen, ihren Kult entfalten und ihre Lebensgrundsätze geltend machen.

Es zeigte sich bald, wie groß die Werbekraft des in der Verfolgung bewährten und erstarkten Christentums war. Die ständig drohenden Gefahren hatten zu einer unerbittlichen Auslese unter den Taufbewerbern geführt und in allen Gemeinden einen Kern von hochqualifizierten, zum äußersten Einsatz bereiten Mitgliedern entstehen lassen. Ihre Bekenntniskraft war gepaart mit hohen sittlichen Qualitäten. Ihre umfassende Liebestätigkeit kam nicht nur den eigenen Anhängern zugute, sondern ebenso auch Fremden und Hilfsbedürftigen aus allen Schichten und Nationen. Im Christentum kannte man keine sozialen Unterschiede. Die Botschaft Christi sprach alle Klassen und alle Rassen in gleicher Weise an; sie war weder national begrenzt noch esoterisch eingeengt, sondern grundsätzlich universal.

Bald strömten die Massen in die Kirche hinein. Es ist sicher, daß unter den Bewerbern auch manche gewesen sind, die nicht aus rein religiösen Gründen diesen Schritt taten. Doch berechtigt uns nichts zu der Annahme, daß alle oder auch nur der größte Teil so eingestellt gewesen wären. Wir wissen vielmehr, daß ein tiefes religiöses Verlangen die Zeit des beginnenden vierten Jahrhunderts ergriffen hatte. Durch die Christenverfolgungen war die Religionsfrage nicht nur bei den Christen selbst, sondern auch bei den Heiden immer stärker ins Bewußtsein gerückt worden. Das Gottesproblem war zur „erregendsten Frage des Zeitalters" geworden (J. Vogt) und blieb es noch auf lange Sicht. Die radikale Entscheidung des Kaisers für das Christentum löste eine leidenschaftliche Diskussion aus, die nicht nur in der Kirche, sondern auch außerhalb – in Rom und Athen – in den Zentren des Heidentums ihre Wellen schlug. Sie wurde nicht weniger kritisiert als begrüßt.

Die Kirche stellte sich dem Problem der Masse. Sie entwickelte neue Organisationsformen und Seelsorgemethoden, betrieb den Ausbau des Katechumenates, förderte die Predigt und christliche Unterweisung und trat in eine geistige Auseinandersetzung mit dem noch bestehenden Heidentum ein. Die griechische Patristik des vierten Jahrhunderts stellt eine theologische Blüte dar.

Und Konstantin selbst? Die Frage nach seiner Religiosität ist oft gestellt worden. Sicher ist seine Hinwendung zum Christentum nicht aus rein geistigen und religiösen Interessen erfolgt. Auch er hat unter dem starken Eindruck des Mutes und der Geschlossenheit der Christen in der Verfolgung gestanden, wie er selbst bekannt hat. Wir dürfen aber ebenso annehmen, daß gerade der universale Zug des Christentums es gewesen ist, der den nach Universalität strebenden Kaiser bewogen hat, die christliche Religionsgemeinschaft zur Basis seiner neuen Reichspolitik zu machen. Konstantin hat das Christentum nicht erst groß gemacht, sondern er hat es angenommen, weil er von seiner Kraft in den Verfolgungen zutiefst beeindruckt war. Das Christentum hatte seinen Sieg bereits errungen, als er ihm nach der Schlacht an der Milvischen Brücke Duldung und Förderung gewährte, um es schließlich ganz in seine Reichskonzeption mit hineinzustellen.

Vor allem war er von der Gestalt Jesu Christi, die er aus den Evangelien kennenlernte, fasziniert. Der Neuheitscharakter der christlichen Botschaft von der Erlösung und von der Auferstehung zum ewigen Leben in Christus, aber auch die sittlichen Normen des Evangeliums haben ihn zum Christentum geführt. Sein politischer Sinn erkannte die Bedeutung dieser Normen für die Konsolidierung und den Neuaufbau des Reiches.

Aber auch die Gefahren sind nicht zu übersehen. War es recht, daß die Kirche sich auf diesen engen Bund mit dem Staat eingelassen hat? Mit dieser Frage wird eine uralte und bis heute nicht zur Ruhe gekommene, schwere Problematik angesprochen.

Schon die Zeitgenossen Konstantins haben sie verschieden beantwortet. Die einen begrüßten voll Dankbarkeit die Verchristlichung des Staates, die sich anbahnte, die anderen befürchteten die „Verweltlichung" der Kirche. In der kirchlichen Reformliteratur erscheint seit dem Mittelalter die vorkonstantinische „Ecclesia primitiva" in ihrer Einfachheit, Armut und Distanz von der Welt stets als das Ideal, von dem die konstantinische Kirche in unverantwortlicher Weise abgefallen sei. Wirkliche Kirchenreform besteht für die Reformer des 11. und 12. Jahrhunderts nur in der Rückkehr zur Urkirche der ersten drei Jahrhunderte. Joachim von Fiore († 1202) und die Franziskaner-Spiritualen des 13. und 14. Jahrhunderts sahen in der kirchlichen Entwicklung seit Konstantin nichts als einen fortgesetzten Niedergang. Luther und die Reformatoren griffen diese Meinung auf und machten allein das Papsttum für diesen Abfall verantwortlich. In der protestantischen Geschichtsschreibung wurde diese sogenannte „Verfallstheorie" seitdem allgemein üblich. Bald sah die Aufklärungszeit den Grund allen Übels in den Herrschaftsgelüsten der Bischöfe und der Priesterschaft, die seit dem Aufhören der Verfolgungen sich nur allzu gern in der kaiserlichen Gunst sonnten, dem Machtrausch verfielen und die Reinheit der evangelischen Lehre ihren eigenen egoistischen Interessen opferten. Indem die konstantinische Reichskirche sich willig in den staatlichen Machtapparat einfügen ließ, habe sie Verrat an ihrer ursprünglichen Bestimmung geübt. So erschien die spätere Geschichte der katholischen Kirche als eine totale Fehlentwicklung, als eine Mißdeutung des Willens Christi und als eine böse Abweichung vom urchristlichen Ideal. Kurzum, die katholische Kirche war nur noch ein Zerrbild der Kirche Christi; in ihr herrschte, nach Luthers fixer Idee, der Papst als Antichrist, der spätestens seit dem 11. Jahrhundert alles christlich-evangelische Leben durch seine gegenteiligen Erlasse systematisch unterbunden und Christus eliminiert habe.

Die Hauptvorwürfe im vierten Jahrhundert richten sich gegen die Person Konstantins, der dem Christentum mit der Befreiung von der Verfolgung und der Einordnung in den Staat ein höchst zweifelhaftes Geschenk gemacht habe. Denn wenn er sich auch gerne unter christlichen Bischöfen als ihr „Mitbischof" bezeichnete und z.B. beim Festbankett zu Nizäa sich ihnen gegenüber freundlich und herablassend erwies, so blieb er doch immer der römische Kaiser, der alte heidnische Herrscherauffassungen nie überwand. Schon sehr bald beherrschte er den Episkopat wie seine Beamtenschaft und verlangte auch in kirchlich-religiösen Fragen unbedingten Gehorsam gegenüber den staatlichen Anordnungen. Athanasius, den Bischof von Alexandrien und Vorkämpfer für die Orthodoxie gegen Arius, traf 335 der kaiserliche Bannstrahl, als er sich weigerte, auf Konstantins Befehl hin den Häretiker und seine Anhänger wieder in die kirchliche Gemeinschaft aufzunehmen. Konstantins Sohn und Nachfolger Konstantius griff noch viel härter in das innerkirchliche Leben ein. Die Kaiser maßten sich theologische Entscheidungsgewalt an, obwohl sie von ihrem Amt oder der Person her nicht dazu befähigt waren.

So wurde bei der Übermacht des Kaisers in der nun beginnenden Symbiose von Staat und Kirche die Stellung der letzteren immer problematischer. Dazu mögen viele Christen beigetragen haben, wenn sie meinten, die Kirche müsse sich bei dieser ihrer ersten positiven Begegnung mit dem römischen Staate nun auch willig diesem zur Verfügung stellen und an seinen politischen Aufgaben mitarbeiten. Allzu leicht wurde sie dadurch bald mit dem Staate identifiziert und für seine Härte und für sein Versagen mitverantwortlich gemacht. Der allgemeine Siegestaumel, der weite Kreise der Kirche erfaßt hatte, ließ diese negativen Konsequenzen übersehen. Die bisherige Distanz von der Welt ist nur allzu rasch in einen weltoffenen Kulturoptimismus umgeschlagen. Man glaubte den Augenblick gekommen, den Missionsauftrag Christi erfüllen und das ganze öffentliche Leben mit dem Geiste des Christentums durchdringen zu können. Konstantin selbst lud dazu ein, indem er den Bischöfen und Priestern Rechte und Vollmachten übertrug und die Kirche mit Ehren überhäufte. Diesen aber fehlte noch jede Erfahrung im Umgange mit dem Staate. Sie hatten zwar in der langen Verfolgungszeit mit Erfolg dem feindlichen Staate Widerstand geleistet; dem freundlichen aber waren sie noch nicht begegnet, und daß dieser unter Umständen gefährlicher sein konnte als der erstere, mußten sie noch erfahren.

So war die Gefahr der Verwässerung und der Verweltlichung zweifellos groß. Der Kirche stellten sich durch den Einstrom der Massen völlig neue Aufgaben. Denn unter den Neubewerbern waren nun auch manche Opportunisten, die aus politischem Ehrgeiz zum Christentum übertraten. Je angesehener und politisch einflußreicher die Stellung der Bischöfe wurde, desto größer war nun auch die Gefahr, daß sich Angehörige mächtiger und reicher Familien in den Episkopat eindrängten, die nicht nur das reine religiöse Interesse im Auge hatten. Ist die Kirche diesen Gefahren wirklich erlegen?

Die Antwort kann nur mit großer Umsicht und Differenzierung gegeben werden. Dabei muß man sich vor allem der ungemein komplexen Situation der Zeit bewußt bleiben, ohne daß man gleich billigen Schlagworten verfällt. Nur der oberflächliche Betrachter und voreingenommene Kritiker, dem historisches Verständnis völlig abgeht, kann die globale Behauptung aufstellen, die Kirche sei in dieser Epoche ihrer ursprünglichen Bestimmung untreu geworden; sie habe eine „Macht ohe Auftrag" ausgeübt, die Christus ihr niemals zugedacht habe. Das Neue Testament schließe „jede Indienstnahme der weltlichen Macht für die Durchsetzung der christlichen Botschaft aus" (R. Hernegger) und Jesus habe der Kirche keinerlei weltlich-politische Funktion in der menschlichen Gesellschaft zugestanden.

Wenn man den historischen Auftrag der Kirche ernst nimmt, das Erlösungswerk Jesu Christi den Menschen aller Zeiten, aller Völker und aller Kulturen nahezubringen und zu verkündigen, kann man das Ideal nicht im starren Festhalten an nur einer ursprünglichen Form erblicken, sondern muß der historischen Entwicklung Rechnung tragen. Die Kirche darf sich mit keiner Zeit und keiner Kultur identifizieren und bei ihr stehenbleiben, bei der urchristlichen sowenig wie bei der konstantinischen. Der Kern ihrer göttlichen Botschaft steht über den Zeiten. An sich ist sie den einzelnen Kulturen gegenüber neutral; das aber bedeutet nicht, daß sie irgendeiner Zeit gegenüber indifferent und verschlossen bleiben dürfte; sondern es schließt im Gegenteil die Aufgeschlossenheit und innere Nähe zu jeder Zeit und zu jeder Kultur mit ein. Soll doch die Botschaft des Evangeliums allen Völkern und allen Zeiten gepredigt werden, auf daß Christus auch in ihnen Gestalt annehme. Weder in Weltflucht noch in Weltverfallenheit, sondern allein in der fortschreitenden Erfüllung ihres Auftrages, den sie von Jesus mit auf den Weg bekommen hat (Mt 28,19f.), erfüllt sie ihren Sinn.

So unwissenschaftlich und unhistorisch es wäre, die negativen Seiten einer Zeit zu verschweigen und zu übergehen, so unwissenschaftlich wäre es auch, ihre positiven Eigenschaften zu bestreiten. Der missionarische Zug der konstantinischen Zeit, die große Leidenschaft, mit der die religiösen Fragen behandelt und theologische Probleme ausgetragen wurden, und viele andere Vorzüge sind nicht zu übersehen. Schon allein die Existenz und die Entwicklung, die das Mönchtum im vierten Jahrhundert genommen hat, und die große Zahl der Heiligen widersprechen einer rein negativen Einschätzung. Nur Voreingenommenheit kann „zu der wissenschaftlich unmöglichen Globalverurteilung der nachkonstantinischen, besonders der mittelalterlichen ‚päpstlichen' Kirchengeschichte führen" (J. Lortz). Man kann dem Jahrhundert Konstantins d. Gr. trotz vieler Schwächen und Mängel den Charakter einer großen Epoche der Kirchengeschichte voll innerer Dynamik und christlicher Lebenskraft nicht absprechen.

Diese grundsätzlichen Erwägungen zur „Konstantinischen Wende" sollen uns lehren, nicht nur die Bischöfe der Zeit zu verstehen, sondern auch die Entwicklung zu begreifen, die das Papsttum in der Folgezeit genommen hat.

Für die alte Reichshauptstadt brachte Konstantins Regierung eine ungeahnte Veränderung mit sich. Von Anfang an hatte der Kaiser zu Alt-Rom ein getrübtes Verhältnis. Die Gründe sind mannigfaltiger Art. Der ökonomische und politische Schwerpunkt des Reiches hatte sich längst nach dem Osten verlagert. Konstantin selbst war im Orient, am Hofe Diokletians in Nikomedien, aufgewachsen. Eifersüchtig beobachteten Senat und Adel von Rom diese Entwicklung und pochten auf die alte Tradition, deren Hüter sie waren. Je stärker Konstantin sich der christlichen Religion zuwandte, desto betonter hielt man in Rom an der hergebrachten römischen Staatsreligion fest; und je mehr Konstantin umgekehrt sich vom Heidentum abwandte, desto nachhaltiger mußte in ihm der Wunsch entstehen, sich anstelle der alten heidnischen Reichshauptstadt eine neue christliche Residenz im Osten zu schaffen. Im alten Rom mochte er nicht bleiben. Als er 326 zur Feier seines 20jährigen Regierungsjubiläums in Rom weilte und der Senat mit dem Heere einen feierlichen Opfergang zum heidnischen Kapitol veranstaltete, empörte sich Konstantin über den heidnischen Charakter dieser Prozession, deren Unterlassung er gewünscht hatte, und hielt sich für seine Person von der Feier fern. Dadurch zog er sich den Haß des Senates und des römischen Volkes zu, die deutlich spürten, daß er nicht mehr ihrer heidnischen Gesellschaft angehörte, zumal der Kaiser gerade damals keinen Hehl aus seiner Zuneigung zur christlichen Religion machte. Über den Gräbern der Apostel ließ er eben in diesen Jahren am Vatikan die Märtyrerkirche St. Peter und an der Straße nach Ostia St. Paul errichten; daß er beim Bau von St. Peter eine alte heidnische Nekropole anzutasten wagte, schürte den Haß der konservativen Kreise Roms gegen ihn. Gleichzeitig ließ er über dem Grab des in der römischen Christengemeinde hochverehrten Märtyrers Laurentius eine Gedächtniskirche errichten und bestellte den christenfreundlichen Acilius Severus zum Stadtpräfekten der alten Hauptstadt.

Seit 326 hat Konstantin das alte Rom nicht mehr betreten, sondern begonnen, sich in Byzanz am Bosporus ein „Neues Rom" zu erbauen, dem er von vorneherein ein christliches Aussehen verlieh. Am 11. Mai 330 wurde hier die neue Residenz „Konstantinopel" feierlich eingeweiht. So wurde das christliche Neu-Rom bewußt dem heidnischen Alt-Rom gegenübergestellt. Es blieb nicht aus, daß diese Gewichtsverlagerung von Westen nach Osten sich auch auf die Christengemeinden in den beiden Städten auswirkte. In demselben Maße, in dem der Glanz der Kaiserresidenz von nun an fördernd auf Bischof und Gemeinde von Konstantinopel ausstrahlte, trat der Bischof von Alt-Rom mehr und mehr politisch und allgemeinkirchlich in den Hintergrund. Doch hat Konstantin selbst es nie so weit kommen lassen, daß er dem Bischof von Alt-Rom einen gewissen Ehrenvorrang streitig gemacht hätte. Umgekehrt konnte sich das römische Papsttum in der Folgezeit selbständig und frei entwickeln, während der Bischof von Konstantinopel bald dem übermäßigen politischen und religiösen Gewicht des byzantinischen Kaisertums erlag und zum Hofbischof in einem cäsaropapistischen kaiserlichen Kirchenregiment degradiert wurde. Für die kirchliche Entwicklung des Abendlandes und des römischen Primates sollte sich dieser Wechsel entscheidend auswirken. Man sollte es nicht übersehen, daß der sich von nun an frei und stetig entwickelnde Primat des römischen Bischofs die Freiheit der Kirche von staatlicher Bevormundung gerettet und auf die Dauer die Eigenständigkeit und Selbständigkeit des religiösen Bereichs im Abendlande bewahrt hat. Ohne den Kampf Roms um die Kirchenfreiheit, der durch den Weggang des Kaisers nach Byzanz ermöglicht wurde, hätte es auch im Abendlande keine selbständige kirchliche Entwicklung gegeben. Der typisch abendländische kirchlich-politische Dualismus, auf dem die gesamte Entwicklung des abendländischen Denkens bis in die Neuzeit beruht, hat in der „Konstantinischen Wende" seinen Ursprung. Roms Beitrag hierzu ist nicht zu überschätzen.

§ 6
*Die römischen Bischöfe der Konstantinischen Zeit*

Zur Zeit der Schlacht an der Milvischen Brücke (28. 10. 312) war MILTIADES (310–314) Bischof von Rom. Zum Dank für seinen Sieg schenkte ihm Konstantin das Gelände des Lateran; er selbst ließ darauf eine Basilika zu Ehren des Erlösers nebst einem Baptisterium und einen Amtssitz (Episcopium) für den Bischof errichten.

Bald darauf betraute er Miltiades mit einer schwierigen Aufgabe. In Karthago war 312 ein Streit um die Nachfolge des Bischofs Mensurinus entstanden. Gegen den von der Mehrheit gewählten Cäcilian präsentierte eine Minderheit Majorinus zum Gegenbischof. Die numidischen Bischöfe, die sich in ihrem Mitspracherecht bei der Wahl des Metropoliten übergangen fühlten, schlugen sich auf die Seite der Minderheit. Um Cäcilians Stellung zu untergraben, erhob man gegen ihn den Vorwurf, er sei nicht gültig geweiht, denn einer seiner Ordinatoren, Bischof Felix von Apthungi, sei als „traditor" (Auslieferer heiliger Bücher) in der letzten Verfolgung schuldig geworden und habe als Sünder keine gültige Weihegewalt. Alter afrikanischer Tradition gemäß machten sie die „Gültigkeit" der heiligen Handlung von der „Würdigkeit" des Sakramentenspenders abhängig, eine Auffassung, die schon im Ketzertaufstreit zwischen Cyprian und Stephan von Rom entschieden zurückgewiesen worden war. Eine von 70 numidischen Bischöfen besuchte Synode machte sich die Ansicht des Donatus, der im Sommer 313 dem Majorinus als Gegenbischof gefolgt war, zu eigen. Nach dem letzteren, der den Widerstand organisierte, wurde diese Bewegung von nun an „Donatismus" genannt.

Konstantin wurde mit der Tatsache der Spaltung bekannt, als er eben eine größere Geldspende zum Aufbau der zerstörten Gotteshäuser an die afrikanische Kirche machen wollte und diese Mittel auf Rat seines Vertrauten, des Bischofs Ossius von Cordoba, an Bischof Cäcilian von Karthago überwies. Die übergangenen Donatisten beschwerten sich darüber und riefen seinen Richterspruch in ihrer Auseinandersetzung mit Cäcilian an; sie schlugen vor, er möge durch unparteiische gallische Bischöfe die Rechtsfrage klären lassen. Konstantin beauftragte daraufhin den römischen Bischof Miltiades, zusammen mit den Bischöfen Marinus von Arles, Reticius von Autun und Maternus von Köln ein solches Schiedsgericht zu bilden, und lud sowohl Cäcilian als auch Donatus mit je 10 Bischöfen ihrer Partei vor dieses Gericht nach Rom.

Diese Verhandlung fand am 2. Oktober 313 statt. Miltiades hatte hierzu außer den drei genannten gallischen Bischöfen noch weitere 15 italienische aus der Umgebung von Rom hinzugezogen. Hatte er dadurch den Auftrag Konstantins – entgegen dessen Willen – von einem Schiedsgericht zu einer Synode umfunktioniert, wie man wohl gemeint hat? Das ist kaum anzunehmen. Vielmehr wird er der Schwierigkeit der Sache gemäß – nicht ohne den Willen des Kaisers – das Richterkollegium lediglich zu einem größeren „Consilium" erweitert haben, wie es in der damaligen Rechtspraxis üblich war.

Das römische Schiedsgericht verwarf einstimmig die Klage der Donatisten und sprach sich für die Rechtmäßigkeit der Weihe Cäcilians aus. Die Donatisten appellierten abermals an den Kaiser, und dieser suspendierte die römischen Beschlüsse; er setzte eine neue Verhandlung für den August 314 in Arles an und berief selbst die hervorragendsten Bischöfe der abendländischen Kirche, die er auswählte, zu dieser Versammlung. Es war die erste „kaiserliche" Synode.

In Rom war inzwischen SILVESTER I. (314–335) auf Miltiades gefolgt. Auch er war von Konstantin nach Arles berufen worden; doch erschien er nicht selbst, sondern ließ sich durch seine Legaten vertreten. Protestierte er durch sein Fernbleiben gegen die Mißachtung des römischen Schiedsspruchs durch den Kaiser? Oder wollte er gar sein Mißfallen über Konstantins eigenmächtige Konzilsberufung zum Ausdruck bringen? Wir wissen es nicht. Es ist jedoch auffällig, daß von nun an kein römischer Bischof an einer Synode teilgenommen hat, die er nicht selbst berufen und die nicht unter seinem Vorsitz in Rom getagt hat. Auf keinem der großen, vom Kaiser berufenen ökumenischen Konzilien des ersten Jahrtausends war ein römischer Papst persönlich anwesend. Drückt sich darin unausgesprochen ein Führungsanspruch aus, der nicht schon deswegen aufgegeben wurde, weil er von kaiserlicher Seite nicht beachtet wurde?

Die fünfzig in Arles versammelten abendländischen Bischöfe bestätigten das römische Urteil und machten dem Papst in einem ehrenden Schreiben davon offizielle Mitteilung. Die abermals abgewiesenen Donatisten gaben jedoch auch weiterhin keine Ruhe. Konstantin setzte schließlich im Jahre 317 Militär gegen sie ein; er schuf dadurch jedoch nur Märtyrer in ihren Reihen und verstärkte ihren Fanatismus. So blieb die afrikanische Kirche weiterhin gespalten. Noch hundert Jahre später, zur Zeit des hl. Augustinus, standen rund 400 katholischen Bischöfen fast ebenso viele schismatische gegenüber. Ausgleichsversuche, an denen der große Bischof von Hippo persönlich lebhaft beteiligt war, führten im Jahre 411 nicht zum Ziele.

Miltiades und Silvester traten in der kaiserlichen Religionspolitik nicht hervor. Die im fünften Jahrhundert erfundene Silvesterlegende beruht auf freier Dichtung. Sie wird uns weiter unten noch beschäftigen. Am ersten ökumenischen Konzil von Nizäa (325) nahm der letztere nicht teil. Er ließ sich „wegen seines Alters" durch zwei einfache römische Presbyter vertreten. Neben der Klärung der vordringlichen dogmatischen Fragen, vor allem der Zurückweisung des Arianismus, sollte das Konzil nach Konstantins Willen auch die kirchliche Organisation neu ordnen. Die staatliche Provinzeinteilung wurde zur Norm der Kirchenverfassung gemacht. Die Synode der Provinz hatte künftig die Wahl der Bischöfe vorzunehmen. Der Bischof der Provinzhauptstadt, der „Metropolit", bekam das Recht der Bestätigung oder Ablehnung eines von der Synode gewählten Bischofs. Dabei wurden die „alten Gewohnheitsrechte", die der Bischof von Rom in seinem Bereiche ausübte, auch auf Alexandrien und Antiochien übertragen. Die Patriarchatsordnung war damit geboren und durch das Konzil bestätigt. Dem Bischof von Jerusalem, der praktisch keinen Jurisdiktionsbezirk mehr besaß, sicherte man einen Ehrenprimat zu. Es verstand sich von selbst, daß die Unterschriften der Väter (oder ihrer Stellvertreter) nach der Reihenfolge und Rangordnung der Reichsprovinzen unter die Konzilsbeschlüsse gesetzt wurden; waren diese doch als Reichsgesetze für das ganze Römische Reich von Konstantin verkündet worden. So kamen die Unterschriften der beiden römischen Gesandten unmittelbar nach derjenigen des Ossius von Cordoba, der wahrscheinlich die Konzilsversammlungen leitete. Die römische Provinz rangierte an erster Stelle, und demzufolge nahm auch sein „Patriarch" den ersten Rang unter den neuen Patriarchen ein. Von Konstantinopel war damals noch keine Rede.

In der Folgezeit ist in der Frage nach dem Primatsanspruch des römischen Bischofs immer sehr genau zu unterscheiden zwischen seiner Stellung 1. als Bischof von Rom und Metropolit der römischen Kirchenprovinz, 2. als Patriarch der lateinischen Kirche des Westens und 3. als Inhaber des Petrusamtes, das er als Nachfolger des Apostels in Rom innehatte und über die ganze Kirche geltend machte. Es ist also in seinen Äußerungen und in den kirchlichen Auseinandersetzungen jeweils zu untersuchen, ob er seine Autorität als Bischof, als Patriarch oder als Petrusnachfolger geltend gemacht hat. Am schwierigsten ist es, Primat und Patriarchat voneinander zu trennen.

Eine neue Situation ergab sich, als Konstantin 330 seine Residenz endgültig von Alt-Rom nach Neu-Rom, dem alten Byzanz, das von nun an Konstantinopel hieß, verlegte. Das politische Schwergewicht verlagerte sich nach dem Osten, und in demselben Maße, in dem der Machteinfluß Konstantinopels zunahm, sank die politische Bedeutung Alt-Roms. Der Wechsel der Rollen wirkte sich auch auf die Bedeutung der Bischöfe der beiden Städte aus. Der Aufstieg des Bischofs der neuen Residenz und Reichshauptstadt vollzog sich zwar zunächst in der Auseinandersetzung mit den Patriarchen des Ostens, Alexandriens und Antiochiens; er blieb aber auch nicht ohne Rückwirkung auf die kirchliche Stellung des römischen Bischofs. Auf dem 2. ökumenischen Konzil von Konstantinopel (381) wurde dem Bischof dieser Stadt bereits ausdrücklich der Vorrang vor den Patriarchen von Alexandrien und Antiochien eingeräumt; jedoch sollte er nach dem von Alt-Rom, dessen erste Stelle unter den Patriarchaten noch unangefochten anerkannt wurde, rangieren. Noch beanspruchte Konstantinopel keinen Patriarchatsbezirk jurisdiktioneller Art, sondern nur eine Ehrenstellung als Kirche der Reichshauptstadt. Doch bald änderte sich dies. Der Patriarchat von Konstantinopel wurde systematisch auf Kosten vor allem Antiochiens ausgebaut.

Die Entwicklung des römischen Primates war in der Folgezeit aufs engste mit den theologischen Auseinandersetzungen um das nicänische Glaubensbekenntnis verknüpft. Zwei Umstände kamen dem Bischof von Alt-Rom dabei zustatten: 1. sein unentwegtes Festhalten am nicänischen Glaubensbekenntnis und 2. der Umstand, daß er im Abendland ohne Konkurrent war, während sich im Osten zwei, später drei Patriarchen gegenüberstanden. So konnte die westliche Kirche stets mit *einer* Stimme sprechen. Die Entfaltung des

Primates fiel hier mit der patriarchalen Entwicklung, die von Anfang an unangefochten war, zusammen und wirkte sich zunächst im Bereiche der Glaubenslehre aus.

Schon JULIUS I. (337–352), der auf die kurze Regierung des MARCUS (336) folgte, hatte bald Gelegenheit, in den Streit zwischen den Anhängern des Arius und des Nicänums einzugreifen. Sowohl der arianische Bischof Eusebius von Nikomedien als auch der Patriarch Athanasius von Alexandrien, der große Verteidiger der Orthodoxie, wandte sich an ihn. Der letztere erschien selbst in Rom, nachdem er 339 durch den arianisch gesinnten Sohn Konstantins, Kaiser Konstantius (337–361), zum zweitenmal von Alexandrien vertrieben worden war, und suchte Schutz und Hilfe bei Julius. Auch Bischof Marcellus von Ancyra, der energische Verteidiger des Nicänums gegen die Arianer, wurde von Konstantius vertrieben und suchte Zuflucht in Rom. Papst Julius versammelte Anfang 341 in Rom eine Synode, an der mehr als fünfzig abendländische Bischöfe teilnahmen. Diese stellte sich voll hinter Athanasius und Marcellus. Papst Julius richtete an die arianisch gesinnten Bischöfe des Ostens ein ausführliches Schreiben, in dem er ihnen ihr gewaltsames Vorgehen gegen Athanasius vor Augen führte: „Man hätte an uns schreiben müssen", so hieß es in diesem ersten ausführlichen Papstbrief des vierten Jahrhunderts, „um ein *gerechtes* Urteil (über Athanasius). Oder wißt Ihr nicht, daß dies alte Rechtsgewohnheit ist, daß zuerst an uns geschrieben und danach ein Urteil ausgesprochen werde, das dem Recht entspricht?"

In Antiochien erregten die römischen Beschlüsse und das Schreiben des Papstes großen Unwillen. So war es immer, wenn man in Rom gegenteiliger Ansicht war; um so lieber aber ließ man sich von dort in seiner eigenen Meinung bestärken und war dann auch bereit, römische Entscheidungen zu akzeptieren. Immerhin verblüfft die Selbstverständlichkeit, mit der Julius hier seinen Anspruch herausstellt. Er beruft sich auf seine Petrustradition.

Inzwischen hatten die Gegner aber auf einer Synode von Antiochien 341 ihren Standpunkt bekräftigt. Um den Streit beizulegen, beriefen die kaiserlichen Brüder Konstantius (für den Osten) und Konstans (für den Westen) auf Wunsch des Papstes Julius für den Herbst 342 (oder 343?) ein gemeinsames Konzil nach Sardika, dem heutigen Sofia. Rund 300 westliche und 76 östliche Bischöfe erschienen dort; Julius war durch Bischof Ossius von Cordoba vertreten, der die abendländische Delegation führte. Da jedoch die Orientalen den Ausschluß des Athanasius und des Marcellus, die sich in der Gruppe befanden, von allen Verhandlungen verlangten, spaltete sich das Konzil, noch bevor es zusammengetreten war. Die östlichen Bischöfe zogen nach Philippopolis aus und sprachen über Julius und andere führende Bischöfe des Westens, die Athanasius die Kirchengemeinschaft gewährt hatten, den Bann aus. Die westlichen Bischöfe verfuhren umgekehrt. So kam es zum ersten ernsthaften Schisma zwischen der Ost- und der Westkirche, das erst 381 voll beigelegt werden konnte, ein trauriges Vorbild für spätere, bis 1054 das endgültige große Schisma daraus folgte.

Unterdessen tagten die westlichen Bischöfe allein weiter. Unter den 21 (bzw. 13) Kanones der Rumpfsynode befinden sich ausführliche Bestimmungen, die das Appellationsrecht abgesetzter Bischöfe an den römischen Bischof regeln. Dem Papst wurde ein höchstrichterliches Entscheidungsrecht (für das Abendland) zugesprochen; der Osten lehnte dies ab.

LIBERIUS (352–366) bekam die ganze Wucht der arianischen Streitigkeit zu spüren. Konstantius II., seit 353 Alleinherrscher im Reiche, setzte alles daran, seine arianerfreundliche Kirchenpolitik auch im Westen zur Geltung zu bringen. Auf den von ihm berufenen Synoden von Arles (353) und Mailand (355) setzte er mit brutaler Gewalt auch im Westen die Verdammung des Athanasius durch; zugleich verlangte er die Zustimmung zu Formulierungen, die sich vom nicänischen „homoousios" entfernten und den Sohn statt „wesensgleich" dem Vater nur „ähnlich" („homoiousios") sein ließen; radikale Gruppen sprachen bereits davon, daß er vom Vater „gänzlich verschieden" („anomoios") sei. Durch das Gewirr der Formeln, die in den mannigfachen Deutungen angeboten wurden, war nur schwer hindurchzufinden. Selbst die Legaten des Papstes ließen sich zur Unterschrift drängen. Doch Liberius weigerte sich, diese Unterschriften anzuerkennen. Er wurde dafür von Konstantius 355 nach Beröa in Thrazien verbannt. In Rom aber betrieb der Kaiser die Einsetzung eines ihm ergebenen, staatshörigen Gegenbischofs, Felix' II., der nie die Sympathien der römischen Gemeinde erwarb.

In der Not und Verzweiflung der Verbannung wurde der bisher so tapfere Bischof schwach. Er unterzeichnete die sogenannte 3. sirmische Formel, eine eindeutig subordinatianische Formulierung, die die „Wesensgleichheit" (homoousios) in eine „Ähnlichkeit" (homoiousios) des Sohnes mit dem Vater verfälschte; Liberius suchte sie durch den Zusatz, daß der Sohn „in jeder Hinsicht" dem Vater ähnlich sei (hómoios katá pántoon), abzuschwächen. Dennoch bedeutete sie den Bruch mit dem nicänischen Glaubensbekenntnis und den Abbruch der Kirchengemeinschaft mit Athanasius. Dadurch erkaufte er sich von Konstantius II. die Erlaubnis zur Rückkehr nach

Rom im Jahre 358. Aber sein Ansehen und das der römischen Kirche waren schwer geschädigt. Die spätere Legende (6. Jahrhundert) hat ihm die Züge eines schmählichen Glaubensverräters aufgeprägt. Doch davon kann keine Rede sein. Bald nach dem Ende der Kirchendespotie des Konstantius II., der 361 starb, hat er die häretischen Formeln der Doppelsynode von Rimini und Seleukia (359) scharf zurückgewiesen und sich zum nicänischen Glaubensbekenntnis bekannt. Zweifellos ist er kein Held gewesen. Das zeigt auch die Unordnung, die unter seinem schwachen Regiment in Rom um sich griff. Zwar hat die Gemeinde 358 den Gegenspieler Felix II. mit Gewalt vertrieben; aber dennoch blieb die Spaltung bestehen. Unter seinem Nachfolger sollte sie ein böses Nachspiel haben. In Rom blieb das Andenken des Liberius durch die von ihm grundgelegte „Basilica Liberiana", die prachtvolle Kirche Maria Maggiore, der Nachwelt erhalten.

DAMASUS I. (366–384) konnte sich nur in schweren, z. T. blutigen Auseinandersetzungen mit einem Gegenkandidaten Ursinus, den eine Minderheit gewählt hatte, durchsetzen. Auch nachdem dieser Streit durch das unmittelbare Eingreifen des Kaisers Valentinian I. (364–375) zu seinen Gunsten entschieden worden war (367), dauerten die Intrigen der unterlegenen Partei noch jahrelang an. Damasus wurde verleumdet, moralisch verdächtigt und sogar vor dem Zivilgericht des Mordes angeklagt. Durch einen kaiserlichen Entscheid freigesprochen, hat er bald danach auf einer römischen Synode (378), an der auch Bischof Ambrosius von Mailand teilgenommen hat, wichtige Bestimmungen kirchenrechtlicher Art getroffen, um deren Bestätigung er den Kaiser Gratian (375–383) gebeten hat. In seinem Reskript erkannte Gratian der Kirche das Recht auf freie Papstwahl zu und anerkannte die Zuständigkeit der geistlichen Gerichtsbarkeit in Glaubens- und Sittensachen. Den bischöflichen Urteilen wurde die Vollstreckung durch die zivile staatliche Gewalt zugesagt. Der Wunsch des Papstes, der soeben die entwürdigenden Prozesse vor dem römischen Zivilgericht über sich hatte ergehen lassen müssen, daß der römische Bischof künftig sich nur noch vor dem Konzil oder vor dem kaiserlichen Rat zu verantworten habe, wurde von Gratian abgelehnt. Hingegen bestätigte der Kaiser die höchstrichterliche Zuständigkeit des römischen Bischofs über alle Metropoliten des Abendlandes. Wenn auch letzteres aus äußeren Umständen noch nicht zur Auswirkung kam, so bleibt insgesamt der Versuch, die kirchliche Gerichtsbarkeit mit Hilfe des Staates auszubauen, höchst bemerkenswert.

Damasus hat auf mehreren römischen Synoden auch wieder in

die dogmatischen Kontroversen eingegriffen und seine Beziehungen zu den orientalischen Bischöfen gepflegt. Unter diesen hatte die neo-orthodoxe Partei der sogenannten Jung-Nicäner, repräsentiert durch die drei großen Kappadozier Basilius von Cäsarea, Gregor von Nazianz und Gregor von Nyssa, einen theologischen Ausweg aus der verfahrenen Situation gesucht. Basilius arbeitete unermüdlich an einem Ausgleich der streitenden theologischen Parteien und trat auch mit Damasus von Rom in Verhandlungen ein. Ihm gelang es, die umstrittenen theologischen Begriffe des trinitarischen Geheimnisses („una substantia, tres personae") so zu klären, daß eine Einigung möglich wurde. Er starb bereits am 1. Januar 379; aber er erreichte noch, daß eine Synode von 153 Bischöfen in Antiochien beschloß, zur Überwindung der östlichen Spaltungen den Glauben des Papstes Damasus anzunehmen und sich nach der westlichen Kirche auszurichten.

Inzwischen hatte auch die Friedenspolitik im Reiche Frucht getragen. Zusammen mit Gratian im Westen erließ Kaiser Theodosius im Osten am 28. Februar 380 ein Edikt, das alle Untertanen des Reiches zur katholischen Orthodoxie verpflichtete. Das Dekret, das den Glauben der katholischen Kirche zum Reichsgesetz erhob und das man als „die klassische Urkunde der christlichen Staatskirche" bezeichnet hat (H. Rahner), begann mit den Worten: „Alle Völker, die unter der milden Regierung unserer Huld stehen, wollen wir in dem Glauben leben sehen, den der heilige Apostel Petrus den Römern überliefert und wie von ihm, so auch bis zum heutigen Tage verkündet wird, dem, wie jedermann weiß, der Pontifex Damasus folgt und der Bischof Petrus von Alexandrien..." Er verfügte, daß nur derjenige als katholischer Christ zu gelten habe, wer diesem seinem Gesetze folge; alle anderen hätten als „töricht", „wahnsinnig" und „häretisch" zu gelten. Sie hätten zuerst die göttliche Rache zu fürchten, dann aber staatliche Strafen zu gewärtigen. Er führte sein Edikt auf unmittelbare „himmlische Anregung" zurück.

Es war „ein folgenschweres Dokument, das den Beginn einer neuen Zeit einleitete" (H. Rahner). Justinian setzte es später seinem Gesetzbuch gleichsam als ein Grundgesetz voran. Fortan beherrschte es die gesamte kaiserlich byzantinische Reichskirche des Ostens. Die Westkirche hingegen wehrte sich dagegen. Es bleibt das unbestreitbare Verdienst des römischen Papstes, in jahrhundertelangen Kämpfen das byzantinisch-kaiserliche Kirchenregiment abgewehrt zu haben. In diesem Kampfe ist das Papsttum selbst erstarkt. Sein Ringen um primatiale Geltung muß auch und vor allem unter diesem Aspekt betrachtet werden. Es war ein steter Kampf für die abendländische Kirchenfreiheit, der dem ganzen Westen zugute gekommen ist.

Um die kirchlich-religiöse Einigung zu vollenden, berief Kaiser Theodosius 381 das zweite *ökumenische Konzil* nach Konstantinopel. Es war zunächst wohl nur als östliches Reichskonzil gedacht und wurde ausschließlich von Bischöfen der östlichen Reichshälfte besucht. Papst Damasus war weder anwesend noch überhaupt geladen. Als ihm später die Konzilsbeschlüsse vorgelegt wurden, akzeptierte er die Dekrete gegen die Arianer, Semiarianer und Pneumatomachen (die die Gottheit des Heiligen Geistes leugneten) und nahm das sogenannte Nicäno-Konstantinopolitanische Glaubensbekenntnis an; es enthielt einen Zusatz über die Gottheit des Heiligen Geistes („... den Herrn und Lebensspender, der vom Vater ausgeht, der mit dem Vater und dem Sohne zugleich angebetet und verherrlicht wird") und ist in die Liturgie der heiligen Messe eingegangen. Durch diese Annahme seitens des Papstes als des Patriarchen des Westens ist das Konzil nachträglich zu einem „allgemeinen" und „ökumenischen" Konzil geworden. Ausdrücklich ausgenommen von dieser Annahme war jedoch der dritte Kanon, der dem Bischof von Konstantinopel Patriarchenrang nach dem römischen, aber vor dem antiochenischen und dem alexandrinischen Patriarchen zuerkannte. Damasus protestierte gegen die Neuerung.

Große Verdienste erwarb sich der Papst dadurch, daß er den gelehrten Theologen Hieronymus veranlaßte, einen zuverlässigen lateinischen Bibeltext herzustellen. Diese lateinische Bibelübersetzung wurde später im Abendlande so volkstümlich, daß sie schlechthin „Vulgata" genannt wurde. Sie war von nun an der offizielle lateinische Bibeltext der westlichen Kirche.

Mit besonderer Liebe nahm sich Damasus der römischen Märtyrergräber an. Er selbst verfaßte metrische Verse zum Lobe der Heiligen und ließ damit ihre Grabstätten schmücken. Noch heute erfreuen diese kunstvoll in Stein gemeißelten Inschriften den Besucher der Katakomben.

## § 7

*Der Ausbau des römischen Primates bis auf Leo den Großen*

Die Entwicklung des Primates ist sehr kompliziert. Man muß zwischen Patriarchat und Universalkirche unterscheiden. Der Patriarchat-Primat hat sich unabhängig vom Universal-Primat entwickelt. Er hat sich in allen drei bzw. vier Patriarchaten ziemlich gleichmäßig entfaltet. Die Tendenz zu einem Universal-Primat in der gesamten Kirche ist hingegen zunächst nur in Rom erkennbar; erst später erhebt Konstantinopel ähnliche Ansprüche. Die römischen Vorstellungen vom Universal-Primat sind stark von der Entwicklung des römischen Patriarchat-Primates mitgeprägt, der in erster Linie jurisdiktionell ausgerichtet war. Die Übertragung dieser Ideen auf die Gesamtkirche ging nicht ohne Auseinandersetzungen mit den Patriarchaten des Ostens vor sich.

a) Nachdem bis zum Ende des dritten Jahrhundert die Zusammenfassung der Bischofskirchen zu Metropolitanverbänden abgeschlossen war, bestimmte der can. 6 von Nicäa, daß die Bischöfe von Alexandrien, Antiochien und den „übrigen Eparchien" in ihren Gebieten „dieselben herkömmlichen Rechte" genießen sollten, die der Bischof von Rom in seinem Bereiche ausübt. Mit diesem Beschluß waren die Bischofssitze von Rom, Alexandrien und Antiochien faktisch zu Patriarchaten, d.h. zu übergeordneten kirchlichen Verwaltungseinheiten, erklärt. Jerusalem erhielt nach can. 7 einen Ehrenvorrang ohne Verwaltungsbezirk. Die Patriarchate entsprachen den großen Kulturprovinzen des Römischen Reiches: Alexandrien für den hellenistisch-ägyptischen Raum, Antiochien für die Reichsdiözese Oriens, Großsyrien, Cilicien und Cypern, Rom für den gesamten lateinischen Westen. Es fällt auf, daß Griechenland und der Balkan keinen eigenen Patriarchat darstellten; sie wurden zu Rom geschlagen, das seinen Einfluß bis nach Thrazien und Illyrien ausübte. Es entsprach aber den Wünschen des Kaisers und des Bischofs der neuen Reichshauptstadt Konstantinopel, daß diesem ebenfalls ein entsprechender Rang und ein Verwaltungsbezirk zugewiesen wurde. Auf dem Allgemeinen Konzil von Konstantinopel 381 erhielt der Bischof dieser Stadt den Rang eines Patriarchen unmittelbar nach Rom, also vor Antiochien und Alexandrien. Zugleich wurden ihm vom Kaiser die drei großen Provinzen Pontus, Asia und Thrazien zugewiesen. Der Bischof von Rom hat dagegen protestiert. Auf dem 4. Allgemeinen Konzil von Chalcedon (451) wurde diese Zuteilung in can. 28 fest umrissen und der Patriarch von Konstantinopel mit denselben Vorrechten (Appellationsinstanz, Bischofsweihen usw.) in seinem Bereiche ausgestattet, die den Patriarchen von Antiochien und Alexandrien seit altersher zustanden. Wiederum hat der Papst (Leo d. Gr.) dagegen protestiert.

Der Titel „Patriarch" ist erst im sechsten Jahrhundert geprägt worden. Auch der Papst-Titel hat eine lange Entwicklung durchlaufen. Anfangs bezeichneten sich die Bischöfe vielfach als „Papas", Papst. „Papst" war also in den ersten Jahrhunderten noch kein Vorrecht des römischen Bischofs. Erst seit dem sechsten Jahrhundert begann man, ihn besonders dem römischen Bischof vorzubehalten. Zu eben dieser Zeit legte sich der Bischof von Konstantinopel den Titel „ökumenischer" Patriarch bei. Von nun an waren beide Bezeichnungen Ausdruck der allgemein-kirchlichen Ansprüche ihrer Inhaber auf den Universal-Primat. Ähnliche Tendenzen hat es in Alexandrien und Antiochien zu dieser Zeit nicht gegeben. Echte Rivalitäten bestanden also nur zwischen Rom und Konstantinopel.

Roms Anspruch auf universale Geltung war uralt, ja man kann sagen genuin. Seit den Tagen des Klemens hat die römische Gemeinde ein besonderes Gewicht besessen und als Hüterin der Petrus-Tradition und der Apostolischen Sukzession in Fragen der Glaubenslehre und der Disziplin in die allgemein-kirchliche Entwicklung eingegriffen. Daneben hat der römische Bischof seine Vorrangstellung in Italien und im ganzen Westen ausgebaut. Wenn die Synode von Sardika (342) ihm das Schiedsrichteramt in Streitigkeiten, die zur Absetzung eines Bischofs geführt hatten, zusprach und ihn also zur höchsten kirchlichen Appellationsinstanz machte, so entsprach sie damit der tatsächlichen Machtstellung, die der Patriarch von Rom im ganzen Westen innehatte. Die Synode hat diese Anordnung aber zweifellos auch für die ganze Kirche erlassen. Da jedoch die Bischöfe des Ostens, die Partei der arianisch gesinnten Eusebianer, die Versammlung bereits verlassen hatten und allein die westlichen Konzilsteilnehmer übriggeblieben waren, erhielten diese Beschlüsse nur für den Westen praktische Bedeutung; auch hier konnten sie sich in der Folgezeit in den großen Zentren (Karthago, Arles, Mailand) nur schwer und bedingt durchsetzen. Aber der Bischof von Rom selbst hat den Auftrag der Synode ernst genommen und sich in der Geltendmachung seines Jurisdiktionsanspruches sowohl in seinem Patriarchat als auch in der Universalkirche auf ihn berufen. Man wird ihm das Recht dazu nicht absprechen können. Denn es ist kein Zweifel, daß die in Sardika verbliebene Mehrheit der Konzilsväter (94 gegen 76) berechtigt war, einen gültigen Beschluß zu fassen, zumal sie sich in Übereinstimmung mit den kaiserlichen Konzilsberufern und der Konzilsleitung, Bischof Ossius von Cordoba, befand.

Doch nicht der formaljuristische Standpunkt war für die weitere Primatsentwicklung Roms maßgebend, sondern in erster Linie das Bewußtsein, das Petrusamt in der Gesamtkirche ausüben zu müssen. Je stärker der Anspruch Konstantinopels mit politischen Gründen motiviert wurde, desto nachdrücklicher kehrte Rom den religiös-biblischen Gedanken hervor. Die Berufung auf die Petrusverheißung in Mt 16,18, die seit Cyprian im Gespräche war, wurde in der zweiten Hälfte des vierten Jahrhunderts immer häufiger und wichtiger. Sie wurde durchweg sowohl im Westen als auch im Osten im Prinzip anerkannt. Um sich ihrem Gewichte zu entziehen, erfand man in Konstantinopel später die Legende von der Gründung der Gemeinde durch den Apostel Andreas, den Bruder des Petrus, der noch vor Petrus berufen worden sei. Sie zeigt, wie ernst man dieses Argument genommen hat.

Im ganzen lateinischen Westen war Rom die einzige und unbestritten anerkannte Apostelgründung. Dieser Umstand verlieh seiner Gemeinde und seinen Bischöfen, die das Erbe des Petrus zu wahren hatten, auch noch im 4. und 5. Jahrhundert in allen Fragen der apostolischen Lehrtradition und der Disziplin zunehmendes Gewicht. Zwar hat Rom seinen Patriarchats-Primat nie so ausbauen können, wie etwa der Patriarch von Alexandrien in Ägypten, wo er einen unangefochtenen Lehr- und Jurisdiktionsprimat über alle seine untergeordneten Bischöfe ausübte; aber an Versuchen in dieser Richtung hat es nicht gefehlt. Der Erfolg war unterschiedlich. In Mittelitalien, das seinem direkten Einfluß unterstand, war er größer als in Nordafrika und Spanien, die als ehemalige Missionskirchen eine enge Verbindung mit der römischen Muttergemeinde unterhielten, und hier wieder größer als in Norditalien und Gallien, die nicht von Rom, sondern direkt vom Osten her ihr Christentum empfangen hatten.

Aber Karthago, Arles und Mailand waren selbst aufsteigende kirchliche Metropolen, die unter hervorragenden Bischöfen, wie Ambrosius in Mailand, Aurelius in Karthago und Patroclus in Arles, eine bedeutende Stellung im Westen des Reiches einnahmen. Sie waren einerseits bereit, Roms Vorrangstellung bis zu einem gewissen Grade anzuerkennen, drängten aber andrerseits auf Autonomie im inneren Bereiche ihrer Sprengel und suchten diese Stellung auszubauen. Aus dieser Doppelgleisigkeit ergaben sich teilweise Übereinstimmungen mit Rom, teilweise aber auch harte Gegensätze. Am stärksten traten diese wohl in Nordafrika hervor, das zu Beginn des fünften Jahrhunderts die unbestrittene geistige Führung im Westen innehatte.

So wurde die Auseinandersetzung um den Führungsanspruch Roms zu einem zähen Ringen, das im Patriarchatsbereiche wie in der Gesamtkirche mit großen Schwierigkeiten zu rechnen hatte.

b) Die Päpste dieser Epoche haben den römischen Primatsanspruch mit stärkerem Nachdruck als ihre Vorgänger vertreten. Wenn auch Idee und Wirklichkeit oft nicht ganz übereinstimmten, so haben sie doch zu seiner Gesamtentfaltung entscheidend beigetragen.

Schon unter SIRICIUS (384-399) wird das neue Selbstbewußtsein durch den Wechsel im Umgangston und den neuen Briefstil erkennbar. Von ihm stammt die früheste erhaltene Papstdekretale, die nicht mehr im brüderlich-mahnenden Ton, sondern im Stile kaiserlicher Amtsschreiben verpflichtende Normen setzt und Gehorsam fordert. An den spanischen Bischof Himerius von Tarragona schrieb er im Februar 385 einen Antwortbrief auf 15 kirchliche Fragen, die dieser noch an Damasus gerichtet hatte. Siricius betonte seine von Petrus dem römischen Bischofe überkommene „schwere Verantwortung für alle", die die gesamte Kirche umfasse, und verlangte für seine im Namen Petri getroffenen Entscheidungen Anerkennung und Gehorsam seitens aller spanischen Bischöfe. Päpstliche Dekrete seien mit demselben Verpflichtungscharakter anzunehmen wie die Beschlüsse römischer Konzilien. Ähnlich selbstbewußt äußerte er sich auch gegenüber gallischen und afrikanischen Bischöfen, denen er Beschlüsse römischer Konzilien mitteilte. Er war bestrebt, die römischen Bräuche in Disziplin und Lehre zur Norm für den ganzen Patriarchatsbereich zu machen.

Dem nach Thrazien und Illyrien übergreifenden Patriarchate Konstantinopel suchte er durch die Erhebung Thessalonichs zu einem römischen Vikariat mit besonderen Rechten entgegenzutreten.

Von ANASTASIUS I. (399-402) sind uns drei Schreiben erhalten, in denen er Stellung zu den origenistischen Streitigkeiten des Ostens genommen hat. Sein Nachfolger INNOZENZ I. (402-417) arbeitete zielbwußt am Ausbau des römischen Primates, den er sowohl im Patriarchat als auch in der Universalkirche geltend zu machen suchte. Er besaß eine klar aus Mt 16,18f. entwickelte Vorstellung von seinem Petrusamt in der Kirche. Er sprach dem römischen Bischof die letztverantwortliche Entscheidung als Appellationsinstanz für die ganze Kirche zu, zog die sogenannten „causae majores" vor sein Tribunal und verlangte, daß ihm die Beschlüsse der Provinzialsynoden zur Bestätigung vorgelegt würden. Als sich im Jahre 403 der von seinem Patriarchensitz Konstantinopel vertriebene Johannes Chrysostomus brieflich an ihn wandte, um ihm seine Lage zu schildern, verstand Innozenz diesen Schritt als eine Appellation an sein letztinstanzliches Urteil (was Chrysostomus selbst so sicher nicht gemeint hatte). Er setzte sich energisch am Kaiserhof für die Wiedereinsetzung des Vertriebenen ein und wies den skrupellosen Patriarchen Theophilus von Alexandrien, den Hauptfeind des Chrysostomus, zurecht. Darüber kam es zum zeitweiligen Abbruch der Kirchengemeinschaft mit den östlichen Patriarchaten.

In Rom hatte zwischen 400 und 411 der britannische Mönch und Asket Pelagius seine Lehren über die sittlichen Fähigkeiten des Menschen, der der Gnade zu seinem Heile nicht unbedingt bedürfe, sondern durch eigene Anstrengung den rechten Heilsweg gehen könne, verbreitet. Sein radikalerer Schüler Caelestius, der diese Ansichten noch weit überspitzte, siedelte um 411 nach Karthago über, wo seine Lehre alsbald von einer Synode verurteilt und er selbst exkommuniziert wurde. Darauf legte er Berufung an den Papst ein und begab sich nach Kleinasien. Pelagius hatte sich inzwischen in Palästina niedergelassen. Eine Synode von Jerusalem beschäftigte sich im Juli 415 mit seiner Lehre, ohne sich zu einer Verurteilung entschließen zu können. Eine im gleichen Jahre in Diospolos (Lydda) versammelte Synode, vor der Pelagius sich persönlich rechtfertigte, sprach ihn sogar von allen Anschuldigungen frei und bekräftigte die Kirchengemeinschaft mit ihm. So wurde die Lage immer komplizierter. Sicher ist, daß die Ansichten des Pelagius selbst weit gemäßigter waren als die seines Schülers Caelestius. Ihm ging es um die christliche Lebenspraxis, nicht um die Theorie. Er wollte die übernatürliche Gnade Gottes nicht ausschließen; doch schätzte er das natürliche moralische Können des Menschen und meinte, der Mensch vermöge aus sich sein Heil zu wirken, doch gehe es mit der Gnade Gottes „leichter".

Augustinus, der an sich selbst das Wirken der Gnade erlebt hatte, widersprach mit Heftigkeit. Eine unter seinem Vorsitz tagende Synode numidischer Bischöfe in Mileve (416) verurteilte die Lehre des Pelagius und teilte diesen Beschluß dem Papste mit. Innozenz I. exkommunizierte nun auch seinerseits Pelagius und Caelestius. Als Augustinus diese Entscheidung vernahm, fühlte er sich gegenüber den Synodalbeschlüssen von Jerusalem und Diospolos bestätigt und sprach die vielzitierten Worte: „(Roma locuta), causa finita est" (Sermo 131,10). Man überschätzt sie, wenn man aus ihnen, wie es oft geschehen ist, die bedingungslose Anerkennung eines definitiven päpstlichen Lehrprimates herauslesen will; sie waren aus einer konkreten Situation heraus gesprochen. Wenn er sie im Sinne eines unfehlbaren päpstlichen Lehramtes gemeint haben sollte, wäre er bald enttäuscht worden. Denn die Sache war noch keineswegs beendet. Pelagius verfaßte ein geschickt formuliertes Glaubensbekenntnis, und Caelestius begab sich damit selbst nach Rom. Es gelang ihnen, den neuen Papst ZOSIMUS (417–418), einen impulsiven Griechen, für sich einzunehmen. Dieser ließ beide auf zwei römischen Synoden rehabilitieren und verlangte in einem Schreiben, in dem er den Afrikanern diese Beschlüsse mitteilte, daß auch diese sie wieder in ihre Kirchengemeinschaft aufnähmen.

Auf diese offensichtliche Fehlentscheidung reagierte der sonst stets romfreundliche Augustinus mit ungewöhnlicher Heftigkeit. In Karthago trat eine Synode von 214 Bischöfen zusammen (1. 5. 418) und formulierte unter der geistigen Führung Augustins 9 Artikel über die Erbsünde und über die Gnade. Dann wurden die Akten der Synode nach Rom geschickt. Daraufhin rollte Zosimus die Sache nochmals auf. Als der von ihm nach Rom zitierte Caelestius nicht erschien, bestätigte er kurzerhand die karthagischen Beschlüsse und revidierte sein Urteil über den häretischen Charakter des Pelagianismus. Er exkommunizierte seine Urheber.

Zosimus verhielt sich auch in anderen kirchlichen Entscheidungen recht ungeschickt und unglücklich. So ließ er sich von dem ehrgeizigen Bischof Patroclus von Arles bewegen, ihn zum Primas der gallikanischen Kirche zu bestellen und ihm die Kontrolle über alle gallischen Besitztümer zu übertragen. Die Metropoliten von Vienne, Narbonne und Marseille, die übergangen worden waren, setzten sich zur Wehr. Schon Zosimus' Nachfolger mußte diese unbedachte Maßnahme wieder zurücknehmen. Ebenso verfehlt war sein Eingreifen in eine afrikanische Kirchenangelegenheit, in der er das römische Appellationsrecht geltend machen wollte. Er benutzte den Umstand, daß ein wegen unwürdigen Lebenswandels abgesetzter Priester, Apiarius von Sicca, gegen seinen eigenen Bischof an den Papst appellierte, um sofort, ohne die Sache näher zu prüfen, im Jahre 418 durch einen eigens beauftragten Gesandten die Rehabilitierung des Betroffenen zu verlangen. Dabei berief er sich auf die Kanones von Sardika, die er fälschlich dem Nicänum zuschrieb. In Afrika aber galt ein besonderes Recht, das den niederen Geistlichen jede Appellation nach auswärts verbot. Für diesmal gab der Bischof von Sicca zwar nach; Apiarius wurde wieder eingesetzt, aber in eine andere Diözese versetzt. Doch gleichzeitig erklärte ein afrikanisches Plenarkonzil (418) erneut derartige Appellationen nach „Übersee" (Rom) für unzulässig.

Italien wurde zu dieser Zeit von schweren Leiden heimgesucht. Seit 401 verwüsteten die Westgoten unter König Alarich die Halbinsel. Im Jahre 410 eroberten sie Rom, die „ewige Stadt". Das ganze Imperium Romanum stand erschüttert vor dieser Katastrophe.

Augustinus schrieb bald danach seinen „Gottesstaat" (413–426), in dem er das furchtbare Geschehen christlich zu deuten versuchte. Bald griff das Unheil weiter um sich. Seit 425 verwüsteten die Vandalen Spanien. 429 setzten sie nach Nordafrika, der „Kornkammer Italiens", über. 430 belagerten sie Hippo, die Bischofsstadt Augustins, der während dieser Belagerung starb. Schrecken, Unsicherheit und Existenznot lagen über der ganzen westlichen Reichshälfte. Sie spiegelten sich in den innerkirchlichen Unruhen wider.

In Rom kam es bei der Wahl des Papstes BONIFATIUS I. (418–422) zu bösen Streitigkeiten innerhalb der Gemeinde. Bevor die Mehrheit der Presbyter den schon älteren, besonnenen und etwas kränklichen Bonifatius gewählt hatte, erkor die Partei der Diakone den tatkräftigen römischen Archidiakon Eulalius zum Bischof; offensichtlich versprach sie sich von ihm eine stärkere Regierung in dieser schweren Zeit. Beide Parteien wandten sich an die kaiserliche Regierung; die uns erhaltene Korrespondenz ist „ein betrübliches Zeichen dafür, wie notwendig oft ein staatliches Zugreifen in die Belange des Kirchenrechts gewesen ist" (H. Rahner). „Die Sorge für meine Kirche zwingt mich", so schrieb Bonifatius am 1. Juli 420 an den Kaiser, „...die Nöte der Kirche und die Bitten aller Bischöfe und Kleriker dem christlichen Herrscher vorzutragen; ...die Kirche selbst ruft Eure fromme Majestät an, christlicher Kaiser: ... Ihr sollt dafür sorgen, daß kein Unwetter ihre Ruhe stört." Man hat die daraufhin erfolgte Anordnung des Honorius, daß künftig bei strittigen Wahlen keiner von den beiden Prätendenten den römischen Bischofsstuhl besteigen dürfe und daß vielmehr eine sofortige Neuwahl stattzufinden habe, das „erste staatlicherseits erlassene Papstwahlgesetz" genannt. Noch oftmals sollte die Kirche Roms im Verlaufe ihrer weiteren Geschichte auf solche staatliche Hilfestellung angewiesen sein. Das Subsidiaritätsprinzip blieb im Westen bestimmend für das Verhältnis des Staates zur Kirche, während im Osten die Kirche immer mehr der Kaisermacht bedingungslos untergeordnet wurde. Der westliche Dualismus kündigte sich an.

Diese inneren Schwierigkeiten ließen Bonifatius I. keine Zeit, nach außen wirksam zu werden. Er hatte genug zu tun, die unbedachtsamen Maßnahmen seines Vorgängers in Gallien und Afrika wieder rückgängig zu machen, und vermochte wenigstens vorübergehend zu erreichen, daß der oströmische Kaiser Theodosius II. (408–450) die Übertragung Illyriens an den Patriarchat Konstantinopel zurücknahm. Er verdankte dies seinem guten Verhältnis zum weströmischen Kaiser Honorius (395–423), der in Ravenna residierte.

Sein energischer Nachfolger CÖLESTIN I. (422–432) hatte mit denselben Schwierigkeiten zu kämpfen. Unglücklicherweise ließ er sich erneut auf den Apiariushandel ein. Dieser unselige Mann war zum zweiten Mal wegen unwürdiger Lebensführung von seinem Bischof abgesetzt und exkommuniziert worden und wagte es, abermals an den Papst zu appellieren. Cölestin ließ sich wiederum von ihm einnehmen. Er sandte 426 eine neue Gesandtschaft nach Afrika. Es ging dabei weniger um den Apiariusfall als vielmehr um die Durchsetzung des römischen Appellationsrechtes. Auch in der unmittelbaren Umgebung Augustins von Hippo hatte ein von diesem ernannter und später gemaßregelter Bischof, Antonius von Fussala, nach Rom appelliert. So war die Frage des Appellationsrechtes in lebhafte Diskussion geraten. Diesmal war die Reaktion der afrikanischen Bischöfe ungewöhnlich scharf. Eine karthagische Synode (426) verbat sich energisch jedes weitere römische Eingreifen in innerafrikanische Angelegenheiten; sie verbot jede Appellation nach Rom und ließ eine solche nur an den Primas der afrikanischen Kirche, den Metropoliten von Karthago, zu. Ein schwerer Konflikt zwischen Karthago und Rom bahnte sich an. Er scheint nur durch die über Afrika hereinbrechende Vandalenkatastrophe verhindert worden zu sein. Übrigens haben Augustinus und sein Freund Alypius das Synodaledikt nicht mitunterzeichnet; sie scheinen sich von ihm distanziert zu haben.

Durch den Patriarchen Cyrill von Alexandrien wurde Papst Cölestin I. unerwartet stark in die christologischen Auseinandersetzungen des Ostens mithineingezogen. Theologische und kirchenpolitische Gegensätze hatten den Alexandriner gegen Nestorius, den Patriarchen von Konstantinopel, auf den Plan gerufen. Während Cyrill dem Nestorius vorwarf, er löse die Einheit der göttlichen und menschlichen Natur in Christus auf – deshalb verweigere er Maria den Titel einer wirklichen „Gottesgebärerin" –, hielt dieser ihm entgegen, er vermische die beiden Naturen allzusehr miteinander und mache sich dadurch der Irrlehre des Apollinarismus schuldig. In der Tat war Cyrill in seiner Lehre von der „*einen* Natur des fleischgewordenen Logos", die er für athanasianisch hielt, einer apollinaristischen Fälschung aufgesessen, wie wir heute wissen. Doch war diese Formel, wenn sie im Sinne einer Idiomen-Kommunikation angewendet wurde, auch orthodox vertretbar. Beide Patriarchen wandten sich nach Rom, um die Zustimmung des abendländischen Patriarchen für ihre Ansicht zu gewinnen. Cölestin entschied sich auf einer römischen Synode (um den 10. 8. 430) für Cyrills Ansicht. Er betrachtete seine Entscheidung als bindend und verlangte von Nestorius kategorisch unter Androhung des Bannes den Widerruf binnen zehn Tagen. Gleichzeitig beauftragte er Cyrill mit der Durchführung dieses Urteils.

Für die nachfolgende Entwicklung, die zu unerquicklichen Streitigkeiten auf dem Konzil von Ephesus und nachher führten, ist der kämpferische und streitsüchtige Charakter Cyrills verantwortlich, der das Ansehen des römischen Bischofs, auf das er sich jetzt stützen konnte, sehr zu seinen Gunsten ausnützte. Er schleuderte, zugleich im Namen des Papstes, 12 Anathematismen (Verdammungen von Lehrmeinungen) gegen Nestorius. Dieser setzte sich zur Wehr und konnte sich dabei auf seinen Mit-Patriarchen von Antiochien stützen. So standen zwei Patriarchate gegen zwei andere. Das von Kaiser Theodosius II. nach Ephesus (431) berufene ökumenische Konzil sollte über den Streitpunkt entscheiden.

Auf dem Konzil wußte Cyrill sich durchzusetzen. Unter seinem Vorsitz verurteilte die Versammlung der Alexandriner die Meinung des Nestorius, noch bevor die Antiochener in Ephesus eingetroffen waren. Johannes von Antiochien trat später auf die Seite des Nestorius, während die ebenfalls erst später eintreffenden päpstlichen Gesandten zu Cyrills Synode hielten. So wurde Nestorius von der einen Versammlung verdammt, von der anderen unterstützt. Der Kaiser entschied, indem er sich hinter Cyrill stellte und Nestorius nach Oberägypten verbannte, wo er um 451 im guten Glauben an die Rechtmäßigkeit seiner Ansicht gestorben ist.

Wenn auch die päpstlichen Gesandten in Ephesus – ein Presbyter und zwei Bischöfe – kaum eine wichtige Rolle bei den Entscheidungen spielten, so trug doch Cyrills taktische Herausstellung des Papsttums zur Stärkung des römischen Ansehens bei. Umgekehrt wurde die Entscheidung des Konzils von Ephesus für die Gottesmutterschaft Mariens in Rom als Sieg der eigenen Glaubenslehre angesehen. Cölestins Nachfolger ließ bald darauf in „S. Maria Maggiore", der ehemaligen Liberiusbasilika, den Triumphbogen mit den herrlichen, noch heute erhaltenen Mosaiken zur Ehre Mariens, der „Gottesgebärerin", ausschmücken.

Cölestin hat gegen Ende seines Lebens auch in die pelagianischen Streitigkeiten noch einmal eingreifen müssen, die vor allem in England und in gemäßigterer Form (Semipelagianismus) in Italien, wo Johannes Cassianus lehrte, um sich griffen; nachdrücklich vertrat er die augustinische Gnadenlehre gegen jede Überbewertung der menschlichen Natur und Leistungsfähigkeit im Heilsprozeß. Ein bleibendes Verdienst erwarb er sich durch die Entsendung des Palladius zur Missionierung Irlands im Jahre 431.

Die pelagianischen und semipelagianischen Auseinandersetzungen dauerten auch unter seinem Nachfolger Sixtus III. (432–440) noch an. Unnachgiebig zeigte er sich dem abgesetzten und verurteilten pelagianischen Bischof Julian von Eclanum gegenüber. 433 trat er der Einigungsformel bei, die zwischen Cyrill von Alexandrien und Johannes von Antiochien zur Beendigung des nestorianischen Streites gefunden worden war. Alle seine Briefe zeugen von dem Bewußtsein, daß er als Hüter des Petruserbes berufen und verpflichtet sei, mit der apostolischen Tradition den orthodoxen Glauben in der Gesamtkirche zu wahren und zu sichern.

Aber nicht nur der Lehrprimat, sondern auch der Jurisdiktionsprimat in der Gesamtkirche ist in Rom zu Beginn des fünften Jahrhunderts eine Selbstverständlichkeit geworden. Er wird aus Mt 16,18–19 abgeleitet. So betonte Cölestin I. (422–432) in seiner Botschaft an das Konzil von Ephesus (431): „Niemandem ist es zweifelhaft, daß ... Petrus ... das Fundament der katholischen Kirche, von unserem Herrn Jesus Christus ... die Schlüssel des Himmelreiches empfing und ihm die Macht gegeben wurde, zu binden und von den Sünden zu lösen, er, der bis jetzt und für immer in seinen Nachfolgern lebt und Recht spricht" (Denz. nr. 112). Hier ist Petrus = petra = Felsenfundament der Kirche. Auf dieser Gleichung beruht das römische Primatdenken.

Ihr stand eine andere Gleichung gegenüber, die Kirche und petra gleichsetzt. Augustinus hatte sie so formuliert: „Petrus a petra, petra vero ecclesia" (In Jo Evang. tr. 7,14) und dazu ausgeführt: „Was die Kirche von Christus als ihr Eigen besitzt, das stellt Petrus sinnbildlich und sinnfällig dar; das heißt, petra ist das Sinnbild für Christus, Petrus aber ist das Sinnbild für die Kirche" (ebd.; Sermo 76,1; Sermo 149,7). Die augustinische Formel: Petrus figuram ecclesiae gestans, sah Petrus (nur) als Symbolfigur für die Kirche, nicht als ihr von Christus bestelltes Fundament. Das theologische Gewicht, das Augustinus schon zu seiner Zeit besaß, gab dieser Deutung eine weite Wirkung. Vielleicht hat er auch nur zusammengefaßt, was außerhalb Roms die allgemeine Ansicht war, und zwar im Osten noch mehr als im afrikanischen Westen. Beide Formeln, die römische: petra = Petrus, und die augustinische: petra = Christus = Kirche, waren kein Widerspruch, da weder Augustinus noch die östlichen Theologen Petrus aus ihrer Formel auszuklammern beabsichtigten. Dennoch aber setzten sie jeweils die Akzente verschieden. Die römische Petrusgleichung wurde für den Westen unter dem Einfluß Roms die herrschende.

## § 8
## Papst Leo der Große

Mit Leo I. (440–461) bestieg der erste wirkliche „Papst" den Stuhl Petri. Er brachte die römische Primatentwicklung der frühen Jahrhunderte, insbesondere seit Damasus I., zum Abschluß. Der „Liber Pontificalis", das um 530 entstandene römische Papstbuch, berichtet, er habe „seine Anordnungen kraft eigener Autorität erlassen und an Kaiser Marcian gesandt" (Vita Leonis: Lib. Pont., hrsg. von L. Duchesne, I, 238).

Leos Petrusdoktrin bezog ihre ganze Kraft aus Mt 16,18. Den politisch begründeten Ansprüchen des Patriarchen von Konstantinopel setzte er bewußt eine religiös fundierte römische Primatslehre entgegen. Er folgte damit seinen Vorgängern Siricius und Innozenz I., deren Gedanken er fortentwickelte. Vor allem lag ihm daran, zu sagen, daß die Petra = Petrus-Formel kein Widerspruch zur Petra = Christus-Formel sei, sondern ihre gottgewollte Deutung. Der Herr selbst identifiziere sich mit Petrus, indem er ihm seine Gewalt übertrug und ihn zum Leiter über alle einsetzte: „Alle soll nun recht eigentlich (proprie) Petrus lenken, die in erster Linie (principaliter) Christus regiert" (Sermo 4,2). Denn wenn die Gnade Gottes „auch den übrigen Hierarchen eine Teilnahme an dieser Leitungsgewalt gibt, so verleiht sie ihnen diese doch nur durch ihn (Petrus)" (ebd.). Was für Petrus gegolten habe, gelte auch für seinen Nachfolger, den Papst. Die „forma Petri" sei maßgebend für das Verhältnis des römischen Bischofs zum Gesamtepiskopat. Denn Petrus lebe in seinen Nachfolgern auf der „Cathedra Petri" in Rom unmittelbar fort.

Zum erstenmal findet hier der spätere Papsttitel „Stellvertreter Petri" („cuius vice fungimur") seine klare Formulierung; er ist der kurz zuvor entstandenen Bezeichnung des Erstapostels Petrus als des „Stellvertreters Christi" nachgebildet und ist im Zusammenhang mit diesem zu sehen. Aus dieser seiner Stellung leitet Leo seine Verantwortung für die Gesamtkirche ab. Wie Jesus dem Petrus die „plena potestas" übertragen habe, so müsse auch der Papst eine solche „plenitudo potestatis" wahrnehmen. Leo sah darin eine überregionale Gesamtverantwortung für die universale Kirche, die nicht etwa die lokalen Gewalten der Diözesanbischöfe oder die regionalen der Metropoliten und Patriarchen auszuschalten beabsichtigte, sondern sie zu einer zu lenken hatte. Es war eine Art von Oberleitung. „Wie auf der ganzen Welt nur Petrus dazu auserkoren wurde, das *Haupt* aller berufenen Völker – sowohl sämtlicher

Apostel als auch aller Väter (Bischöfe) der Kirche – zu sein", so ist auch „trotz der vielen Priester und trotz der vielen Hirten unter dem Volke Gottes Petrus im eigentlichen Sinne der Leiter aller derer, über die prinzipiell (principaliter) Christus herrscht". Daraus schloß er, daß „nicht ohne Grund das, woran alle Anteil haben sollten, *einem* anvertraut wurde. Diese Vollmacht ist dem Erstapostel eben deshalb gesondert übertragen worden, weil die Person des Petrus über allen Leitern der Kirche steht". „Das Vorrecht des heiligen Petrus gilt auch für seine Nachfolger, sooft sie, von *seinem* (Petri) Gerechtigkeitssinn erfüllt, ein Urteil sprechen" (Sermo 4,3; 83,2).

Besonderen Anlaß zur Reflexion über sein Petrusamt bot Leo auch Lk 22,31, wonach Jesus für Petrus gebetet hat, damit sein Glaube nie ins Wanken gerate: „... du aber stärke deine Brüder, wenn du zu dir zurückgefunden hast." Ihn drückte die Sorge und Verantwortung, die er für alle trug. „Mit allen Bischöfen tragen Wir ihre Sorgen gemeinsam und nehmen Anteil an der Amtsführung eines jeden einzelnen von ihnen", erklärte er und fuhr fort: „Aus der ganzen Welt nimmt man seine Zuflucht zum Stuhl des heiligen Petrus, und alle erwarten von unserer Verwaltung des Hohenpriesteramtes dieselbe Liebe zur Gesamtkirche, wie sie dem Petrus vom Herrn ans Herz gelegt worden ist" (Sermo 5,2).

Von entscheidender Bedeutung für die weitere Entwicklung war, daß es Leo gelang, seine Primatstheorie weithin auch in die Praxis umzusetzen. Der Bekämpfung der Häresie galt seine besondere Aufmerksamkeit. Schon als Archidiakon unter seinem Vorgänger regte er Johannes Cassianus zu einer Schrift gegen Nestorius an. Auch wußte er es zu verhindern, daß der Pelagianer Julian von Eclanum wieder in sein Bistum eingesetzt wurde, aus dem er 418 verbannt worden war. Als Julian nach dem Tode Sixtus' III. nach Italien zurückkehrte, wurde er von Leo erneut gebannt. Wo immer in Italien sich pelagianische Tendenzen zeigten, griff Leo zu, im Norden (Aquileja) wie im Süden. Einen energischen Kampf führte er auch gegen die Manichäer, vor allem in seiner Bischofsstadt Rom. Er sah einen engen Zusammenhang zwischen dem Manichäismus und dem spanischen Priszillianismus, den er in einem Antwortschreiben an den Bischof Turibius von Astorga um 447 ebenso entschieden verurteilte. Er ordnete Synoden zur Überwindung der Irrlehren an (Ep. 15: PL 54, 367). Er scheute sich nicht, die staatliche Hilfe dafür in Anspruch zu nehmen, und erwirkte von Valentinian III., der sich damals in Rom aufhielt, ein scharfes Reskript vom 19. Juni 449 an den praefectus praetorio Albinus, das die strenge Handhabung der Gesetze gegen die Häretiker verlangte.

Staatliche Mithilfe forderte und erhielt er auch in der Auseinandersetzung mit Arles, das sich der römischen Jurisdiktion mehr und mehr zu entziehen suchte, seitdem es von Papst Zosimus mit großen Sonderrechten ausgestattet worden war. In einem Edikt ordnete Valentinian III. im Jahre 445 an, daß der Bischof von Arles so gut wie alle übrigen Bischöfe Galliens und der übrigen Provinzen den Anordnungen (praeceptis) des römischen Bischofs nicht zuwiderhandeln dürfe: „Für alle insgesamt soll Gesetzeskraft haben, was immer der apostolische Stuhl autoritativ bestimmt und anordnet." Damit wurde der Jurisdiktionsprimat des Papstes über den Westen des Reiches ein für allemal staatlich bekräftigt. Auch in Nordafrika und in Illyrien wußte Leo ihn zur Geltung zu bringen. Der weströmische Kaiser Valentinian III. huldigte mit seiner Gattin Eudoxia und seiner berühmten Mutter Galla Placidia im Jahre 450 dem heiligen Petrus an seiner Grabstätte in St. Peter zu Rom. Die Petrusverehrung war zu einem im Westen allgemein anerkannten Faktum geworden.

Im Osten waren die Verhältnisse sehr viel komplizierter. Nach der römischen Primatsdoktrin nahmen die orientalischen Patriarchate eine Art Mittelstellung zwischen den Bischofskirchen und Rom ein; auch sie waren dem römischen Stuhle Petri Gehorsam schuldig. Als Dioskur, der Neffe und Nachfolger Cyrills in Alexandrien († 447), Leo im Jahre 445 Anzeige von seiner Wahl zum Bischof von Alexandrien machte, antwortete der Papst mit einer kaum verhüllten *Bestätigung* dieser Wahl. Um eine solche hatte Dioskur nicht nachgesucht. Daß er nicht gewillt war, eine römische Jurisdiktion über Alexandrien anzuerkennen, brachte er in dem erneut ausgebrochenen Streit um die Osterfestfeier zum Ausdruck; Leo mußte nachgeben, um den Frieden nicht zu gefährden.

Erfolgreicher war sein Eingreifen in die christologischen Streitigkeiten des Ostens, die nach dem Konzil von Ephesus noch keineswegs zur Ruhe gekommen waren. Eutyches, Abt eines großen Klosters bei Konstantinopel und heftiger Gegner des Nestorianismus, hatte die beiden Naturen in Christus so eng miteinander verschmolzen (Monophysitismus), daß faktisch nur noch eine einzige, die göttliche Natur, übrigblieb. Damit war das wahre Menschsein Christi in Frage gestellt, und so entfiel auch die zentrale Voraussetzung für die Vermittler- und Erlösertätigkeit des Gottmenschen im Heilsmysterium. Die ganze christliche Heilslehre war in Gefahr. Patriarch Flavian von Konstantinopel zitierte Eutyches vor eine Synode und verurteilte ihn, da er nicht widerrufen wollte, als Häretiker. Dieser aber fand die Unterstützung des Patriarchen Dioskur von Alexandrien, der als Nachfolger Cyrills die gleichen oder ähnliche Gedankengänge vertrat. Auf Dioskurs Betreiben berief Kaiser Theodosius II. erneut ein Reichskonzil nach Ephesus (449), das ganz unter Dioskurs Einfluß stand und unter tumultartigen Verhältnissen Eutyches rehabilitierte, jedoch Flavian seines Amtes enthob. Papst Leo, dessen Gesandte man nicht hatte zu Wort kommen lassen, bezeichnete diese Versammlung später als „Räubersynode".

Schon vorher hatten sowohl Eutyches als auch Flavian sich an Leo gewandt, und dieser hatte in seiner berühmten Antwort an Flavian („epistola dogmatica ad Flavianum") die Lehre von den *zwei* Naturen in Christus, die „unvermischt und ungetrennt" in der *einen* Person des Gottessohnes verbunden sind, dargelegt. Er hatte sich also hinter Flavian gestellt und den Monophysitismus verurteilt. „Unvermischt", so erklärte er, bleiben im Gottmenschen Jesus Christus die göttliche und die menschliche Natur nebeneinander bestehen (gegen Cyrill und Eutyches). Sie sind aber nicht voneinander zu trennen, sondern in der Person des göttlichen Logos unlösbar verbunden (gegen Nestorius). Auf dieser Verbundenheit beruht das ganze Erlösungswerk Christi. Für die abendländische Theologie war mit dieser begrifflichen und sprachlichen Klärung die Basis für die weitere theologische Entwicklung gelegt. Nicht ganz so im Osten. Zwar erreichte Leo von Kaiser Marcian (450–457), dem Nachfolger des Theodosius II., daß ein neues Konzil, das 4. ökumenische Konzil von Chalcedon (451), zusammentrat; dieses verurteilte Dioskur und Eutyches und setzte sie ab; gegen ihre Anhängerschaft ließ es Milde walten, stellte sich indes voll und ganz hinter Leos Lehrschreiben, das nach seiner Verlesung von den mehr als sechshundert anwesenden Bischöfen mit begeisterten Zurufen angenommen wurde: „Das ist der Glaube der Väter; der Apostel Petrus hat durch Leo gesprochen; so haben die Apostel gelehrt." Doch bald nach dem Konzil setzten die Lehrstreitigkeiten im Osten erneut ein. Der Kampf gegen den Monophysitismus erschütterte noch viele Jahrzehnte lang die ganze östliche Reichshälfte. In Alexandrien kam es bei der Wahl des Nachfolgers für Dioskur zur Spaltung der Kirche. Der orthodoxe Kandidat, Patriarch Proterius, wurde 457 vom Pöbel in seiner Bischofskirche erschlagen. Der Monophysit Timotheus Ailurus gewann die Oberhand. Die kaiserliche Regierung zeigte sich zunächst wenig interessiert. Kaiser Leo I., der Thraker (457–474), war monophysitenfreundlich. So hielt der Streit um die Auslegung des päpstlichen Lehrschreibens, des „Tomus Leonis", an. Den dogmatischen Auseinandersetzungen folgten die kirchenpolitischen.

Alexandrien und Ägypten begannen sich von der Großkirche zu lösen.

Auch das Konzil selbst war schon von kirchenpolitischen Mißklängen überschattet. Dem Papst war bereits seine Einberufung durch den Kaiser ein Dorn im Auge gewesen. Er hatte es in Italien versammeln wollen, um es dem kaiserlichen Einfluß zu entziehen. In Chalcedon führten die achtzehn bestellten kaiserlichen Beamten – mit dem magister militum Anatolius an der Spitze – faktisch den Vorsitz. In der entscheidenden 6. Sitzung, die über die Zweinaturenlehre entschied, hatte das Kaiserpaar selbst den Ehrenvorsitz. Obwohl der Papst für sich bzw. für seine Legaten ausdrücklich den Vorsitz verlangt hatte, mußten diese sich mit einer Scheinrolle begnügen. Sie haben – das muß man ihnen zugestehen – die päpstlichen Forderungen auf dem Konzil immer wieder kräftig vertreten, und es wurde ihnen zugestanden, daß sie als erste ihre Stimme abgeben und unterzeichnen durften und daß sie den ersten Platz – vor den Patriarchen von Konstantinopel, Antiochien und Alexandrien – einnahmen, aber die tatsächliche Führung hatten sie nicht. So konnten sie es auch nicht verhindern, daß das Konzil am 31. Oktober 451 in ihrer Abwesenheit den Kanon 28, der eine Rangerhöhung Konstantinopels auf den zweiten Platz nach Rom festlegte, beschloß. Ihr Protest vom 1. November nützte ebensowenig wie die Verweigerung der Bestätigung durch den Papst, um die der Kaiser selbst nachträglich gebeten hatte. Leo akzeptierte die Konzilsbeschlüsse mit Ausnahme des Kanons 28.

Östliches und westliches Denken entwickelten sich immer weiter auseinander. Wie im christologisch-theologischen Bereiche die monophysitischen Vorstellungen sich fortsetzten, so verschmolzen auch im politischen Leben Staat und Kirche immer mehr. Ein religiös-politisches Einheitsdenken griff um sich, das die Religion mit der kaiserlichen Politik identifizierte. Man spricht nicht zu Unrecht im analogen Sinne von einem „politischen Monophysitismus". Ganz anders im Westen. Hier führte die christologische Formel von der Zwei-Naturen-Lehre konsequent zum System des *verbundenen Dualismus,* nach dem Göttliches und Menschliches, d.h. Religion und Politik im staatlichen Leben, ebenso „unvermischt" und „ungetrennt", weil im Personkern der Christen miteinander verbunden, ihre Eigenständigkeit und ihre Eigenwertigkeit behielten wie die göttliche und die menschliche Natur in der Person des Gottmenschen Jesus Christus. Man kann diesen „abendländischen Dualismus", der in der Folgezeit das ganze westliche Denken bis in die Neuzeit hinein bestimmt hat, mit einer Ellipse vergleichen; diese besteht aus zwei Polen, die zwar getrennt existieren, aber doch stets in einer inneren Spannungseinheit zueinander stehen müssen, d. h., Kirche und Staat, Religion und Politik können nicht voneinander getrennt werden, solange sie aus denselben Menschen bestehen; sie dürfen aber auch nicht miteinander vermischt werden, weil sonst das Christsein Schaden leidet. Die Schwierigkeit besteht darin, das rechte Verhältnis der beiden Pole zueinander zu bestimmen. Das östliche religiös-politische Einheitsdenken, das sich graphisch in der Form des zentralen Kreises, der nur um *einen* Mittelpunkt kreist, darstellen läßt, hat es leichter; dafür aber trägt es die schwere Hypothek der politischen Vergewaltigung der Religion durch den Staat, wie sie im „Cäsaropapismus" der kommenden Jahrhunderte oft genug zur drückenden Last geworden ist.

So hat Leo der Große mit seiner Zwei-Naturen-Lehre dem ganzen abendländischen Denken eine Richtung gewiesen; seine Nachfolger haben sie zur Zwei-Gewalten-Lehre ausgebaut, die dem religiösen Leben und damit dem inneren geistigen Menschen Eigenständigkeit und freie Entfaltung bewahrt haben. Die politische Lage des Westens war dieser Entwicklung günstig.

Die Schwäche des weströmischen Kaisertums führte geradezu zwangsläufig zu einer Verselbständigung der kirchlichen Stellung. Schon 410 war Kaiser Honorius (395–423) nicht in der Lage gewesen, Rom und Italien vor der Verwüstung durch die Westgoten zu schützen. Als 451 die Hunnen plündernd und mordend in Norditalien einfielen, war der schwache Kaiser Valentinian III. (425–455) noch viel weniger imstande, ihnen Einhalt zu gebieten. Rom sah sich aufs neue einem furchtbaren Schicksal preisgegeben. Da entschloß sich Papst Leo, dem Hunnenkönig Attila im Jahre 452 mutig entgegenzutreten. In Mantua traf er mit ihm zusammen. Allein durch die Macht seiner Persönlichkeit erreichte er es, daß Attila von der weiteren Verwüstung Italiens abließ und mit dem Reiche Frieden zu schließen versprach. Rom war gerettet. Leos Ansehen beim Volke wuchs gewaltig. Wenige Jahre später, im Jahre 455, standen die Vandalen unter ihrem König Geiserich vor Rom, und kein römisches Heer brachte Hilfe. Da richteten sich abermals alle Blicke auf den Papst, und Leo begab sich wiederum mutig ins Lager der Feinde. Wenn er auch diesmal die Plünderung der Stadt nicht völlig verhindern konnte, so erreichte er doch wenigstens, daß das Leben der Bürger verschont blieb und die Stadt nicht eingeäschert wurde. Kein Wunder, daß die Bevölkerung ihre Rettung aus der Todesnot dem unmittelbaren Eingreifen Gottes durch seinen Hohenpriester Leo zuschrieb. Der Papst erschien als der Retter Italiens. Die dankbaren

Mitbürger brachten ihm unbegrenztes Vertrauen entgegen, und die Nachwelt hat ihn mit dem Beinamen „der Große" geehrt. Die unter seinem Namen erhaltenen Briefe und die ca. 100 Predigten, die uns von ihm überliefert sind, zeigen ihn als eine kraftvolle religiöse Persönlichkeit, die einen offenen Blick für die Realitäten des Lebens besaß. Die Kirche sieht in ihm einen Heiligen und rechnet ihn den Kirchenlehrern zu.

§ 9

*Das Papsttum in der Auseinandersetzung mit Byzanz*

Die Einrichtung einer ständigen päpstlichen Vertretung am byzantinischen Kaiserhof durch Leo d. Gr. im Jahre 453 zeigt, welche Bedeutung der Papst der höchsten politischen Macht im Reiche beigelegt hat. In dem Ernennungsschreiben zum ersten päpstlichen Legaten (griechisch: Apokrisiar) in Konstantinopel weist Leo den Bischof Julian von Kios an, nicht nur laufend über alle kirchlichen Angelegenheiten, die am Kaiserhof verhandelt und entschieden wurden, nach Rom zu berichten, sondern auch für die Reinhaltung des Glaubens nach der Entscheidung des Konzils in Byzanz einzutreten; dies bedeutete vor allem, daß er dafür sorgen sollte, daß die chalcedonensische Zwei-Naturen-Lehre (Dyophysitismus) gewahrt blieb. Denn eben darum entbrannte der Kampf nach dem Konzil aufs neue.

Papst HILARUS (461–468) hatte, solange Kaiser Leo I. (457–474) lebte, noch keine direkte Veranlassung, sich im Osten zu engagieren. Um so mehr konnte er sich im Westen als höchste kirchliche Instanz betätigen. Jurisdiktionsstreitigkeiten in Gallien (Arles contra Vienne, Narbonne usw.) und in Spanien (Tarragona contra Calahorra) boten Anlaß zum direkten Eingreifen; eine römische Synode (465) verbot den spanischen Bischöfen, ihre Nachfolger selbst zu designieren und dadurch das freie Wahlrecht zu umgehen. Für Rom bedeutete der Pontifikat des Hilarus eine Friedenszeit, in der die Schäden der Vandaleneroberung (455) wieder beseitigt werden konnten.

Aber schon unter SIMPLICIUS (468–483) spitzten sich die Verhältnisse im Osten wieder zu. Nach dem Tode Kaiser Leos I. (457–474) riß der Usurpator Basiliskos die Herrschaft an sich. Um seinen Anhang zu vergrößern, gewährte er 475/476 durch ein Edikt (= Enkyklion) den Monophysiten, die vor allem in Ägypten, Palästina und Syrien sehr zahlreich waren, offizielle Duldung. Sofort protestierte Simplicius dagegen und forderte Basiliskos auf, sich von der monophysitischen Irrlehre zu distanzieren, ohne jedoch Erfolg zu haben. Aber auch Kaiser Zenon (476-491), der nach dem Sturze des Basiliskos die Herrschaft antrat, nahm keine klare Stellung ein. Aus den gleichen politischen Erwägungen wie Basiliskos suchte er die Monophysiten zu gewinnen. Er ließ durch den Patriarchen Akakios von Konstantinopel das sogenannte Henotikon ausarbeiten, eine Einigungsformel, die er 482 als Religionsedikt für das ganze Reich erließ. Sie sollte die religiöse Einheit, ohne die der byzantinische Staat nicht existieren konnte, wiederherstellen, doch erreichte sie das Gegenteil. Von den Katholiken konnte der Kompromiß, der wesentliche Punkte des Glaubensbekenntnisses von Chalcedon preisgab, nicht akzeptiert werden. Die Monophysiten lehnten ihn ab, weil er ihnen nicht weit genug entgegenkam.

Es gelang Zenon zwar, die drei Patriarchen des Ostens auf seine Seite zu ziehen; doch der Papst im Westen protestierte. Simplicius scheint selbst nicht mehr dazu gekommen zu sein; aber sein Nachfolger FELIX II. (483-492) entsandte alsbald eine Gesandtschaft nach Konstantinopel, die den Patriarchen unter Hinweis auf Mt 16,19 vor seinen Richterstuhl nach Rom zitierte; dieses vom päpstlichen Primatsdenken diktierte Vorgehen zeigt Felix auf den Spuren Leos d. Gr.; es erregte jedoch in Konstantinopel heftigen Widerspruch. Die Gesandten wurden „wie Kriegsgefangene eingekerkert" und durch Drohungen eingeschüchtert, bis sie sich bereitfanden, ihren Auftrag zu annullieren und die Kirchengemeinschaft mit den Monophysiten aufzunehmen. Nach ihrer Rückkehr hielt Felix voll Entrüstung eine römische Synode (Juli 484), die Akakios und seine Anhänger, also auch den Kaiser, ohne ihn indes zu nennen, aus der Kirchengemeinschaft ausschloß und die beiden Gesandten, Vitalis und Misenus, aufs härteste bestrafte. In einem scharfen Schreiben an den Kaiser, in dem man bereits die Hand seines Nachfolgers Gelasius am Werke sieht, beklagte sich Felix bitter darüber, daß man seine Legaten – „die Gesandten des seligen Apostels Petrus" – so schmählich behandelt habe und daß der Kaiser die Kirchengemeinschaft mit dem Monophysiten Petrus Mongus von Alexandrien aufgenommen habe, obwohl „ein gegen jegliches kirchliches Recht von Häretikern eingesetzter Mann nicht Bischof einer katholischen Kirche sein kann". Mit aller Deutlichkeit sprach Felix dem Kaiser das Recht ab, in Glaubensfragen eigene Entscheidungen treffen zu können: „Die heiligen Mysterien habt Ihr nicht zu *lehren*, sondern von ihren Verwaltern zu *erlernen*." Er habe der Kirche keine Gesetze vorzuschreiben, sondern in religiösen Fragen ihren Ansprüchen zu folgen. Die Kirche lebe nach ihren eigenen Gesetzen.

Hier war westliches Denken am Werke, das deutlich zwischen geistlicher und politischer Macht unterschied. In Konstantinopel mußten solche Worte ungewöhnlich und herausfordernd klingen. So kam es zwangsläufig zum ersten großen Schisma zwischen der Ostkirche und dem Westen. Akakios verweigerte die Annahme der römischen Exkommunikation und schloß umgekehrt seinerseits Felix aus der Kirchengemeinschaft aus, indem er seinen Namen aus den Diptychen strich. Die Spaltung dauerte bis zum Jahre 519. Die mehrfach von östlicher Seite unternommenen Versuche der Wiedervereinigung fanden an der klaren Abwehrhaltung Roms gegenüber der monophysitischen Häresie ihre Grenze. Um 490 waren alle Patriarchenstühle des Ostens – Konstantinopel, Alexandrien, Antiochien und Jerusalem – mit Monophysiten besetzt.

In dem von der Völkerwanderung heimgesuchten Westen waren in dieser Zeit schwerwiegende politische Veränderungen vor sich gegangen. Die Schwäche des weströmischen Kaisertums, das Rom und Italien im Jahre 472 abermals nicht vor der Eroberung durch den germanischen Heermeister Ricimer zu schützen vermochte, fand 476 ein ruhmloses Ende. Germanische Truppen setzten den letzten weströmischen Kaiser Romulus Augustulus ab und erhoben den Skirenfürsten Odwakar auf den Thron. Von nun an stand das Westreich unter germanischer Herrschaft. Zwar nannte sich Odwakar nur König und war bereit, den oströmischen Kaiser als Oberherrn anzuerkennen. Aber schon Theoderich d. Gr. (493–526), der Odwakar beseitigte und das Ostgotenreich in Italien errichtete, regierte faktisch selbstherrlich. Erst nach seinem Tode gelang es dem oströmischen Kaiser Justinian (527–565) nach einem erbitterten Vernichtungskampf gegen die Goten, Italien wieder an sich zu bringen. In Südfrankreich hatten die Westgoten ein Reich gegründet, das sich weit nach Spanien hinein erstreckte. In Afrika herrschten die Vandalen. Alle diese Germanen waren Arianer. Zumal in Afrika kam es unter Hunnerich zu schweren Verfolgungen der Katholiken, von denen viele abfielen. Felix II. trat energisch für die bedrängten Glaubensbrüder ein und ordnete auf einer römischen Synode (487) die Frage nach der Wiederaufnahme der Abgefallenen.

Auf sich selbst gestellt und den Übergriffen der Staaten preisgegeben, erstarkte die römische Kirche in ihrem Selbstbewußtsein gegenüber den weltlichen Machthabern. Papst GELASIUS I. (492–496), der schon unter seinem Vorgänger hervorragenden Anteil an der Kirchenleitung genommen hatte, formulierte in der Auseinandersetzung mit Ostrom erstmals klar die kirchlichen Vorstellungen vom Verhältnis der Kirche zum Staate. In einem Briefe an Kaiser Anastasius entwickelte er 494 die klassische Zwei-Gewalten-Lehre, die nun für über tausend Jahre das ganze Mittelalter hindurch das politische Denken des Abendlandes bestimmen sollte:

„Zwei sind es nämlich, erhabener Kaiser, durch die an oberster Stelle diese Welt regiert wird: die geheiligte Auktorität der Bischöfe (auctoritas) und die kaiserliche Gewalt (potestas). Von diesen beiden ist die Last der Priester um so schwerer, als sie auch selbst für die Könige der Menschen vor Gottes Gericht Rechnung abzulegen haben. Denn Du weißt es, allergnädigster Sohn, daß Du an Würde zwar das ganze Menschengeschlecht überragst, daß Du dennoch aber vor den Amtswaltern der göttlichen Dinge demütig den Nacken beugst und von ihnen die Mittel zum Seelenheil erwartest. Daran erkennst Du, daß Du beim Empfang der himmlischen Sakramente ... eher der demütig Nehmende als der Befehlende bist. In diesen Dingen bist Du demnach vom Urteil der Priester abhängig und darfst sie nicht Deinem Willen unterjochen wollen. Wenn nämlich die Bischöfe im staatsrechtlichen Bereiche gerne anerkennen, daß Dir die kaiserliche Macht durch göttliche Anordnung übertragen ist und daß sie deshalb Deinen Gesetzen Gehorsam zu leisten haben, wie muß man dann um so williger denen gehorsam sein, die zur Ausspendung der ehrwürdigen Mysterien bestellt sind! ... Und wenn sich die Gläubigen schon allen Priestern insgesamt innerlich unterwerfen müssen, um wieviel mehr ist dann dem Bischof jenes Stuhles Zustimmung zu leisten, den der höchste Gott selbst über alle Priester gestellt sehen wollte und den seitdem die Gesamtkirche immerdar mit kindlicher Hingabe verehrt hat.
Daraus ziehe nun gnädig den Schluß, daß niemand sich jemals ... über den Vorrang ... jenes Mannes erheben darf, den Christi Wort selbst über alle Menschen gestellt hat und den die ehrwürdige Kirche selbst gläubig als ihren Primas (primatem) bekannt hat ...
Vor Gottes Angesicht also und mit lauterer Absicht bitte, beschwöre und ermahne ich Dich, nimm diese meine Bittschrift nicht ungnädig auf. Ja ich bitte Dich ausdrücklich, daß Du lieber jetzt in diesem Leben auf das, um was ich bitte, hörst, als daß Du, was ferne sei, beim göttlichen Gericht meine Anklage vernehmen mußt" (Epistola 12).

In einem eigenen Traktat (4, 11) führte er aus, daß man staatliche und kirchliche Gewalt weder miteinander vermischen noch voneinander trennen dürfe. „Denn Christus hat, eingedenk der menschlichen Schwäche, durch eine großartige Anordnung zum Heile der Seinigen weise abwägend, die Rechtsbereiche beider Gewalten in eigenständige Betätigungsfelder und wohlgetrennte Würden geschieden ... So sollten die christlichen Kaiser auf die Bischöfe angewiesen sein im Hinblick auf das ewige Leben, die Bischöfe aber sich im irdischen Bereich den kaiserlichen Anordnungen fügen. Das geistliche Amt soll so Distanz von allen weltlichen Dingen halten; denn ‚wer Gottes Kriegsdienst tut, mische sich nicht in die Geschäfte dieser Welt' (2 Tim 2, 4); und umgekehrt soll der, welcher mit weltlichen Dingen beschäftigt ist, nicht auch über die göttlichen bestimmen wollen. Damit ist für die Selbstbescheidung der beiden Ordnungen gesorgt. Keine kann stolz behaupten, beide Würden zu besitzen, und jede fügt sich in den ihr allein zukommenden Betätigungsbereich."

In seinen ca. 60 erhaltenen Briefen und 6 theologischen Traktaten hat er seine Grundsätze verteidigt und in die Praxis zu überführen gesucht. Seine Haltung gegenüber dem Kaiser war fest und bestimmt. Ebenso energisch machte er von seinem primatialen Rechte auch im Westen Gebrauch. Viele seiner disziplinarischen Entscheidungen sind später in die Kirchenrechtssammlungen eingegangen. Das sogenannte „Decretum Gelasianum" stammt jedoch ebensowenig von ihm wie das sogenannte „Sacramentarium Gelasianum"; beide gehören einer späteren Zeit an.

Nach dem kurzen Pontifikat ANASTASIUS' II. (496–498), der sich um seiner versöhnlichen Haltung gegenüber Byzanz willen manchen Tadel, ja sogar den Vorwurf, daß er mit dem Monophysitismus sympathisiere, gefallen lassen mußte, wählte die mit dem byzanzfreundlichen Kurs unzufriedene Mehrheit der Wähler SYMMACHUS (498–514) zum Papst. Die Minderheit jedoch stellte den Archipresbyter Laurentius (498–506) zum Gegenkandidaten auf. Beide Parteien ließen ihre Kandidaten sogleich am selben Tage weihen: Symmachus wurde im Lateran, Laurentius in S. Maria Maggiore konsekriert. Man rief das Urteil Theoderichs d. Gr. an; dieser entschied sich für Symmachus. Laurentius wurde mit dem Bistum Nocera abgefunden.

Am 1. März 499 konnte Symmachus ungestört eine römische Synode feiern, auf der u. a. bestimmt wurde, daß künftig bei einer zwiespältigen Wahl keiner der strittigen Kandidaten geweiht werden dürfe, bevor Einigkeit hergestellt sei. Das Mehrheitsvotum solle entscheiden; Wähler, die sich bestechen ließen, sollten ihrer priesterlichen Würde entkleidet werden. Auch Laurentius nahm an dieser Synode teil und unterzeichnete die Beschlüsse als Archipresbyter.

Nach drei Jahren brach der Streit erneut aus. Die Gegner warfen Symmachus vor, daß er das Osterfest nicht nach griechischer Berechnung am 22. April, sondern am 25. März gefeiert hatte, wie es die römische Berechnung wollte. Sie klagten ihn vor Theoderich

d. Gr. an; zugleich aber fügten sie schwere persönliche Beschuldigungen gegen Symmachus hinzu. Die Senatoren Festus und Probinus baten den König, er möge einen Visitator für den Apostolischen Stuhl bestellen. Symmachus wurde nach Ravenna vorgeladen. Als er in Rimini auf die Verhandlung wartete, erfuhr er, daß Anklagen gegen seine Person erhoben worden seien und daß seine Gegner inzwischen Laurentius nach Rom zurückgeholt hatten. So kehrte er eilends zurück, noch bevor die Audienz beim König stattgefunden hatte. Er fand die Stadt in hellem Aufruhr und von seinen Gegnern beherrscht. Er suchte Zuflucht in St. Peter. Der König bestellte nun den Bischof Petrus von Altinum zum Visitator und beauftragte eine römische Synode mit der Untersuchung der Anklagen.

Diese sogenannte Palmensynode tagte vom Mai bis zum Oktober 501 (502?). Symmachus erschien und versprach, sich ihrem Urteil zu unterwerfen; er stellte jedoch die Bedingung, daß der königliche Visitator ausgeschaltet bleibe – „weil die Canones es verboten", wie es im Liber Pontificalis heißt – und daß er selbst zuvor in alle seine Rechte wieder eingesetzt werde. Er erklärte sich bereit, für diesmal „auf alle Privilegien seines Stuhles" verzichten zu wollen. Doch Theoderich akzeptierte diese Bedingungen nicht, sondern verlangte, daß zuerst das Urteil gefällt werde. Unterdessen setzten die Gegner eine lange Anklageschrift in Umlauf und schürten den Widerstand. Es kam zu blutigen Ausschreitungen in der Stadt. So war Symmachus nicht mehr bereit, sich vor der Synode zu verantworten. Diese wagte nicht, in seiner Abwesenheit gegen ihn zu verhandeln und ihn als „contumax" (hartnäckig) zu erklären. Sie begnügte sich in ihrer Schlußsitzung am 23. Oktober 501 mit der Feststellung, daß Symmachus als Inhaber des Apostolischen Stuhles in bezug auf die gegen ihn erhobenen Anschuldigungen vor dem menschlichen Gericht immun sei und allein dem Urteil Gottes anheimgestellt werden müsse. Sie erklärte sich für nicht zuständig, in dieser Angelegenheit zu entscheiden, und fügte hinzu, daß Symmachus in alle Rechte des Apostolischen Stuhles wieder einzusetzen sei und daß Klerus und Volk ihm Gehorsam zu leisten hätten; wer sich fernerhin widersetze, habe als Schismatiker zu gelten.

Trotz des Konzilsentscheids ging der Streit weiter. Die Bevölkerung stand zu Symmachus, aber ein Teil des Klerus und die Mehrheit des Senates verharrte in der Opposition. Offensichtlich waren politische Gründe mit im Spiel. Den Gegnern paßte das Zusammengehen mit dem Gotenkönig nicht. Sie wünschten den engen Anschluß an Byzanz und sahen in Symmachus den Verräter. Erst als Theoderich 506 in einen härteren Gegensatz zu Byzanz geriet und nun auch energischer gegen die byzantinerfreundlichen Kreise in Rom vorging, konnte Symmachus ungestört seines Amtes walten.

Die ganze Auseinandersetzung um den römischen Bischofsstuhl hatte ein für die weitere Entwicklung des Papsttums höchst bedeutsames Nebenprodukt. Höchstwahrscheinlich brachte sie die sogenannten *„symmachianischen Fälschungen"* hervor, die dazu dienen sollten, den Konzilsentscheid historisch und rechtlich zu untermauern. Die Verfasser führten apokryphe Akten ins Feld, um die Immunität des römischen Stuhles zu beweisen. Als erste wurde eine angebliche Synode von Sinuessa (303) zitiert, die sich geweigert haben soll, über den angeklagten Papst Marcellinus zu Gericht zu sitzen, und zwar mit folgender Begründung: „...da ja der erste Bischofsstuhl von niemand, wer er auch sein möge, gerichtet werden darf". Ebenso frei erfunden war ein apokryphes Dekret des Papstes Silvester, das „Constitutum Silvestri", nach dem eine römische Synode unter Vorsitz Silvesters und in Anwesenheit Konstantins d. Gr. erklärt haben sollte, daß in Zukunft weder Kaiser noch König, weder Klerus noch Volk über einen Papst zu Gericht sitzen dürften; denn über die Prima Sedes dürfe niemand richten.

Aus diesen und weiteren unechten Dokumenten leiteten die Fälscher erstmals den Rechtssatz ab, der für die weitere Entwicklung, besonders im Mittelalter, von so großer Bedeutung geworden ist: *„Prima Sedes a nemine iudicatur."*

Kein Zweifel, daß es sich hierbei um eine Fälschung großen Stils gehandelt hat. Aber wäre sie so leichthin von der Umwelt akzeptiert worden, wenn ihr nicht eine Entwicklung voraufgegangen wäre, auf der sie aufbauen konnte? Schon Konstantin d. Gr. hatte den Grund dazu gelegt, daß den Bischöfen eine Gerichtsbarkeit und insbesondere dem Klerus ein besonderer Gerichtsstand vor dem Bischof zugestanden wurde. Danach konnten die niederen Geistlichen nur vor ihrem Ortsbischof, die Bischöfe selbst aber nur vor ihrem Metropoliten belangt werden. Das Konzil von Sardika hatte im Jahre 342 den römischen Bischofssitz als oberste Appellationsinstanz für die Bischöfe und Metropoliten bestellt. Wenn auch dieses „privilegium fori" der Geistlichen im weiteren Verlaufe des 4. und 5. Jahrhunderts zumal in Kriminalsachen nicht immer eingehalten wurde, so haben sich doch die Bischöfe ihrerseits darauf berufen. Zur Begründung wurde 1 Kor 2,15 angeführt, wonach „der Pneumatiker alles beurteilt, selbst aber von niemand beurteilt wird" („...a nemine iudicatur").

Zwar hat die römische Synode von 378 im Prozeß des Papstes Damasus die Zuständigkeit des kaiserlichen Gerichtes noch anerkannt und beim Kaiser beantragt, daß ein Papst nur dort seinen Gerichtsstand haben solle. Doch war die Entwicklung zu Beginn des sechsten Jahrhunderts, als der Prozeß des Symmachus lief, längst darüber hinausgegangen. Das Prinzip, daß der oberste Bischofssitz von niemand, auch nicht von Kaisern und Königen, gerichtet werden dürfe, hatte sich eingebürgert. Die letzten Bedenken gegen seine Rechtsgültigkeit wurden durch die genannten Fälschungen aus dem Wege geräumt. So betrachtet, haben diese also keine neuen Verhältnisse geschaffen, sondern einen bestehenden Zustand pseudorechtlich fixiert. Die Aufnahme in den bald darauf entstehenden Liber Pontificalis sicherte ihm für die Zukunft Ansehen und Bestand.

Über die Regierung des Symmachus weiß das Papstbuch zu berichten, daß er gegen den Manichäismus in Rom energisch vorgegangen sei und in der Stadt eine reiche Bautätigkeit entfaltet habe. Sein Festhalten an der Ablehnung des Henotikons verschärfte die Spannung zu Byzanz. Dennoch war er innerlich noch ganz mit dem römischen Reichsdenken verbunden, so daß er von den umwälzenden Ereignissen im Frankenreich, wo König Chlodwech 496 oder 498/499 die katholische Taufe empfing, und von dem epochemachenden Wandel in der germanischen Welt (Übertritt des Burgunderkönigs Sigismund vom Arianismus zum Katholizismus usw.) kaum tiefere Notiz nahm. Statt dessen ließ er es sich angelegen sein, die Vorrechte Arles' gegen die Metropolitansitze von Vienne, Lyon und Narbonne zu stärken, indem er seinen Bischof Cäsarius erneut als päpstlichen Vikar für Gallien bestätigte.

In die Zeit des ausgehenden fünften Jahrhunderts und des beginnenden sechsten Jahrhunderts fallen auch die Anfänge der Silvesterlegende, die durch ihre mittelalterliche Verknüpfung mit der gefälschten Konstantinischen Schenkungsurkunde auf die Entfaltung des Papsttums so großen Einfluß genommen hat. Dem historisch unbedeutenden Zeitgenossen Konstantins wurden von der Legende Dinge zugeschrieben, die dem Wunschdenken und den Zielvorstellungen einer viel späteren Zeit entsprachen, mit den geschichtlichen Tatsachen aber nichts zu tun hatten.

Erst seit Papst HORMISDAS (514–523) gelang endlich die Aussöhnung zwischen Ost und West, nachdem Kaiser Justin I. (518–527) und sein Neffe und Nachfolger Justinian I. (527–565) mit der Kirchenpolitik ihrer Vorgänger gebrochen hatten. Eine päpstliche Gesandtschaft, die auf Bitten des Kaisers nach Konstantinopel ging, überbrachte eine vom Papst entworfene Glaubensregel, die ein strenges Bekenntnis zum Konzil von Chalcedon enthielt und eine

Verurteilung des Henotikons darstellte. Justin I. akzeptierte sie und stimmte zu, daß die Namen seiner beiden Vorgänger, der Kaiser Zenon und Anastasius I., nebst denen der letzten fünf Patriarchen aus den Diptychen gestrichen wurden. Er erkannte an, daß auf dem Apostolischen Sitz in Rom der katholische Glaube stets unbefleckt bewahrt worden sei und daß er allein der sichere Garant der wahren christlichen Religion sei. Dabei wurde ausdrücklich Mt 16,18f. zugrunde gelegt und der Primat des Nachfolgers Petri, wenigstens theoretisch, anerkannt. Diese Hormisdas-Formel, die feierlich von den Kaisern 519 bekräftigt wurde, ist später noch oft von römischer Seite zum Beweise herangezogen worden. Auch Patriarch Johannes von Konstantinopel unterzeichnete sie am 31. März 519; sein Nachfolger Epiphanius stand ebenfalls dahinter. Der widerstrebende Patriarch Severus von Antiochien mußte seinen Sitz verlassen und flüchtete nach Alexandrien.

Abgesehen davon, daß in der Auslegung von Mt 16,18f. jeweils verschiedene Vorstellungen zugrunde gelegt wurden, waren auch die Intentionen des Kaisers andere als die des Papstes. Justin und erst recht Justinian dachten nicht daran, etwas von ihren Ansprüchen zugunsten eines päpstlichen Primates an Rom abzutreten. Der unter Justinian zutage tretende Cäsaropapismus ließ in den folgenden Jahrzehnten für einen römischen Primatsanspruch keinen Raum, so daß faktisch kaum Erfolge erzielt wurden; dennoch wirkte die Formel, die in die kirchlichen Rechtsbücher einging, für die Folgezeit im Westen nach und hatte gewisse normierende Kraft für die päpstliche Primatsentwicklung.

Die neu sich anbahnenden guten Beziehungen zwischen dem Papst und dem byzantinischen Kaiser wurden von dem Gotenkönig Theoderich mit zunehmendem Mißtrauen betrachtet. Das erste Opfer dieses politischen Umschwungs wurde der große Staatsmann und Philosoph Johannes Boethius, der lange Zeit am Hofe des Königs die höchsten Würden bekleidet hatte. Unter dem Vorwurf des Staatsverrates wurde er 524 hingerichtet. Papst JOHANNES I. (523–526) geriet bald zwischen dieselben Mühlsteine der Politik. Von Theoderich zu einer politischen Mission nach Byzanz gezwungen und ohne den gewünschten Erfolg heimkehrend, wurde er von dem König in Ravenna ungnädig aufgenommen und zurückgehalten. Er starb dort 526. Theoderich folgte ihm noch im gleichen Jahre nach. Im folgenden Jahre bestieg Justinian I. den Kaiserthron im Osten, und bald setzten die blutigen Kämpfe zur Rückeroberung Italiens ein, die mit der Vernichtung des Ostgotenreiches durch die byzantinischen Feldherren Belisar und Narses im Jahre 553 endeten.

Das Papsttum geriet immer stärker in den politischen Gegensatz der kämpfenden Parteien hinein.

Die Wahl des gotenfreundlichen Felix III. (526–530) erfolgte noch unter dem Drucke Theoderichs. Sein Pontifikat verlief ruhig. Er griff auf Bitten des Cäsarius von Arles in die immer noch schwelenden Gnadenstreitigkeiten ein. Seine an Augustin orientierten „Capitula" wurden vom gallischen Provinzialkonzil von Orange (529) angenommen. In der Sorge, nach seinem Tode würden neue Unruhen zwischen der byzanz- und der gotenfreundlichen Partei ausbrechen, bezeichnete er sterbend Bonifatius II. (530–532), einen romanisierten Goten, zu seinem Nachfolger. Doch die antigotische Mehrheit der Presbyter wählte den byzanzfreundlichen römischen Diakon Dioskur (530) zum Papst. Als dieser freilich schon nach vier Wochen starb, erzwang Bonifatius seine allgemeine Anerkennung in Rom. Sein eigener Versuch, seinen Nachfolger selbst zu designieren, scheiterte am Widerstand des römischen Klerus. Mit der offiziellen Bestätigung des Konzils von Orange (529) beendigte er die semipelagianistischen Streitigkeiten und brachte die augustinische Gnadenlehre zur Geltung.

Während seiner Regierungszeit erfolgte vermutlich die erste Niederschrift des *Liber Pontificalis*, einer „Papstgeschichte" in Form aneinandergereihter Biographien von Petrus bis auf Felix III. (526–530); sie geben Namen, Herkunft und Dauer der Pontifikate der Päpste in stereotyper Anordnung wieder und halten die von ihnen erlassenen Disziplinargesetze und liturgischen Bestimmungen, ihre Bautätigkeit und ihre Ordinationen nebst den besonderen Zeitereignissen und Nachrichten über den Tod und die Sedisvakanzen fest. Die ältesten Biographien sind kurz und im allgemeinen unzuverlässig, vom vierten Jahrhundert an werden sie ausführlicher; erst von Anastasius II. (496–498) an werden sie zuverlässiger und bieten wertvolles Material, das der erste Redaktor, ein römischer Kleriker, offensichtlich aus eigenem Miterleben berichtet. Aber auch die älteren Kurzbiographien beruhen hinsichtlich ihrer Angaben über Herkunft der Päpste, über ihre Kirchenbauten und Geschenklisten teilweise auf guten Quellen. Für die nachfolgende Zeit wurden diese Biographien von (uns nicht bekannten) Mitgliedern der römischen Kurie fortgesetzt und schließlich sogar als offizielle Beschreibungen noch zu Lebzeiten der betreffenden Päpste bis auf Hadrian II. (867–872) bzw. Stephan V. (885–891) weitergeführt. Nach einer Pause im „saeculum obscurum" (10. und 11. Jahrhundert) wurde diese Berichterstattung wieder aufgegriffen und bis Martin V. († 1431) durchgeführt. Auf diesem Papstbuch beruht die erste zusammenhängende Papstgeschichte von B. Platina im Jahre 1479. Wenn alle diese Berichte auch bisweilen stark parteipolitisch gefärbt sind, so stellen sie insgesamt doch eine wertvolle Geschichtsquelle dar. (Diese Einseitigkeiten teilen sie mit allen alten Quellenschriften ohne Ausnahme.)

In den auf Bonifatius folgenden kurzen Pontifikaten spiegeln sich die unsicheren Verhältnisse in Rom während des zwanzigjährigen Krieges zwischen Goten und Byzantinern wider. Der byzanzfreundliche JOHANNES II. (533–535), der als erster Papst seinen (heidnischen Götter-)Namen Mercurius änderte, ließ sich von Kaiser Justinian im Dienste seiner Einigungspolitik bestimmen, eine theopaschitische Glaubensformel („Einer aus der Trinität hat im Fleische gelitten") anzuerkennen; diese widersprach theologisch nicht direkt dem Chalcedonense, schien aber dennoch den Monophysitismus wenigstens zu begünstigen und erregte deshalb bei vielen orthodoxen Anhängern des Konzils von Chalcedon Verdacht und Opposition. Des ebenfalls byzantinisch gesinnten Nachfolgers AGAPET I. (535–536) bediente sich der Gotenkönig Theodahad zu einer politischen Mission nach Konstantinopel; er zwang ihn, zum Kaiserhof zu reisen, um Justinian zu bestimmen, von seinem Angriff auf das Gotenreich in Italien abzulassen. Es war das erste Mal, daß ein Papst die byzantinische Reichshauptstadt betrat. Er wurde mit allen Ehren aufgenommen und konnte durchsetzen, daß der monophysitisch gesinnte Patriarch Anthimus abgesetzt und durch den orthodoxen Menas ersetzt wurde, dem Agapet selbst die Weihe erteilen durfte. Aber seine politische Mission blieb erfolglos. Sein Tod in Konstantinopel bewahrte ihn davor, daß ihn bei seiner Rückkehr nach Italien dasselbe Schicksal ereilte, das seinen Vorgänger Johannes I. 526 in Ravenna getroffen hatte.

Dafür bekam SILVERIUS (536–537), ein Sohn des Papstes Hormisdas, der von den Goten auf den Papstthron erhoben worden war, die Ungunst der politischen Lage zu spüren. Als im Dezember 536 der byzantinische Feldherr Belisar Rom eroberte, wurde er der Gotenfreundschaft beschuldigt. Diese Anschuldigung verdichtete sich sofort zur Anklage des Hochverrates, als bald darauf die Goten wiederum die Stadt belagerten. Silverius wurde – sicher zu Unrecht – durch ein Kriegsgericht verurteilt und verbannt; er starb noch im gleichen Jahre an den erlittenen Mißhandlungen und Entbehrungen auf der Insel Ponza (2. 12. 537). Schon im März 537 hatte Belisar in Rom auf Drängen der Kaiserin Theodora den ehrgeizigen, charakterschwachen VIGILIUS (537–555) zum Papst wählen lassen. Dieser war ursprünglich der designierte Kandidat des gotenfreundlichen Bonifatius II. gewesen; er hatte sich als päpstlicher Apokrisiar (Gesandter) in Konstantinopel die Gunst der monophysitisch gesinnten Kaiserin durch das Versprechen, den Monophysiten Anthimus wieder rehabilitieren zu wollen, erworben. Als Papst nach dem Tode des Silverius allgemein anerkannt, weigerte er sich zwar zunächst, den Monophysitismus durch Wiedereinsetzung des Anthimus offiziell zu bestätigen, und ertrug dafür bittere Schmach seitens Theodoras. Doch wurde er bald zum Spielball der byzantinischen Kirchenpolitik, in der er wenig Würde und Standfestigkeit bewies.

Justinian, der die bedrohte Reichseinheit durch ein Entgegenkommen gegenüber den Monophysiten retten wollte, verurteilte diesen zuliebe 543/544 durch ein Edikt die längst verstorbenen drei Häupter der Antiochenischen Schule: Theodor von Mopsuestia († 428), Theodoret von Cyrus († um 458) und Ibas von Edessa († 457), aus der einst Nestorius hervorgegangen war. Im Westen betrachtete man dieses Vorgehen als Angriff auf das Konzil von Chalcedon, das diese drei Männer anerkannt und gegen die Monophysiten verteidigt hatte. Um Vigilius zur Unterwerfung unter das Edikt zu zwingen, ließ Justinian ihn 547 nach Konstantinopel kommen und zermürbte ihn bald durch Gunsterweise, bald durch Mißhandlungen so weit, daß er nachgab. Im April 548 schloß der Papst sich der Verurteilung der „Drei Kapitel" an, freilich unter voller Wahrung der Beschlüsse des Chalcedonense („salva in omnibus reverentia synodi Chalcedonensis"); jedoch mußte er angesichts der stürmischen Proteste, die sein Nachgeben im Westen ausgelöst hatte, seine Zustimmung bald wieder zurücknehmen. Als Justinian 551 erneut auf die Verurteilung der Drei Kapitel drängte, sah sich Vigilius abermals brutalsten Mißhandlungen ausgesetzt. Er weigerte sich daraufhin, an dem von Justinian für 553 berufenen *Allgemeinen Konzil von Konstantinopel* teilzunehmen. Obwohl er in Konstantinopel weilte, nahm er weder teil, noch ließ er sich vertreten. Unter dem Druck des kaiserlichen Despoten sprach das Konzil die Exkommunikation über den Papst und seinen Anhang aus. Durch erneute Mißhandlungen und Drohung mit Verschleppung gelang es 554 Justinian nachträglich, den schwachen und wankelmütigen Papst zum Nachgeben zu zwingen. Vigilius verurteilte nun auch seinerseits die Drei Kapitel und erkannte das Konzil an (5. ökumenisches Konzil), worauf der Bann zurückgenommen wurde. Er durfte nun nach Rom zurückkehren, starb aber unterwegs in Syrakus.

Kirchlich und politisch gehört dieser Pontifikat „zu den bedrückendsten der Kirchengeschichte" (K. Baus). Er zeigt das Papsttum in unwürdigster Abhängigkeit vom byzantinischen Kaisertum, dessen Caesar papa, Justinian, den theokratischen Despotismus verkörperte. Durch sein dauerndes Schwanken verlor der Papst seine Glaubwürdigkeit. Ein Großteil des westlichen Episkopats wandte sich von ihm ab. Nordafrika kündigte dem Papst die Kirchengemeinschaft, weil er vom Chalcedonense abgewichen sei. Auch Mailand und Aquileja trennten sich von Rom. Das Schisma hielt noch lange über seinen Tod hinaus an. Das Ansehen des Papsttums sank im Abendland wie im Osten auf einen Tiefpunkt, „alles dies durch die Schuld eines von übersteigertem Selbstbewußtsein erfüllten, theologisch oberflächlichen Kaisers und eines wankelmütigen, seiner Aufgabe nicht gewachsenen Papstes".

Sein Nachfolger PELAGIUS I. (556–561) hatte lange Zeit als päpstlicher Apokrisiar (seit 536) in Konstantinopel zugebracht. Im Dreikapitelstreit vertrat er mündlich und literarisch den Standpunkt des Westens und stärkte den schwächlichen Vigilius in seinem Widerstand gegen den Kaiser, wofür er sich eine zeitweilige Klosterhaft zuzog. Doch nach dem Tode des Vigilius änderte er seinen Standpunkt. Er ließ sich für die kaiserliche Verdammung der Drei Kapitel und für die Anerkennung des Konzils (553) gewinnen. Dafür sandte Justinian ihn nach Rom zurück und befahl seinem Feldherrn Narses, ihn zum Papst zu machen. Klerus und Volk fügten sich nur sehr widerwillig dem kaiserlichen Machtspruch. So gelang es Pelagius nur langsam, das Mißtrauen im Westen zu überwinden, obwohl er immer wieder seine Rechtgläubigkeit und sein Festhalten am Chalcedonense beteuerte und obwohl er sich gerade um die römische Bevölkerung durch Hilfsmaßnahmen in den Zeiten der Not verdient machte. Das Schisma vermochte er nicht zu überwinden. Von nun an war das Papsttum völlig in den Händen des byzantinischen Kaisers. Ohne seine Anerkennung konnte kein Papst mehr gewählt werden. Für Justinian war Rom nicht mehr als jeder andere Patriarchat ein Teil der Reichskirche, die er politisch, theologisch und religiös beherrschte.

JOHANNES III. (561–574) mußte lange warten, bis der Kaiser geruhte, ihm die Bestätigung zu erteilen. Langsam konnte er den Frieden mit den westlichen Kirchen, die sich von Rom getrennt hatten, großenteils wiederherstellen. Schwere kriegerische und politische Bedrängnisse überschatteten bald nach dem Tode Justinians († 565) Rom und Italien. 568 drangen die aus Skandinavien stammenden, noch heidnischen Langobarden in Italien ein und begründeten dort ihre Herrschaft. Von Byzanz, das mit sich selbst genug zu tun hatte, war keine Hilfe zu erwarten. Rom geriet aufs neue in schwerste Not.

Aber diesmal stand kein Leo d. Gr. bereit, den Feinden entgegenzutreten. Auch unter BENEDIKT I. (575–579) dauerten diese Bedrängnisse an. Selbst das Papstbuch weiß von seiner Regierungszeit nur zu berichten, daß er „inmitten all dieser Mühseligkeiten und Bedrängnisse ... gestorben" sei. Hungersnöte und Seuchen quälten das entvölkerte Land. Sein Nachfolger PELAGIUS II. (579–590) wurde gewählt und schnell geweiht, während Rom von den Langobarden belagert war. Auch er war wie Bonifatius II. von gotischer Abstammung. Als erster suchte er, wenn auch vergeblich, bei den Franken Hilfe. Kaiser Justin II. (565–578) hatte sich in schwere Grenzkämpfe mit den Persern und Awaren eingelassen. Von ihm war keine Unterstützung Italiens zu erwarten. Wahrscheinlich war des Papstes Diakon und Nachfolger Gregor an dieser Hinwendung des Papsttums zu den Germanen nicht unbeteiligt. Sie traf mit einer langsam sich verstärkenden Hinwendung der Germanen zum Katholizismus, die bei den Westgoten Spaniens eingetreten war, zusammen.

Pelagius II. starb an einer Pest, die nach der großen Tiberüberschwemmung in Rom ausgebrochen war.

## § 10
### Gregor I., der Große, an der Zeitenwende

GREGOR I. d. GR. (590–604) steht an der Wende zwischen dem christlichen Altertum und dem Mittelalter.

Er war um 540 aus einer alten römischen Senatorenfamilie geboren und trug bestes römisches Erbgut in sich; dem Römischen Reiche fühlte er sich stets innerlich verbunden. Das hinderte ihn aber nicht, seinen Blick über die alten Reichsgrenzen hinwegzulenken, wo die zukunftsträchtigen jungen Germanenvölker vor den Pforten der Kirche standen. Mit aller Klarheit erkannte er die Missionsaufgabe der römischen Kirche, diese Völker nicht nur zu bekehren, sondern sie auch in die universale Kirche wirklich zu integrieren. Rom wurde unter seiner Führung wieder Missionszentrale des Westens. Gregor leitete die innere Begegnung des Christentums mit dem Germanentum ein und wurde dadurch Wegbereiter des christlich-abendländischen Mittelalters. Wegen dieses seines Weitblicks trägt er seinen Beinamen „der Große" zu Recht.

Von seinem Vater, der „Regionarius" in Sizilien war, ererbte er einen reichen Grundbesitz, der ihn in die Lage versetzte, dort sechs Klöster zu gründen. Ein weiteres gründete er in Rom, indem er sein

Elternhaus am Clivus Tauri in ein Kloster umwandelte und dem hl. Andreas weihte. Nach einer glänzenden Beamtenlaufbahn, die ihn 572–573 zum römischen Stadtpräfekten aufsteigen ließ, zog er sich um 575 plötzlich aus dem öffentlichen Dienst zurück, um als Mönch in seinem römischen Andreaskloster zu leben. Doch war ihm keine lange Ruhe in der klösterlichen Einsamkeit beschieden. Die Päpste Benedikt I. und Pelagius II. zogen ihn bald in ihren Dienst. Letzterer weihte ihn zum Diakon und sandte ihn 579 als päpstlichen Apokrisiar nach Konstantinopel. Er blieb dort bis 585 und lebte auch am Kaiserhof in mönchischer Zurückgezogenheit und Armut, inmitten des höfischen Trubels ganz dem Gebete und den theologischen Studien hingegeben. Nach seiner Rückkehr lebte er wieder in seinem römischen Kloster, blieb aber der Ratgeber des Papstes, der vor allem seine Korrespondenz mit dem Osten führte. Trotz seines ehrlichen und energischen Widerstrebens wurde er 590 zum Nachfolger des Pelagius gewählt.

Seine 14jährige Regierungszeit hat auf vielen Gebieten weltgeschichtliche Bedeutung erlangt. Die erhaltenen 854 Briefe geben einen Einblick in die weitverzweigte innere und äußere Tätigkeit Gregors und lassen seine große, edle Persönlichkeit erkennen. In ihnen kommt seine grundsätzliche Reichstreue hinreichend zum Ausdruck. Schon das von ihm verfaßte Schreiben des Papstes Pelagius II. an Kaiser Mauritius (582–602), das dringend um Hilfe gegen die Langobarden bittet, erkennt an, daß „das Szepter der römischen Herrschaft von himmlischer Hand geführt wird" (Mansi IX, 889); es vergißt freilich nicht hinzuzufügen, daß der katholische Glaube die Grundlage dieses Reiches und daß die Basis dieses Glaubens der Stuhl Petri in Rom sei.

Von der römischen Primatsvorstellung ließ er nicht ab. Das Ansehen des Stuhles Petri hatte im sechsten Jahrhundert nicht nur im Osten, sondern auch im Westen durch die eigene Schuld der Päpste schwer gelitten. (Besonders Vigilius hatte ihm unermeßlichen Schaden zugefügt.) Der Primat schien auf den vom Kaiser unterstützten Patriarchat Konstantinopel übergegangen zu sein. Gregor reagierte scharf und bitter, als sich der persönlich fromme Patriarch Johannes „der Faster" den schon länger gebräuchlichen Titel „Allgemeiner Patriarch" 595 offiziell zulegte. Das Wort „ökumenischer" Patriarch konnte einfach nur „Reichspatriarch" bedeuten; es konnte aber auch den Anspruch auf ein kaiserlich-byzantinisches universales Papsttum erheben. Gregor witterte das letztere und sah darin einen widergöttlichen und antichristlichen Stolz am Werke, der sich bewußt gegen die Anordnung Christi in Mt 16,18f. versündigte.

Dieser Hochmut erschien auf dem Hintergrunde der traurigen Zeitereignisse in doppelter Verzerrung; denn derweil „Pest und Schwert durch die Welt wüten, Völker gegen Völker stehen, der ganze Erdkreis erschüttert ist, die Welt klaffend in Trümmer geht und der König des Stolzes (der Antichrist) nahe ist... setzt sich ein Heer von Priestern für ihn (den stolzen Antichristen) in Bewegung" (Ep 5, 18; PL 77, 741 B). In eindrucksvollem Gegensatz zu dem stolzen Titel des Patriarchen nannte sich der Papst von nun an „Knecht der Knechte Gottes". Dieser Titel ist seitdem in den päpstlichen Sprachgebrauch eingegangen. Mit ihm protestierte Gregor gegen den hochmütigen Anspruch des Ostens.

Eine Gelegenheit, dem Kaiser seine Ergebenheit, aber auch seine Eigenständigkeit zum Ausdruck zu bringen, bot sich ihm, als Mauritius 593 allen Militärpersonen grundsätzlich verbot, in ein Kloster einzutreten. Gregor protestierte, indem er das Edikt als einen Eingriff des Staates in die religiöse Freiheit eines Christen bezeichnete. Hingegen lobte er es, daß Staatsbeamten nicht noch kirchliche Aufgaben übertragen würden (MG Ep. I, 219 ff.) und umgekehrt. Er selbst beklagte es gelegentlich, daß mit seinem bischöflichen Amte eine Fülle weltlicher Geschäfte verbunden sei. Auch als Papst blieb er im Grunde Mönch und war das Gegenteil von einem „politischen" Papst. Dennoch war sein ganzes Wirken von höchster politischer Bedeutung.

Seitdem die byzantinischen Kaiser sich nach dem Tode des Justinian (565) außerstande sahen, Italien wirksamen Schutz gegen die einbrechenden Germanen zu leisten, war hier ein politischer Leerraum entstanden, den schon einzelne Päpste vor Gregor notdürftig durch ihre eigene Initiative und Fürsorge auszufüllen versucht hatten; doch hatte ihre Kraft bei weitem nicht ausgereicht. Als Rom im Juni 592 wieder einmal von den Langobarden belagert wurde, hielt Gregor seine erschütternde Predigt über den Niedergang der Stadt, die man als „Leichenrede auf Rom" bezeichnet hat. Von Byzanz im Stich gelassen und von der Bevölkerung Roms und Italiens, die allein auf ihn ihre Hoffnung setzte, gedrängt, hat er dann selbst versucht, wie einst Leo d. Gr., mit den Feinden zu verhandeln. Es gelang ihm, durch Verhandlungen und Zahlung eines beträchtlichen Lösegeldes die Langobarden zum Abzug zu bewegen. Er konnte sogar mit ihnen einen Waffenstillstand aushandeln. Doch wurde weder dieser noch sein ganzes Vorgehen von Byzanz gebilligt. Vielmehr erhielt er vom Kaiser einen scharfen Verweis. Darauf setzten die Langobarden ihre Plünderungszüge fort. Erst 598 konnte auf Gregors erneute Vermittlungstätigkeit hin ein Vertrag über die

Waffenruhe abgeschlossen werden, der wenigstens für einige Jahre dem Rauben und Morden ein Ende machte. Gregor faßte seine Tätigkeit noch immer als Dienst am Reiche auf. Doch zeigte sich in dieser Notlage erstmals bei ihm „das langsam sich bildende Gefühl eines eigenständigen italischen Vaterlandsbewußtseins" (H. Rahner), das sich mehr und mehr von Byzanz loslöste. Nicht nur die römische Bevölkerung, sondern auch die Langobarden sahen in ihm den Repräsentanten Roms und nicht etwa in dem machtlosen byzantinischen Feldherrn, der seit 584 als „Exarch" des Kaisers in Ravenna residierte.

Um dem bedrängten Volke zu helfen, verschaffte er sich die Mittel aus den eigenen kirchlichen Gütern, dem sogenannten Patrimonium Petri. Ähnlich wie Gregor selbst war schon vor ihm mancher Sproß reicher Adelsfamilien im Laufe des sechsten Jahrhunderts in den Dienst der Kirche getreten und hatte seinen großen Erbbesitz der römischen Kirche vermacht. Aussterbende Geschlechter übertrugen ihren reichen Latifundienbesitz angesichts der fortgesetzten Kriegswirren und germanischen Plünderungszüge vielfach der römischen Kirche, um ihn nicht gänzlich verfallen zu lassen. So entstand jener gewaltige Grundbesitz, der sich über ganz Italien und Sizilien ausdehnte, ein Vorläufer des späteren Kirchenstaates. Durch eine zweckmäßige, wohlorganisierte Verwaltung suchte nun Gregor den Ertrag systematisch zu steigern, um in den Zeiten der Not und des Hungers dem notleidenden Volke helfen zu können. Es war seelsorgliche und soziale Verantwortung zugleich, die ihn veranlaßte, für eine gute Bewirtschaftung zu sorgen. So konnte er einerseits durch Getreidespenden den verzweifelnden Menschen in der äußersten Not helfen, andrerseits durch entsprechende Anordnungen und ständige Beaufsichtigung seiner Beamten den Bauern auf den Latifundien Italiens und Siziliens eine gute menschliche Behandlung und einen wirksamen Schutz gegen gewissenlose Ausbeutung durch Glücksritter gewährleisten. Der erfahrene ehemalige Verwaltungsbeamte erreichte sein Ziel in hervorragendem Maße.

So wuchs das Vertrauen der römischen und italischen Bevölkerung zum Papsttum, das damit von selbst die alte Kaiseraufgabe des Schutzes und der Ernährungssicherung übernahm. Im Bewußtsein der einheimischen Bevölkerung verschmolzen Papstkirche und national-römisches Empfinden immer mehr, und die römische Kirche wurde, wie es A. v. Harnack einmal ausgedrückt hat, geradezu das „ins Religiöse transponierte Weströmische Reich, ihr Bischof aber war der heimliche weströmische Kaiser".

Mit der langsamen Abkehr von Byzanz ging eine immer stärker

werdende Ausrichtung des Interesses auf die germanische Welt des Westens, der die Zukunft gehörte, einher. Gregor hat wohl als erster die Bedeutung der Germanenmission für die Kirche erkannt und sie bewußt von Rom aus gefördert. Es war zunächst gar nicht so leicht und selbstverständlich für die Kirche, den Zugang zu den Germanen zu finden. Seit der Konstantinischen Wende hatte sie sich daran gewöhnt, als Reichskirche den römischen Staat mitzutragen. Diese Mitverantwortung aber verknüpfte sie aufs innigste mit den politischen Schicksalen des Imperiums. So bestand die Gefahr, daß sie sich selbst mit dem römischen Staate mehr oder weniger identifizierte, wie es in Byzanz ohnehin geschah. Gefährlicher noch war es, daß sie auch von den Feinden des Staates, den Germanen, mit diesem identifiziert wurde. So entstand eine tiefgründige gegenseitige Abneigung. Die Germanen hielten aus politischen Gründen am Arianismus fest, obwohl dieser längst allgemein überholt war; die Kirche aber bekämpfte sie, weil sie Arianer waren. Erst die Bekehrung der Germanen und ihr Übertritt zur katholischen Kirche schufen die Basis für eine tiefere Begegnung zwischen Germanentum und Christentum. Den Anfang hatte die Taufe Chlodwechs gemacht. Der junge, aufstrebende Frankenkönig ließ sich Weihnachten 496 in Reims mit zahlreichem Gefolge von dem katholischen Bischof Remigius von Reims taufen. Um Jahreszahl und Ort dieser Taufe, die nach anderen Quellen später, etwa 498/499, in Tours stattgefunden haben könnte, geht noch immer die wissenschaftliche Diskussion. Dieser Schritt Chlodwechs war eine „staatsmännische Tat allergrößten Ranges" und „eines der folgenschwersten Ereignisse der Weltgeschichte"; er hat ihn bewußt vollzogen und damit die Absichten Theoderichs, der einen großen antikatholischen Bund aller arianischer Germanenvölker gegen Byzanz zusammenbringen wollte, durchkreuzt. In Rom hat man damals davon noch kaum Notiz genommen. So verfiel die fränkische Kirche in ein landeskirchliches Sonderdasein, aus dem sie erst durch Bonifatius herausgeführt wurde.

Gregor verfolgte mit Aufmerksamkeit die Entwicklung im spanischen Westgotenreich, wo sich seit dem Übertritt des Königs Rekkared vom Arianismus zum Katholizismus (589) eine neue Entwicklung anbahnte. Durch den ihm befreundeten Erzbischof Leander von Sevilla († um 600) ließ sich der Papst laufend über die raschen Fortschritte der Katholisierung, die auch die spanischen Sueven erfaßte, berichten und erteilte seine Ratschläge. Die Bekehrung der teils noch heidnischen, teils arianischen Langobarden ist das Verdienst der katholischen Königin Theodelinde, einer Tochter des Bayernherzogs. Gregor unterhielt mit ihr engen Kontakt und unterstützte sie mit Rat und Tat. Dieser Verbindung war es auch zu danken, daß sich allmählich das Verhältnis der Langobarden zur einheimischen Bevölkerung Italiens verbesserte. Mit kluger Zurückhaltung und doch klarer Linie suchte er schließlich gute Beziehungen zum fränkischen Königshause herzustellen, das in sich zerstritten war. Mit der Königin Brunhilde, der Regentin von Austrasien und Burgund, stand er im Briefwechsel. Den fränkischen Episkopat, der in ein landeskirchliches Sonderdasein versunken war, verstand er wieder enger an Rom zu binden.

Aber alles übertreffend und geradezu epochemachend war im Jahre 596 sein Entschluß, den Prior seines römischen Andreasklosters, Augustin, mit etwa 40 Mönchen zur Christianisierung Englands auszusenden. Nun machten sich seine fränkischen Beziehungen bezahlt. Bertha, die Gattin König Ethelberts von Kent, war eine katholische fränkische Prinzessin. Sie erwirkte den Missionaren eine gute Aufnahme. Bald konnte Augustin gute Erfolge melden. Weihnachten 597 ließ sich Ethelbert mit vielen Tausenden seiner Landsleute taufen. Gregor sandte laufend Nachschub und nahm regsten Anteil an dem Missionswerk. Er war der erste Papst, der sich auch innerlich in die primitive Denkweise der Naturvölker hineinversetzen konnte und seine Missionare zur klugen Anpassung an die Mentalität der Germanen ermahnte. Seine berühmte Akkommodationsepistel von 601 an Augustin und Mellitus zeigt, wie weit er darin zu gehen bereit war. Er empfahl den Missionaren, soweit wie möglich an die bestehenden vorchristlichen Gebräuche anzuknüpfen und diese mit christlichem Geist und Inhalt zu erfüllen. Man solle den Angelsachsen auch ihre herkömmlichen harmlosen Feste und Freuden lassen: „Denn wenn man auf diese Weise den Menschen ihre äußere Freude gönnt, werden sie auch leichter die innere Freude finden. Es ist ja doch nicht möglich, den noch unaufgeschlossenen Herzen alles auf einmal wegzunehmen. Wer einen hohen Berg erklimmen will, tut das nicht in Sprüngen, sondern nur langsam und schrittweise" (MG Ep. II, 1899, 331). Der überraschend große Erfolg der Angelsachsenmission hat Gregor recht gegeben. Er konnte selbst noch dem Leiter der Mission, Abt Augustin, das Pallium übersenden und damit die englische Hierarchie mit dem Sitz in Canterbury begründen.

Durch seine vielgelesenen Schriften hat er auf die Gestaltung des religiösen Lebens in den folgenden Jahrhunderten sehr großen Einfluß ausgeübt. Vor allem wurde sein *Liber regulae pastoralis* die große Programmschrift, aus der der Klerus während des ganzen

Mittelalters seine pastorale Bildung und seine aszetische Anregung bezogen hat. Sein umfangreicher, 35 Bücher umfassender Job-Kommentar, kurz „Moralia" genannt, wurde das grundlegende Handbuch der Moraltheologie und der Aszetik im Mittelalter. Erbauliche Zwecke verfolgten auch seine vier Bücher *Dialogi,* eine volkstümlich-praktische Heiligenlegende mit vielen Wundererzählungen, die die Macht der Religion erweisen und zur Frömmigkeit anregen sollen. In ihnen hat er auch erstmals das Bild des großen abendländischen Mönchsvaters Benedikt von Nursia († um 547) gezeichnet und diesen dadurch erst eigentlich bekannt gemacht. Er hat die Stiftung Benedikts, Montecassino und sein Klosterleben, der Vergessenheit entrissen und ist so der zweite Vater des benediktinischen Mönchtums, das für die Entwicklung des Abendlandes so bedeutungsvoll geworden ist.

Seine reiche Predigttätigkeit hat sich in seinen zahlreichen Homilien niedergeschlagen, mit denen er die Bücher des Alten und Neuen Testaments begleitet hat. Dabei schöpfte er vor allem aus den Schriften des von ihm hochverehrten Augustinus. Augustinische Wendungen begegnen allenthalben in seinen Schriften. Seine Theologie steht in lebendigem Zusammenhang mit dem altchristlichen Geistesleben. Durch ihn ist Augustinus dem Mittelalter nahegebracht worden. Er ist aber ebenso auch schon ein Kind seiner Zeit. Seine Vorliebe für Wundergeschichten, Engel und Teufel, Himmel und Hölle usw. verrät deutlich den Abstand von der hohen Geistigkeit der griechischen und lateinischen Patristik. Er ist auch hierin ein Mann des Übergangs.

Im liturgischen Bereiche machte er sich um die Reform der Meßfeier verdient (Sacramentarium Gregorianum); er gab dem römischen Kanon die bis in unsere Zeit gültige Form. Wahrscheinlich hat er auch den liturgischen Gesang reformiert. Ob und inwieweit er auch als der Schöpfer des sogenannten Gregorianischen Chorals anzusehen ist, läßt sich nicht mit Bestimmtheit sagen. Unhaltbar ist die spätere Behauptung, er habe neue Hymnen gedichtet und komponiert sowie einen Musiktraktat verfaßt. Sie geht vielleicht darauf zurück, daß er möglicherweise die römische *Schola cantorum* gegründet hat. So ist er überall als Mann der Praxis der Bahnbrecher einer neuen Zukunft geworden. Seine Bedeutung als Vermittler zwischen Antike und Mittelalter ist kaum zu überschätzen. Darin liegt die Berechtigung seines Beinamens „der Große".

## § 11
### Das Papsttum im griechischen Reiche während des 7. Jahrhunderts

Es zeigte sich, daß Gregor seiner Zeit um mehr als hundert Jahre vorausgeeilt war. Das Papsttum vermochte sich nicht auf der Höhe zu halten, die es durch ihn erreicht hatte. Unter seinen zahlreichen Nachfolgern, die meist nur sehr kurz regierten, wurde es erneut zum Spielball der byzantinischen Kirchenpolitik und bekam die Despotie des östlichen Cäsaropapismus bitter zu spüren. Die innere Trennung zwischen Ost- und Westkirche machte rasche Fortschritte. Die systematische Hellenisierung des Byzantinischen Reiches, die im siebten Jahrhundert zur völligen Abschaffung der lateinischen Sprache im offiziellen Schriftverkehr führte und das Griechische zur Reichssprache machte, führte dazu, daß man sich auch sprachlich nicht mehr verstand. Das Interesse des Ostens am Westen erlosch mehr und mehr. In der Not, in die Byzanz durch die Perserkriege und bald darauf durch den Vorstoß des Islam geriet, brauchte es finanzielle Hilfsquellen. Die harte Besteuerung, die es dem selbst darniederliegenden Italien und dem Westen auferlegte, riefen hier Abneigung und Widerstand hervor. So schlug die Entfremdung mehr und mehr in Feindschaft und Abneigung um. Was Gregor d. Gr. kühn planend unternommen hatte, als er sich der Missionierung und Integrierung der germanischen Völker zuwandte, erwies sich am Ende dieser Epoche als lebensnotwendige Selbsthilfe der römischen Kirche. (Der nachfolgende Bund Roms mit dem Frankenreich war zu einer Frage des Überlebens geworden. Doch das geschah erst im achten Jahrhundert.) Die Päpste *dieser* Epoche sind samt und sonders noch dem byzantinisch-hellenistischen Mittelmeerraum der Antike zuzurechnen. Das „Mittelalter" beginnt in Rom erst um die Mitte des achten Jahrhunderts.

In der langen Papstreihe des siebten Jahrhunderts sind nur wenige bedeutsame Ereignisse zu registrieren. SABINIANUS (604–606) und BONIFATIUS III. (607), vor ihrer Wahl päpstliche Apokrisiare in Konstantinopel, waren byzanztreu. Wenn Kaiser Phokas (602–610) dem letzteren zugestand, daß die römische Kirche das „caput omnium ecclesiarum" sei, so war dies eine politische Konzession ohne große Bedeutung, auch wenn der Liber Pontificalis darin einen Triumph über die universalkirchlichen Ansprüche des byzantinischen Patriarchen erblickte. Wichtiger war, daß eine römische Synode 607 bestimmte, daß bei Strafe des Anathems zu Lebzeiten eines Papstes oder eines Bischofs niemand über dessen Nachfolge verhandeln dürfe; die Wahl des neuen Bischofs, die drei Tage nach der Beisetzung des verstorbenen stattfinden müsse, solle völlig frei vor sich gehen. Papst BONIFATIUS IV. (608–615) erhielt von Phokas das Pantheon in Rom, das er in ein Heiligtum Mariens und aller heiligen Märtyrer umwandelte; es ist das erste bekannte Beispiel einer Überführung eines heidnischen Tempels in ein christliches Gotteshaus. Eine römische Synode befaßte sich mit Problemen der jungen angelsächsischen Missionskirche und des Mönchtums. Wenn der überstrenge iroschottische Abt Kolumban († 615) von Bobbio aus den Papst der Hinneigung zum Monophysitismus verdächtigte, so war dies ein Mißverständnis. DEUSDEDIT (615–618, später Adeodatus I.) und BONIFATIUS V. (619–625) sahen sich gegen ihren Willen in den Aufstand des byzantinischen Exarchen Eleutherius von Ravenna gegen Konstantinopel verwickelt.

Mit HONORIUS I. (625–638) ist die bekannte „Honoriusfrage" verknüpft, die noch auf dem Ersten Vatikanischen Konzil bei der Definition der päpstlichen Unfehlbarkeit eine so große Rolle gespielt hat. Um die Monophysiten Ägyptens wieder mit der Reichskirche zu versöhnen, hatte Patriarch Sergius von Konstantinopel einen neuen Versuch unternommen, das Verhältnis der beiden Naturen in Christus zueinander zu erklären, ohne von der chalcedonensischen Formel abzuweichen. An die Stelle der von den Monophysiten angenommenen Naturen-Einheit setzte er die Willenseinheit; die göttliche und die menschliche Natur seien so innig miteinander verbunden und aufeinander abgestimmt, daß man in Wirklichkeit nur von einer einzigen gottmenschlichen Energie (Monenergismus) in Christus sprechen könne. Es gelang ihm, mit dieser Formel zahlreiche Monophysiten zurückzugewinnen. Doch der Mönchstheologe Sophronius, seit 634 Patriarch von Jerusalem, machte darauf aufmerksam, daß bei diesem Lösungsversuch das gottmenschliche Einheitsprinzip nicht in die Person des Logos, sondern doch wieder in die Naturen verlegt werde; denn die *eine* Wirksamkeit laufe auf die Annahme nur *einer* Natur in Christus hinaus und leiste dem Monophysitismus Vorschub.

Sergius wandte sich an Papst Honorius nach Rom um Auskunft und Meinungsäußerung. Dieser war in der griechischen Theologie nur wenig bewandert. Er verstand die Einheit weniger als eine physische Natur-Einheit denn als eine ständige moralische Übereinstimmung des göttlichen und des menschlichen Willens in Christus; da die menschliche Natur „ohne Schuld" und sündenlos in ihm gewesen sei, habe es auch immer nur *einen* Willen, den guten, geben können. Von zwei Willen zu sprechen, sei müßiges Wortgezänk: „Wir bekennen *einen* Willen unseres Herrn Jesus Christus, da offenbar die Gottheit unsere Natur, nicht aber die Schuld in ihr, angenommen hat, und zwar unsere Natur, wie sie vor der Sünde war", so schrieb er; dabei warnte er davor, von einer oder zwei Energien zu sprechen. Auch in einem zweiten Briefe an Sergius bezeichnete Honorius es als „ärgerniserregende neue Erfindung", von ein oder zwei Energien zu sprechen. Es sei an dem (moralisch!) einen Willen in Christus festzuhalten.

Daraufhin verfaßte Sergius eine Glaubensformel, die 638 als „Ekthesis" von Kaiser Heraklius verkündet und allgemein vorgeschrieben wurde. In ihr wurde gelehrt, daß in Christus nur *ein* Wille gewesen sei, nämlich der göttliche. Die Ausdrücke „eine oder zwei Wirkungsweisen in Christus" wurden verboten. So wurde aus der monenergistischen Formel die monotheletische, die den Monophysiten noch weiter entgegenkam. Seinsmäßig verstanden und nicht moralisch, war sie ohne Zweifel häretisch. Das 6. *Allgemeine Konzil von Konstantinopel 681* verurteilte diese Lehre denn auch folgerichtig und sprach über ihre Urheber das Anathem aus. Es schloß Honorius, den Bischof von Altrom, ausdrücklich darin ein, und Papst Leo II. (682–683), der diese Konzilsentscheidung akzeptierte, machte seinem Vorgänger zum Vorwurf, daß er mit seiner Haltung die apostolische Lehrtradition des römischen Stuhles schmählich verleugnet und den reinen Glauben befleckt habe. Wenig später jedoch hat er ihn insofern wieder in Schutz genommen, als er ihn nicht der direkten Teilhabe an der Häresie des Sergius bezichtigte, sondern ihm lediglich vorwarf, „daß er das Feuer der häretischen Lehre nicht, wie es seiner apostolischen Autorität geziemt hätte, gleich im Anfang erstickt, sondern durch seine Nachlässigkeit begünstigt" habe. Mit dieser Einschränkung hat er den Sachverhalt wohl sehr viel richtiger getroffen.

Sind die beiden Briefe des Honorius an Sergius nun als Ex-cathedra-Entscheidungen anzusehen? Die Frage wurde auf dem Ersten Vaticanum 1870 lebhaft diskutiert und von Bischof Hefele von Rottenburg wie auch von anderen Konzilsvätern bejaht. Eine genaue Untersuchung des Wortlautes zeigt, daß Honorius, der stets betont hat, am Glauben von Chalcedon unbedingt festhalten zu wollen, die Tragweite seiner Entscheidung gar nicht erkannt und allzu voreilig geantwortet hat. Er hat sie unter ganz anderen Gesichtspunkten betrachtet. Immerhin war die Antwort falsch. In seinen privaten Meinungen kann auch ein Papst irren. Die heftige Reaktion des Konzils erklärt sich aus der Hitze des Abwehrkampfes gegen die monophysitische Häresie. Hat aber Honorius mit seinen Äußerungen eine offizielle, amtliche Stellungnahme zugunsten des Monotheletismus abgeben wollen? Diese Frage ist nach Inhalt und Form sicher zu verneinen.

Die „Honoriusfrage" hat im ganzen Mittelalter nachgewirkt. Nach dem *Liber Diurnus*, dem päpstlichen Formelbuch, mußte jeder neugewählte Papst zuerst dem Monophysitismus und seinen Urhebern, „una cum Honorio, qui pravis eorum adsertionibus fomentum impendit", abschwören. Die Erfahrung aber, daß dennoch ein Papst persönlich als Privatmann in Irrlehre fallen konnte, führte zur Hinzufügung der sogenannten Häresieklausel („nisi deprehendatur a fide devius"), zu dem bekannten Rechtssatz: „Prima sedes a nemine iudicatur."

Im übrigen war Honorius, ein Schüler Gregors d. Gr., ein eifriger und umsichtiger Papst, der seinem großen Vorbild auch durch eine musterhafte Verwaltung der Kirchengüter und der öffentlichen Aufgaben nachzueifern bemüht war. So gewann er nachhaltigen Einfluß auf die politischen Verhältnisse Italiens. Die Missionierung der Angelsachsen lag ihm sehr am Herzen; er konnte den organisatorischen Aufbau der englischen Kirche, mit Canterbury und York als Metropolen, weiter fortführen. Auch der Bekehrung der Langobarden nahm er sich mit Eifer an. Seine Primatialrechte brachte er in Sardinien und Spanien zur Geltung. Dem in Istrien und Venetien immer noch andauernden Schisma aus der Zeit des Vigilius suchte er dadurch entgegenzuwirken, daß er neben dem schismatischen Metropoliten Fortunatus von Aquileja ein neues Bistum in Grado schuf, das er dem römischen Subdiakon Primogenius anvertraute. Im Streit um den Ostertermin der iroschottischen Kirche, die einer eigenen Berechnung folgte, blieb er erfolglos.

Seine Nachfolger SEVERINUS (640), der schon 638 gewählt worden war, aber erst 640 die kaiserliche Bestätigung für sein Amt erhielt, und JOHANNES IV. (640–642) brachen sofort mit dem monophysitenfreundlichen Kurs. Auf einer römischen Synode (641) wurde der Monotheletismus verworfen. Johannes schrieb dem Kaiser einen offenherzigen Brief, in dem er auch die Haltung seines Vorgängers Honorius zu erklären versuchte. Er legte das Mißverständnis dar, dem Honorius zum Opfer gefallen war. THEODOR I. (642–649), als geborener Grieche mit der östlichen Theologie vertraut, forderte direkt von Kaiser Konstans II. (641–668) die Aufhebung der Ekthesis. In der Tat ließ dieser sich dazu bewegen, die „Ekthesis" durch den „Typos" zu ersetzen, der durch ein allgemeines Schweigegebot den monotheletischen Streit zu beenden versuchte. Doch ging der Kampf weiter; er war begleitet von inneren und äußeren Erschütterungen des Reiches. Während der Arabersturm über Palästina,

Ägypten und Nordafrika dahinbrauste, schmiedeten kaiserliche Exarchen – Gregorius in Nordafrika und Olympius in Italien – politische Pläne zur Errichtung einer eigenen Kaiserherrschaft. Wieder wurde die Glaubensfrage zu einem Politicum von entscheidendem Gewicht, da die neuen Herren sich zu Vorkämpfern der antimonotheletischen Richtung des Westens gegen den kaiserlichen Kurs machten.

Als MARTIN I. (649–653) sich weihen ließ, ohne die kaiserliche Bestätigung der Wahl abzuwarten, und am 5. Oktober 649 die noch von seinem Vorgänger einberufene Lateransynode hielt, die alle Anhänger des Monotheletismus und die Urheber des Typos mit dem Anathem belegte, zog er sich den Zorn des Kaisers zu. Der Exarch Olympius erhielt den Befehl, den rebellischen Papst gefangen nach Byzanz zu schaffen. Doch führte dieser die Anordnung nicht aus; er machte sich selbständig, und unter seinem Schutze konnte der Papst drei Jahre ruhig seines Amtes walten. Doch dann änderte sich die Lage. Olympius fiel im Kampfe um Sizilien. Ein neuer Exarch, Theodorus Kalliopas, ließ den Papst am 17. Juni 653 in der Lateranbasilika ergreifen und nach Konstantinopel bringen. Dort machte man dem bereits schwerkranken und durch harte Gefängnishaft erschöpften Manne einen Hochverratsprozeß wegen angeblicher Beteiligung am Aufstand des Olympius. Er wurde zum Tode verurteilt, jedoch zu lebenslänglicher Verbannung begnadigt und im Frühjahr 654 nach Cherson auf der Krim verschleppt, wo er bald darauf (655) starb. Martins Briefe aus dem Exil spiegeln seine tiefe Verlassenheit, aber auch seine bittere Enttäuschung über den römischen Klerus wider, der inzwischen einen Nachfolger gewählt hatte. Er war Opfer byzantinischer Kirchendespotie, ein „Märtyrer der abendländischen Kirchenfreiheit" (H. Rahner).

Daß sein Nachfolger, EUGEN I. (654–657), unter kaiserlichem Druck gewählt worden war, wußte Martin nicht. Der neue Papst suchte durch Nachgiebigkeit den Frieden mit Byzanz wiederherzustellen. Doch geriet auch er bald in schwere Konflikte mit der byzantinischen Kirchenpolitik. Nur sein früher Tod bewahrte ihn vor dem Schicksal seines Vorgängers. Der griechische Mönchstheologe Maximus Confessor bezahlte eben jetzt (655/656) seine Treue zu Chalcedon und seine Verbindung mit Rom mit Verbannung und brutalen Verstümmelungen, bis er seinen Leiden im Kaukasus erlag (13. 8. 662). Auch VITALIAN (657–672) vermochte sich nicht der byzantinischen Herrschaft zu entziehen. Durch Nachgiebigkeit stellte er zwar die Beziehungen zwischen Rom und Konstantinopel wieder her, indem er über die dogmatischen Differenzen hinwegsah. Eine

Zeitlang schien es, als ob Konstans II., der 663 persönlich nach Rom kam, allen Ernstes daran dachte, seine Residenz aus dem von den Arabern bedrängten Byzanz nach dem Westen zurückzuverlegen. Doch dann spitzten sich die Verhältnisse wieder zu. Konstans erkannte, daß die Langobarden seiner Herrschaft nicht weniger gefährlich waren als die Araber; so kehrte er nach Byzanz zurück, und Rom blieb vor dem Schicksal des Cäsaropapismus bewahrt. Eine Kostprobe seiner Eigenmächtigkeiten gab der Kaiser 666 durch die Loslösung Ravennas, das zu einer eigenen autokephalen Kirche erhoben wurde, von Rom. Dieser Eingriff in den römischen Patriarchatsbereich wurde im ganzen Westen bitter empfunden. Er erleichterte die innere Abwendung vom Kaisertum, das den meisten ohnehin nur noch als fremde Macht in Italien vorkam, der bedrückende Steuern zu entrichten waren.

Parallel zu dieser Entwicklung, aber in der Richtung entgegengesetzt, wurden immer festere Fäden zum Westen geknüpft. In England entschied sich die Synode von Streaneshalch (664) für einen engen Anschluß an Rom, und der vom Papst zum Erzbischof von Canterbury geweihte griechische Mönch Theodor von Tarsus (um 668–690) konnte bald eine Blütezeit der angelsächsischen Kirche einleiten. Seitdem waren Romreisen englischer Könige und Bischöfe zur Verehrung des „Apostelfürsten und Himmelspförtners Petrus" an der Tagesordnung; sie galten auch dem Papste als dem Nachfolger Petri und schufen einen Geist enger Verbundenheit zwischen den angelsächsisch-germanischen Völkern und Rom.

ADEODATUS II. (672–676) und DONUS (676–678) profitierten von der neuen Einigungs- und Friedenspolitik Kaiser Konstantins IV. (668–685). An Papst AGATHO (678–681) erging ein kaiserliches Schreiben mit der Bitte um Wiederherstellung der kirchlichen Gemeinschaft zwischen Byzanz und Rom. Die Berufung eines *Allgemeinen Konzils nach Konstantinopel* (680–681) sollte diese Einigung endgültig besiegeln. Der Monophysitismus wurde zurückgewiesen und die Glaubenseinheit auf der Basis der Formel von Chalcedon wiedergewonnen. (Daß dabei auch Papst Honorius als Begünstiger des Monophysitismus verurteilt wurde, wie wir oben sahen, konnte angesichts der Freude über die erlangte Einheit in Rom leicht verschmerzt werden.) Das Konzil nahm das dogmatische Schreiben Agathos ehrfürchtig entgegen. Der gute Ruf Roms als Hort des orthodoxen Glaubens war wiederhergestellt. Ein „wahrer Hymnus der Reichstreue" und der Dankbarkeit ging hinüber in den Kaiserpalast. Papst LEO II. (682–683) pries in seinem Gratulationsschreiben die „Kaiserliche Huld, die die Kirchen Christi, die in neuer Freiheit aufatmen, mit fürstlichem Schutz wie mit einer Mauer umgibt". Er erkannte die Konzilsbeschlüsse einschließlich der Verurteilung des Honorius an, und Kaiser Konstantin IV. nahm das Edikt, durch das sein Vorgänger 666 die Kirche Ravennas für autokephal erklärt hatte, im Dienste der Entspannungspolitik auf Bitten BENEDIKTS II. (684–685) bald wieder zurück.

Auch Kaiser Justinian II. (685–695 und 705–711) hielt zunächst an der Friedensbereitschaft fest. Die Pontifikate JOHANNES' V. (685–686) und KONONS (686–687) verliefen ohne äußere Spannungen. Doch schon unter SERGIUS I. (687–701) kam es erneut zum Streit. Der selbstherrliche Kaiser hielt 692 im Kuppelsaal (daher „Trullanum" II) seines Palastes eine Synode, auf der in 102 Kanones eine große Zahl von disziplinären Bestimmungen getroffen wurde, die zum Teil nur für den Osten zutrafen, zum Teil sich auch direkt feindselig gegen das kirchliche Leben der westlichen Kirche richteten. An den Papst, der (lediglich) als „Patriarch des Westens" bezeichnet wurde, erging die strikte Weisung, durch seine Unterschrift die ostkirchlichen Rechtssätze auch für sich und für alle „barbarischen Völker" des Westens als verbindlich anzuerkennen. Im Weigerungsfalle wurde ihm dasselbe Schicksal wie Martin I. zugedacht. Als Sergius die Annahme der Akten ablehnte, erhielt der byzantinische Militärbefehlshaber in Italien, Zacharias, den Befehl, den Papst gefangenzunehmen und nach Konstantinopel zu schaffen. Doch da ereignete sich etwas Niedagewesenes. Das römische Volk erhob sich zum Schutze des Papstes, und von weither strömten die Milizen herbei; die Truppen von Ravenna, der Pentapolis und ihrer Umgebung versagten sich dem kaiserlichen Befehl. Vor der drohenden Volkswut flüchtete Zacharias in den Papstpalast und verkroch sich unter das Bett des Papstes; mit Schimpf und Schande wurde er schließlich aus der Stadt verjagt, wie der Liber Pontificalis erzählt. Justinian war nicht in der Lage, die ihm zugefügte Schmach zu rächen. Rom war eine päpstliche Stadt geworden, in der nicht mehr der Befehl des Kaisers, sondern die geistliche Autorität des Papstes anerkannt wurde.

Das Byzantinische Reich geriet unterdessen in den Strudel innenpolitischer Machtkämpfe und Thronwirren. Justinian II. wurde 695 gestürzt; er hatte sich wegen seines Steuerdrucks und seiner Härte weithin verhaßt gemacht. Es gelang ihm zwar, nach den kurzen Regierungen des Leontios (695–698) und des Tiberios II. (698–705) die Herrschaft mit Hilfe bulgarischer Truppen wiederzugewinnen (705–711). Aber nun machte er sich durch seine Grausamkeit und ständig wachsende Schreckensherrschaft erst recht alle Welt zum

Feinde. Er wurde abermals gestürzt und dann umgebracht. In den folgenden Jahren erhob und stürzte das Heer jeweils die Kaiser Philippikos (711–713), Anastasios II. (713–715) und Theodosios III. (715–717). Erst mit dem Soldatenkaiser Leon III. (717–741) kehrten geordnetere Verhältnisse zurück.

Diese Ereignisse blieben nicht ohne Rückwirkung auf Rom und den Westen. Papst JOHANNES VI. (701–705) konnte sich wiederum mit Hilfe der zu seinem Schutze herbeieilenden Milizen gegen den kaiserlichen Exarchen Theophylakt, der ihn in Rom verhaften sollte, behaupten. Aber JOHANNES VII. (705–707) hatte es mit dem an die Regierung zurückgekehrten brutalen Justinian II. zu tun, der ihn nun mit Gewalt zur Anerkennung der Trullanischen Synode zwingen wollte. Die Angst vor der Grausamkeit des Kaisers, der bereits den Patriarchen von Konstantinopel und den Metropoliten von Ravenna hatte verstümmeln lassen, machte ihn nachgiebig. Der auf SISINNIUS (708, nur 20 Tage lang) folgende KONSTANTIN I. (708–715) war der letzte Papst, der auf kaiserliche Weisung hin nach Byzanz reiste (710/711); Justinian nahm ihn freundlich auf. Offenbar war Konstantin, ein „vir mitissimus valde", bereit, die mit der abendländischen Tradition in Einklang stehenden Bestimmungen des Trullanums anzuerkennen. Aber der Friede hatte nicht lange Bestand. Konstantin sah sich nach der Ermordung Justinians wieder einem ausgesprochenen Monotheleten, Kaiser Philippicus Bardanes (711–713), gegenüber, der ihn zwingen wollte, den Monotheletismus anzuerkennen und das Allgemeine Konzil von 680/681 zu verwerfen. Wieder erhielt ein kaiserlicher Gesandter den Befehl, den Papst gefangen abzuführen, und abermals verjagte das römische Volk in einem blutigen Kampf an der Via Sacra die byzantinischen Häscher. Der Sturz des Kaisers beendete die Angelegenheit. Sein Nachfolger Anastasios II. kehrte zum orthodoxen Glauben zurück, und Papst Konstantin hatte wieder Ruhe.

Mit ihm ist das Ende der byzantinischen Epoche des Papsttums gekommen. Langsam, aber unaufhaltsam hatte sich eine Neuorientierung Italiens vollzogen, die zwar noch nicht unmittelbar zum Tragen kam, aber doch mehr und mehr auf den Bund des Papsttums mit den Franken hinauslief.

# Zweiter Abschnitt
# Das abendländische Mittelalter

# III. Kapitel
# Das Frühmittelalter (700–1046)

## § 12

### Der Bund mit den Franken und die Entstehung des Kirchenstaates

Zu Beginn des achten Jahrhunderts war die christliche Mittelmeerwelt von düsteren Schatten überlagert. Während Afrika und Spanien von der zweiten arabischen Eroberungswelle überrannt wurden, sah sich Konstantinopel selbst ein volles Jahr lang – von August 717 bis zum August 718 – von pausenlosen Angriffen der Araber bedrängt. Zwar konnte Kaiser Leon III. (717–741) in heldenhaftem Abwehrkampf den Ansturm der Feinde des Christentums am Bosporus zum Stillstand bringen und dadurch Osteuropa vor dem weiteren Vordringen des Islam bewahren. Aber im Westen war er machtlos. Hier blieb es dem tatkräftigen fränkischen Hausmeier Karl Martell vorbehalten, durch seinen Sieg über die arabischen Eroberer bei Poitiers (732) West- und Mitteleuropa zu retten. In diesem Bereiche war das Frankenreich zur mächtigsten Bastion des christlichen Abendlandes herangereift. Diese Schwerpunktverlagerung mußte sich früher oder später auf die politische Situation Italiens auswirken.

Die Päpste waren immer noch loyale Untertanen des byzantinischen Kaiserreiches. Von den dreizehn römischen Bischöfen zwischen 678 und 752 waren elf von Geburt Sizilianer, Griechen und Syrer: sie gehörten also ganz der griechisch-byzantinischen Kulturwelt an; nur zwei, Benedikt II. und Gregor II., waren Römer. Aber auch sie waren geistig im Imperium, das nicht nur eine politische, sondern auch eine religiöse Einheit war, verankert. Nur langsam lösten sie sich von ihm ab. Der schon länger andauernden inneren Entfremdung folgte im achten Jahrhundert die äußere Abkehr, die schließlich zum Bunde mit den Franken führte. Papst GREGOR II. (715–731) war schon unter seinem Vorgänger Konstantin I., den er nach Byzanz begleitet hatte, mit den Methoden der östlichen Kirchenpolitik bekannt geworden. Zum ersten ernsthaften Zusammenstoß kam es, als Kaiser Leon, der sich infolge der Kriege in dauernder Geldnot befand, eine neue schwere Steuer ausschrieb. Davon waren auch die kirchlichen Güter in Sizilien und in Italien betroffen. Hier war man um so weniger geneigt, diese außerordentlichen Lasten zu tragen, als sich immer mehr zeigte, wie wenig das Reich in der Lage war, den Schutz dieser Gebiete zu übernehmen. So erhob sich ein Widerstand gegen den byzantinischen Steuerdruck, den man in Konstantinopel dem Papst zur Last legte, der ja längst als der anerkannte Führer der italischen Bevölkerung dastand. Als der Kaiser wieder einmal die Verhaftung des Papstes anordnete, erhoben sich die römischen Milizen zu dessen Verteidigung. Eine byzantinische Strafexpedition gegen Rom scheiterte völlig, nachdem auch die Langobarden von Benevent und Spoleto sich mit den Römern verbündet hatten und die Truppen der Pentapolis und Venetiens in den Aufstand gegen Byzanz getreten waren. Der Exarch Paulus wurde ermordet (726/727); sein Nachfolger Eutychius konnte zwar mit Hilfe des Langobardenkönigs Liutprand Rom zurückerobern (729), doch verhinderte dieser gleichzeitig, daß dem Papste irgendein Leid angetan wurde.

Tiefgreifender waren die Gegensätze, die in dem von Kaiser Leon entfachten *Bilderstreit* zutage traten. Die letzten Gründe für das kaiserliche Vorgehen sind bis heute umstritten. Sicher spielten reichspolitische Motive eine große Rolle. Den bilderfeindlichen Arabern, die verächtlich auf den reich entwickelten und im einfachen Volke wie im Mönchtum weit verbreiteten Bilderkult herabblickten, wollte Leon ein geläutertes Christentum entgegenstellen. Auch die Juden spotteten über den christlichen Bilderdienst; sie wiesen auf das Verbot des Dekalogs hin: „Du sollst dir kein geschnitztes Bild machen...", und bezeichneten die christliche Bilderverehrung und den Heiligenkult als götzendienerisch. Doch waren ebenso sicher auch die alten theologischen Auseinandersetzungen der Ostkirche an diesem Streit maßgeblich beteiligt. Die strengen Monophysiten lehnten vor allem die Christusdarstellungen entschieden ab, weil sie nicht an die volle und wahre Menschennatur Christi glaubten. Auch die Gemäßigten unter ihnen hielten es zumindest für unzweckmäßig, die menschliche Natur Christi darzustellen, da sie ihr keine Heilsbedeutung beimaßen. Wenn man schon den Gottmenschen darstellen wolle, so argumentierten sie, müsse man seine volle Doppelnatur berücksichtigen; da man jedoch das Göttliche nun einmal nie im Bilde festhalten könne, komme jede nur das Menschliche wiedergebende Darstellung im Grunde der gefährlichen Häresie des Nestorianismus entgegen, wenn man nicht gar mit den Arianern überhaupt die Göttlichkeit Christi leugne. Darum sei jede bildliche Darstellung Christi gefährlich und sogar häresieverdächtig. Es komme hinzu, daß das einfache Volk dazu neige, alle Bilder abergläubisch zu verehren. Das gelte auch von den Darstellungen der Heiligen und insbesondere Marias. Deshalb sei es besser, die Bilder und die Bilderverehrung ganz zu unterdrücken.

Diesen Standpunkt machte sich Kaiser Leon zu eigen. Im Jahr 726 erließ er das erste Bilderverbot und ordnete die Zerstörung der hochverehrten Christus-Ikone des Chalketores zu Konstantinopel an. Ein Sturm der Entrüstung ging durch das ganze Land; ein Teil der Armee rebellierte und stellte einen Gegenkaiser auf. Doch gelang es Leon, den Aufstand blutig niederzuschlagen (28. 4. 727). Er verfolgte sein Ziel unentwegt weiter und suchte zunächst den Patriarchen Germanos von Konstantinopel und den Papst Gregor II. für seine Absichten zu gewinnen. Doch diese beiden sprachen sich gegen das Bilderverbot aus. Trotzdem erneuerte Leon es in verschärfter Form (17. 1. 730), und nun raste bald ein Sturm der Zerstörung durch das ganze Reich, dem nicht nur die Bilder, sondern auch ein Heer von todesmutigen Verteidigern der Bilderverehrung zum Opfer fiel. Germanos wurde durch einen gefügigeren Patriarchen ersetzt. Dem Papst war das gleiche Schicksal zugedacht. Nicht weniger als fünfmal erhoben sich in diesen Jahren die italischen Truppen im Verein mit der Bevölkerung, um den Papst vor den byzantinischen Abgesandten, die ihn verhaften sollten, zu schützen. Immer enger scharte sich Italien um den römischen Bischof, und dieser wahrte mutig und unerschrocken seine Haltung gegenüber einem tyrannischen Kirchenregiment im Osten. Der Bruch zwischen Rom und Byzanz trat immer deutlicher in Erscheinung. Man beabsichtigte bereits die Aufstellung eines italischen Gegenkaisers. Doch verhinderte Gregor aus Loyalität gegenüber Byzanz diesen Schritt.

Gleichzeitig mit dieser wachsenden Entfremdung von Byzanz entwickelte sich – den meisten noch unbekannt – die Hinwendung des Papsttums zur germanisch-fränkischen Welt. Im Frühjahr 719 erschien der angelsächsische Missionar Winfrid in Rom, und Gregor II. erteilte ihm am 15. Mai 719 den offiziellen Missionsauftrag mit der Vollmacht, im Namen des Papstes den Friesen und Sachsen das Christentum zu verkündigen; er gab ihm den Namen Bonifatius. Drei Jahre später kam dieser zum zweiten Male nach Rom, und diesmal erteilte Gregor ihm die Bischofsweihe (30. 11. 722). Dabei legte Bonifatius den besonderen Treueid ab, den die römischen Suffraganbischöfe dem Papst als ihrem Metropoliten leisteten. Der ganze

Missionssprengel des Bonifatius wurde dadurch aufs engste mit Rom verbunden. Die zu diesem Eide an sich gehörende Treue-Verpflichtung gegenüber dem byzantinischen Kaiser wurde ersetzt durch eine spezielle Bindung an den Papst und die römische Kirche. Ein Empfehlungsbrief Gregors an Karl Martell, den er dem neugeweihten Bischof mitgab, unterstrich diese Bindung und knüpfte gleichzeitig ein neues Band zwischen Rom und den Franken. Verstärkte Beziehungen unterhielt Gregor auch mit den Angelsachsen – König Ine von Wessex trat 725 in ein römisches Kloster ein –, ferner mit dem Langobardenkönig Liutprand und mit dem Bayernherzog Theodo.

Sein Nachfolger GREGOR III. (731–741), ein Syrer, verfolgte diese Linie konsequent weiter. 732 erhob er Bonifatius durch die Verleihung des Palliums zum Erzbischof. Die neue Kirchenprovinz umfaßte den größten Teil der unter fränkischer Herrschaft stehenden germanischen Gebiete rechts des Rheines, unter Ausschluß der Alemannen und der Bayern. Auf einer dritten Romfahrt (737/738) bestellte er Bonifatius zu seinem Legaten für Germanien. Die von diesem nun durchgeführte Reorganisation und Reform der Kirche von Bayern bis Sachsen und die unter seiner Leitung stattfindenden fränkischen Reformkonzilien spiegeln deutlich das Ansehen und den Einfluß wider, den das Papsttum durch Bonifatius im ganzen Frankenreich gewonnen hat. Als sich Gregor freilich 739 und 740 erstmalig an den fränkischen Hausmeier Karl Martell um Hilfe gegen die ihn bedrängenden Langobarden wandte, klopfte er vergebens an. Karl stand eben mit den Langobarden im Bunde und brauchte ihre Unterstützung im Kampfe gegen die Araber in Südfrankreich; so versagte er dem Papste seine Hilfe. Das zwischen Rom und dem Frankenreich geknüpfte Band war noch nicht so wirkmächtig, daß es einer solchen Belastung fähig gewesen wäre.

Die Beziehungen zu Ostrom verschlechterten sich unterdessen immer mehr. Als Gregor auf einer römischen Synode im November 731, auf der auch die Metropoliten von Ravenna und Grado und andere Bischöfe des ganzen Abendlandes anwesend waren, die Bilderfeinde verurteilte und aus der kirchlichen Gemeinschaft ausschloß, rächte sich Kaiser Leon, nachdem er vorher vergeblich versucht hatte, Rom, Ravenna und Venetien durch eine Flotten-Expedition einzuschüchtern; er belegte die Güter der römischen Kirche in Süditalien und Sizilien mit so drückenden Steuern, daß sie faktisch vom Staate konfisziert waren. Gleichzeitig trennte er Unteritalien, Sizilien, Illyrien und Griechenland vom römischen Patriarchatsverband und unterstellte sie dem Patriarchen von Konstantinopel.

Diese Maßnahme wurde in Rom besonders bitter empfunden. Reichspolitisch betrachtet, bedeutete sie, daß nun alle der kaiserlichen Herrschaft noch unmittelbar unterstellten Gebiete dem Patriarchen von Konstantinopel unterstanden; dieser war der wirkliche und alleinige „ökumenische" Patriarch, nachdem Antiochien und Alexandrien den Arabern anheimgefallen waren und Italien weithin von den Langobarden beherrscht war. In Rom empfand man dieses Vorgehen als Verrat; man fühlte sich aus dem Reich ausgestoßen.

So war die Lage des Papstes verzweifelt. Von den Byzantinern verlassen und von den Franken noch nicht akzeptiert, sah er sich schutzlos dem Ausdehnungsdrang der Langobarden preisgegeben. Doch konnte er sich damit trösten, daß die Bevölkerung sich immer enger um ihn scharte. Rom und Italien erblickten im Papsttum ihr kirchliches und auch politisches Haupt. In richtiger Erkenntnis der Lage ergriff ZACHARIAS (741–752) selbst die Initiative. Mit dem Einsatz seiner ganzen apostolischen Autorität trat er dem Langobardenkönig Liutprand bei Terni persönlich entgegen. Es gelang ihm in hartem Ringen, von Liutprand die Rückgabe der eroberten Kastelle und Gebiete des „Patrimonium Petri" an diesen, d. h. an seinen Nachfolger, den Papst, zu erreichen. Der König willigte außerdem in einen Gefangenenaustausch ein und schloß einen zwanzigjährigen Waffenstillstand für den Bereich des römischen Dukates. Bei einer zweiten Zusammenkunft in Pavia (743) konnte Zacharias ihn sogar bewegen, die Stadt und den Exarchat Ravenna wieder zu räumen, die er soeben den Byzantinern zu entreißen sich anschickte.

Der religiöse Einfluß des Papsttums auf das langobardische Königshaus war unter König Ratchis (744–749) besonders stark. Wegen seiner Nachgiebigkeit gegenüber dem Papst wurde Ratchis schließlich von seinem eigenen Bruder Aistulf gestürzt; er fand mit Frau und Kindern beim Papste Zuflucht und trat als Mönch ins Kloster Montecassino ein. Aistulf aber nahm die alten Eroberungspläne alsbald wieder auf. 750/751 besetzte er Ravenna und machte sich den Weg nach Rom frei. Sein Ziel war die Unterwerfung Italiens. Kein kaiserliches Heer trat ihm entgegen. Byzanz war außerstande, ihn zu bekämpfen.

Papst Zacharias war der letzte Grieche auf dem Stuhle Petri. Mit griechischer Bildung vertraut, gehörten seine Sympathien dem griechisch-byzantinischen Reich und seinem Kaiser. Als letzter Papst sandte er seine Wahlanzeige nach Byzanz und erwartete die kaiserliche Bestätigung; auch mit dem Patriarchen trat er sofort in Verbindung. In Konstantinopel ergriff man gerne die ausgestreckte Hand. Kaiser Konstantin V., der dem Papsttum soeben noch den schwersten Schlag versetzt hatte, schenkte Zacharias die kaiserlichen Domänen Norma und Ninfa südlich von Rom. Doch mehr geschah nicht; vor allem war Byzanz nicht zu Zugeständnissen oder zur Rückerstattung der abgetrennten Gebiete an den römischen Patriarchat bereit.

Unterdessen hatte sich im Frankenreiche eine starke Wandlung vollzogen. Unter dem Einfluß des Bonifatius war die Autorität des Papsttums im Bewußtsein der Franken ständig gewachsen. Karl Martells Söhne, Karlmann und Pippin, die ihm 741 in der Regierung gefolgt waren, fühlten sich nicht nur eng mit dem Stuhl des hl. Petrus verbunden, sondern erblickten im Nachfolger Petri auch die höchste religiöse und moralische Autorität. Das zeigte sich, als Pippin bald nach Karlmanns Abdankung (747) und Eintritt ins Kloster Montecassino den Zeitpunkt für gekommen erachtete, durch die Absetzung des unfähigen letzten Merovingerkönigs sich den Weg zum eigenen Königtum zu bahnen. In Anbetracht der starken religiösen Verankerung des germanischen Königtums bedurfte er einer höheren Autorität, die das Unternehmen sanktionierte und das fehlende Geblütsrecht des Hausmeiers durch die geistliche Salbung ersetzte. Nach Lage der Dinge konnte dies jetzt nur der Papst sein. So wandte sich Pippin an Zacharias mit der schwerwiegenden Frage, ob es richtig sei, daß jemand König heiße, der keine Macht habe, oder ob nicht besser derjenige König sein solle, der auch die Macht besitze. Als Zacharias sich für das letztere aussprach, trat Pippin, durch die höchste geistliche Autorität gestützt, vor die Reichsversammlung von Soissons (751/752) hin und ließ sich von ihr zum König der Franken wählen. Der Papst beauftragte daraufhin einen fränkischen Metropoliten (vermutlich war es nicht Bonifatius selbst, wie bisher vielfach angenommen worden ist), die Salbung an Pippin vorzunehmen, die ihm die sakrale Weihe verlieh.

Auf den römischen Presbyter STEPHAN (22. bis 26. März 752), der schon nach drei Tagen starb und der deshalb im Papstkatalog nicht gezählt wird, folgte ein römischer Diakon, STEPHAN II. (752–757). Bald darauf spitzte sich die Langobardengefahr wieder zu. Aistulf verlangte im Oktober 752 ultimativ von Rom die Anerkennung seiner Oberhoheit und die Zahlung eines hohen Tributes. Der dringende Hilferuf des Papstes an den Kaiser blieb unerhört. Konstantin schickte statt militärischer Hilfe lediglich seinen Silentiar Johannes, um mit Aistulf zu verhandeln, ein vergebliches Unternehmen. Rom fühlte sich verlassen. Die Erbitterung stieg, als bekannt wurde, daß der Kaiser, wie man erfuhr, eben jetzt ein Konzil vorbereitete, um seine bilderfeindliche Politik bestätigen zu lassen. Es hatte den Anschein, als wolle er den bilderfreundlichen Westen bewußt brüskieren. In der Not hielt Stephan inmitten des inbrünstig flehenden Volkes eine Bittprozession. Barfüßig und im Bußgewande trug er selbst das von der Bevölkerung hochverehrte Christusbild des Laterans, eine „nicht von Menschenhand gemachte" Ikone (griech.: eikon acheiropoietos), wie das Papstbuch erzählt, die noch heute in der Scala Sancta beim Lateran verehrt wird. Es war ein Notruf zu Gott und eine Demonstration des Glaubens gegenüber Byzanz zugleich.

Nun vollzog der Papst die Hinwendung zum Frankenreich, zu der ihn Byzantiner und Langobarden zwangen. Sie leitete eine „epochale Wendung der europäischen Geschichte" ein (Th. Schieffer). Durch Vermittlung eines fränkischen Pilgers nahm er einen ersten Kontakt mit Pippin auf, indem er ihm die gefährliche Lage Roms schilderte. In einer zweiten Botschaft bat er den Frankenkönig, er möge ihn durch eine offizielle fränkische Gesandtschaft zu persönlichen Gesprächen ins Frankenreich einladen und ihn dazu abholen lassen. Pippin entsprach alsbald dieser Bitte. Für ihn war es eine Gelegenheit, nicht nur seine Dankesschuld an den Papst abzustatten, sondern auch seine hohe religiös-moralische Auffassung vom christlichen Königtum zu dokumentieren, dessen Aufgabe und Pflicht es war, die Kirche des hl. Petrus vor allen Feinden zu schützen. Im September 753 überbrachten zwei hohe fränkische Würdenträger – Erzbischof Chrodegang von Metz und Herzog Autcar, Pippins Schwager – dem Papst diese Einladung. Gleichzeitig traf aus Konstantinopel der Befehl ein, der Papst habe sich mit dem Silentiar Johannes zu Aistulf zu begeben, um mit ihm zu verhandeln. Mitte Oktober 753 brach Stephan, begleitet von dem Silentiar und den beiden fränkischen Großen, nach Pavia auf. Er war entschlossen, gleich nach Norden weiterzureisen, falls die Verhandlungen Aistulf nicht von weiteren Eroberungen abhalten sollten.

Als die Bemühungen, Aistulf zu zähmen, tatsächlich scheiterten, reiste Stephan mit den fränkischen Abgesandten nach Norden weiter, ohne daß der König, der vor Zorn „wie ein Löwe mit den Zähnen fletschte", wie der Liber Pontificalis erzählt, dies zu hindern wagte. Der byzantinische Gesandte kehrte nach Konstantinopel zurück. Diese Trennung in Pavia „symbolisiert die Lösung des Papsttums vom Imperium, den Übergang aus dem byzantinischen in den fränkischen Abschnitt seiner Geschichte" (Th. Schieffer).

In Ponthion erwartete Pippin den Papst; er sandte ihm seinen damals zwölfjährigen Sohn Karl, den späteren Kaiser, entgegen. Er selbst ritt Stephan bei seiner Ankunft in der Kaiserpfalz am 6. Januar 754 entgegen, erwies ihm die nach byzantinischem Protokoll vorgeschriebene Proskynese und führte das Pferd des Papstes am Zügel. Am nächsten Tag begannen die Verhandlungen, die das Freundschaftsbündnis des Frankenreiches mit dem Papsttum beschlossen. Pippin versprach dem Papste Hilfe gegen Aistulf und zugleich „Rückgabe" der von den Langobarden bisher eroberten Gebiete, einschließlich des Exarchats Ravenna. Dabei war vom byzantinischen Kaisertum, dem sie bislang gehörten, nicht mehr die Rede. Die „Rückgabe" erfolgte vielmehr an den hl. Petrus. Denn nicht für den byzantinischen Kaiser wollten die Franken zu Feld ziehen, wie sie erklärten, sondern allein für St. Petrus und seinen Nachfolger in Rom.

Den Winter über verblieb Stephan im Frankenreich. Pippin suchte zunächst friedlich mit Aistulf zu verhandeln. Doch dieser verhielt sich ablehnend. Er wußte, daß unter den fränkischen Großen eine starke Opposition gegen ein kriegerisches Unternehmen in Italien bestand, und suchte diese Stimmung dadurch zu schüren, daß er Pippins (abgedankten) Bruder Karlmann von Montecassino ins Frankenreich schickte, um erneut seinen Herrschaftsanspruch anzumelden. So entstand für Pippin eine neue gefährliche Lage, aus der ihn aber der Papst dadurch befreite, daß er kraft höchster kirchlicher Autorität Karlmann und seine Söhne ins Kloster zurückverwies. So brach die Opposition bald zusammen, und Pippin konnte Ostern 754 auf der fränkischen Reichsversammlung zu Quierzy bei Laon die Zustimmung der Großen zum Krieg gegen die Langobarden erreichen. In einer berühmten, leider nicht mehr im Wortlaut erhaltenen Schenkungsurkunde sagte er dem Papste alle Gebiete Mittelitaliens zu, die man den Feinden entreißen werde: Korsika, Tuszien, Rom und Ravenna, Venetien und Istrien sowie die Herzogtümer der Langobarden in Spoleto und Benevent. Damit war der Grund zur Entstehung des Kirchenstaates gelegt.

Der große Freundschaftspakt zwischen Papsttum und Frankenreich wurde dadurch unterstrichen, daß der Papst selbst die Salbung und Weihe Pippins und seiner Söhne Karl und Karlmann zu Königen des Frankenreiches am 28.7.754 wiederholte. Bei dieser Gelegenheit legte er ihnen feierlich den Titel *Patricius Romanorum* bei. Es ist ungeklärt, ob er von Byzanz dazu ermächtigt war oder ob er eigenmächtig handelte und diesem urprünglich nur vom Kaiser vergebenen Rang dabei einen neuen Sinn unterlegte. Er bedeutete von nun an die Übertragung des Schützeramtes über Rom; doch waren mit den „Romani" nicht nur die Bewohner der Stadt und des Dukates Rom gemeint, sondern die römische Kirche schlechthin. Der Papst als Oberhaupt der westlichen Kirche übertrug dem Frankenherrscher die Schutzherrschaft, die der oströmische Kaiser nicht mehr wahrnehmen konnte.

Im August 754 zog Pippin mit einem starken Heere über die Alpen und zwang den Langobardenkönig rasch zur Unterwerfung. Aistulf verpflichtete sich, seine Truppen aus Venetien und Istrien zurückzuziehen und Ravenna dem dortigen Metropoliten „zurückzugeben". Doch zwei Jahre später brach er den Friedensvertrag und rückte erneut auf Rom vor. In einer zweiten Heerfahrt wurde er nun endgültig von den Franken niedergezwungen und mußte die eroberten Gebiete an den Papst „restituieren". Abt Fulrad von St-Denis überwachte die Durchführung. So wurde der „Kirchenstaat" zur Realität. Er umfaßte den Dukat von Rom und den Exarchat Ravenna, mitsamt der Pentapolis. Die Beamten und Bewohner dieser Gebiete wurden nunmehr auf den Papst vereidigt und einer eigenen päpstlichen Verwaltung unterstellt. Wieder ist es unklar, ob dies aufgrund des fränkischen Eroberungsrechtes geschah oder ob bei diesen „Restitutionen" bereits die *Konstantinische Schenkungsurkunde* eine Rolle gespielt hat.

Das rechtliche Verhältnis des neuen Kirchenstaats zu Byzanz war noch lange ungeklärt. Zwar hatte Pippin den byzantinischen Gesandten, die die Rückgabe der eroberten Gebiete an den Kaiser forderten, erklärt, er sei nicht für diesen, sondern „aus Liebe zum hl. Petrus und zur Vergebung seiner Sünden" zu Felde gezogen. Doch gleichzeitig bot er dem Kaiser einen Freundschaftspakt an und unterließ es auch mit Rücksicht auf diesen, den Titel eines Patricius Romanorum zu führen. Ebenso haben auch die Päpste die Oberherrschaft des oströmischen Kaisers einstweilen noch anerkannt.

Der Kaiser hat in diesen Jahren alles getan, um den Westen vor den Kopf zu stoßen. Nachdem er im gleichen Schicksalsjahre 754 sein Ikonoklastenkonzil in Hiereia am Bosporus gehalten hatte, entfachte er im ganzen Reiche einen Bildersturm, der von den kaiserlichen Beamten mit Foltern und Verbannungen, ja auch mit Todesstrafen gegen die Bilderverehrer durchgefochten wurde. Die Flüchtigen fanden vielfach in Rom Aufnahme und Unterstützung. Der Papst selbst vermochte den byzantinischen Drohungen im Vertrauen auf die fränksiche Hilfe zu trotzen. Der Graben zwischen Rom und Byzanz wurde immer tiefer.

So kam es, daß PAUL I. (757-767), Stephans Bruder und Nachfolger, seine Wahlanzeige nicht mehr an den Kaiserhof, sondern an den

Frankenkönig richtete. Er brach mit einer alten Gewohnheit und trat damit aus dem byzantinischen Reichsverband heraus. Umgekehrt suchte der Kaiser auf diplomatischem Wege seinen Einfluß im Westen wieder geltend zu machen. Die Gelegenheit dazu bot ihm der erneute Eroberungsdrang der Langobarden. König Aistulf war im Dezember 756 gestorben. Sein Nachfolger Desiderius (757-774), der im Einvernehmen mit dem Papst erhoben worden war und zunächst nur mit dessen Hilfe seine Herrschaft gegen den Anspruch des zurückkehrenden Ratchis hatte festigen können, nahm die alten Eroberungspläne wieder auf. 758 unterwarf er Spoleto und Benevent. Er dachte nicht daran, seine Verpflichtungen gegenüber dem Papst hinsichtlich der Gebietsabtretungen zu erfüllen. Statt dessen knüpfte er Verbindungen mit Byzanz an. So braute sich erneut ein drohendes Gewitter über Rom zusammen.

Auch der Frankenkönig sollte nach den Plänen der byzantinischen Diplomatie von Rom abgezogen werden. Man suchte ihn für ein gemeinsames Vorgehen gegen die Bilderverehrung zu gewinnen und schlug ihm sogar ein Heiratsbündnis vor. Doch Pippin wies das letztere zurück und verwarf auf einer Reichssynode zu Gentilly (767) den Bildersturm. Er hielt also zu Rom, und dieses seinerseits blieb treu auf fränkischer Seite. Aber Pippin war in diesen Jahren durch schwere Kämpfe in Aquitanien gebunden und konnte dem Vorgehen des Desiderius nicht entgegentreten; er wollte diesen nicht brüskieren, um ihn nicht ganz in die Arme des Kaisers zu treiben. So blieb die Lage für den Papst trostlos und gefährlich wie je zuvor. Nur sein starkes Vertrauen auf das fränkische Bündnis und sein eigenes Papstbewußtsein halfen ihm über die Schwierigkeiten hinweg.

Seine Auffassung vom päpstlichen Amt ist von der römischen Tradition geprägt und wurzelt in der Petrusvorstellung seiner Zeit. Vom Gedanken der Stellvertretung Christi ausgehend bezeichnete er sich als „Mediator Dei et hominum" und erklärte von seiner hohenpriesterlichen Aufgabe: „Speculator animarum institutus sum." Nach göttlichem Willen sei dem Papste das Heil aller Seelen anvertraut; er sei zu ihrem Wächter bestellt. Aus religiöser Verantwortung nahm er sein Amt wahr.

Wie aber ist es dann zu jener abenteuerlichen Fälschung gekommen, die unter dem Namen der „Konstantinischen Schenkung" bekannt ist? Waren Machtgier die Wurzel, oder gab es andere Motive?

Die unsichere, längst ausgehöhlte Rechtslage Italiens zum Byzantinischen Reiche verlangte schon im siebten Jahrhundert nach einer

Klärung und neuen Begründung. Faktisch war der Papst im Westen bereits an die Stelle der höchsten kaiserlichen Autorität getreten. Die Frage wurde sowohl bei der Legitimierung des Pippinschen Königtums im Jahre 751 und 754 akut als auch bei der päpstlichen Abwehr der langobardischen Eroberungen, die dann zur Entstehung des Kirchenstaates führten (756 und 774-781); sie wurde erst recht brennend bei der Erneuerung des abendländischen Kaisertums im Jahre 800. Immer bildete das gespannte Verhältnis zwischen Rom und Byzanz im kirchlichen Bereiche den Hintergrund. Durch den Bildersturm hatte sich die Lage aufs äußerste verschärft. Der Papst stand dem byzantinischen Kaiser längst als selbständiger Machtfaktor gegenüber.

In dem Bestreben, die neue Situation auf einen alten Rechtsanspruch zurückzuführen, entstand die gefälschte „Konstantinische Schenkung", die in Form einer Urkunde die kaiserliche Stellung des Papsttums im Westen begründen sollte. Es ist umstritten, ob sie schon vor der Reise Stephans II. ins Frankenreich (754) niedergeschrieben oder erst nach der endgültigen Gründung des Kirchenstaates verfaßt wurde. Sie könnte schon 754 Pippin als Rechtstitel vorgelegt worden sein. Genaueres läßt sich aber trotz allen bisher schon aufgewandten Scharfsinns über Ort, Zeit und Zweck der Fälschung nicht sagen. Sie paßt in die gesamte Situation von 750-800 hinein, doch bleibt der direkte Anlaß, zu dem sie geschaffen wurde, im dunkeln. So schwanken die Datierungen zwischen 752 und 850, wobei man heute mehr zu einer frühen als zu einer späten Fixierung innerhalb dieses Zeitraumes neigt. Wörtlich taucht das *Constitutum Constantini* zum erstenmal in den um 850 im Westfrankenreich entstandenen pseudoisidorischen Fälschungen auf. Durch die Aufnahme in diese zum großen Teil aus gefälschten Dekretalen bestehende Rechtssammlung erlangte es für das ganze Mittelalter eine ungeheure Bedeutung. Bald wurde sie in Rom so gut wie in Byzanz oder im Frankenreich für echt angesehen und diente mindestens seit der Mitte des elften Jahrhunderts in gutem Glauben nicht nur zur rechtlichen Begründung des Kirchenstaates, sondern auch (des römischen Primates und sogar) der päpstlichen Weltherrschaft. Gregor VII. wie Innozenz III. und Bonifaz VIII. haben an die Authentizität des „Erlasses Konstantins", der sich als Urkunde mit Datum und Unterschrift des Kaisers am Grabe des hl. Petrus in Rom darstellte, geglaubt. Erst im 15. Jahrhundert wurde die Echtheit durch Kardinal Nikolaus von Kues und nachfolgend durch Laurentius Valla in Zweifel gezogen und als Fälschung erkannt.

Das Kernstück des Schriftstücks ist die aus dem fünften Jahrhundert stammende Silvesterlegende. In phantastischer Weise erzählt sie, wie Konstantin d. Gr., als er noch Heide war, vom Aussatz befallen wurde und nach vergeblichen Heilungsversuchen durch die heidnischen Priester schließlich durch Papst Silvester im Bade der Taufe gereinigt wurde. Aus Dankbarkeit habe er dem Papst als dem Stellvertreter und Statthalter Petri die „imperialis potestas, gloriae dignitas, vigor, honorificentia..." verliehen und dabei ausdrücklich erklärt, er wolle dort nicht als irdischer Kaiser regieren, wo der vorrangigste Priester und das Haupt der christlichen Religion vom himmlischen Kaiser eingesetzt worden sei. Deshalb ziehe er sich nach dem Osten zurück und überlasse dem Papst die westlichen Länder mit Rom und ganz Italien. Zum Zeichen seiner neuen Würde verleihe er ihm die kaiserlichen Insignien – Diadem, Mitra, Pallium, Purpurchlamys und -tunika sowie Szepter und Fahne, kurzum die gesamte „processio imperialis culminis" – und übergebe ihm den Lateranpalast mit der Salvatorbasilika als Residenz. Aus Bescheidenheit habe Silvester das kaiserliche Diadem abgelehnt, doch dafür habe ihm Konstantin dann eigenhändig die weiße Mitra aufgesetzt und den Stratordienst des Steigbügelhaltens und des Führens des Pferdes geleistet, alles dies aus Ehrfurcht gegenüber dem hl. Petrus. Er habe die römische Kirche als Cathedra Petri über alle anderen Kirchen erhoben, einschließlich der orientalischen Patriarchate, und den römischen Kardinal-Priestern Senatorenrang verliehen.

Es ist deutlich ersichtlich, wie dieses von der Silvesterlegende geschaffene Bild die Grundlage für das Constitutum Constantini gebildet hat. Ihm lag möglicherweise schon im siebten Jahrhundert die Tendenz zugrunde, das Papsttum von der Bevormundung durch Byzanz zu schützen und seine kirchliche wie politische Eigenständigkeit im Westen zu sichern. Die Verfasser der Fälschung im achten Jahrhundert mochten dabei das Verlangen haben, den de facto seit dem Untergange des weströmischen Kaisertums (476) bestehenden und im Laufe der Auseinandersetzungen mit dem oströmischen Kirchen-Kaisertum im 6. bis 8. Jahrhundert ständig wachsenden und von der italischen Bevölkerung voll gebilligten politischen Führungsanspruch des Papsttums zu fixieren. So stellt sich das Constitutum Constantini im Zusammenhang mit den pseudoisidorischen Dekretalen weniger als eine neue Rechtsschöpfung denn als eine, freilich tendenziöse Kodifikation eines geltenden Rechtes mit falschen Belegen dar. Wenn Stephan 754 persönlich die Königssalbung Pippins wiederholte und ihm den Patrizius-Titel, den sonst nur der oströmische Kaiser zu verleihen hatte, übertrug, so könnte dieses eine Demonstration des päpstlichen Anspruches auf kaiserliche Rechte gewesen sein, der durch die „Konstantinische Schenkung" untermauert worden wäre. Doch bleiben auch hier noch Fragen offen. Jedenfalls verlieh das Constitutum dem zwischen Papsttum und Frankenreich geschlossenen Bunde eine neue Rechtsgrundlage.

Karl d. Gr. (768–814), der gewaltigste Herrscher des Mittelalters, hat das von Bonifatius begonnene und von Pippin fortgeführte Werk der Verbindung des Frankenreiches mit dem Papsttum vollendet und auf der so gelegten Grundlage das abendländische Universalreich geschaffen. 768 mußte er die Herrschaft zunächst mit seinem Bruder Karlmann teilen; nach dessen frühem Tode († 771) war er Alleinherrscher. Er konnte sein Reich ausbreiten und festigen.

Im Rom hatte nach dem Tode Pauls I. (28. 6. 767) der Dux Theodor (Toto) von Nepi mit Hilfe des Militäradels die Macht an sich gerissen und seinen Bruder Konstantin, einen Laien, ohne Wahlverfahren zum Papste erheben lassen. Dieser ließ sich schnell weihen, unter Umgehung der kanonischen Fristen, und konnte sich über ein Jahr lang im Amte halten. Die von Pippin erbetene Bestätigung erhielt er freilich nicht. Die von dem Primicerius Christophorus geführte kirchliche Gegenpartei ruhte unterdessen nicht. Mit langobardischer Hilfe konnte sie schließlich im Handstreich Rom einnehmen, wobei Toto den Tod fand. Konstantin wurde grausam geblendet und schwer verstümmelt. Die Langobarden setzten nun ihrerseits ohne ordentliches Wahlverfahren den Mönch Philipp zum Papste ein. Das Papsttum war zum Spielball der Adelsparteien und der Politik geworden, die erste schlimme Folge seiner Verbindung mit dem Kirchenstaat.

Doch Christophorus ruhte nicht, bis er Philipp zur Rückkehr in sein Kloster bewogen hatte. Dann wurde in einem ordentlichen Wahlverfahren STEPHAN III. (768–772) zum Papste gewählt. Dieser setzte zunächst den frankenfreundlichen Kurs seiner Vorgänger fort. Im April 769 erließ er auf einer römischen Synode eine neue Papstwahlordnung, die für die Zukunft das Übergreifen der Laien ausschließen sollte. Nur der Klerus durfte das aktive Wahlrecht ausüben; das passive Wahlrecht wurde auf die Kardinalpriester und -diakone beschränkt. Die Laien blieben auf die Akklamation verwiesen; jedoch kam dieser auch eine Rechtswirksamkeit zu, sie war nicht eine bloße Formalität. Leider ist später von dieser Ordnung oft genug abgewichen worden. Die Synode befaßte sich auch mit dem östlichen Bilderstreit; sie verwarf den Ikonoklasmus. Schließlich wurde Konstantin trotz seiner Verstümmelungen vor ihr Tribunal zur Verantwortung gezogen. Er wurde als Pseudo-Papst erklärt, seine Wahl und Weihe für ungültig deklariert und er selbst zur Buße in ein Kloster verwiesen.

Stephan geriet bald in das Spiel der großen Politik, dem er nicht gewachsen war. Im Frankenreiche herrschten nach Pippins Tode die beiden Brüder Karl und Karlmann, die sich immer mehr entzweiten. Karl knüpfte durch die Vermittlung seiner Mutter Bertha Verbindung mit dem Langobardenkönig an und heiratete eine Tochter des Desiderius. Stephan widersetzte sich diesem Heiratsbündnis, von dem er eine Ermunterung der langobardischen Eroberungspolitik befürchtete. Er näherte sich Karlmann, von dem er eine anti-langobardische Politik erwartete. Doch dann änderte er seine Politik. Er knüpfte Verbindung mit dem Langobardenkönig an, der im Februar/März 771 mit einem Heere vor Rom erschien und ihm große Versprechungen bezüglich der Rückgabe päpstlicher Patrimonien in den von ihm eroberten Gebieten machte. Der politische Umschwung kostete dem Führer der frankenfreundlichen Partei, Christophorus, das Leben. Das Haupt der langobardischen Partei, Paulus Afiarta, beherrschte nun die päpstliche Politik; Desiderius aber dachte nicht daran, seine Versprechungen zu halten. Am 3. Februar 772 starb Stephan. Trotz seines guten Willens war „sein Pontifikat ein Fehlschlag" (E. Ewig).

Kurz zuvor war eine Wende in der fränkischen Politik eingetreten. Der unerwartete Tod des zwanzigjährigen Karlmann († 4. 12. 771) hatte Karl d. Gr. zum Alleinherrscher gemacht. Karlmanns Witwe war zu Desiderius geflüchtet, und dieser machte Miene, sich der Erbansprüche ihrer beiden unmündigen Söhne gegen den Oheim Karl anzunehmen. Darüber verärgert, löste dieser das politische Heiratsbündnis und sandte seine langobardische Gattin an den Vater zurück. So entstand eine plötzliche Todfeindschaft zwischen Desiderius und Karl.

Der neue Papst HADRIAN I. (772–795) befand sich in einer schwierigen Lage. Desiderius bedrängte ihn, die Söhne Karlmanns zu Königen zu salben, und bot ihm ein neues Bündnis an. Doch Hadrian weigerte sich, darauf einzugehen. Er war gewillt, am Bündnis mit den Franken festzuhalten, und entfernte Paul Afiarta, den Langobardenfreund, von seinem Hofe; diesem wurde in Ravenna bald darauf wegen seiner Grausamkeiten gegen Christophorus und die Glieder der fränkischen Partei der Prozeß gemacht. Die übrigen Führer der langobardischen Partei mußten sich in Rom verantworten. Paul Afiarta wurde hingerichtet. Doch nun waren neue Drohungen und Angriffe des Desiderius gegen den Kirchenstaat die Folge. Im Winter 772/773 belagerten die Langobarden Rom. In dieser Not entschloß sich Hadrian, den Frankenkönig zu Hilfe zu rufen. Karl entschloß sich zu einem Feldzug gegen Desiderius. Es gelang ihm, das langobardische Heer rasch niederzuringen. Die Belagerung des befestigten Pavia, wohin Desiderius sich zurückgezogen hatte, zog sich länger hin (Winter 773/774). Da machte Karl Ende März 774 mit zahlreichem Gefolge von Pavia aus eine Pilgerfahrt nach Rom, wo ihn Hadrian mit prunkvollem Zeremoniell empfing. Karl nahm an den Osterfeierlichkeiten teil; danach beschwor er am 6. April 774 erneut die Schenkungsurkunde von Quierzy (754) und legte zwei mit seinem Handzeichen unterschriebene Exemplare am Grabe des hl. Petrus nieder.

In diesem Schenkungsversprechen wiederholte Karl die Zusagen seines Vaters Pippin; doch als er dann nach der Niederwerfung des Desiderius (5. 6. 774) sich selbst zum „König der Langobarden" erklärt hatte, verzögerte er die Erfüllung des Schenkungsversprechens. Seine Stellung als Langobardenherrscher in Italien schuf neue Probleme staatsrechtlicher Art. Von nun an faßte er den Titel eines *Patricius Romanorum* nicht mehr nur als eine moralische Schutzverpflichtung auf, sondern er legte ihm rechtliche Bedeutung bei: er trat in die Fußstapfen des byzantinischen Kaisers in Italien ein. Aber auch Hadrian zog staatsrechtliche Konsequenzen aus der neuen Lage. Er datierte seine Urkunden nicht mehr, wie bisher, nach den Regierungsjahren der oströmischen Kaiser, sondern nach seinen eigenen Pontifikatsjahren; ebenso prägte er eigene Münzen, die seinen Namen und sein Bild, nicht mehr die des Kaisers trugen. Damit schied der Kirchenstaat jetzt endgültig aus dem oströmischen Imperium aus. Der Papst wurde zum souveränen Herrscher in dem neuen Staatsgebilde.

Aber eben dies erklärt auch die Sorge und das Bemühen Hadrians um die Konsolidierung dieses Staates, der ja weithin zunächst nur auf Versprechungen beruhte. Als Ende 775 ein Bündnis nationallangobardischer Restgruppen mit Byzanz die fränkische Herrschaft in Italien zu bedrohen schien, war auch der Papst betroffen. Freilich haben der Tod des Kaisers Konstantin V. (14. 9. 775) und das rasche Zupacken Karls d. Gr., der zum zweitenmal in Italien erschien, ohne jedoch Rom zu besuchen, die Gefahr schnell beseitigt. Aber Hadrian war dennoch besorgt und enttäuscht über die Verzögerung Karls bezüglich der Erfüllung seiner Versprechungen. Im Mai 778 erinnerte er ihn in einem Schreiben ernst und dringlich an seine Zusagen. Der Brief enthält gewisse Anklänge an die „Konstantinische Schenkung", und man hat ihn deshalb mit gutem Grund als Terminus ad quem für die Entstehung dieser Fälschung bezeichnet (E. Ewig).

Erst der klare Souveränitätsanspruch Hadrians, so glaubt man, mache den Rechtsinhalt des Constitutum Constantini voll erklärbar; dieses sei deshalb wahrscheinlich 774 bis 778 zum Nachweis des Rechtsanspruches des Papstes entstanden. Diese These hat manches für sich.

Nach Beendigung seines Spanienfeldzuges und der Niederwerfung eines Sachsenaufstandes konnte Karl endlich im Frühjahr 781 seinen zweiten Romzug antreten. Bei dieser Gelegenheit wurde das „Bündnis der Liebe und Treue" neu gefestigt (15. 4. 781). Der Papst taufte den vierjährigen Königssohn Pippin und salbte ihn zum „König der Langobarden"; den jüngeren Ludwig – den späteren Kaiser Ludwig d. Fr. – salbte er zum König von Aquitanien. Doch die Verhandlungen über die Ausführung des Schenkungsversprechens zogen sich hin. Der Papst mußte schließlich seine weitgespannten Hoffnungen auf Venetien und Istrien aufgeben. Man einigte sich auf den Dukat von Rom, den Exarchat Ravenna, die Pentapolis sowie die südliche Toskana, die Sabina und Capua nebst dem päpstlichen Patrimonialbesitz in Süditalien. Es fehlten auch die langobardischen Herzogtümer Benevent und Spoleto. Diese Gebiete behielt Karl vielmehr für sich, nachdem er sie 787 endgültig erobert hatte. Sie sollten seine Herrschaft in Italien sichern.

Bei seinem dritten Rombesuch in diesem Jahre 787 wurde der Kirchenstaat nochmals geringfügig erweitert und durch Grenzberichtigungen abgerundet. Damit trat er endgültig ins Dasein. Mit seiner wechselvollen Geschichte hat er von nun an bis 1870 die Entwicklung des Papsttums entscheidend mitbestimmt. Er hat den Päpsten geholfen, ihre kirchliche und politische Selbständigkeit und Unabhängigkeit zu wahren. Er ist aber ebensooft auch zu einer schweren Belastung für ihr kirchlich-religiöses Amt geworden. Er war kein geschlossener Territorialstaat im modernen Sinne, sondern blieb mit seinen vielen Territorien und Rechtstiteln bis ins 15. Jahrhundert hinein ein fragwürdiges Gebilde.

Das kirchlich bedeutsamste Ereignis in Hadrians Pontifikat war die Wiederherstellung der kirchlichen Einheit mit dem Osten. Die ersten Möglichkeiten zeichneten sich ab, als die Kaiserin-Witwe Irene für ihren noch unmündigen Sohn Konstantin VI. im Jahr 781 um eine der Töchter Karls, Rotrud, anhielt. Karl willigte gerne ein. Versprach er sich doch von dieser Heirat die Anerkennung der Gleichberechtigung des Frankenreiches mit dem Römerreich, während Irene von dieser Staatsheirat vor allem politische Zugeständnisse Karls in Istrien und Süditalien sowie den Stillstand der fränkischen Eroberungen erhoffte. Doch das Heiratsprojekt zerschlug sich in dem Augenblicke, als Karl sich in seiner Erwartung bitter getäuscht sah. Irene, die zur Beilegung des unseligen Bilderstreites im Jahre 787 das *7. Ökumenische Konzil nach Nicäa* berief, hatte versäumt, den mächtigsten Herrscher des Westens dazu einzuladen. Karl erblickte darin eine bewußte Mißachtung seiner Person und seines Volkes. Er kündigte das Heiratsprojekt auf.

Der Papst war durch ein eigenes Handschreiben der Kaiserin zum Konzil eingeladen worden. Er ließ sich durch zwei Legaten vertreten und anerkannte hinterher die Konzilsbeschlüsse; durch den Beitritt des Patriarchen von Rom wurde das Konzil erst „ökumenisch". So waren Ost- und Westkirche wieder im Glauben vereint. Indem das Konzil deutlich zwischen „Anbetung" (= latreia), die nur Gott allein zukommt, und „Verehrung" (= proskynesis), die auch den Geschöpfen erwiesen werden kann, unterschied, legte es den Grund zur Beendigung des Bilderstreites. Die „Ehre des Bildes geht auf die Ehre des Urbildes zurück", so erklärte es mit dem großen Theologen Johannes Damaszenus († um 754). „Wer ein Bild verehrt, ehrt damit den Gemalten." Der Sinn der Ikone ruht nicht in ihr selbst, sondern in ihrem Hinweis auf Christus und die Heiligen, die sie darstellt.

Über die ihm angetane Schmach erbittert, sann Karl d. Gr. auf Vergeltung. Durch seine Hoftheologen Alkuin und Theodulf von Orléans ließ er seinerseits eine Staatsschrift über die Frage der Bilderverehrung, die sogenannten Libri Carolini (790), ausarbeiten und zog gegen die Konzilsbeschlüsse zu Felde. Seine Theologen, die kein Griechisch konnten und auf die lateinische Übersetzung der Konzilsdekrete angewiesen waren, unterlagen bei ihrer Arbeit einem verhängnisvollen Mißverständnis. Das Wort „adoratio", das sowohl „Anbetung" als auch „Verehrung" bedeutet, übersetzten sie lediglich mit „Anbetung", ohne die feine Unterscheidung im Griechischen zu beachten. So polemisierten sie zu Unrecht gegen die angebliche „Anbetung" der Bilder im Osten. Die ganze Schrift, die nur aus dem anti-byzantinischen Affekt verständlich ist, muß angesehen werden als ein „Protest des Frankenreiches gegen Ostroms Führungsanspruch auf dogmatischem, kirchlichem und politischem Gebiet" (G. Haendler).

Unter diesem Aspekt muß auch die Synode von Frankfurt 794 gesehen werden. Karl wollte sie als „ökumenisches" Konzil betrachtet wissen, doch war sie, obgleich Vertreter des Papstes teilnahmen, lediglich eine fränkische Reichssynode. Sie verwarf die adoptianische Irrlehre zweier spanischer Bischöfe, des Elipandus von Toledo und des Felix von Urgel, und erließ Reformmaßnahmen für

Klerus, Mönchtum und Volk. Natürlich nahm sie auch zur Frage der Bilderverehrung Stellung, indem sie die Beschlüsse des Konzils von Nicäa II verurteilte, freilich ohne sie recht zu verstehen.

Der Papst hatte eine schwierige Stellung. Er wollte Karl nicht vor den Kopf stoßen, konnte aber auch nicht der Verurteilung der Bilderverehrung zustimmen. Auch im Osten ging es nicht ohne Mißklang aus. Als die päpstlichen Gesandten auf dem Konzil (787) die Rückgabe der einst von Leo III. dem römischen Patriarchat entrissenen Gebiete – Sizilien, Unteritalien, Griechenland und Illyrien – forderten, blieben sie unerhört.

Als Hadrian nach 23jährigem Pontifikat starb, hat Karl um ihn wie um einen Bruder getrauert. Der Bund zwischen Papsttum und fränkischem Königtum hatte sich bewährt.

## § 13

### Das Papsttum im Karolingerreich

Karl d. Gr. faßte seine königliche Führungsaufgabe ganz im christlichen Sinne auf. Ihm schwebte das Ideal des augustinischen „Gottesstaates" vor Augen, aus dem er sich bei Tisch vorlesen ließ. Der Kirche kam in seinem Reiche eine zentrale Stellung zu. Er betrachtete sich gerne als ihren Leiter und Lenker durch die Stürme dieser Welt und bezeichnete sich dabei zugleich als „devotus sanctae ecclesiae defensor et humilis adjutor". Sein Eingreifen in die inneren Angelegenheiten der Kirche empfand er selbst nicht als Übergriff und Herrschaftsanspruch, sondern als verantwortliche Sorge um das Reich Gottes auf Erden, so wie die alttestamentlichen Könige David und Josia sich der Religion angenommen hatten. Er erließ kirchliche Verordnungen, eingreifende Bestimmungen über den Lebenswandel der Geistlichen und Laien und hielt kirchliche Synoden ab wie seine Reichstage. Die Grenzen zwischen Kirche und Staat wurden ebenso fließend wie die Unterscheidung zwischen Politik und Religion. Er liebte es schon 794, sich als „Rex et sacerdos" anreden zu lassen, doch beanspruchte er nie priesterliche Funktionen. In einem Briefe an Leo III. zog er 796 die Grenzlinie zwischen der hohenpriesterlichen und der königlichen Gewalt: *„Uns obliegt es"*, so schrieb er dem Papste, „mit Gottes Hilfe die heilige Kirche Christi nach außen durch die Waffen überall gegen die Einfälle der Heiden und die Verwüstungen der Ungläubigen zu verteidigen, nach innen sie durch die Erkenntnis des wahren Glaubens zu festigen. *Eure Aufgabe,* Heiliger Vater, ist es, wie Moses die Arme zum Gebet zu erheben und so unserem Heere zu helfen, damit durch Eure Fürbitte unter Gottes Führung und Gewähr das christliche Volk allzeit Sieg habe über die Feinde seines heiligen Namens und damit so der Name unseres Herrn Jesus Christus in der ganzen Welt verherrlicht werde" (MG Ep. IV n. 93, S. 137f.). Also auch die innere Festigung der Kirche, nicht nur ihre äußere Verteidigung, betrachtete er als seine königliche Aufgabe.

Karls Verhältnis zu den Päpsten war von Ehrerbietigkeit getragen. Er erkannte den römischen Primat über alle anderen Kirchen an, wenn er auch seine eigene unbedingte Vorherrschaft geltend machte und zum Beispiel in seinem Testamente (Einhard, Vita Caroli, c. 33) Rom lediglich als Erzbistum unter seinen 21 Erzbistümern aufzählte.

LEO III. (795–816), der – obwohl einstimmig gewählt – sehr bald der Rückendeckung durch den fränkischen König gegen eine starke römische Adelsopposition bedurfte, war bereit, die königliche Vorherrschaft anzuerkennen. Er übersandte Karl nicht nur das Wahldekret, sondern auch die Schlüssel zum Petrusgrabe und das Banner (vexillum) der Stadt Rom mit dem Angebot des Gehorsams- und Treueides der Römer zu. Dieser symbolischen Handlung kam im mittelalterlichen Denken eine tiefe Bedeutung zu. Durch sie erkannte der Papst die Oberherrschaft des fränkischen Patricius Romanorum über Rom und den Kirchenstaat an; dies aber lag vermutlich nicht im Sinne der selbstbewußten römischen Adeligen. So erklärt sich die Opposition, in der politische und persönliche Motive sich mischten.

Die Gegner Leos, zu denen auch die Anhängerschaft des verstorbenen Hadrian gehörte, erhob bald schwere Angriffe moralischer Art gegen ihn. Die Feindseligkeiten gingen so weit, daß der Papst am 25. April 799 auf dem Wege vom Lateran zur Statio in St. Laurentius in Lucina, also während einer öffentlichen Prozession, überfallen und schwer mißhandelt wurde; man entriß ihm die päpstlichen Gewänder, setzte ihn ab und sperrte ihn in ein griechisches Kloster ein. Es gelang Leo, zu entkommen und zu Karl d. Gr. nach Paderborn zu flüchten. Als auch Boten seiner Gegner am Königshof erschienen und ihre Anklagen auf „adulterium und periurium" gegen den Papst erhoben, entschloß sich Karl, den Streitfall in Rom untersuchen zu lassen. Er entließ den Papst unter sicherem Geleit nach Rom und begab sich Ende 800 selbst dorthin, um Ruhe und Ordnung wiederherzustellen. Die Verhandlungen fanden im Dezember 800 in der Peterskirche statt, wobei der König selbst den Vorsitz führte. Man kam zu der Erkenntnis, daß der Papst nicht gerecht, sondern per invidiam verdammt und aus Rom verbannt worden war. Es fand sich weder ein Ankläger noch ein legitimer Zeuge gegen ihn. Statt dessen beschuldigten sich die Gegner gegenseitig, für den Überfall verantwortlich zu sein. So konnte der Papst schwerlich vor ein Gericht gestellt werden.

Man war am fränkischen Hofe zweifellos darüber froh. Schon ein Jahr zuvor hatte Alkuin auf den Rechtssatz „Prima sedes a nemine iudicatur" hingewiesen und sogar die Forderung eines „Reinigungseides" als unzulässig entschieden abgelehnt. Mit der gleichen Begründung wurde auch von einem Prozeß gegen Leo Abstand genommen. Die Versammlung in der Peterskirche, die sich als ein Konzil, nicht aber als ein Tribunal betrachtete, betonte nachdrücklich, daß sie keinesfalls über den Papst Richter sein wolle. Der Papst hingegen erklärte sich seinerseits bereit, nach dem Vorbild seiner Vorgänger (s. o. S. 76 f.) sich gegenüber den „falschen Anschuldigungen" vor der Versammlung rechtfertigen und sich so reinigen zu wollen. Zwar ist die uns überlieferte Eidesformel, wie man heute sicher weiß, eine Fälschung; jedoch kann an dem Faktum des Vorganges nicht gezweifelt werden. Er betrat am 23. Dezember 800 den Ambo der Peterskirche und erklärte unter feierlicher Anrufung der Trinität, daß er sich von den ihm zur Last gelegten Anschuldigungen im Gewissen frei fühle. Dieses öffentliche Bekenntnis wurde als Eid aufgefaßt und damit das Verfahren gegen ihn als beendet angesehen.

Es ist schwer, zum Inhalt der Anklagen aus den Quellen Näheres zu ermitteln: „Adulterium et periurium". Man hat immer wieder vermutet, daß „adulterium" wörtlich zu verstehen sei; wenn auch nur zu dem Zwecke, Leo moralisch bei Karl zu diffamieren, habe man zu dem Vorwurf des Ehebruchs gegriffen, und dies sei, so mutmaßt man weiter, sicher nicht ganz ohne Grund geschehen. Viel wahrscheinlicher jedoch sei „adulterium" symbolisch nicht als Verfehlung gegen die Sittlichkeit, sondern gegen das Kirchenrecht, (d. h.) als Vergehen gegen die eheähnliche Verbindung eines Bischofs zu seinem Bistum aufzufassen" (H. Zimmermann).

Nur wenige Tage nach Weihnachten hat Karl dann die Gegner Leos vor Gericht gestellt und sie als Aufrührer und Majestätsverbrecher zum Tode verurteilt; sie wurden jedoch auf Fürsprache Leos sofort begnadigt und ins Exil geschickt.

Das bedeutendste und folgenreichste Ereignis im Pontifikate Leos III. war die Kaiserkrönung Karls d. Gr. am Weihnachtstage des Jahres 800. Sie war lange vorbereitet und stand mit den voraufgehenden Verhandlungen in unmittelbarem Zusammenhang. Denn erst nachdem die volle Rehabilitierung durchgeführt und Leo in seine uneingeschränkten Papstrechte wieder eingesetzt worden war, konnte der feierliche Akt vorgenommen werden. Karl hatte lediglich den Wunsch geäußert, daß Leo seinen Sohn zum König salbe. Doch Leo überraschte Karl in der Weihnachtsmesse damit, daß er ihm selbst eine kostbare Krone aufs Haupt setzte und ihn unter jubelnder Zustimmung des römischen Volkes zum Kaiser der Römer ausrief.

Wenn wir Karls Biographen Einhard Glauben schenken dürfen, war Karl von dieser Überraschung keineswegs entzückt. Zwar hatte auch er schon längst mit dem Kaisergedanken gespielt, aber seine Reichsvorstellung unterschied sich wesentlich von der des Papstes und der Römer. Seitdem er Ende der 90er Jahre zum „Herrscher Europas" aufgestiegen war und die Einheit des Abendlandes unter seinem Szepter garantiert schien, faszinierte ihn der Gedanke an ein westliches Kaisertum. Sein gewaltiges Reich konnte sich den Großreichen der Araber und Byzantiner würdig zur Seite stellen. Er trat mit Harun al Raschid, dem Kalifen von Bagdad, in Verbindung und nahm die Beziehungen zu Byzanz wieder auf. Zwischen ihm und den Byzantinern herrschte seit dem Bruch des Heiratsbündnisses Kriegszustand, der sich seit 788 auf den Schauplätzen Süditalien und Istrien auswirkte. Doch mehr als die militärische Lage beschäftigte ihn die geistige, ideelle Auseinandersetzung. Verglich er das schwache Byzantinische Reich, von dem er nichts Ernsthaftes zu befürchten hatte, mit seiner eigenen Stellung als Großkönig und „gubernator omnium Christianorum" im Westen, so mußte ihm der Gedanke kommen, dem oströmischen Imperator ebenbürtig zu sein. Dabei dachte er nicht daran, dem letzteren seinen Kaisertitel im Osten streitig zu machen. Ihm schwebte das Zweikaisertum vor, wie es bis 476 bestanden hatte. Dabei beabsichtigte er nicht, in die Tradition des stadtrömischen Volkes, das er geringachtete, einzusteigen; sondern er wollte sein eigenes Volk, die Franken, zum tragenden Reichsvolk machen. Deshalb bemühte er sich, den Bildungsrückstand in seinem Reiche aufzuholen. Seine Residenz Aachen sollte das neue Rom, die Roma secunda des Westens, werden. Schon seit 795 gab er sich in seiner Hofhaltung und Politik bewußt kaiserlich.

Ganz anders dachte man in Rom. Hier hielt man wie in Byzanz an dem einmaligen und einzigen Kaisertum Konstantins d. Gr. fest, das einst von Rom nach Byzanz verlegt worden war, aber im Kern ein römisches geblieben war. Seit 797 herrschte im Osten Irene als alleinige Kaiserin, nachdem sie ihren eigenen Sohn durch Blendung und Verstümmelung von der Regierung ausgeschlossen hatte. Eine Frau als Inhaberin des römischen Kaiserthrones war für den Westen eine unerträgliche Vorstellung. Leo III. zog daraus die Konsequenz, das byzantinische Kaisertum als erloschen zu betrachten. Er hielt sich – wohl aufgrund der „Konstantinischen Schenkungsurkunde", die hier wieder einmal deutlich spürbar wird – für berechtigt und legitimiert, das römische Kaisertum von Byzanz nach Rom zurückzuholen und es auf Karl d. Gr. als „Patricius Romanorum" zu übertragen. Es war also eine vom Papst vollzogene „Translatio Imperii", die das römische Volk in seiner Rolle als das tragende Reichsvolk bestätigte.

Karls Unwille bezog sich demgemäß nicht so sehr auf die Kaiserkrönung als solche, sondern auf den Modus der Übertragung. Ihm schwebte ein fränkisch-abendländisches Kaisertum vor Augen, nicht ein Kaisertum von römischen Gnaden, das ihn zudem noch in den Verdacht brachte, Byzanz etwas entziehen zu wollen. Er hat anderthalb Jahre gebraucht, um sich mit dem römischen Kaisertitel abzufinden. Ob die mit Irene gerade in dieser Zeit wieder angeknüpften Heiratspläne dabei eine Rolle gespielt haben, ist nicht klar ersichtlich. Auch in Ostrom hat man lange gezögert, bis man begriff, daß Karl nicht beabsichtigte, Byzanz des Kaisertums zu berauben. Erst 812 hat man sich herbeigelassen, Karls Kaisertum wenigstens in der Form gelten zu lassen, daß man ihm das Zweitkaisertum im Westen zubilligte, während man das Erstkaisertum allein in Byzanz begründet sah. Hatte doch schon Diokletian innerhalb der Tetrarchie deutlich unterschieden zwischen dem Imperator und den Cäsaren. Es war ein Unterkaisertum, das man dem Großkönig des Westens zuzugestehen bereit war.

Damit aber war das abendländische Kaisertum wieder ins Leben getreten. Die karolingische Reichsidee hat den ungeheuren Zusammenbruch, den Karls Reich unter seinen Nachfolgern im neunten Jahrhundert erlebte, überdauert und der abendländischen Geschichte auf Jahrhunderte hin Richtung und Inhalt gegeben. Sie ist auch für die Entwicklung des Papsttums von entscheidender Bedeutung geworden. Westliches Kaisertum und römisches Papsttum sind die beiden universalen Pole, um die die mittelalterliche Geschichte kreist.

Die starke Persönlichkeit Karls d. Gr. ließ dem schwachen Leo III. keinen Spielraum zur Entfaltung eigener Initiativen. Der Papst hatte bis zu seinem Lebensende zudem immer wieder mit innerrömischen Schwierigkeiten zu kämpfen, die ihn um so mehr vom fränkischen Schutz abhängig sein ließen. Aber mit dem Regierungsantritt Ludwigs des Frommen (814–840) änderte sich die Lage, und Leos Nachfolger wußten dies auszunützen.

Ludwig war von seinem Vater 813 ohne päpstliche Mitwirkung in Aachen zum Kaiser gekrönt worden. Karl hatte auf diese Weise bewußt die Eigenständigkeit seines Kaisertums betonen wollen. Doch Ludwig ließ es zu, daß ihn STEPHAN IV. (816–817), der im Oktober 816 aus anderen Gründen ins Frankenreich gekommen war, in der Kathedrale von Reims zusammen mit seiner Gattin noch einmal krönte. Zwar hat er so gut wie die übrigen Teilnehmer an der Feier in dieser Wiederholung wohl kaum ein konstitutives Element für das Kaisertum als solches gesehen, sondern den Akt eher als „Befestigung" seiner Stellung und als Bestätigung des Freundschaftsbundes zwischen Papst und Frankenherrscher betrachtet. Er selbst hat seinen Sohn Lothar I. 817 ebenso eigenhändig gekrönt wie einst sein Vater ihm die Krone aufgesetzt hatte. Aber als dann Lothar 823 sich in Rom ebenfalls vom Papste nochmals krönen ließ, entstand eine Gewohnheit, die nach ihm alle fränkischen Herrscher nachahmten. Sie führte zu der Rechtsanschauung, daß die Kaiserkrönung ein besonderes Recht des Papstes sei und nur von ihm in Rom vorgenommen werden dürfe. Damit setzte sich langsam die römische Theorie von der Translatio Imperii und von der Verfügungsgewalt des Papstes über das Kaisertum, die mit der Konstantinischen Schenkung begründet wurde, durch.

Umgekehrt bestand ein Interesse der Kaiser an der Wahl und Bestätigung der Päpste. Karl d. Gr. hatte nach 800 keine Gelegenheit mehr gehabt, es zu betätigen. Aber als nach Leos Tode (12. 6. 816) Stephan IV. gewählt und am 22. Juni 816 ohne Einholung der kaiserlichen Zustimmung geweiht worden war, tauchte das Problem auf. Stephan war der erste Papst, der das alte (byzantinische) Kaiserrecht der Wahlbestätigung durchbrach und sich mit einer bloßen Anzeige seiner Weihe an Ludwig d. Fr. begnügte. Um einem fränkischen Mißtrauen vorzubeugen, ließ er jedoch die Römer gleichzeitig auf Ludwig vereidigen und ersuchte den Kaiser um eine Zusammenkunft. Diese fand, wie oben erwähnt, im Oktober 816 in Reims statt und führte außer zur Wiederholung der Krönung zu weiteren Abmachungen, die im sogenannten „Pactum Ludovicianum" nach der Wahl des Nachfolgers PASCHALIS I. (817–824) ihren Niederschlag fanden.

Paschalis, Abt des römischen Stephansklosters bei St. Peter, war noch am Todestage Stephans IV. (24. 1. 817) gewählt und am folgenden Tage geweiht worden, ohne daß eine fränkische Bestätigung eingeholt worden wäre. Ja, Ludwig, der keinen Einspruch erhob, bestätigte auf Bitten Stephans in einem eigenen Privileg (Pactum Ludovicianum, 817, MG Cap I, 352–355) den Römern die freie

Papstwahl und begnügte sich mit der Anzeige nach vollzogener Weihe. Er garantierte Umfang und Schutz des Kirchenstaates in den von Pippin und Karl gezogenen Grenzen und sicherte dem Papste die autonome Rechtssprechung und Verwaltung zu. Selbst von dem Vorbehalt der letzten kaiserlichen Appellationsinstanz machte er nur lässigen Gebrauch, als ihm 823 die Ermordung zweier päpstlicher Beamter, die zur kaiserlichen Partei in Rom gehörten, gemeldet wurde. Auch diesmal begnügte er sich mit einem Reinigungseid des Papstes nach dem Vorbilde Leos III.

Ganz anders verhielt sich jedoch der junge Lothar I., der 822 nach Italien geschickt wurde, um die kaiserlichen Reformgesetze auch hier zur Geltung zu bringen, und der seit 823 die Regentschaft in Italien führte. Beraten von Wala, dem Vetter Karls d. Gr., bemühte er sich, die kaiserliche Machtstellung über Rom zurückzugewinnen. Er setzte die Wahl seines Kandidaten EUGEN II. (824–827) durch und schloß mit ihm die *Constitutio Romana* (11. 11. 824). In ihr wurden alle päpstlichen und kaiserlichen Vertrauenspersonen für unantastbar erklärt. Eine aus einem kaiserlichen Missus und einem päpstlichen Vertreter bestehende Kontrollinstanz hatte die Verwaltung des Kirchenstaates zu überwachen und jährlich dem Kaiser Rechenschaft abzulegen. Lothar bestätigte zwar das freie Papstwahlrecht der Römer, verpflichtete aber den Gewählten, noch vor seiner Weihe dem kaiserlichen Abgesandten den Treueid „pro conservatione omnium" zu schwören, wie ihn Eugen selbst geleistet hatte. Er nahm selbst die oberste Gerichtsbarkeit in Rom wahr. Auf diese Weise fügte er den Kirchenstaat wieder fester in das karolingische Reich ein und verstärkte den kaiserlichen Einfluß in Italien. Eine römische Synode nahm 826 die fränkischen Reformgesetze willig an.

Als der oströmische Kaiser Michael II. die Bilderfrage wieder aufgriff und den fränkischen Hof für seine bilderfeindliche Einstellung zu gewinnen suchte, überließ Ludwig d. Fr. die Entscheidung dem Papste. Obwohl eine fränkische Synode von Paris (1. 11. 825) grundsätzlich an den in den Libri Carolini und auf dem Frankfurter Konzil (794) festgelegten Prinzipien festhielt, unterstellte Ludwig die theologische Frage doch dem Urteil des Papstes. Dieser aber verharrte auf den Beschlüssen des Nicänum II. (787); so mußte die griechische Gesandtschaft, die 827 im Frankenreiche erschien, unverrichteter Dinge heimkehren.

Nach der neuen Ordnung der Constitutio Romana wurden die Wahlen VALENTINS (827), der nur wenige Wochen regierte, und GREGORS IV. (827–844) durchgeführt. Letzterem sollte in den bald ausbrechenden Kämpfen innerhalb des Herrscherhauses eine eigentümliche Rolle zufallen.

Ludwig hatte bereits 817 sein Reich unter seine drei Söhne aus erster Ehe aufgeteilt. Nach der Ordinatio Imperii (817) bekam Lotahr I., der älteste, mit der Kaiserwürde die Oberherrschaft und erhielt das Mittelstück des ganzen Reiches von Iralien bis an den Atlantik. Pippin wurde der Westen des Frankenreiches, mit Aquitanien als Zentrum, zugesprochen, und Ludwig, später der „Deutsche" genannt, erhielt den Osten, mit Bayern als Herzstück. Als aber dem Kaiser 823 von seiner zweiten Gemahlin Judith noch ein vierter Sohn, Karl der „Kahle", geboren wurde, änderte er auf Drängen Judiths 829 die Abmachung dahingehend ab, daß für den Jüngsten Alamannien als Erbteil herauskam. Darüber empörten sich die Söhne aus erster Ehe, und es kam zu dem traurigen Familienzwist, der schließlich zum Zerfall des Reiches führte.

Es gelang Lothar, der sich an die Spitze der Opposition stellte, Gregor IV. für seine Sache zu gewinnen. Der Papst spielte sich als Schiedsrichter auf. Während die feindlichen Heere sich am 24. Juni 833 auf dem später sogenannten „Lügenfeld" bei Kolmar gegenüberstanden, begab sich Gregor ins Lager Ludwigs; doch während er mit diesem verhandelte, machten die Söhne dem Vater das Heer abspenstig. Ludwig verlor kostbare Zeit und mußte sich schließlich bedingungslos seinen Söhnen ergeben. Er wurde entmachtet und im Oktober auf einer Reichsversammlung unter demütigenden Bedingungen abgesetzt. Der Papst aber, der bald eingesehen hatte, daß er mißbraucht worden war, kehrte niedergedrückt nach Rom zurück. Das Papstbuch weiß viel über seine Bemühungen zur Ausschmückung Roms und zur Befestigung Ostias gegen die Sarazenen zu berichten. Für die nordische Mission wurde sein Pontifikat dadurch bedeutsam, daß er Ansgar zum päpstlichen Legaten bestellte.

Nach dem Tode Gregors kam es in Rom zu einer Doppelwahl, bei der sich jedoch der Kandidat der Adelspartei, Sergius II. (844–847), rasch gegen den Gegenkandidaten Johannes durchzusetzen vermochte. Um die Wiederkehr zwiespältiger Wahlen künftig auszuschließen, verordnete Kaiser Lothar I., daß die Weihe des Papstes nur noch mit kaiserlicher Erlaubnis und in Gegenwart kaiserlicher Missi vorgenommen werden dürfe.

Doch schon bei der nächsten Wahl, Leos IV. (847–855), wurde von dieser Regelung abgewichen. Diesmal geschah es, weil die unmittelbar drohende Sarazenengefahr ein schnelles Handeln notwendig machte. Die Seeräuber waren im August 846 den Tiber hinauf bis Rom vorgedrungen und hatten die Basilika St. Paul vor den Mauern geplündert. Die Hilfe des Kaisers kam zu spät. Doch befahl Lothar I., die Mauern Roms zu verstärken. Papst Leo IV. machte sich unverzüglich an diese Arbeit. Er umschloß auch den Vatikanischen Hügel mit St. Peter und dem Borgo mit einer festen Mauer; dieser Vorort wurde später nach ihm „Leostadt" genannt. Im übrigen verzehrte er seine Kräfte in der Abwehr der Sarazenen. Mit Hilfe benachbarter Seestädte konnte er den Räubern 849 vor Ostia eine schwere Niederlage beibringen.

Den Herrschaftsansprüchen Lothars I. und seines Sohnes Ludwig II. gegenüber verhielt er sich klug und zurückhaltend; 850 krönte er Ludwig zum Kaiser. Doch um so nachdrücklicher brachte er im innerkirchlichen Raum seine primatiale Stellung zur Geltung. Seit langem strebte Ravenna, die alte Kaiserresidenz, nach Unabhängigkeit von Rom. Die byzantinischen Kaiser hatten die Bestrebungen gefördert; so hatte Konstans II. dem Metropoliten von Ravenna 666 während des Monotheletenstreites weitgehende Privilegien gegeben, die dann freilich später (680/682) wieder zurückgenommen wurden. Unter Leo IV. kam es 853 zu einem neuen offenen Konflikt, als der Erzbischof Johannes Autonomierechte in Anspruch nahm und römisches Kirchengut an sich riß. Von Kaiser Ludwig II. unterstützt, konnte der Papst auf einer Synode zu Ravenna den Erzbischof zum Nachgeben zwingen; doch wenige Jahre später flammte der Streit 861 unter Nikolaus I. wieder auf. Eine Machtprobe hatte Leo IV. auch mit dem mächtigen fränkischen Erzbischof Hinkmar von Reims zu bestehen, der seine Metropolitanrechte gegenüber seinen Suffraganen auszubauen trachtete. Auch mit dieser Sache hatte sich Nikolaus I. später noch auseinanderzusetzen. Sie hatte im übrigen eine sehr wichtige Begleiterscheinung insofern, als aus der Opposition der fränkischen Bischöfe gegen Hinkmar damals die so folgenschwere sogenannte *Pseudoisidorische Fälschung* hervorgegangen zu sein scheint.

Diese großangelegte Sammlung von zum Teil gefälschten, zum anderen Teil echten, aber vielfach verfälschten Papstbriefen und Dokumenten besteht aus drei Teilen: 1. aus 60 Papstbriefen der frühchristlichen Zeit von Klemens bis Miltiades, die allesamt bis auf den ersten Klemensbrief von den Fälschern kompiliert worden sind; 2. aus der gefälschten Konstantinischen Schenkungsurkunde, die hier erstmals ihren literarischen Niederschlag gefunden hat, sowie aus einer spanischen Sammlung von Konzilsbestimmungen in gallischer Bearbeitung (die sogenannte Hispana-Gallica); und schließlich 3. aus Dekretalen der Päpste von Silvester I. bis Gregor I. bzw. Gregor II., unter denen sich 48 gefälschte Dokumente befinden. Der

Hauptzweck der Fälschung, als deren Verfasser sich ein gewisser *Isidor Mercator* bezeichnet und die wahrscheinlich zwischen 847 und 852 im Reimser Metropolitansprengel entstanden ist, war es, die Eigenständigkeit der Suffraganbischöfe gegen ihren Metropoliten sicherzustellen. Der oder vielmehr die Verfasser rekurrierten dabei an das Papsttum, dem allein es zukomme, über Bischöfe zu urteilen. Zu diesem Zwecke stellte man die genannten Papstbriefe und -dekretalien zusammen. Auch den Übergriffen der weltlichen Gewalt in das kirchliche Leben trat man mit den gleichen Argumenten, insbesondere mit der Konstantinischen Schenkung, entgegen. Zunächst wohl ungewollt, jedenfalls nicht direkt beabsichtigt, kam diese Heraushebung der päpstlichen Obergewalt der Stärkung des römischen Primates sehr zustatten. Wenn die Päpste an der Herstellung der Fälschung (wohl sicher) nicht beteiligt gewesen sind, so haben sie die Hilfe doch schon bald gerne benutzt, um ihre eigene Stellung in der westlichen Kirche zu festigen. So tat es schon Nikolaus I. in gutem Glauben an die Echtheit der Dokumente. Die Verwechslung des Isidor Mercator mit dem im hohen Ansehen stehenden Isidor von Sevilla († 633) schien der Fälschung die nötige Glaubwürdigkeit zu verleihen. Ihre Echtheit wurde erst im 15. Jahrhundert in Zweifel gezogen (Nikolaus von Kues, Torquemada u. a.). Bis dahin aber hat sie eine ungeheure Wirkung auf die kirchliche und politische Entwicklung des Mittelalters ausgeübt und half die Machtansprüche des Papsttums im Hochmittelalter begründen.

Lediglich als Curiosum ist zu erwähnen, daß eine erst im 13. Jahrhundert auftauchende, ebenso phantastische wie ungereimte Legende die Fabel von einer angeblichen „Päpstin Johanna" in diese Zeit verlegt. Nach der hauptsächlich durch Martin von Troppau († 1278) kolportierten Erzählung soll ein junges Mädchen aus Mainz, das als Mann verkleidet in Athen studiert habe und in Rom wegen seiner Gelehrsamkeit nach dem Tode Leos IV. 855 zum Papst gewählt worden sei, den Thron als Johannes Anglicus bestiegen haben. Unentdeckt habe sie zwei Jahre, einen Monat und vier Tage regieren können, also von 855 bis 857/868, bis sie bei einer Prozession zum Lateran plötzlich mit einem Kinde niedergekommen und darauf verstorben sei. Die Unhaltbarkeit dieser offensichtlichen Klatschfabel des 13. Jahrhunderts ist wissenschaftlich längst erwiesen. Für ihre zeitliche Verankerung im Jahr 855 ist schon deshalb kein Platz, weil auf Leo IV. unmittelbar Benedikt III. gefolgt ist; aber auch sonst in der nachfolgenden Papstreihe ist kein Zwischenraum für eine solche Geschichte. Noch viel weniger bieten zeitgenössische Quellen einen Anhaltspunkt dafür. Man kann in ihr höchstens den späten Niederschlag einer unklaren Erinnerung an das unselige Frauenregiment im römischen saeculum obscurum vermuten; der Phantasie wurde freilich ein weiter Spielraum gelassen.

In Rom war unterdessen am 29. 9. 855 BENEDIKT III. (855–858) zum Papst gewählt worden; er genoß das Vertrauen des römischen Volkes. Doch bald trat Anastasius als Gegenkandidat auf. Er war von Leo IV. zum Kardinalpresbyter erhoben worden, aber bald mit dem Papst in Konflikt geraten. Leo hatte ihn gebannt und alle mit dem Anathem bedroht, die jemals zu einer Wahl des Anastasius ihre Zustimmung geben würden. Nun trat der ehrgeizige und fähige Mann nach dem Tode des Papstes doch als Papstwahlkandidat auf, und es gelang ihm mit Hilfe der kaiserlichen Partei, sich zum Herrn Roms zu machen. Benedikt wurde abgesetzt und in Haft genommen. Die kaiserlichen Missi stellten sich hinter Anastasius und befürworteten seine Wahl zum Papste. Doch das Volk widersetzte sich. Benedikt wurde aus dem Kerker befreit und in seine Rechte wieder eingesetzt. Anastasius wurde in den Laienstand zurückversetzt und in ein römisches Kloster verwiesen. Er wurde später Bibliothekar der römischen Kirche und hat als Gelehrter und einflußreicher Berater der drei folgenden Päpste noch große Bedeutung erlangt. Seinen ehrgeizigen Plänen hatte er inzwischen entsagt. Die Regierung Benedikts verlief unter dem Einfluß seines tüchtigen Ratgebers Nikolaus, seines Nachfolgers, ruhig und segensreich.

Mit NIKOLAUS I. (858–867) bestieg der bedeutendste Papst des frühen Mittelalters den Stuhl Petri. In prophetischem Sendungsbewußtsein trat er überall für die gottgegebenen Rechte des Papsttums ein. In seinen uns erhaltenen Briefen betont er nicht nur, daß Christus selbst das Papsttum eingesetzt und mit höchsten Vollmachten ausgestattet habe, sondern er beansprucht auch, als Stellvertreter Gottes auf Erden die höchste Autorität in kirchlichen wie weltlichen Angelegenheiten zu besitzen. Man glaubt bereits, Gregor VII. zu hören. Er beanspruchte als oberster Hüter des Glaubens die höchste Lehrgewalt und als Vicarius Christi die universale Jurisdiktion über die ganze Kirche. Furchtlos und machtvoll wie ein alttestamentlicher Prophet trat er für die Rechte Gottes auf Erden ein. Kein Wunder, daß er seinen Zeitgenossen wie ein zweiter Elias erschien. Es ist aber auch begreiflich, daß er bei der Durchsetzung dieser Ansprüche oft genug in dramatische Kämpfe mit geistlichen und weltlichen Machthabern verstrickt wurde. Daß er stets siegreich aus ihnen hervorging, erhöhte seinen Glanz und sein Ansehen.

Den ersten Kampf führte er mit Erzbischof Johannes von Ravenna, der erneut seine Unabhängigkeit von Rom durchzusetzen sich bemühte. In Anwesenheit des Kaisers hielt Nikolaus in Ravenna selbst eine Synode ab, die aber nur zu einer vorübergehenden Einigung führte. Als Johannes 861 abermals römische Rechte und römisches Kirchengut usurpierte, zitierte ihn Nikolaus nach Rom und bannte ihn im März 861. Dann erschien er selbst wieder in Ravenna, das ja zum Kirchenstaat gehörte, und griff mit Macht ein. Der Erzbischof mußte sich schließlich unterwerfen. Auf einer römischen Synode im November 861 verpflichtete er sich, künftig alle zwei Jahre in Rom zu erscheinen und die Verbindung seiner Suffragane mit dem Papste nicht mehr zu behindern.

Schwieriger war die Auseinandersetzung mit dem mächtigen fränkischen Metropoliten Hinkmar von Reims. Dieser hatte auf einer Provinzialsynode 861 den Bischof Rothad von Soissons exkommunizieren und absetzen lassen. Rothad hatte daraufhin nach Rom appelliert. Spätestens bei dieser Gelegenheit ist ein Exemplar der pseudoisidorischen Dekretalen dorthin gelangt. Nikolaus, der diese Appellation sofort aufgriff, stützte sich in seinem weiteren Verfahren auf diese (gefälschten) Dekretalen und spielte in seinem Schreiben an Hinkmar deutlich auf sie an. Er lud Rothad nach Rom vor und hob auf einer römischen Synode im Januar 865 die über ihn verhängte Absetzungssentenz auf. Hinkmar beugte sich schließlich dem päpstlichen Urteil; auch König Karl der Kahle, der hinter ihm gestanden hatte, fügte sich.

Bitterer war für Hinkmar wohl das Eingreifen des Papstes in eine interne Angelegenheit seiner Diözese. Sein Vorgänger Ebo war im Zusammenhang mit den Thronwirren im Reiche abgesetzt worden; er hatte dann aber eine Zeitlang – wie Hinkmar glaubte unrechtmäßigerweise – die Regierung des Erzbistums wieder an sich genommen und in dieser Zeit Kleriker geweiht. Diesen Klerikern sprach Hinkmar nun später die Gültigkeit ihrer Weihen ab. Es kam darüber zu langen Auseinandersetzungen. Die betroffenen Kleriker wandten sich appellierend an den Papst. Der Streit endete damit, daß Nikolaus dem Erzbischof im Dezember 866 kategorisch die Wiedereinsetzung der Kleriker in ihre Ämter befahl. Auch jetzt fügte sich Hinkmar. Diesmal stand der König nicht hinter ihm.

Am eindrucksvollsten war das Eingreifen Nikolaus' I. in die Ehe-Angelegenheit König Lothars II. (855–869). Dieser hatte 862 seine rechtmäßige Gattin Theutberga verstoßen und seine Geliebte Waldrada geheiratet. Eine Metzer Synode und insbesondere die Erzbischöfe Gunthar von Köln und Thietgaud von Trier hatten sich ihm dabei willfährig gezeigt. Nikolaus I. kassierte Ende 863 die Akten der Metzer Synode und setzte die beiden Erzbischöfe ohne

Gerichtsverfahren kurzerhand ab, weil sie gegen zentrale Prinzipien des kirchlichen Ehegesetzes von der Unauflöslichkeit der Ehe verstoßen hatten. In der dadurch bedingten Verschlechterung des Verhältnisses zwischen Kaiser und Papst hielt Nikolaus I. unentwegt an dem Grundsatz fest, daß auch die Fürsten an das göttliche Sittengesetz gebunden seien und sich dem Urteil der Kirche beugen müßten. Selbst auf dem Boden der gelasianischen Zweigewaltenlehre stehend, erkannte er die Eigenständigkeit der weltlichen Gewalt in allen zeitlichen Angelegenheiten an, verlangte aber ihre Unterordnung unter das von der Kirche vertretene göttliche Sittengesetz, dem alle Christen in gleicher Weise unterworfen seien.

Zum schwersten Konflikt kam es durch sein Eingreifen in die Auseinandersetzungen der byzantinischen Kirche, wo im Jahre 858 Patriarch Ignatios abgesetzt und durch den gelehrten Photios ersetzt worden war. Offenbar in Unkenntnis der wirklichen Lage und irregeführt durch den entstellenden Bericht des Abtes Theognostos, eines erbitterten Gegners des Photios, exkommunizierte Nikolaus I. den Photios 863 und setzte Ignatios in seine Patriarchatsrechte wieder ein. Der ganze Vorgang gehört zu den tragischen Mißverständnissen, an denen die Geschichte des Ost-West-Verhältnisses so reich ist. Nikolaus I. wußte nicht, daß Ignatios freiwillig abgedankt und zur Wahl eines Nachfolgers aufgefordert hatte. Photios war rechtmäßig gewählt worden und hatte Nikolaus I. 860 von seiner Erhebung Mitteilung gemacht. Doch inzwischen hatten enttäuschte Anhänger des Ignatios die Wahl des Photios angegriffen. So hatte Photios selbst wie auch Kaiser Michael III. den Papst um Entsendung von Legaten nach Konstantinopel gebeten, und dieser hatte die Bischöfe Radoald von Porto und Zacharias von Anagni zur Überprüfung der Lage geschickt. Auf einer Synode von 861 hatten die Legaten in Konstantinopel die Rechtmäßigkeit des Photios ausdrücklich anerkannt, und umgekehrt hatte die byzantinische Kirche erstmals die Kanones von Sardika (342 bzw. 343), die die Appellation an den römischen Patriarchen grundlegten, vorbehaltlos akzeptiert, ohne freilich die eigene Autonomie in der normalen Kirchengestaltung aufzugeben. „Nie hat man so klar in Byzanz die oberste Stellung des römischen Patriarchen in der Kirche auch in disziplinären Sachen anerkannt wie auf der Synode von 861" (F. Dvornik). Dennoch ließ Nikolaus I. sich durch Theognostos irreführen. Er desavouierte seine Legaten und exkommunizierte Photios im August 863. In Schreiben an den Kaiser und an die östlichen Patriarchen teilte er diesen seine Entscheidung mit. Als der Kaiser in einem scharfen Briefe diese päpstliche Entscheidung ablehnte, antwortete

Nikolaus 865 ebenso scharf mit einer übermäßigen Hervorkehrung des kirchlichen Primates Roms, die deutlich die Spuren der symmachianischen Fälschungen („Prima sedes non iudicabitur a quoquam") erkennen läßt. Der Verfasser dieses Schreibens war mit aller Wahrscheinlichkeit Anastasius Bibliothecarius, den Nikolaus wegen seiner Gelehrsamkeit und griechischen Bildung wieder an seinen Hof gezogen hatte.

Die Krise wurde durch den Streit um die Bulgaren-Mission verschärft. Die von Konstantinopel missionierten Bulgaren wandten sich 864 von diesem ab. Als sich 866 der eben getaufte Bulgarenfürst Boris nach Rom wandte, um von dort Glaubensboten zu erhalten, und die beiden berühmten Missionare Kyrillos (Konstantinos) und Methodios 867 ebenfalls den Kontakt mit Rom suchten, wohin Nikolaus I. sie eingeladen hatte, verfolgte man in Byzanz diese Entwicklung mit Mißtrauen und Eifersucht. Die Spannung kam auf der von Michael III. einberufenen Synode von Konstantinopel 867 zum Ausbruch. Papst Nikolaus I. wurde abgesetzt und exkommuniziert. Er hat diese Nachricht nicht mehr erhalten, da er bereits am 13. November 867 gestorben war. Aber der nun entstandene Bruch hat den Graben zwischen Ost und West weiter vertieft. So stand am Ende der machtvollen Regierung Nikolaus' I. doch ein betrübliches Resultat. Auch die übrigen Ansprüche, die er erhoben hatte, ließen sich von seinen Nachfolgern nicht halten.

Unter seinem schwachen Nachfolger HADRIAN II. (867–872) wurden die Verhältnisse in Byzanz immer verworrener. Ende September 867 wurde Kaiser Michael III. ermordet. Der neue Herrscher Basileios I. brach mit dem kirchlichen Kurs seines Vorgängers. Photios wurde vertrieben und Ignatios wieder eingesetzt. Zur Legitimierung dieser Änderung wurde eine Synode einberufen, zu der auch der Papst eingeladen wurde. Dieses *Konzil von Konstantinopel (869/870)*, das später im Westen als 8. Ökumenisches Konzil gezählt wurde, bekräftigte die Absetzung des Photios und stellte die Einheit mit dem Westen wieder her. Es fand im Osten nur wenig Sympathien.

Mit JOHANNES VIII. (872–882) bestieg noch einmal vor dem großen Absturz ein fähiger Mann den Papstthron, der vorher schon zwanzig Jahre lang als Archidiakon die römische Politik mitbestimmt hatte. Als nach dem Tode des Ignatios (Oktober 877) im Osten Photios allgemein wieder anerkannt wurde, schloß auch der Papst mit ihm Frieden. Auf einer neuen Synode von Konstantinopel (879/880) wurde die Einigung feierlich bekräftigt. Photios setzte es durch, daß die Synode von 869/870, die ihn verurteilt hatte, im Osten annulliert und nur die Synode von 879/880 als das 8. Ökumenische Konzil gezählt wurde. Er hatte auch die demütigenden Bedingungen des Papstes, der sein Schuldbekenntnis vor der Synode gefordert hatte, ebenso abgelehnt wie den Verzicht auf die byzantinische Bulgarenmission. So blieben die Spannungen bestehen.

Sein Hauptarbeitsfeld fand der Papst in der politischen und militärischen Verteidigung Italiens gegen die sizilianischen Sarazenen. Er schloß dabei eng an die Bemühungen Kaiser Ludwigs II. an, in Süditalien eine Einheitsfront mit Einschluß der Byzantiner gegen die Araber aufzurichten. Doch mit dem Tode Ludwigs II. (12. 8. 875) fiel nicht nur diese Stütze dahin, sondern es wurde zugleich die Nachfolge in der Kaiserwürde akut, die in der nun erlöschenden lotharischen Linie bisher erblich gewesen war. Ludwig II. hatte 872 den Sohn Ludwigs des Deutschen, Karlmann von Bayern, zu seinem Nachfolger designiert. Doch Johannes VIII. entschied sich jetzt für Karl den Kahlen, den er noch im August 875 von Klerus und Senat von Rom zum Kaiser proklamieren ließ. Dabei stützte er sich auf das alte Recht des römischen Volkes und auf das päpstliche Krönungsrecht. Weihnachten 875 krönte er ihn in Rom zum Kaiser. Zum Dank hob Karl die Bestimmungen auf, nach denen die Papstwahl nur in Gegenwart kaiserlicher Missi erfolgen durfte, und sicherte dem Kirchenstaat größere Autonomie zu. Er „schenkte" ihm die byzantinischen Dukate Neapel und Kalabrien, die er gar nicht besaß, und unterstellte ihm die Dukate von Spoleto und Benevent sowie weitere Städte und Ländereien Süditaliens. Insgesamt übertrug er dem Papst die Führung der süditalienischen Politik. Der Papst mochte sich von dieser Übertragung eine Aktivierung der Sarazenenabwehr versprochen haben. Doch sah er sich nur allzubald enttäuscht, als Karl der Kahle schon im Frühjahr Italien wieder verließ und den Papst ohne die nötige Unterstützung zurückließ. Noch hoffnungsloser wurde die Lage Johannes' VIII. in Italien, als das Frankenreich selbst durch den Bruderzwist in der Herrscherfamilie zerrissen wurde und seiner Auflösung entgegenging. Nach dem Tode Karls des Kahlen (6. 10. 877) knüpfte er Verbindung mit Karlmann von Bayern an; dann wieder suchte er im Westfrankenreiche Hilfe (Frühjahr 878), um schließlich dem ostfränkischen Herrscher Karl III. die Kaiserkrone anzubieten. Er krönte Karl III. am 21. Februar 881 in Rom zum Kaiser, ohne indes die erhoffte Hilfe zu erhalten.

Unterdessen setzten sich die Sarazenen am Garigliano fest und überfielen von dort aus die Städte. Auch Rom bekam ihre Macht zu spüren. Schlimmer war es, daß in Rom selbst mehr und mehr Unzufriedenheit und Gewalttätigkeiten um sich griffen. Schon im Frühjahr 876 hatte Johannes VIII. die Häupter einer römischen Adelsopposition verurteilen müssen. Als sich herausstellte, daß der Kardinalbischof Formosus von Porto mit ihr in Verbindung stand, ließ er ihn auf einer römischen Synode exkommunizieren und absetzen. Schließlich ist er selbst dieser Opposition des Adels zum Opfer gefallen. Nach dem Bericht der Fuldaer Annalen wurde er am 15. Dezember 882 von seinen römischen Gegnern vergiftet und erschlagen. Er war der erste der mittelalterlichen Päpste, die ihre Amtszeit mit einer grauenvollen Ermordung endeten. Das Papsttum geriet jetzt vollends in den Strudel der mittelitalienischen und römischen Machtkämpfe. Das „dunkle Zeitalter" brach an.

§ 14

*Das „Dunkle Jahrhundert" der Papstgeschichte*

Der Papstmord an Johannes VIII. bildete die Einleitung zum sogenannten „Dunklen Jahrhundert" der Papstgeschichte, in dem sich das Papsttum jahrzehntelang in unwürdiger Erniedrigung und Abhängigkeit von italienischen Adelsgeschlechtern befand. Auf Johannes VIII. folgte MARINUS I. (882–884). Er hatte als Legat der römischen Kirche an dem 8. Allgemeinen Konzil von Konstantinopel teilgenommen. Als Papst setzte er Bischof Formosus von Porto wieder in sein Amt ein. Die nachfolgenden Pontifikate von HADRIAN III. (884–885) und STEPHAN V. (885–891) waren belastet durch die Kämpfe zwischen Markgraf Berengar von Friaul und Herzog Wido (Guido) von Spoleto, die um die Macht in Italien stritten. In diesen Auseinandersetzungen war Wido siegreich. 891 mußte ihn Papst Stephan zum Kaiser krönen. Dabei bestätigte zwar Wido traditionsgemäß die Privilegien der römischen Kirche, tatsächlich jedoch übernahm er die Macht im Kirchenstaat. Nachfolger Stephans wurde Papst FORMOSUS (891–896). Er war in seiner persönlichen Lebensführung ohne Tadel, sittenstreng und asketisch. Am 30. April 892 krönte er den Sohn Widos, Lambert, zum Kaiser. Der Druck der Spoletiner auf den Papst wurde immer stärker, so daß Formosus 893 den deutschen König Arnulf von Kärnten (887–899) bat, den Besitz des hl. Petrus den „schlechten Christen" zu entreißen. Arnulf folgte der Aufforderung des Papstes, unterwarf 894 Oberitalien und eroberte auf einem Zweitzug Rom, wo er im Februar 896 von Papst Formosus die Kaiserkrone empfing. Als er krank nach Bayern zurückkehren mußte, übernahm Lambert in Rom wieder die Macht. Papst Formosus starb wenige Wochen nach dem Abzug des Kaisers.

Er sollte noch nach seinem Tode für seinen Hilferuf an Arnulf geschändet werden.

Sein Nachfolger, BONIFAZ VI. (896), regierte nur zwei Wochen. Auf ihn folgte STEPHAN VI. (896–897), der ein Werkzeug in der Hand der Spoletiner war. Er ließ auf einer Synode („Leichensynode") Gericht über Formosus halten. Dieser wurde, nachdem er bereits neun Monate tot war, aus dem Grabe gerissen, für abgesetzt und die von ihm erteilten Weihen und alle seine Amtshandlungen für ungültig erklärt. Den Leichnam des Formosus warf man in den Tiber.

Dieses beschämende Vorgehen gegen den toten Papst rief mit Recht Entsetzen hervor. Es kam zu einem Aufstand, Papst Stephan wurde gefangengenommen und 897 im Gefängnis erdrosselt.

Die Pontifikate seiner Nachfolger waren von kurzer Dauer. Papst ROMANUS (897) regierte nur vier Monate. Sein Nachfolger Papst THEODOR II. (897) hob die Beschlüsse der „Leichensynode" auf und ließ Formosus ehrenvoll in Sankt Peter bestatten. 898 wählte man auf Veranlassung von Lambert von Spoleto den bisherigen Abt Johannes von Tivoli zum Papst: JOHANNES IX. (898–900). Er ließ auf den Synoden von Rom und Ravenna Papst Formosus rehabilitieren und die Akten der „Leichensynode" kassieren. Lambert wurde als Kaiser anerkannt und die Kaiserkrönung Arnulfs annulliert. Die Synode erneuerte die Bestimmungen über die Papstwahl: Bischof und Klerus sollten den Papst unter Zustimmung des Volkes wählen und seine Konsekration in Gegenwart kaiserlicher Gesandter stattfinden.

Der Tod Lamberts († 15. Oktober 898), der keinen Erben hinterließ, brachte für die Päpste neue Schwierigkeiten. Markgraf Berengar von Friaul, der Gegner Lamberts, übernahm die Macht in Italien. Papst BENEDIKT IV. (900–903), der zur Partei des Papstes Formosus gehörte, hielt 900 eine Synode im Lateran ab und krönte 901 den jungen König Ludwig III. von der Provence zum Kaiser. Dieser mußte sich aber bald vor Berengar zurückziehen. Die Gegensätze und Machtkämpfe in Rom zeigten sich nach dem Tode Benedikts erschütternd deutlich. Papst LEO V. (903) wurde schon nach kurzem Pontifikat durch den Presbyter Christophorus gestürzt und gefangen genommen. CHRISTOPHORUS (903–904) übernahm seine Nachfolge. Aber bereits im Januar 904 ereilte ihn das Schicksal seines Vorgängers. Er wurde eingekerkert und wahrscheinlich umgebracht. SERGIUS III. (904–911), der bereits 897 von den Gegnern des Papstes Formosus tumultuarisch zum Papst erhoben wurde, konnte sich damals gegen Johannes IX. nicht durchsetzen. Nachdem er 904 das päpstliche Amt übernommen hatte, ließ er alle Weihen des Formosus für ungültig erklären und seine Anhänger absetzen.

Unter Sergius begann die starke Abhängigkeit des Papsttums von einer mächtigen römischen Adelspartei, deren Exponenten der Konsul Theophylakt, seine Gemahlin Theodora, ihre Töchter Marozia und Theodora die Jüngere waren. Sie übten in der Folgezeit einen beherrschenden Einfluß auf die Päpste aus. Eine Beurteilung der damaligen Periode ist durch den Mangel an Quellen erschwert. Sergius ließ auch die durch ein Erdbeben zerstörte Lateranbasilika neu errichten.

Seine Nachfolger waren der Römer ANASTASIUS III. (911–913) und der langobardische Grafensohn LANDO (913–914), die beide von der Familie des Theophylakt völlig abhängig waren. JOHANNES X. (914–928) erlangte auf Veranlassung der älteren Theodora das päpstliche Amt. Er versuchte die Einheit Italiens im Kampf gegen die Sarazenen zu erringen und nahm persönlich an der Schlacht gegen die Sarazenen am Garigliano im August 915 teil. Im Dezember 915 krönte er Berengar zum Kaiser, jedoch änderte sich dadurch an den bestehenden Machtverhältnissen in Rom nichts, da Berengar den erhofften Schutz nicht gewähren konnte. Johannes bemühte sich, die Autorität des Papsttums zu wahren. Zur Synode der ostfränkischen Bischöfe in Hohenaltheim im Jahre 916 entsandte er einen Legaten. Sein Versuch, sich dem Einfluß des herrschenden römischen Adels zu entziehen, führte zu seinem Sturz. Er wurde 928 gefangengesetzt und starb bald darauf im Gefängnis.

In Rom war die Machtstellung der Senatrix Marozia, die 926 den Markgrafen Guido von Tuszien geheiratet hatte, jetzt stärker denn je. Die nachfolgenden Päpste LEO VI. (928) und STEPHAN VII. (929–931) standen in totaler Abhängigkeit von ihr. Ihnen folgte Marozias eigener Sohn, JOHANNES XI. (931–935/36). 932 schloß Marozia mit Hugo von der provence, der seit 926 lombardischer König war, eine neue Ehe. Mit ihrer Heirat versuchte sie ihren Einfluß in Rom weiter zu stärken. Hugo hoffte seinerseits, auf diese Weise Kaiser werden zu können. Aber unmittelbar nach der Hochzeit kam es zu einem von ihrem Sohn Alberich angezettelten Aufstand der römischen Aristokratie. Hugo mußte fliehen, Marozia wurde von ihrem Sohn gefangengesetzt, und auch Papst Johannes XI. von Alberich inhaftiert. Über zwei Jahrzehnte übte Alberich die Herrschaft in Rom und im Kirchenstaat aus. Zwar blieben formell die Rechte der Päpste unberührt, sie hatten aber keinen Einfluß. Alberich war persönlich fromm, die von ihm erhobenen römischen Bischöfe LEO VII. (936–939), STEPHAN VIII. (939–942), MARI-

NUS II. (942–946) und AGAPET II. (946–955) erwiesen sich als würdige Päpste. Unter Leo VII. gewann die cluniazensische Reformbewegung, die ihren Namen von dem Kloster Cluny in Burgund hat, das ein Ausgangspunkt der Erneuerung des kirchlichen und klösterlichen Lebens werden sollte, in Rom entschieden an Boden. So konnte man hoffen, daß das Papsttum unter dem Einfluß dieser Reformer sich zu neuem Ansehen entwickeln würde. Zudem kam der deutsche König Otto I. (936–973), der mächtigste Herrscher des Abendlandes, den Päpsten zu Hilfe. Er wurde (wahrscheinlich) von Adelheid, einer Tochter des Burgunderkönigs Rudolph II., nach Italien gerufen. Dieses Hilfeersuchen bot Otto eine willkommene Möglichkeit, in die italienischen Verhältnisse einzugreifen und die Kaiserkrone zu erlangen. Auf seinem Italienzug 951 besetzte er ohne große Kämpfe die Lombardei. In Pavia vermählte er sich mit Adelheid und nahm die Huldigung des italienischen Adels entgegen. Er sandte den Mainzer Erzbischof Friedrich und Bischof Hartbert von Chur zu Papst Agapet II., um mit ihm über den Romzug und die Kaiserkrönung zu verhandeln. Aber die politischen Verhältnisse in Deutschland zwangen Otto, nach dort zurückzukehren, bevor er seinen Romzug durchführen konnte.

Einige Jahre später, am 31. August 954, starb Fürst Alberich. Er hatte vor seinem Tode die römischen Großen verpflichtet, seinen Sohn Octavian zum Nachfolger Agapets zu wählen. Als dieser 955 starb, übernahm Octavian ohne Widerspruch das päpstliche Amt. Als Papst nannte er sich JOHANNES XII. (955–963/64). Ein Namenswechsel war bisher bei der Übernahme des päpstlichen Amtes Ausnahme gewesen. Johannes behielt die Lebensgewohnheiten bei, wie sie beim damaligen römischen Adel selbstverständlich waren. Das Gesamturteil über ihn und sein Pontifikat kann – auch angesichts der sittlichen Verwilderung der Zeit – nur vernichtend lauten. Als weltlicher Herrscher war Johannes XII. ebenfalls nicht erfolgreich. Es kam zu Auseinandersetzungen zwischen ihm, Berengar und dessen Sohn Adalbert. Johannes rief – wohl auf Veranlassung römischer kirchlicher Reformer – den deutschen König Otto zu Hilfe. 960 überbrachten die Legaten die Bitte des Papstes, Otto möge nach Rom kommen, die Freiheit der römischen Kirche wiederherstellen und sie aus der Tyrannei Berengars und Adalberts befreien.

Für König Otto ging mit diesem Hilferuf ein langgehegter Wunsch in Erfüllung. Er zog nach Italien, ohne Widerstand zu finden, und erreichte am 31. Januar 962 Rom. Bevor er in Rom einzog, gab er Johannes ein Sicherheitsversprechen: Er werde den Papst niemals an Leib oder Leben oder Ehre schädigen, die dem hl. Petrus zustehenden Gebiete, die in seine Hand kämen, zurückgeben und seinen Statthalter in Italien veranlassen, den Besitz der römischen Kirche zu verteidigen. Am 2. Februar 962 fand die Kaiserkrönung Ottos des Großen und seiner Gemahlin Adelheid statt. Der Papst und die Römer versprachen eidlich, niemals von Otto abzufallen. Berengar und Adalbert werde man keinerlei Hilfe leisten.

Damit begann ein neuer Abschnitt in der Geschichte des Papsttums.

## § 15
### Die Päpste und die Ottonischen Kaiser

Durch die Kaiserkrönung Ottos wurde das Kaisertum Karls d. Gr. erneuert, das auch in Zukunft mit der deutschen Königswürde verbunden blieb. Der deutsche Kaiser übernahm die Aufgabe, Schützer der Kirche zu sein. In dem sogenannten Pactum bzw. Privilegium Ottonianum vom 13. Februar 962 bestätigte Otto die Schenkungen seiner Vorgänger an die römische Kirche. Über die Papstwahl wurde bestimmt, daß der Papst kanonisch gewählt werden solle. Er habe vor seiner Konsekration dem Kaiser den Treueid zu leisten. Die päpstlichen Beamten wurden der Oberaufsicht des Kaisers unterstellt. So waren die kaiserlichen Hoheitsrechte über Rom, entsprechend der Vereinbarung von 824, wiederhergestellt. Im Februar 962 genehmigte Johannes XII. alle von Kaiser Otto zur Bekehrung der Slawen vorgesehenen Maßnahmen, besonders die Errichtung des Bistums Magdeburg und des Suffraganbistums Merseburg. Alle Völker, die vom Kaiser und seinen Nachfolgern christianisiert würden, sollten dem neuen Erzbistum Magdeburg unterstellt werden.

Johannes XII. bereute sehr bald seinen Hilferuf an Otto, nachdem er sah, daß dieser seine bisherige Unabhängigkeit beeinträchtigte. Kaum hatte der Kaiser Rom verlassen, als sich Johannes XII. – trotz seines dem Kaiser gegebenen Eides – mit dessen Feinden in Verbindung setzte. Er lud Adalbert nach Rom ein und nahm ihn ehrenvoll auf. Als Otto von diesen Maßnahmen Johannes' erfuhr, zog er zum zweiten Mal nach Rom. Der Papst und Adalbert flohen, als sie die Nutzlosigkeit ihres Widerstandes einsahen. Das kaiserliche Heer konnte ohne Gegenwehr in Rom einziehen. Die Römer mußten schwören, ohne Zustimmung des Kaisers keinen Papst zu wählen. Der Kaiser berief am 6. November 963 eine Synode, die in Sankt Peter Johannes den Prozeß machte. Sein Ergebnis war die Absetzung des Papstes am 4. Dezember 963. Als Absetzungsgründe wurden Mord, Eidbruch, Sakrileg, Simonie und Unzucht angeführt.

Johannes, der in dem Prozeß vorgeladen war, erschien nicht und wurde auch nicht gehört. Das Prozeßverfahren gegen den Papst fand keine allgemeine Zustimmung.

Zum neuen Papst wählte man den bisherigen päpstlichen Protoscriniar, LEO VIII. (963–965), der bisher Laie war und an einem Tag alle Weihen empfing. Dieses Verfahren widersprach den kirchlichen Kanones. Am 3. Januar 964 kam es zu einem Aufstand, der vom Kaiser niedergeschlagen werden konnte. Nachdem aber der Kaiser Rom verlassen hatte, kehrte Johannes wieder zurück, und Leo VIII. mußte fliehen. Jetzt hielt Johannes eine Synode ab, die die kaiserliche Synode als unrechtmäßig und den kanonischen Bestimmungen widersprechend verwarf. Der Prozeß gegen Johannes XII. wurde als nichtig erklärt, Leo VIII. aus der Kirchengemeinschaft ausgeschlossen und seine Weihen als ungültig bezeichnet. Bald danach starb Johannes am 14. Mai 964 eines plötzlichen Todes.

Daraufhin baten die Römer den Kaiser, die Neuwahl eines Papstes zu gestatten. Aber Otto war nicht gewillt, den von ihm erhobenen Leo VIII. zu opfern und auf seine kaiserlichen Rechte in Rom zu verzichten. Trotzdem wählten die Römer einen neuen Papst, den Kardinaldiakon Benedikt, der selbst an der Wahl Leos VIII. teilgenommen hatte. BENEDIKT V. (964) war ein würdiger und frommer Priester, ausgezeichnet durch Gelehrsamkeit. Der Kaiser sah sich durch dieses Verhalten der Römer in seinen Rechten beeinträchtigt. Das veranlaßte ihn, wiederum mit einem starken Heer nach Rom zu ziehen. Am 23. Juni 964 mußten die Römer die Stadt übergeben. Auf einer neuen Synode im Lateran versprachen sie Kaiser Otto und Papst Leo VIII. die Treue. Benedikt wurde seines Amtes entsetzt und mußte nach Hamburg in die Verbannung gehen, wo er 966 starb. Leo VIII. konnte ohne äußere Hindernisse sein Pontifikat fortsetzen, starb aber schon im März 965.

Nach seinem Tode schickten die Römer Gesandte zum Kaiser und baten um die Benennung eines neuen Papstes. Der Kaiser entsandte Bischof Otger von Speyer und Liutprand von Cremona nach Rom. In ihrer Gegenwart wurde Johannes von Narni zum neuen Papst gewählt, JOHANNES XIII. (965–972). Im Vertrauen auf den Schutz des Kaisers führte er in Rom ein strenges Regiment. Jedoch schon nach wenigen Monaten kam es zu einem Aufstand der Römer, bei dem der Papst gefangengenommen und mißhandelt wurde. Es gelang ihm zwar, zu entfliehen und die Hilfe Ottos zu erbitten. Bevor aber der Kaiser in Rom erschien, war hier ein Umschwung eingetreten. Aus Furcht vor der Rache des Kaisers führten die Römer nach erbitterten Kämpfen den Papst in feierlicher Prozession zurück und baten ihn im November 966 um Verzeihung. Einige Wochen später zog Otto in Rom ein. Er hielt strenges Gericht und ließ die Führer des Aufstandes erhängen bzw. nach Deutschland in die Verbannung schicken. Das blutige Vorgehen des Kaisers schüchterte die Römer ein, und so konnte die weitere Regierungszeit Johannes' XIII. ruhig verlaufen.

967 fand die große Synode in Ravenna statt, auf der Bestimmungen über innerkirchliche Reformen erlassen wurden. Der Kaiser stellte einen Teil des Kirchenstaates wieder her und überließ dem Papst den Exarchat von Ravenna. Johannes pries damals in einer Bulle den Kaiser als den dritten Konstantin, der Rom, das Haupt des Erdkreises, errettet und in seine frühere Würde wiedereingesetzt habe. In Ravenna konnte auch die Errichtung des Erzbistums Magdeburg realisiert werden, die bisher am Widerspruch von Mainz und Halberstadt gescheitert war. Im Oktober 968 erließ Johannes eine feierliche, von allen Teilnehmern einer neuen Synode zu Ravenna unterschriebene Bulle, wonach Magdeburg zum Erzbistum erhoben wurde. Dem ersten Erzbischof von Magdeburg, Adalbert, erteilte der Papst persönlich die Bischofsweihe.

Weihnachten 967 krönte er den jugendlichen Otto II. zum Mitkaiser, 972 auch dessen Gemahlin Theophanu, eine byzantinische Prinzessin. Johannes XIII. starb am 6. September 972. Seine Bedeutung liegt in seiner Öffnung für die innerkirchliche Reformbewegung, seiner Förderung der Reformbestrebungen des Klosters Cluny und in der Unterstützung der Slawenmission.

Zu seinem Nachfolger wurde 972 BENEDIKT VI. (972–974) gewählt. Seine Konsekration erfolgte am 19. Januar 973. Der Tod Kaiser Ottos d. Gr. am 7. Mai 973 war auch für Benedikt folgenschwer. Denn jetzt erhob sich in Rom eine Partei unter der Leitung des Crescentius de Theodora, eines Sohnes der jüngeren Theodora. Benedikt wurde gestürzt und in der Engelsburg gefangengehalten. An seine Stelle erhob man im Juni 974 den Diakon Franco zum Papst, der sich BONIFAZ VII. (974) nannte. Benedikt VI. ließ er in der Engelsburg ermorden. Wenige Wochen später gelang es jedoch den Kaiserlichen, Rom zu erobern und die Anführer des Aufstandes zu bestrafen. Bonifaz war rechtzeitig – mit dem Schatz der Peterskirche – nach Konstantinopel geflüchtet. Neuer Papst wurde BENEDIKT VII. (974–983), bisher Bischof von Sutri. Er ließ auf einer römischen Synode Bonifaz-Franco verurteilen. Sein Pontifikat verlief ruhig. Benedikt war ein würdiger Papst, der die cluniazensische Reformbewegung förderte. Auf einer römischen Synode vom Jahre 981 ließ er die Simonie verbieten. Er erneuerte das Kloster der heiligen Bonifatius und Alexius auf dem Aventin. Zur Errichtung des Bistums Prag im Jahre 973 gab er seine Zustimmung und bewilligte auf kaiserlichen Wunsch die Aufhebung des Bistums Merseburg.

Im Oktober 983 starb Benedikt VII. Als seinen Nachfolger bestimmte Kaiser Otto II. (973–983) Bischof Petrus von Pavia, der sich JOHANNES XIV. (983–984) nannte. Verhängnisvoll war der frühe Tod des erst 28 Jahre alten Kaisers am 7. Dezember 983. Sein Nachfolger, Otto III. (983–1002), war erst drei Jahre alt. 984 erschien BONIFAZ VII. (974–985), der bis dahin in Konstantinopel gelebt hatte, wieder in Rom und übernahm mit Unterstützung einer antikaiserlichen Adelspartei die Macht. Johannes XIV. wurde gefangengenommen und starb am 20. August 984 in der Engelsburg. Bonifaz VII. konnte sich in Rom nicht lange halten. Bereits nach einem Jahr (985) wurde er gestürzt und ermordet.

Seine Nachfolge übernahm JOHANNES XV. (985–996), ein Römer von Geburt. Er verdankte sein Amt dem Johannes Crescentius, einem Sohn des Crescentius de Theodora, der die eigentliche Macht in Rom innehatte und sich Patricius Romanorum nannte. Auch der Papst war von ihm stark abhängig. Dadurch litt verständlicherweise das Ansehen des Papsttums. Zudem machte Johannes sich durch seine Habsucht und die Begünstigung seiner Verwandten beim Klerus verhaßt. Auf der Lateransynode des Jahres 993 sprach er Ulrich von Augsburg († 973) heilig.

In den folgenden Jahren kam es in Rom zu Spannungen zwischen Crescentius und Johannes XV., der sich deshalb nach Tuszien zurückzog. Der Papst rief Otto III. zu Hilfe und lud ihn ein, zur Kaiserkrönung nach Rom zu kommen. Otto III. brach daraufhin im Februar 996 von Regensburg aus nach Rom auf. In Pavia erhielt er die Nachricht vom Tode des Papstes durch eine Gesandtschaft des römischen Adels, die den König um die Benennung eines neuen Papstes bat. Otto III. bestimmte Brun, den Sohn seines Vetters Otto von Kärnten, zum Papst. Dieser wurde durch Erzbischof Willigis von Mainz und den Kanzler Hildibald, Bischof von Worms, nach Rom begleitet, wo er am 3. Mai 996 konsekriert wurde. Er war der erste deutsche Papst und nannte sich GREGOR V. (996–999). Zu seinen ersten Amtshandlungen als Papst gehörte die Kaiserkrönung Ottos III. am Feste Christi Himmelfahrt (21. Mai) 996. Als der Kaiser Rom verlassen hatte, riß Crescentius wieder die Macht an sich, und Gregor V. mußte aus Rom fliehen. Er hielt zwar in Pavia eine Synode ab, auf der Crescentius gebannt wurde, aber das hinderte diesen nicht, bald einen Nachfolger als Papst zu bestimmen: Johannes Philagathos, der am Ottonischen Hofe eine einflußreiche

Stellung innegehabt hatte und unter Otto II. und Otto III. Kanzler für Italien gewesen war. Er konnte sich von 997–998 als Gegenpapst JOHANNES XVI. in Rom halten. Schon bald erkannte er, wie aussichtslos seine Position war. Nach wenigen Monaten unterwarf er sich Otto III., der dem Hilferuf Gregors V. nicht sogleich Folge leisten konnte. Im Februar 998 zog der Kaiser in Rom ein. Johannes war inzwischen geflohen, wurde aber ergriffen und verstümmelt, später auf einer Synode abgesetzt. Crescentius dagegen leistete dem Kaiser Widerstand und verteidigte sich in der Engelsburg. Nach ihrer Eroberung ließ Kaiser Otto III. Crescentius auf der Engelsburg enthaupten.

Gregor V. bemühte sich, die Primatsrechte des Apostolischen Stuhles in der Weltkirche durchzusetzen. Das zeigt z. B. sein Eingreifen bei der Reimser Bischofswahl. Hier stellte er fest, daß Arnulf der rechtmäßige Reimser Bischof, Gerbert von Aurillac – ein Freund des Kaisers – jedoch unkanonisch gewählt worden sei.

Seine Eigenständigkeit versuchte der Papst auch zu demonstrieren in der Merseburger Bistumsangelegenheit. Auf einer Synode in Rom ließ er beschließen, daß das Bistum Merseburg wiedererrichtet würde und dessen Aufhebung ungültig sei. Einige Jahre später wurde unter Papst Johannes XVIII. das Bistum Merseburg wiederhergestellt. Gregor starb am 18. Februar 999, noch nicht dreißig Jahre alt. Sein Grab fand er in der Peterskirche neben der Ruhestätte Kaiser Ottos II. Seine päpstliche Wirksamkeit war getragen von hohem Verantwortungsbewußtsein und echtem Reformwillen. Zu seinem Nachfolger machte Kaiser Otto III. – auf den Rat von Abt Odilo von Cluny – seinen Freund und Lehrer Gerbert, den Gregor V. als Eindringling auf dem Reimser Bischofsstuhl bezeichnet hatte. Die enge Verbindung von Kaiser und Papst wurde unter ihm noch verstärkt. Der neue Papst nannte sich SILVESTER II. (999–1003) in Erinnerung an Silvester I. und das durch die sogenannte Silvesterlegende idealisierte Verhältnis Silvesters I. zu Kaiser Konstantin.

Gerbert war in dem Benediktinerkloster Aurillac erzogen worden. Er besaß ein umfangreiches Wissen und erlangte bald gute Verbindungen zum kaiserlichen Hof. Als Erzbischof von Ravenna hatte er entschieden gegen kirchliche Mißstände angekämpft und die Reformarbeit Gregors V. unterstützt. Nachdem er Papst geworden war, vertrat er, der sich früher gegen römische Primatsansprüche ausgesprochen hatte, bewußt die Rechte des Apostolischen Stuhles. So erkannte er jetzt seinen früheren Rivalen Arnulf von Reims an mit der Begründung, daß dessen Absetzung nichtig gewesen sei, weil sie nicht die Zustimmung des Papstes erhalten habe. Geschichtsträchtig wurden besonders die von ihm durchgeführten Bistumserrichtungen in Polen und Ungarn. Im Jahre 1000 schuf er das Erzbistum Gnesen, wobei dem Kaiser zwar der entscheidendere Anteil zukommt. Der neuen Metropole Gnesen wurden drei Suffraganbistümer unterstellt. Diese Verselbständigung der polnischen Kirche setzte zwar der Missionstätigkeit der deutschen Kirche, vor allem Magdeburgs, eine Schranke. Deshalb hat z. B. Thietmar von Merseburg die Gründung von Gnesen bedauert. Vielleicht war die Bistumserrichtung von Gnesen damals noch verfrüht, da das Christentum, wie die Zukunft zeigte, in Polen zu wenig verwurzelt war. Denn schon bald konnte die Kirchenorganisation in Polen durch heidnischen Widerstand zerschlagen werden.

In Ungarn begründete Silvester II. fast gleichzeitig (1001) das Erzbistum Gran. Nach der Bekehrung des Ungarnherzogs Wack, der den Namen Stephan I. (997–1038) annahm, übersandte der Papst ihm im Jahre 1000 die Königskrone. Auch hier wurde durch die Errichtung eigener Diözesen die Missionsarbeit der deutschen Kirche, die vor allem von Salzburg und Passau ausging, eingeschränkt und ihr eine Grenze gesetzt.

## § 16
### Die Päpste und der römische Adel

Trotz dieser Erfolge in Polen und Ungarn zeigte sich jedoch, daß die Macht des Papstes in Rom beschränkt war. Im Februar 1001 mußte Silvester nach einem Aufstand der Römer mit Kaiser Otto III. die Stadt verlassen. Die Herrschaft über Rom übernahmen römische Adelsgeschlechter. Zwar konnte Silvester nach Rom zurückkehren und seine kirchlichen Aufgaben erfüllen, starb aber bereits am 12. Mai 1003.

Als Patricius in Rom amtierte Johannes, der Sohn des Crescentius, der als Aufrührer gegen Papst Gregor V. hingerichtet worden war. Johannes bestimmte die nachfolgenden Päpste, die völlig in seiner Abhängigkeit standen: JOHANNES XVII. (1003), JOHANNES XVIII. (1003/04–1009) und SERGIUS IV. (1009–1012). Johannes XVII. war Römer und regierte von Juni bis Dezember 1003. Über seine Regierungszeit ist uns nichts Näheres überliefert. Johannes XVIII. bestätigte die Neuerrichtung des Bistums Merseburg (1004) und die Errichtung des Bistums Bamberg (1007), einer Stiftung Heinrichs II.

Papst Sergius war vorher Bischof von Albano gewesen. Von ihm ist uns ein Kreuzzugsaufruf überliefert. Als er die Nachricht erhielt, daß die Grabeskirche in Jerusalem durch den Kalifen Hakim zerstört worden sei, soll der Papst in einem Schreiben die gesamte Christenheit aufgefordert haben, diese schändliche Tat zu sühnen. Jedoch scheint der päpstliche Aufruf eine Fälschung zu sein, die wohl erst 1096 – ein Jahr nach Urbans' II. Kreuzzugsaufruf – entstanden ist.

Als Johannes Crescentius 1012 starb, waren die Crescentier nicht mehr in der Lage, ihre bisherige Machtstellung in Rom zu behaupten. Sie wurden abgelöst durch die Tusculaner, denen es gelang, das päpstliche Amt nacheinander an drei Angehörige ihres Hauses zu bringen.

Die Tusculaner erhoben nach dem Tode des Papstes Sergius BENEDIKT VIII. (1012–1024) zu seinem Nachfolger, die Crescentier nominierten GREGOR VI. (1012). Beide Papstkandidaten wandten sich an den deutschen König Heinrich II. (1002–1024), der über die Doppelwahl entscheiden sollte. Heinrich entschied sich für Benedikt, der ihn nach Rom einlud, um die Kaiserkrone zu empfangen. Im Herbst 1013 zog Heinrich nach Rom und wurde am 14. Februar 1014 von Benedikt in der Peterskirche gekrönt. Vor der Krönung versprach er dem Papst, ein getreuer Vogt und Verteidiger der römischen Kirche sein zu wollen.

Benedikt VIII. – wenn auch vorwiegend politisch interessiert – förderte die innerkirchliche Reform. Er wandte sich besonders gegen die Priesterehe und die Verschleuderung von Kirchengut. 1020 besuchte er auf Einladung Kaiser Heinrichs II. Deutschland, feierte in Bamberg die Kar- und Osterliturgie und besuchte das Grab des hl. Bonifatius in Fulda. 1022 hielt er zusammen mit dem Kaiser eine große Reformsynode in Pavia ab, auf der die Priesterehe unter Androhung der Absetzung verboten wurde. Kinder von Klerikern sollten für unfrei erklärt werden. Der Kaiser bestätigte die Beschlüsse der Synode und verkündete sie als Reichsgesetz. Am 7. April 1024 starb Benedikt VIII., am 13. Juli 1024 wurde auch Heinrich II. von Gott heimgerufen.

Als Nachfolger Benedikts konnten die Tusculaner die Wahl des Bruders des verstorbenen Papstes, Graf Romanus, durchsetzen, der sich JOHANNES XIX. (1024–1032) nannte. Er war Laie und ließ sich – entgegen den kanonischen Bestimmungen – an einem Tage alle heiligen Weihen erteilen. Für die innerkichliche Reform war von ihm nicht viel zu erwarten. Widerspruch erregten besonders die hohen Geldforderungen, die er bei der Verleihung des Palliums erhob. Unter ihm wurde die faktische Trennung der Kirche des Ostens von der abendländischen Kirche vollzogen. Den Namen des Papstes erwähnte man – seit Sergius IV.? – nicht mehr in den Diptychen. 1027 krönte er Konrad II. (1024–1039), den Nachfolger Heinrichs II., in Rom zum Kaiser. Politisch war der Papst vollständig vom deutschen Kaiser abhängig. Das zeigte sich z.B. in den Auseinandersetzungen zwischen den Patriarchaten Aquileja und Grado. Der Patriarch von Aquileja, Poppo, versuchte seinen Jurisdiktionsbezirk über den Patriarchat Grado auszuweiten und besetzte und plünderte die Stadt. Johannes XIX. gab die Bestätigung für die Einverleibung Grados in den Patriarchatsbezirk von Aquileja. Venedig aber gelang es, Grado wieder in seinen Besitz zu bringen, und auf die Beschwerde des Patriarchen von Grado nahm der Papst sein Konfirmationsprivileg zurück und setzte den Patriarchen von Grado wieder in seine Rechte ein. Aber hinter dem Patriarchen von Aquileja stand der deutsche Kaiser. Einige Tage nach der Kaiserkrönung Konrads II. mußte der Papst seine Entscheidung wiederum zurücknehmen und Grado dem Patriarchen von Aquileja unterstellen, dem er zusätzlich weitere Ehrenrechte verlieh. Der Patriarchat Grado wurde praktisch aufgehoben, ein deutliches Zeichen der Abhängigkeit des Papstes von dem Willen des deutschen Kaisers. Am 6. November 1032 starb Johannes XIX.

Alberich III., der führende Kopf in der Familie der Tusculaner, bestimmte seinen Sohn Theophylakt zum neuen Papst. Dieser nannte sich BENEDIKT IX. (1032–1045), er war ein junger Mann von etwa 18 Jahren. Die Berichte aus den Kreisen der kirchlichen Reformer schildern seinen Lebenswandel zu Unrecht in düsteren Farben. Kaiser Konrad ließ die Erhebung Benedikts zu, ohne einzugreifen. Der Papst wurde ein gefügiges Werkzeug in seiner Hand. Das zeigte sich z.B. in den Auseinandersetzungen um Erzbischof Aribert von Mailand, gegen dessen Gewaltherrschaft es zu einem Aufstand gekommen war. Der Kaiser lud den Erzbischof vor. Als dieser Widerstand leistete, wurde Mailand belagert, der Erzbischof vom Kaiser abgesetzt und ein Nachfolger ernannt. Benedikt IX. mußte dieses unkanonische Verhalten bestätigen und über den Erzbischof die Exkommunikation aussprechen.

In Rom selbst blieb die Machtstellung des Papstes lange unangefochten. Erst 1044 kam es zu einem Aufruhr, und Benedikt mußte Rom verlassen. Man erhob Bischof Johannes vom Sabinerland zum Papst. Er nannte sich SILVESTER III. (1045–1046), konnte sich aber in Rom nicht behaupten. Schon nach wenigen Wochen wurde er vertrieben und kehrte in sein Bistum zurück. Am 1. Mai 1045 entschloß sich Benedikt IX., auf das päpstliche Amt zugunsten des Archipresbyters Johannes Gratianus, der dafür eine hohe Geldsumme zahlte, zu verzichten. Der neue Papst nannte sich GREGOR VI. (1045–1046).

Seine Absichten waren gut, und energisch begann er die Verwirklichung der Reform der Kirche. Er hatte vorher in den Kreisen der Reformer eine führende Stellung eingenommen. Petrus Damiani und die Cluniazenser begrüßten seinen Amtsantritt, und Gregor fand zunächst allgemeine Anerkennung. Aber bald meldete sich Widerspruch. 1046 brach Heinrich III. (1039–1056), der im Juni 1039 die Nachfolge Konrads angetreten hatte, zu seinem Romzug auf. In Piacenza traf er mit Papst Gregor VI. zusammen, der ihn mit allen Würden empfing. Nicht eindeutig sind die Gründe für den späteren Gesinnungswandel des Kaisers gegenüber dem Papst. Vermutlich waren es nicht die Umstände bei der Wahl Gregors VI., die diesen Wandel herbeiführten, sondern Zweifel an seiner politischen Zuverlässigkeit. In Sutri versammelte der König eine große Zahl von Bischöfen zu einer Synode, wo unter seinem Vorsitz Silvester III. und Gregor VI. am 20. Dezember 1046 abgesetzt wurden. Silvester konnte sein Bistum behalten, Gregor mußte nach Köln in die Verbannung gehen. Ein junger Kleriker, Hildebrand, der spätere Papst Gregor VII., begleitete ihn. König Heinrich III. zog weiter nach Rom, wo er am 23. Dezember 1046 eine weitere Synode abhielt, auf der auch Benedikt IX. formell abgesetzt wurde. Am 24. Dezember 1046 bestimmte der König den Bischof Suitger von Bamberg zum Papst, der sich CLEMENS II. (1046–1047) nannte. Dieser setzte sogleich Heinrich III. und seiner Gemahlin Agnes in der Peterskirche die Kaiserkrone auf. Der Kaiser erhielt das Designationsrecht für die nächsten Besetzungen des Apostolischen Stuhles. Diese Tatsache ließ die Machtstellung sichtbar werden, die die deutschen Kaiser jetzt gegenüber Rom und dem Papsttum ausübten. Der König war bereits auf den Synoden die beherrschende Gestalt gewesen. Er berief und leitete sie, er richtete und setzte Päpste ab. Es überrascht, daß diese starken Eingriffe in den innerkirchlichen Bereich selbst in den Kreisen der Reformer zunächst keinen Widerspruch fanden. Man sah einseitig den Dienst, den der deutsche König durch sein Eingreifen für die innerkirchliche Reform leistete, und übersah dabei sein unkanonisches Verhalten. Aber nachdem das Papsttum seine Freiheit aus der Macht römischer Adelsgeschlechter erlangt hatte, war vorauszusehen, daß es auch die Abhängigkeit von den deutschen Kaisern nicht mehr ertragen wollte und konnte. Das Bewußtsein vom universalen Papsttum war unvereinbar mit der Beherrschung der Päpste durch die Kaiser. Aber mit Recht sprechen Seppelt-Schwaiger von der tiefen Tragik, daß das Papsttum sich gegen das Kaisertum, dem es seine Erhebung aus Ohnmacht und Wirrnissen, aus Schmach und Erniedrigung zu danken hatte, wenden mußte.

# IV. Kapitel
# Die Machtstellung des Papsttums im Hochmittelalter

## § 17

*Die Päpste in der Zeit der beginnenden Kirchenreform*

Der Pontifikat Clemens' II. eröffnete eine positive Epoche in der Papstgeschichte. Die cluniazensische Reformbewegung fand jetzt auch an der Spitze der Kirche eine machtvolle Unterstützung. Clemens II. erließ im Januar 1047 auf einer römischen Synode ein strenges Verbot der Simonie. Im September 1047 unternahm er eine Reise in die Marken, um Petrus Damiani in seiner Einsiedelei aufzusuchen. Aber bereits am 9. Oktober starb der Papst, seine Leiche wurde nach Bamberg überführt. Eine Untersuchung seiner Gebeine, die 1942 erfolgte, ergab einen starken Bleigehalt, vielleicht die Spuren des ihm gegebenen Giftes, von dem ein zeitgenössischer Chronist berichtet.

Als die römischen Gesandten dem Kaiser den Tod des Papstes mitteilten, bestimmte Heinrich III. den Bischof Poppo von Brixen, einen bayerischen Adligen zum Papste. Dieser nannte sich DAMASUS II. (1048), starb aber schon nach wenigen Wochen an Fieber. Inzwischen hatte der abgesetzte Benedikt IX. wieder den päpstlichen Stuhl bestiegen, und es gelang ihm, sich acht Monate lang in Rom als Papst zu behaupten. Bis zu seinem Tode (1055) hielt er den Anspruch auf das päpstliche Amt aufrecht.

Die römischen Gesandten erbaten von Kaiser Heinrich III. die Ernennung des Erzbischofs Halinard von Lyon zum Papste. Dieser lehnte jedoch die Übernahme der päpstlichen Würde ab. Auf dem Wormser Reichstag vom Dezember 1048 wurde daraufhin ein Vetter des Kaisers, Bischof Bruno von Toul, aus dem elsässischen Geschlecht der Grafen von Dagsburg und Egisheim als Papst benannt. Als LEO IX. (1049–1054) ging er in die Papstgeschichte ein. Sein Pontifikat war von entscheidender Bedeutung. Leo zählt zu den ausgezeichnetsten Gestalten der Papstgeschichte. Schon in jungen Jahren war er Bischof von Toul geworden. Durchdrungen vom

Geist der kirchlichen Reform, nahm er die kaiserliche Ernennung zum Papst nur unter der Bedingung der nachfolgenden kanonischen Wahl, d. h. der Zustimmung von Klerus und Volk in Rom an, die dann auch erfolgte. Als Papst unterhielt er enge Beziehungen zu den Führern der kirchlichen Reform, u. a. zu Abt Hugo d. Gr. von Cluny, zu Erzbischof Halinard von Lyon und dem späteren Kardinal Petrus Damiani. Er berief eine Anzahl führender Persönlichkeiten der Reformbewegung als Ratgeber an den päpstlichen Hof, so den Mönch Hildebrand – den späteren Gregor VII. –, der nach dem Tode Gregors VI. für andere Aufgaben frei geworden war. Ihm übertrug Leo die Verwaltung der Abtei St. Paul und das Amt eines römischen Ökonomen. Den aus Burgund stammenden Mönch Humbert von Moyenmoutier machte er zum Kardinalbischof von Silva Candida. Den Lütticher Archidiakon Friedrich von Lothringen – den späteren Papst Stephan IX. – ernannte er zu seinem Kanzler. Mit unermüdlichem Eifer bemühte er sich um die Abstellung kirchlicher Mißbräuche und die Innehaltung der kirchlichen Kanones. Sein Hauptziel war die Wiederherstellung des alten Priester- und Mönchsideals und die Durchsetzung des päpstlichen Primats in der Universalkirche.

Durch die Berufung hervorragender Persönlichkeiten erhielt das Kardinalskollegium einen neuen Aufgabenkreis. Es sollte dem Papst bei der Regierung der Gesamtkirche beratend zur Seite stehen. Mit Hilfe seiner hervorragenden Berater entfaltete Leo eine erstaunliche Tätigkeit. Es gelang ihm, die Kirchenreform nicht nur in Italien, sondern auch in verschiedenen europäischen Ländern durchzuführen. Der Papst veranstaltete innerhalb und außerhalb Roms zahlreiche Synoden, die sich gegen Simonie und Priesterehe wandten, besuchte 1049 Frankreich (Reims) und Deutschland (Mainz) und verstand es dabei, in seinen Predigten die Begeisterung der Gläubigen zu wecken. Durch seinen unermüdlichen persönlichen Einsatz brachte er die gesamtkirchliche Bedeutung des Papsttums dem Abendland zum Bewußtsein. Mit Kaiser Heinrich III. stand er in enger Verbindung, wenn auch unter ihm schon deutlich wurde, daß die römische Kirche in Zukunft nicht mehr in der bisherigen kaiserlichen Abhängigkeit verbleiben konnte, wenn sie ihre universale Aufgabe erfüllen wollte. Der Ruf nach Freiheit und Unabhängigkeit des Papsttums wurde unüberhörbar.

Weniger erfolgreich war Leo IX. mit seiner unteritalienischen Politik. Hier hatten sich seit dem 11. Jahrhundert die Normannen festgesetzt und ihre Herrschaft immer weiter ausgedehnt. Es war verständlich, daß dadurch die einheimische Bevölkerung zu leiden hatte und die kriegerischen Gewalttaten auch Rückwirkungen auf die kirchlichen Verhältnisse hatten. Leo IX. hielt 1050 in Unteritalien mehrere Reformsynoden ab.

Die Bedrohung durch die Normannen veranlaßte die Stadt Benevent, beim Papst Schutz zu suchen. Im Jahre 1052 trat Kaiser Heinrich die Stadt gegen den Verzicht auf die päpstlichen Hoheitsrechte über das Bistum Bamberg und die Abtei Fulda an die römische Kirche ab. Angesichts der Angriffe der Normannen kam es zu kriegerischen Auseinandersetzungen. Das päpstliche Heer wurde im Juni 1053 bei Civitate in Apulien entscheidend geschlagen. Der Papst selbst geriet in Gefangenschaft und wurde neun Monate in Benevent festgehalten.

Den päpstlichen Bemühungen, den kirchlichen Frieden mit Byzanz zu erreichen, war kein Erfolg beschieden. Leo versuchte in Unteritalien mit dem byzantinischen Kaiser Konstantin im Kampf gegen die Normannen zusammenzuarbeiten. Aber auf dem Patriarchenstuhl in Konstantinopel saß seit 1043 Michael Kerullarios, der nach voller kirchlicher Oberhoheit über die östlichen Kirchen strebte und leidenschaftlich gegen die Lateiner eingenommen war. Er stellte stark die rituellen Unterschiede zwischen der Ost- und der Westkirche heraus und wandte sich in Predigten gegen den Glauben der Lateiner. Eine Antwort auf diese Angriffe gab im Auftrag Leos IX. dessen Sekretär, Kardinal Humbert von Silva Candida. Er wies die Angriffe des Kerullarios und der Griechen zurück und verband damit zugleich einen Angriff gegen griechische Gewohnheiten und drohte wiederholt mit dem Banne. Angesichts dieser Situation war eine Verständigung kaum möglich. Als Anfang 1054 auf Einladung des Kaisers Konstantin IX. eine päpstliche Gesandtschaft nach Konstantinopel ging, verschärften sich die Gegensätze. Mitglieder der Gesandtschaft waren Humbert, der päpstliche Kanzler Friedrich von Lothringen – der spätere Papst Stephan IX. – und der Erzbischof Petrus von Amalfi. Der Patriarch Kerullarios untersagte den sehr selbstbewußt auftretenden päpstlichen Legaten in Konstantinopel die Feier der hl. Messe. Diese antworteten mit der Übergabe einer von Humbert verfaßten Bannbulle gegen den Patriarchen und seine Gesinnungsgenossen, die sie am 16. Juli 1054 vor versammeltem Klerus und Volk auf den Hauptaltar der Sophienkirche in Konstantinopel niederlegten. Anschließend verließen sie Konstantinopel. Die Legaten hatten das Einverständnis des Papstes vorausgesetzt. Leo war jedoch bereits am 19. April verstorben. Ihre Hoffnung, daß der Patriarch nach der Verkündigung des Bannes einlenken würde, bestätigte sich nicht. Ein letzter Friedensversuch des Kaisers hatte keinen Erfolg. Kerullarios erneuerte auf einer Synode das leidenschaftliche Manifest des Photios vom Jahre 867 und sprach 1054 seinerseits über die Lateiner die Exkommunikation aus. Alle Versuche, die Einheit wiederherzustellen, scheiterten. Auch die Serben, Bulgaren, Russen, Rumänen wurden in das Schisma hineingezogen. Der Bruch zwischen Ost- und Westkirche blieb bis heute bestehen. Trotz der Mißerfolge seines Pontifikates kann man Leo zu den hervorragendsten Päpsten zählen. Er wurde bald nach seinem Tode als Heiliger verehrt.

Leos Nachfolger wurde Bischof Gebhard von Eichstätt, der sich als Papst VICTOR II. nannte (1055–1057). Er war Kanzler Heinrichs III. gewesen und galt als Führer der deutschen Bischofsopposition gegenüber der unglücklichen süditalienischen Politik Leos IX. Seine Benennung zum Papst durch Kaiser Heinrich III. fand deshalb verständlicherweise bei den römischen Reformfreunden eine reservierte Aufnahme. Als Papst hat er sein Amt ganz im Sinne seines Vorgängers weitergeführt und die Kirchenreform entschieden vorangetrieben. Erfolgreich bemühte er sich – mit kaiserlicher Unterstützung – um die Wiedererwerbung von entfremdetem Besitz der römischen Kirche. 1056 reiste Victor nach Deutschland und wurde in Goslar vom Kaiser feierlich empfangen. Einige Wochen später stand er am Sterbebett Heinrichs III., der ihm seinen unmündigen Sohn und Erben, Heinrich IV., in besonderer Weise anempfahl. Victor übernahm zunächst das Amt des Reichsverwesers und entschied die anstehenden Fragen, sicherte vor allem Heinrich IV. (1056–1106) die Nachfolge und kehrte dann nach Italien zurück, wo er bereits am 28. Juli 1057 in Arezzo starb.

Als die Nachricht vom Tode des Papstes in Rom eintraf, wählte man am 2. August – ohne den deutschen Hof zu fragen – in kanonischer Wahl Friedrich von Lothringen, den Victor II. kurz vorher zum Kardinalpriester ernannt hatte. Die Nichtbefragung des deutschen Königs bedeutete einen Bruch des 1046 Heinrich III. eidlich gegebenen Versprechens. Der neue Papst nannte sich STEPHAN IX. (1057–1058). Erst nach Wochen bat er den deutschen König um die Anerkennung seiner Wahl. Sie wurde von der Kaiserinwitwe Agnes, die als Reichsregentin zuständig war, ohne Einwände gegeben. Stephan hat in seiner kurzen Regierungszeit die Bemühungen seiner Vorgänger um die Durchführung der Kirchenreform fortgesetzt. Petrus Damiani wurde von ihm zum Kardinalbischof von Ostia erhoben. Eine Neuorientierung brachte sein Pontifikat, obschon er nur acht Monate regierte, nicht nur in der Normannenpolitik des päpstlichen Stuhles, sondern auch in der allgemeinen Zielrichtung der kurialen Politik, die sich in den Worten zusammenfassen läßt: Freiheit der Kirche.

Nachdem die große Aufgabe der Reform weithin erfüllt war, proklamierte Kardinal Humbert von Silva Candida als weiteres Ziel die Freiheit der Kirche, die Libertas Ecclesiae. In seinem Werk „Gegen die Simonisten", das in den Jahren 1057–1058 entstand, bezeichnete er die Simonie als formelle Häresie. Für ihn war jede Beteiligung eines Laien bei der Vergabe von Kirchenämtern Simonie. Die jungfräuliche Reinheit der Kirche wird nach seiner Auffassung durch die Laienherrschaft in der kirche geschändet. Simonisten gehören nicht zur Kirche, ja er bestritt sogar die Gültigkeit ihrer Weihen. In seinem Werke „Gegen die Simonisten" hat er bereits die Grundgedanken des Investiturstreites mit vollendeter Klarheit ausgesprochen (Tellenbach).

Bereits am 29. März 1058 starb Papst Stephan IX. in Florenz. Kurz vor seinem Tode hatte er u. a. Hildebrand an den deutschen Königshof geschickt und festgelegt, daß kein Papst gewählt werden dürfe, bevor nicht die Gesandten aus Deutschland zurückgekehrt seien. Trotzdem bemühte sich der römische Adel, seinen alten Einfluß auf die Papstwahl – der ihm unter Heinrich III. genommen worden war – wiederzugewinnen. Unter der Führung der Tusculaner wurde der Bischof von Velletri zum Papst gewählt. Er nannte sich BENEDIKT X. (1058–1059). Petrus Damiani und die Führer der Reformkreise erhoben gegen seine Wahl Einspruch, weil sie dadurch einen Rückfall der Päpste in die Macht des stadtrömischen Adels sahen, und flohen aus Rom. Hildebrand nannte als Gegenkandidaten den Bischof Gerhard von Florenz und konnte auch die Zustimmung des deutschen Hofes für seinen Kandidaten erlangen, nachdem er die Erhebung Benedikts als unrechtmäßig bezeichnet hatte. Die Kardinäle wählten im Dezember in Siena Gerhard, der als NIKOLAUS II. (1058–1061) den päpstlichen Thron bestieg. Da der Wahltag in Siena nicht feststeht, ist die Frage ungeklärt, ob Nikolaus vor oder nach der Zustimmung des deutschen Königs gewählt wurde. Er hielt zunächst im Januar 1059 eine Synode in Sutri ab, auf der die Wahl Benedikts für ungültig erklärt und entsprechende Maßnahmen gegen ihn beschlossen wurden. Anschließend zog Nikolaus in Rom ein, nachdem Benedikt sich veranlaßt gesehen hatte, die Stadt zu verlassen.

Am 24. Januar 1059 konnte er feierlich inthronisiert werden. Nikolaus II. fand bald allgemeine Anerkennung. Er war zwar keine eigenständige Persönlichkeit, sondern stand ganz unter dem Einfluß des Kardinals Humbert. Im April 1059 berief der Papst eine Synode in den Lateran, an der 113 Bischöfe teilnahmen. Berengar von Tours mußte hier seine irrige Eucharistielehre aufgeben, der Klerus wurde aufgefordert, wieder ein gemeinsames Leben zu führen und die priesterliche Ehelosigkeit zu beachten. Die Synode erließ ferner strenge Bestimmungen gegen Simonie und die Auswüchse des Eigenkirchenwesens und ein erstes Verbot der Laieninvestitur. Sie formulierte das berühmte Papstwahldekret, durch das die Kardinalbischöfe die Vorentscheidung bei der Papstwahl erhielten. Sie sollten ihren Vorschlag den übrigen Kardinalklerikern unterbreiten. Dem Klerus und dem Volk von Rom verblieb die Zustimmung zur Wahl. Das Zustimmungsrecht des deutschen Königs wird zwar erwähnt, aber es zeichnete sich hier bereits ein entscheidender Wandel ab. Die Nomination des Papstes durch den deutschen König, wie sie seit Heinrich III. unbestritten geübt worden war, wird abgelöst durch die Wahl des Papstes von seiten der Kardinäle, wenn auch dem deutschen König die gebührende Ehre und Reverenz vorbehalten bleiben soll.

Kennzeichnend für die veränderte Situation ist auch die Normannenpolitik Papst Nikolaus' II. Er suchte bei den bisherigen Gegnern des päpstlichen Stuhles einen festen Rückhalt. Auf der Synode von Melfi in Apulien im Sommer 1059 belehnte der Papst Graf Richard von Aversa, seit 1058 Fürst von Capua, mit Capua und den Herzog Robert Guiscard mit Apulien, Kalabrien und ebenfalls mit Sizilien, das noch in der Hand der Sarazenen war. Beide Fürsten leisteten dem Papst den Vasalleneid und verpflichteten sich, die römische Kirche zu verteidigen und besonders die Freiheit der Papstwahl zu gewährleisten. Die Belehnung bedeutete eine Verletzung der Reichsrechte in Unteritalien. Das führte zu einem Bruch der Beziehungen zwischen Deutschland und Rom. Eine Versammlung von Bischöfen in Worms bezeichnete die Amtsführung des Papstes für ungültig und seine Entscheidungen für nichtig.

Der Tod Nikolaus' II. am 19./27. Juli 1061 verschärfte das Verhältnis zwischen Deutschland und Rom. Kardinal Hildebrand veranlaßte sofort – ohne den deutschen König zu fragen – die Wahl des Bischofs Anselm von Lucca, der sich ALEXANDER II. (1061–1073) nannte. Dieser hatte vorher als Führer der Pataria in Mailand eine einflußreiche Rolle gespielt. Die Pataria war eine Volksbewegung, die gegen den Adel und den mit ihm verbundenen hohen Klerus auftrat. Demokratisch-soziale Elemente verbanden sich mit der Forderung der Einhaltung der Kirchengesetze gegen Priesterehe und Simonie. Aber die Wahl Alexanders II. wurde in Deutschland nicht anerkannt. Der deutsche König Heinrich IV. benannte vielmehr den Kandidaten der römischen Adelspartei, die nach dem Tode Papst Nikolaus' II. sogleich eine Gesandtschaft nach Deutschland entsandt hatte. Es war der Bischof Cadalus von Parma, der den Namen Honorius II. (1061–1072) annahm. Diese Doppelwahl führte zu blutigen Kämpfen, wenn auch bald die Machtverhältnisse in Deutschland sich zugunsten Alexanders II. verschoben. Das Papstschisma endete erst 1072 mit dem Tode Honorius' II. Papst Alexander II. setzte in seinem Pontifikat das Werk der Kirchenreform fort. Besondere Unterstützung ließ er der Pataria zuteil werden, die sich immer weiter ausbreitete und verstärkten Einfluß gewann. Sie erzwang 1070 die Abdankung des Erzbischofs Wido von Mailand. Wegen der Neubesetzung des Mailänder Bischofsstuhles kam es 1072 zu einer Auseinandersetzung zwischen dem Papst und dem deutschen Hofe. Die Pataria benannte Erzbischof Atto, der vom Papst anerkannt wurde, der deutsche Hof stellte als Gegenkandidaten Gottfried auf. Alexander II. bannte daraufhin auf der Fastensynode des Jahres 1073 die Räte des jungen deutschen Königs Heinrich IV. Ehe jedoch die Kämpfe ausbrachen, starb Papst Alexander II. am 21. April 1073.

## § 18
### Das Zeitalter der Gregorianischen Reform

Die Wahl des neuen Papstes stand nicht in Übereinstimmung mit dem Papstwahldekret von 1059, sondern erfolgte durch das römische Volk. Bei der Beisetzung Alexanders II. in der Lateranbasilika rief das Volk: „Hildebrand soll Papst sein!" Es kam am 22. April 1073 zu einer wohl einmütigen Proklamation, der die feierliche Inthronisation Gregors VII. (1073–1085) in der Basilika S. Pietro in Vincoli folgte. Den deutschen König hatte man wiederum bei der Wahl des Papstes völlig übergangen. Gregor VII. zählte damals etwa fünfzig Jahre und hatte sich im Dienst der römischen Kirche bewährt. Er war immer mehr in wichtige Aufgaben hineingewachsen und unter Alexander II. die geistig führende und mächtigste Persönlichkeit an der Kurie gewesen. Als Papst nannte er sich – wohl in Erinnerung an sein Vorbild Gregor d. Gr. – Gregor VII. Sein Pontifikat stand unter dem Leitwort: Gerechtigkeit und Friede.

Gregor VII., klein von Gestalt, aber groß an Geist, brachte für sein Amt die besten Voraussetzungen mit. Er war eine Führernatur von großer Willensstärke und zugleich beseelt von religiösem Eifer. Als die Aufgabe seines Pontifikates betrachtete er die Durchsetzung der „rechten Ordnung", die Errichtung des „Reiches Gottes auf Erden" unter der Führung des Nachfolgers Petri. Nach seiner Vorstellung hatten sich die weltlichen Mächte dem Statthalter Christi in allen Angelegenheiten, die dem Heil der Christenheit dienten, unterzuordnen. Seine Idee der päpstlichen Weltherrschaft beruhte auf religiöser Grundlage. In der Bejahung seiner Größe sind sich Freunde und Feinde Gregors einig, wenn auch das Urteil über ihn scharf auseinandergeht.

Gregor versteht sich als Stellvertreter des Petrus und Stellvertreter der Apostel. Die Würde des hl. Petrus ist nach ihm auf alle übergegangen, die seinen Stuhl einnehmen. Als Stellvertreter des Petrus steht der Papst in der Sukzession der römischen Bischöfe. Die päpstliche Autorität begründet er traditionell mit den Schriftworten Mt 16,18: „Du bist Petrus der Fels, und auf diesen Felsen will ich meine Kirche bauen", mit Jo 21, 15ff.: „Weide meine Schafe", und Lk 22,31f.: Christus habe für Petrus gebetet, so daß die römische Kirche nicht irren könne. Alle Christen müssen dem Papst gehorchen und unter seiner Leitung für das Gottesreich kämpfen, nicht nur die Priester und Mönche, sondern auch die weltlichen Herrscher.

Seine überragenden geistigen, politischen und religiösen Fähigkeiten stellte der Papst in den Dienst seiner Aufgabe. Er versuchte die Gedanken zu verwirklichen, die Augustinus in seinem „Gottesstaat" – den Gregor zwar nur wenig kannte – entwickelt und die später Gregor d. Gr. und Nikolaus I. zu realisieren versucht hatten.

Die erste Aufgabe, die Gregor angriff, war die Durchführung der Kirchenreform, die bereits seine Vorgänger begonnen hatten. Auf den Fastensynoden in der Lateranbasilika vom März 1074 und später vom Februar 1075 wurden die Entscheidungen Leos IX. und Nikolaus' II. gegen Simonie und Priesterehe neu eingeschärft, den unenthaltsamen Geistlichen die Ausübung priesterlicher Aufgaben verboten und die Gläubigen aufgefordert, solche Priester zu meiden. Dieses Vorgehen Gregors gegen die Priesterehe rief starken Widerspruch hervor, besonders in Frankreich und Deutschland, jedoch hielt Gregor an seinen Maßnahmen fest. Eine römische Synode von 1078 entschied, daß alle Bischöfe, die ihren Klerikern gegen Geld den Konkubinat gestatten würden, suspendiert werden sollten. Auf diese Weise konnte sich auf die Dauer der Zölibat durchsetzen, wenn auch weitere Übertretungen häufig vorkamen. Mit dem Kampf gegen die Priesterehe hing eng zusammen sein Bemühen um die Abschaffung der Laieninvestitur. Auch hier nahm Gregor ein Anliegen der innerkirchlichen Reform auf und versuchte es durchzusetzen. Hauptursache der kirchlichen Mißstände war nach ihm die

Besetzung der Bischofsstellen durch die Fürsten. Deshalb lauteten die Forderungen der Kirchenreformer: Freiheit der Kirche. Man verlangte eine kanonische Bischofswahl und die freie Verfügung der Kirche über ihr Eigentum, unabhängig von staatlicher Bevormundung. „Freiheit der Kirche" bedeutete für Gregor: Unabhängigkeit der Bischöfe vom Staat, stärkere Bindung an die römische Kirche und Anerkennung des päpstlichen Primats. Diese Vorstellungen mußten zu Spannungen zwischen dem Bischof von Rom und den auf ihre Eigenständigkeit bedachten Bischöfen, besonders von Frankreich und Deutschland, führen.

Über das kirchenpolitische Programm Gregors VII. geben seine Briefe, die zum großen Teil erhalten sind, hinreichenden Aufschluß. Sein Programm hat er zusammengefaßt in einer Reihe von Sätzen, die als „Dictatus Papae" überliefert sind. Dieser enthält die Grundsätze, die für das kirchenpolitische Handeln Gregors VII. maßgebend waren. Das Schriftstück, das vermutlich vor der Fastensynode 1075 entstand, war wohl als Grundlage einer neuen kirchlichen Rechtssammlung gedacht. Darin wird u. a. die Überordnung der geistlichen Gewalt über die weltliche betont. Gregor geht aus von der Binde- und Lösegewalt, die Christus (Mt 16,18) dem hl. Petrus und seinen Nachfolgern übertragen habe. Kraft göttlichen Rechtes sei der Apostolische Stuhl Richter über die geistlichen Dinge, die sogenannten spiritualia. Christus habe den Petrus auch zum Fürsten über die Königreiche der Welt eingesetzt. Die geistliche Gewalt hat nach Gregor ihren Ursprung in Gott, die weltliche aber in dem menschlichen Hochmut. Der Papst hat die Macht, den Kaiser abzusetzen und vom Treueid zu entbinden.

Wenn diese kirchenpolitischen Grundsätze in die Praxis umgesetzt wurden, drohten Auseinandersetzungen mit dem Staat, obschon Gregor sich eine friedliche Zusammenarbeit von Staat und Kirche im Interesse der reibungslosen Durchführung der kirchlichen Reform wünschte. Bereits die Wahl Gregors VII. war durch Spannungen mit Heinrich IV. wegen der Mailänder Bischofsfrage belastet, die das Ende des Pontifikats Alexanders II. verdunkelt hatte. Da Heinrich IV. mit den gebannten Räten verkehrte, war er selbst dem Bann verfallen. Vermutlich hat ihm Gregor VII. deshalb nicht einmal eine Wahlanzeige zukommen lassen. Der König schwieg zu diesem Verfahren. Als der Aufstand der Sachsen ausbrach, schrieb er sogar Gregor im Herbst 1073 einen demütigen, seine Schuld eingestehenden Brief. So war vom deutschen König zunächst kein Widerstand gegen die kirchlichen Reformpläne zu erwarten. 1074 sandte Gregor VII. zwei Legaten nach Deutschland, um dort eine Reformsynode abzuhalten. Aber dieser Plan einer Reformsynode scheiterte am Widerstand des deutschen Episkopats unter der Führung des Erzbischofs Liemar von Bremen, der nach Rom ging, um Gregor den Standpunkt der deutschen Bischöfe deutlich zu machen. Die päpstlichen Legaten nahmen Heinrich IV. wieder in die Kirchengemeinschaft auf. Der König hielt sich zurück, als ihm das Verbot der Laieninvestitur mitgeteilt worden war. Er verhandelte sogar mit Gregor VII. über die Investiturfrage. Das bedeutete jedoch nicht eine prinzipielle Änderung seiner Haltung. Heinrich dachte nicht daran, die Wünsche des Papstes zu erfüllen, wie sich nach seinem Sieg über die Sachsen (9. Juni 1075) und seiner anschließenden Italienpolitik zeigte. In Mailand investierte der König den Mailänder Kleriker Tedald als Erzbischof. In Fermo und Spoleto ernannte er – unter Mißachtung der Metropolitanrechte Roms – dem Papst völlig unbekannte Männer zu Bischöfen. Gregor VII. wies daraufhin in einem Schreiben an Heinrich IV. auf die unkanonische Ernennung der Bischöfe und den verbotenen Umgang des Königs mit den gebannten Räten hin und ließ dem König mündlich den Bann androhen.

Die Reaktion des Königs und der deutschen Bischöfe war scharf. Ausgehend von der irrigen Voraussetzung, daß die Position des Papstes nicht nur in Rom, sondern auch in der Universalkirche erschüttert sei, übersandten die Bischöfe dem Papst nach Beratungen in Worms am 24. Januar 1076 einen Absagebrief und sprachen seine Absetzung aus. Auch der deutsche Klerus sollte gegen den Papst eingenommen werden. Die königliche Kanzlei veröffentlichte deshalb eine inhaltlich wirkungsvolle, veränderte Fassung des Briefes Heinrichs IV. an den Papst. Sie beginnt mit den Worten: „Heinrich, nicht aus Anmaßung, sondern durch Gottes heilige Fügung König, an Hildebrand, nicht mehr Papst, sondern den falschen Mönch". Der Brief endete mit den Sätzen: „Du also durch den Urteilsspruch aller unserer Bischöfe und den unsrigen Verdammter, steige herab, verlaß den angemaßten Apostolischen Stuhl. Ein anderer besteige den Thron des hl. Petrus, der nicht Gewalt hinter angeblicher Frömmigkeit versteckt, sondern die reine Lehre des hl. Petrus verkündet. Wir, Heinrich, von Gottes Gnaden König, mit allen meinen Bischöfen sagen Dir: Steige herab, steige herab, Du durch Jahrhunderte zu Verdammender."

Papst Gregor VII. antwortete auf der römischen Fastensynode von 1076 mit der Exkommunikation des Königs. Jetzt fanden sich in Deutschland die politischen Gegner des Königs zusammen. In Tribur bei Mainz trafen sich im Oktober 1076 die Fürsten Sachsens und Süddeutschlands. Eine Gruppe bemühte sich um eine sofortige Neuwahl des Königs. Jedoch gelang es den Legaten Gregors VII., einen Kompromiß zu erreichen: Die Neuwahl wurde verhindert, der König sollte aber die gebannten Räte entlassen und dem Papst schriftlich Gehorsam und Buße versprechen. Die Fürsten erklärten, daß sie Heinrich nicht anerkennen würden, falls er nicht innerhalb eines Jahres vom Banne gelöst sei. Gregor VII. luden sie für den zu Lichtmeß 1077 anberaumten Augsburger Tag ein, wo er ihren Streit mit dem König schlichten sollte. Der Papst nahm die Einladung der Fürsten an und brach nach Deutschland auf. Heinrich aber zog über die Alpen, um von Gregor VII. die Lossprechung vom Banne zu erhalten, da er auf jeden Fall eine Koalition zwischen dem Papst und den deutschen Fürsten verhindern wollte.

Gregor VII. hatte sich nach Canossa, der Bergfeste der Markgräfin Mathilde von Tuszien, zurückgezogen. Hier trafen Papst und König aufeinander. Heinrich erschien an drei Tagen im Büßergewand und leistete die vorgeschriebene Kirchenbuße. Während in der Feste Mathilde von Tuszien und der Abt Hugo von Cluny, der Taufpate Heinrichs IV., den Papst um Milde baten. Am 28. Januar 1077 wurde der König vom Papst absolviert, und Gregor reichte ihm die hl. Eucharistie.

Canossa bedeutete zwar für Heinrich eine persönliche Demütigung, aber da der Papst durch die Buße des Königs zur Lossprechung genötigt wurde, erwies es sich tatsächlich für Heinrich als ein Erfolg. Rein politisch gesehen, war das Verhalten Gregors VII. unklug. Denn der König sprengte auf diese Weise den Kreis seiner Gegner und rettete sein Amt. Der Papst hingegen opferte die politischen Vorteile seinen priesterlichen Aufgaben.

Die deutschen Fürsten gingen daraufhin eigene Wege. Unzufrieden mit der Lösung Heinrichs vom Banne, erhoben sie im März 1077 auf der Fürstenversammlung von Forchheim den Herzog von Schwaben, Rudolf von Rheinfelden, den Schwager Heinrichs, zum Gegenkönig. Rudolf versprach dem Papst sofort jegliches Gehorsam. In Deutschland kam es zum Bürgerkrieg, Schwaben wurde stark verwüstet. Heinrich konnte sich durchsetzen, während der Gegenkönig mehr und mehr an Anhang verlor. Mit dem Wachsen seiner Macht betonte Heinrich immer stärker auch seine kirchlichen Rechte. Er forderte von Gregor VII. seine Anerkennung und die Bannung Rudolfs, andernfalls werde er einen neuen Papst erheben. Nach dieser Drohung konnte die Entscheidung Gregors, der lange gezögert hatte, nur gegen Heinrich IV. ausfallen. Der Papst erneuerte auf der Fastensynode im März 1080 den Bann und die Absetzung des deutschen Königs. Jedoch stand hinter Heinrich weiterhin der deutsche Episkopat. Der König ließ auf den Synoden von Bamberg und Mainz dem Papst den Gehorsam aufkündigen und im Juni 1080 in Brixen Wibert von Ravenna zum neuen Papst wählen. Im Frühjahr 1081 zog Heinrich gegen Rom, ohne jedoch die Stadt erobern zu können. Erst 1083 fiel die Leostadt in seine Hand. Im Frühjahr 1084 gelang es ihm, nach Verteilung umfangreicher Bestechungsgelder, auch die übrige Stadt, mit Ausnahme der Engelsburg, zu besetzen, nachdem die Römer die Stadttore geöffnet hatten. Jetzt fielen 13 Kardinäle von Gregor ab und gingen zum Gegenpapst Wibert von Ravenna über, der auf Vorschlag Heinrichs IV. vom Klerus und Volk von Rom zum Papst gewählt und im Lateran inthronisiert wurde. Er nannte sich CLEMENS III. (1080/1084–1100). Am Osterfest 1084 krönte er Heinrich IV. zum Kaiser.

Die deutschen Truppen belagerten Gregor VII. in der uneinnehmbaren Engelsburg. Seine Lage schien hoffnungslos. Aber dann änderte sich die Situation, als der Normannenherzog Guiscard, ein Lehensmann des römischen Stuhles, mit starkem Heere auf Rom marschierte. Heinrich mußte die Stadt verlassen, die von den Normannen im Sturm erobert wurde. Rom wurde bei den Plünderungen und Verwüstungen der einfallenden Soldaten zum Teil ein Raub der Flammen. Das grausame Verhalten der normannischen Soldaten erbitterte die Römer, und die Volksstimmung wandte sich gegen Gregor, der sich in Rom jetzt nicht mehr halten konnte und unter den Verwünschungen der Bevölkerung mit den Normannen die Stadt verlassen mußte. Nur von wenigen Getreuen begleitet, nahm er in Salerno seinen Sitz. Dort starb er am 25. Mai 1085. Seine letzten Worte lauteten: „Ich habe die Gerechtigkeit geliebt, gottlose Wesen gehaßt, deswegen sterbe ich in der Verbannung." Das Bewußtsein, für eine gerechte Sache gekämpft zu haben, blieb in Gregor unerschüttert. Der Gedanke der Reform und der Freiheit der Kirche, für den er sein Leben lang gekämpft hatte, war jetzt allgemein im Vormarsch begriffen. Seine Nachfolger sollten die Frucht seiner Arbeit ernten.

Der Pontifikat Gregors bedeutete eine beachtliche Stärkung des moralischen Ansehens des Papsttums. Er gehört unzweifelhaft zu den bedeutendsten Päpsten des Mittelalters. Das „Martyrologium Romanum" bezeichnet ihn als den entschiedensten Vorkämpfer und Verteidiger der kirchlichen Freiheit. Papst Paul V. sprach ihn 1606 heilig. Die Kirche feiert seit 1728 sein Fest am 25. Mai. Er hat zu allen Zeiten tiefste Verehrung und schärfsten Widerspruch gefunden. Aber man kann Gregor nur gerecht werden, wenn man seinen religiösen Ausgangspunkt sieht. Er fühlte sich als Prophet und handelte danach. Selbst in den Stunden äußerster Bedrängnis gab es für ihn keine faulen Kompromisse. Überzeugt von seiner Sendung und seiner Verpflichtung, folgte er seinem Gewissen. Sein heroisches Beispiel weckte starke Widerstandskräfte. Der hilflose Papst in der Engelsburg und in der Verbannung prägte die kirchenpolitischen Verhältnisse im Abendland für mehr als 200 Jahre und formte die Struktur der Kirche bis in unsere Gegenwart mit.

Der Tod Gregors VII. in der Verbannung bedeutete für die römischen Reformkreise einen schweren Verlust. In Rom saß noch der Gegenpapst Clemens III., und erst nach einem Jahr konnte man über die Nachfolge Gregors VII. mit Aussicht auf Erfolg verhandeln. Auf seinem Sterbebette hatte Gregor als seine potentiellen Nachfolger genannt: Anselm II. von Lucca, einen Neffen Alexanders II., den Kardinalbischof Odo von Ostia und den Erzbischof Hugo von Lyon, den Legaten Gregors in Frankreich. Aber keiner der drei von Gregor genannten Kandidaten wurde gewählt. Am 24. Mai 1086 einigte man sich auf den Abt Desiderius von Montecassino, der den Namen Victor III. (1086–1087) annahm. Er entstammte dem langobardisch-beneventanischen Fürstenhause und hatte Montecassino zu einer Reformabtei ausgebaut. Nikolaus II. erhob ihn zum Kardinal. Erfolgreich wirkte er als Vermittler zwischen dem Papst und den Normannen. Mit Gregor VII. war es zu einem Zerwürfnis gekommen, als Desiderius im Interesse seiner Abtei 1082 mit Heinrich IV. Verbindung aufnahm. Spätestens 1084 auf der Flucht Gregors aus Rom, als Desiderius ihm in seiner Abtei Aufnahme gewährte, kam es zwischen beiden zur Aussöhnung. Wegen seiner wankelmütigen Haltung erschien er vielen als Nachfolger Gregors VII. nicht geeignet. Victors Wahl erfolgte in Rom, aber schon nach vier Tagen mußte er infolge eines Aufstandes, der von Roger Guiscard, dem Sohne Robert Guiscards, angezettelt worden war, Rom verlassen. Er zog sich in seine Abtei Montecassino zurück. Erst am 9. Mai 1087 konnte seine feierliche Inthronisation in der Peterskirche erfolgen, nachdem normannische Truppen die Leostadt, die sich in der Gewalt Clemens' III. befand, erobert hatten. Victor war nur ein kurzer Pontifikat beschieden, der belastet war durch Kämpfe mit dem Gegenpapst Clemens III. Auf einer Synode von Benevent wurde über Clemens der Bann ausgesprochen, das Verbot der Laieninvestitur und der Simonie erneuert. Bereits am 16. September 1087 starb Victor III. in Montecassino.

Nach seinem Tode dauerte es ein halbes Jahr, bis am 12. März 1088 der neue Papst, der Kardinalbischof Odo von Ostia, in Terracina gewählt wurde. Er nannte sich URBAN II. (1088-1099). Odo war um 1035 in Frankreich geboren, studierte in Reims, wurde Kanoniker und Archidiakon, trat in Cluny ein, wo man ihn zum Prior wählte. Gregor VII. ernannte ihn 1080 zum Kardinalbischof und sandte ihn 1084 als seinen Legaten nach Deutschland. Als Papst bejahte Urban die Grundsätze Gregors: „Was er verworfen hat, verwerfe ich, was er gelebt hat, ergreife ich, was er für richtig und katholisch erachtet hat, bestätige ich." Diese Worte zeigen eine tiefe Verbindung mit Gregor VII. Jedoch erwies sich Urban in seinem Pontifikat elastischer als Gregor. Dieses Verhalten gab zwar den strengen Reformern Anlaß zur Kritik, sicherte ihm aber Erfolge, wie sie Gregor nicht hatte erringen können. Urban II. hat das Reformpapsttum dem Sieg entgegengeführt (Kempf), obschon die kirchenpolitische Situation, die er bei seinem Pontifikatsantritt vorfand, mehr als schwierig war. Als sich Urban im Spätherbst des Jahres 1088 nach Rom begab, mußte er zunächst auf der Tiberinsel residieren, da die übrige Stadt in der Gewalt der Anhänger des Gegenpapstes war. Auch die Mehrheit der Kardinalpriester stand auf seiten Clemens' III., der 1089 in der Peterskirche eine Synode abhielt, auf der Urban II. gebannt, aber auch Beschlüsse gegen Simonie gefaßt wurden. Hier wird sichtbar, wie stark sich der Reformgedanke bereits durchgesetzt hatte.

Im folgenden Jahre gelang es Urban II., die Stadt Rom einzunehmen und nach der Krönungsmesse feierlich durch die Straßen der Stadt zu ziehen. Jedoch standen die ersten Jahre seines Pontifikates stark unter dem Druck der Übermacht Heinrichs IV. Urban konnte sich in Rom nicht halten und mußte vor dem Gegenpapst Clemens III. zu den Normannen flüchten. Dann aber wendete sich das Kriegsglück. 1092 erlitt der Kaiser gegen die Truppen der Gräfin Mathilde von Tuszien eine Niederlage und mußte sich über den Po zurückziehen. Es kam 1093 zum Abfall seines Sohnes Konrad, dem Heinrich seine Stellvertretung in Italien übertragen hatte. Konrad wurde vom Mailänder Erzbischof zum König von Italien gekrönt. Im April 1095 traf Konrad in Cremona mit Urban II. zusammen und schwor dem Papst einen Sicherheitseid. Heinrich IV. hatte fast alle seine Anhänger verloren und saß machtlos im Gebiet von Padua und Verona, bis er 1096 sich mit Herzog Welf IV. von Bayern versöhnte und 1097 nach Deutschland ziehen konnte.

Papst Urban II. war inzwischen 1093 nach Rom zurückgekehrt. Schon 1094 reiste er über Tuszien und die Lombardei nach Frankreich. Im März 1095 hielt er in Piacenza eine stark besuchte Synode ab, die das Anathem über Clemens III. und seine Anhänger erneuerte. Hier entschied man auch, daß alle Weihen, die der Gegenpapst seit seiner Verurteilung gespendet hatte, ungültig seien, ebenso die Weihen seiner namentlich gebannten Anhänger. Simonistische Ordinationen erklärte die Synode ebenfalls für ungültig.

Bereits 1089 hatte Urban II. das Investiturverbot erneuert. Auf der Synode von Clermont, die am 28. November 1095 eröffnet wurde, ging man noch weiter. Die Synode wiederholte nicht nur die Verbote Gregors VII., sondern untersagte auch den Bischöfen und Klerikern, dem König und anderen Laien den Lehenseid zu leisten. In Clermont verkündete man zum ersten Male den „Gottesfrieden" als allgemeines Kirchengebot. Die „Friedensbrecher" wurden mit geistlichen Strafen, u. a. mit dem Interdikt, bedroht. Ihre größte Bedeutung erhielt jedoch die Synode durch den Kreuzzugsaufruf des Papstes. In einer Predigt schilderte Urban II. die schwierige Situation der Christen im Orient und das Schicksal der heiligen Stätten unter der Herrschaft der Türken. Sein Aufruf zur Befreiung der östlichen Christenheit vom Türkenjoch fand ein ungeheuer starkes Echo. Die Worte: „Gott will es, Gott will es", wurden zum Schlachtruf der Kreuzfahrer. Bereits in Clermont stellten sich viele Gläubige dem Papst zur Verfügung und gaben ihm das Gelöbnis zur Kreuzfahrt. Urban heftete ihnen ein weißes Kreuz auf die rechte Schulter. Es galt als Zeichen für alle, die sich am Zug zur Befreiung der Kirche Gottes von Jerusalem beteiligen wollten. Der Kreuzzug sollte Wallfahrt und Heerfahrt zugleich sein. Der Papst gewährte allen Teilnehmern einen vollkommenen Ablaß und unterstellte sie und ihren Besitz dem Schutz des „Gottesfriedens".

Der Beginn des Kreuzzuges wurde auf den 15. August 1096 festgelegt. Zum Führer der Kreuzfahrt ernannte der Papst den Bischof von Le Puy, Adhémar, der die Verhältnisse im Orient gut kannte.

In den folgenden Monaten setzte Urban II. auf seinen Reisen durch Süd- und Westfrankreich seine Bemühungen um den Kreuzzug fort. Im Sommer 1096 brachen verschiedene Kampftruppen auf mehreren Wegen über Ungarn und Bulgarien, über Italien nach Konstantinopel auf. Die Kreuzfahrer zogen durch Anatolien, Antiochien und konnten Konstantinopel am 3. Juli 1098 nach siebenmonatiger Belagerung erobern. Der weitere Weg führte über Syrien nach Jerusalem. Am 15. Juli 1099 fiel die Heilige Stadt in die Hände der Kreuzfahrer, die dort leider ein furchtbares Blutbad anrichteten. Zwei Wochen später starb Urban II., ohne von der Eroberung Jerusalems erfahren zu haben.

In Deutschland kam es nicht zu einem Frieden zwischen Urban und Heinrich IV. Die Rückkehr des Königs nach Deutschland änderte hier an den kirchenpolitischen Verhältnissen wenig. Die Ideen der deutschen Gregorianer ergriffen vielmehr immer weitere Volksmassen. Als Urban II. am 29. Juli 1099 starb, war der Papst das anerkannte Haupt der Christenheit im kirchlichen und politischen Raum.

Seine Leistung liegt in dem erfolgreichen ersten Kreuzzug, der sein Werk war, und in der Durchführung der innerkirchlichen Reform. Er hat das Ansehen des Papsttums entschieden gefestigt. Nicht mehr der Kaiser erscheint jetzt als der oberste Herr der Christenheit, sondern der Papst. Er ist es, der die Kräfte des christlichen Abendlandes vereint und ihnen die entscheidenden Ziele aufzeigt.

Bereits sechzehn Tage nach dem Tode Urbans erhob man den Kardinalpriester von S. Clemente, Rainer, zum neuen Papst. Er nahm den Namen PASCHALIS II. (1099–1118) an. Der Papst stammte aus der Romagna. Gregor VII. erhob ihn zum Kardinal. Das Hauptproblem, das der neue Papst zu lösen hatte, war die Investiturfrage und die Beendigung des Schismas. Er unterschied sich stark von seinem welterfahrenen Vorgänger. Durch eine mangelnde Elastizität traten unter seinem Pontifikat die Gegensätze schärfer hervor. Das Schisma ging durch den Tod Clemens' III. am 8. September 1100 zu Ende. Seine Nachfolger – der Kardinalbischof von Santa Rufina THEODERICH (1100–1102) und der Kardinalbischof von Sabina ALBERT (1102) – wurden bald von den Anhängern Paschalis' II. in Klosterhaft gebracht. Der als SILVESTER IV. (1105–1111) erhobene Erzpriester Maginulf mußte bereits wenige Tage nach seiner Erhebung auf sein Amt verzichten und nach heftigen Straßenkämpfen aus Rom fliehen, wenn er auch erst 1111 endgültig den Anspruch auf das Papsttum aufgab.

Auf der Synode von Guastalla 1106 konnte Paschalis II. großzügig alle schismatischen Geistlichen in ihrem Amte bestätigen, falls sie sich keine Vergehen simonistischer oder sonstiger Art hatten zuschulden kommen lassen.

Ungeklärt war noch die Investiturfrage. Heinrich IV. hielt an seinem königlichen Investiturrecht fest, wenn er sich auch sonst zu einer Verständigung mit Paschalis bereit zeigte. Das Investiturverbot hatte unter Urban II. eine Verschärfung erfahren. Eine Auseinandersetzung zwischen Papst und König schien fast unvermeidlich. Der eigentliche Investiturstreit sollte erst jetzt beginnen.

Auf der Fastensynode von 1102 erneuerte der Papst das Investiturverbot und exkommunizierte den Kaiser und seinen Anhang. Heinrich IV. erklärte auf dem Reichstag zu Mainz, daß er die Schäden, die er der Kirche zugefügt habe, wiedergutmachen wolle und nach Wiederherstellung des Friedens zwischen Königtum und Papsttum nach Jerusalem ziehen werde. Im Interesse des Jerusalemzuges verkündete der König einen allgemeinen Reichsfrieden auf vier Jahre.

Eine völlig neue Situation ergab sich jedoch durch die Empörung Heinrichs V., des zweiten Sohnes Heinrichs IV., im Jahre 1105. Sie veranlaßte den Kaiser, an den Papst einen Brief zu richten, in dem er seinen Willen zur Verständigung zum Ausdruck brachte unter der Voraussetzung, daß die königlichen und kaiserlichen Rechte, wie sie seine Vorgänger ausgeübt hätten, anerkannt würden. Gleichzeitig aber wandte sich Heinrich V. an den Papst und bat um Rat hinsichtlich seines dem Vater geleisteten Eides. Papst Paschalis II. beantwortete diese Anfrage mit einer Dispens vom Eid unter der Bedingung, daß Heinrich V. als gerechter König mit der Kirche Frieden halten wolle, und ließ ihn durch seinen Legaten, Bischof Gebhard von Konstanz, vom Banne lösen.

Die Voraussetzungen für einen Frieden zwischen Staat und Kirche formulierte der Papst in einem Brief vom November 1105 an den Erzbischof Ruthard von Mainz. Die Rechte und die volle Freiheit der Kirche müßten gewährleistet werden. Jede Investitur mit Ring und Stab lehnte der Papst entschieden ab.

Heinrich V. (1106–1125) nahm inzwischen seinen Vater gefangen und zwang ihn am 31. Dezember 1105 zur Abdankung. Am 7. August 1106 starb Heinrich IV. in Lüttich, mit der Kirche versöhnt.

Im Frühjahr 1106 brach Papst Paschalis II. nach Deutschland auf, um den Frieden zwischen Papsttum und Imperium herzustellen. Heinrich V. hatte auf der Synode zu Nordhausen im Mai 1105 versichert, er wolle seinem Vater untertan sein, wenn dieser sich dem Nachfolger des hl. Petrus unterwerfen würde. Auf der Synode von Guastalla im Oktober 1106, auf der auch eine deutsche Gesandtschaft mit dem Papst verhandelte, wurde das Verbot der Laieninvestitur erneuert. Es kam zu keiner Einigung, da der König auf seinem Investiturrecht beharrte.

Unter diesen Umständen änderte der Papst seinen Reiseplan und wandte sich – statt nach Deutschland – nach Frankreich, wo er eine freundliche Aufnahme erwarten durfte. König Philipp I. hatte 1104 in seiner Ehesache Einsicht gezeigt und war auch den Reformwünschen durch den Verzicht auf die Investitur mit Ring und Stab entgegengekommen. In St-Denis schlossen er und sein Sohn 1107 mit dem Papst einen Bund, der für Jahrhunderte bestehenbleiben sollte.

In Châlons-sur-Marne verhandelte der Papst im Mai 1107 mit

einer deutschen Gesandtschaft unter Führung des Erzbischofs Bruno von Trier. Dieser nannte als Recht des Königs dessen Zustimmung für die als Bischof in Aussicht genommenen Persönlichkeiten und die Investitur in die Regalien mit Ring und Stab. Als Regalien bezeichnete er die Städte, Burgen, Markgrafschaften, Märkte, Zölle und alles, was abhängig sei von der kaiserlichen Würde. Die Hoheitsrechte und das vom Reich stammende Kirchengut sollten also Gegenstand der Investitur sein. Der nicht vom Reich stammende Grundbesitz sollte der Kirche frei überlassen bleiben.

Diese Vorschläge lehnte Paschalis II. mit Hinweis auf die erforderliche Freiheit der Kirche ab. Er ließ durch den Bischof von Piacenza erklären, er betrachte es als „Knechtschaft", wenn die Kirche keinen Bischof ohne Zustimmung des Königs wählen dürfte. Dieses eindeutige Nein auf die Forderung nach dem königlichen Investiturrecht ließ der Papst auf einer Synode von Troyes durch die Erneuerung des Investiturverbotes bestätigen. Jeden, der die Investitur in ein Bistum oder eine sonstige kirchliche Würde aus Laienhand annehme, bedrohte er mit Absetzung. Dieses Verbot wurde auf weiteren Synoden – u. a. auf der Lateransynode von 1110 – eingeschärft, wo man jede Verfügung über Kirchengut als Sakrileg bezeichnete.

Trotzdem hielt Heinrich V. an seiner bisherigen Investiturpraxis fest, und Paschalis II. wagte nicht, Maßnahmen gegen den König zu ergreifen. Diese zögernde Haltung des Papstes erregte u. a. das Befremden eines Anselm von Canterbury, der darauf aufmerksam machte, daß auch sein König die Investitur wieder beanspruchen werde, wenn sie in Deutschland geduldet würde.

Aufschlußreich ist der Antwortbrief des Papstes an Anselm, in dem er erklärte, er habe die Investitur nicht geduldet. Wenn der König auf den schlimmen Wegen seines Vaters beharre, werde er das Schwert des hl. Petrus zu spüren bekommen. Jedoch geschah nichts.

Im Sommer 1110 wurde vielmehr zwischen Papst und König verhandelt, bevor dieser seinen Romzug begann. Hierbei bezeichnete Paschalis II. wiederum die Investitur als unannehmbar, bejahte jedoch einen königlichen Anspruch auf die Regalien, d. h. die den Bischöfen übertragenen Güter und Rechte des Königs. Sein Lösungsvorschlag lautete, daß der Kirche nur die rein kirchlichen Abgaben, die Zehnten usw., sowie der auf privaten Schenkungen beruhende Besitz zu belassen sei, während sämtliche Regalien zurückgegeben würden. Heinrich sollte seinerseits auf die Investitur verzichten.

Die Einwände gegen den päpstlichen Vorschlag versuchte Paschalis durch die Erklärung zu zerstreuen, er werde seinerseits kraft seiner päpstlichen Machtvollkommenheit unter Androhung des Bannes den Kirchen das Reichsgut und die Regalien entziehen. Der Papst erkannte nicht, daß es sich bei seinem Vorschlag um eine radikale Umwälzung, ja eine Art Trennung von Kirche und Staat handelte. Er übersah auch die Probleme, die sich bei der praktischen Durchführung dieses Planes sowohl für die deutsche Kirche als auch für das Reich ergeben mußten. Der Papst sah nur die eine Seite, daß so das Ideal der Freiheit der Kirche, ihre Unabhängigkeit von Laiengewalten und nicht zuletzt die Loslösung der Geistlichen aus weltlichen Geschäften und Aufgaben hätten verwirklicht werden können. Der Vorschlag des Papstes, obschon wirklichkeitsfremd, wurde von Heinrich V. akzeptiert, da er die Kaiserkrone zu erlangen suchte. Am 9. Februar 1111 unterzeichnete man in Sutri den Geheimvertrag, dessen Inhalt vor der Kaiserkrönung bekanntgegeben werden sollte. Außerdem legte der König vor den päpstlichen Abgesandten den üblichen Sicherheitseid für den Papst ab. Bereits drei Tage später begannen in Sankt Peter die Krönungszeremonien, und Paschalis ließ die entsprechende Vereinbarung von Sutri verlesen. Daraufhin erfolgte von seiten der Bischöfe sofort offener Widerspruch. Sie waren nicht bereit, auf ihre Stellung als Reichsfürsten zu verzichten, und auch die Fürsten wiesen die Vereinbarung aufs schärfste zurück. Es kam zu einem Tumult, so daß der Papst die Kaiserkrönung unter diesen Umständen verweigerte. Heinrich V. aber forderte jetzt die Kaiserkrone und das Investiturrecht. Als Paschalis II. beides zurückwies, kündigte Heinrich den Vertrag und ließ den Papst und die Kardinäle verhaften. Am folgenden Tag kam es zu heftigen Straßenkämpfen in Rom, Heinrich zog sich mit seinem Heer, dem gefangenen Papst und den Kardinälen in die Umgebung von Rom zurück. Zwei Monate blieb Paschalis in der Gefangenschaft des Königs. Als noch der Gegenpapst Silvester IV. sich im Lager des Königs einfand und so die Gefahr eines größeren Schismas drohte, erklärte sich Paschalis II. zu Zugeständnissen bereit und bewilligte die Forderungen Heinrichs. Im Vertrag von Mammolo bei Tivoli vom 11. April 1111 wurde die nach der kanonischen Wahl und vor der Konsekration zu erteilende Investitur mit Ring und Stab vom Papst zugestanden: Wer vom König nicht investiert wird, darf nicht die Weihe empfangen. Ausdrücklich versprach der Papst, daß er wegen der Investitur den König in Zukunft nicht beunruhigen oder bannen werde. Das Zugeständnis der Investitur mußte er durch ein Privileg verbriefen. Sechzehn Kardinäle hatten eidlich die päpstlichen Zusagen zu bestätigen. Heinrich seinerseits verpflichtete sich zur Freilassung des Papstes und der übrigen Gefangenen, sicherte Paschalis II. seine Anerkennung zu und zugleich den Schutz des Besitzes der römischen Kirche. Der Gegenpapst Silvester IV. mußte sich unterwerfen. Jetzt wurde am 13. April 1111 Heinrich V. in Sankt Peter zum Kaiser gekrönt. Jedoch hatte der Kaiser mit den abgepreßten Zugeständnissen nicht viel erreicht, sondern vielmehr den Bogen überspannt. Die unter Druck zustande gekommenen Vereinbarungen erschienen weiten kirchlichen Kreisen als untragbar, und ein Sturm der Entrüstung erhob sich. Am stärksten war der Widerspruch in Italien und Frankreich. Die Lage des Papstes war schwierig. Zu seiner Rechtfertigung ließ er zwar einen Bericht über die Vorgänge vom 9. Februar bis zum 13. April 1111 veröffentlichen, ohne daß dadurch der Widerstand beseitigt werden konnte. In Frankreich plante man sogar eine Synode, die das Verhalten des Papstes als häretisch verurteilen sollte. Auf der Lateransynode im März 1112 gab Paschalis zu, daß die Erteilung des Investiturprivilegs an den deutschen Kaiser ein Unrecht gewesen sei. Er legte ein förmliches Glaubensbekenntnis ab und bekannte sich zu den Verordnungen seiner Vorgänger Gregor VII. und Urban II.: „Was sie verdammt haben, verdamme ich." Die Synode bezeichnete das Privileg, das der Papst Heinrich V. zugestanden hatte, als ‚Pravilegium', als Schandprivileg. Es sei null und nichtig, da es dem Papst durch Gewalt abgepreßt worden sei.

Noch weiter ging der Widerstand der Synode von Vienne im September 1112. Sie verurteilte das vom Papst erpreßte Privileg und nannte jede Laieninvestitur Häresie. Die Synodalen verhängten über Kaiser Heinrich V. den Bann. Vom Papst verlangte man eine Bestätigung dieser Beschlüsse, die dieser auch erteilte. Jedoch sprach er selbst nicht den Bann über den Kaiser aus, eingedenk seines Eides, sondern hielt sogar die Beziehungen zum Kaiser aufrecht. Die päpstlichen Legaten aber bannten wiederholt den Kaiser, so u. a. 1115 in Köln und Goslar. Erst 1116, als auf der Lateransynode das Investiturprivileg als Häresie bezeichnet worden war und Kardinalbischof Kuno von Palestrina entschieden die Bestätigung dessen verlangte, was er als päpstlicher Legat gegen Heinrich V. erklärt hatte, wiederholten Papst und Synode den mehrfach von Kuno ausgesprochenen Bann über den Kaiser und erneuerten das Investiturverbot mit den darin enthaltenen Bannandrohungen, ohne daß der Kaiser namentlich erwähnt wurde.

In Deutschland wuchs inzwischen die Opposition gegen Heinrich V. Ihr Führer wurde der Erzbischof von Mainz, Adalbert, der frühere Vertraute und Kanzler Heinrichs. Trotzdem begab sich der Kaiser im März 1116 nach Italien, um die Güter der Gräfin Mathilde von Tuszien, die am 24. Juli 1115 gestorben war, in Besitz zu nehmen. Zugleich versuchte er zu einer Verständigung mit dem Papst zu kommen. Ein Vermittlungsversuch von Abt Pontius von Cluny blieb ohne entscheidenden Erfolg. Der Papst bestand immer entschiedener auf dem Widerruf des Privilegs.

Im Frühjahr mußte Paschalis infolge eines Aufruhrs in Rom die Stadt verlassen. Die römischen Behörden luden jetzt Kaiser Heinrich V. ein, nach Rom zu kommen. Ostern 1117 ließ er sich und seiner jugendlichen Gemahlin Mathilde, wie an kirchlichen Hochfesten üblich, die Kaiserkrone durch den Erzbischof Mauritius von Braga aufs Haupt setzen, nachdem die in Rom anwesenden Kardinäle sich geweigert hatten, diese Zeremonie zu vollziehen.

Der Papst übersandte dem Kaiser eine Botschaft, die er durch drei Kardinäle überbringen ließ, mit der Forderung, daß Heinrich auf die Investitur mit Ring und Stab verzichten möge. Der Kaiser antwortete darauf mit der Feststellung, es sei sein Recht, die Regalien durch Ring und Stab zu übertragen.

Anfang des Jahres 1118 konnte Paschalis II. nach Rom zurückkehren, obwohl die Peterskirche noch in der Gewalt seiner Gegner war. Bereits am 21. Januar 1118 starb er. Wenn auch in den langen Jahren seines Pontifikates der Investiturstreit noch nicht beendet werden konnte, so zeichnete sich doch nach manchen Rückschlägen eine Klärung ab.

Die Wahl des neuen Papstes erfolgte am 24. Januar 1118. Sie fiel auf den Kardinaldiakon Johannes von Gaeta, der sich GELASIUS II. (1118–1119) nannte. Er war Mönch in Montecassino gewesen, hatte seit Urban II. die päpstliche Kanzlei geleitet und zu Paschalis ein gutes Verhältnis gehabt. Sofort nach seiner Wahl wurde er von einer Schar Bewaffneter unter Führung des Cencius Frangipane aus unbekannten Gründen gefangengenommen, bald jedoch von den Römern unter der Führung des Stadtpräfekten und des Pierleone befreit. Jetzt konnte seine Inthronisation in der Laterankirche erfolgen. Die Vorgänge in Rom veranlaßten den Kaiser, aus Oberitalien nach Rom zu ziehen und die Leostadt zu besetzen. Am 1. März 1118 flüchtete Gelasius II. vor dem Kaiser nach Gaeta, wo er am 10. März die Priester- und Bischofsweihe empfing. In Rom erhob inzwischen der Kaiser einen Gegenpapst, nachdem Gelasius die Aufforderung des Kaisers, nach Rom zu kommen, um über einen friedlichen Ausgleich zu verhandeln, abgelehnt hatte. Erzbischof Mauritius von Braga stellte sich für das Amt des Gegenpapstes zur Verfügung. Er nannte sich Gregor VIII. (1118–1121), fand aber nur wenig Anhänger. Die Römer legten ihm den Spitznamen Burdinus = Eselein bei. Auf die Erhebung des Gegenpapstes reagierte Gelasius II. mit der Verhängung des Bannes über ihn und den Kaiser. Nach dem Abzug Heinrichs V. konnte Gelasius wieder nach Rom zurückkehren, wurde aber bereits nach einigen Tagen von den Anhängern des Adelsgeschlechts der Frangipani während einer Messe in Santa Prassede überfallen. Es gelang ihm jedoch – mit dem Meßgewand bekleidet – zu fliehen. Der Papst begab sich daraufhin – von nur wenigen Kardinälen begleitet – nach Frankreich, wo er noch an der Synode von Vienne teilnahm und am 29. Januar 1119 in Cluny starb.

Die Kardinäle, die ihm gefolgt waren, schritten in Cluny gleich zur Wahl eines neuen Papstes. Sie wählten am Lichtmeßtag den Erzbischof Guido von Vienne zum Papst. Der Wahl gaben die in Rom zurückgebliebenen Kardinäle, der Klerus und das Volk von Rom ihre Zustimmung. Der neue Papst nannte sich Calixt II. (1119–1124). Trotz der ungewöhnlichen Wahl wurde er allgemein anerkannt. Calixt, der Sohn eines burgundischen Grafen, ein Mann mit weltweitem Blick und energiegeladen, wirkte seit dreißig Jahren (1088) in Vienne als eifriger Reformbischof. Er schien als die geeignete Persönlichkeit, die römischen Verhältnisse zu ordnen und die Investiturfrage zu lösen. Es kam hinzu, daß beide Seiten, Papst und Kaiser, inzwischen erkannt hatten, wie verhängnisvoll für Kirche und Staat der langjährige, gegenseitige Streit sich auswirkte. Nicht zuletzt forderten die deutschen Fürsten den Frieden. Ende Juni 1119 wurde auf dem Reichstag bei Mainz Calixt II. als rechtmäßiger Papst anerkannt, der Gegenpapst Gregor VIII. vom Kaiser geopfert.

Von großer Bedeutung erwies sich auch die theoretische Klärung des Investiturproblems, die inzwischen in literarischen Auseinandersetzungen zwischen beiden Seiten erfolgt war. Man erkannte klarer, daß die deutschen Reichsbischöfe eine Doppelstellung als Inhaber des Bischofsamtes und als weltliche Herren besaßen.

Calixt II. versuchte noch vor seiner Romfahrt zum Frieden mit dem Kaiser zu kommen. Die innerdeutsche Situation war damals für Heinrich schwierig, so daß er gern auf das Angebot des Papstes einging. Die ersten Gespräche fanden Ende September 1119 im Hoflager des Kaisers in Straßburg statt, wo Wilhelm von Champeaux, Bischof von Châlons, und Abt Pontius von Cluny mit dem Kaiser verhandelten. Bischof Wilhelm machte den Kaiser darauf aufmerksam, daß er weder vor noch nach seiner Weihe vom französischen König investiert worden sei, er jedoch seine Verpflichtungen gegenüber dem König ebenso treu erfülle wie die

Reichsbischöfe gegenüber dem Kaiser. Er fragte, ob der Kaiser nicht auf die Investitur verzichten könne, die so viel Streit verursacht habe. Das Ergebnis der Verhandlungen waren Vertragsurkunden, die die päpstlichen Legaten Lambert von Ostia und Kardinaldiakon Gregor gemeinsam mit dem Kaiser entwarfen. Der Vertrag sollte bei einem persönlichen Zusammentreffen von Kaiser und Papst förmlich abgeschlossen werden. Während des Reimser Konzils, das Calixt II. am 20. Oktober eröffnet hatte, begab sich der Papst nach Mouzon zum Kaiser, der ihn dort erwartete. Jedoch kam es nicht zum Abschluß des Friedensvertrages. Bei den Vorverhandlungen hatte man offensichtlich die entscheidenden Kontroverspunkte übergangen bzw. nicht geklärt. Die päpstlichen Abgesandten verlangten jetzt vom Kaiser den ausdrücklichen Verzicht auf die Temporalieninvestitur sowie auf das Recht, kirchlichen Besitz einzuziehen. Der Kaiser lehnte Änderungen des Vertragstextes ab und verlangte einen Aufschub der Ratifizierung. So unterblieb die persönliche Begegnung von Kaiser und Papst. Calixt mußte ohne Ergebnis nach Reims zurückkehren.

Hier erlebte er auf der Synode eine Überraschung. Die Synodalen belegten zwar – von der Schuld Heinrichs überzeugt – den Kaiser und seine Anhänger mit dem Bann, waren aber nicht bereit, das von Calixt II. vorgeschlagene Investiturverbot auch auf den kirchlichen Besitz auszudehnen. Die Verfügung über den Zehnten in der Hand von Laien und über die Kirchenlehen blieb unentschieden, weil einige Teilnehmer Einspruch erhoben mit der Begründung, daß der Papst die im Besitz von Laien befindlichen Zehnten und sonstigen Lehen ihnen entziehen wolle. Die Synode verbot nur die Investitur in Bistümer und Abteien durch Laien.

Nach Abschluß der Synode blieb Calixt II. noch längere Zeit in Frankreich und bereitete sorgfältig seine Reise nach Rom vor, die er im März 1120 antrat. Sie glich einem Triumphzug. Am 3. Juni hielt er unter dem Jubel der Bevölkerung seinen Einzug in Rom. Über Montecassino reiste er weiter nach Unteritalien, wo er u. a. in Benevent die Lehenshuldigung des Herzogs Wilhelm II. von Apulien und des Fürsten Jordan von Capua entgegennahm und dadurch die päpstliche Oberhoheit über Süditalien festigen konnte. Calixt II. ernannte man zudem zum Verweser des Herzogtums Apulien während der Abwesenheit Herzog Wilhelms, der nach Konstantinopel reiste. So wurde das päpstliche Obereigentum über Apulien besonders deutlich. Wilhelm verfolgte mit dieser Politik die Abwehr der weiteren Ausdehnung der Macht Rogers II.

Der Papst mußte hierbei eine empfindliche Niederlage von Roger hinnehmen. Dieser hatte die Abwesenheit Wilhelms zum Anlaß eines Angriffs auf Kalabrien und Apulien genommen. Als Verweser des Landes trat der Papst ihm entgegen. Die Verhandlungen zwischen Roger und Calixt blieben jedoch erfolglos.

Die Erfahrungen des Jahres 1121, die persönliche Begegnung mit Roger II., dessen Verzögerungstaktik bei den Verhandlungen müssen dem Papst die Augen für die außerordentliche Gefährlichkeit Rogers geöffnet haben (Déer). Deshalb bemühte sich Calixt nun um einen Frieden mit dem Kaiser.

Im Herbst 1121 begannen die Gespräche. Ihr Ergebnis war, daß 1. der Kaiser den Papst anzuerkennen, 2. die Beilegung des Investiturstreites unter Wahrung der Ehre des Reiches zu erfolgen habe. Abgesandte der deutschen Fürsten gingen nach Rom, wo sie eine freundliche Aufnahme fanden. Die abschließenden Verhandlungen wurden in Worms zwischen drei vom Papst entsandten Kardinälen und dem Kaiser geführt. Nach vierzehntägigen Beratungen kam es am 23. September 1122 zu einer Einigung durch den Abschluß des sogenannten Wormser Konkordats. Damit fand der Investiturstreit ein Ende.

Das Wormser Konkordat, das zu den besten Schlichtungsverträgen abendländischer Kirchengeschichte gehört (Kempf), bestand aus zwei Urkunden, einer des Kaisers und einer des Papstes. In der kaiserlichen Urkunde verzichtete Heinrich auf die Investitur der Bischöfe mit Ring und Stab, behielt aber das Recht auf die Regalieninvestitur. Die Kirchen erhalten das Recht auf kanonische Wahl und unbehinderte Konsekration ihrer Bischöfe. Alle Besitzungen und Regalien des hl. Petrus werden zurückerstattet und die Kirchengüter zurückgegeben. Der Papst seinerseits gesteht dem Kaiser die persönliche Anwesenheit bei der Wahl der reichsunmittelbaren Bischöfe und Äbte zu. Bei einem zwiespältigen Ausgang entscheidet der Kaiser unter Mitwirkung der Metropoliten und der Suffragane zugunsten des besseren Teils (sanior pars). Die Investitur in die Regalien – das vom Reich stammende Kirchengut – wurde mit dem Szepter vollzogen. So kam der Friede durch Zugeständnisse von beiden Seiten zustande. Die königlichen Rechte wurden zwar wesentlich beschränkt. Durch das Wahlrecht der Kapitel konnte der kirchliche Einfluß bei der Besetzung der Bistümer und Abteien gestärkt werden. Ring und Stab galten wieder als Symbole der geistlichen Gewalt bei der Übertragung der kirchlichen Ämter.

Die Urkunde Calixts II. ist persönlich an Heinrich V. – und zwar an ihn allein – gerichtet. Dieser Umstand ließ in kirchlichen Kreisen die Vorstellung aufkommen, daß mit dem Tode Heinrichs das

Papstprivileg erloschen sei. Jedoch ging es beim Wormser Konkordat nicht um Gewährung päpstlicher Privilegien, sondern um die Anerkennung eines alten Reichsrechtes durch den Papst.

Die kaiserliche Urkunde hat die Form eines Zugeständnisses an Gott, die heiligen Apostel Petrus und Paulus und die Kirche. Am 11. November stimmten die deutschen Fürsten auf dem Hoftag in Bamberg den Wormser Ergebnissen zu. Damit war das Konkordat von seiten des Reiches verfassungsmäßig anerkannt.

Der Papst äußerte in einem persönlichen Schreiben an den Kaiser seine Zustimmung zu den Abmachungen. Er ließ sie aber auch auf der 1. Lateransynode vom März 1123 bestätigen. Zwar fand hier der Vertrag keinen allgemeinen Beifall. Bedenken wurden besonders gegen die Anwesenheit des Kaisers bei der Bischofswahl erhoben. Der Papst erklärte daraufhin, daß diese Zugeständnisse an den Kaiser nicht gebilligt, sondern um des Friedens willen geduldet würden.

Die Lateransynode vom Jahre 1123 ist in der herkömmlichen Zählung der Konzilien das neunte Allgemeine Konzil, die erste Universalsynode, die im Abendland stattfand. Genauer würde man sie als die erste päpstliche Generalsynode des Abendlandes bezeichnen. Neben der Bestätigung des Wormser Konkordats erließ sie Kanones gegen die Simonie, den Konkubinat der Geistlichen, die Laienherrschaft über Kirchen und kirchliche Güter, über den Gottesfrieden, den Schutz der Rompilger und die Rechte und Pflichten der Kreuzfahrer. Weitere Dekrete betrafen die Sakramentenspendung und die Seelsorge. Die Autorität des Diözesanbischofs wurde gegenüber dem eigenen Klerus und den Mönchen, denen eine Seelsorgetätigkeit verboten wird, herausgestellt. Die Weihen, die von dem Gegenpapst Gregor VIII. erteilt worden waren, wurden für nichtig erklärt. Calixt nahm ferner die Kanonisation des 975 verstorbenen Bischofs Konrad von Konstanz vor. Am 6. April konnte der Papst das Konzil beenden.

Nach dem Wormser Konkordat und der Lateransynode von 1123 kam es zu einer Revision der bisherigen päpstlichen Normannenpolitik. Das Bündnis mit den Normannen verlor seine Bedeutung, nachdem Papst und Kaiser miteinander in Frieden lebten, da die Päpste nicht mehr das Gegengewicht der Normannen gegen die Kaiser brauchten. Als Roger II. zudem seine Macht auf das Festland auszudehnen suchte und die Gefahr bestand, daß alle normannischen Besitzungen in einer Hand vereinigt würden, mußte das einen Wechsel in der Süditalienpolitik der Päpste herbeiführen, die später unter Honorius II. besonders deutlich wurde.

Im Kampf um die Einheit der Kirche durfte der Papst ebenfalls

Erfolge verbuchen. Die Peterskirche konnte den Anhängern des Gegenpapstes entrissen werden. Im April 1121 zog Calixt mit einem Heere nach Sutri, wohin der Gegenpapst Gregor VIII. sich zurückgezogen hatte. Nach kurzer Belagerung wurde die Stadt eingenommen und Gregor ausgeliefert. Calixt II. ließ ihn durch Rom führen, seiner Bischofswürde entkleiden und in der Abtei La Cava internieren. Damit war das Schisma 1121 beendet. Bereits am 13./14. Dezember 1124 starb Calixt. Sein großes Verdienst liegt in der Beilegung des Investiturstreites.

Zum Nachfolger Calixts II. wählte die Minderheit der Kardinäle den Kardinalpriester Theobald, der sich Papst COELESTIN II. (1124) nannte. Aber sofort nach seiner Wahl wurde die Versammlung durch eine Schar Bewaffneter unter Führung des Robert Frangipane überfallen und vom Volk der Kardinalbischof Lambert von Ostia zum Papst erhoben. Er nannte sich Honorius II. Coelestin verzichtete auf sein Amt. Auch Honorius erklärte sich bereit zurückzutreten. Er wurde jedoch sieben Tage später in kanonischer Wahl zum Papst erhoben und fand jetzt allgemeine Anerkennung.

§ 19
*Die Päpste im Bernhardinischen Zeitalter*

Papst HONORIUS II. (1124–1130) entstammte einer einfachen Familie aus der Gegend von Imola. Paschalis II. hatte ihn zum Kardinalbischof von Ostia ernannt und Calixt II. ihn als Legaten nach Deutschland entsandt. Um das Zustandekommen des Wormser Konkordates erwarb er sich die größten Verdienste. Der Wandel im Verhältnis von Kaisertum und Papsttum zeigte sich bei der Königswahl in Deutschland. Nach dem Tode Heinrichs V. im Jahre 1125 wurde mit Unterstützung der päpstlichen Partei Lothar von Supplinburg zum König gewählt. Er nannte sich Lothar III. (1125–1137) und bat um die päpstliche Bestätigung seiner Wahl. Sein Verhältnis zu Papst Honorius II. blieb auch in den nachfolgenden Jahren seiner Regierungszeit vertrauensvoll. In Deutschland kam es 1127 zum Bürgerkrieg. Von der staufischen Opposition wurde Konrad, der Bruder Herzog Friedrichs II. von Schwaben, zum Gegenkönig (1127–1135) erhoben. Honorius sprach über ihn den Bann aus.

Große Probleme ergaben sich im Verhältnis von Papst Honorius zu den Normannen. 1127 war Herzog Wilhelm von Apulien gestorben. Roger II. übernahm sein Erbe, obwohl der Papst Oberlehensherr dieser Gebiete war. Für den Papst stellte sich nun die Frage, ob er vor dem Eroberer Roger zurückweichen oder gegen ihn vorgehen solle. Er entschied sich für den Kampf, und es gelang ihm, eine große Koalition aller Gegner Rogers II. zusammenzubringen (Oktober 1127). Honorius II. begab sich persönlich nach Benevent und sprach über Roger als Usurpator den Bann aus. Jedoch mißlang der erste Feldzug gegen Roger durch die Uneinigkeit der Verbündeten. Enttäuscht mußte der Papst nach Rom zurückkehren.

Die Zermürbungstaktik, die Roger im Sommer des Jahres 1128 gegenüber dem päpstlichen Koalitionsheer mit größtem Erfolg anwandte, führte zu einem offenen Ausbruch der Gegensätze zwischen den Verbündeten. Jetzt entschloß sich Honorius, dem vorauszusehenden Abfall seiner Verbündeten zuvorzukommen, und verhandelte seinerseits mit Roger. Am 22. August 1128 wurde zwischen beiden bei Benevent der Friede geschlossen. Roger erhielt die Belehnung als Herzog von Apulien, Kalabrien und Sizilien, versprach aber in seinem Huldigungseid, weder das päpstliche Benevent noch das Fürstentum Capua anzugreifen. Die Belehnung Rogers bedeutete tatsächlich eine totale Niederlage des Papstes. Noch im Herbst 1129 unterwarf Roger Capua, in Benevent mußte sogar der Papst Roger zu Hilfe rufen, als dort eine revolutionäre kommunale Bewegung die Macht an sich zu reißen drohte. Dieser versprach im Mai 1130 eine Vergeltungsaktion gegen die Stadt durchzuführen. Da Honorius II. bereits im Februar starb, kam es nicht mehr zu dieser Maßnahme. Aber die päpstliche Aufforderung bedeutete für Roger eine günstige Ausgangslage, um seinen Einfluß in der Stadt zu verstärken.

Einen Erfolg konnte Honorius II. in Ravenna erreichen, wo man bisher an Gregor VIII. festgehalten hatte. Jetzt durfte ein Kardinallegat die Unterwerfung der Stadt entgegennehmen.

Schwierigkeiten gab es dagegen mit Mailand, das entschieden an seiner Unabhängigkeit gegenüber Rom festhielt. Als Honorius II. vom Mailänder Erzbischof Anselm 1126 verlangte, daß dieser sich das Pallium in Rom persönlich abholen solle, stieß er damit auf den Widerspruch der Mailänder. Anselm reiste zwar nach Rom, aber nur um dem Papst den Standpunkt der Mailänder Kirche deutlich zu machen. Er lehnte es sogar ab, sich das Pallium vom Altar der Sankt-Peters-Kirche zu nehmen.

Innerkirchlich bedeutsam wurde die Bestätigung des Prämonstratenserordens, der Gründung des hl. Norbert von Xanten, im Jahre 1126 durch Honorius II. Anfang des Jahres 1130 erkrankte der Papst schwer und starb in der Nacht vom 13. zum 14. Februar 1130. Nach seinem Tode kam es zu einem Schisma, das erst nach jahrelangen Auseinandersetzungen behoben werden konnte.

Gleich nach dem Begräbnis des Papstes Honorius II. wurde am 14. Februar von dem deutschen Kanzler Haimerich und seinen Anhängern der Kardinaldiakon Gregor als INNOZENZ II. (1130–1143) zum Papst erhoben und in aller Eile im Lateran inthronisiert. Die Mehrheit der Kardinäle war darüber nicht informiert worden. Haimerich hatte gehofft, daß die übrigen Kardinäle nachträglich der Wahl von Innozenz zustimmen würden. Doch diese Hoffnung ging nicht in Erfüllung. Die Mehrheit der Kardinäle wählte – unter Zustimmung von zahlreichen Vertretern des römischen Klerus und Adels – ebenfalls am 14. Februar den Kardinalpriester Pierleone von Santa Maria in Trastevere zum Papst, der den Namen ANAKLET II. (1130–1138) annahm. Er entstammte einer Bankiersfamilie in Rom und war ein Mann von umfangreicher Bildung und Weltoffenheit. So mußte die Christenheit das Schauspiel erleben, daß innerhalb von wenigen Stunden zwei Päpste in Rom gewählt wurden. Diese Doppelwahl war u. a. dadurch möglich geworden, weil es in dieser Zeit keine feststehenden Formen für die Papstwahl gab. Das sogenannte Papstwahldekret von 1059 hatte sich nicht durchsetzen können. Es erhob sich die Frage: Welche Wahl war verbindlich? Darüber gingen die Meinungen auseinander. Bei der Wahl Anaklets hatte man die herkömmlichen Formen der Papstwahl besser beobachtet als bei der formlosen Wahl Innozenz' II., die zudem nur durch eine Minderheit erfolgt war. In Rom wurde Anaklet II. fast allgemein anerkannt. Innozenz II. sah sich gezwungen, Rom zu verlassen und nach Frankreich zu fliehen, obschon er einer altadeligen römischen Familie entstammte. Paschalis II. hatte ihn zum Kardinaldiakon ernannt. Mit Papst Gelasius II. besuchte er Frankreich. Unter Calixt II. gehörte er zu den Legaten, die an dem Abschluß des Wormser Konkordates beteiligt waren. Entscheidend war, welche Haltung die Christenheit zu dieser strittigen Papstwahl einnehmen würde. Für Anaklet entschied sich Roger II. von Sizilien. Innozenz II. aber fand zunächst Anerkennung in Frankreich. Dazu hatte nicht zuletzt die Freundschaft beigetragen, die den Kanzler Haimerich, dem Innozenz II. seine Erhebung verdankte, mit Bernhard von Clairvaux und dem Abt Peter dem Ehrwürdigen von Cluny verband.

Auf der Synode von Étampes im August/September 1130, die Ludwig VI. von Frankreich einberufen hatte, um in der Frage der Doppelwahl eine Klärung herbeizuführen, sprach sich Bernhard von Clairvaux entschieden für die Anerkennung Innozenz' II. aus. Mit Hinweis auf die Priorität der Erhebung von Innozenz und mit Betonung seiner größeren Würdigkeit gelang es Bernhard, die Mehrheit der Synode für seinen Papst zu gewinnen. Der Abt von Cluny nahm Innozenz II. herzlich auf. Auf der Synode von Clermont, auf der auch spanische Bischöfe vertreten waren, gelobten ihm die Bischöfe Treue und Gehorsam. Bernhard von Clairvaux gelang es, auch England zur Anerkennung Innozenz' II. zu bringen. Er konnte den König umstimmen, und Heinrich I. von England kam 1131 persönlich nach Chartres, um Innozenz seine Huldigung auszudrücken. Auch Kastilien und Aragón erkannten Innozenz II. als rechtmäßigen Papst an. Bedeutsam war zwar, welche Stellung der deutsche König und die deutschen Bischöfe in dieser Frage beziehen würden. Anaklet II. wandte sich sofort an den deutschen König Lothar III., um von ihm anerkannt zu werden. Er bannte zugleich den Gegenkönig Konrad und stellte Lothar die Kaiserkrönung in Aussicht.

Innozenz II. aber erinnerte sich an den deutschen König erst, als seine Lage in Rom unhaltbar geworden war. Vor seiner Abreise nach Frankreich entsandte er einen Kardinallegaten, der König Lothar ebenfalls die Einladung zur Kaiserkrönung überbrachte.

Lothar III. wollte jedoch die schwierige Frage der Rechtmäßigkeit der beiden Papstprätendenten nicht von sich aus entscheiden. Er berief vielmehr eine Synode nach Würzburg für den Oktober 1130, wo über dieses Problem beraten werden sollte. Hier sprachen sich die anwesenden weltlichen Fürsten und die Bischöfe für Innozenz II. aus. Erzbischof Norbert von Magdeburg, ein Freund von Bernhard von Clairvaux, hatte sich in diesem Sinne entschieden geäußert. Auf Wunsch des Papstes kam es im März 1131 in Lüttich zu einem persönlichen Zusammentreffen von Innozenz und dem deutschen König. Lothar III. empfing Innozenz II. mit allen Ehren. Man vereinbarte, daß der König mit dem Papst nach Rom ziehen und dort die Kaiserkrone empfangen sollte. Aber ein Romzug war für den deutschen König mit großen Schwierigkeiten belastet, denn inzwischen hatte Papst Anaklet II. seine Stellung in Rom gefestigt. Er gewann zudem den Erzbischof von Mailand, dem er das Pallium ohne jede Bedingung übersandte, für sich. Noch wichtiger war, daß Anaklet II. auf die Unterstützung des Normannenherzogs Roger II. bauen konnte. Ende September 1130 hatte er mit ihm einen Vertrag geschlossen, in dem Roger erhebliche Zugeständnisse gemacht wurden. Wenn Roger das Erreichte behaupten wollte, mußte er für Anaklet, der es ihm gewährt hatte, kämpfen. Falls der deutsche König also einen Romzug plante, um die Stadt für Innozenz zu erobern, hatte er mit den Truppen Rogers und der Macht seines Königreiches zu rechnen. Er mußte Roger besiegen, um Anaklet II.

zu stürzen. Über diese Konsequenz war sich der König im klaren.

Ende August 1132 trat das Reichsheer von Augsburg aus den Marsch auf Rom an. Es bestand nur aus etwa 1500 Rittern, obschon man in Deutschland noch nicht wußte, wie günstig sich die Situation in Italien inzwischen für den deutschen König entwickelt hatte. Denn Roger II. war durch Aufstände, Kriege und Niederlagen in seiner Macht geschwächt und gegen Lothar III. nicht einsatzfähig. So mußte sich Anaklet gegenüber dem heranrückenden deutschen Reichsheer auf eigene Kraft verlassen. Es blieb ihm nichts anderes übrig, als mit Lothar III. Verhandlungen anzuknüpfen. Er schlug vor, die Doppelwahl von 1130 durch ein Gericht untersuchen zu lassen, und erklärte seine Bereitschaft, sich dessen Urteilsspruch zu unterwerfen. Dieser Vorschlag scheiterte jedoch am Widerstand Innozenz' II., der den Standpunkt vertrat: Nachdem die ganze Christenheit entschieden habe, könne die Klärung der Frage der Legitimität der Papstwahl nicht mehr einem Gericht übertragen werden.

Am 30. April/1. Mai 1133 konnte Lothar mit dem Papst an der Spitze des deutschen Heeres in Rom einziehen. Die Stadt links des Tibers unterwarf sich ihm sogleich. Aber das rechte Tibergebiet, die Leostadt mit der Engelsburg und Sankt Peter, blieben in den Händen von Anaklet II. Der König sah keine Möglichkeit, Anaklet diese Stätten militärisch zu entreißen, da das deutsche Heer zu schwach war. Sechs Wochen lagerten die deutschen Truppen draußen bei Sankt Peter. Dann entschlossen sich Papst und König, auf die Kaiserkrönung in Sankt Peter zu verzichten und sie – entgegen dem Herkommen – in der Lateranbasilika vorzunehmen. Dort wurden am 4. Juni 1133 Lothar und seine Gemahlin Richenza gekrönt. Vor der Krönung leistete Lothar den üblichen Sicherheitseid, erhob aber die Forderung, daß das alte Investiturrecht wiederhergestellt werden müsse. Damit jedoch stieß er selbst auf den Widerspruch seines eigenen Kanzlers Norbert von Magdeburg. Trotzdem brachten die königlichen Bemühungen einen Teilerfolg. Durch eine Bulle vom 8. Juni 1133 verbot der Papst den gewählten deutschen Bischöfen und Äbten, ihre weltlichen Hoheitsrechte auszuüben, bevor sie dem König das, was sie ihm nach dem Recht schuldig seien, geleistet hätten.

Eine weitere Bulle vom 8. Juni regelte die Besitzverhältnisse der Erbschaft der Gräfin Mathilde von Tuszien, die sich in der Hand des Papstes befand, der sie durch mehrere Lehensträger verwalten ließ. Sie wurde Lothar auf Lebenszeit als Lehen der römischen Kirche gegen Zahlung von jährlich hundert Pfund Silber überlassen.

Wenige Tage nach seiner Krönung kehrte Lothar III. nach Deutschland zurück. Innozenz konnte sich nicht mehr in Rom behaupten und mußte sich im September nach Pisa zurückziehen. Die Stellung Anaklets II. in Rom blieb unerschüttert. So dauerte das Schisma fort.

Inzwischen hatte sich auch die Macht des Normannenherzogs Roger, an dem Anaklet weiterhin eine entscheidende Stütze hatte, wieder gefestigt. Rogers Macht mußte gebrochen werden, wenn Innozenz sich durchsetzen wollte. Das aber konnte nur durch einen neuen Italienzug des Kaisers geschehen. Ende September 1136 überschritt Lothar mit einem stärkeren Heer die Alpen. Ohne Widerstand zu finden, stieß er 1137 bis Bari vor, das Ende Mai erreicht wurde. Nach dem Fall von Bari bot Roger Frieden an. Auch das deutsche Heer war kriegsmüde und forderte die Rückkehr nach Deutschland. Deshalb brach Kaiser Lothar den Feldzug ab und trat den Rückmarsch an. Kaum nachdem er deutschen Boden betreten hatte, starb er am 4. Dezember 1137 in Breitenwang am Lech.

In Unteritalien übernahm Roger nach dem Abzug des Kaisers wieder die Macht. Nur Herzog Reinulf, sein Schwager, leistete noch erfolgreichen Widerstand und konnte Roger am 30. Oktober vollständig schlagen. Als Flüchtling mußte dieser nach Salerno zurückkehren.

Bernhard von Clairvaux glaubte jetzt durch Verhandlungen ein Ende des Schismas herbeiführen zu können. Roger fand sich tatsächlich bereit, die Frage der Rechtmäßigkeit beider Päpste prüfen zu lassen. Vier Tage lang erörterten je drei Vertreter der beiden Parteien vor dem König die Rechtslage, ohne zu einer Klärung zu kommen. Am 25. Januar 1138 starb Anaklet. Wenn ihm auch in VICTOR IV. (1138) ein Nachfolger gegeben wurde, so war mit Anaklets Tod praktisch das Schisma beendet. Victor IV. unterwarf sich bereits am 29. Mai Innozenz II., der seit dem 1. November 1137 im Lateran residieren konnte. Bernhard von Clairvaux, der in all diesen Jahren Innozenz II. treu zur Seite gestanden hatte, kehrte in sein Kloster zurück.

Nach Beendigung der Kirchenspaltung mußten die Folgen, die sie ausgelöst hatte, beseitigt werden. Das sollte auf dem Zweiten Laterankonzil, dem sogenannten 10. Ökumenischen Konzil, das im April 1139 tagte, erfolgen. Über die Anhänger Anaklets II. wurden Bann und Absetzung verhängt. Die von ihnen erteilten Weihen erklärte das Konzil für nichtig. Es erließ ferner eine Reihe von Reformdekreten, die sich gegen verschiedene, bereits von früheren Synoden verworfene kirchliche Mißstände richteten, u. a. wurden tätliche

Angriffe auf Kleriker mit dem Anathem bedroht. Über Roger und seinen Anhang sprach Innozenz II. auf der Synode den Bann aus.

Der Papst stellte sich sogar persönlich an die Spitze eines Heeres, das gegen Roger zog. Im Juni 1139 brach man auf. Roger bot jetzt Verhandlungen an, die aber ergebnislos verliefen. Im päpstlichen Hauptquartier beschloß man den Angriff, der jedoch mit einer totalen Niederlage der päpstlichen Truppen endete. Aber auch als Gefangener wahrte Innozenz II. seine Würde. Er lehnte es ab, den gebannten Roger zu empfangen. Trotzdem wurde einige Tage später der Friede geschlossen. Der Papst mußte die Roger von Anaklet verliehene Königswürde anerkennen. Was die päpstliche Politik bisher zu verhindern versucht hatte, fiel Roger jetzt in den Schoß: Innozenz II. gewährte ihm am 27. Juli 1139 ein Generalprivileg. Rogers Herrschaft in Unteritalien war anerkannt. Sehr bald begann er zudem die Grenzen seines Machtbereiches weiter nach Norden vorzurücken. Zusätzliche Differenzen zwischen Innozenz und Roger waren darin begründet, daß dieser die weitgehenden Rechte über die Kirche Siziliens, die einst Urban II. seinem Vater übertragen hatte, auch auf dem Festland anwandte. Eigenmächtig besetzte er Bistümer, was den Widerspruch von Innozenz hervorrufen mußte.

Weitere Schwierigkeiten ergaben sich in Rom selbst, wo es zu einem Aufstand der Bürgerschaft kam. Das Kapitol wurde besetzt. Die Aufregung über den Aufruhr brachte dem Papst den Tod: Am 24. September 1143 starb Innozenz II. Seine Bedeutung liegt in der Förderung des hierarchischen Ausbaus der Kirche, der Reform des Klerus und der allgemeinen Seelsorge (Schmale).

Zu seinem Nachfolger wurde Kardinal Guido di Castello als COELESTIN II. (1143–1144) erhoben. Er war ein frommer und gelehrter Mann, ein Schüler Abaëlards, dem er auch nach dessen Verurteilung auf der Synode von Sens im Juni 1140 eng verbunden blieb. Coelestin starb aber bereits am 8. März 1144.

Noch an seinem Todestag wurde als Nachfolger LUCIUS II. (1144–1145) erhoben. Er stammte aus Bologna. Als Kardinal war er mehrfach als Legat tätig gewesen und hatte nach dem Tode von Haimerich 1144 das Amt des Kanzlers übernommen. Als Papst bemühte er sich um die Freundschaft mit den Normannen. Er war früher schon mit Roger befreundet gewesen. Eine Zusammenkunft zwischen Papst und König Roger sollte einen dauernden Frieden zwischen den Päpsten und den Normannen herbeiführen. Aber eine Einigung scheiterte am Widerstand der Kardinäle. Nach Angriffen auf den Kirchenstaat kam es dann doch zu einem Waffenstillstand für sieben Jahre. Der Versuch des Papstes, mit Roger ein Freundschaftsabkommen zu schließen, um die Hilfe des Königs gegen Gegner in der eigenen Stadt zu erreichen, mißlang jedoch. In Rom währte der Friede zwischen dem Papst und den Senatoren nicht lange. Diese forderten vom Papst die Abtretung aller Hoheitsrechte in Stadt und Land. Rom wurde eine Republik. Das neue Stadtoberhaupt erhielt den Titel Patricius. Ihm stand der neugewählte Senat zur Seite.

In dieser Situation wäre für den Papst die Hilfe des Königs von Sizilien hilfreich gewesen. Dieser aber sah keinen Grund, einzugreifen, da der Papst ihm die volle Anerkennung nicht gewährt hatte. So wandte sich Lucius II. in seiner Notlage um Hilfe an den deutschen König Konrad III. (1138–1152). Aber ehe Konrad auf diesen Ruf reagieren konnte, fand der Papst bei den Kämpfen um das Kapitol am 15. Februar 1145 durch einen Steinwurf den Tod.

Die Wahl seines Nachfolgers vollzog man angesichts der Unruhen in Rom noch am Todestag in einem Kloster auf dem Palatin. Gewählt wurde Bernhard, Abt des römischen Zisterzienserklosters Tre Fontane, der den Namen EUGEN III. (1145–1153) annahm. Ohne Störungen konnte er vom Lateran Besitz ergreifen. Seine Weihe in Sankt Peter war nicht möglich, da er sich weigerte, die republikanische Verfassung der Stadt anzuerkennen. Die Papstkrönung nahm man deshalb in der alten Reichsabtei Farfa vor, wohin der Papst geflüchtet war. In Rom kam es zu schweren Ausschreitungen. Eugen III. hatte sich inzwischen nach Viterbo zurückgezogen. Mit Unterstützung des Adels und der Bürger von Tivoli gelang es ihm, die Straßen nach Rom zu sperren und die Zufuhr von Lebensmitteln nach dort abzuschneiden. Er bannte zudem den Patricius Giordano Pierleone, einen Bruder Anaklets. Diese Maßnahmen veranlaßten die Römer zu Verhandlungen. Am 18. Dezember 1145 wurde in Sutri Frieden geschlossen. Die Römer anerkannten die Oberhoheit des Papstes. An die Stelle des Patricius trat wiederum der päpstliche Stadtpräfekt. Der Senat blieb bestehen. Seine Mitglieder mußten aber nach ihrer Wahl vom Papst bestätigt werden. Weihnachten konnte Eugen III. nach Rom zurückkehren. Aber der Friede war nur von kurzer Dauer. Ende Januar 1146 mußte der Papst sich nach Trastevere zurückziehen, von dort ging er nach Sutri und anschließend nach Viterbo. Im Frühjahr 1147 siedelte er nach Frankreich über, wo schon Innozenz II. Schutz gefunden hatte. Hier besaß Eugen in Bernhard von Clairvaux – seinem Lehrer – einen mächtigen und treuen Freund, der ihm während der Jahre seines Pontifikates hilfreich zur Seite stand.

Bernhard hatte in der Wahl Eugens III. das Werk Gottes gesehen.

Vom Papst erwartete er die Reform der Kirche, vor allem eine Reform der Kurie. In seinem Glückwunschschreiben an Eugen anläßlich seiner Wahl drückte er die Hoffnung aus, daß er noch vor seinem Tode die Kirche so sehen möge, wie sie in den alten Zeiten war, als die Apostel ihre Netze auswarfen, um die Seelen zu fangen, nicht um Gold und Silber zu erwerben.

Als das größte Anliegen des Papstes galt – neben der Klärung der römischen Frage – die Lage der Kirche im Nahen Osten. Am 23. Dezember 1144 war Edessa in die Hand der Türken gefallen. Die Eroberung dieser starken Feste, die am weitesten nach Nordosten vorgeschoben war, hatte den Bestand der übrigen Kreuzfahrerstaaten stark gefährdet. Die Nachricht vom Fall von Edessa rief im Abendland große Bestürzung hervor. Im Herbst 1145 schilderten Gesandte dem Papst die Gefahr, die der Kirche des Morgenlandes drohe, und baten um seine Hilfe. Eugen verschloß sich diesem Anliegen nicht. Am 1. Dezember 1145 rief er zu einem neuen Kreuzzug auf. Die Aufforderung war an den französischen König Ludwig VII. und die Großen Frankreichs gerichtet. Frankreich war ja auch am ersten Kreuzzug – fünfzig Jahre vorher – am stärksten beteiligt gewesen. Der französische König stand dem Kreuzzugsplan positiv gegenüber. Er wollte das Gelübde seines früh verstorbenen Bruders erfüllen und zugleich Sühne dafür leisten, daß er bei einer Fehde die Kirche von Vitry hatte in Brand stecken lassen. Aber in seinem Rat gab es heftige Gegenstimmen. Bernhard von Clairvaux wurde um sein Urteil gebeten. Auch er wollte nicht entscheiden, sondern veranlaßte eine Rückfrage beim Papst, die sehr entschieden ausfiel: Der König erhielt den Befehl, zu gehorchen, außerdem Ratschläge über Waffen und Kleidung.

Mit der Kreuzzugswerbung in Frankreich wurde Bernhard von Clairvaux beauftragt. Es gelang ihm durch seine überzeugenden Predigten, viele Freiwillige zu finden, und Ostern 1146 hefteten der französische König und viele Vornehme Frankreichs als Zeichen ihrer Kreuzzugsbereitschaft das Kreuz auf ihre Schultern. Als Beginn des Kreuzzuges wurde das Jahr 1147 festgelegt. Der Kreuzzug sollte nach der Meinung des Papstes ein französischer Kreuzzug sein. Allen Teilnehmern gewährte Eugen III. einen vollkommenen Ablaß der Sündenstrafen und sicherte ihren Familien und ihrem Besitz seinen persönlichen Schutz zu.

Durch Bernhard von Clairvaux wurde die Kreuzzugsbewegung eine europäische Angelegenheit. Dank seiner Initiative konnte auch das deutsche Reich mit König Konrad an der Spitze für die Teilnahme am Kreuzzug gewonnen werden. Weihnachten 1146 versprach der König, das Kreuz zu nehmen. Für Papst Eugen III. war jedoch dieser Entschluß des deutschen Königs eine Enttäuschung, weil er so auf dessen Hilfe bei der Eroberung von Rom verzichten mußte.

Mit größtem Erfolg predigte Bernhard von Clairvaux auch in Deutschland, besonders in der Gegend am Rhein. Auf Wunsch sächsischer Fürsten rief er gleichzeitig zu einem Kreuzzug gegen die heidnischen Wenden auf und sicherte den Teilnehmern die gleichen Vergünstigungen zu, wie sie der Papst für die Teilnahme am Kreuzzug ins Heilige Land bewilligt hatte. Eugen III. hat später diese Zusicherungen bestätigt und Anselm von Havelberg zum Legaten des „Wendenkreuzzuges" ernannt. Der Zug sollte sich bald als ein Fehlschlag erweisen.

Der Aufbruch des Kreuzheeres ins Heilige Land erfolgte Pfingsten 1147. Der Papst verabschiedete die Kreuzritter mit seinem Segen. Man wählte wieder – wie beim ersten Kreuzzug – den Landweg. Jedoch wurden die großen Hoffnungen, die man an diesen Kreuzzug knüpfte, bitter enttäuscht. Er endete praktisch mit einem völligen Mißerfolg. Die deutsche Heeresgruppe mit König Konrad an der Spitze wurde in Kleinasien geschlagen und zur Umkehr gezwungen, die Heeresgruppe unter Otto von Freising ebenfalls zersprengt, und nur Reste der deutschen Kreuzfahrer haben Jerusalem erreicht. Auch die Franzosen erlitten bereits auf dem Wege nach Jerusalem schwere Verluste.

Die Enttäuschung über das Mißlingen des Kreuzzuges war groß. Gegen den Papst und Bernhard von Clairvaux – als die eigentlichen Verantwortlichen – wurde heftige Empörung laut.

Während des zweiten Kreuzzuges und der Abwesenheit der Könige von Deutschland und Frankreich konnte Eugen III. seine kirchenpolitische Stellung festigen. In Rom jedoch herrschte der Augustinerchorherr Arnold von Brescia. Er machte sich zum Verteidiger demokratischer Ideen in Rom und wandte sich besonders gegen die Kardinäle. Das Kardinalskollegium nannte er wegen seines Stolzes und seiner Verderbnis eine Räuberhöhle. Seine Angriffe richteten sich auch gegen den Papst, der nicht ein apostolischer Mann und Seelenhirte, sondern ein Blutmensch sei, dem man deshalb keinen Gehorsam leisten dürfe. Rom sei der Sitz des Kaisertums, die Quelle der Freiheit. Es dürfe sich nicht vom Papst unterjochen lassen.

Nach seiner Rückkehr nach Italien bannte Eugen III. diesen Demagogen und verbot dem römischen Klerus jegliche Verbindung mit ihm. Aber mit solchen geistlichen Mitteln konnte der Papst den

Aufruhr in Rom nicht überwinden. So kam es zu Verhandlungen mit Roger II., der dem Papst schon im Laufe des Jahres 1148 einen Teil seiner Truppen im Kampf gegen die Römer zur Verfügung stellte. Der Versuch des Papstes, Rom zu erobern, blieb ohne Erfolg. Erst 1149 kam es zu einem Abkommen, in dem dem Papst die Rückkehr nach Rom zugestanden wurde. Nach sechs Monaten mußte Eugen III. die Stadt jedoch wiederum verlassen. Im Juli 1150 traf er persönlich mit Roger in Ceprano zusammen. Die Gespräche verliefen in freundschaftlicher Atmosphäre. Roger erklärte sich mit der päpstlichen Überprüfung der bisher gewählten Bischöfe bereit und verpflichtete sich zur Hilfeleistung für den Apostolischen Stuhl.

Die Anlehnung an den Normannenkönig führte aber zugleich zu einer Verschlechterung des Verhältnisses zum deutschen Königshof. Diese Situation nutzte die Führung des römischen Stadtregimentes geschickt aus. Sie machte dem deutschen König Mitteilung von einem versuchten Aufstand Rogers gegen den deutschen König und lud durch eine eigene Gesandtschaft Konrad III. zum Empfang der Kaiserkrone nach Rom ein, damit er von hier aus nach Beseitigung der Priesterherrschaft über Italien und Deutschland gebiete.

Jedoch konnte Konrad an keinen Romzug denken. Er war nicht nur krank vom Kreuzzug zurückgekehrt, sondern innere Schwierigkeiten hielten ihn in Deutschland fest. Zudem dachte er nicht daran, der Einladung der aufständischen Römer zu folgen. Statt dessen bemühte sich der König, durch Entsendung zweier deutscher Bischöfe die Verbindung mit der Kurie wieder aufzunehmen. Diese sollten die Ansichten Eugens III. über eine Romfahrt und Kaiserkrönung Konrads zu klären versuchen. Der Papst selbst schickte zwei Kardinäle nach Deutschland, um dem König die Einladung zur Kaiserkrönung zu überbringen. Auf dem Reichstag zu Regensburg im Juli 1151 sprach Konrad öffentlich seine Absicht aus, nach Rom zu ziehen. Auf dem Würzburger Reichstag vom 15. September 1151 wurde von den Fürsten die Romfahrt beschlossen und der 8. September 1152 als Termin festgesetzt. Am 15. Februar 1152 starb jedoch König Konrad unerwartet in Bamberg.

Sein Nachfolger, Friedrich I. (Barbarossa), schickte nach seiner Wahl eine Gesandtschaft unter Führung des Bischofs Eberhard von Bamberg zum Papst, um ihm die Wahl anzuzeigen und den Schutz des Papstes und der römischen Kirche zu versprechen. Den Feinden des Papstes werde er Feind sein. Einen Romzug stellte er nicht in Aussicht. In seinem Antwortschreiben auf die Wahlanzeige bot Papst Eugen III. Friedrich Barbarossa die Kaiserkrone an. Bald jedoch kam es zu Differenzen zwischen Papst und König. In

Magdeburg setzte Friedrich mit Hilfe einer Minderheit der Wähler die Erhebung von Bischof Wichmann von Naumburg zum Erzbischof durch. Der Papst aber verweigerte die Bestätigung, da die Wahl die Bestimmungen des Wormser Konkordats verletze. Angesichts seiner bedrohten Lage konnte Eugen III. aber nicht wagen, es zu einem Konflikt mit Friedrich Barbarossa kommen zu lassen.

Im November/Dezember 1152 kam es zu Verhandlungen einer deutschen Gesandtschaft mit dem Papst, nachdem man im Oktober eine Heerfahrt nach Italien beschlossen hatte. Das Ergebnis war ein Vertrag, der im März 1153 in Konstanz von Friedrich Barbarossa bestätigt wurde. Darin verpflichtete sich Barbarossa, ohne Zustimmung des Papstes keinen Frieden mit den Normannen zu schließen und die Römer dem Papst zu unterwerfen. Eugen III. versprach Friedrich die Kaiserkrönung, sobald er nach Rom kommen werde. Er versicherte dem König, ihn bei der Mehrung des „honor imperii" zu unterstützen, und sicherte ihm die Hilfe der Kurie gegen die Feinde des Reiches zu. Den Romzug Friedrich Barbarossas hat jedoch Eugen III. nicht mehr erlebt. Er starb am 8. Juli 1153 in Tivoli.

Sein Nachfolger wurde der hochbetagte Kardinalbischof Konrad, der als Papst ANASTASIUS IV. (1153–1154) nur achtzehn Monate regieren konnte. Er bestätigte Erzbischof Wichmann von Magdeburg, der persönlich nach Rom kam, in seinem Amt. Am 3. Dezember 1154 starb Anastasius.

§ 20

*Die Päpste in der Auseinandersetzung mit Kaiser Friedrich I.*

Schon einen Tag nach seinem Tode wählten die Kardinäle den Kardinalbischof von Albano, Nicolaus Breadspeare, zu seinem Nachfolger. Er nannte sich HADRIAN IV. (1154–1159). Er war Engländer – übrigens der einzige Engländer auf dem Päpstlichen Stuhl – und stammte aus kleinen Verhältnissen. In seiner Jugend kam er als „fahrender Schüler" in die Provence und wurde Augustinerchorherr im Stift St. Ruf bei Avignon, wo er später als Abt wirkte. Eugen III. erhob ihn 1149 zum Kardinal. Als Papst hat er der Geschichte des Papsttums für ein Menschenalter die Richtung aufgezeigt. Hadrian war eine starke Persönlichkeit, er bestimmte die Grundlinien seiner Politik selbst und war entschlossen, die Autorität des Apostolischen Stuhles zu stärken. Als ein erstes Ziel steuerte er eine Änderung der unhaltbaren Verhältnisse in Rom an. Hier regierte noch immer der Senat. Hadrian konnte deshalb nicht vom Lateran Besitz nehmen und mußte zunächst in der Leostadt seinen Sitz aufschlagen. Als ein Kardinal, der sich zu Hadrian begeben wollte, von Anhängern Arnolds von Brescia, der immer noch in Rom verweilte, überfallen wurde, verhängte der Papst über die Stadt das Interdikt. Zum ersten Mal in der Geschichte Roms kam es so zur Einstellung aller Gottesdienste in der Stadt. Der Unwille der Bevölkerung wandte sich jetzt gegen den Senat, der sich gezwungen sah, auf die vom Papst für die Aufhebung des Interdikts gestellten Bedingungen einzugehen. Arnold von Brescia und seine Anhänger mußten die Stadt verlassen. Das Einlenken des Senats war wohl auch darin begründet, daß inzwischen – noch zu Lebzeiten von Anastasius IV. – Friedrich Barbarossa seinen vorgesehenen Romzug angetreten hatte.

Hadrian IV. sandte gleich nach seiner Erhebung drei Kardinäle zu Friedrich Barbarossa mit dem Auftrag, von ihm die Bestätigung des Konstanzer Vertrages zu erlangen, die ohne Schwierigkeiten vom König gegeben wurde. Als die Truppen Friedrichs sich Rom näherten, schickte der Papst dem König nochmals eine Gesandtschaft von drei Kardinälen entgegen, die erreichte, daß Friedrich Barbarossa dem Papst einen Sicherheitseid leistete. Die persönliche Begegnung zwischen Hadrian IV. und Friedrich fand am 8. Juni 1155 in Sutri statt. Dabei kam es jedoch zu einem Zwischenfall, als der König sich weigerte, dem Papst Zügel- und Bügeldienst zu leisten. Hadrian IV. war daraufhin nicht bereit, dem König den Friedenskuß zu geben. Erst nach langen Verhandlungen erklärte sich Friedrich einverstanden, dem Papst den sogenannten Strator- und Marschalldienst zu erweisen aus „Ehrerbietung gegen die seligen Apostel Petrus und Paulus". Damit brachte er zum Ausdruck, daß es sich hier nicht um einen Dienst handele, den der Vasall dem Lehensherrn schuldete, sondern um eine Ehrfurchtsbezeugung gegenüber dem päpstlichen Amt. So wurde am folgenden Tag die Begegnung von König und Papst wiederholt. Als Verbündete zogen Hadrian und Friedrich Barbarossa weiter nach Rom, wo sie in der Nähe der Hauptstadt einer Abordnung des römischen Senates begegneten. Diese forderte vom König die eidliche Bestätigung der Rechte ihrer Stadt und verlangte für die Krönung auf dem Kapitol 5000 Pfund Gold. Friedrich wies ihre Forderungen entschieden zurück und ließ auf den Rat des Papstes noch in der Nacht die Leostadt besetzen. Am 18. Juni 1155 konnte dann – ohne Widerstände – die Kaiserkrönung Friedrichs in der üblichen Form in der Peterskirche stattfinden. Die Römer waren durch die Ereignisse völlig überrascht. Sie versuchten einen Überfall auf die Leostadt, um den Papst in ihre Gewalt zu bekommen, wurden jedoch zurückgeschlagen. Als der

Kaiser Rom verließ, war auch für den Papst ein Bleiben in der Leostadt ohne den Schutz der deutschen Truppen nicht mehr möglich. Er schloß sich daher dem Heer des Kaisers an.

Das Einvernehmen zwischen Hadrian IV. und Friedrich Barbarossa wurde bald wieder getrübt. Friedrich unternahm nicht den Feldzug gegen die Normannen, wie der Papst – aufgrund des Konstanzer Vertrages – erhofft hatte. Obschon der Kaiser persönlich zu einem Vorgehen gegen den Normannenkönig Wilhelm I. bereit war, lehnten die deutschen Fürsten das Unternehmen ab, weil der Feldzug ein zu gefährliches Wagnis gewesen wäre. So kehrte Friedrich mit seinen Truppen nach Deutschland zurück.

Die Enttäuschung des Papstes war verständlich. Der Kaiser hatte keine der im Vertrag von Konstanz übernommenen Verpflichtungen erfüllt. Er hatte weder Rom unterworfen noch die Bedrohung durch die Normannen beseitigt. Im Oktober 1155 nahm Papst Hadrian IV. von sich aus den Kampf gegen den Normannenkönig Wilhelm I. von Sizilien auf. Anfangs verlief alles erfolgreich, so daß Wilhelm den Papst um Lösung vom Banne bat und ihm weitgehende Zugeständnisse machte. Hadrian war auf der Grundlage dieser Angebote zu einer Verständigung bereit, konnte sich aber gegen die Mehrheit der Kardinäle, die einen Vertrag mit Wilhelm ablehnten, nicht durchsetzen.

Im Frühjahr 1156 kam es jedoch zu einer totalen Änderung der Lage. König Wilhelm konnte seine Gegner vernichtend schlagen. Der Papst war mit einigen Kardinälen in Benevent geblieben. Als Wilhelm die Stadt belagerte, begann der Papst mit ihm Verhandlungen, die im Juni 1156 zum sogenannten Konkordat von Benevent führten. Darin mußte der Papst auf die Forderungen der Sieger weitgehend eingehen. Wilhelm I. wurde als König anerkannt. Der Papst war gezwungen, ihm und seinen Erben das Königreich Sizilien, dazu Apulien, Capua, Neapel, Palermo, Amalfi als erblichen Besitz zu übertragen, d. h., er hatte den normannischen Großstaat anzuerkennen. König Wilhelm erklärte sich seinerseits bereit, dem Papst und seinen Nachfolgern den Lehenseid zu leisten und tausend Goldstücke jährlich als Zins zu zahlen. Hinsichtlich der kirchlichen Verhältnisse wurden im wesentlichen die Bestimmungen des von Urban II. bewilligten Privilegs erneuert. Das Konkordat von Benevent bedeutete eine Abkehr von der päpstlichen Politik der letzten Jahrzehnte. Sein Abschluß rief beim Kaiser Empörung hervor, da er darin einen Bruch des Konstanzer Vertrages sah, ohne zu bedenken, daß auch er seine Verpflichtungen aus dem Vertrag nicht erfüllt hatte. Papst Hadrian IV., von der Bedrohung durch die Normannen befreit, konnte jetzt den Aufbau des Kirchenstaates fortsetzen. Im November 1156 kehrte er nach Rom zurück. Bedenklich jedoch war es, daß diese Ergebnisse auf Kosten einer Spannung mit dem deutschen Kaiser erreicht worden waren. Sie kam auf dem Reichstag zu Besançon im Oktober 1157 zum Ausdruck. Hadrian hatte zwei Kardinäle als Legaten zum Kaiser geschickt, den Kardinalpriester Bernhard von S. Clemente und seinen Kanzler, Kardinal Roland. Ein Beschwerdepunkt von seiten des Papstes war der Überfall auf den Erzbischof Eskil von Lund, der auf einer Reise von Rom nach Lund in Burgund ausgeraubt und eingekerkert worden war. Man versuchte, von ihm ein hohes Lösegeld zu erpressen. Der Papst wandte sich an den Kaiser, damit dieser die Befreiung des Erzbischofs veranlasse. Jedoch unternahm Kaiser Friedrich nichts, weil Eskil als Feind des Reiches galt. Durch die Erhebung von Lund zur Metropole waren nämlich die Rechte von Hamburg-Bremen beschnitten worden. Der Papst gab seinen beiden Legaten ein Beschwerdeschreiben mit. Es enthielt zahlreiche Vorwürfe und machte darauf aufmerksam, daß der Papst Friedrich die Kaiserwürde übertragen habe (conferre). Ferner erklärte Hadrian IV. seine Bereitschaft, ihm noch größere Benefizien zu gewähren. Rainald von Dassel, der Kanzler des Kaisers, verlas das päpstliche Schreiben in deutscher Sprache vor den versammelten Fürsten. Rainald war dem Kaiser treu ergeben und vertrat entschieden die Rechte des Reiches. Er übersetzte den Ausdruck „beneficium" mit „Lehen", statt – was auch möglich gewesen wäre – mit „Wohltat". Die Beurteilung des Kaisertums als „Lehen" des Papstes weckte nicht nur den Widerspruch des Kanzlers, sondern auch der übrigen Fürsten. Die Kurie hatte vermutlich bewußt diesen Ausdruck gewählt. Daß die Übersetzung des Rainald von Dassel nicht falsch war, wurde durch einen der päpstlichen Legaten ausdrücklich bestätigt, als er erklärte: Von wem hat denn der Kaiser das Imperium, wenn nicht vom Papst?

Pfalzgraf Otto von Wittelsbach ging daraufhin in höchster Erregung gegen den Legaten vor und konnte nur durch den Kaiser an einer Gewalttätigkeit gehindert werden. Nach diesem Zwischenfall forderte Friedrich I. die Legaten auf, Deutschland auf schnellstem Wege zu verlassen. Ihre weiteren Aufgaben, eine Visitation der deutschen Kirche vorzunehmen, konnten sie unter diesen Umständen nicht erfüllen. Der Papst hatte seinen Legaten weitgehende Vollmachten gegeben, u. a. das Recht, das Interdikt zu verhängen. Friedrich Barbarossa war jedoch grundsätzlich nicht bereit, eine Visitation der deutschen Kirche ohne seine Genehmigung durchführen zu lassen. Den Zentralisationsbestrebungen, die seit Gregor VII. an der Kurie immer stärker wurden, stand der Kaiser ablehnend gegenüber. Nach dem Zwischenfall von Besançon befahl er, daß Reisen nach Rom nur mit schriftlicher Erlaubnis des zuständigen Bischofs bzw. Abtes gestattet seien, um so Appellationen nach Rom zu verhindern. In einem Manifest an die Deutsche Nation erklärte Friedrich I., er sei gewillt, Ehre und Freiheit der deutschen Kirche, die in eine ungebührliche Knechtschaft gebracht worden sei, wiederherzustellen und ihre Rechte zu sichern. Königtum und Kaisertum habe er von Gott allein durch die Wahl der Fürsten erhalten. Wer behaupte, daß er die Kaiserkrone als Lehen vom Papst erhalten habe, stelle sich in Gegensatz zu Gottes Anordnung und in Gegensatz zur Lehre des Apostels Petrus, der erkläre: Fürchtet Gott, ehret den König.

Das kaiserliche Manifest schloß mit der Aufforderung, die dem Kaiser und dem Reich zugefügte Schmach mitzuempfinden und die Ehre des Reiches gegen eine so unerhörte Neuerung zu schützen. Trotz dieser Reaktion des Kaisers hoffte Hadrian IV. noch, daß die deutschen Bischöfe den päpstlichen Standpunkt teilen würden. In einem Schreiben an sie kritisierte er die üble Behandlung seiner Legaten und die Verhinderung der Reisen nach Rom durch den Kaiser. Es sei jedoch für ihn ein Trost, daß die deutschen Bischöfe an dem Vorgehen des Kaisers keinen Anteil hätten. Er forderte sie auf, Friedrich auf den rechten Weg zurückzuführen.

Die Erwartung des Papstes ging nicht in Erfüllung. Die deutschen Bischöfe stellten sich einmütig hinter den Kaiser. Sie betonten in ihrem Antwortschreiben an Hadrian IV., daß die in dem päpstlichen Schreiben verwandten Ausdrücke „conferre" und „beneficium" im ganzen Reich Erregung ausgelöst hätten und sie diese Worte wegen ihrer Zweideutigkeit nicht verteidigen könnten. Der Kaiser habe ausdrücklich bestätigt, daß für ihn Gesetz und Tradition maßgebend seien. Er wolle gern dem Papst die schuldige Ehrfurcht erzeigen, jedoch schreibe er die Kaiserkrone allein der Gnade Gottes zu. Nach Ansicht des Kaisers habe Gott die römische Kirche durch das Reich erhöht, jetzt versuche diese Kirche das Reich zu vernichten. Dieser Erklärung des Kaisers könnten die deutschen Bischöfe nur zustimmen. Sie baten den Papst, er möge ein neues, milderes Schreiben an den Kaiser richten, um ihn auf diese Weise im Interesse der Kirche und des Reiches zu besänftigen.

Jetzt lenkte Papst Hadrian IV. ein. Er wollte auf jeden Fall einen Bruch mit dem Kaiser vermeiden und sandte zwei Kardinallegaten nach Deutschland, die Friedrich Barbarossa im Juni 1158 in Augsburg ein neues Schreiben des Papstes überbrachten. Darin versicherte Hadrian IV., stets auf die Ehre des Kaisers bedacht gewesen zu sein. Das Wort „beneficium" verstehe er im Sinne der Heiligen Schrift als „Wohltat", das Wort „conferre" als „aufsetzen", nicht als „verleihen". Diese Auslegung bedeutete einen totalen Rückzieher des Papstes. Der Kaiser war zufriedengestellt. Er versprach dem Papst und dem römischen Klerus wieder Freundschaft und entließ die Legaten mit reichen Geschenken.

Bald kam es zu neuen Spannungen zwischen Kaiser und Papst. Anläßlich seines zweiten Italienzuges 1158–1162 verkündigte Friedrich Barbarossa – nach Niederwerfung von Mailand – auf dem Reichstag von Roncaglia bei Piacenza im November 1158 die kaiserlichen Hoheitsrechte in einem Ausmaß, die eine starke Beeinträchtigung der päpstlichen Rechte bedeuteten. Die italienischen Bischöfe, die Regalien besaßen, wurden wie die deutschen zum Vasalleneid gegenüber dem Kaiser herangezogen. In der Folgezeit deutete alles darauf hin, daß es zu einem offenen Bruch zwischen Kaiser und Papst kommen würde. Angesichts dieser Situation mehrten sich die Vermittlungsversuche besonnener Persönlichkeiten, die auf eine Verständigung drängten. Hadrian IV. konnte in diesem Sinne beeinflußt werden. Im April entsandte er zwei Kardinäle zum Kaiser, um eine Erneuerung des Konstanzer Vertrages vorzuschlagen. Der Kaiser reagierte darauf mit der Behauptung, er habe sich zwar an diesen Vertrag gehalten, aber der Papst hätte durch den Vertrag von Benevent den Konstanzer Vertrag verletzt. Hadrian IV. dagegen vertrat die Auffassung, daß sein Bündnis mit Wilhelm I. mit dem Konstanzer Vertrag vereinbar sei, eine Ansicht, die auf kaiserlicher Seite entschieden in Abrede gestellt wurde.

Durch neue Verhandlungen versuchte der Papst zu einer Verständigung zu gelangen. Als sein Ziel formulierte er die Anerkennung der Herrschaft des Papstes über Rom und den Kirchenstaat, die Außerkraftsetzung der Beschlüsse von Roncaglia in Reichsitalien, soweit sie den Episkopat betrafen. Gegenüber diesen Vorstellungen Hadrians IV. erneuerte der Kaiser seinen Vorschlag eines Schiedsgerichtes. Als seine Beschwerden nannte er den Bruch des Konstanzer Vertrages durch den Papst und den Wunsch des Papstes nach uneingeschränkter Herrschaft über Rom, die er als die schwerstwiegende Meinungsverschiedenheit bezeichnete. Da er durch Gottes Fügung römischer Kaiser sei, könne er nicht zulassen, daß die Gewalt über die Stadt seiner Hand entrissen werde. Damit forderte Friedrich Barbarossa eine Stellung in Rom, wie sie von Karl dem Großen und von den Ottonen ausgeübt worden war: Der Papst solle seine Souveränität in Rom verlieren und in Abhängigkeit vom Kaiser geraten.

Angesichts dieser gegensätzlichen Standpunkte schien eine Einigung durch Verhandlungen kaum möglich. Den nochmaligen Vorschlag des Kaisers, die strittigen Fragen durch ein Schiedsgericht entscheiden zu lassen, lehnte der Papst ab. Auf Bitten der Kardinäle schickte der Kaiser trotzdem einen Gesandten – Otto von Wittelsbach – nach Rom, der dort mit dem Papst verhandeln sollte. Falls die Gespräche ergebnislos verliefen, hatte der Kaiser ihm die Vollmacht gegeben, mit den Römern über die Anerkennung ihres Senats ein Abkommen zu schließen. Bevor Otto von Wittelsbach in Rom eintraf, zog sich Papst Hadrian IV. bereits nach Anagni zurück und unterzeichnete mit den lombardischen Städten Mailand, Brescia, Piacenza einen Vertrag. Ohne päpstliche Genehmigung sollten sie mit Friedrich Barbarossa keinen Frieden schließen. Der Papst versprach, innerhalb von vierzig Tagen den Kaiser zu bannen. Bevor es aber zu diesem letzten Schritt kam, starb Hadrian IV. am 1. September 1159. Seine Leiche wurde nach Rom überführt und in Sankt Peter beigesetzt.

Mit Erfolg hatte Hadrian IV. während seines Pontifikates versucht, die Einheit der Christenheit und den Primat der römischen Kirche in der Universalkirche der Welt zum Bewußtsein zu bringen und die Freiheit der Kirche vor kaiserlicher Bevormundung zu sichern. Jetzt begann ein neuer Abschnitt der römischen Kirche im Kampf um ihre Unabhängigkeit.

Als man nach dem Tode Hadrians IV. die Wahl des neuen Papstes vornahm, kam es zum Schisma. Am 5. September versammelten sich die Kardinäle in der Peterskirche. Sie kamen überein, nur eine einmütige Wahl vorzunehmen. Die Papstwahl war bestimmt von den Gegensätzen: der Neuorientierung der päpstlichen Politik durch den Vertrag von Benevent einerseits und der zielbewußten Italienpolitik Friedrichs I. andererseits.

Im Kardinalskollegium standen sich die Anhänger dieser beiden Auffassungen gegenüber. Kardinal Octavian, kaiserfreundlich, der Führer der Kardinalsopposition gegen Hadrian IV., und sein Gegenkandidat, der Kardinalkanzler Roland, für den sich die Mehrheit der Kardinäle bei der Wahl entschied und für den schließlich eine Zweidrittelmehrheit zusammenkam. Als daraufhin die Wähler Rolands ihm den Papstmantel umzuhängen versuchten, wurde das von Octavian und seinen Anhängern mit Gewalt verhindert. Der in der Peterskirche versammelte römische Klerus und das Volk forderten die Wahl von Octavian, den man auf den Thron erhob. Roland und seine Freunde mußten sich aus Sankt Peter zurückziehen. Aber bald trat in Rom ein völliger Umschwung in der Volksstimmung ein, so daß Roland mit der Mehrheit der Kardinäle Rom verlassen konnte. In Cisterna erfolgte am 18. September 1159 die in der Peterskirche verhinderte Anlegung des Papstmantels, und zwei Tage später wurde Roland durch den Kardinalbischof von Ostia unter Assistenz mehrerer Kardinalbischöfe geweiht und gekrönt. Er nannte sich ALEXANDER III. (1159–1181).

Sein Gegenkandidat Octavian fühlte sich in Rom ebenfalls nicht sicher und verließ die Stadt. Seine Weihe durch den Kardinalbischof von Tusculum, der ihm von den Kardinalbischöfen allein gefolgt war, erfolgte am 4. Oktober in der Reichsabtei Farfa. Octavian nannte sich VICTOR IV. (1159–1164). Bei der Wahl waren eindeutig kirchenpolitische Motive entscheidend gewesen. Die Wähler Victors IV. bejahten die Italienpolitik des Kaisers, während die Wähler Alexanders III. die Richtung von Hadrian IV. fortsetzen wollten. Da es eine Institution zur Klärung solcher Doppelwahlen nicht gab, mußte wiederum das Urteil der Universalkirche entscheiden. Sehr bald kam es hier zu einer Lösung. Auf dem vom Kaiser berufenen Konzil von Pavia, das vom 5. bis 11. Februar 1160 tagte, anerkannte der Reichsepiskopat aus Deutschland, Burgund und Oberitalien Victor IV. und bannte Alexander III.

Alexander III. seinerseits sprach bereits von Terracina aus, wo er zunächst seinen Aufenthalt genommen hatte, über Victor IV. den Bann aus. Im Herbst 1160 versammelte sich in Toulouse eine Synode, an der die Könige von England und Frankreich und die Bischöfe und Mönche der westlichen Länder – einschließlich Spaniens – teilnahmen. Die Synode bezeichnete nach eingehender Prüfung Alexander III. als den rechtmäßigen Papst. Unterschiedlich war die Reaktion der großen Orden. Cîteaux und die Kartause anerkannten Alexander, Cluny entschied sich für Papst Victor.

In den folgenden Monaten wurde die Situation Alexanders III. zeitweise schwierig. Im März 1162 hatte sich Mailand dem Kaiser ergeben müssen. Die Herrschaft Friedrich Barbarossas war jetzt in Oberitalien gesichert. Von den Normannen konnte Alexander III. keine Hilfe erwarten. Da entschloß er sich, Italien zu verlassen und in Frankreich Schutz zu suchen. Bis 1165 blieb er in Frankreich. Verhandlungen zwischen dem französischen König und dem Kaiser über eine Verständigung in der Papstfrage scheiterten. Da starb am 20. April 1164 Victor IV. in Lucca. Aber sein Tod brachte nicht das Ende des Schismas. Der Kanzler Friedrich Barbarossas, Rainald von Dassel, ließ sofort Kardinal Guido von Crema zum Nachfolger wählen, der sich PASCHALIS III. (1164–1168) nannte. Seine Erhebung fand selbst bei den Anhängern Victors IV. keinen Beifall.

Zahlreiche deutsche Bischöfe gingen zu Alexander III. über. Auf dem Reichstag zu Würzburg verpflichteten sich der Kaiser und die Mehrzahl der deutschen Bischöfe eidlich, niemals Alexander III. anzuerkennen, sondern Paschalis zu unterstützen. Der Kaiser verlangte sogar, daß alle Geistlichen und Laien den gleichen Eid zu leisten hätten, andernfalls sollten sie als Reichsfeinde bestraft werden. Jedoch erwies sich diese eidliche Verpflichtung sehr bald als Fehlentscheidung.

In Rom war nach dem Tode Victors IV. ebenfalls ein Stimmungswandel zugunsten Alexanders III. erfolgt. Die Römer richteten an Alexander die Aufforderung, in seine Stadt zurückzukehren. Man fügte allerdings die Drohung hinzu, falls er nicht bis zu einem festgesetzten Termin nach Rom kommen würde, müsse man Paschalis anerkennen. Unter diesen Umständen entschloß sich Papst Alexander zur Übersiedlung nach Rom. Am 23. November 1165 konnte er in Rom einziehen. Ein herber Schlag war für ihn der am 7. Mai 1166 erfolgte Tod des Normannenkönigs Wilhelm IV. Der Kaiser versuchte jetzt, eine endgültige Entscheidung herbeizuführen. Im Herbst 1166 brach er zum vierten Mal nach Italien auf und nahm Ende Juli 1167 die Leostadt ein. Papst Paschalis III. konnte in St. Peter feierlich inthronisiert werden und setzte am 1. August Friedrich Barbarossa und seiner Gemahlin Beatrix die Kaiserkrone aufs Haupt. Alexander III. mußte nach Benevent fliehen, wo er sich unter den Schutz der Normannen stellte. Bereits nach wenigen Wochen erfolgte ein jäher Umschwung. Im Heer des Kaisers brach die Malaria aus, mehrere Bischöfe und Fürsten – unter ihnen Rainald von Dassel – wurden Opfer der Seuche. Diese Katastrophe verstanden die Gegner des Kaisers als ein Strafgericht Gottes. Auch der Kaiser erkrankte und mußte mit dem Rest seines Heeres nach Deutschland zurückkehren. Nachdem es in der Lombardei zu einem Aufstand gekommen war, konnte er nur verkleidet und unter Lebensgefahr nach Deutschland fliehen. Italien schien für ihn verloren.

Am 20. September 1168 starb Paschalis III. Obschon er in CALIXT III. (1168–1178) einen Nachfolger erhielt, erklärte sich Friedrich Barbarossa zu Ausgleichsverhandlungen mit Alexander III. bereit. Auch dieser sprach sich für eine friedliche Beilegung des Schismas aus, aber alle Verständigungsbemühungen scheiterten. Im Januar 1169 lud der Kaiser die Äbte von Cîteaux und Clairvaux zu Besprechungen über die Möglichkeit eines Friedensschlusses ein. Wiederum kam es zu Verhandlungen mit dem Papst, die jedoch ergebnislos verliefen. Besprechungen zwischen Bischof Eberhard von Bamberg, der Alexander eine persönliche

Botschaft des Kaisers übermittelte, und dem Papst waren ebenfalls fruchtlos. Als Eberhard auf dem Reichstag zu Fulda am 8. Juni 1170 über den Mißerfolg seiner Legation berichtete, reagierte der Kaiser mit der Aussage, er werde Alexander III. niemals mehr als Papst anerkennen.

Im September 1174 brach Kaiser Friedrich I. zu seinem fünften Italienzug auf, der aber keine Entscheidung brachte. Am 29. Mai 1176 wurde er in der Schlacht bei Legnano in der Nähe von Mailand geschlagen. Jetzt schloß er mit Alexander III. den Vorvertrag von Anagni vom Oktober/November 1176 und erklärte sich bereit, die Unterstützung des Gegenpapstes aufzugeben. Der Papst Alexander versprach seinerseits, Friedrich I. vom Bann zu lösen und ihn als Kaiser anzuerkennen. Die weiteren Verhandlungen wurden vom 10. Mai bis zum 21. Juli 1177 in Venedig geführt und endeten mit der Ratifizierung des Vertrages von Anagni. Am 24. Juli empfing der Papst den vorher vom Bann gelösten Kaiser in Venedig vor der Markuskirche und gab ihm den Friedenskuß. Damit ging der achtzehn Jahre während Kampf zwischen Papsttum und Kaisertum zu Ende. Am 14. August wurde auf der Synode in San Marco zu Venedig vom Papst der Bann über alle ausgesprochen, welche den Frieden oder Waffenstillstand brechen würden. Gleichzeitig erneuerte der Papst Alexander III. den Bann über alle, die noch weiter dem schismatischen Papst anhingen. Der Gegenpapst Calixt III., der sich nicht unterwerfen wollte, verfiel der Reichsacht.

Papst Alexander III. zog nach Rom, wo er am 12. März 1178 eintraf, nachdem er in Anagni eine Abordnung der Römer empfangen hatte. Die Senatoren mußten dem Papst den Treueid leisten, die Sicherheit des Papstes und der Pilger gewährleisten, die Autonomie der Stadt blieb erhalten. Jedoch zog sich der Papst schon bald – trotz des freundlichen Empfangs der Römer – nach Tusculum zurück. Hier unterwarf sich am 29. August 1178 der Gegenpapst Calixt III. Am 29. September 1179 erhielt er zwar in Kardinal Lando von Sezzo, INNOZENZ III. (1179–1180), einen Nachfolger, der sich jedoch nur wenige Monate halten konnte. Bereits im Januar 1180 mußte er sich Papst Alexander III. unterwerfen. Damit war das Schisma von 1159 endgültig beseitigt.

Die Vorbereitungen für das im Vertrag von Venedig vereinbarte Generalkonzil begannen gleich mit der Rückkehr Alexanders in das Patrimonium Petri. Am 5. März 1179 konnte er das Konzil eröffnen. Es war eine Repräsentanz der abendländischen Kirche. Etwa 300 Bischöfe aus Deutschland, Burgund, Frankreich, Spanien, England, Irland, Sizilien, Dänemark und Ungarn und der Kreuzfahrerstaaten waren versammelt, als der Bischof von Assisi, Magister Rufus, einer der führenden Kanonisten seiner Zeit, die Eröffnungsrede hielt. Darin verteidigte er den Primat der römischen Kirche und feierte Persönlichkeit und Werk Alexanders III. Das Ergebnis der Konzilsverhandlungen waren 27 Kanons. Die in Anagni und Venedig vereinbarten Maßnahmen zur Überwindung des Schismas wurden ratifiziert. Weiter bestimmte das Konzil, daß jede Kathedralkirche ihre Schule haben sollte, kein Kleriker dürfe ohne Benefizien bleiben, der Bischof müsse für den Klerus sorgen. Bedeutsam war besonders der Kanon 1 über die Papstwahl. Für die Gültigkeit der Wahl wurde eine Zweidrittelmehrheit vorgeschrieben und dem Kardinalskollegium die Wahl vorbehalten. Das Konzil erließ ferner Bestimmungen gegen Simonie und Priesterehe.

Am 30. August 1181 starb Alexander III. Er gehört ohne Zweifel zu den bedeutendsten Päpsten des Mittelalters. Das Urteil von Johannes Haller, der das Papsttum Alexanders III. eine Regierung versäumter Gelegenheiten nannte, erscheint einseitig. Alexander war zwar keine Kampfnatur, und er rechnete es sich zum Verdienst an, nicht Krieg geführt zu haben. Seine große Leistung ist es, daß dank seiner Politik das Papsttum nicht wieder in die frühere Abhängigkeit vom deutschen Kaiser gelangte. Er trat einem Mann von der Größe Friedrich Barbarossas entgegen und unterlag im Kampf mit ihm nicht. Auch innerkirchlich hat er die Autorität des Papsttums gefestigt.

Die Wahl seines Nachfolgers erfolgte ohne Schwierigkeiten. Schon am 1. September 1181 wurde Bischof Hubald von Ostia zum Papst gewählt: LUCIUS III. (1181–1185). Er stammte aus Lucca und war der älteste der Kardinäle. Alexander III. hatte ihm 22 Jahre vorher die Bischofsweihe erteilt. Er gehörte zu den einflußreichsten Beratern des verstorbenen Papstes. Schon bald mußte er erkennen, wie sehr er auf die Hilfe des Kaisers angewiesen war. Seine Krönung in Rom ließen die Römer nicht zu, sie mußte in Velletri stattfinden. Erst im November konnte er im Lateran Wohnung nehmen. Aber schon nach wenigen Monaten zog er sich wieder nach Velletri zurück und hat seitdem Rom nicht mehr betreten. Unter diesen Umständen war es erklärlich, daß er eine Versöhnung mit dem Kaiser suchte. Auch Friedrich I. wünschte eine Verständigung zwischen Staat und Kirche. Nach verschiedenen Vorverhandlungen wurde eine persönliche Zusammenkunft von Kaiser und Papst vereinbart. Sie fand im Oktober 1184 in Verona statt und brachte in wichtigen Fragen ein Einvernehmen.

Zu Verona erschienen auch der Patriarch von Jerusalem und die

Großmeister der Johanniter und Templer, die dringende Hilfe für das Königreich Jerusalem erbaten. Kaiser und Papst sagten ihre Unterstützung zu. Der Kaiser versprach, nach seiner Rückkehr nach Deutschland mit den Fürsten über einen Kreuzzug zu verhandeln und mit den Rüstungen dafür sofort zu beginnen. Nicht geklärt wurde in Verona die Frage der sogenannten Mathildischen Güter.

In Augsburg feierte man während des Kongresses von Verona am 29. Oktober 1184 die Verlobung Heinrichs VI. mit Konstanze, der Tochter Rogers II. von Sizilien. Am 27. Januar 1186 fand die Hochzeit statt.

Die Verbindung von Staufern und Normannen bedeutete die Gefahr der Umklammerung des Kirchenstaates, aber sicherte zugleich den Frieden in Italien durch die Überbrückung des Gegensatzes zwischen dem Kaiser und den Normannen. Lucius III. sah stärker die positiven Seiten dieser neuen Verbindung, während man im Kardinalskollegium die Situation negativer beurteilte. Das wurde nach dem Tode Lucius' III., der am 25. November 1185 gestorben war, deutlich.

Zu seinem Nachfolger wählten die Kardinäle Erzbischof Humbert Crivelli von Mailand: URBAN III. (1185–1187). Er war ein Mann von Wortgewandtheit und starkem Willen, der die Rechte der Kirche leidenschaftlich zu verteidigen suchte. Er zählte zu den Gegnern Friedrich Barbarossas. In einem Schreiben an den Kaiser machte er zwar von seiner Wahl Mitteilung und versicherte, er beabsichtige, das zu Ende zu führen, was sein Vorgänger hinsichtlich des Friedens und der Reichsinteressen unterlassen habe. Die Verhandlungen mit Friedrich Barbarossa wurden weitergeführt. Der Kaiser war interessiert an der Krönung seines Sohnes Heinrich, die jedoch der Papst mit derselben Begründung wie sein Vorgänger – es könne zur gleichen Zeit nicht zwei Kaiser geben – ablehnte. In dieser Situation aber ließ Urban III. es zu einem Bruch mit dem Kaiser kommen: In der Trierer Bischofsangelegenheit, wo 1183 eine Doppelwahl erfolgt war, entschied er sich gegen den kaiserlichen Kandidaten Rudolf von Wied und weihte den Gegenkandidaten Folmar am 1. Juni 1186 persönlich zum Erzbischof. Der Kaiser faßte das als eine Kampfansage des Papstes auf. Sein Sohn Heinrich erhielt den Befehl, in den Kirchenstaat einzufallen, und es gelang ihm, fast den ganzen Kirchenstaat zu erobern. Der Papst, der in Verona saß, wurde total isoliert. Diese Reaktion hatte Urban III. nicht erwartet. Seine Proteste gegen das Eindringen der kaiserlichen Truppen in den Kirchenstaat verhallten ergebnislos. Auch sein Versuch, die deutschen Bischöfe auf seine Seite zu bringen, scheiterte. Der Kaiser hielt Ende November 1186 einen Reichstag in Gelnhausen ab, wo fast alle deutschen Bischöfe und Fürsten erschienen. Hier trug der Kaiser seine Anklagen gegen den Papst vor. Die Bischöfe stimmten ihm fast einmütig zu und forderten in einem Schreiben an den Papst und die Kardinäle, daß die berechtigten Beschwerden des Kaisers berücksichtigt und der Friede zwischen Staat und Kirche gesichert werden sollten. Der Kaiser sei bereit, die Rechte der Kirche zu wahren und einen freundschaftlichen Ausgleich herbeizuführen. Jetzt versuchte der Papst einzulenken. Er bat im Februar 1187 Erzbischof Wilhelm von Magdeburg um Vermittlung beim Kaiser. Dieser erklärte sich zu neuen Verhandlungen bereit, bei denen es zu einer Einigung kam. Der Papst gab im Trierer Bischofsstreit nach. Es sollte eine Neuwahl vorgenommen werden. Der Kaiser seinerseits erklärte sein Einverständnis mit dem Entwurf des Friedensvertrages. Als jedoch die Gesandten zur Kurie zurückkehrten, weilte Urban III. nicht mehr unter den Lebenden. Am 19./20. Oktober 1187 hatte ihn der Tod ereilt.

Nach den Erfahrungen, die Urban III. mit dem Kaiser gemacht hatte, wählten die Kardinäle einen Mann des friedlichen Ausgleichs zum neuen Papst. Es kam bereits am 21. Oktober zur Wahl des Kardinals Albert de Morra, der als Papst GREGOR VIII. (1187) nur einen kurzen Pontifikat führen konnte. Er stammte aus Benevent. Hadrian IV. hatte den ehemaligen Augustinerchorherren zum Kardinal berufen. Unter Alexander III. war er mit wichtigen Legationen beauftragt gewesen, so z. B. nach England, wo er König Heinrich rekonzilierte. Seit 1178 war er Kanzler der römischen Kirche. Als Papst bemühte er sich um die Kirchenreform, zugleich um eine Dezentralisation. Sein Hauptbemühen galt der Vorbereitung des dritten Kreuzzuges. Aber bereits am 17. Dezember 1187 starb er.

Auch der neue Papst mußte angesichts der Kreuzzugsvorbereitungen Friedrich Barbarossas ein Mann sein, der auf Ausgleich mit dem Reich bedacht war. Deshalb wählten die Kardinäle am 19. Dezember den Kardinalbischof von Palestrina, Paul Scolari: CLEMENS III. (1187–1191). Er führte die Vermittlungspolitik seines Vorgängers weiter. Anfang Februar 1188 konnte er seinen Einzug in Rom halten. Da er geborener Römer und mit einflußreichen Familien der Stadt verwandt war, gelang ihm der Ausgleich in der Stadt. Im Vertrag vom 31. Mai 1188 wurde die Oberhoheit des Papstes über Rom anerkannt, die der Papst durch verschiedene Zugeständnisse erkaufen mußte. Aber er konnte als erster Papst nach langen Jahren wieder unbehindert in Rom residieren.

Bedeutsamer war, daß er auch einen endgültigen Frieden mit dem

Reich schließen konnte. Er erklärte sich zur unverzüglichen Kaiserkrönung Heinrichs VI. und seiner Gemahlin bereit und bestätigte diese Zusicherung durch zwei im Sommer 1188 nach Deutschland entsandte Kardinallegaten. Die Trierer Streitfrage fand eine Lösung dadurch, daß man an Stelle der beiden Gegenkandidaten Folmar und Rudolf einen dritten erhob, den kaiserlichen Kanzler Johannes. Das Reich gab dem Papst im Vertrag von Straßburg vom 3. April 1189 den Kirchenstaat zurück, jedoch unter dem Vorbehalt der Reichsrechte. Die Mathildischen Güter blieben in der Hand des Kaisers. Clemens III. war mit Rücksicht auf den bevorstehenden Kreuzzug zu weitgehenden Konzessionen bereit. Denn inzwischen hatte Friedrich Barbarossa mit der Vorbereitung für den Kreuzzug begonnen. Auf dem Reichstag zu Mainz im März 1188, dem „Hoftag Jesu Christi", entschloß sich der Kaiser – unter dem Eindruck der Predigt des Kreuzzugslegaten Heinrich von Albano –, als Schirmherr der Christenheit die Führung des deutschen Kreuzheeres persönlich zu übernehmen. Der Georgstag, der 24. April 1189, war als Aufbruchstermin für das deutsche Heer bestimmt. Die Befreiung Jerusalems, das 1187 in die Hände der Sarazenen gefallen war, sollte nach den Plänen des Kaisers sein Lebenswerk krönen.

Am 11. Mai 1189 setzte sich das deutsche Kreuzzugsheer von Regensburg aus in Bewegung. Es wurde von den Teilnehmern selbst finanziert, zog durch Ungarn und den Balkan und überwinterte in der Nähe von Byzanz. Im Frühjahr 1190 setzte es nach Kleinasien über. Als man Armenien erreichte, fand Kaiser Friedrich Barbarossa am 10. Juni 1190 den Tod. Das bedeutete praktisch das Ende des Kreuzzuges. Herzog Friedrich von Schwaben, der Sohn des Kaisers, war nicht in der Lage, den deutschen Kreuzzug erfolgreich weiterzuführen. Viele Ritter gaben auf, ein Teil fuhr zu Schiff weiter, den Rest des Kreuzheeres führte Herzog Friedrich nach Antiochien, wo er selbst erkrankte und starb. Der englisch-französische Kreuzzug konnte zwar das seit zwei Jahren belagerte Akkon befreien, eine Eroberung von Jerusalem gelang jedoch nicht.

Das Ergebnis dieses dritten Kreuzzuges war ein Waffenstillstand, der am 2. September 1192 abgeschlossen wurde. Den Jerusalempilgern sicherte man vertraglich freien Zugang und entsprechenden Schutz zu, aber das Heilige Grab blieb in den Händen des Islams. Die großen Verluste und die spärlichen Erfolge bedeuteten natürlich für die Kreuzzugsidee einen starken Rückschlag. Die Enttäuschung in der Christenheit breitete sich immer mehr aus.

Während des Kreuzzuges war König Wilhelm II. in Sizilien kinderlos gestorben. Sein Erbe sollte Konstanze, die Gemahlin Heinrichs VI., der im Reich für den Kaiser die Regentschaft führte, antreten. Heinrich war entschlossen, das Erbe seiner Frau zu übernehmen, obschon die sizilischen Großen inzwischen einen Halbbruder Wilhelms, den Grafen Tankred, zum König erhoben hatten, der vom Erzbischof von Palermo mit Zustimmung Clemens' III. gekrönt wurde.

Ende März 1191 starb Clemens III. Zu seinem Nachfolger wählten die Kardinäle den 85jährigen Kurienkardinal Hyazinth: COELESTIN III. (1191-1198). Er war eine ausgleichende Persönlichkeit und trotz seines hohen Alters geeignet, die schwerwiegenden Entscheidungen, die auf ihn zukamen, erfolgreich zu klären. Am 14. April 1191 empfing er die Weihen. Bereits am folgenden Tag krönte er Heinrich VI., der im Januar 1191 den Boden Italiens betreten hatte, zum Kaiser. Anschließend brach Heinrich VI. nach Süditalien auf, um das Erbe seiner Gemahlin in Besitz zu nehmen. Aber sein Feldzug schlug fehl. Eine Seuche nötigte den Kaiser, der selbst schwer erkrankte, zum Rückzug. Ein Versuch des Papstes, zwischen Tankred und dem Kaiser zu vermitteln, scheiterte an der schroffen Ablehnung Heinrichs VI. Dieses Verhalten veranlaßte den Papst, Tankred als König von Sizilien anzuerkennen. Im Konkordat von Gravina vom Juni 1192 machte Tankred dem Papst zahlreiche Zugeständnisse und gab u. a. die Appellationen nach Rom frei.

In Deutschland konnte sich inzwischen Kaiser Heinrich VI. aus seiner verzweifelten Lage, in die er durch eine Fürstenverschwörung geraten war, befreien. Anfang des Jahres 1194 errang der Kaiser wieder seine alte Machtposition. Als sein Ziel sah er jetzt die Eroberung des Normannenreiches. König Tankred war bereits am 20. Februar 1194 verstorben. Angesichts dieser Situation konnte Heinrich ohne größeren Widerstand Unteritalien besetzen und sich Weihnachten 1194 in der Kathedrale von Palermo zum Kaiser krönen lassen.

Die Spannungen zwischen Kaiser und Papst hatten sich durch die Eroberung Siziliens verstärkt. Aber weder Coelestin noch Heinrich dachten an einen neuen Kampf. Der Kaiser suchte vielmehr die Verständigung mit Coelestin III., um seine Herrschaft in Sizilien zu sichern. Um die dauernde Vereinigung zwischen Sizilien und dem Kaisertum zu ermöglichen, brauchte er nämlich die Zustimmung des Papstes. Deshalb bemühte er sich, Coelestin III. durch entsprechende Gegenangebote für seine Pläne zu gewinnen. In Bari entschloß sich Heinrich VI. im März 1195, einen neuen Kreuzzug zu beginnen. Dieser versprach Aussicht auf Erfolg, da nach dem Tode des Sultans Saladin (1193) der Streit um sein Erbe die Position des Gegners schwächte. Der Kaiser machte von seinem Kreuzzugsplan nur den Kardinälen Mitteilung und bat sie um Vermittlung beim Papst. Die Kreuzzugsbemühungen konnte der Papst nur begrüßen, und er nahm die Beziehungen zu Heinrich wieder auf. Am 25. Juli 1195 erließ Coelestin selbst einen Kreuzzugsaufruf. Der Kreuzzug nahm anfangs einen glücklichen Verlauf. Die deutschen Kreuzfahrer konnten Sidon und Beirut erobern. Aber der Tod Kaiser Heinrichs VI. am 28. September 1197 brachte das Ende dieses Unternehmens. Wenige Monate später, am 8. Januar 1198, starb auch Coelestin III. Wenn er sich auch kirchenpolitisch gegen Heinrich VI. nicht hatte durchsetzen können, so gehört er doch zu den bedeutenden Päpsten. Seine innerkirchliche Tätigkeit verdient besondere Beachtung. Es konnten unter ihm nicht nur die Finanzen der Kurie geordnet werden, sondern die Kurie wurde auch zum Mittelpunkt aller letzten Rechtsentscheidungen in der Kirche. Für seine Nachfolger hatte Coelestin günstige Voraussetzungen geschaffen.

## § 21

*Das Papsttum auf der Höhe seiner äußeren Machtentfaltung*

Noch am Tage der Beisetzung (8. Januar 1198) von Papst Coelestin traten die Kardinäle zur Neuwahl zusammen. Sie wählten den Jüngsten aus ihrem Kollegium, den erst 37 Jahre alten Kardinaldiakon Lothar von Segni, der von Clemens III. ins Kardinalskollegium berufen worden war. Er nannte sich INNOZENZ III. (1198–1216). In ihm sahen die Kardinäle den geeigneten Papst, der die Geschicke der Kirche erfolgreich leiten könnte. Mit ihm begann tatsächlich eine neue Zeit in der Geschichte des Papsttums. Seine Weihe und Krönung verschob der neue Papst auf das Fest Petri Stuhlfeier am 22. Februar. Das Bewußtsein der göttlichen Berufung gab Innozenz III. eine oft bewunderte Entscheidungsfreiheit. Seine ausgezeichnete theologische Bildung, seine hervorragende Kenntnis des Kirchenrechts, sein politisches Gespür für das Erreichbare boten die besten Voraussetzungen für einen erfolgreichen Pontifikat. Seine Hauptanliegen waren die Herstellung der „Ordnung" im Kirchenstaat, seine Sicherung gegen jede Bedrohung von Süden und Norden, die Belebung des Kreuzzugsgedankens, die Reform der Kirche an Haupt und Gliedern.

Sein Pontifikat griff die Themen der Gregorianischen Reform neu auf. Innozenz III. bemühte sich, die politische Zerrissenheit der abendländischen Christenheit, die Kämpfe zwischen Königen und

Fürsten, die Fehden zu überwinden und den inneren Frieden der Christenheit herbeizuführen. Sein Amt verstand Innozenz als einen pastoralen Auftrag. Seine theologischen Vorstellungen über das Wesen der Kirche und die Stellung des Papstes versuchte er in die Praxis umzusetzen. Der Papst ist für ihn „Knecht Gottes" und „Stellvertreter Christi", der die Fülle der Gewalt besitzt. In seinen Predigten hat er seine Ansichten über den päpstlichen Primat und die Grenzen der päpstlichen Gewalt aufgezeigt. Gleichzeitig wies er auf den Schutz Gottes hin, den der Papst bei der Leitung der Kirche genießt. Er schließt nicht aus, daß dieser in Häresie fallen und von der Kirche gerichtet werden könne, fügt jedoch die einschränkende Bemerkung hinzu, er vermöge nicht zu glauben, daß Gott den Papst, für den er geistigerweise in Petrus gebetet habe, im Glauben irren lassen werde. Der „Stellvertreter Christi" steht nach ihm zwischen Gott und den Menschen, er ist weniger als Gott und mehr als ein Mensch.

Die Ansicht der früheren Forschung, daß Innozenz eine Art Weltherrschaft angestrebt habe, ist in den letzten Jahren korrigiert worden. Im Kirchenstaat hat er zwar entschieden seine Macht durchzusetzen gesucht. Als er sein Amt antrat, war die päpstliche Herrschaft in Rom durch die Selbstverwaltung der Römer und durch den Machtzuwachs der staufischen Kaiser stark eingeschränkt worden. Mit dieser Situation konnte und wollte sich eine Persönlichkeit wie Innozenz III. nicht abfinden. Denn er sah in der territorialen Unabhängigkeit des Papsttums eine Vorbedingung für die Freiheit der Kirche. Dank seines planmäßigen Vorgehens und durch die Gunst der Umstände ist es ihm gelungen, dieses Ziel – wenn auch nicht kampflos – zu erreichen. Den bisherigen Stadtpräfekten, den Vertreter des Kaisers, bewog er dazu, sein Amt niederzulegen und ihm noch am Tage seiner Krönung den Vasalleneid zu leisten. Den vom römischen Volk gewählten Senator zwang er zum Rücktritt. An seine Stelle trat ein vom Papst bestimmter Senator, der ihm den Treueid ablegte. Auch die Barone des Kirchenstaates leisteten ihm den Lehenseid. So setzte Innozenz die päpstliche Herrschaft im Kirchenstaat wieder durch, wenn auch das so schnell Erreichte noch nicht gesichert war. Aber dank seiner weitverzweigten, einflußreichen Verwandtschaft gelang es Innozenz III., viele Widerstände zu überwinden. Der Zusammenbruch der deutschen Herrschaft in Italien nach dem Tode Heinrichs VI. († 1197) bot dem Papst die Möglichkeit, das Herzogtum Spoleto dem Kirchenstaat anzugliedern und die Mark Ancona wiederzugewinnen. Dabei stellte der Papst das Nationalgefühl und die Antipathien der Italiener gegen die

Deutschen in den Dienst seiner Ziele. Mit Recht hat man Innozenz III. den Neubegründer des Kirchenstaates genannt.

Die neue Lage, die durch den Tod Heinrichs VI. eingetreten war, erlaubte es Innozenz, auch in die Verhältnisse Süditaliens einzugreifen und hier den päpstlichen Einfluß entscheidend zu stärken. In seinem Testament hatte Heinrich VI. bestimmt, daß nach seinem Tode Konstanze und sein Sohn das Königreich Sizilien vom Papst zu Lehen nehmen sollten. Die bisher besetzten Gebiete des Kirchenstaates seien zu räumen und das Mathildische Erbe dem Papst zu überlassen. Ancona und Ravenna sollten ebenfalls von der Kirche zu Lehen genommen werden. Aber das Testament Heinrichs VI. wurde geheimgehalten und gewann so keine Bedeutung. Vielmehr übernahm Konstanze nach dem Tode Heinrichs VI. die Regentschaft des sizilischen Reiches für ihren Sohn, den sie am 17. Mai 1198 in Palermo krönen ließ. Sie bemühte sich, von Innozenz III. für sich und ihren Sohn die Belehnung mit Sizilien zu erhalten. Dabei mußte sie auf die kirchlichen Rechte der sizilischen Herrscher verzichten, von denen Tankred 1192 im Konkordat noch einen Teil hatte sichern können. Jedoch blieb dem König ein gewisses Zustimmungsrecht zu freien Wahlen der Bischöfe. Als Konstanze am 28. November 1198 starb, verfügte sie in ihrem Testament, daß Innozenz III. die Vormundschaft über ihren Sohn und die Regentschaft in Sizilien während dessen Minderjährigkeit übernehmen sollte. Die zehnjährige Regentschaft brachte dem Papst eine Fülle von kriegerischen Verwicklungen und Enttäuschungen.

In Deutschland war es nach dem Tode Heinrichs VI. zu einer Doppelwahl gekommen. Am 8. März 1198 wählte man Philipp von Schwaben in Mühlhausen in Thüringen zum König. Gegen ihn erhob am 9. Juni in Köln eine stauferfeindliche Minderheit, auf Veranlassung von Erzbischof Adolf von Köln, den dritten Sohn Heinrichs des Löwen, Otto von Braunschweig, zum König. Philipp von Schwaben wurde in Mainz mit den in seinem Besitz befindlichen Reichsinsignien gekrönt, Otto von Braunschweig in Aachen, dem herkömmlichen Krönungsort. Die Folge der unglücklichen Doppelwahl war ein Bürgerkrieg. Beide Kandidaten versuchten den Papst für sich zu gewinnen. Otto von Braunschweig wies besonders auf die Treue seines Vaters, Heinrichs des Löwen, hin und versicherte, er habe bei seiner Krönung eidlich versprochen, die Rechte der römischen Kirche wie der Kirche des Reiches zu wahren. Auch Philipp von Schwaben übermittelte dem Papst ein Schreiben und entsandte eine Legation, um Verhandlungen mit Innozenz aufzunehmen. Der Papst verhielt sich im deutschen Thronstreit nach außen hin zunächst neutral. Anfang Mai 1199 schrieb er an die weltlichen und geistlichen Großen in Deutschland und beklagte die Schäden, die durch ihre zwiespältige Wahl entstanden seien. Er forderte sie auf, eine Einigung herbeizuführen und für die Ehre und Würde des Reiches zu sorgen. Sonst würde er dem Kandidaten die apostolische Gunst zuwenden, der sich ihm am meisten empfehle.

In einem Schreiben an die Wähler Ottos, das einige Wochen später verfaßt wurde, sagte der Papst zu, daß er sich für die Ehre und Förderung Ottos gern und wirksam einsetzen werde. Etwa zur gleichen Zeit forderte eine Reihe von stauferfreundlichen geistlichen und weltlichen Fürsten in Speyer, daß Innozenz III. Philipp von Schwaben seine Förderung zuteil werden lassen solle. Er sei der rechtmäßig gewählte König und sie würden ihn bald zur Kaiserkrönung nach Rom geleiten. Das Schreiben beantwortete der Papst eingehend. Ausdrücklich wiederholte er, daß ihm die Verleihung der Kaiserkrone zustehe. Im öffentlichen Konsistorium betonte er in seiner mündlichen Antwort an den Gesandten Philipps, Propst Friedrich von Braunschweig, den Vorrang der priesterlichen vor der königlichen Gewalt. Wiederum wies er darauf hin, daß eine Entscheidung dieser Frage grundsätzlich (principaliter) seine Aufgabe sei, weil 1. der Papst das Kaisertum vom Morgenland auf das Abendland übertragen habe und 2. der Papst die Kaiserkrone verleihe.

Otto von Braunschweig hatte dem Papst inzwischen bedeutende Zugeständnisse gemacht, u. a. verzichtete er auf das sogenannte Spolienrecht in Deutschland und anerkannte die päpstlichen Ansprüche in Italien. Um die Jahreswende 1200/1201 entschied sich der Papst für Otto. In einem geheimen Konsistorium legte er seine Gedanken zum Thronstreit dar. Einen päpstlichen Legaten entsandte er nach Deutschland, um mit den Fürsten im Sinne einer Anerkennung Ottos zu verhandeln. Falls der Legat bei seinen Bemühungen keinen Erfolg haben sollte, würde der Papst von sich aus Otto IV. als deutschen König und künftigen Kaiser anerkennen.

Am 1. März 1201 gab er seine Entscheidung für Otto von Braunschweig in mehreren Briefen bekannt. Trotzdem wuchsen die Aussichten Philipps in Deutschland immer mehr, wenn sich auch zunächst einige einflußreiche Fürsten für Otto aussprachen. Philipp bemühte sich verstärkt um eine Verständigung mit dem Papst. Er ließ Innozenz III. weitgehende Zugeständnisse machen, gelobte einen Kreuzzug, stellte die Rückgabe aller unrechtmäßig erworbenen Besitzungen an die römische Kirche in Aussicht und versprach die freie kanonische Bischofswahl.

Der Papst beschränkte sich in seiner Antwort darauf, zu erklären, er sei bereit, Philipp wie jeden anderen Reumütigen zu empfangen. 1204 begann der Abfall der Fürsten von Otto von Braunschweig. Am 6. Januar 1205 krönte Erzbischof Adolf von Köln, dem Otto seine Wahl hauptsächlich zu danken hatte, Philipp von Schwaben und dessen Gemahlin in Aachen. Obwohl Innozenz III. zunächst noch an Otto festhielt, gingen in den folgenden Jahren auch die Verhandlungen der Kurie mit den Staufern weiter. 1207 ließ der Papst Otto von Braunschweig fallen. Kardinallegaten versuchten ihn zum Thronverzicht zu bewegen. Bevollmächtigte beider Könige gingen dann nach Rom, wo man Ottos Thronverzicht und die Anerkennung Philipps als König und künftigen Kaiser vereinbarte.

Eine neue Situation ergab sich, als König Philipp am 21. Juni 1208 in Bamberg ermordet wurde. Die Folge war die allgemeine Anerkennung Ottos IV. von Braunschweig durch eine einmütige Wahl am 11. November 1208 in Frankfurt. Ein Jahr später, am 4. Oktober 1209, krönte Innozenz III. Otto IV. in der Peterskirche zum Kaiser. Vor der Krönung hatte Otto dem Papst, den Kardinälen und dem römischen Volk den üblichen Sicherheitseid geleistet. Aber bereits während der Feierlichkeiten kam es zu Kämpfen zwischen den Römern und den deutschen Truppen. Bald erfolgte auch eine Trübung im Verhältnis von Kaiser und Papst. Einige Tage nach seiner Krönung machte der Kaiser dem Papst den Vorschlag, in einem persönlichen Gespräch die strittigen Besitzfragen über den Kirchenstaat und seine Erweiterung zu klären. Damit wurde deutlich, daß der Kaiser nicht bereit war, seine früheren Versprechungen zu halten. Im August 1210 begann er mit Angriffen auf die Städte und Kirchen des Kirchenstaates, Anfang November marschierte er in das Königreich Sizilien ein. Dieses Verhalten des Kaisers war ein klarer Bruch seiner Zusagen. Innozenz III. traf bald entsprechende Gegenmaßnahmen. In einem Brief an die deutschen Bischöfe äußerte er seine Enttäuschung, daß er sich selbst das Schwert geschmiedet habe, das ihn jetzt so tief verwunde. Er schilderte die Undankbarkeit des Kaisers und die Nichteinhaltung seiner Versprechungen und kündigte an, er werde Otto, falls dieser sich nicht ändere, bannen und alle seine Untertanen vom Treueid lösen.

Nach vergeblichen Verständigungsversuchen verhängte der Papst am 18. November 1210 über Otto IV. den Bann. Im September 1211 gelang es Innozenz III., die Fürsten in Nürnberg zur Wahl des jungen Friedrich von Sizilien zum König zu veranlassen. Daraufhin sah sich Otto gezwungen, nach Deutschland zurückzukehren, wo sich anfangs die Lage zu seinen Gunsten besserte. Aber als Friedrich II., der im März 1212 von Palermo aufgebrochen war und sich zunächst nach Rom begeben hatte, nach Deutschland kam, ließ sich der Abfall der deutschen Fürsten von Otto nicht mehr aufhalten. Eine erneute Wahl am 5. Dezember 1212 in Frankfurt bestätigte die Nürnberger Entscheidung. Die Krönung Friedrichs II. erfolgte am 9. Dezember 1212 in Mainz. Seinen Dank an den Papst stattete Friedrich in der sogenannten Goldenen Bulle von Eger vom 12. Juli 1213 ab. Darin bestätigte er alle Zusagen gegenüber dem Papst in territorialer und kirchenpolitischer Hinsicht, die Otto in Speyer gemacht hatte. Die deutschen Fürsten bestätigten in Eger urkundlich die Bulle des Kaisers. Damit war der erweiterte Kirchenstaat reichsrechtlich anerkannt, ebenso die Beseitigung der Rechte auf die inneren Angelegenheiten der deutschen Kirche. Im Juli 1215 wurde Friedrich II. nochmals „am rechten Ort", in Aachen, von Erzbischof Engelbert von Köln zum König gekrönt.

Das Eingreifen in den deutschen Thronstreit gehörte zwar zu den bedeutendsten Maßnahmen Innozenz' III., war jedoch nur ein Teil seiner vielseitigen Bemühungen. Zu einem Konflikt kam es auch zwischen dem Papst und dem englischen König. Anlaß war die Besetzung des Bischofsstuhles von Canterbury. Auf Wunsch des Königs wurde in nicht einwandfreier Wahl der bisherige Bischof von Norwich gewählt, dem der Papst die Bestätigung versagte. Innozenz III. sprach sich für Kardinal Stephan Langton aus, der in Rom durch Vertreter der Wahlberechtigten gewählt worden war. König Johannes ohne Land (John Lackland) war nicht bereit, den auf Empfehlung des Papstes gewählten Kardinal als Erzbischof von Canterbury anzuerkennen. Innozenz verhängte daraufhin im Jahre 1208 über England das Interdikt. Als der König gegen Kirche und Klerus vorging, bannte ihn der Papst. Am 13. Mai 1213 mußte er die päpstlichen Friedensbedingungen annehmen und im Juni 1215 in der Magna Charta (libertatum) – die die Grundlage der freiheitlichen Verfassung Englands wurde – den englischen Baronen eine Reihe von Zugeständnissen machen.

Innerkirchlich einflußreich war im Pontifikat Innozenz' III. die Bestätigung des Franziskanerordens. Sein Gründer, Franz von Assissi, hatte seit 1206 eine innere Wandlung durchgemacht und ein Leben in Buße und Abtötung begonnen. Als er am 24. Februar 1209 das Evangelium von der Aussendung der Jünger hörte (Mt 10,7ff.), wurde er sich klar über die Aufgaben seines Lebens: Christus nachzufolgen durch ein Leben in apostolischer Armut. Bald schlossen sich ihm Gefährten an, die von den gleichen Idealen erfüllt waren. Man stellte eine Regel zusammen, in der festgelegt wurde, wie man das Leben in der Nachfolge Christi führen wollte. Im Jahre 1210 baten die Brüder Papst Innozenz um die Bestätigung dieser Regel und um die Erlaubnis zur Wanderpredigt. Dank der Empfehlungen des Bischofs von Assisi bestätigte der Papst den „Bußbrüdern von Assisi" ihre Regel und bevollmächtigte sie zur Wanderpredigt. Die Entscheidung des Papstes war von großer Bedeutung. Denn damit fand die Armutsbewegung in der Kirche eine Heimat, und die franziskanische Idee konnte die Weltkirche erobern. Ebenso unterstützte Innozenz auch die Anfänge des Dominikanerordens und gab ihm die gewünschte Bestätigung, die offiziell erst unter Honorius III. erfolgte.

Einen glücklichen Abschluß fand die Regierungszeit Innozenz' III. durch die 12. Allgemeine Synode, das Vierte Laterankonzil, im Jahre 1215. Es war die größte Synode des Mittelalters mit über 1200 Teilnehmern. Innozenz hatte den Plan eines Konzils schon bald nach seinem Pontifikatsbeginn gefaßt. Hier sollte auch die Union der Ost- und der Westkirche erörtert werden. Der Papst sah Verhandlungen über eine Kirchenunion als Voraussetzung für einen gemeinsamen Einsatz der Ost- und der Westkirche in dem geplanten Kreuzzug an. Er erwartete von der Ostkirche die Rückkehr zur Mutter und Lehrerin aller Kirchen. Der Patriarch von Konstantinopel jedoch wies auf die auf dem Konzil zu klärenden dogmatischen Fragen, u. a. über den Kirchenbegriff, hin. Aber am Konzil nahmen die Griechen nicht teil.

Das entscheidende Motiv für die Konzilsberufung war der geplante Kreuzzug. Daneben sollte das Konzil eine Zusammenfassung seiner bisherigen Reformtätigkeit bieten und ein Modell für die Kirchenerneuerung sein. Klerus und Laien, Bischöfe und Fürsten, Klöster und Stifte, alle sollten sich am 1. November 1215 in Rom zum Konzil einfinden. Für die Bischöfe wurde die Teilnahme am Konzil zur Pflicht gemacht. Als Aufgabe des Konzils nannte der Papst in dem Einladungsschreiben: das Wohl der ganzen Christenheit, die Ausrottung der Laster, die Abstellung der Mißbräuche, die Erneuerung der Sitten, die Unterdrückung der Häresien, die Stärkung des Glaubens und die Sicherung des Friedens. Alle Streitigkeiten sollten beigelegt werden, damit man dem Heiligen Land wirkungsvoll helfen könne.

Das Vierte Laterankonzil war eine einzigartige Repräsentanz des Abendlandes und machte deutlich, wie erfolgreich Innozenz III. den Primat des Bischofs von Rom hatte zur Geltung bringen können. Das Konzil dauerte einen Monat. Innozenz hielt die Eröffnungsansprache, der er die Stelle Lk 22,15 zugrunde legte: „Sehnlichst habe ich verlangt, dieses Paschamahl mit euch zu essen, bevor ich leide."

Als die Hauptthemen der Beratungen nannte der Papst Kirchenreform und Kreuzzug. Der Patriarch von Jerusalem erläuterte die erbetene Hilfe für das Heilige Land. Zu lebhaften Diskussionen kam es bei der Erörterung des Thronstreites in Deutschland, wo die Entscheidung für Friedrich II. fiel. Das Konzil bestätigte die Frankfurter Wahl Friedrichs II. und ließ Otto endgültig fallen. Ein allgemeiner Friede wurde verkündet, der Kreuzzug angesagt. Man beschloß, eine dreijährige Kreuzzugssteuer zu erheben, und gab den Bischöfen den Auftrag, den Kreuzzug predigen zu lassen und die Fürsten zu einem vierjährigen Waffenstillstand zu veranlassen. Eingehend behandelte man die Reinheit des Glaubens und die Erneuerung der Kirchenzucht. Die Wahrheiten über die Eucharistie und das Amtspriestertum wurden entschieden und die Lehre der Kirche über Taufe, Buße und Ehe festgestellt, die Ansichten des Joachim von Fiore über die Trinität abgelehnt. Man beschloß Maßnahmen gegen die Ausbreitung der Häresie. Die Verantwortung der Bischöfe für die Glaubensverkündigung und die Seelsorge wurde betont, das kirchliche Wahlrecht festgelegt, die Verpflichtung der Christen zur Osterbeichte und Osterkommunion ausgesprochen. Nach dem Konzil hat sich Innozenz III. mit Eifer um die Verwirklichung der Konzilsbeschlüsse bemüht.

Das große Ziel des Papstes war die Durchführung eines neuen Kreuzzuges. Schon in seinen ersten Pontifikatsjahren rief er dazu auf, allen inneren Hader aufzugeben und dem Heiligen Lande zu Hilfe zu kommen. Im Mai 1203 segelte eine venezianische Flotte mit den Kreuzfahrern gegen Konstantinopel, und am 17. Juli 1203 konnte die Stadt eingenommen werden. Die Verhandlungen über eine Wiedervereinigung mit der griechischen Kirche verliefen ergebnislos. In Konstantinopel wurden zwar ein lateinisches Kaisertum und ein Patriarchat errichtet (1204), jedoch erwies sich dieser vierte Kreuzzug, der dem Heiligen Lande keine Hilfe brachte, als ein Fehlschlag. Das Schisma vertiefte sich, die Plünderung von Konstantinopel durch die Eroberer säte Haß, der die Beziehungen zwischen Ost- und Westkirche lange belasten sollte.

Trotz der Katastrophe des vierten Kreuzzuges blieb die Kreuzzugsidee lebendig. Innozenz war weiterhin um das Zustandekommen eines neuen Kreuzzuges bemüht. Im April 1213 rief er die Christenheit wiederum zu einem Zug gegen den Islam auf. Seine Durchführung verschob er auf die Zeit nach dem Vierten Laterankonzil, auf dem sein Plan aber kein solches Echo fand, wie er erhofft hatte. Das Konzil legte den Beginn des Kreuzzuges auf das Jahr 1217 fest. In diesem Jahr zog tatsächlich ein Heer nach Syrien, ohne jedoch größere Erfolge erringen zu können. Denn Frankreich, das bisher die stärkste Stütze der Kreuzzugsbewegung gewesen war, hielt sich zurück, weil es den Krieg gegen England vorbereitete. Zugleich fiel das bedrohte England bei den Kreuzzugsbemühungen weithin aus. Da die deutschen Heere allein nicht ausreichten, setzte Innozenz III. seine Hoffnung auf Italien. Bevor aber der Kreuzzug verwirklicht wurde, starb der Papst am 16. Juli 1216 in Perugia, wo er im Interesse des Kreuzzuges Streitigkeiten zwischen Pisa und Genua persönlich beilegen wollte.

Innozenz III. gehört zu den Großen unter den Päpsten. Er fühlte sich als Vicarius Christi, als Stellvertreter Christi, und führte das Papsttum zur Höhe seiner Macht. Er hat die Leitung des Abendlandes beansprucht und dem Kaiser einen unteren Platz zugewiesen. Durch ihn wurde das Papsttum die führende Ordnungsmacht in der abendländischen Christenheit. Zu dem großen Endkampf um die Führung der Christenheit kam es erst unter seinen Nachfolgern Innozenz IV. und Bonifaz VIII. Wenn ein englischer Chronist Innozenz III. „das Staunen der Welt" nannte, so drückte er damit aus, wie seine Zeit das Wirken des Papstes sah. Die überragende Bedeutung Innozenz' III. ist von der neueren Forschung bestätigt worden. In seinem Pontifikat sind Entscheidungen von ungewöhnlicher Tragweite gefallen. Johannes Haller stellt die Würdigung der Regierungszeit Innozenz' III. mit Recht unter die Überschrift: „Die Vollendung".

§ 22

*Die Päpste im Zeitalter des Kampfes um die Führung im Abendland*

Die Nachfolger Innozenz' III. standen vor der schwierigen Aufgabe, sein Erbe zu wahren und das Erreichte fortzuführen, eine Aufgabe, die sich als fast unlösbar erwies, besonders da dem Papsttum in Friedrich II. eine starke Konkurrenz erwuchs.

Schon am 18. Juli – zwei Tage nach dem Tode Innozenz' III. – wurde ein neuer Papst gewählt: HONORIUS III. (1216–1227). Kardinal Cencio Savelli war seit 1193 Kardinal. Als Kämmerer der römischen Kirche hatte er den Liber Censuum Romanae Ecclesiae zusammengestellt, eine Arbeit, die uns wertvollste Aufschlüsse über den Besitz und die Einkünfte der Päpste im Mittelalter gibt. Honorius war alt und krank, als er das päpstliche Amt antrat. Als sein großes Anliegen sah er den Kreuzzug, der 1215 auf dem Laterankonzil verkündet worden war. Schon am Tage nach seiner Konsekration betonte er in einer Wahlanzeige, die er dem Titularkönig von Jerusalem sandte, daß er in seinem Eifer für die Befreiung des Heiligen Landes nicht hinter seinem Vorgänger zurückstehen wolle. Aber der Durchführung seiner Pläne standen u. a. die kriegerischen Verwicklungen zwischen Frankreich und England entgegen. So kam es nur zu kleineren Unternehmungen, die keinen größeren Erfolg versprachen. Im November 1219 gelang zwar die Einnahme der Festung Damiette, aber ein Marsch auf Kairo endete mit einem Mißerfolg. Die Schuld dafür trug Friedrich II., der sein Kreuzzugsversprechen immer wieder hinausgezögert hatte. Friedrichs Bemühen war vordringlich darauf gerichtet, die Vereinigung des Königreiches Sizilien mit dem Reich zu sichern, ein Ziel, das die Kurie mit allen Mitteln zu verhindern suchte.

Ende August 1220 trat Friedrich von Augsburg aus mit Konstanze, seiner Gemahlin, den Romzug an. Als er vor den Toren von Rom auf dem Monte Mario lagerte, erklärte er – zur Beruhigung des Papstes –, daß eine staatsrechtliche Verbindung zwischen dem Reich und Sizilien ausgeschlossen sei. Das Kaiserreich habe keinerlei Anspruch auf Sizilien, das er als Erbe seiner Mutter erhalten habe. Die sizilischen Könige hätten es von der römischen Kirche erhalten, und er erkenne deren Eigentumsrecht an. Am 23. November 1220 fand in der Peterskirche die Kaiserkrönung Friedrichs II. und Konstanzes statt. Der Kaiser leistete dem Papst den üblichen Marschalldienst und nahm nach seiner Krönung nochmals das Kreuz. Als Termin für die Kreuzfahrt wurde der August 1221 festgesetzt. Seine Aufbauarbeit in Sizilien aber hinderte den Kaiser daran, sein Kreuzzugsversprechen zu realisieren. Im März 1223 erneuerte Friedrich sein Kreuzzugsgelübde, jedoch auch in den kommenden Jahren kam es nicht zur Durchführung des Kreuzzuges. Im Vertrag von S. Germano (Juli 1225) versprach er eidlich, bis August 1227 den Kreuzzug anzutreten. Der Kaiser erklärte sich auch einverstanden, daß er bei Nichteinhaltung des Termins dem Bann verfallen sein würde. Am 18. März 1227 starb Honorius III.

Zu seinem Nachfolger wählten die Kardinäle am Tage nach dem Tode einmütig Kardinalbischof Hugo von Ostia, einen Verwandten Innozenz' III. Er war um 1170 als Sohn des Grafen von Segni geboren. 1198 wurde er zum Kardinaldiakon, 1206 zum Kardinalbischof von Ostia und Velletri ernannt. Als Papst GREGOR IX. (1227–1241) erwies er sich als eine kraftvolle Persönlichkeit und ein unerschrockener Vorkämpfer für die Freiheit der Kirche.

Der neue Papst war geprägt von einer tiefen Frömmigkeit. Echte Freundschaft verband ihn mit Franz von Assisi. Honorius III.

hatte ihn auf Wunsch des hl. Franz zum Kardinalprotektor der Franziskaner berufen. Die Geschicke der franziskanischen Bewegung hat er tief beeinflußt und auch die Klarissenregel verfaßt. 1221 schuf er die erste Regel für den sich entwickelnden Dritten Orden. In den Jahren der überraschenden Ausbreitung der franziskanischen Bewegung war er der unentbehrliche Ratgeber des hl. Franz gewesen. Er nahm auch Einfluß auf die Formulierung der Regel des Franziskanerordens von 1223. Das Vertrauensverhältnis, das zwischen Gregor und Franz und seinem Orden bestand, fand auch während des Pontifikates Gregors IX. eine Fortsetzung. Nachdem Franz am 3. Oktober 1226 gestorben war, sprach ihn der Papst bereits am 16. Juli 1228 heilig. Er legte persönlich den Grundstein zu der Kirche, die über seinem Grabe errichtet wurde, und beauftragte Thomas von Celano mit der Abfassung der Vita des Heiligen. 1232 sprach Gregor IX. auch Antonius von Padua heilig und 1235 die Landgräfin Elisabeth von Thüringen, die erste deutsche Franziskaner-Tertiarin.

Auch der zweite große Bettelorden, die Dominikaner, eine Gründung des hl. Dominikus, durfte sich der Gunst und des Schutzes Gregors IX. erfreuen. Im September 1227 erteilte er den Dominikanern – trotz des Widerstandes des Klerus – das Privileg, überall zu predigen und Beichte zu hören. 1234 sprach er den Ordensgründer Dominikus heilig.

Über die innerkirchliche Tätigkeit Gregors IX. sei noch erwähnt, daß er einen bedeutenden Platz in der Entwicklungsgeschichte des kirchlichen Rechtes einnimmt. Er beauftragte 1230 Raimund von Peñaforte, der päpstlicher Pönitentiar war, mit der Schaffung einer einheitlichen Gesetzessammlung. Diese Sammlung Gregors IX., der „Liber Extra", ist ein Kernstück des Corpus Iuris Canonici, das bis zum Codex Iuris Canonici (1918) geltendes Recht blieb.

Seine besondere Gunst wandte der Papst auch der Universität Paris zu, wo er seine theologische Ausbildung erhalten hatte. Am 13. April 1231 erließ er die Bulle „Parens scientiarum", in der er die Bedeutung der Pariser Universität herausstellte und ihr zugleich das Recht verlieh, sich selbst rechtsgültige Statuten zu geben.

Das zentrale Thema, das die Regierungszeit Gregors IX. beherrschte, war die Auseinandersetzung mit Kaiser Friedrich II. Zwischen ihm und Friedrich hatten früher freundschaftliche Beziehungen bestanden. In seiner Wahlanzeige, die Gregor IX. dem Kaiser sandte, sprach er die Kreuzzugsangelegenheit an, die inzwischen von Friedrich II. machtvoll vorangetrieben worden war. Am 9. September 1227 stach ein starkes, wenn auch durch Epidemien geschwächtes Kreuzzugsheer in See. Aber der Kaiser erkrankte und mußte zurückkehren, ließ jedoch die Kreuzzugsflotte weitersegeln und übergab den Oberbefehl dem Herzog Heinrich von Limburg.

Der Papst glaubte, daß der Kaiser die Erkrankung nur vorgeschoben habe, um sich seinen Verpflichtungen zu entziehen. Wegen Nichterfüllung seiner Kreuzzugszusage bannte er ihn am 29. September. In einem Manifest unterrichtete Gregor IX. die Christenheit über das Vorgefallene und fügte eine Reihe von Anklagen gegen den Kaiser an. Die zum Teil unberechtigten Vorwürfe wies Friedrich II. in einem Rundschreiben vom 6. Dezember 1227 energisch und sachlich zurück und schloß mit der Mitteilung, daß er im Mai des kommenden Jahres seine Kreuzfahrt wieder antreten werde. Aber der Papst erneuerte am Gründonnerstag 1228 den Bann gegen Friedrich II. und belegte seine Aufenthaltsorte mit dem Interdikt.

Daraufhin erregte die kaiserliche Partei in Rom einen Aufstand, und der Papst war gezwungen, sich nach Perugia in Sicherheit zu bringen. Friedrich seinerseits erhob schärfste Vorwürfe gegen den Papst: er behindere die Kreuzfahrer und mißbrauche Kreuzzugsgelder für die Söldnerwerbungen gegen den Kaiser.

Am 28. Juni 1228 brach Friedrich II. von Brindisi erneut zur Kreuzfahrt auf. Die vierzig kaiserlichen Galeeren erreichten am 7. September Akkon, wo die Kreuzfahrer die Ankunft des Kaisers jubelnd begrüßten. Mit dem Sultan schloß der Kaiser nach langen Verhandlungen am 18. Februar 1229 einen Vertrag ab, der ihm Jerusalem, mit Ausnahme des Bezirkes um die Omar-Moschee, überließ, ferner Bethlehem und Nazareth sowie einen festen Landstrich von Jaffa bis Akkon und die Pilgerstraßen nach Jerusalem und Nazareth. Auch die Freilassung der christlichen Kriegsgefangenen wurde vereinbart. Das Abkommen hatte eine Geltungsdauer von zehneinhalb Jahren, in denen sich die Vertragspartner gegenseitige Hilfe zusicherten.

Der Kaiser konnte am 17. März 1229 seinen Einzug in Jerusalem halten und begab sich zum Gebet in die Grabeskirche. Am folgenden Tage setzte er sich selbst die Krone des Königreichs Jerusalem aufs Haupt. In einer Ansprache an die Kreuzfahrer stellte er die Befreiung Jerusalems heraus, die Gott durch ihn gewirkt habe. Er erklärte sich zur Versöhnung mit dem Papst bereit. Doch bereits am folgenden Tag ließ der Patriarch von Jerusalem die heiligen Stätten mit dem Interdikt belegen, da Friedrich II. noch im Banne war. Daher verließ der Kaiser die Stadt und wandte sich nach Akkon, von wo er am 1. Mai 1229 nach Italien aufbrach.

Hier hatte Papst Gregor IX. inzwischen weitere Maßnahmen gegen den Kaiser ergriffen. Ende Juli 1228 bereits löste er dessen

Untertanen in Sizilien und in Deutschland von ihrem Treueid. Daraufhin war der von Friedrich II. ernannte Reichslegat Rainald von Urslingen in den Kirchenstaat eingefallen. Gregor IX. entschloß sich zum bewaffneten Widerstand und stellte ein päpstliches Heer auf, das als Abzeichen die Schlüssel Petri trug (Schlüsselsoldaten). Es gelang den päpstlichen Truppen, große Teile des unteritalischen Königreiches zu besetzen. Eine Wende brachte die Landung des Kaisers am 10. Juni in Brindisi. Da die päpstlichen Truppen nicht eingriffen, konnte Friedrich II. ein Heer aufstellen und die sogenannten Schlüsselsoldaten aus Sizilien vertreiben. Jedoch machte der Kaiser an der Grenze des Kirchenstaates mit seinem Vormarsch halt. Er hatte bereits kurz nach seiner Landung in Italien ein Friedensangebot an den Papst gesandt. Wenn sich Gregor IX. auch zunächst abwartend verhielt, ging er doch auf den Vorschlag ein, nachdem der Kaiser entsprechende militärische Erfolge errungen hatte. Die Gespräche wurden durch das gegenseitige Mißtrauen belastet. Nach langen, schwierigen Verhandlungen, die fast aussichtslos erschienen, kam es dann am 23. Juli 1230 zu einer Verständigung zwischen Kaiser und Papst. Friedrich II. erklärte sich bereit, sich den Anordnungen der Kirche zu unterwerfen. Er sicherte allen Verzeihung zu, die den Papst im Kampf gegen ihn unterstützt hatten, und versprach, den Kirchenstaat nicht anzugreifen. Die Freiheit der Bischofswahl in Sizilien wurde bestätigt, die kirchliche Immunität anerkannt. Am 28. August 1230 folgte die Lösung vom Bann. Ein persönliches Gespräch zwischen Kaiser und Papst am 1. September in Anagni besiegelte die Aussöhnung.

Dieser Friede hat bis in die Gegenwart eine sehr unterschiedliche Beurteilung erfahren. Man muß jedoch beachten, daß er fast neun Jahre lang Bestand gehabt hat. Er bedeutete einerseits einen Erfolg des Papstes, andererseits gab er Friedrich die Möglichkeit, seine kaiserliche Machtstellung auszubauen.

Erst am 20. März 1239 verhängte Gregor IX. erneut den Bann über Friedrich. Er begründete sein Vorgehen u. a. mit der Kirchenpolitik des Kaisers im Königreich Sizilien, die den Zusagen von 1230 widerspreche, und mit den Bemühungen des Kaisers, die Herrschaft in Rom zu erringen. Damit begann erneut der Kampf Gregors IX. gegen Friedrich II. und das staufische Haus.

Der Kaiser beantwortete die Maßnahmen des Papstes mit der Besetzung des Kirchenstaates und der Einkreisung Roms. Gregor IX. rief die Christenheit zu Hilfe und berief zu Ostern 1241 eine Synode nach Rom, deren Zustandekommen jedoch Friedrich durch die Gefangennahme der meisten auswärtigen Konzilsteilnehmer zu verhindern wußte. Einige Monate später – Anfang August – marschierte Friedrich II. auf Rom. Als der Papst am 21. August 1241 starb, zog sich der Kaiser nach Sizilien zurück, um das Ergebnis der Papstwahl abzuwarten, da er verschiedentlich betont hatte, daß sein Kampf nur der Person Gregors IX., dem Friedensstörer, wie er ihn nannte, gelte, nicht aber dem Papsttum.

Das Kardinalskollegium zählte damals nur zwölf Mitglieder, von denen sich zwei in der Gefangenschaft des Kaisers befanden. Angesichts der schwierigen Lage im Kirchenstaat wäre eine schnelle Neuwahl erforderlich gewesen. Aber die Kardinäle vertraten in der Beurteilung der jetzt gegenüber dem Kaiser einzuschlagenden Politik unterschiedliche Auffassungen. Deshalb war eine erforderliche Zweidrittelmehrheit nicht zu erwarten. Damals kam es zum ersten Konklave der Weltgeschichte. Die Kardinäle wurden in der Südostecke des Palatin eingeschlossen, um sie dadurch zu einer schnellen Einigung zu veranlassen. Aber die tiefen Gegensätze im Kardinalskollegium konnten auch auf diese Weise nicht beseitigt werden. Erst am 25. Oktober 1241 wählten die Kardinäle nach brutalen Drohungen den Kardinalbischof von Sabina, Gaufrid Castiglione, der den Namen COELESTIN IV. (1241) annahm. Aber bereits drei Tage später erkrankte der neue Papst und starb am 10. November 1241, bevor er die Konsekration empfangen hatte.

Nach der Wahl hatten sich einige Kardinäle aus Furcht vor neuen Gewalttaten nach Anagni zurückgezogen. Es folgten schwierige Verhandlungen der beiden Parteien innerhalb des Kardinalskollegiums über den Ort für die neue Papstwahl. Zu einer Rückkehr nach Rom waren die nach Anagni geflüchteten Kardinäle verständlicherweise nicht bereit. Gleichzeitig mußten die Kardinäle mit dem Kaiser verhandeln. Sie erwarteten von ihm die Freilassung der beiden immer noch gefangengehaltenen Kardinäle. Der Kaiser verlangte als Gegenleistung die Zusicherung der Wahl eines ihm genehmen, „friedliebenden" Papstes. Erst nach Freilassung der beiden Kardinäle konnte dann am 25. Juli 1243 – nach zweijähriger Vakanz – die Wahl des neuen Papstes in Anagni erfolgen.

Die Kardinäle wählten einstimmig Kardinal Sinibald Fieschi, der sich INNOZENZ IV. (1243–1254) nannte. Der Kaiser begrüßte die Wahl und erklärte, daß der neue Papst sich ihm gegenüber immer wohlwollend erwiesen habe. Er sah in Innozenz IV. einen Vertreter der „Friedenspartei" im Kardinalskollegium. Aber bald mußte er einsehen, daß Innozenz entschlossen war, die Stellung des Papsttums mit allen Mitteln zu wahren.

Innozenz entstammte dem Geschlecht der Grafen von Lavagna,

das zu dem vornehmen Reichsadel zählte. Mehrere Mitglieder der Familie standen dem Kaiser nahe. Der Papst war ein bedeutender Jurist, der an der Universität Bologna studiert hatte, und ein nüchtern abwägender Politiker. Die erste Aufgabe, die er zu lösen hatte, bestand in der Beilegung des Konfliktes mit Friedrich II. Der Kaiser erwartete von ihm die baldige Lossprechung vom Bann und ließ durch eine feierliche Gesandtschaft darum nachsuchen. Innozenz IV. lehnte jedoch den Empfang der Gesandten ab, da er wissentlich mit einem Gebannten nicht verkehren könne. Um aber seine Verständigungsbereitschaft zu dokumentieren, schickte der Papst seinerseits eine Gesandtschaft an den Kaiser. Diese bat um die Freilassung der seit dem Seegefecht von 1241 noch gefangengehaltenen Geistlichen und um Frieden mit allen Freunden und Anhängern der Kirche. Die Verhandlungen zogen sich bis zum 31. März 1244 hin, als ein vorläufiger Friedensvertrag feierlich beschworen wurde.

Der Kaiser sollte vom Bann gelöst werden, Kirchenbuße leisten und den gefangenen Prälaten Freiheit und Schadenersatz gewähren, den Anhängern des Papstes Straflosigkeit zusichern und sich aus dem Kirchenstaat zurückziehen. Jedoch wurde infolge des Mißtrauens zwischen Papst und Kaiser der Vertrag nicht ratifiziert. Innozenz entschloß sich vielmehr aus Furcht vor Friedrich im Juni 1244 zur Flucht aus Italien, um außerhalb des Machtbereichs des Kaisers das bereits von Gregor IX. berufene, aber vom Kaiser verhinderte Konzil abzuhalten. Er wollte auf der Synode den Konflikt mit Friedrich II. darlegen und zu einer Lösung führen.

Im Juni 1244 reiste Innozenz IV. zu Schiff nach Genua, um im Spätherbst über die Alpen zu ziehen. Anfang Dezember erreichte er Lyon, von wo aus er bis zum Tode des Kaisers die Kirche regierte. Die Flucht des Papstes bedeutete für Friedrich II. eine Überraschung und zugleich einen schweren Schlag. In einer Denkschrift gab er, um seinen Friedenswillen zu dokumentieren, eine sehr eingehende Darstellung seiner Verhandlungen mit Innozenz.

Der Friede zwischen Papst und Kaiser erwies sich um so notwendiger, als im August 1244 Jerusalem in die Hände der Ungläubigen gefallen war und das Königreich Jerusalem seit der schweren Niederlage bei Gaza am 17. Oktober 1244 aufgehört hatte zu bestehen. Die Grabeskirche war verwüstet und zerstört worden. Einen Vermittlungsversuch machte der mit dem Kaiser befreundete Patriarch Albert von Antiochien. Friedrich erklärte sich jetzt zu einer Rückgabe der Gebiete des Kirchenstaates und einer Freilassung aller Anhänger des Papstes bereit. Durch den Hochmeister des Deutschordens übermittelte er zudem das Angebot eines Kreuzzuges. Jetzt lenkte Innozenz IV. ein. Er schrieb dem Patriarchen, daß der Kaiser vom Banne gelöst werde, wenn er für die der Kirche zugefügten Beleidigungen Genugtuung leiste. Aber wiederum kam es zu neuen Verwicklungen. Der Kaiser ließ die Umgebung von Viterbo durch seine Truppen verwüsten und die Stadt, die ihm verhaßt war, belagern. Dieses Verhalten ließ Zweifel an der Aufrichtigkeit Friedrichs aufkommen. Durch Vermittlung des Patriarchen von Antiochien gab der Kaiser nach vierzehn Tagen die Belagerung von Viterbo auf.

Das Vorgehen gegen die Stadt teilte Rainer von Viterbo, ein Gegner des Kaisers und der Vertreter des Papstes in Italien, Innozenz mit, der Anfang Dezember 1244 in Lyon angekommen war.

Am 27. Dezember 1244 kündigte der Papst ein Allgemeines Konzil an, das am 24. Juni 1245 in Lyon zusammentreten sollte. Als Beratungsgegenstände wurden genannt: die Reform der römischen Kirche, der Kreuzzug, die Hilfe für Konstaninopel und Maßnahmen gegen die Einfälle der Mongolen sowie der Konflikt zwischen Papst und Kaiser. Der Kaiser wurde aufgefordert, persönlich oder durch einen Vertreter vor dem Konzil zu erscheinen, um dort dem Papst und den anderen Konzilsteilnehmern Rede und Antwort stehen zu können.

Das Konzil trat zu dem angekündigten Zeitpunkt zusammen. Am 26. Juni 1245 fand im Kloster Saint-Just, wo der Papst wohnte, die vorbereitende Sitzung statt. Die Teilnahme von Bischöfen aus dem Machtbereich des Kaisers war gering. Aus dem Reiche erschienen nur die Bischöfe von Prag und Lüttich sowie aus Burgund und dem Königreich Arelat. Die Prälaten aus Spanien, Frankreich und England waren dagegen zahlreich vertreten. Insgesamt hatten sich etwa 150 Bischöfe versammelt. Die Beteiligung der weltlichen Fürsten war schwach. Nur Kaiser Balduin von Konstantinopel und einige Grafen erschienen persönlich. Die Könige von Frankreich und England entsandten Vertreter, Friedrich II. seinen Großhofrichter Thaddaeus von Suessa.

In der vorbereitenden ersten Sitzung schilderte der Patriarch von Konstantinopel, Nikolaus, die bedrückende Situation seiner Kirche. Von 33 Suffraganen seien ihm noch – durch die Rückeroberungen der Griechen – drei geblieben.

Im Namen Friedrichs erklärte der Großhofrichter Thaddaeus von Suessa, daß der Kaiser die griechische Kirche mit Rom vereinigen, gegen die Mongolen und Sarazenen kämpfen und das Heilige Land wiedererobern wolle. Alles der Kirche Geraubte werde er zurückerstatten und entsprechende Genugtuung leisten. Innozenz IV. reagierte auf diese Versprechungen mit der Aussage, sie seien nur dazu bestimmt, das Konzil zu täuschen.

Die erste Hauptsitzung der Synode fand am 28. Juni 1245 in der Kathedrale von Lyon statt, auf der der Papst eine eindrucksvolle programmatische Eröffnungsrede hielt: über den Verfall der kirchlichen Zucht bei Klerus und Laien, die Not des Heiligen Landes, das Schisma der Griechen, die Mongolenfrage und schließlich die Verfolgung der Kirche durch den Kaiser.

In der zweiten Sitzung des Konzils am 5. Juli erhob der von Friedrich vertriebene Bischof Petrus von Carinola scharfe Anklagen gegen den Kaiser. Die spanischen Bischöfe forderten anschließend ein Einschreiten gegen den Kaiser. Für Friedrich aber setzten sich Thaddaeus von Suessa, der Patriarch von Aquileja und die englischen Gesandten ein.

Die dritte, die Schlußsitzung wurde auf Bitten des Thaddaeus auf den 17. Juli verschoben, weil man die Ankunft des Kaisers abwarten wollte. Dieser war jedoch noch in Turin.

In der Zwischenzeit bereitete man in geheimen Verhandlungen die Absetzung Friedrichs vor. In der dritten Sitzung des Konzils am 17. Juli ließ der Papst die Absetzungssentenz verlesen. Der Kaiser wurde aller seiner Ehren und Würden beraubt, seine Untertanen ihrer Eide entbunden, jegliche Unterstützung des Kaisers mit dem Banne bedroht. Als seine Vergehen nannte man: die Verletzung der mit der Kirche geschlossenen Verträge, die Gefangennahme der zum Konzil berufenen Prälaten, den Verdacht der Häresie, sein Bündnis mit dem Sultan und seine Bedrückung der Kirche von Sizilien.

Gegen die Verurteilung des Kaisers appellierte bereits vor der Verlesung des Absetzungsdekretes Thaddaeus von Suessa. Das Urteil bezeichnete er als nichtig und bestritt die Ökumenizität des gegenwärtigen Konzils. Der Kaiser habe keine ordnungsgemäße Vorladung erhalten, der Papst sei zudem Kläger und Richter in einer Person und wolle ein Urteil fällen, bevor die Anklagen erwiesen seien.

Innozenz IV. erwiderte, daß das Konzil ein allgemeines sei, denn alle geistlichen und weltlichen Fürsten seien zum Konzil eingeladen worden. Der Kaiser aber habe die Geladenen aus seinem Einflußbereich an der Teilnahme am Konzil gehindert.

Die Absetzung des Kaisers bedeutete den Beginn des Entscheidungskampfes zwischen Friedrich II. und Innozenz IV. Der Papst mobilisierte in Deutschland, Italien und Sizilien alle Kräfte, um der Absetzungssentenz des Konzils Geltung zu verschaffen. Aus dem Kampf um die Vorherrschaft in Italien wurde jetzt ein Kampf um

Sein oder Nichtsein. In Manifesten wandten sich beide Seiten an die Öffentlichkeit. Der Kaiser griff die nicht unerheblichen Mängel im Prozeßverfahren an und bestritt grundsätzlich dem Papst das Recht, den Kaiser zu richten und abzusetzen. Er erhob zugleich den Ruf nach Reform der Kirche und forderte die Rückkehr der Kirche zu den Lebensformen der apostolischen Zeit.

Im Frühjahr 1246 antwortete Innozenz IV. in einem eingehenden Rundschreiben, in dem er die gegen das Prozeßverfahren erhobenen Einwände zurückwies. Er betonte die Rechtmäßigkeit des von ihm ausgeübten Richteramtes, das auf der von Christus dem Apostelfürsten und seinen Nachfolgern übertragenen Binde- und Lösegewalt beruhe, und wies ferner auf seine Vollmacht hin, den Kaiser einzusetzen. Jesus Christus sei der natürliche Herr (Dominus naturalis) des Kaisers und der Könige und könne diese daher ein- und absetzen.

Bei diesen Gegensätzen war eine Verständigung nicht möglich. Auch Deutschland wurde jetzt verhängnisvoll in den Streit zwischen Papst und Kaiser hineingezogen. Ein Teil der Fürsten erhob den Landgrafen Heinrich Raspe von Thüringen (1246) zum Gegenkönig. Im Kampf zwischen ihm und seinem Nachfolger Wilhelm von Holland und dem Sohn Friedrichs, Konrad IV., gab es keine entscheidenden Siege. In Italien kam es zu heftigen Kämpfen zwischen Guelfen und Ghibellinen. Aber bevor auch hier eine Entscheidung fiel, starb Friedrich II. am 13. Dezember 1250 in Apulien. Vor seinem Tode hatte ihn sein Freund, der Erzbischof Berard von Palermo, vom Banne absolviert.

Papst Innozenz IV. kehrte 1251 von Lyon nach Italien zurück. Er war entschlossen, keinen Staufer mehr als deutschen König und Kaiser zu ertragen. So scheiterte der Versuch von Friedrichs Sohn und Nachfolger, König Konrad IV., mit dem Papst zu einer gütlichen Vereinbarung zu kommen. Am 9. April 1254 wurde er gebannt, weil er Sizilien der Kirche noch immer vorenthielt. Der unerwartete Tod des Königs am 21. Mai 1254 schuf eine neue Lage. Für den erst zwei Jahre alten Sohn Konrads, Konradin, führte der Halbbruder des Königs, Manfred, die Regentschaft. Er trat – angesichts der Unzufriedenheit mit der deutschen Herrschaft in Sizilien – mit dem Papst in Verhandlungen und konnte am 27. September 1254 mit Innozenz IV. einen Vertrag abschließen, in dem die päpstliche Oberherrschaft anerkannt, jedoch dem Treueid, der dem Papst zu leisten war, die Formel angefügt wurde: „unbeschadet der Rechte des Knaben Konrad". Innozenz bestellte Manfred zum päpstlichen Vikar im Königreich Sizilien.

Mit dieser Vereinbarung schien Innozenz IV. das Ziel seiner Politik erreicht zu haben. Er war der Herr von Sizilien und zögerte nicht, davon persönlich Besitz zu ergreifen. Zunächst wurde er überall ehrenvoll und freundlich empfangen. Zu diesem Zeitpunkt aber entschloß sich Manfred zum Aufstand. Mit Hilfe der Sarazenen konnte er das päpstliche Heer am 2. Dezember 1254 vernichtend schlagen.

Auch auf innerkirchlichem Gebiet erwies sich Innozenz IV. als eine kraftvolle Persönlichkeit. Obschon der Kampf gegen die Staufer ihn vordringlich beschäftigt hatte, vergaß er nicht die Missionsaufgabe der Kirche. In dem vom deutschen Ritterorden eroberten Preußen errichtete er die Bistümer Kulm, Pomesanien, Ermland und Samland. Auch die Christianisierung Litauens konnte unter ihm vorangetrieben werden. Er gilt als hervorragender Gesetzgeber und bedeutender Kanonist. Hinsichtlich der Papstwahl ordnete er an, daß die Kardinäle nach der Beerdigung des Papstes am Sterbeorte sich zur Papstwahl versammeln sollten, ohne auf abwesende Kardinäle zu warten. Jedoch erlangte diese Bestimmung keine praktische Bedeutung.

Nach dem Tode Innozenz' IV., der am 7. Dezember 1254 in Neapel gestorben war, wählten die Kardinäle am 12. Dezember 1254 den Kardinalbischof Rainald von Ostia: ALEXANDER IV. (1254–1261). Er war eine innerliche, religiöse Persönlichkeit, nachgiebig und auf Ausgleich bedacht. Als Papst setzte er die antistaufische Politik seines Vorgängers fort. In Sizilien übernahm Manfred, der Sohn Friedrichs II., die Herrschaft. Am 10. August 1258 wurde er zum König gewählt. Alexander IV. erklärte zwar die Salbung und Krönung Manfreds, der von ihm bereits mehrfach gebannt worden war, für nichtig, konnte aber dadurch die Machtstellung des Königs nicht erschüttern. Es gelang Manfred vielmehr, diese auf weite Teile Italiens auszudehnen. Damit war die antistaufische Politik des Papstes am Ende seiner Regierungszeit eindeutig gescheitert.

In Deutschland begann während seines Pontifikats das Interregnum, die kaiserlose, die schreckliche Zeit. Nach dem Tode König Konrads IV. (21. Mai 1254) gelang es dem Gegenkönig Wilhelm von Holland, von Papst Alexander IV. stark unterstützt, in weiten Gebieten Anerkennung zu finden. Der Papst lud ihn zum Romzug ein, aber es kam nicht zur Ausführung dieses Planes, da der König am 28. Januar 1256 im Kampf gegen die Friesen fiel. Vor der neuen Königswahl verbot Alexander IV. den rheinischen Erzbischöfen und ihren Mitwählern unter Androhung der Exkommunikation, Konradin, dem fünfzehnjährigen Sohne Konrads IV., ihre Stimme zu geben. Es kam zur Doppelwahl von 1257, bei der Richard von

Cornwall und Alfons X. von Kastilien zum römischen König gewählt wurden. Nach der Wahl verhielt sich der Papst weithin neutral.

Wenig erfolgreich war Alexander IV. bei seinen Bemühungen um die Rettung des christlichen Ostens. Dem Papst gelang es nicht, die Zwietracht zwischen den beiden Ritterorden der Johanniter und Templer und zwischen den italienischen Staaten, besonders Genua und Venedig, zu überwinden. 1261 endete das lateinische Kaiserreich von Konstantinopel, als der byzantinische Kaiser Michael VIII. am 25. Juli die Stadt eroberte.

Innerkirchlich bemühte sich der Papst um die Abschaffung von Mißständen, besonders hinsichtlich der zahlreichen Provisionen. Eine besondere Förderung wandte er den Bettelorden zu, u. a. griff er zu ihren Gunsten in den Streit zwischen Bettelorden und Weltgeistlichkeit an der Pariser Universität ein. Am 25. Mai 1261 starb Alexander IV. Bei seinem Tode hatte das Kardinalskollegium nur mehr acht Mitglieder, da Alexander angesichts der Gegensätze im Kollegium und der ihm eigenen Unschlüssigkeit keine Kardinalskreationen vorgenommen hatte.

Drei Monate lang konnten sich die Kardinäle nicht entscheiden, bis es schließlich am 29. August 1261 zur Wahl des zufällig an der Kurie weilenden Patriarchen von Jerusalem, Jacques Pantaléon Ancher, kam, der sich URBAN IV. (1261–1264) nannte. Der neue Papst war als Sohn eines Schuhmachers in Troyes in Frankreich geboren. Er hatte in Paris studiert. Innozenz IV., der ihn auf dem Konzil von Lyon kennengelernt hatte, beauftragte ihn mit einer Legation nach Ostdeutschland. 1248 leitete er in Breslau eine Synode der Gnesener Kirchenprovinz. 1251 war er als päpstlicher Legat im Interesse von Wilhelm von Holland tätig. 1253 wurde er Bischof von Verdun und 1255 Patriarch von Jerusalem. Durch seine bisherigen Tätigkeiten besaß er gute Voraussetzungen für sein neues Amt. Zwei Aufgaben stellten sich ihm besonders: 1. die Hilfe für den bedrohten christlichen Orient, 2. die Lösung der sizilischen Frage. 1262 hatte König Manfred eine Gesandtschaft an die Kurie geschickt und für seine Anerkennung als König von Sizilien und die Belehnung mit dem Königreich 300000 Unzen Gold angeboten. Als Lehenszins wollte er jährlich 10000 Unzen Gold zahlen. Weil aber das Mißtrauen an der Kurie gegen die Staufer zu stark war, kam es zu keiner Aussöhnung.

Die Hilfe für den christlichen Orient war nach der Eroberung von Konstantinopel durch den byzantinischen Kaiser besonders dringend. Gleich nach Beginn seines Pontifikates rief Urban IV. zur Hilfe für das Lateinische Kaiserreich auf. Aber schon bald ergab sich eine neue Situation, als der griechische Kaiser dem Papst Unionsverhandlungen anbot, auf die Urban hocherfreut einging. Es kam zur Entsendung einer päpstlichen Gesandtschaft nach Konstantinopel. Der Kaiser erklärte sich zur Anerkennung des römischen Jurisdiktionsprimats bereit, bekannte sich zum Glauben von Nicäa und zur Anerkennung der sieben Sakramente. Außerdem bekundete er seine Absicht, einen Kreuzzug zu unternehmen. Die Verhandlungen verliefen erfolgreich. Auf einem Konzil sollten die noch strittig gebliebenen Fragen geklärt werden. Die Union mit der griechischen Kirche schien bevorzustehen, als Urban IV. starb.

Von der innerkirchlichen Tätigkeit Urbans IV. ist vor allem die Einführung des Fronleichnamsfestes zu erwähnen, das der Papst 1264 auf die ganze Kirche ausdehnte. Thomas von Aquin erhielt den Auftrag, das Fronleichnamsoffizium abzufassen. Am 2. Oktober 1264 starb Urban IV. in Perugia und wurde im dortigen Dom beigesetzt, wo auch Innozenz III. seine Ruhestätte gefunden hatte.

Nach dem Tode Urbans IV. dauerte es vier Monate, bevor ein neuer Papst gewählt wurde. Wiederum einigte man sich auf einen Kompromißkandidaten: Guido Fulcodi, der sich CLEMENS IV. (1265–1268) nannte. Der neue Papst stammte aus der Provence, besaß eine juristisch hervorragende Bildung und wirkte u. a. als Berater König Ludwigs IX. Erst nach dem Tode seiner Frau war er Kleriker geworden und rasch zum Bischof von Le Puy und zum Erzbischof von Narbonne aufgestiegen. Urban IV. hatte ihn zum Kardinal von Sabina ernannt. Bevor seine Wahl erfolgte, weilte er als päpstlicher Legat in England und befand sich gerade auf der Rückreise. Als Mönch verkleidet kam er nach Perugia, wo am 15. Februar 1265 seine Krönung stattfand.

Am 28. Juni 1265 belehnte Papst Clemens IV. Graf Karl von Anjou, den Bruder des König Ludwigs IX. von Frankreich, mit dem Königreich Sizilien. Acht Monate später, am 26. Februar 1266, wurde König Manfred in der Schlacht bei Benevent von Karl entscheidend geschlagen und fiel im Kampfe.

Nach Manfreds Tod beschloß der Reichstag in Augsburg im Oktober 1266 die Italienfahrt des jungen Konradin. Clemens IV. versuchte den Zug des deutschen Königs aufzuhalten und drohte mit Bann und Interdikt, die er am 18. November 1267 auch aussprach. Trotzdem konnte Konradin Rom einnehmen, wo man ihn im Jahr 1268 zum Senator wählte. Bei seinem Versuch, Sizilien zu erobern, verlor er jedoch die entscheidende Schlacht bei Tagliacozzo am 23. August 1268 und wurde auf dem Rückzug gefangengenommen. Karl von Anjou ließ ihm den Prozeß machen und ihn als

Empörer und Majestätsverbrecher am 29. Oktober 1268 in Neapel hinrichten. Einen Monat später, am 29. November 1268, starb Clemens IV. in Viterbo. Auf innerkirchlichem Gebiet sei noch die durch ihn erfolgte Kanonisation der hl. Hedwig erwähnt.

Nach dem Tode des Papstes blieb der Heilige Stuhl fast drei Jahre lang unbesetzt. Im Kardinalskollegium schienen die Gegensätze unüberbrückbar zu sein. Eine kaiserliche und eine franzosenfreundliche Partei standen sich gegenüber. Dazu kam das Hineinspielen von Familieninteressen. Aus diesen Gründen konnte man die erforderliche Zweidrittelmehrheit nicht erreichen. Endlich einigten sich am 1. September 1271 die Kardinäle auf einen Kompromißkandidaten, Teobaldo Visconti, Archidiakon in Lüttich. Seine Wahl beendete die längste Sedisvakanz des 13. Jahrhunderts. Der neue Papst nannte sich GREGOR X. (1271–1276). Er befand sich in Palästina, wo er ein Kreuzzugsgelübde erfüllen wollte, als ihn die Nachricht von seiner Wahl erreichte. Erst im Februar 1272 traf er in Viterbo ein. Seine Krönung erfolgte am 27. März in Rom, das seine beiden Vorgänger nicht hatten betreten können.

Die bedrohliche Lage im Heiligen Lande hatte die Wahl der Kardinäle mitbestimmt. Gregor X. schien ihnen als der geeignete Mann zur Lösung dieser schwierigen Fragen. Er kannte aus eigener Anschauung die Aufgabe, die es hier zu lösen galt. Zudem war er von der Kreuzzugsidee, die er in seinem Pontifikat zu verwirklichen suchte, innerlich erfüllt. Schon seine ersten Verlautbarungen betrafen die Hilfe für das Heilige Land. Am 13. April 1273 berief er ein Allgemeines Konzil, das wiederum in Lyon tagen sollte. Als Aufgabe der künftigen Kirchenversammlung nannte er: Reform der Kirche, Union mit den Griechen, Hilfe für das Heilige Land.

Eine Voraussetzung für die Befreiung der heiligen Stätten war der Friede mit Byzanz. Der byzantinische Kaiser, Michael VIII. Paläologus, machte auch dem neuen Papst ein Unionsangebot. Bereits in Syrien hatte der Papst mit dem Kaiser Unionsverhandlungen aufgenommen. Um sich gegen die Bedrohung durch Karl von Anjou zu sichern, der das Ostreich wiedererobern wollte und weitgehende Orientpläne verfolgte, war Michael zu großen Konzessionen bereit. Die Union der Ost- und der Westkirche sollte auf dem Konzil von Lyon erfolgen, zu dem der Papst auch Michael und seine Patriarchen eingeladen hatte.

Am 7. Mai 1274 trat das Konzil zusammen und wurde in der Kathedrale von Lyon eröffnet. Fast 300 Bischöfe, 60 Äbte und führende Theologen waren erschienen. Am 24. Juni traf auch die griechische Gesandtschaft in Lyon ein. Sie überreichte ein Schreiben des

Kaisers, in dem der Glaube der römischen Kirche, der Primat des Papstes und der Ausgang des Heiligen Geistes vom Vater und Sohn anerkannt wurden. Der Kaiser bat jedoch, daß das Glaubensbekenntnis in alter Form ohne das Filioque und die griechischen Sonderriten beibehalten werden dürften. Die griechischen Gesandten übergaben auch die Unionserklärungen des Patriarchen von Bulgarien und des Primas von Serbien. Bereits am Feste der Apostelfürsten (29. Juni) verlas man in einem feierlichen Gottesdienst Epistel und Evangelium lateinisch und griechisch und sang das Glaubensbekenntnis mit dem Filioque. Am 6. Juli konnte Gregor X. in der vierten Konzilssitzung den Abschluß der Union zwischen der griechischen und der lateinischen Kirche verkünden. Damit war es seit 1054 zum ersten Mal zu einer Einigung gekommen.

Leider hatte die Union mit den Griechen keinen Bestand. Die größten Widerstände kamen vom griechischen Volk und Klerus, die dem Kaiser klarmachten, daß er mit seiner Unionspolitik bei ihnen keine Zustimmung finden werde. Michael wies zwar auf die politische Notwendigkeit der Union und die geringen Zugeständnisse hin, die für eine Wiedervereinigung erforderlich seien, konnte jedoch nur mit Gewalt die Zustimmung des Volkes und des Klerus zur Union erreichen. Der Patriarch Joseph, der gegen die Union eingestellt war, wurde abgesetzt und Johannes Bekkos, eine Hauptstütze der Einigung, auf den Patriarchenstuhl von Konstantinopel erhoben. Wenn sich auch aus der Kirchenunion für den Kaiser innenpolitisch Schwierigkeiten ergaben, so führte sie außenpolitisch zu einer Stärkung seiner Position. Der Papst erreichte, daß der geplante Angriff des Karl von Anjou auf das Byzantinische Reich aufgegeben wurde. Es gelang Kaiser Michael sogar, seinen Machtbereich auszudehnen.

Für den Papst stand die Griechenunion im Dienste seines großen Anliegens: die Befreiung des Heiligen Landes. In der zweiten Sitzung des Konzils am 18. Mai 1274 wurde beschlossen, daß für den geplanten Kreuzzug von allen kirchlichen Einkünften sechs Jahre lang der Zehnt erhoben werden sollte. Das Konzil forderte alle weltlichen Obrigkeiten auf, ihren Untertanen jährlich einen Denar als Kreuzzugssteuer aufzuerlegen.

Das dritte Anliegen des Konzils von Lyon war – neben Griechenunion und Befreiung des Heiligen Landes – die Reform der Kirche. Sie konnte wegen Zeitmangels nicht eingehend erörtert werden. Es wurde aber eine Reihe von Reformbestimmungen erlassen. Die größte Bedeutung erlangte die Konstitution „Ubi periculum", durch die die Papstwahl neu geregelt wurde. Sie hat im wesentlichen bis heute Geltung behalten. Die Konstitution bestimmte, daß nach dem Tode eines Papstes die an der Kurie weilenden Kardinäle nicht länger als zehn Tage auf das Eintreffen abwesender Kardinäle zu warten hätten, um dann ein von der Außenwelt abgeschnittenes Gemach (Konklave) zu beziehen, bis sie die Papstwahl getätigt hätten. Jeder Verkehr mit der Außenwelt durch Boten oder Briefe wurde untersagt. Je länger sich die Wahl hinzöge, desto kärglicher sollten die Lebensbedingungen der Kardinäle werden. Während der Sedisvakanz verloren sie zudem alle Einkünfte. Mit der Bewachung des Konklaves und der Sorge für die Durchführung der Anordnung sei die Behörde der Stadt zu beauftragen, in der die Papstwahl stattfände. Es war verständlich, daß diese harten Bedingungen den Widerstand der Kardinäle hervorriefen. Trotzdem nahmen die Konzilsväter die Bestimmung vom Konzil unverändert an.

In seiner Schlußansprache auf dem Konzil forderte der Papst die Bischöfe auf, vor allem die Reform der Pfarrseelsorge voranzutreiben und eine gute Personalpolitik zu tätigen, um die Erneuerung der Kirche zu gewährleisten.

Gregor X. hat sich nach dem Konzil intensiv um die Durchführung des Kreuzzuges bemüht. Es gelang ihm, von allen bedeutenden Fürsten des Abendlandes die Zusage zur Beteiligung am Kreuzzug zu erhalten. Selbst der byzantinische Kaiser erklärte hierzu seine Bereitschaft, falls der Friede mit seinen „lateinischen Nachbarn" gesichert sei.

Erfolgreich engagierte sich Gregor X. auch in Deutschland, wo er die Zeit des Interregnums zu Ende führte. Denn sein Hauptanliegen, die Befreiung des Heiligen Landes, erforderte die Wiederherstellung normaler Zustände im Reich: Der Kaiser als Schirmherr der Christenheit sollte der Führer des Kreuzzuges der abendländischen Christenheit werden. Im Hochsommer des Jahres 1273 richtete der Papst mit Zustimmung der Kardinäle an die deutschen Wahlfürsten die Aufforderung, bald die Wahl eines neuen Königs vorzunehmen, sonst würde er mit den Kardinälen ein Oberhaupt für das Reich bestimmen. Infolge dieser Drohung kam es rasch zur Wahl. Der Erzbischof von Mainz rief die Wähler nach Frankfurt, wo sie am 1. Oktober 1273 fast einhellig ihre Stimme dem Grafen Rudolf von Habsburg gaben, der am 24. Oktober in Aachen durch den Erzbischof von Köln gekrönt wurde.

Die Kurfürsten machten dem Papst von der Wahl und Krönung Rudolfs Mitteilung und baten um die Kaiserkrönung des Erwählten. Der König selbst ließ seine Ergebenheit gegen die Kirche ausdrücken, betonte seine Sorge für den Frieden der Welt und sprach von seinem Wunsch, einen Kreuzzug zu unternehmen. Der Papst beantwortete die Erklärung des Königs mit einem freundlichen Schreiben. Auf dem Konzil von Lyon beschwor Kanzler Otto am 6. Juni 1274 im Namen des Königs die von den Kaisern Otto IV. und Friedrich II. der römischen Kirche gemachten Zusagen und Privilegien. Er versprach, daß Rudolf den Besitz der römischen Kirche und ihre Vasallen, vor allem Karl von Anjou, nicht angreifen und keine Ansprüche auf das Königreich Sizilien erheben werde.

Erst am 26. September 1274 erfolgte die päpstliche Bestätigung Rudolfs. Der Papst hatte versucht, vorher Ottokar von Böhmen zur Anerkennung Rudolfs zu veranlassen. Als Datum der Kaiserkrönung wurde zuerst der 23. Mai und dann der 1. November 1275 vorgesehen. Im Oktober 1275 kam der Papst mit König Rudolf in Lausanne zusammen, wo dieser am 20. Oktober vor dem Papst und den Kardinälen mit den gleichen Worten wie einst Friedrich II. den Eid ablegte, daß er den Besitz der römischen Kirche schützen werde. Auch das Königreich Sizilien wolle er der Kirche erhalten und – falls erforderlich – verteidigen. Er bestätigte, er werde Sizilien nie mit dem Reich vereinigen, und sicherte die Freiheit der Bischofswahl und das Recht von Appellationen nach Rom zu. Der Termin der Kaiserkrönung wurde auf den 2. Februar 1276 verschoben. Feierlich nahmen dann der König, seine Gemahlin, die anwesenden Fürsten und 500 Ritter das Kreuz. Bevor aber die Kaiserkrönung erfolgen konnte, starb Gregor X. am 10. Januar 1276 in Arezzo.

# V. Kapitel
# Das Papsttum im Spätmittelalter

## § 23
### Die Päpste von Gregor X. bis zu Bonifaz VIII.

Gemäß der Konstitution „Ubi periculum" versammelten sich am elften Tage nach dem Tode Gregors X. die Kardinäle zum Konklave. Noch am gleichen Tag, dem 21. Januar 1276, wurde Petrus von Tarantasia gewählt: INNOZENZ V. (1276). Er stammte aus der Diözese Lyon und ist der erste Papst, der aus dem Dominikanerorden hervorgegangen ist. Lange Jahre hatte er als Lehrer an der Pariser Universität gewirkt und im Orden das Amt eines Provinzials von Frankreich innegehabt. Bekannt ist sein Kommentar zu den Sentenzen des Petrus Lombardus. Gregor X. hatte ihn 1272 zum Erzbischof von Lyon und im folgenden Jahr zum Kardinal von Ostia ernannt. Der neue Papst kam Karl von Anjou, dem König von Sizilien, in der Sizilienfrage stark entgegen. Dagegen forderte er Rudolf von Habsburg auf, seine Romfahrt aufzuschieben, bis die Differenzen über die Besitzverhältnisse der Romagna geklärt seien.

Karl von Anjou hielt an seinen Eroberungsplänen gegenüber dem Oströmischen Reich fest und versuchte, auch den Papst auf seine politische Linie zu bringen. Aber in diesem Punkte leistete der Papst entschiedenen Widerstand. Er bezeichnete es als ungerecht, den Griechen ihre rechtmäßigen Besitzungen entreißen zu wollen, und als unchristlich, gegen andere Christen Krieg zu führen. Aber bereits am 22. Juni 1276 starb Innozenz V.

Nach seinem Tode übernahm Karl von Anjou, der sich während der kurzen Amtszeit des Papstes im Rom aufgehalten hatte, als Senator der Stadt gemäß der Konstitution „Ubi periculum" die Überwachung des Konklaves. Gewählt wurde am 11. Juli Kardinal Ottobono Fieschi, der sich HADRIAN V. (1276) nannte. Seine Wahl entsprach ganz den Wünschen von Karl von Anjou. Der neue Papst ließ am Tage nach seiner Wahl die Papstwahlordnung Gregors X. wegen „ihrer vielen unerträglichen Bestimmungen" suspendieren.

Anschließend siedelte er nach Viterbo über, starb aber hier schon am 18. August 1276 und wurde in San Francesco in Viterbo beigesetzt.

Die Kardinäle traten erst vier Wochen nach dem Tode Hadrians V. zur Wahl zusammen, da die Papstwahlordnung suspendiert war. Schon am ersten Tage wurde der Kardinalbischof von Tusculum, Petrus Juliani, zum Papst gewählt: JOHANNES XXI. (1276–1277), obschon es einen Papst Johannes XX. nicht gegeben hatte. Der neue Papst war aus Lissabon gebürtig und Gelehrter. Als Magister in Paris hatte er ein Kompendium der Logik verfaßt, das lange Zeit als Grundlage für den Logikunterricht diente und nach Erfindung der Buchdruckerkunst wiederholt gedruckt wurde. Seine Erhebung verdankte er dem Kardinal Orsini, der auch sein einflußreichster Berater werden sollte und veranlaßte, daß Johannes XXI. die von Hadrian V. vorgenommene Außerkraftsetzung der Papstwahlordnung „Ubi periculum" bestätigte. Die Maßnahme ließ die Frage aufkommen, ob die Kardinäle berechtigt seien, ein von einem Allgemeinen Konzil erlassenes Gesetz aufzuheben oder abzuändern.

Unter Johannes XXI. bahnte sich durch den Einfluß von Kardinal Orsini eine Änderung der kirchlichen Politik hinsichtlich Karls von Anjou an. Aber auch gegenüber Rudolf von Habsburg hielt der Papst an den Forderungen fest, die Innozenz V. als Voraussetzung für eine Kaiserkrönung genannt hatte. Rudolf schickte sogleich Gesandte, die entsprechend der päpstlichen Aufforderung mit Karl von Anjou verhandeln sollten.

Die Verhandlungen mit den Griechen kamen unter Johannes XXI. zu einem gewissen Abschluß. Er entsandte am 20. November 1276 eine Legation nach Konstantinopel. Auf einer von dem Patriarchen Bekkos einberufenen Synode anerkannten Kaiser Michael VIII. und sein Sohn im April 1277 eidlich den römischen Primat und das römisch-katholische Glaubensbekenntnis. Auch der Patriarch bejahte den Primat des römischen Bischofs, die Lehre vom Filioque und die Gültigkeit der römischen Riten, forderte jedoch die unveränderte Beibehaltung der alten griechischen Riten.

Von diesen Zugeständnissen versprach sich der Kaiser den Schutz des Papstes gegen die weiteren Eroberungspläne Karls von Anjou, der seine ehrgeizigen Ziele noch nicht aufgegeben hatte. Als die griechische Gesandtschaft die Glaubensbekenntnisse persönlich in Rom überreichen wollte, lebte Johannes XXI. nicht mehr. Am 20. Mai 1277 war er den Verletzungen erlegen, die er sich beim Zusammenbruch eines Anbaus der Papstpalastes zugezogen hatte.

Sechs Monate dauerte es, bevor die Kardinäle sich auf einen neuen Papst einigten. Der Kandidat, der die besten Voraussetzungen für das Amt mitbrachte, war Kardinal Gaetani Orsini. Aber er konnte zunächst nicht auf die Stimmen der Anhänger von König Karl von Anjou hoffen. Erst nach langem Zögern gaben sie ihren Widerstand auf und wählten am 25. November 1277 endlich den neuen Papst: Kardinal Orsini, der sich NIKOLAUS III. (1277–1280) nannte. Er war eine Herrschernatur, in etwa vergleichbar mit Innozenz III., und bemüht, dem Papsttum wieder ihm zukommende Stellung zu verschaffen. Sein erstes Ziel galt der Sicherstellung von Freiheit und Unabhängigkeit des Apostolischen Stuhles, die er durch Karl von Anjou bedroht sah. Nachdem Karl am 24. Mai 1278 die Senatswürde von Rom niedergelegt hatte – auf eine Verlängerung seiner Amtszeit durch Nikolaus III. hatte er nicht rechnen können –, erließ der Papst am 18. Juli 1278 die Konstitution „Fundamenta militantis ecclesiae", die die Senatorenwahl in Rom regelte. Sie verbot, daß in Zukunft ein Kaiser, König oder eine sonstige Persönlichkeit ohne besondere Erlaubnis des Papstes zum Senator, Patricius oder Rektor in Rom gewählt würde, damit die Freiheit des Papstes und der Kardinäle nicht beeinträchtigt werde. Nur römische Bürger dürfen diese Ämter für ein Jahr oder für kürzere Zeit bekleiden.

Nikolaus III. veranlaßte ferner Karl von Anjou, das Reichsvikariat in Tusculum niederzulegen, um die Unabhängigkeit des Papsttums zu sichern. Durch diese Maßnahmen konnte der Papst zugleich seine Beziehungen zu Rudolf von Habsburg verbessern. Denn das Zurückdrängen der Macht der Anjou lag ganz im Interesse des Königs und des Reiches. Nikolaus III. war sehr darum bemüht, ein gutes Verhältnis mit Rudolf zu erreichen. Bereits vor seiner Krönung hatte er die Verbindung mit ihm angeknüpft und ihn gebeten, vor Erledigung der Streitfragen von einer Romfahrt abzusehen. In seinem Antwortschreiben bestätigte Rudolf alle Privilegien und Schenkungen der früheren Kaiser, auch den Verzicht auf die Romagna. Der Papst aber forderte bei den anschließenden Verhandlungen die namentliche Aufzählung der einzelnen Städte in der Romagna, eine eidliche Zusage des Königs und ein Einverständnis der deutschen geistlichen und weltlichen Fürsten. Rudolf erfüllte alle Forderungen des Papstes, und damit hatte Nikolaus eine bedeutende Erweiterung des Kirchenstaates erreicht.

Ein weiteres Ziel, das der Papst sich gestellt hatte, war die Verständigung zwischen Rudolf von Habsburg und Karl von Anjou, denn nur dadurch konnte der Friede im Abendland gesichert werden. Auch hier hatte der Papst Erfolg: Beide Parteien nahmen die päpstlichen Vorschläge an. Rudolf belehnte Karl von Anjou und dessen Nachkommen aus seiner Ehe mit Beatrice mit den Grafschaften Provence und Forcalquier und verpflichtete sich, das Königreich Sizilien, das Karl von der Kirche als Lehen besaß, nicht anzugreifen. Karl von Anjou seinerseits versprach, nicht militärisch gegen das Reich vorzugehen. Gegen ihre Feinde schlossen beide ein Bündnis, in dem sie sich gegenseitig Hilfe zusagten. Rudolf konnte nun auf die Übertragung der Kaiserkrone rechnen. Aber bevor die Abmachungen durchgeführt wurden, starb der Papst.

Die Verhandlungen mit der griechischen Kirche setzten sich auch unter Nikolaus III. fort. Seine Forderungen gegenüber dem Kaiser gingen noch weiter als die seiner Vorgänger. Trotzdem hatte er nicht die Absicht, die Union zu gefährden und einen Bruch mit Kaiser Michael Paläologus herbeizuführen.

Von dem innerkirchlichen Wirken des Papstes ist die Förderung des Franziskanerordens und des Dominikanerordens zu erwähnen. Am 14. August 1279 erließ er die berühmte Konstitution „Exiit qui seminat", die die Streitigkeiten über die Armutsfrage, die zu schweren Auseinandersetzungen im Franziskanerorden geführt hatte, beenden sollte. Sie war vermittelnd gehalten und verpflichtete zur Einhaltung der evangelischen Räte, bezeichnete die völlige Besitzlosigkeit des Ordens als verdienstlich, gestattete aber den einfachen Gebrauch der Dinge, die zum Leben und zur Erfüllung der Berufspflichten nötig sind. Aus seinem erfolgreichen Wirken wurde Nikolaus III. am 22. August 1280 durch den Tod herausgerissen.

Am 22. Februar 1281 wählten die Kardinäle, nach einem stürmisch verlaufenen Konklave, den Kardinal Simon zum neuen Papst. Er nahm den Namen des französischen Nationalheiligen an und nannte sich MARTIN IV. (1281–1285). Eigentlich hätte er sich Martin II. nennen müssen, aber da in den Papstkatalogen Marinus I. und Marinus II. fälschlich als Martin II. und Martin III. geführt wurden, wählte er diesen Namen.

Martin IV., der bereits 1273 den Plan Karls von Anjou eifrig unterstützt hatte, die Kaiserkrone an Frankreich zu bringen, war im Dienst der französischen Krone aufgestiegen und erwies sich während seines Pontifikates als ein williges Werkzeug Karls von Anjou. Durch sein Verhalten fügte er den kirchlichen Interessen größten Schaden zu. In Deutschland fand seine Politik verständlicherweise scharfe Kritik.

Er wurde am 23. März 1281 in Orvieto gekrönt, da in Rom nach dem Tode Nikolaus' III. Unruhen ausgebrochen waren, die sich gegen die Orsini richteten. Die Römer erklärten sich nicht bereit, den

Papst zur Krönung zu empfangen. Martin IV. ernannte Karl von Anjou zum römischen Senator und gab damit die Herrschaft über Rom preis. Er lieferte ihm auch den Kirchenstaat aus, da er Beamte Karls zu Rektoren der Provinzen berief. Außerdem unterstützte er die Angriffspläne Karls von Anjou gegen Byzanz. Die Bemühungen um eine Kirchenunion mit der griechischen Kirche gab er auf, ja er sprach im Herbst 1281 über Kaiser Michael VIII. als Förderer der Häresie und des Schismas die Exkommunikation aus. Damit sollte die Verbindung mit der griechischen Kirche, deren bester Förderer der Kaiser gewesen war, in weite Ferne gerückt sein. Der Plan Karls von Anjou, das Lateinische Kaiserreich von Konstantinopel wiederzuerrichten, zerschlug sich jedoch, als es am 3. März 1282 zum Aufstand in Sizilien, zur sogenannten Sizilianischen Vesper, kam. Der erfolgreiche Aufstand befreite das Papsttum von der Umklammerung durch die Anjou und bereitete den Herrschaftsplänen Karls ein jähes Ende. Die Herrschaft der Anjou blieb jetzt auf Neapel beschränkt. In Sizilien hatte die absolutistische Gewaltherrschaft der Franzosen die Bewohner zur Revolte gebracht. Der Aufstand richtete sich aber nur gegen Karl und die Franzosen, nicht gegen den Papst, dem die Aufständischen sich zur Lehensnahme anboten. Martin IV. ging jedoch nicht auf dieses Angebot ein, sondern forderte vielmehr die Unterwerfung unter Karl.

Bald mußten die Aufständischen erkennen, daß sie ohne fremde Unterstützung sich nicht behaupten konnten. Sie riefen König Peter von Aragón zur Hilfe, damit dieser sie von dem Joch der Franzosen befreie. Am 4. September 1282 hielt Peter, als Befreier begrüßt, seinen Einzug in Palermo. Die Bemühungen des Papstes, Karl von Anjou zur Wiedereroberung Siziliens zu verhelfen, schlugen fehl. Auch seine Maßnahmen gegen Peter von Aragón blieben wirkungslos. Der Versuch der Eroberung Aragóns endete mit einem Mißerfolg. Karl von Anjou mußte am Ende seines Lebens (7. Januar 1285) das Scheitern aller seiner weitreichenden Ziele erleben.

Zu Rudolf von Habsburg unterhielt der Papst korrekte Beziehungen, wegen der Kaiserkrönung kam es jedoch zu keinen Verhandlungen. Bereits am 28. März 1285 starb Martin IV. in Perugia.

Nach seinem Tode wählten die Kardinäle am 2. April 1285 den Kardinaldiakon Jakob, einen Großneffen Honorius' III. Im Gedenken an ihn nannte sich der neue Papst HONORIUS IV. (1285–1287). Er entstammte dem vornehmen römischen Adelsgeschlecht der Savelli, und seine Wahl wurde in Rom freudig begrüßt. Man lud ihn ein, die Krönung in Rom vorzunehmen. Sie erfolgte am 20. Mai 1285. Ungehindert konnte der Papst in Rom residieren.

Als schweres Erbe hatte Honorius IV. von seinem Vorgänger die Lösung der sizilianischen Frage übernommen. Hier setzte er, trotz seiner friedliebenden Art, die Politik seines Vorgängers fort, die in Übereinstimmung mit den Wünschen der französischen Mehrheit des Kardinalskollegiums stand.

Mit Rudolf von Habsburg, der Honorius gleich nach der Papstwahl durch eine Gesandtschaft seine Glückwünsche hatte übermitteln lassen, kam es am 31. Mai 1286 zu einer Vereinbarung über die Kaiserkrönung, die auf den 2. Februar 1287 festgesetzt wurde. Der Vorbereitung des Romzuges sollte die Legation des Kardinalbischofs Johannes Boccamazzi von Tusculum dienen. Sie erwies sich jedoch bald als ein Mißgriff. Ende November 1286 traf der König mit dem Legaten in Speyer zusammen. Man vereinbarte – da Rudolf, durch verschiedene Kämpfe verhindert, nicht die erforderlichen Vorbereitungen für den Romzug hatte treffen können –, im März 1287 zunächst ein Nationalkonzil und einen Reichstag abzuhalten. Das Konzil wurde am 16. März 1287 in Würzburg eröffnet. In der zweiten Sitzung kam es zu einem Zwischenfall. Als der Kardinallegat im Namen des Papstes von dem gesamten Klerus in Deutschland eine Beisteuer für die Romfahrt Rudolfs forderte, erhob der Erzbischof von Köln, Siegfried von Westerburg, scharfen Protest und ließ eine Appellation dagegen verlesen. Auch Bischof Konrad von Toul sprach sich entschieden gegen die Forderung des Legaten aus. Diese Haltung der beiden Bischöfe war nicht nur durch einen weitverbreiteten Unwillen gegen päpstliche Geldforderungen verursacht, man befürchtete auch nach der Kaiserkrönung Rudolfs die Erhebung seines Sohnes Albrecht zum römischen König und damit eine Einschränkung der Wahlfreiheit der Kurfürsten. In der Appellation des Erzbischofs wurde sogar behauptet, daß Rudolf die Absicht habe, Deutschland in ein Erbreich umzuwandeln.

Auf dem Nationalkonzil kam es zu stürmischen Auseinandersetzungen. Der König mußte die Legaten und seine Begleiter schützen. Der allgemeine Unwille gegen römische Forderungen fand seinen Ausdruck, und das Konzil ging ohne Ergebnis auseinander. Als am 3. April 1287 Honorius IV. plötzlich starb, mußte Rudolf die Hoffnung auf eine baldige Romfahrt aufgeben.

Der Kampf um die Besetzung des Päpstlichen Stuhles dauerte fast elf Monate. Man konnte sich nicht auf einen Kandidaten einigen. Als dann sechs Wähler starben und die meisten anderen Kardinäle schwer erkrankten, löste sich das Konklave auf. Erst am 22. Februar 1288 wurde der Kardinalbischof von Palestrina, Girolamo Masei von Ascoli, gewählt: NIKOLAUS IV. (1288–1292). Er war früh in den

Franziskanerorden eingetreten, nach dem Tode des hl. Bonaventura wurde er zum Ordensgeneral gewählt. Bereits vorher hatten ihn die Päpste mit wichtigen Legationen betraut. So führte er im Auftrag Gregors X. in Konstantinopel die Unionsverhandlungen. Nikolaus III. ließ sich vor dem Erlaß des Dekretale „Exiit qui seminat" von ihm beraten. Er war der erste Franziskaner auf dem päpstlichen Stuhl. Während seines Pontifikats brachen in Rom wieder Unruhen aus, die den Papst zum Verlassen der Stadt zwangen. Sie hatten ihre Ursache in den Gegensätzen zwischen den römischen Adelsgeschlechtern. Nikolaus begünstigte die Colonna, denen er bereits vor seiner Wahl freundschaftlich verbunden war. Die Bevorzugung dieser Familie löste Neid und Unwillen der übrigen Adelsgeschlechter aus. In der sizilianischen Frage bemühte sich der Papst ohne Erfolg um die Rückgewinnung der Insel für die Anjou. Erst unter Bonifaz VIII. konnte endlich das Problem gelöst werden.

Während des Pontifikats Nikolaus' IV. gingen die letzten Reste der christlichen Besitzungen in Palästina und Syrien verloren. Uneinigkeit und Machtkämpfe im Abendland hatten die Sorge für das Heilige Land zu stark zurücktreten lassen. Tripolis wurde 1289 vom Sultan erobert. Der Fall dieser Festung veranlaßte Nikolaus zu einem neuen Kreuzzugsaufruf. Die Anstrengungen des Papstes erwiesen sich als erfolglos. Am 28. Mai 1291 fiel auch Akkon: das Heilige Land war für die Christenheit verloren.

Erfolgreicher sollten sich die Missionsbemühungen des Papstes gestalten, den man als den großen Missionspapst bezeichnet hat. In seinem Auftrag missionierten besonders die Franziskaner u. a. in Albanien, Bosnien, Serbien und Armenien. Den Franziskaner Johannes de Monte Corvino entsandte der Papst mit Briefen an verschiedene Fürsten im Osten. Er reiste zu dem mongolischen Großkhan von Persien, dann nach Indien und kam schließlich nach China. Hier missionierte er so erfolgreich, daß Papst Clemens V. ihn im Jahre 1307 zum ersten Erzbischof der Hauptstadt Khanbalig (Peking) ernennen konnte.

Daneben ist die Förderung der Kunst durch Nikolaus zu erwähnen. Er sorgte auch für den regelmäßigen Eingang des Zensus der römischen Kirche und überließ den Kardinälen, die zugleich wichtige Aufgaben in der Verwaltung übernahmen, die Hälfte der Einkünfte der römischen Kirche. Das zeigt, welche Machtstellung das Kardinalskollegium inzwischen erringen konnte.

Nikolaus IV. starb am 4. April 1292 in Rom. Er wurde in der Kirche S. Maria Maggiore beigesetzt, wo er mit Giacomo Colonna die neue, große, mosaikgeschmückte Apsis geschaffen hatte.

Zwölf Kardinäle traten nach seinem Tode zur Neuwahl zusammen. Erst nach 27 Monaten einigte man sich auf einen neuen Papst. Die Gegensätze zwischen den römischen Adelsgeschlechtern der Orsini und Colonna hatten ein früheres Zustandekommen der Papstwahl verhindert. Man konnte zunächst nicht einmal über den Ort des Konklaves Übereinstimmung erzielen. Die Colonna und ihre Anhänger blieben in Rom, die anderen Kardinäle traten zur Wahl in Rieti zusammen. Schließlich verständigten sich die Kardinäle, daß sie am 18. Oktober 1293 in Perugia zusammenkommen wollten. Aber es dauerte doch noch bis zum 5. Juli 1294, bis man den Einsiedlermönch Petrus von Murrone, COELESTIN V. (1294), wählte. Der neue Papst war Benediktiner gewesen und hatte später als Einsiedler eine Eremiten-Kongregation gegründet, die Urban IV. in den Benediktinerorden eingliederte. Bei seiner Wahl war der neue Papst über 80 Jahre alt. Nur unter größten Bedenken fand er sich nach vielfachem Drängen bereit, das päpstliche Amt zu übernehmen. In den Kreisen der Spiritualen begrüßte man den Papst als den erwarteten „Engelpapst". Mitte August 1294 wurde er in Aquila mit dem roten Papstmantel bekleidet und am 29. August gekrönt. Coelestin V. war zwar ein Mann von tiefer Frömmigkeit, aber weltunerfahren. Er geriet bald in die Abhängigkeit von König Karl II. von Anjou, der ihn nicht nur davon abhielt, seine Residenz – wie die Kardinäle wünschten – in Rom aufzuschlagen, sondern ihn auch veranlaßte, die strenge Konklaveordnung Gregors X. wieder in Kraft zu setzen. Bei der Ernennung der Kardinäle setzte Karl von Anjou bei Coelestin ebenfalls weitgehend seine Wünsche durch. Von den zwölf Kardinälen, die der Papst ernannte, waren sieben Franzosen und zwei Mitglieder der Coelestiner-Kongregation. Im Herbst, als Coelestin sich endlich nach Rom begeben wollte, bestimmte ihn Karl, den Sitz der Kurie nach Neapel zu verlegen. Am 5. November 1294 traf der Papst hier ein. Die bisherigen Monate seines Pontifikates waren reich an Mißerfolgen und Enttäuschungen. Auf die Beschwerden der Kardinäle wurde sich Coelestin seiner schwierigen Situation bewußt. Eingedenk seiner großen Verantwortung und der Sorge um das eigene Seelenheil kam ihm der Gedanke, auf sein Amt zu verzichten. Nach Rücksprache mit den Kardinälen, die ihm bestätigten, daß eine Abdankung möglich sei, entschloß sich Coelestin V. zum Rücktritt und blieb trotz aller Gegenbemühungen bei seinem Entschluß. Am 10. Dezember 1294 erließ er eine Konstitution über die Abdankung des Papstes, verfügte die Verbindlichkeit der Konklaveordnung Gregors X. auch für den Fall des Verzichtes und verlas am 13. Dezember 1294 die Abdankungsformel. Er legte die päpstlichen Gewänder ab und zog wieder sein Ordensgewand an.

Der Verzicht des Papstes auf sein Amt rief große Erregung hervor. Bald wurde die Behauptung verbreitet, daß sein Nachfolger, Bonifaz VIII., ihn durch unwürdige Methoden zur Abdankung veranlaßt hätte. Man diskutierte die Gültigkeit seines Verzichtes. Tatsächlich machte sein Rücktritt, dessen rechtliche Möglichkeit außer Zweifel steht, einer peinlichen Situation ein Ende. Der Traum vom „Engelpapst" war gescheitert. Es hatte sich gezeigt, daß Frömmigkeit allein für die Führung der Weltkirche nicht genügt, wenn nicht die erforderlichen Kenntnisse und Fähigkeiten und auch Herrschereigenschaften hinzukommen.

Sein Wunsch, sich in seine alte Zelle zurückzuziehen, wurde von seinem Nachfolger Bonifaz VIII. nicht erfüllt. Der neue Papst fürchtete, seine Gegner könnten sich Coelestins bemächtigen und ein Schisma in der Kirche auslösen. Nach einer mißglückten Flucht wurde Coelestin bis zu seinem Tode am 19. Mai 1296 im Kastell Fumone in Haft gehalten. Clemens V. sprach ihn 1313 auf Drängen Philipps des Schönen als „Bekenner" heilig.

Alle Eigenschaften, die Coelestin gefehlt hatten, Autorität, Entschlußfreudigkeit, Klugheit, Wille zur Macht, brachte sein Nachfolger Benedikt Gaetani mit, der am 24. Dezember 1294 als BONIFAZ VIII. (1294–1303) zum Papst gewählt wurde. Er entstammte einem römischen Geschlecht und war mit den Adelsgeschlechtern der Orsini und Colonna verwandt. Geboren um 1240, studierte er in Bologna Rechtswissenschaft. Martin IV. ernannte ihn zum Kardinal. Sein Pontifikat bedeutet einen Wendepunkt in der Papstgeschichte und den Beginn des Niedergangs kurialer Machtstellung.

Nach seiner Wahl siedelte er nach Rom über, wo er am 23. Januar 1295 gekrönt wurde. Zunächst ordnete er die päpstliche Finanzverwaltung. Gleichzeitig versuchte er das sizilianische Problem zu lösen. Aber alle Versuche, auch der militärische Einsatz, brachten kein Ergebnis. Bald kam Bonifaz VIII. mit Frankreich, dem damals mächtigsten Staat, in Konflikt. Der Papst versuchte im Krieg zwischen England und Frankreich im Interesse des dringend erforderlichen Kreuzzuges zu vermitteln, jedoch ohne Erfolg. Beide Länder belasteten, um die Mittel für die Kriegsführung aufzubringen, den Klerus mit einer steuerlichen Abgabe, hatten aber die Zustimmung der Kurie, die nach den Bestimmungen des Vierten Laterankonzils für eine Klerusbesteuerung erforderlich war, nicht eingeholt. Als Anfang 1296 neue Jahreszehnten auferlegt wurden, protestierte der Klerus, und Bonifaz VIII. verbot anschließend durch die Bulle

„Clericis laicos" vom 25. Februar 1296 den Geistlichen bei Strafe des Bannes, ohne päpstliche Erlaubnis irgendwelche Abgaben an Laien zu entrichten, den Fürsten und ihren Beamten, Steuern und Abgaben vom Kirchengut zu fordern. Jedoch wurde die Bulle Bonifaz' weder vom König Englands noch Frankreichs entsprechend befolgt. Aber der englische Klerus weigerte sich mit Berufung auf die Bulle, weitere Kriegssteuer zu zahlen, und die Barone folgten seinem Beispiel. Auch in Frankreich zogen die Bischöfe ihre Zehntbewilligung vorerst zurück, baten aber auf einer Reichssynode in Paris im Juni 1296 den Papst um Freigabe der Steuer.

Mit seiner Bulle berührte der Papst wichtige Lebensfragen der Staaten, die sich ihrer Autonomie immer mehr bewußt wurden. Die Bulle hätte tatsächlich die Staaten bei ihren Kriegen von der Entscheidung des Papstes, die Kriegssteuer freizugeben oder nicht, abhängig gemacht.

England und Frankreich ersuchten den Papst um persönliche Vermittlung zur Herbeiführung des Friedens. Der französische König Philipp der Schöne erließ am 18. August 1296 ein Ausfuhrverbot für Silber, Geld und andere Wertsachen. Man begründete es als eine übliche Kriegsmaßnahme. Das Verbot traf jedoch in erster Linie den Papst, der dadurch auf die französischen Abgaben verzichten mußte. Am 20. September 1296 wandte sich daraufhin Bonifaz in einem entschiedenen Ton an den König und warf ihm vor, die Kirchenfreiheit verletzt zu haben. Sein Erlaß schließe die Möglichkeit einer Sondersteuer nicht aus. Er, der Papst, sei Frankreich gegenüber stets freundschaftlich gesinnt gewesen. Aber er sehe sich jetzt gezwungen, entsprechende Maßnahmen zu ergreifen, falls es nicht zu einer Klärung der Frage käme.

Inzwischen setzte in Frankreich eine lebhafte publizistische, antirömische Tätigkeit ein, in der auf den Reichtum der französischen Kirche hingewiesen wurde. Die Kirche habe dem König zu helfen, da dieser zu ihrem Schutz bestellt sei. Die politischen Auswirkungen des Kampfes zwischen Frankreich und dem Kirchenstaat veranlaßten den französischen König zum Einlenken. Auch die Kurie war zu einer Verständigung bereit. Papst Bonifaz VIII. bezeichnete in einem Schreiben an den König die Bulle „Clericis laicos" als eine allgemein verbindliche Verfügung, die sich nicht speziell gegen den französischen König richte. Der Papst protestierte aber gegen das französische Ausfuhrverbot für Silber und Geld. Gleichzeitig gab er eine Interpretation seiner Bulle: Die Lehenspflichten des Klerus würden dadurch nicht berührt. Freiwillige Abgaben des Klerus seien nicht bewilligungspflichtig. In Notfällen könne man auf die vorherige Befragung des Apostolischen Stuhles verzichten und die Bewilligung voraussetzen.

Auf die Bitte des französischen Episkopates, Sondersteuern zu bewilligen, gab der Papst für ein Jahr seine Genehmigung. Dem französischen König genügten diese Zugeständnisse noch nicht. Er schickte eine Gesandtschaft zu weiteren Verhandlungen in dieser Angelegenheit nach Rom, wo sich inzwischen für den Papst eine schwierige Situation ergeben hatte. Seit Mai 1297 sah sich Bonifaz einem Aufstand der Colonna gegenüber. Stephan Colonna, Graf der Romagna, hatte den päpstlichen Schatz geraubt. Diese Tat brachte den Konflikt zwischen dem Papst und den Colonna zum vollen Ausbruch. Der Papst verlangte die Rückgabe des Geldes, die Auslieferung des Täters und als Bürgschaft die Übergabe der Colonna-Burgen in der Campagna. Die Colonna erklärten sich nur zur Rückgabe des Geldes bereit. Daraufhin sprach Bonifaz VIII. am 10. Mai 1297 über die beiden Colonna-Kardinäle die Exkommunikation aus und entsetzte sie ihrer Ämter.

Die Colonna jedoch unterwarfen sich nicht, sondern ergriffen entsprechende Gegenmaßnahmen. In einer Anklageschrift gegen den Papst, die auf dem Altar der Peterskirche niedergelegt wurde, bestritten sie die Rechtmäßigkeit der Wahl Bonifaz' VIII. und die Gültigkeit der Abdankung Coelestins V. Sie appellierten an ein Allgemeines Konzil, auf dem Bonifaz auch wegen der angeblichen Ermordung seines Vorgängers Coelestin zur Rechenschaft gezogen werden solle.

Am 23. Mai 1297 erneuerte der Papst seine Entscheidung und erklärte die Colonna-Kardinäle aller Würden und aller Habe für verlustig. Am 9. Juli erteilte er der Inquisition den Auftrag, das Verfahren gegen sie und zwei ihrer Anhänger zu eröffnen.

Obschon die Colonna zunächst die Unterstützung der französischen Krone fanden und in einer umfangreichen Denkschrift alle Anklagen gegen Bonifaz VIII. zusammenstellten und auch ihre Konzilsappellation erneuerten, konnte das ihre Niederlage nicht verhindern. Die Gewinner waren die französischen Gesandten, die am 31. Juli 1297 ihre Verhandlungen mit der Kurie erfolgreich abschließen konnten. Der Papst war nun gegenüber den Franzosen zu einem vollständigen Rückzug bereit. Er erklärte, die Bulle „Clericis laicos" gelte nicht für Frankreich, die Entscheidung, wann ein Notstand gegeben sei, bei dem sich eine Genehmigung des Papstes erübrige, liege beim französischen König. Die Gesandtschaft konnte ferner eine Reihe weiterer Privilegien erlangen, u. a. wurde die Heiligsprechung Ludwigs IX. zugesagt.

Nach diesen erfolgreichen Verhandlungen zwischen dem Papst und den Franzosen durften die Colonna nicht mehr auf die Hilfe Frankreichs rechnen. Der französische Kanzler distanzierte sich von ihnen, und allmählich zerfiel die Opposition gegen Bonifaz. Die Kardinäle gaben eine Solidaritätserklärung für den Papst ab, der Franziskanergeneral forderte von seinen Ordensmitgliedern Unterwerfung, und auch die Dominikaner mußten – auf Befehl ihres Generaloberen – Bonifaz VIII. als den wahren Papst anerkennen. Gegen die Colonna ließ Bonifaz den Kreuzzug predigen, und im Oktober 1298 fiel ihre Hauptfeste Palestrina und wurde dem Erdboden gleichgemacht. Die Colonna unterwarfen sich bzw. flohen ins Ausland.

In Deutschland konnte Bonifaz VIII. seine Autorität zur Geltung bringen. Hier war am 5. Mai 1292 Adolf von Nassau zum König gewählt, jedoch bereits 1298 abgesetzt worden. Sein Nachfolger wurde Albrecht I. von Österreich (1298–1308), ein Sohn Rudolfs von Habsburg. Im Kampf um die Macht fiel Adolf in der Reiterschlacht von Göllheim am 2. Juli 1298. Als die Kurfürsten dem Papst die Erhebung Albrechts zum König meldeten und um seine Kaiserkrönung baten, wies Bonifaz auf sein Recht hin, die Eignung des Gewählten und die Rechtmäßigkeit seiner Wahl zu prüfen. Langjährige Verhandlungen, bei denen der Papst für eine Anerkennung Albrechts die Abtretung der Toskana forderte, folgten. Am 30. April 1303 anerkannte Bonifaz feierlich Albrecht als römischen König und künftigen Kaiser. Der König verpflichtete sich, in den nächsten fünf Jahren ohne Zustimmung des Papstes keinen Reichsvikar in der Lombardei und der Toskana einzusetzen und auch später nur einen Vikar zu ernennen, gegen den von seiten des Papstes keine Bedenken bestünden.

Innerkirchlich bedeutete die Jubiläumsfeier vom Jahre 1300 einen Höhepunkt im Pontifikat des Papstes. Der große Jubiläumsablaß, den Bonifaz gewährte, zog große Scharen von Pilgern nach Rom. Am 22. Februar 1300 bestimmte der Papst: Jeder, der im Jubeljahr – das in Zukunft alle hundert Jahre gefeiert werden solle – nach reumütiger Beichte die Basilika der beiden Apostelfürsten besuche, erhalte einen vollkommenen Ablaß zeitlicher Sündenstrafen. Der große Besucherstrom, der nach Rom ging, zeigte, wie stark der Wille nach Sühne und Umkehr in der Christenheit war. Das Ansehen des Apostolischen Stuhles, die religiöse Autorität des Papstes fand eine eindeutige Bestätigung. Für den Papst bedeutete das Heilige Jahr einen Prestigegewinn und verführte ihn zu einer Fehleinschätzung seiner Macht und der politischen Realitäten.

Eine neue Auseinandersetzung mit Frankreich trug ihm eine zweite, noch schwerere politische Niederlage ein. Der Bischof Bernhard de Saisset von Pamiers war wegen Verunglimpfung von König Philipp, Aufruhr und Hochverrats verurteilt und seinem Metropoliten, dem Erzbischof von Narbonne, zur Inhaftierung übergeben worden. Das Ergebnis der Verhandlung teilte man dem Papst mit und bat um Absetzung und Bestrafung des Bischofs. Am 5. Dezember 1301 verlangte Bonifaz die sofortige Freilassung des Bischofs und nahm die Frankreich gewährten Privilegien wieder zurück, setzte also praktisch die Bulle „Clericis laicos" für Frankreich wieder in Kraft. Er berief die französischen Prälaten und Doktoren der Theologie und des Rechtes zu einer Synode nach Rom, um mit ihnen über die Wahrung der kirchlichen Freiheit und die Abstellung der bisherigen Mißbräuche zu beraten. Der König selbst wurde wegen Bedrückung des Klerus und tyrannischer Regierung zur Verantwortung vor das römische Konzil geladen.

König Philipp jedoch dachte nicht daran, vor dem Konzil zu erscheinen, sondern nahm den Kampf mit dem Papst wieder auf. Er verstand es, den französischen Klerus und das Volk im Kampf mit dem Papst auf seine Seite zu ziehen. Er ließ eine gefälschte Bulle mit dem Titel „Deum time" veröffentlichen, in der die Unterordnung des Königs unter den Papst auch in weltlichen Angelegenheiten entschieden ausgesprochen wurde. Zugleich publizierte er ein großes Antwortschreiben, in dem es hieß, der König sei in weltlichen Dingen niemandem untertan.

Mit solchen Fälschungen versuchte man die öffentliche Meinung gegen den Papst aufzuwiegeln. Der römischen Synode kam Philipp durch den Zusammentritt einer französischen Nationalversammlung im April 1302 zuvor, auf der das Verhalten des Königs verständlicherweise gebilligt wurde. An der römischen Synode nahmen trotz des königlichen Verbots ca. 40 französische Bischöfe und Prälaten teil. Sie faßte keine Beschlüsse. Kurz darauf, am 18. November 1302, erließ Bonifaz VIII. die Bulle „Unam sanctam", die betonte, es gebe nur *eine* Kirche und außer ihr kein Heil. Die Kirche habe nur ein Haupt, Christus, und seinen Stellvertreter. Beide Schwerter, das geistliche und das weltliche, seien in der Gewalt der Kirche. Der Papst dürfe von keinem Menschen gerichtet werden. Die geistliche Gewalt aber habe die weltliche einzusetzen und sie zu richten, wenn sie Böses tue. Nur dieses Verhältnis der beiden Gewalten entspreche der göttlichen Anordnung. Der Schlußsatz der Bulle stellt feierlich den päpstlichen Primat heraus und erklärt, es sei für jeden Menschen heilsnotwendig, dem römischen Bischof untertan zu sein.

Die Bulle ist ein klassisches Dokument päpstlicher Machtansprüche im Mittelalter, wie sie seit Gregor VII. und Innozenz III. vertreten wurden. Sie hat mit dem Werke des Augustiner-Eremiten Aegidius Romanus „De ecclesiastica potestate" zahlreiche Übereinstimmungen; der Schlußsatz der Bulle, der später vom Fünften Laterankonzil bestätigt wurde, ist den Werken des hl. Thomas von Aquin entnommen. Ferner zeigen sich in der Bulle Anklänge an Aussagen Bernhards von Clairvaux und Hugos von St. Victor.

Auch nach dem Erlaß der Bulle versuchte der Papst mit dem französischen König zu einem Ausgleich zu kommen. Allerdings entschloß sich Philipp zum Angriff auf den Papst. Die Colonna-Kardinäle konnten ihren Einfluß auf das weitere Geschehen verstärken. Im Staatsrat vom 12. März 1303 trug Wilhelm von Nogaret die Vorwürfe gegen Bonifaz VIII. vor, die aus der Anklageschrift der Colonna-Kardinäle übernommen waren: Bonifaz sei Häretiker, Gotteslästerer, treibe Unsittlichkeit und Zauberei. Selbst der Vorwurf des Mordes an seinem Vorgänger wurde wiederholt. Man verlangte deshalb die Einberufung eines Allgemeinen Konzils, das über den Papst richten solle.

Bonifaz VIII. erklärte in einem Konsistorium zu Anagni jene ungeheuerlichen, zum Teil lächerlichen Beschuldigungen sofort eidlich für unwahr. Am Feste Mariä Geburt (8. September 1303) wollte der Papst über Philipp den Schönen den Bann verhängen. Jedoch wurde er am Vortage von dem französischen Kanzler Wilhelm von Nogaret und Sciarra Colonna sowie einer Schar von Söldnern in Anagni überfallen und gefangengenommen. Man verlangte vom Papst seinen Rücktritt, Restitution von Amt und Besitz an die Colonna und Auslieferung des Kirchenschatzes. Bonifaz wies alle Forderungen entschieden zurück und erklärte sich bereit, wohl sein Leben zu opfern, nicht aber in diese Forderungen einzuwilligen. Jedoch ließ der französische König nicht zu, daß Sciarra Colonna das Leben des Papstes antastete. Ihm war mehr an einem lebenden Papst gelegen, der in Frankreich abgeurteilt werden konnte.

In Anagni aber schlug inzwischen die Stimmung der Bevölkerung um. Am dritten Tag nach seiner Gefangennahme wurde der Papst von den Bürgern von Anagni befreit, und die Verschwörer mußten fliehen. Bonifaz kehrte nach Rom zurück, wo die Orsini seinen Schutz übernahmen. Am 25. September zog er in Rom ein, erlag jedoch bereits am 12. Oktober 1303 im Vatikan seinen Leiden.

Wenn sich seine kirchenpolitischen Maßnahmen auch als erfolglos erwiesen, so wurden seine innerkirchlichen Entscheidungen geschichtsträchtig. Er publizierte den „Liber sextus", eine Ergänzung der Dekretalen-Sammlung Gregors IX., er ordnete die Verwaltung der Kurie und regelte die Beziehungen zwischen den Bettelorden und dem Weltklerus. In Rom gründete er eine Universität, die spätere Sapienza, als Generalstudium.

Mit Bonifaz fand der Herrschaftsanspruch der Päpste des Hochmittelalters seinen letzten großen Ausdruck. Er endete mit einem tragischen Mißerfolg, der in den nachfolgenden Pontifikaten besonders deutlich wurde. Bis heute gehen die Historiker im Urteil über Bonifaz auseinander. Seine Bewertung blieb überschattet von der gehässigen Publizistik seiner Gegner und ihrem wiederholten Bemühen, ihm noch nach seinem Tode wegen Häresie den Prozeß zu machen. Aber das Anklagematerial gegen ihn stammt fast durchweg von seinen erbittertsten Gegnern und bringt keine Beweise. Daß die Häresieanklage gegen ihn immer wieder erhoben wurde, war verständlich, denn nach der Lehre der Kanonisten und Theologen konnte ein häretischer Papst nicht rechtmäßiger Papst sein, sondern verlor sein Amt. So war es nicht überraschend, daß seine Gegner diese Anklage als die schärfste Waffe benutzten, die ihnen im Kampf gegen den Papst zur Verfügung stand. Sie fanden übrigens in diesem Bemühen später verschiedentlich Nachfolger.

Nach dem Tode Bonifaz' VIII. in Rom flammte der Streit zwischen den Adelsgeschlechtern der Orsini und Colonna wieder auf, doch konnte das Konklave ohne Hindernisse eröffnet werden. Die Forderung der Colonna-Kardinäle, an der Wahl teilnehmen zu dürfen, wurde abgewiesen, obschon die französischen Gesandten und der französische Kanzler Nogaret nachdrücklich die Colonna unterstützten. Karl von Neapel gelang es mit seinen Streitkräften, ihre Versuche, in die Stadt einzudringen, abzuweisen. Damit war zwar zugleich die Möglichkeit gegeben, die Gültigkeit der Papstwahl wegen mangelnder Freiheit anzufechten. Obschon im Kardinalskollegium zwei gleich starke Parteien vorhanden waren und man deshalb ein langes Konklave befürchten mußte, kam es bereits im ersten Wahlgang zu einer Entscheidung. Gewählt wurde der Kardinalbischof von Ostia und frühere Generalminister der Dominikaner, Nicolaus Boccasini aus Treviso. Er nannte sich BENEDIKT XI. (1303–1304). Aber mit der Wahl waren die Gegensätze unter den Kardinälen nicht überwunden. Benedikt war ein gütiger und friedliebender Mann. Angesichts der Machtverhältnisse im Kardinalskollegium versuchte er die Gegensätze auszugleichen und schlug auch – bei aller Anhänglichkeit an Bonifaz VIII. – eine vermittelnde Politik ein. Bei der starken Position Frankreichs in Italien und den unruhigen Verhältnissen im Kirchenstaat blieb ihm wohl kaum eine andere Wahl. Er nahm einen Teil der gegen die Colonna erlassenen Strafbestimmungen zurück und kam auch Frankreich so weit entgegen, als es ohne Selbstaufgabe möglich war. So löste er Philipp den Schönen vom Bann und hob die Entscheidungen seines Vorgängers gegen Frankreich auf.

Nachdem der Papst das unsichere Rom verlassen und in Perugia seinen Sitz aufgeschlagen hatte, wurden Nogaret und seine Helfer beim Überfall in Anagni aus der Kirche ausgeschlossen. Bereits nach achtmonatiger Regierungszeit starb Benedikt XI. am 7. Juli 1304 in Perugia und wurde dort in der Kirche seines Ordens beigesetzt.

§ 24

*Die Päpste in der Zeit des Avignoner Exils*

Die Situation nach dem Tode Benedikts XI. gestaltete sich schwierig. Das Kardinalskollegium war noch in einen französischen und einen italienischen (bonifazianischen) Teil gespalten. Als das Konklave zehn Tage nach dem Tode Benedikts am Sterbeort zusammentrat, waren 19 Kardinäle anwesend, darunter 8 Ordensangehörige. Vier Kardinäle mußten wegen Erkrankung das Konklave verlassen. Die beiden Colonna-Kardinäle, die Papst Bonifaz VIII. abgesetzt hatte, durften auch an dieser Wahl nicht teilnehmen. Wie bei der Wahl Benedikts XI. standen sich zwei etwa gleich starke Gruppen im Kardinalskollegium gegenüber. Die eine forderte die strenge Bestrafung der Attentäter von Anagni und auch des französischen Königs, während die andere mit Rücksicht auf die Macht Frankreichs einen vermittelnden Kurs steuern wollte.

Das Konklave dauerte elf Monate, bevor man sich auf einen neuen Papst einigen konnte. Der franzosenfreundlichen Partei gelang es, ihren Kandidaten durchzusetzen: den Erzbischof von Bordeaux, Bertrand de Got. Er schien ein Mann zu sein, der dem französischen König nicht zu weit entgegenkommen würde. Mit Zweidrittelmehrheit wurde er am 5. Juni 1305, dem Vigiltag von Pfingsten, gewählt. Er nannte sich CLEMENS V. (1305–1314). Die Wahl war eine der folgenschwersten in der Geschichte des Papsttums. Sie hatte das Avignoner Exil der Päpste und auch das Große Abendländische Schisma zur Folge. Es ist daher verständlich, daß diese Wahl immer wieder die Geschichtsschreiber beschäftigt hat.

Der neue Papst stammte aus der Gascogne in Südwestfrankreich. Sein ältester Bruder war Erzbischof von Lyon und von Bonifaz VIII. zum Kardinalbischof von Albano erhoben worden. Bertrand selbst wurde 1295 Bischof von Comminges und 1299 Erzbischof von Bordeaux, das 1303 unter englische Herrschaft kam. Er war kurze Zeit Familiare des Kardinals Francesco Caetani gewesen und hatte 1302 am Konzil von Rom teilgenommen. So konnte man ihn für einen Mann der bonifazianischen Richtung halten. Er erwies sich jedoch bald als ein gefügiges Werkzeug in der Hand des französischen Königs.

Clemens V. stimmte Ende Juni seiner Wahl zu und traf zunächst Vorbereitungen zur Fahrt nach Rom. Aber dann änderte er seinen Entschluß und lud die Kardinäle zur Krönungsfeier nach Lyon ein, die am Allerheiligenfeste vorgenommen wurde. Wiederholt stellte der Papst den Kardinälen die Übersiedlung nach Rom in Aussicht. Jedoch kam es nie zur Durchführung dieses Planes. Wenn er auch ursprünglich nicht daran gedacht hatte, den Sitz der Kurie von Rom nach Frankreich zu verlegen, so wurde es für ihn – angesichts seiner Willensschwäche und des zunehmenden Druckes von seiten des französischen Königs – immer schwieriger, von Lyon fortzugehen. Es kam hinzu, daß die Unsicherheit und Zerrissenheit im Kirchenstaat nicht gerade dazu einlud, nach Rom überzusiedeln. Seit 1309 nahm der Papst seinen Aufenthalt in Avignon, das damals als Lehen des Deutschen Reiches in der Hand der Anjou von Neapel war. Mit Clemens V. beginnt – da auch seine sechs Nachfolger, sämtlich Franzosen, in Avignon residierten – das sogenannte Avignoner oder Babylonische Exil der Päpste, wie ihre siebzigjährige Abwesenheit von Rom bereits von den Zeitgenossen genannt wurde. In dieser Zeit verstärkte sich die Abhängigkeit der Päpste vom französischen König immer mehr. Diese Entwicklung begann bereits mit den ersten Kardinalsernennungen vom Dezember 1305. Der neue Papst ernannte neun Franzosen, darunter vier Neffen, und einen Engländer. Noch deutlicher wurde diese Hörigkeit gegenüber Frankreich in dem Prozeß gegen den toten Papst Bonifaz VIII. und im Vorgehen gegen den Templerorden. Auch bei späteren Kardinalsernennungen zeigte sich Clemens gegenüber dem französischen König mehr als nachgiebig, so daß die Franzosen im Kardinalskollegium ein starkes Übergewicht bekamen. Die Abhängigkeit Clemens' V. vom französischen König schadete seinem Ansehen in der Christenheit sehr. Ein Verständnis für die deutschen Verhältnisse besaß er nicht. Allgemein muß man sagen, daß Clemens den schwierigen Aufgaben seines Amtes nicht gewachsen war. Seine Politik zeigte eine peinliche Schwäche gegenüber den Wünschen des französischen Königs. Schon bald nach der Krönung des Papstes verlangte Philipp der Schöne eine Milderung der Bulle „Unam sanctam" für Frankreich.

Clemens erfüllte diese Forderung. Er hob die Bulle „Clericis laicos" völlig auf, ja bewilligte Philipp den Kirchenzehnten auf fünf Jahre. Auch die beiden Colonna-Kardinäle setzte der Papst wieder in ihre Rechte und Würden ein. Die Zumutungen des französischen Königs gingen aber noch weiter: Er forderte vom Papst die Einleitung eines Prozesses gegen Bonifaz VIII. Auf das rücksichtslose Drängen Philipps hin erklärte sich Clemens auch damit einverstanden. Der Beginn des Prozesses wurde für das Jahr 1309 festgelegt. In den Jahren 1310 und 1311 fanden mehrere Zeugenvernehmungen statt, in denen von zweifelhaftesten Personen die gewünschten Anklagen gegen Bonifaz VIII. vorgebracht wurden. Sinn des Prozesses war u.a. die Rehabilitierung des von Benedikt XI. exkommunizierten Nogaret und des Königs. Daneben sollte der Papst für weitere französische Forderungen gefügig gemacht werden. Man schlug die Einstellung des Prozesses vor, nachdem der Papst in der Bulle „Rex gloriae" vom 27. April 1311 dem König „löblichen Eifer" bei seinem Vorgehen gegen Bonifaz VIII. bestätigte und Nogaret „ad cautelam" absolviert wurde. Auch mußten die gegen Frankreich erlassenen Bullen im päpstlichen Register getilgt werden. Auf dem Konzil von Vienne wurden die Anklagen auf Häresie gegen Bonifaz nochmals erwähnt, aber als unberechtigt zurückgewiesen.

Zu den Forderungen Philipps des Schönen an Clemens V. gehörte auch ein Vorgehen gegen den Templerorden. Der eigentliche Anlaß für das Einschreiten des Königs gegen die Templer ist uns weitgehend unbekannt. Die Selbständigkeit der Ritterorden und ihr großer Besitz konnten zwar das Interesse des Königs wecken, denn die Templer waren eine Geldmacht von internationaler Bedeutung geworden. Die Begründung für seine Maßnahmen gab dem König die Beschuldigung, daß bei der Aufnahme in den Templerorden die Verleugnung Christi und unsittliche Zeremonien verlangt würden. Am 13. Oktober 1307 verhaftete man auf Befehl des Königs alle französischen Templer und zwang sie unter Anwendung der Folter zu Geständnissen, die man dem Papst übermittelte. Unter ihrem Eindruck und den massiven Drohungen Philipps des Schönen gab Clemens V. den Befehl, die Templer in allen Ländern gefangenzunehmen. Nachdem der Papst aber über die Art des Vorgehens gegen die Templer und über den Widerruf vieler Geständnisse unterrichtet worden war, suspendierte er im Februar 1308 die Vollmachten der Bischöfe und Inquisitoren gegen den Orden. So mußte der König einen neuen Anlauf nehmen, um sein Ziel, die Vernichtung der Templer, zu erreichen. Es gelang ihm, den Widerstand des Papstes zu brechen. Dieser mußte die Suspension aufheben und zitierte die Templer vor das auf den 1. Oktober 1310 nach Vienne einberufene Konzil, dessen Beginn sich jedoch auf das kommende Jahr verschob. Das Konzil, das im Oktober 1311 zusammentrat, war in erster Linie wegen der Templerfrage berufen worden. Als weitere Aufgaben des Konzils nannte der Papst den Kreuzzug und die Reform der Kirche. Die Zahl der Konzilsteilnehmer betrug etwa 120 Patriarchen, Erzbischöfe, Bischöfe und infulierte Äbte, mit den Prokuratoren rund 300 Teilnehmer. Bei der Eröffnung des Konzils am 16. Oktober bezeichnete Clemens V. die Regelung der Templerfrage als die wichtigste Aufgabe. Clemens war mit Rücksicht auf den französischen König entschlossen, den Orden aufzuheben. Die Mehrheit der Konzilsväter vertrat dagegen die Ansicht, daß die Anklagen gegen die Templer nicht bewiesen seien und dem Orden die Möglichkeit der Verteidigung gegeben werden müsse. Auf Drängen des französischen Königs hob der Papst daraufhin am 22. März 1312 den Orden nur durch einen Verwaltungsakt auf. In der zweiten öffentlichen Sitzung des Konzils am 3. April verkündete der Papst die Aufhebung des Ordens. Der Besitz der Templer wurde den Johannitern und anderen Ritterorden zugewiesen, jedoch behielten die Fürsten, besonders Philipp der Schöne, einen großen Teil des Ordenseigentums zurück. Man kann es nur als schwere Schuld des Papstes und seine große Tragik bezeichnen, daß er sich die Verteidigung des Ordens unter dem Druck des französischen Königs entwinden ließ und den Orden opferte.

In der Kreuzzugsfrage wurde ein sechsjähriger Zehnt bewilligt, über die Durchführung des Kreuzzuges machten die Könige von Frankreich und England unverbindliche Versprechungen. Die Kirchenreform, die u. a. Wilhelm Durandus der Jüngere von Mende in einem ausführlichen Gutachten forderte, berieten die Konzilsväter eingehend. Unter anderem ging es um die Abstellung der Eingriffe staatlicher Organe in das kirchliche Rechtsleben, die Frage der Exemtion der Religiosen, besonders der Bettelorden. Aber nur einige Reformdekrete wurden in der dritten und letzten Sitzung des Konzils am 6. Mai erlassen. Außerdem diskutierte man über die Person und die Lehre des Petrus Olivi, um den es im Franziskanerorden Auseinandersetzungen gegeben hatte. In der Schlußsitzung entschied das Konzil, daß die Substanz der Menschenseele durch sich selbst wahrhaft Form des menschlichen Körpers sei.

Einen bedeutenden Platz nahmen auch die Diskussionen über die Armutsfrage im Franziskanerorden ein. Der Streit endete mit der Veröffentlichung der Apostolischen Konstitution „Exivi de paradiso", die den Weg der Mitte geht und eine ausführliche Erklärung der Franziskanerregel gibt.

Von Wichtigkeit für die Missionsarbeit des Mittelalters waren die auf Veranlassung von Raimundus Lullus erlassenen Bestimmungen über das Studium orientalischer Sprachen an den Universitäten.

Die Abhängigkeit vom französischen König belastete auch das Verhältnis des Papstes zu Deutschland. Clemens V. hatte nach seinem Regierungsantritt den deutschen König zum Kreuzzug aufgefordert. Daraufhin begab sich eine feierliche Gesandtschaft Albrechts I. nach Lyon, wo sie dem Papst folgende Anliegen vortrug: 1. die Bitte um die Krönung Albrechts I., 2. die Verwendung der in Deutschland gesammelten Zehntgelder nicht „auswärts", d.h. in Frankreich, 3. die Nichtberücksichtigung der dem König verdächtigen Kandidaten bei der Besetzung der deutschen Bistümer.

Aber bereits am 1. Mai 1308 fiel der deutsche König Albrecht I. durch Mörderhand. Frankreich hatte schon lange nach der Übernahme des Heiligen Römischen Reiches gestrebt. Diese Möglichkeit schien sich jetzt verwirklichen zu lassen. Der Einfluß des französischen Königs auf den Papst wurde in diesem Sinne verstärkt. Philipp der Schöne verlangte vom Papst die Förderung der Kandidatur seines Bruders, Karl von Valois. Clemens V. jedoch konnte diese Wahl aus Furcht vor der französischen Übermacht nicht unterstützen.

Die deutschen Kurfürsten wählten nach langen Verhandlungen den Grafen Heinrich von Luxemburg zum deutschen König. Er stammte zwar aus dem französischen Einflußgebiet, doch hat er bei aller Rücksichtnahme auf Frankreich in seiner Regierungszeit die Interessen des Reiches gewahrt. Sein Romzug wurde im Sommer 1309 beschlossen und im Herbst 1310 angetreten. Dante begrüßte den König jubelnd als „Friedensbringer". In Italien kam er bald mit den Interessen der Anjou und damit Frankreichs in Konflikt. Als er in Rom eintraf, war ein Teil der Stadt mit Sankt Peter durch die Truppen von Robert von Neapel besetzt. So mußte die Kaiserkrönung am 29. Juni 1312 in der Lateranbasilika stattfinden, die drei vom Papst delegierte Kardinäle vornahmen. Nach seiner Krönung ging Kaiser Heinrich VII. gegen König Robert von Neapel vor und verhängte über ihn die Reichsacht (1313). Jetzt trat der Papst offen auf die Seite Roberts und gebot dem Kaiser mit dem Hinweis auf den Lehenseid den Waffenstillstand. Heinrich VII. wies diese Forderung verständlicherweise zurück. Bevor jedoch der Krieg mit Robert ausbrach, starb Kaiser Heinrich VII. im August 1313 in Buonconvento bei Siena.

1314 erklärte Clemens V., um keinen Zweifel an den Rechtsansprüchen der Päpste aufkommen zu lassen, in der Konstitution „Romani Principes", daß der vom Kaiser geleistete Eid ein Treu- und Lehenseid sei. Er hob deshalb das Urteil Heinrichs über Robert von Neapel auf und bestellte diesen zum Reichsvikar in Italien.

Am 20. April 1314 starb Clemens V. Das Urteil über seinen Pontifikat lautet weithin negativ, wenn er auch in der Kreuzzugsfrage neue Akzente setzte. Bereits Augustinus Triumphus stellte 1308 bedauernd fest, daß das Papsttum noch nie so verachtet gewesen sei wie zu seiner Zeit. Clemens V. brachte die Kirche in unwürdige Abhängigkeit von Frankreich, gab dem Kardinalskollegium eine französische Mehrheit und überhäufte seine Verwandten mit Würden und Pfründen. Sein Nepotismus und seine ärgerliche Finanzwirtschaft sollten sich in der Zukunft verheerend für die Kirche auswirken. Seinem Nachfolger hinterließ Clemens V. ein schlechtes Erbe.

Das Konklave, das nach seinem Tode in Carpentras zusammentrat, zog sich infolge der Zusammensetzung des Kardinalskollegiums zweieinviertel Jahre hin. Durch die Kardinalsernennungen Clemens' V. bestand das Kollegium aus 17 Franzosen und 7 Italienern. Kaum hatte man mit der Wahl begonnen, wurde das Konklave durch Anhänger Clemens' V. unter Drohungen gegen die italienischen Kardinäle gesprengt. Nur unter großen Schwierigkeiten konnten diese die Stadt verlassen. Erst zwei Jahre später traten die Kardinäle wieder in Lyon zusammen. Am 7. August 1316 einigten sie sich auf den Kardinalbischof von Ostia, Jacques Duèse aus Cahors, der als JOHANNES XXII. (1316–1334) den päpstlichen Thron bestieg. Er war bereits 72 Jahre alt und entwickelte sich doch zu einem der bedeutendsten der Avignoner Päpste. Seit 1300 wirkte er als Bischof von Fréjus, 1308–1310 als Kanzler König Karls II. von Neapel, 1310 wurde er Bischof von Avignon und 1312 Kardinal. Er erwies sich als ein hervorragender Kanonist, hatte eine gute theologische Bildung, war arbeitsam und in seiner Lebenshaltung einfach. Kirchenpolitisch vertrat er einen ausgesprochenen Kurialismus. Seiner Heimat blieb er eng verbunden, wie die starke Bevorzugung seiner Landsleute bei seinen Ernennungen zeigt. An der Kurie fand er als Ergebnis der Regierung seines Vorgängers und der über zweijährigen Sedisvakanz ein Chaos vor.

Die Krönung des neuen Papstes fand am 3. September 1316 in Lyon statt. Da die Mehrzahl der Kardinäle sein Verbleiben in Avignon wünschte, blieb Johannes XXII. hier wohnen, obwohl er wiederholt den Wunsch äußerte, nach Rom überzusiedeln.

Im Mittelpunkt seines Pontifikates stand ebenfalls Frankreich.

Ihm schwebte der Wunsch nach einem mächtigen Frankreich vor, das nach seiner Ansicht Voraussetzung für eine erfolgreiche Politik des Papsttums war. Sein Ziel sah er in der Verwirklichung der Vormachtstellung Frankreichs in ganz Italien und der Ausschaltung des Imperiums. So überrascht es nicht, daß sein Pontifikat mit Auseinandersetzungen zwischen dem deutschen Kaiser und ihm angefüllt war.

Im Reich fand wiederum eine Doppelwahl statt. Die Mehrheit der Kurfürsten wählte den Herzog Ludwig von Oberbayern als König Ludwig IV., während die habsburgische Partei sich für Herzog Friedrich den Schönen von Österreich entschied. Beide Kandidaten wandten sich jetzt an den Papst. Für Johannes XXII. waren beide Erwählte, und die Entscheidung bei einer zwiespältigen Wahl stand nach seiner Ansicht dem Papste zu.

Auch nachdem Ludwig am 28. September 1322 bei Mühldorf einen entscheidenden Sieg über seinen Widersacher errungen hatte, wollte ihn der Papst nicht ohne weiteres anerkennen. Da nach der kurialen Theorie, wie sie sich im Laufe des 13. Jahrhunderts herausgebildet hatte, für die Zeit der Erledigung des Kaisertums, vor allem in Reichsitalien, die Macht an den Papst fiel, bestellte Johannes XXII. sofort Robert von Neapel zum Reichsvikar für Ober- und Mittelitalien. Den noch von Heinrich VII. ernannten Vikaren verbot der Papst ihre Tätigkeit. Ludwig seinerseits, dessen Stellung in Deutschland durch die Gefangennahme seines Gegners gesichert war, ernannte 1323 den Grafen Berthold von Neiffen zum Generalvikar des italienischen Reichsgebietes. Dadurch kam es noch einmal zu einem erbitterten Kampf zwischen Sacerdotium und Imperium. Der Papst trat dem König – nicht ohne Widerspruch einiger Kardinäle – schroff entgegen und forderte ihn im Oktober 1323 unter Androhung des Bannes auf, innerhalb von drei Monaten die Reichsregierung niederzulegen, bis die Entscheidung der Thronfolge durch den Apostolischen Stuhl erfolgt sei. Im Dezember 1323 entschloß sich Ludwig zur Gegenwehr und appellierte in Nürnberg an ein Allgemeines Konzil, Papst Johannes XXII. beschuldigte er der Ketzerbegünstigung. Seine Appellation erneuerte er am 22. Mai 1324 in der Kapelle der Deutschritter in Sachsenhausen bei Frankfurt am Main. Er verwahrte sich gegen den päpstlichen Vorwurf der unberechtigten Führung des Königstitels und der Ausübung der königlichen Rechte. Dem Papst warf er die mißbräuchliche Verwendung kirchlicher Strafmittel zur Bekämpfung seiner politischen Gegner vor und bezeichnete ihn wegen seiner Entscheidung über die Armut Christi gegen die strengen Franziskaner als formellen Häretiker, der nicht mehr rechtmäßiger Papst sei. Damit nahm Ludwig der Bayer ein Argument auf, das seit Friedrich II. und Philipp dem Schönen verschiedentlich im Kampf der politischen Mächte gegen das Papsttum verwandt worden war.

Angesichts dieser Frontenbildung ließ sich der Kampf zwischen Papst und König nicht mehr aufhalten. Dieser letzte große Streit zwischen Imperium und Sacerdotium stand an Schärfe nicht hinter den Auseinandersetzungen der Salier- und Stauferzeit zurück und fand erst mit dem Tode Ludwigs des Bayern ein Ende.

Johannes XXII. ging in seinen Maßnahmen gegen König Ludwig immer weiter. Er sprach ihm nicht nur die Fähigkeit ab, den deutschen Thron zu besteigen, sondern verhängte auch über seine Anhänger Bann und Interdikt. Der Kampf zwischen Ludwig dem Bayern und Johannes XXII. fand auch in einer Reihe von Streitschriften seinen Niederschlag. Dadurch wurden die Gegensätze weiter verschärft. Ludwig der Bayer fand Unterstützung bei den Franziskaner-Spiritualen. Ihre Führer waren der Ordensgeneral Michael von Cesena und die Franziskaner Bonagratia und Wilhelm von Ockham, die 1328 zu Ludwig geflüchtet waren. Michael von Cesena hatte ursprünglich auf der Seite des Papstes gestanden. Als die Franziskaner-Spiritualen sich der Ordensleitung nicht fügten, ging der Papst auf Bitten des Ordensgenerals energisch gegen sie vor und verbot in einer Konstitution vom 7. Oktober die Spiritualen.

Kaum waren diese Differenzen innerhalb des Ordens überwunden, kam es zu einem neuen Konflikt mit den Franziskanern. Es ging dabei um die vom Orden verteidigte Ansicht, daß Christus und die Apostel weder persönlich noch gemeinsam Eigentum besessen hätten. Papst Johannes XXII. ließ diesen Satz einer Prüfung durch die Inquisition unterziehen, das Generalkapitel der Franziskaner jedoch erklärte 1322 in Perugia, daß dieser Satz wahre, katholische Lehre sei und nicht in Zweifel gezogen werden dürfe. Der Papst antwortete darauf mit der Feststellung, daß er auf das Eigentumsrecht des Apostolischen Stuhles verzichtete, und bezeichnete im November 1323 in einem Dekret, daß die Behauptung, Christus und die Apostel hätten keinerlei Gebrauchsrecht an den erforderlichen Dingen gehabt, für häretisch. Diese Entscheidung des Papstes rief scharfen Widerspruch im Franziskanerorden hervor, wenn sich schließlich auch die Mehrheit des Ordens der päpstlichen Auffassung unterwarf. Aber die führenden Kreise mit Michael von Cesena und eine nicht unbedeutende Minderheit im Orden blieben im Gegensatz zum Papst und behaupteten, daß die Ansicht des Papstes häretisch sei. Was die römischen Päpste in Fragen des Glaubens und der Moral entschieden hätten, sei unabänderlich und dürfe nicht in Frage gestellt werden.

Johannes XXII. aber erklärte: Wenn der Papst feststelle, daß Dekrete, die er oder seine Vorgänger erlassen hätten, sich mehr zum Nachteil als zum Vorteil auswirkten, so sei er ohne Zweifel berechtigt, dafür zu sorgen, daß sie sich nicht mehr schädlich auswirken könnten. Jedoch war damit der Streit zwischen dem Papst und den Franziskanern nicht entschieden.

Neben den Minoriten fand Ludwig der Bayer auch die Unterstützung von Marsilius von Padua, der 1326 zu Ludwig dem Bayern geflüchtet war. Marsilius, 1275/80 in Padua geboren, hatte hier seine Studien begonnen. 1312 wurde er Rektor der Pariser Universität. 1324 – kurz nach der Sachsenhausener Appellation Ludwigs des Bayern – schloß er sein Werk „Defensor pacis" (Verteidiger des Friedens) ab, das von Johannes von Janduno mitbeeinflußt war. Es gehört zu den einflußreichsten Schriften des 14. Jahrhunderts und enthält radikalste Thesen über das Verhältnis von Kirche und Staat. Es ist Ludwig dem Bayern, dem Verteidiger des Friedens, gewidmet. Den Frieden bezeichnet Marsilius von Padua als das Ordnungsprinzip des Staates und die Grundvoraussetzung des menschlichen Glückes. Dieser Friede sei zerrüttet. Als das Grundübel nennt Marsilius den Anspruch des Papstes auf die Fülle der Gewalt. Das Volk überträgt nach Marsilius die Ausübung der Gewalt einem Herrscher. Die Gewalt der Kirche ist delegiert, Priester und Bischöfe empfangen ihre Gewalt durch die Laien, die Kirche ist dem Staat untergeordnet, der Primat des römischen Bischofs wird geleugnet. Am 23. Oktober 1327 verurteilte Johannes XXII. fünf Sätze aus dem Werke: 1. Christus habe durch die Zahlung des Zinsgroschens seine Unterordnung unter die weltliche Autorität bezeugen wollen; 2. Petrus habe nicht mehr Gewalt als die übrigen Apostel besessen; 3. der Kaiser habe das Recht, den Papst abzusetzen und zu bestrafen; 4. alle Priester seien dem Range nach gleich; 5. die Priester haben von sich aus keine Strafgewalt, sondern erhalten sie nur durch die Verleihung des Kaisers.

Trotz der Verurteilung dieser Sätze wirkten die Gedanken des „Defensor pacis" weiter. Ludwig der Bayer ließ sich daraus vorlesen und überführte die Vorstellungen des Marsilius in die praktische Politik.

An eine Verständigung zwischen König und Papst war unter diesen Umständen nicht zu denken. Ludwig bemühte sich um einen Frieden mit seinem Gegenkönig, Friedrich dem Schönen, dem er 1325 die Mitregierung im Reich zubilligte. Er erklärte sich sogar zum

Verzicht auf die Krone bereit, falls Friedrich der Schöne vom Papst bestätigt werden sollte.

Johannes XXII. aber hielt starr an seinem Plan fest, den französischen König als Kandidaten durchzusetzen. Für Ludwig den Bayern aber entwickelte sich die Lage in Deutschland positiv, als 1326 Herzog Leopold, der tatkräftige Bruder Friedrichs des Schönen, starb. Er konnte seine Macht festigen und seinem Romzug nähertreten. 1327 folgte Ludwig dem Ruf der Ghibellinen und ließ sich im Mai 1327 in Mailand als König der Lombarden krönen. Er zog weiter nach Rom, wo er jubelnd empfangen wurde und am 17. Januar 1328 seine Kaiserkrönung durch zwei gebannte Bischöfe erfolgte. Sciarra Colonna setzte ihm im Namen des römischen Volkes in Sankt Peter die Kaiserkrone aufs Haupt. Marsilius von Padua wurde von Kaiser Ludwig zum Vikar der Stadt bestellt. In einer Versammlung des römischen Volkes ließ der neue Kaiser Johannes XXII. wegen Häresie absetzen. Am 11. Mai 1328 erwählte das römische Volk einen neuen Papst, den Minoriten Rainalducci aus Corvaro, der sich николаus V. (1328–1330) nannte. Die Aufstellung eines Gegenpapstes war jedoch ein politischer Fehler Ludwigs. Nikolaus war nur ein Werkzeug einer ungeschickten Politik, die sich als nicht durchsetzbar erwies. Hinzu kam, daß der Gegenpapst persönlich keine größere Bedeutung erlangen konnte. Mit dem Abzug des Kaisers mußte auch der Gegenpapst Rom verlassen und machte 1330 in Avignon Frieden mit Johannes XXII., der ihm sehr entgegenkam.

Das Vorgehen des Kaisers und sein Mißerfolg in Rom raubten ihm nicht nur viele Sympathien, sondern schädigten sein Ansehen sehr.

Johannes XXII. lieferte aber seinen Gegnern neue Angriffsmöglichkeiten, als er 1331 in verschiedenen Predigten die Frage erörterte, ob die Gerechten bald nach dem Tode oder erst nach dem Weltgericht zur Anschauung Gottes (visio beata) gelangten. Er sprach sich für die Ansicht aus, daß man der Anschauung Gottes erst nach dem Weltgericht teilhaftig werde. Diese Behauptung rief scharfen Widerspruch hervor. Es kam zu einem lebhaften Streit. Die Universität Paris und ein Teil der Kardinäle wandten sich gegen den Papst, der sich genötigt sah, seine Ansicht zu widerrufen.

Am 4. Dezember 1334 starb Johannes XXII. Er hat trotz seines hohen Alters eine überraschende Wirksamkeit entfaltet und besonders die Missionsarbeit im Nahen und Fernen Osten stark gefördert. Er wird als ein Mann von tiefer Frömmigkeit und vorbildlicher Sittenreinheit geschildert. Wenn er auch persönlich anspruchslos war, so hat er doch den Nepotismus gepflegt und zur Erreichung seiner

Ziele sich aller geistlichen Waffen bedient, die ihm als Papst zur Verfügung standen. Verhängnisvoll wirkte sich auch seine Finanzpolitik und der Ausbau der sogenannten Reservationen von kirchlichen Benefizien aus, deren Besetzung dem Papst vorbehalten war. Er hat ferner das französische Übergewicht im Kardinalskollegium weiter gesteigert und keine ernstlichen Bemühungen unternommen, die Leitung der Kirche wieder nach Rom zurückzuverlegen.

Zu seinem Nachfolger wählten die Kardinäle am 20. Dezember 1334 den Kardinal Jacques Fournier, BENEDIKT XII. (1334–1342). Er war Zisterzienser, Abt in Fontfroide. 1317 wurde er Bischof von Pamiers, 1326 von Mirepoix und 1327 Kardinal. Als theologischer Gutachter hatte er eine bedeutende Tätigkeit ausgeübt. Nach seiner Wahl stellte er den Abgesandten des römischen Volkes seine baldige Rückkehr nach Rom in Aussicht. Aber schon in den ersten Monaten seines Pontifikates begann er mit dem Bau des festungsartigen Papstpalastes in Avignon. Von der starken Bindung an die französische Politik konnte auch Benedikt XII. sich nicht frei machen. Im Verhältnis zum Reich suchte Benedikt, der ein friedliebender Mann war, die Versöhnung. Auch Ludwig nahm im Frühjahr 1335 Verbindung mit der Kurie auf, um eine friedliche Lösung zu erreichen. Über diese Verhandlungen sind wir durch neue Untersuchungen eingehend unterrichtet. Der Friede scheiterte an der Haltung Philipps IV., der die französischen Interessen durch einen Frieden zwischen dem Reich und dem Papst bedroht sah und eine Rückkehr der Kurie nach Rom befürchtete. So kam es erneut zu Auseinandersetzungen. In Deutschland wandte man sich von der Politik der Kurie ab. Die deutschen Bischöfe verlangten Ende März 1338 in einem Schreiben an den Papst dessen Aussöhnung mit Ludwig. Die deutschen Kurfürsten verbündeten sich und leisteten am 15. Juli 1338 in Oberlahnstein einen „unlösbaren Eid" zur Verteidigung der Ehre und der Rechte des Reiches. Am folgenden Tag erklärten sie auf dem Kurverein von Rhense, daß nach altem Recht der von allen oder von der Mehrheit der Kurfürsten erwählte deutsche König keiner päpstlichen Bestätigung oder Ermächtigung bedürfe, um sofort den Königstitel anzunehmen und die Güter und Rechte des Gesamtreiches zu verwalten.

Auf dem Reichstag in Frankfurt am 6. August 1338 wurde in Erweiterung der Rhenser Beschlüsse festgelegt, daß die kaiserliche Würde dem rechtmäßig erwählten deutschen König zustehe, ohne daß eine päpstliche Bestätigung erforderlich sei, denn die kaiserliche Würde und Gewalt stamme unmittelbar von Gott. Dem Papst war nur mehr die Krönung vorbehalten. Ludwig bezeichnete die über ihn verhängten Zensuren des Papstes für nichtig. Seine Verhandlungen mit der Kurie blieben auch weiterhin ergebnislos.

Innerkirchlich versuchte Benedikt die Mißstände im Stellenbesetzungs- und Steuerwesen abzuschaffen, die Kurie zu reformieren, die Residenzpflicht einzuschärfen und die Orden zu erneuern. Nepotismus kann man ihm nicht vorwerfen. Benedikt XII. zählt mit Recht zu den Reformpäpsten. Er war nicht nur von guten Absichten erfüllt, sondern auch vorbildlich in seiner Lebensführung. Kritisch ist jedoch seine Abhängigkeit von Frankreich, sein Verbleiben in Avignon und sein Verhalten gegenüber Deutschland zu werten.

Als er am 25. April 1342 starb, erfolgte bereits am 7. Mai 1342 die Wahl des neuen Papstes, Pierre Roger de Beaufort: CLEMENS VI. (1342–1352). Er war – wie sein Vorgänger – Südfranzose. Seine Studien hatte er in Paris gemacht, wo er ein gefeierter Kanzelredner wurde. Seine kirchliche Laufbahn verlief folgendermaßen: Er wirkte zunächst als Abt von Fécamp, dann als Bischof von Arras, wurde Erzbischof von Sens, Erzbischof von Rouen und 1338 Kardinal. Als Papst zeigte er sich, als ehemaliger Rat des französischen Königs, der französischen Politik völlig ergeben. So war auch unter ihm an eine Aussöhnung mit Ludwig dem Bayern kaum zu denken. Die Bedingungen, die er Ludwig stellte, waren so hochgespannt, daß die deutschen Reichsstände sie im September 1344 als unannehmbar verwarfen. 1346 sagten sich jedoch fünf Kurfürsten von Ludwig los und wählten am 11. Juli 1346 den Luxemburger Karl IV. zum deutschen König. Noch vor Ausbruch des Bürgerkrieges starb Ludwig am 11. Oktober 1347. Da sein Nachfolger, der thüringische Graf Gunther von Schwarzburg, im Mai 1349 auf das Reich verzichtete und einen Monat später, am 14. Juni 1349, starb, stand Karl IV. kein Rivale mehr gegenüber. Karl, der Pfaffenkönig, der der Kurie große Zugeständnisse machen mußte, hat aber in seiner Regierungszeit die Rechte des Reiches entschieden gewahrt und gehört zu den bedeutenden Herrschern des Spätmittelalters. Mit seiner Genehmigung – als des obersten Lehensherrn – schied die Papststadt Avignon formell aus dem deutschen Reichsverband aus.

Im Jahre 1350 ließ Clemens VI. in Rom das Heilige Jahr feiern. Am 6. Dezember 1352 starb er. Der Kurie in Avignon hatte er den Charakter eines weltlichen Hofes, mit einer großartigen Repräsentation, gegeben. Die Folge war eine große Verminderung der päpstlichen Schätze. Damit verband sich eine finanzielle Mißwirtschaft, die auch die nachfolgenden Pontifikate noch stark belastete.

An dem Konklave nach dem Tode Clemens' VI., das im Papstpalast in Avignon stattfand, nahmen 25 Kardinäle teil. Es dauerte nur zwei Tage, war aber einflußreich, weil in ihm zum ersten Mal eine Wahlkapitulation aufgestellt wurde, in der der wachsende Einfluß des Kardinalskollegiums sichtbar wird. Die Wahlkapitulation, die von allen Kardinälen – wenn auch z. T. mit einer Klausel – beschworen wurde, bestimmte u. a., daß der neue Papst erst dann wieder Kardinäle ernennen dürfe, wenn deren Zahl auf 16 gesunken sei. Ihre Zahl solle aber 20 nicht übersteigen. Für die Ernennung neuer Kardinäle sei die Zustimmung von wenigstens zwei Drittel der Kardinäle erforderlich.

Zum neuen Papst wurde am 18. Dezember Kardinal Étienne Aubert: INNOZENZ VI. (1352–1362), gewählt. Sein Landsmann Clemens VI. hatte ihn 1342 zum Kardinal erhoben, später zum Kardinalbischof von Ostia und zum Großpönitentiar. Bald nach seiner Wahl begann er mit Reformen am Päpstlichen Hof, verminderte den Hofstaat und bemühte sich um eine sparsame Verwaltung der kirchlichen Gelder. Die Wahlkapitulation setzte er nach Beratung mit mehreren Kardinälen und Kanonisten ein halbes Jahr nach seinem Amtsantritt als unvereinbar mit der Fülle der Gewalt des Papstes außer Kraft.

Das große Anliegen des Papstes war die Wiederherstellung der päpstlichen Herrschaft im Kirchenstaat. Das Jubiläumsjahr, das 1350 gefeiert worden war, ließ den Gedanken der Rückkehr der Päpste nach Rom erstarken. Im August 1353 entsandte Innozenz den spanischen Kardinal Aegidius Albornoz als päpstlichen Legaten nach Italien. Er war eine kraftvolle Persönlichkeit und konnte dank seiner hervorragenden Tätigkeit und seiner klugen Verhandlungsweise zum zweiten Gründer des Kirchenstaates werden. Cola di Rienzo, der bereits 1343 Clemens VI. zur Rückkehr nach Rom aufgefordert hatte und 1347 für kurze Zeit die Herrschaft in Rom als Volkstribun übernehmen konnte, wurde zum Senator der Ewigen Stadt ernannt, jedoch schon nach wenigen Monaten, am 8. Oktober 1354, vom Volke gestürzt und erschlagen.

Den Bemühungen Albornoz' gelang es, auch Bologna für den Kirchenstaat zurückzugewinnen und das gesamte Gebiet des Kirchenstaates wieder unter päpstliche Herrschaft zu bringen. Damit schuf er die Voraussetzungen, daß Urban V. im Jahre 1367 nach Italien zurückkehren konnte.

Der deutsche König Karl IV. empfing Ostern 1355 durch den Kardinalbischof von Ostia in Rom die Kaiserkrone, nachdem er im Einvernehmen mit dem Papst seinen Romzug unternommen hatte. Die päpstlichen Ansprüche auf die Bestätigung der deutschen

Königswahl schoben die Fürsten in der Goldenen Bulle, die 1356 als Reichsgesetz verkündet wurde, stillschweigend beiseite, ohne daß es zu einem Protest von seiten des Papstes kam. Im Krieg zwischen Frankreich und England vermittelte Innozenz VI. erfolgreich: 1360 kam es zum Frieden von Brétigny. Seine geplante Romfahrt konnte der Papst jedoch nicht mehr verwirklichen, da er am 12. September 1362 in Avignon starb.

Bei der nachfolgenden Papstwahl wählten die Kardinäle nach einem Konklave von fünf Tagen den Abt von St. Victor in Marseille, Guillaume Grimoard: URBAN V. (1362–1370). Er stammte aus der Nähe von Avignon, war Professor in Montpellier und Avignon und vor seiner Wahl Abt. Der neue Papst behielt seine mönchische Lebensweise bei. Er setzte sich ebenfalls für Einfachheit am päpstlichen Hofe ein. Das Verhältnis zu den Kardinälen war nicht vertrauensvoll, aber Urban machte sich verdient durch die Förderung von Kollegien und Bursen und kann als der sympathischste aller Avignoner Päpste bezeichnet werden. Dem Ruf nach Rückverlegung der päpstlichen Kurie nach Rom verschloß er sich nicht. In diesem Sinne war Kaiser Karl IV. 1365 bei seinem Besuch in Avignon bei ihm vorstellig geworden. Auch Petrarca bat den Papst um Rückkehr, besonders aber die hl. Birgitta. Die Gegenvorstellungen des französischen Hofes und der französischen Kardinäle konnten den Papst nicht von seinem Vorhaben abbringen. Am 30. April 1367 verließ er Avignon und zog am 16. Oktober in Rom ein. 1368 erschien der Kaiser zum zweiten Mal in Rom und versuchte in Italien Frieden zu stiften, ohne ihn dem zerrissenen Land wiedergeben zu können. Der Papst erkannte die kaiserliche Oberhoheit Karls IV. an.

In Rom bemühte sich der Papst um die Renovation der römischen Kirchen, vor allem um die Renovation von Sankt Peter und der Lateranischen. Im September 1368 ernannte er fünf Franzosen, einen Engländer und einen Italiener zu Kardinälen. Der inneren Schwierigkeiten im Kirchenstaat konnte er nicht Herr werden und kehrte im Herbst 1370 – trotz der Warnung der hl. Birgitta und der hl. Katharina von Siena – nach Avignon zurück. Am 5. September 1370 verließ er Rom und traf am 27. September wieder in Avignon ein. Für viele Zeitgenossen war die Rückkehr des Papstes nach Frankreich eine arge Enttäuschung. Die hl. Birgitta kündigte ihm einen baldigen Tod an: Am 19. Dezember 1370 starb der Papst.

Zehn Tage später traten die Kardinäle zum Konklave zusammen und wählten am 30. Dezember Kardinal Petrus Rogerii, einen Neffen Clemens' VI. Dieser nannte sich GREGOR XI. (1370–1378). Die große Aufgabe seines Pontifikates war die Rückführung des Papsttums nach Rom. Seit 1372 hat er – trotz der starken französischen Widerstände – wiederholt die Rückkehr nach Rom angekündigt. Im Herbst 1376 folgte der Papst endlich den dringenden Mahnungen der hl. Katharina und verließ am 13. September Avignon. Mit 13 Kardinälen hielt Gregor seinen feierlichen Einzug in Rom und nahm seinen Sitz im Vatikan. Die Rückführung der Kurie war im Januar 1377 vollendet. Eine Besserung der politischen Schwierigkeiten konnte er nicht erreichen. Am 27. März 1378 starb Gregor XI., der letzte Papst französischer Nationalität.

Der fast siebzig Jahre dauernde Aufenthalt der Kurie in Avignon hat in der bisherigen Forschung eine negative Beurteilung erfahren, wenn auch neuere Untersuchungen leichte Korrekturen brachten. Die Abhängigkeit von Frankreich bedeutete für die universale Aufgabe der Päpste eine Belastung, hinzu kam der ausgeprägte Nepotismus verschiedener Avignoner Päpste. Besondere Kritik haben das Stellenbesetzungssystem, der große Finanzbedarf und die Besteuerungspraxis hervorgerufen. Die Forderung nach einer Reform der Kirche an Haupt und Gliedern wurde immer dringender.

§ 25

*Die Päpste in der Zeit des Abendländischen Schismas und der Reformkonzilien*

Das Exil in Avignon, durch das das Ansehen des Papsttums stark geschädigt wurde, hatte zugleich die Voraussetzungen geschaffen für das kommende Schisma. Die überwiegende Zahl der Kardinäle – elf von sechzehn –, die nach dem Tode Gregors XI. sich in Rom versammelten, waren Franzosen, obschon sechs Mitglieder des Kardinalskollegiums in Avignon geblieben waren. Es handelte sich um die erste Papstwahl, die seit 75 Jahren wieder in Rom stattfand. Die Sorge der Römer war verständlich, daß die Wahl eines französischen Papstes für Rom wiederum den Verlust des Sitzes des Papsttums bringen könnte. Deshalb verlangten sie stürmisch die Wahl eines Römers oder wenigstens eines Italieners zum Papst. Nur mit Mühe konnten Bewaffnete aus dem Konklave, das am 8. April 1378 zusammentrat, entfernt werden. Angesichts der Mehrheitsverhältnisse im Kardinalskollegium mußte man mit einer langwierigen Wahl rechnen. Aber unter dem Druck der demonstrierenden Römer wählten die Kardinäle bereits am ersten Tag den Erzbischof von Bari, Bartolomeo Prignano, den Regens der päpstlichen Kanzlei, zum Papst. Er nannte sich URBAN VI. (1378–1389). Urban war gebürtiger Neapolitaner und ist der letzte Papst, der nicht aus dem Kardinalskollegium hervorging.

Bevor Urban VI. befragt werden konnte, ob er die Wahl annehme, stürzten die Römer ins Konklave. Die Volksmenge wurde dadurch beschwichtigt, indem man den alten römischen Kardinal Tebaldeschi als den Gewählten bezeichnete. Trotz seines Sträubens wurde er von der Menge inthronisiert. Der Irrtum klärte sich auf, und die Römer gaben sich mit der Wahl Urbans VI. zufrieden. Am folgenden Tag, am 9. April 1378, fand die feierliche Inthronisation Urbans statt, an der die Kardinäle teilnahmen. Die Krönung erfolgte am 18. April. Die Kardinäle sandten Wahlanzeigen an die Fürsten und ließen sich von ihnen ihre Benefizien bestätigen. Aber die Freiheit der Wahl Urbans war eingeschränkt gewesen. Als es bald darauf zu Auseinandersetzungen und Zusammenstößen zwischen den Kardinälen und dem Papste kam, erhoben sich Stimmen, die von einer ungültigen Wahl sprachen. Im Juni verließen die Kardinäle mit päpstlicher Erlaubnis Rom und fanden sich in Anagni ein, wohin die Kurie verlegt worden war. Hier kam es zu neuen Beratungen. Die Kardinäle erörterten eine mögliche Neuwahl des Papstes unter normalen Umständen, sprachen von einem Konzil und von einem nicht voll regierungsfähigen Papst. Sie trugen ihre Bedenken dem Papst vor: er habe kein Recht auf die päpstliche Würde, er müsse entweder wiedergewählt oder anderweitig versorgt werden. Am 20. Juli 1378 erklärten die französischen Kardinäle die Ungültigkeit der Papstwahl. Die weiteren Verhandlungen waren schwierig. Die Kardinäle fanden sich in Fondi zu neuen Beratungen zusammen, deren Ergebnis lautete, daß eine Neuwahl des Papstes notwendig sei. So wählten sie am 20. September den Kardinal Robert von Genf zum Papst, der den Namen CLEMENS VII. (1378–1394) annahm. Da gegen Urban kein ordnungsgemäßes Verfahren eingeleitet war und er auf der Rechtmäßigkeit seiner Wahl bestand, wurde das Schisma Wirklichkeit.

Hier erhebt sich die schwierige Frage: Welcher Papst war der rechtmäßige? Die weithin vertretene Auffassung, daß der Pontifikat Urbans VI. als rechtmäßig zu gelten habe, ist in den letzten Jahrzehnten modifiziert worden. Zwar haben die Kardinäle zu einer Zeit, da jeder Anlaß zur Furcht geschwunden war, Urban VI. anerkannt, aber damit ist die Gültigkeit der Wahl noch nicht bestätigt. Umgekehrt jedoch wird man auch die Wahl Clemens' VII. nicht als rechtmäßig bezeichnen können. Sie stand zu sehr unter dem Einfluß der französischen Kardinäle, die sich enttäuscht darüber zeigten, daß Urban VI. sich entschieden von der Politik der Avignoner Päpste abwandte. Als Argument gegen Urban machten sie – neben der tumultuarischen Wahl – geltend, daß dieser wegen offenkundiger Geistesgestörtheit unfähig sei, das päpstliche Amt innezuhaben. Aber der Verdacht der Geistesgestörtheit war nicht ausreichend, um ohne Prozeß zu einer Neuwahl des Papstes schreiten zu können. Die nachfolgenden Jahre seines Pontifikates haben zudem diesen Verdacht der Geistesgestörtheit nicht bestätigt, trotz der Härte und des Starrsinns, die Urban zeigte.

Angesichts dieser Tatsachen kann die Frage nach der Legitimität Urbans oder Clemens' nicht mit Sicherheit entschieden werden. Die militärische Auseinandersetzung in Rom fiel zugunsten Urbans VI. aus. Clemens VII. nahm 1379 seinen Wohnsitz in Avignon und baute dort eine zweite Kurie auf. Er begann mit der Ernennung von 29 Kardinälen, von denen aber mehrere die Ernennung durch ihn ablehnten. Jetzt gab es ein doppeltes Papsttum, eine doppelte Kurie. Das Große Abendländische Schisma, wie man die fast vierzig Jahre dauernde Kirchenspaltung nennt, fügte dem Papsttum unersetzlichen Schaden zu. Die Notwendigkeit des päpstlichen Primats wurde bezweifelt. Einzelne Theologen vertraten die Auffassung, die sich bereits bei Wilhelm von Ockham findet, daß die wahre Kirche auch aus einer einzigen Frau bestehen könne. Die doppelte Kurie, die Kämpfe zwischen den beiden Päpsten forderten zahlreiche Geldmittel, die von den Gläubigen aufgebracht werden mußten. Ihre steuerliche Belastung erhöhte sich weiter. Der Einfluß des Staates auch in innerkirchlichen Angelegenheiten wuchs, da die Päpste den Fürsten zahlreiche Zugeständnisse machen mußten, um ihre Anerkennung zu bewahren oder zu erreichen.

So hatte Clemens VII., bevor er Italien verließ, um nach Avignon zu gehen, 1379 Ludwig von Anjou, den jüngeren Bruder des französischen Königs, mit Gebieten des nördlichen Kirchenstaates belehnt. Italien wäre damit fast ganz unter den Einfluß Frankreichs gekommen. Aber Ludwig konnte sich gegen Karl III. von Durazzo, den König von Neapel, nicht durchsetzen.

Im Kirchenstaat sicherte Urban VI. seine Herrschaft. Er nahm am 20. November 1378 den Kampf gegen die Königin Johanna I. von Neapel auf, die von ihm abgefallen war und Clemens VII. im Mai 1379 in Neapel einen glänzenden Empfang bereitet hatte. Johanna adoptierte Ludwig von Anjou und bestimmte ihn zum Thronerben. Urban VI. als Oberlehnsherr setzte jedoch 1380 die Königin ab und übertrug Neapel dem Vetter der Königin, Karl von Durazzo, der am 2. Juni 1381 zum König von Neapel gekrönt wurde. Später überwarf sich Urban VI. mit Karl, da dieser nicht bereit war, einem Neffen des Papstes, Francesco Prignano, wie vereinbart, Teile seines Reiches zu überlassen. 1385 nahm Karl von Neapel an der Verschwörung mehrerer Kardinäle teil, die Urban absetzen wollten. Der Papst ging scharf gegen die Verschwörer vor, bannte den König und ließ sechs Kardinäle gefangennehmen und im Kerker töten. Dieses grausame Vorgehen fand heftige Kritik, und mehrere Kardinäle wandten sich jetzt von Urban VI. ab und gingen zu Clemens über. In Italien wurde Urban fast allgemein anerkannt, ebenso im Reich, in England, in Ungarn, in den östlichen und nordischen Ländern. Clemens dagegen konnte auf die Unterstützung von Frankreich, Spanien, Schottland und den von ihm abhängigen Gebieten Burgund, Savoyen und Neapel rechnen. Daneben gab es eine Reihe von Ländern, die eine unentschiedene Haltung einnahmen.

Da Urban VI. seinen Rivalen Clemens als Eindringling und seine Anhänger mit der Exkommunikation belegt und Clemens VII. seinerseits Urban und dessen Anhänger gebannt hatte, war nominell die gesamte Christenheit im Bann. Besonders negativ wirkte es sich aus, daß beide Päpste eine lebhafte Tätigkeit entfalteten, um ihre Einflußmöglichkeiten zu erweitern, und deshalb Bischöfe ernannten und Benefizien verteilten, um deren tatsächlichen Besitz es dann zahlreiche Kämpfe gab. Die Spaltung ergriff sogar die Orden, die Dom- und Stiftskapitel.

Im Jahre 1388 kehrte Urban VI. nach Rom zurück, wo er am 15. Oktober 1389 starb. Bei seinem Tode gab es eine in zwei Lager gespaltene Kirche, in der sich „Clementisten" und „Urbanisten" gegenüberstanden. So hinterließ Urban VI. seinem Nachfolger ein trauriges Erbe.

Nach der vorgeschriebenen Frist traten die Kardinäle in Rom zum Konklave zusammen und wählten nach acht Tagen, am 2. November, den Kardinal Pietro Tomacelli, der den Namen BONIFAZ IX. (1389–1404) annahm. Er stammte aus Neapel. Als Papst belehnte er den Sohn des 1386 in Ungarn ermordeten Karl von Neapel, der sich dank der päpstlichen Unterstützung gegen Ludwig von Anjou durchsetzen konnte. Neapel war jetzt wieder für die römische Obödienz gewonnen. Auch im Kirchenstaat und in Rom konnte Bonifaz IX. seine Macht festigen. Innerkirchlich erwies sich jedoch sein ausgeprägter Nepotismus und sein Finanzgebaren als bedenklich. Man darf ihn als eine betont weltliche Herrschernatur (Esch) bezeichnen. Um die Beendigung des Schismas hat er sich kaum bemüht.

Clemens VII. starb am 16. September 1394. Am 28. September wählten daraufhin die Kardinäle in Avignon einen Nachfolger, obschon die französische Regierung und die Pariser Universität einen Aufschub der Wahl gefordert hatten. Die Wahl fiel auf Pedro de Luna: BENEDIKT XIII. (1394–1417 bzw. 1423). Er verpflichtete sich im Konklave eidlich, mit allem Eifer für die Union der Kirche zu sorgen, und erklärte sich bereit zurückzutreten, falls die Kardinäle seine Abdankung für erforderlich hielten. Nach seiner Wahl stand er jedoch Rücktrittsforderungen ablehnend gegenüber und schlug statt dessen die Behebung des Schismas durch eine persönliche Zusammenkunft mit dem römischen Papst vor. In Frankreich hatte das sogenannte erste Pariser Konzil, das vom 3. bis 8. Februar 1395 tagte, als den allein gangbaren Weg zur Behebung des Schismas die Abdankung beider Päpste bezeichnet: die „via cessionis", die bereits seit Jahren vorgeschlagen worden war. Auch in den beiden Kardinalskollegien sah die Mehrheit die Abdankung als die einfachste Lösung zur Beendigung der Spaltung an. Am 22. Mai 1395 traf eine Abordnung mit dem Oheim des französischen Königs und seinen Brüdern an der Spitze sowie vielen Sachverständigen in Avignon ein und trug dem Papst den Wunsch des französischen Königs nach Abdankung vor. Benedikt gab jedoch zunächst eine ausweichende, dann eine ablehnende Antwort: Die „via cessionis" wollte er nicht akzeptieren. Größeren Erfolg hatten die Gesandten bei den Kardinälen. Die meisten von ihnen gaben ihre Zustimmung zur „via cessionis". Der französische Hof bemühte sich durch Gesandtschaften nach Deutschland, England und Spanien um allgemeine Zustimmung zu diesem Vorschlag. Benedikt sah sich jetzt zu Verhandlungen mit dem römischen Papst veranlaßt. Er versuchte durch ein Übereinkommen, die sogenannte „via conventionis", das Schisma zu überwinden. Aber Angebote zu einem Treffen beider Päpste oder zu Gesprächen ordentlicher Bevollmächtigter wurden von Bonifaz IX. zurückgewiesen.

Von Bedeutung war die dritte Pariser Synode, die Mai/August 1398 tagte und die Obödienzentziehung beschloß: Durch Zurückhaltung seiner Einkünfte aus Frankreich sollte Benedikt XIII. zur Abdankung gezwungen werden. Die sogenannte Subtraktionsurkunde trägt das Datum vom 27. Juli 1398. Die Beschlüsse der Synode fanden fast allgemeine Zustimmung. In Avignon verließen 18 Kardinäle Benedikt XIII.

Im Herbst 1398 begann die Belagerung des Papstpalastes in Avignon, der jedoch nicht erobert werden konnte. Im Mai 1399 kam es zu einem Waffenstillstand und zum Abzug des größten Teils der Besatzung. Trotzdem blieb Benedikt eingeschlossen und konnte erst am 11./12. März 1403 aus der Papstfestung in die Provence fliehen, die 1402 zur Obödienz Benedikts XIII. zurückgekehrt war. Bald nach seiner Befreiung schickte Benedikt Gesandtschaften nach Rom. Seine Vorschläge lauteten, daß es zu einem Zusammentreffen der beiden Päpste oder zu Verhandlungen durch Bevollmächtigte bzw. zum Rücktritt kommen solle. Bonifaz lehnte jedoch ab. Als die Gesandtschaft von Avignon in Rom weilte, starb Bonifaz IX. am 1. Oktober 1404.

Zum neuen Papst wählten die römischen Kardinäle bereits am 17. Oktober INNOZENZ VII. (1404–1406), unter dem keine Unionsverhandlungen geführt wurden. Nach dessen frühem Tod bat Benedikt XIII. die römischen Kardinäle, von einer Neuwahl des Papstes abzusehen. Jedoch bereits vor Ankunft der Gesandten war Angelo Correr, GREGOR XII. (1406–1415), gewählt worden. In der Nacht nach seiner Wahl erklärte sich Gregor zum Rücktritt bereit, wenn auch Benedikt zurücktreten würde und diese Bereitschaft in Briefen an Könige, Fürsten usw. ausspräche. Nach weiteren Unterredungen kam es am 21. April 1407 zum Vertrag von Marseille, in dem u. a. das Zusammentreffen der beiden Päpste am Michaelstag 1407 in Savona bei Genua vereinbart wurde. Erst Anfang August reiste Gregor XII. von Rom aus zunächst nach Siena, wo er Anfang September eintraf. Benedikt zog noch vor dem Michaelstag in Savona ein und ließ die Hälfte der Stadt frei für Gregor. Dieser kam jedoch nicht selbst, sondern schickte Gesandte mit Entschuldigungen und der Bitte um einen neuen Termin. Beide Päpste näherten sich einander bis auf wenige Kilometer, trafen aber nicht persönlich zusammen und verhinderten durch ihr Verhalten das Einigungswerk der Kirche. Daraufhin verließen im Mai 1408 die römischen Kardinäle Gregor XII. Sie begaben sich von Lucca nach Pisa und appellierten an ein künftiges Allgemeines Konzil.

Benedikt XIII. verlor durch die Ermordung des Herzogs von Orléans im Jahre 1407 seinen Rückhalt in Frankreich, das ihm die Obödienz aufkündigte und im Frühjahr 1408 zur Neutralität überging. Benedikt antwortete darauf mit der Veröffentlichung der seit langem vorbereiteten Exkommunikationsbulle und berief für Allerheiligen 1408 ein Konzil nach Perpignan, wo er Ende Juli eintraf. Jedoch war der größte Teil seiner Kardinäle ihm nicht gefolgt. Sie gingen vielmehr nach Livorno und vereinbarten am 29. Juni mit den Kardinälen Gregors XII. die Einberufung eines Ökumenischen Konzils, das die Einheit der Kirche wiederherstellen sollte. Als Termin wurde der Februar 1409 vorgesehen, als Tagungsort wählte man Pisa. Die entscheidende Frage war, ob das von den Kardinälen berufene Konzil eine entsprechende Anerkennung finden würde. Tausende von Einladungen ergingen an die Fürsten, Bischöfe und Städte. Diesen Bemühungen war ein voller Erfolg beschieden. Das Konzil von Perpignan, das im November 1408 begann, konnte hauptsächlich Besuch aus Südfrankreich und Spanien aufweisen. Hier gab Benedikt XIII. eine ausführliche Darstellung seiner Unionsbemühungen. Aber alle Versuche, ihn zum Rücktritt zu bewegen, scheiterten, wenn es auch zur Entsendung einer Gesandtschaft zum Konzil von Pisa kam. Am 26. März 1409 wurde das Konzil in Perpignan unterbrochen.

In Pisa konnte das Konzil am 25. März 1409 im Dom feierlich eröffnet werden. 24 Kardinäle, 4 Patriarchen, 80 Erzbischöfe und Bischöfe, ebensoviele Äbte, die Prokuratoren von über hundert Bischöfen und über hundert Äbten, die Generale der großen Orden und die meisten Königshöfe Europas waren vertreten. Auf dem Konzil spielte der Patriarch von Alexandrien, Simon de Cramaud, das Haupt der französischen Gesandtschaft, eine führende Rolle. In der ersten Sitzung des Konzils am 26. März hielt der Kardinal von Mailand, Petrus Philargi, der spätere Konzilspapst Alexander V., die Eröffnungspredigt. Darin betonte er das Recht der Kardinäle zur Konzilsberufung. In erster Linie seien zwar die beiden Päpste verpflichtet gewesen, einen Weg zur Einigung zu finden, entweder durch den beiderseitigen freiwilligen Verzicht oder durch die Berufung eines Allgemeinen Konzils. Den ersten Weg, den er als den kanonisch richtigeren und ehrenhafteren Weg bezeichnete, hätten die Päpste leider nicht beschritten, den zweiten Weg könnten sie nicht gehen, weil keiner von beiden angesichts der gegenseitigen Verfeindung in der Lage sei, eine an die Universalkirche gerichtete Berufung zu einem Allgemeinen Konzil ergehen zu lassen. Deshalb hätten die Kardinäle das Recht und die Pflicht gehabt, die Konzilsberufung vorzunehmen. Die beiden Päpste seien verpflichtet, vor dem Konzil zu erscheinen und jedes Opfer für die Wiederherstellung der Einheit der Kirche zu bringen.

Die Hauptaufgabe des Konzils war der Prozeß gegen die beiden Päpste Gregor XII. und Benedikt XIII. Am 4. Mai ernannte man eine Untersuchungskommission. Die beiden Päpste wurden wiederholt vor die Synode zitiert und in der 15. Sitzung am 5. Juni 1409 als notorische Schismatiker, Begünstiger des Schismas und notorische Häretiker und Eidbrecher abgesetzt, weil sie gegen den Glaubensartikel von der Einen Heiligen Kirche verstoßen und ihren Eid gebrochen hätten. Das Konzil bestimmte, daß man nicht eher auseinandergehen dürfe, bis die Reform der Kirche an Haupt und Gliedern erfolgt sei. Am 26. Juni 1409 wählte man den Kardinal von

Mailand, Petrus Philargi: ALEXANDER V. (1409–1410), zum Papst. Er war gebürtiger Grieche, trat in den Franziskanerorden ein, studierte in Oxford, Paris und Pavia und wurde 1402 Erzbischof von Mailand, 1405 Kardinal und Legat. Nach der Krönung des Papstes am 7. Juli 1409 reisten viele Konzilsteilnehmer ab. Die Aufgabe der Kirchenreform war freilich nicht so rasch zu erledigen. Eine Reformkommission wurde zwar benannt, nahm jedoch die Arbeit nicht mehr auf. Zum Zweck der Reform berief man ein neues Konzil für 1412 und forderte die Konzilsteilnehmer auf, durch Diözesan- und Provinzialsynoden die Reformarbeit voranzutreiben. Am 7. August 1409 wurde das Pisanum beendet, ohne daß der neugewählte Papst seine Verpflichtung erfüllt hatte, eine Reform der Kirche noch auf dem Konzil zu beginnen. Das Konzil hat leider nicht die Einheit der Kirche herbeigeführt. Es war bereits zur Erfolglosigkeit verurteilt, als die Gesandten des deutschen Königs Ruprecht in Pisa eintrafen und die Neuberufung eines wahrhaft Allgemeinen Konzils verlangten. Als Sprecher der Gesandtschaft appellierte Konrad von Soest am 19. April 1409 an ein kommendes, wahrhaft Allgemeines Konzil.

Nachdem Benedikt XIII. und Gregor XII. nicht zurücktraten, hatte die Christenheit jetzt drei Papstprätendenten zu ertragen. Statt zur Einheit war man von der „verruchten Zweiheit" zur „verfluchten Dreiheit" gekommen. In diesen Worten liegt nicht eine unberechtigte Abwertung des Konzils von Pisa, sondern eine Feststellung. Ein Fehler der Konzilsberufer von Pisa lag darin, daß sie es versäumt hatten, mit dem deutschen König als dem Schützer der Kirche zu einer Verständigung zu kommen. Ohne ihn war aber eine Beendigung der Spaltung nicht denkbar.

Gregor XII. hatte im Sommer 1409 ein Konzil in Cividale abgehalten, das am 6. Juni eröffnet worden war. Hier wiederholte Konrad von Soest am 2. August 1409 im Namen des deutschen Königs seine Pisaner Konzilsappellation.

Der vom Pisaner Konzil gewählte Papst Alexander V. nahm seinen Sitz in Bologna. Wenn er auch von einem großen Teil der Christenheit anerkannt wurde, so blieben doch der deutsche König Ruprecht, Ladislaus von Neapel und Teile Mittelitaliens Gregor XII. treu, und Benedikt XIII. konnte seine Position auf der Pyrenäenhalbinsel weiterhin behaupten.

Von dem Wirken Alexanders V. ist nichts Bedeutendes zu berichten. Er starb bereits im Mai 1410. In Kardinal Baldassare Cossa, JOHANNES XXIII. (1410–1415), der Alexanders Wahl veranlaßt hatte, fand er einen Nachfolger. Der neue Papst war jedoch mehr

Krieger und Politiker als Nachfolger des hl. Petrus. Er galt als gewalttätig und habsüchtig. Von ihm war weder die Kirchenreform noch die Einheit der Kirche zu erwarten. Die auf dem Konzil von Pisa festgelegte Reformsynode – sie tagte 1412–1413 in Rom – hat für die Kirchenreform keinerlei Bedeutung erlangt. Bei der Vertagung dieser römischen Synode wurde gleichzeitig ein neues Konzil angekündigt.

Im Juni 1413 mußte Johannes XXIII., von König Ladislaus von Neapel bedroht, Rom verlassen, und er fand Zuflucht in der Nähe von Florenz. Als aber Ladislaus über Rom nach Norden vorstieß und Florenz die Annäherung an Ladislaus beschloß, war Johannes auf die Unterstützung des deutschen Königs Siegmund angewiesen, der mit Eifer die Berufung eines Allgemeinen Konzils in Deutschland betrieb. Ende Juli entsandte Johannes die Kardinäle Chalant und Zabarella zu Verhandlungen mit Siegmund, die im Oktober 1413 bei Como stattfanden. Ihr Ergebnis war die Konzilsankündigung durch König Siegmund am 30. Oktober: Am 1. November 1414 werde sich in Konstanz ein Ökumenisches Konzil versammeln. Zugleich vereinbarte man ein Treffen zwischen König und Papst. Die Besprechungen begannen am 25. November 1413 in Lodi. Am 9. Dezember erließ Johannes XXIII. die Berufungsbulle für das Konzil, das am Allerheiligenfest 1414 in Konstanz zusammentreten sollte. Als Aufgaben des Konzils nannte der Papst: 1. die Beseitigung des Schismas, 2. die Reform der Kirche an Haupt und Gliedern, 3. die Überwindung der Irrlehren.

Bereits am 28. Oktober 1414 zog Johannes XXIII. feierlich in Konstanz ein, von der Bevölkerung begeistert begrüßt. Er hatte sich nur widerwillig zum Zug nach Konstanz entschlossen und sich nach verschiedenen Seiten hin abgesichert, u. a. durch Verträge mit Friedrich von Österreich und dem Herzog von Lothringen. So hatte Johannes XXIII. am 15. Oktober 1414 Friedrich von Österreich zum Generalhauptmann der römischen Kirche mit einem Jahresgehalt von 6000 Gulden ernannt und diesen verpflichtet, ihm in Konstanz Schutz und Sicherheit zu gewährleisten.

Am 5. November 1414 ließ Johannes XXIII. beim feierlichen Eröffnungsgottesdienst im Konstanzer Münster verkünden, daß er das Konzil nach Konstanz berufen habe, damit es die Pisaner Synode fortsetze und bestätige. Das Konzil müsse den noch bestehenden Obödienzen Gregors und Benedikts endgültig den Boden entziehen. In der Eröffnungssitzung des Konzils am 16. November mahnte Johannes XXIII., der auf der Synode präsidierte, die Konzilsteilnehmer – nur 16 Kardinäle und 32 Bischöfe waren anwesend –, zum Wohl der Kirche auf dem Wege des Pisaner Konzils weiterzugehen. Mitte November 1414 trafen die Gesandten Gregors XII. ein. Ihr Führer war Kardinal Johannes Dominici von Ragusa. Der Rat der Stadt Konstanz wies ihnen das Augustinerkloster als Wohnung zu. Der Kardinal ließ das Papstwappen Gregors am Hause anbringen, das jedoch bereits in der ersten Nacht von Anhängern der Pisaner Partei abgerissen wurde. Am 20. November beschwerte sich der Kardinal in der Generalkongregation über dieses Vorgehen, und es kam zu einer erregten Aussprache. Es ging um die grundsätzliche Frage, ob die Gesandten Gregors XII. das Recht hätten, sich als päpstliche Gesandte zu bezeichnen und das Papstwappen zu führen. Es kam zur Annahme eines Vermittlungsvorschlages, nach dem es den Gesandten zwar verboten wurde, Gregors Wappen zu führen, Gregor XII. aber päpstliche Ehrenbezeigungen zugesichert wurden, wenn er persönlich zum Konzil kommen werde. Das gleiche gelte für Benedikt und seine Gesandten.

Schon hier wurde deutlich, daß nach Ansicht der Konzilsteilnehmer nur ein Rücktritt aller drei Päpste eine erfolgreiche Beendigung des Schismas ermöglichen konnte. Das war auch die Vorstellung von König Siegmund, der am 24. Dezember 1414 in Konstanz eintraf. Am 29. Dezember erschien der König zum ersten Mal in der Generalkongregation und berichtete dabei ausführlich über seine Verhandlungen mit Gregor XII. und Benedikt XIII. Am 4. Januar 1415 setzte er den Beschluß durch, die Gesandtschaften Gregors und Benedikts vor dem Konzil anzuhören und ihnen die päpstlichen Privilegien zuzuerkennen. Damit war die Vorrangstellung Johannes' XXIII. gebrochen und alle drei Päpste als gleichberechtigt anerkannt. Am 12. und 13. Januar empfing der König die Gesandten Benedikts und besprach mit ihnen den Plan eines persönlichen Zusammentreffens zwischen Siegmund und Papst Benedikt, das im April 1415 in Nizza stattfinden sollte. Die Gesandten Gregors, die Siegmund am 22. Januar 1415 empfing, überbrachten die Erklärung des Papstes, daß er zum freiwilligen Rücktritt bereit sei, wenn Johannes XXIII. und Benedikt XIII. ebenfalls resignierten. Damit war ein wichtiger Schritt auf dem Wege zur Einheit getan. Durch einen neuen Abstimmungsmodus, die Abstimmung nach Nationen – jede der vier auf dem Konzil vertretenen Nationen besaß je eine Stimme –, gelang es, das Übergewicht der Italiener und damit der Anhänger Johannes' XXIII. zu brechen. Der Gedanke des Amtsverzichtes aller drei Päpste setzte sich auf dem Konzil durch. Die Päpste reagierten auf den Rücktrittsvorschlag sehr unterschiedlich. Johannes XXIII., der unter dem Druck der gegen ihn erhobenen

Anklagen als Schismatiker und Häretiker, wegen seines skandalösen Vorlebens, wegen Simonie, wegen Verschleppung der Union sich am 16. Februar zunächst zur Abdankung bereit erklärt hatte, mußte in einem förmlichen Prozeß in Konstanz abgesetzt werden. In der Nacht vom 20. auf den 21. März war er aus Konstanz nach Schaffhausen geflohen, das unter der Herrschaft von Friedrich von Österreich, seines Schützers, stand. Seine Absicht, das Konzil in Konstanz zu sprengen, scheiterte durch das Eingreifen Siegmunds. Seine Flucht versuchte Johannes XXIII. mit seiner Angst vor Siegmund zu begründen. Angeblich sei er in Konstanz seines Lebens nicht mehr sicher gewesen, und dem Konzil hätten jegliche Freiheit und Sicherheit gefehlt. Am 29. März 1415 verließ Johannes Schaffhausen und begab sich nach Laufenburg, da er sich auch in Schaffhausen nicht mehr sicher fühlte. Am 30. März widerrief er sein dem Konzil gegebenes Zessionsversprechen als erzwungen und ungültig.

Daraufhin berief Siegmund am 5. April 1415 eine Generalkongregation in das Konstanzer Münster, wo die durch die erneute Flucht Johannes' XXIII. geschaffene Situation erörtert wurde. Am folgenden Tag, dem 6. April, beschloß das Konzil in seiner fünften Sitzung, daß das im Heiligen Geist rechtmäßig versammelte, Allgemeine Konzil die gesamte streitende Kirche repräsentiere und seine Gewalt unmittelbar von Gott habe und daß jedermann, auch der Papst, dem Konzil gehorchen müsse in Fragen des Glaubens, der Beseitigung des Schismas und der Reform der Kirche an Haupt und Gliedern.

Johannes XXIII. wurde zur Rückkehr nach Konstanz und zur Erfüllung seines Verzichtes aufgefordert, sonst werde das Konzil gegen ihn als Begünstiger des Schismas vorgehen. Am 17. April arbeitete man den Entwurf einer päpstlichen Abdankungsurkunde aus, und zwei Tage später reiste eine Konzilsgesandtschaft zu Johannes. Aber dieser war nicht bereit, persönlich vor dem Konzil zu erscheinen. Daraufhin wurde am 13. Mai der Antrag auf Suspension Johannes' XXIII. gestellt und diese bereits am 14. Mai ausgesprochen. Johannes, der inzwischen in Freiburg verhaftet und am 17. Mai nach Radolfzell gebracht worden war, erklärte jetzt seine Unterwerfung unter das Konzil. Seine Absetzung erfolgte am 29. Mai 1415.

Gregor XII. war grundsätzlich zum Verzicht bereit. Am 4. Juli 1415 verlas sein Prokurator, Fürst Karl Malatesta, die Abdankungsurkunde, nachdem er das Konzil zuvor noch einmal in Gregors Namen berufen hatte.

Am schwierigsten gestalteten sich die Verhandlungen mit Benedikt XIII. Die im Herbst 1415 in Perpignan geführten Unterredungen zwischen dem Papst, Siegmund und einer Konzilsgesandtschaft scheiterten u. a. an der Forderung Benedikts, als der einzig rechtmäßige – weil noch vor dem Schisma ernannte – Kardinal, die nach seiner Abdankung zu vollziehende Papstwahl vorzunehmen. Die Gespräche mit Benedikt brachten aber insofern einen Erfolg, als im Vertrag von Narbonne vom 13. Dezember 1415 der größte Teil seiner Anhänger sich zum Anschluß an das Konstanzer Konzil entschied. Nach Eintreffen der ersten Abordnungen aus der ehemaligen Obödienz Benedikts in Konstanz begann am 5. November der Papstprozeß, der am 26. Juli 1417 mit der Absetzung Benedikts XIII. beendet wurde.

Dieser hatte noch am 8. April 1417 die Teilnehmer des Konstanzer Konzils exkommuniziert. Seine Absetzung durch das Konzil nahm er nicht zur Kenntnis. Da dem Konzil die Machtmittel zum Vorgehen gegen Benedikt fehlten, blieb das Schisma weiter bestehen. Als Benedikt am 23. Mai 1423 starb, wählte man den allerdings unbedeutenden Gil Sánchez Muñoz: CLEMENS VIII. (1423–1429), am 10. Juni 1423 zu seinem Nachfolger, der am 26. Juli 1429 resignierte, als ihm König Alfonso V. seine Unterstützung entzog. Damit war das Schisma endgültig beseitigt.

Auf dem Konzil aber entzündete sich die Streitfrage: Soll man zunächst die Wahl eines neuen Papstes vornehmen oder die Reformfrage vordringlich behandeln? König Siegmund bemühte sich, die hauptsächlichen Reformprobleme vor der Wahl erörtern und entscheiden zu lassen. Jedoch konnte er sich mit diesem Vorschlag auf dem Konzil nicht durchsetzen. Das Konzil begründete die Ablehnung eines entsprechenden Antrags der Deutschen Nation mit der Feststellung, daß der gewählte Papst nicht gebunden werden dürfe. Am 9. Oktober 1417 wurden fünf der vorbereiteten Reformdekrete beschlossen und publiziert. Das bedeutendste war das sogenannte Dekret „Frequens". Es bestimmte, daß das nächste Konzil nach fünf, das zweite nach sieben und die weiteren Konzilien in einem Abstand von je zehn Jahren gehalten werden sollten, um dadurch die Konzilien zu einer ständigen Einrichtung in der Kirche zu machen.

Das Dekret hat jedoch praktisch keine größere Bedeutung erlangt, wenn es auch 1423 gemäß „Frequens" zur Berufung des Konzils von Pavia-Siena und 1431 des Konzils von Basel kam. Seitdem beriefen sich die Reformschriftsteller, aber auch die Kurie – selbst Papst Julius II. – auf „Frequens", aber eine päpstliche Konzilsberufung fand bis zum Fünften Laterankonzil 1512 nicht statt.

Das zweite Konstanzer Reformdekret versuchte ein künftiges

Schisma zu verhindern. Die weiteren Konzilsbeschlüsse schrieben u. a. vor, daß der Papst vor seinem Amtsantritt ein Glaubensbekenntnis abzulegen habe. Sie wandten sich ferner gegen den päpstlichen Zentralismus.

Nachdem auf der 40. Sitzung festgelegt wurde, daß der neue Papst die Kirchenreform noch auf dem Konzil entscheiden lassen müsse, wählte man am 11. November 1417 den neuen Papst. Es war der römische Kardinal Oddo Colonna, der sich nach dem Tagesheiligen MARTIN V. (1417–1431) nannte. Nach rund vierzig Jahren hatte die Kirche wieder ein fast allgemein anerkanntes Haupt.

Oddo Colonna war Römer, 1405 wurde er Kardinal. Unter den Päpsten Bonifaz IX., Innozenz VII. und Gregor XII. hatte er seine kirchenpolitischen Erfahrungen sammeln können. An der Vorbereitung des Konzils von Pisa nahm er bedeutenden Anteil. Mit Papst Johannes XXIII. war er nach Konstanz gekommen und ihm auch nach seiner Flucht gefolgt, kehrte dann aber nach Konstanz zurück. Auf dem Konzil trat er nicht entscheidend hervor. Mit seiner Wahl übernahm Martin V. – wie es bereits Johannes XXIII. getan hatte – die Leitung der Kirchenversammlung. Der Papst schrieb die Sitzungen aus und bestimmte die Verhandlungsgegenstände. Da die Nationen sich in der Frage der Kirchenreform nicht einigen konnten, entschied der Papst, daß sie sich gesondert an den Papst wenden sollten. Die Reformbemühungen des Konzils endeten mit dem Abschluß einer Reihe von Konkordaten mit den einzelnen Nationen. Am 15. April 1418 wurde das Konkordat mit der Deutschen Nation abgeschlossen, ebenso das Konkordat mit England.

Die Zahl der Kardinäle, die aus allen Nationen gewählt werden sollten, wurde auf 24–26 beschränkt. Die Konkordate engten das päpstliche Stellenbesetzungsrecht, ebenso die päpstliche Verleihung von Ablässen und Verhängung von Kirchenstrafen ein. Die Bestimmungen der Konkordate waren aber in ihrem Einfluß gemindert, weil das Konkordat mit der Deutschen Nation ebenso wie das Konkordat mit den romanischen Nationen nur eine Geltungsdauer von fünf Jahren hatte.

In Übereinstimmung mit dem Dekret „Frequens" berief Martin V. das nächste Konzil für das Jahr 1423 nach Pavia. Am 22. April 1418 schloß der Papst das Konstanzer Konzil. Vor seiner Abreise aus Konstanz erließ Martin am 10. Mai 1418 noch das Verbot, vom Papst an das Konzil zu appellieren. Der Konziliarist Johannes Gerson sah darin mit Recht eine Verwerfung der Konstanzer Dekrete von der Oberhoheit des Konzils durch den Papst. Durch dieses Verbot zeigte der Papst – wie übrigens der ganze Pontifikat Martins bestätigt –, daß er sich als die höchste Instanz in der Kirche betrachtete. Am 16. Mai 1418 verließ der Papst Konstanz, um nach Rom zu gehen. Erst am 28. September 1420 konnte er seinen Einzug in Rom halten. Hier fand er eine verheerende Situation vor. So wiesen z. B. die Basiliken und Kirchen, der Vatikanpalast u. a. schwere bauliche Schäden auf. Mit Energie begann Martin V. mit dem Aufbau Roms, der seine ganze Kraft erforderte.

Noch schwieriger aber erwies sich die politische Lage. Denn der Kirchenstaat war beherrscht von dem Söldnerführer Braccio von Montone, der sich ganz Mittelitalien unterworfen hatte. In Rom regierte nominell der vom Konzil bestellte Legat. Die Macht über die Stadt aber hatten jedoch die lokalen Gewalten.

Bereits in Konstanz hatte der Papst durch Fühlungnahme mit Mailand, Florenz, Neapel seine politische Lage zu festigen gesucht. Er verhandelte auch mit dem Söldnerführer Braccio, dem er 1420 in Florenz weitgehende Zugeständnisse machen mußte. Erst seit 1424 – nach dem Tode Braccios, der bei der Belagerung von Aquila den Tod fand – konnte sich der Papst mit größerem Erfolg der Wiedergewinnung des Kirchenstaates widmen, einer Aufgabe, die das ganze diplomatische Geschick Martins erforderte.

Innerkirchlich bemühte sich Martin V., die Stellung des Papsttums in der Kirche weiter zu festigen. Er versuchte eine Reform der Verwaltung und des Stellenbesetzungsrechtes durchzuführen. Das Konzil von Pavia trat zwar termingemäß am 23. März 1423 zusammen, wurde aber vom Papst nach Siena verlegt. Seinen Legaten gab er die Auflösungsvollmacht für das Konzil mit. Sie konnten die Auflösung des Konzils erreichen, bevor dieses in antipäpstlichem Sinne aktiv wurde. Als neuen Konzilsort bestimmten die Konzilsväter für 1431 Basel.

Die Lebensweise des Papstes war vorbildlich und von größter Einfachheit. Die Einnahmen des Kirchenstaates und der Kurie verwandte er für die Reorganisation des Kirchenstaates. So darf man Martin V. mit Recht als den dritten Gründer des Kirchenstaates bezeichnen.

Kurz vor seinem Tod berief der Papst das Basler Konzil und bestellte den Kardinal Cesarini zum Konzilspräsidenten. Wiederum – wie bereits in Pavia-Siena – gab er den Legaten die Verlegungs- und Auflösungsvollmacht für das Konzil mit. Am 20. Februar 1431 starb Martin V. Er hinterließ seinen Nachfolgern einen geordneten Kirchenstaat. Seine Grabschrift rühmt ihn als Glück für seine Zeiten.

Zu seinem Nachfolger wählten die Kardinäle am 3. März den aus Venedig stammenden Neffen Gregors XII., Gabriel Condulmer:

EUGEN IV. (1431-1447). Im Konklave hatte man eine Wahlkapitulation aufgestellt, die den neugewählten Papst zur Kirchen- und Kurienreform verpflichtete und dem Kardinalskollegium ein weitgehendes Mitbestimmungsrecht sicherte. Die Wahlkapitulation hat Eugen IV. nach seiner Wahl erneut beschworen und nach seiner Krönung durch apostolische Konstitutionen bestätigt.

Eugen IV. war Augustiner-Eremit, ein frommer und sittenreiner Ordensmann, wenn ihm auch das diplomatische Geschick seines Vorgängers fehlte. Bereits am Tage nach seiner Wahl bestätigte der Papst den von Martin V. ernannten Konzilspräsidenten. Am 23. Juli 1431 konnte das Konzil in Basel eröffnet werden. Die Zahl der Teilnehmer war zwar zunächst gering. Durch die Bulle „Quoniam alto" vom 12. November 1431 löste Eugen IV. das Konzil auf und berief ein neues Konzil, das achtzehn Monate später in Bologna zusammentreten solle. Die Entscheidung über die Ausführung der Konzilsverlegung überließ Eugen IV. dem Konzilspräsidenten Cesarini. Am 18. Dezember 1431 veröffentlichte der Papst im Konsistorium eine zweite Version der Auflösungsbulle, nach der das Konzil bedingungslos nach Bologna verlegt wurde. Mittlerweile hatte am 14. Dezember in Basel endlich die erste feierliche Sitzung stattgefunden, auf der das Dekret „Frequens" und die päpstliche Berufungsbulle verlesen wurden.

Nach Erhalt der Auflösungsbulle lehnte der Konzilspräsident Cesarini ihre Verkündigung ab. In der zweiten Sitzung am 15. Februar 1432 baten die Konzilsväter den Papst dringend, die Auflösung des Konzils zurückzunehmen. Sie erneuerten die Konstanzer Dekrete von der Superiorität des Konzils über den Papst und verlangten das persönliche Erscheinen des Papstes und der Kardinäle in Basel. Die Mehrzahl der Kardinäle stand auf der Seite des Konzils, nur wenige hielten zum Papst. Die politische Lage, u. a. Aufstände im Kirchenstaat, veranlaßten Eugen IV. zum Nachgeben. Aus Furcht vor einem neuen Schisma sprachen sich die meisten Staaten für eine Verständigung aus, vor allem übte der deutsche König Siegmund, dessen Kaiserkrönung bevorstand – sie erfolgte am 31. 5. 1433 in Rom – einen mäßigenden Einfluß aus. Eugen IV. nahm die Auflösung des Konzils zurück und erkannte in der Bulle „Dudum sacrum" vom 15. Dezember 1433 das Konzil in einer von den Basler Konzilsvätern vorgelegten Formel an. Aber bald kam es durch die vom Konzil einseitig beschlossene Reform der Kirche am Haupte zu neuen Differenzen mit dem Papst. Das Konzil schaffte die Annaten, Palliengelder, Kanzleitaxen ab, beschloß eine Neuregelung der Papstwahl, beschränkte die Zahl der Kardinäle auf vierundzwanzig und bestimmte, daß keine Nation mehr als ein Drittel der Kardinäle stellen dürfe. Zum offenen Bruch zwischen Papst und Konzil kam es in der Frage der Union mit der griechischen Kirche. Im Mai 1437 wünschte die Mehrheit der Konzilsväter als Ort des Unionskonzils mit den Griechen Basel, Avignon oder eine Stadt Savoyens, während die papstfreundliche Minderheit sich für eine italienische Stadt als Konzilsort aussprach. Eugen IV. bestätigte am 30. Mai 1437 den Beschluß der Minderheit. Seinen Gesandten in Konstantinopel gelang es, die Griechen für einen Konzilsort in Italien zu gewinnen. Als der Papst am 18. September 1437 durch die Bulle „Doctoris gentium" das Konzil nach Ferrara verlegte, riefen die Basler Konzilsväter Eugen IV. vor das Gericht des Konzils, da diese Verlegung im Widerspruch zu den Konstanzer Dekreten stand. Trotzdem verursachte das Verhalten des Konzils heftige Kritik, die besonders durch die Furcht vor einem neuen Schisma genährt wurde. Kaiser Siegmund und die deutschen Fürsten hatten bereits auf dem Reichstag zu Eger, der im Juli/August 1437 tagte, betont, daß sie unter keinen Umständen ein Schisma dulden würden. Ihre Forderung lautete: Das Konzil solle das Verfahren gegen den Papst einstellen, der Papst seinerseits die Autorität des Konzils anerkennen und die Verlegung des Konzils zurücknehmen. Dann müsse man sich über den Ort eines Unionskonzils verständigen. Papst und Konzil lenkten ein. Eugen IV. erklärte seine Bereitschaft zur bedingungslosen Annahme des kaiserlichen Vermittlungsvorschlags.

Der Tod des Kaisers am 9. Dezember 1437 schuf eine neue Lage. Eugen IV. fühlte sich jetzt an sein Versprechen, das er Siegmund gegeben hatte, nicht mehr gebunden und setzte am 30. Dezember 1437 den Beginn des Konzils in Ferrara auf den 8. Januar 1438 fest, wo es termingerecht eröffnet werden konnte.

Die Griechen trafen erst im März in Ferrara ein, nachdem sie sich nach ihrer Ankunft in Venedig auf Anraten des Dogen für das Konzil von Ferrara entschieden hatten. Während der Papst an einem schnellen Verhandlungsverlauf interessiert war, wollten die Orientalen zunächst die Ankunft der abendländischen Fürsten oder ihrer Gesandten abwarten. Deshalb vereinbarte man eine viermonatige Pause. Die Verhandlungen gestalteten sich äußerst schwierig. Eugen IV. nahm seit Ende Januar 1438 persönlich am Konzil teil.

Am 10. Januar 1439 wurde das Konzil von Ferrara nach Florenz verlegt, weil die Florentiner sich bereit erklärten, dem Papst die Kosten des Konzils vorzustrecken. Nach langen Diskussionen der Konzilsväter und Aussprachen zwischen dem griechischen Kaiser und dem Papst kam es am 6. Juli 1439 zur Unterzeichnung des Unionsdekretes „Laetentur coeli". Dieser Erfolg stärkte das Ansehen des Papstes. Das Konzil blieb auch nach der Abreise der Griechen zusammen. Mit den Armeniern erfolgte am 22. November 1439 die Wiedervereinigung, mit den Jakobiten in Ägypten und Äthiopien im Februar 1442.

Das Florentinum wurde im Februar 1443 durch den Papst in den Lateran verlegt. Eugen IV. kehrte ebenfalls nach Rom zurück. Hier konnte im September 1444 die Union mit den Mesopotamiern, d. h. den ostsyrischen Jakobiten, ferner im August 1445 mit Gruppen der Chaldäer (Nestorianer) und Maroniten (Monotheleten) abgeschlossen werden.

Das Basler Konzil hatte mittlerweile einen scharf antipäpstlichen Kurs eingeschlagen. Am 24. Januar 1438 verhängten die Basler Konzilsväter über Eugen IV. die Suspension, die der Papst mit der Exkommunikation der Basler beantwortete. Das schroffe Vorgehen des Konzils gegen den Papst fand nur wenig Anklang. Kardinal Cesarini und Nikolaus von Kues wandten sich von den Baslern ab und begaben sich zum Unionskonzil nach Italien. Die Könige von England und Kastilien stellten sich entschieden gegen das Basler Konzil. Führende Mächte Europas versuchten zu vermitteln und im übrigen ihren Vorteil aus den Differenzen zwischen Papst und Konzil zu ziehen. In Deutschland bemühten sich die Kurfürsten ebenfalls um eine Vermittlung. Sie beglaubigten am 19. März 1438 eine Gesandtschaft zu Eugen IV. und zum Konzil, die die Aufgabe hatte, mit beiden über die Möglichkeit eines zu berufenden „Dritten Konzils" zur Beilegung des Schismas zu verhandeln. Aber die Basler waren zu einem Zugeständnis nicht zu bewegen, und auch Eugen IV. erklärte, das Konzil sei bereits in Ferrara eröffnet worden, und eine Verlegung könne leicht die Union mit den Griechen verhindern. Er sei aber bereit, sein Verfahren gegen die Basler einzustellen, wenn diese ihm gegenüber das gleiche täten.

Die Kurfürsten nahmen auf dem Reichstag zu Mainz im März 1439 in der sogenannten Mainzer Akzeptation eine Reihe von Basler Reformdekreten an, ohne die Neutralität gegenüber dem Papst und Konzil aufzugeben. In Frankreich kam es zur Verabschiedung der Pragmatischen Sanktion von Bourges vom 7. Juli 1438, in der die Beschränkung der päpstlichen Annaten und Reservationen, die Unterbindung der Appellationen nach Rom beschlossen wurden. Die konziliare Theorie erhielt eine Bestätigung. Hinsichtlich des Konflikts Eugens mit den Baslern vereinbarte man, beiden Parteien gute Dienste anzubieten.

Trotz aller Vermittlungsversuche verschärfte sich der Konflikt zwischen Konzil und Papst. Am 16. Mai 1439 verkündeten die Basler Konzilsväter im Dekret „Sacrosancta" als Wahrheiten des katholischen Glaubens: 1. Das Allgemeine Konzil steht über dem Papst. 2. Der Papst kann weder ein Konzil auflösen noch vertagen, noch verlegen. 3. Wer diesen Wahrheiten hartnäckig widerspricht, ist Häretiker. Hier wird das Motiv deutlich: Um Eugen IV. abzusetzen, mußte er wegen seiner Leugnung der Konzilssuperiorität und wegen der zweiten Auflösung des Konzils zum Häretiker erklärt werden. Das Dekret „Sacrosancta" verfolgte also den Zweck, die Voraussetzungen für die Absetzung Eugens IV. als notorischen Häretiker zu schaffen. Übrigens waren bei der Annahme des Dekrets „Sacrosancta" nur neunzehn Mitraträger anwesend. Noch am 15. Mai – am Vortag – hatte sich der bedeutendste Kanonist der Zeit, Nikolaus de Tudeschis, gegen die Definition der sogenannten „Drei Wahrheiten" gewandt, weil er sie nicht für definitionsreif hielt.

Am 25. Juni 1439 setzten die Basler Eugen IV. als hartnäckigen Häretiker und Schismatiker ab, weil er den „Drei Wahrheiten" widerstrebe. Als Eugen IV. den Bann gegen sie erneuerte, schritten sie zur Wahl eines neuen Papstes. Am 5. November 1439 wurde der verwitwete Herzog Amadeus VIII. von Savoyen gewählt: FELIX V. (1439–1449). Er fand jedoch nur geringen Anhang.

Durch die Wahl des Gegenpapstes verlor das Basler Konzil rasch an Ansehen, wenn auch die deutschen Fürsten ihre Neutralität aufrechterhielten. Die Verhandlungen über ein „Drittes Konzil", die fast alle deutschen Reichstage beschäftigten, fanden keinen erfolgreichen Abschluß. Im September 1445 erkannte König Friedrich III. (1440–1493) Eugen IV. an. An dieser Entwicklung hatte der Kanzler des Königs, Kaspar Schlick, und der Sekretär der kaiserlichen Kanzlei, Enea Silvio Piccolomini, größten Anteil. Auch die negativen Folgen der Absetzung der Erzbischöfe von Köln und Trier, die Eugen IV. 1446 in Überschätzung seiner Machtposition vorgenommen hatte, konnten durch ihre Vermittlung abgewendet werden. Am 5. Februar 1447 versprach Eugen IV. in den sogenannten Fürstenkonkordaten die Berufung eines „Dritten Konzils", die Anerkennung der Autorität der Allgemeinen Konzilien, die Abstellung der Gravamina der Deutschen Nation und die Zurücknahme der Absetzung des Kölner und des Trierer Erzbischofs. Diese Zugeständnisse modifizierte Eugen IV. in dem sogenannten Salvatorium vom 5. Februar 1447, in dem er erklärte: Die Rücksicht auf das Wohl der Kirche habe ihn gewissermaßen gezwungen, den Bitten des römischen Königs und der deutschen Fürsten zu entsprechen. Da er aber, durch seine Krankheit verhindert, nicht alle Fragen habe gründlich prüfen und beurteilen können, so stelle er fest, daß er durch seine Zugeständnisse weder die Lehre der Väter noch die Vorrechte und die Autorität des Apostolischen Stuhles habe verletzen wollen. Was diesen Vorrechten widerspreche, erkläre er als nicht gewährt.

Dem Abschluß der Fürstenkonkordate folgte die feierliche Obödienzerklärung der deutschen Gesandten, die in Rom freudig begrüßt wurde. Wenige Wochen später, am 23. Februar 1447, starb Eugen IV. Das Gesamturteil über sein Pontifikat ist zwiespältig. Seine Leistung ist die Union mit der griechischen Kirche, auch wenn die Unionsvereinbarungen von den griechischen Gläubigen weithin nicht akzeptiert wurden. Auf der anderen Seite hat er durch seine Ungeschicklichkeit die von ihm erstrebte Festigung des Ansehens des Apostolischen Stuhles verschiedentlich gefährdet und ein Schisma provoziert. Bei seinem Tod war die Macht des Basler Konzils und des Gegenpapstes Felix V. gebrochen. Im Kampf zwischen Konziliarismus und Papalismus konnte er den Konziliarismus, der unter seinem Pontifikat noch einmal eine Auferstehung erlebte, zurückdrängen. Eugens Bemühungen um die Wiederherstellung der hierarchischen Struktur der Kirche und der primatialen Stellung des Papstes waren – trotz mancher Rückschläge – im Endergebnis erfolgreich. Seine Verurteilungen des Konziliarismus in der Bulle „Moyses" vom 4. September 1439 und in der Bulle „Etsi non debitemus" vom 20. April 1441 fanden starke Beachtung. Bei seinem Tod war der Konziliarismus machtpolitisch und auch theologisch weitgehend überwunden, wenn er auch unterirdisch weiterlebte und durch sein Nachwirken in den folgenden Jahrhunderten noch bedrohliche Situationen für das Papsttum brachte. Der eigentliche Sieger bei dem Kampf zwischen Konzil und Papst blieb der moderne Staat, der seinen Einfluß auf innerkirchliche Angelegenheiten verstärkte.

Am 6. März 1447 wählten die Kardinäle den erst wenige Monate vorher zum Kardinal ernannten Tommaso Parentucelli: NIKOLAUS V. (1447–1455). Er war der Sohn eines Arztes und trat in den Dienst des einflußreichen Kardinals Niccolò d'Albergati. 1444 wurde er zum Bischof von Bologna ernannt, 1446 wirkte er erfolgreich als päpstlicher Legat in Deutschland.

Nikolaus V. war ein Mann des Ausgleichs. Alsbald nach seiner Wahl bestätigte er die Übereinkunft, die Eugen IV. mit den deutschen Fürsten getroffen hatte. Am 17. Februar 1448 konnte er mit Friedrich III. das Wiener Konkordat abschließen, das nach und nach von allen deutschen Fürsten angenommen wurde und bis 1803 in Kraft blieb. Es regelte die Besetzung der Bistümer und exemten

Abteien, die in der Regel durch kanonische Wahl erfolgt, ferner die Fragen der Annaten und der Servitien. Für die kirchliche Reform hatte es keine größere Bedeutung.

Im April 1449 konnte auch der Gegenpapst Felix V. zum Verzicht bewogen werden. Das Basler Konzil, das zur Bedeutungslosigkeit herabgesunken war, wählte in seiner letzten Sitzung ebenfalls Nikolaus V. zum Papst und löste sich am 25. April 1449 selbst auf. Damit war das Schisma endgültig behoben.

Im Jahre 1450 feierte Papst Nikolaus V. das Jubiläum, das eine ungewöhnlich große Zahl von Pilgern nach Rom führte. Um die positiven Anregungen des Jubiläums für die Gesamtkirche fruchtbar zu machen, entschloß sich Nikolaus zur Entsendung von päpstlichen Legaten, die in den verschiedenen Ländern das Jubiläum verkünden und zugleich für die Reform der Kirche wirken sollten. Nach Deutschland wurde Nikolaus von Kues als päpstlicher Legat entsandt, wo er erfolgreich reformerisch tätig war. In Rom krönte der Papst im März 1452 Friedrich III. zum Kaiser. Es war die letzte Kaiserkrönung, die ein Papst in Rom vornahm.

Die letzten Lebensjahre des Papstes wurden durch den Fall von Konstantinopel überschattet. Am 29. Mai 1453 eroberten die Türken die Stadt. Nikolaus beklagte den Fall Konstantinopels als ein allgemeines Unglück für den christlichen Glauben. Sein Kreuzzugsaufruf vom 30. September 1453, in dem er zur Verteidigung des Glaubens mit Gut und Blut aufrief, fand aber nur ein geringes Echo. Das war nicht verwunderlich, weil der Papst, anstatt die Byzantiner in ihrem Kampf zu unterstützen, sich stärker die Förderung von Kunst und Wissenschaft angelegen sein ließ, wenn er auch später großzügig die Ungarn im Kampf gegen die Türken unterstützt hat.

Für Rom begründete der Papst ein goldenes Zeitalter. Die Kurie wurde ein Zentrum von Gelehrten, Literaten und Künstlern. Nikolaus V. ließ die Handschriften des klassischen und christlichen Altertums sammeln und abschreiben. Er ist der eigentliche Begründer der Vatikanischen Bibliothek. Daneben machte sich Nikolaus V. durch die Förderung der Kunst verdient. Er berief die besten Künstler Europas nach Rom und ließ an den römischen Kirchen umfangreiche Restaurierungsarbeiten durchführen. Sein Plan, einen Neubau der Peterskirche vorzunehmen und die ganze Leostadt im Sinne der Renaissance umzugestalten, konnte durch seinen frühen Tod nicht verwirklicht werden. Auf seinem Sterbelager versicherte er, daß ihn bei seinem Mäzenatentum nur das Bestreben geleitet habe, die Autorität des römischen Stuhles zu erhöhen, da das Volk durch die Größe dessen, was es sehe, in seinem Glauben bsstärkt werde.

Trotz aller Prachtentfaltung blieb Nikolaus V. persönlich der einfache, vorbildliche Mann, der nicht für seine Nepoten, sondern für die Kirche lebte. Wie schwierig die Situation in Rom selbst jedoch noch war, zeigt die Verschwörung des Stefano Porcaro, der hohe Verwaltungsstellen im Kirchenstaate innegehabt hatte. Mit einer Gruppe von Verschwörern plante er für den 6. Januar 1453 einen Überfall auf den Papst, der jedoch mißlang und am 9. Januar mit der Hinrichtung Porcaros endete.

Die letzten Regierungsjahre des Papstes waren durch eine schwere Krankheit belastet. Am 25. März 1455 starb Nikolaus V., der zu den edelsten Renaissancepäpsten gehört.

Aus dem Konklave ging am 8. April der katalanische Kardinal Alfonso Borgia als CALIXT III. (1455–1458) hervor. Mit ihm tritt die Familie Borgia in die Papstgeschichte ein. Calixt war bereits 77 Jahre alt, als er zum Papst gewählt wurde. Als Professor in Lérida hatte er sich erfolgreich um die Beseitigung der letzten Reste des Schismas in Spanien bemüht. Alfonso von Aragón ernannte ihn 1429 zum Bischof von Valencia. Eugen IV. erhob ihn 1444 zum Kardinal, nachdem er die Aussöhnung Alfons' mit dem Papste bewirkt hatte.

Der Pontifikat Calixts III. war beherrscht von dem Gedanken des Kreuzzugs. Mit bewundernswerter Energie und dem Einsatz hoher Geldsummen widmete er sich der Abwehr der Türken auf dem Balkan. In besonderem Maße unterstützte er die Ungarn und Albanier und opferte viele goldene und silberne Kunstwerke des Vatikans, um diese Hilfe leisten zu können. Bereits bei der Übernahme seines Amtes hatte er gelobt, nicht eher zu ruhen, bis Konstantinopel und die dort gefangenen Christen befreit seien. Einen Erfolg durfte Calixt für sich verbuchen: die Befreiung Belgrads und den Abzug der Türken am 22. Juli 1456. Leider wurde dieser Sieg infolge des Zwiespalts und der Eifersucht der europäischen Mächte nicht ausgenutzt. Bei seinen Bemühungen um die Türkenabwehr fand der Papst nicht überall die erforderliche Unterstützung: In Deutschland wehrte man sich 1456 gegen den Türkenzehnten, ja die Pariser Universität appellierte deswegen 1456 sogar an ein Allgemeines Konzil.

Weniger erfreulich war der Nepotismus Calixts. Aus Sicherheitsgründen besetzte er die meisten Burgen des Kirchenstaates mit katalanischen Befehlshabern. Die Engelsburg übernahm als Gouverneur sein Neffe Pedro Borgia, den er – zusammen mit Rodrigo Borgia, dem späteren Alexander VI. – zum Kardinal ernannte. Bei Calixts Tod am 6. August 1458 kam es zu einem Ausbruch des Volkshasses gegen die „Katalanen". Abgesehen von dem Nepotismus Calixts III., war sein Pontifikat geprägt von der Liebe zur Kirche und der Abwehr der drohenden Türkengefahr.

Am 19. August 1458 wählten die Kardinäle nach einem spannenden Verlauf der Abstimmungen Enea Silvio de' Piccolomini: Pius II. (1458-1464). Als Sekretär des Kardinals Domenico Capranica hatte er am Konzil von Basel teilgenommen und sich in den Dienst des Konzils und seit 1439 des Konzilspapstes Felix V. gestellt. 1442 trat er in die königliche Kanzlei ein und wirkte hier erfolgreich für die Anerkennung Eugens IV. Maßgebend war er auch an den Verhandlungen beteiligt, die zum Abschluß des Wiener Konkordates führten. Er erhielt verschiedene Bistümer und wurde 1456 Kardinal.

Pius II. war ein Humanist mit weitgestreuten geistigen Interessen. Als Dichter, Geschichtsschreiber, Geograph, Politiker und Diplomat hat er einen großen Einfluß ausgeübt. Ein innerer Wandel vollzog sich bei ihm 1445, als er die höheren Weihen empfing. Seitdem war seine Lebensführung einwandfrei.

Im Konklave vor der Wahl hatten die Kardinäle eine Wahlkapitulation beschworen, in der sich der zu wählende Papst zur Fortsetzung des Türkenkrieges und der Reform der römischen Kurie verpflichtete, die Beteiligung der Kardinäle an wichtigen kirchlichen Aufgaben, u. a. der Mitregierung im Kirchenstaat, und die Beachtung der Entscheidungen des Konstanzer Konzils über die Zahl der Kardinäle zusicherte.

Am 3. September 1458 erfolgte die Krönung des Papstes in Sankt Peter. Als die große Aufgabe seines Pontifikates betrachtete Pius II. – wie sein Vorgänger – den Kreuzzug gegen die Türken. Am 12. Oktober berief er einen europäischen Kongreß nach Mantua und veröffentlichte am folgenden Tag einen sprachlich hervorragenden Kreuzzugsaufruf. Darin erklärte der Papst: Seitdem Kaiser Konstantin der Kirche den Frieden geschenkt habe, sei die Christenheit nie in einer größeren Bedrängnis gewesen als jetzt durch die Anhänger Mohammeds. Pius II. bezeichnete diese Notlage als eine Strafe des Himmels für die Sünden der Völker. Trotzdem sei kein Grund zur Verzweiflung gegeben. „Oft zwar schwankt das Schiff der Kirche, aber es versinkt nicht, es wird erschüttert, aber es bricht nicht. Es wird bestürmt, aber nicht erstürmt. Gott läßt die Seinen wohl versucht werden, aber nicht erliegen."

Außer der allgemeinen Einladung wurden noch besondere Schreiben nicht nur an die Großmächte, sondern auch an die kleineren Fürsten, Staaten und Gemeinwesen gesandt mit der Bitte, würdige und mit entsprechenden Vollmachten versehene Vertreter zum Kongreß zu entsenden.

Papst Pius II. war seit langem mit dem Problem der Türkenabwehr vertraut. In Mantua legte er 1459 in eindrucksvoller Rede die Notwendigkeit des gemeinsamen Kampfes des christlichen Abendlandes gegen die Ungläubigen dar. Man beschloß zwar den Türkenkrieg, aber es folgten keine Taten. Wie stark Pius II. die Türkenfrage beschäftigte, zeigt sein 1461 abgefaßter „Brief an Sultan Mehmed II." Er ist eine ausführliche Widerlegung des Korans, eine Darlegung der Christlichen Glaubenswahrheiten, die mit der Aufforderung an den Sultan schließt, das Christentum anzunehmen. Beim Empfang der Taufe werde der Papst ihm die Krone des Ostreiches anbieten.

Im Oktober 1463 rief Pius II. erneut zum Kreuzzzug auf und beschloß, sich selbst an die Spitze eines Kreuzheeres zu stellen. Am 18. Juni 1464 machte sich der schwerkranke Papst nach Ancona auf, wo der Kreuzzug seinen Ausgang nehmen sollte. Bevor jedoch die Kreuzzugsflotte eintraf, starb Pius. Mit seinem Tod war das Kreuzzugsunternehmen noch vor seinem Beginn gescheitert. So hat der Papst die zentrale Aufgabe seines Pontifikates nicht mehr lösen können.

Erfolgreich war er in seinen Verhandlungen mit Frankreich, wo er von Ludwig XI. 1461 die Aufhebung der Pragmatischen Sanktion von Bourges erreichen konnte. Als aber Pius II. den französischen Anspruch auf Neapel nicht unterstützte, kühlten sich die Beziehungen zwischen dem Papst und Frankreich rasch ab. Zur Wiederherstellung der gallikanischen Freiheiten erließ der König eine Reihe von Verfügungen, die die Aufhebung der Pragmatischen Sanktion, die formell nicht wieder in Kraft gesetzt wurde, entwerteten.

Am 18. Januar 1460 veröffentlichte der Papst die Bulle „Execrabilis", in der das Verbot der Konzilsappellation, das die Päpste verschiedentlich ausgesprochen hatten, erneuert wurde. Pius II. bezeichnete die Konzilsappellation als ein todbringendes Gift und einen verdammungswürdigen, in früheren Zeiten unerhörten Mißbrauch. Der Papst verbot sie unter Androhung der Exkommunikation. Ferner wurden allen Zuwiderhandelnden jene Strafen angedroht, die gegen Majestätsverbrecher und Begünstiger der Häresie festgelegt waren.

Die Bulle „Execrabilis" stieß nicht nur in Frankreich, sondern auch in Deutschland und Italien auf Widerstand und wurde weithin nicht als verbindlich betrachtet. So hat die Bulle, die der erste große Schlag des Restaurationspapsttums gegen den Konziliarismus war, nicht die erhoffte Wirkung gehabt (Jedin).

Wenig glücklich war Pius II. auch in seiner Auseinandersetzung mit Böhmen. König Georg Podiebrad hatte 1458 bei der Erlangung der Königskrone geschworen, die sogenannten Prager Kompaktaten, die die freie Predigt, den Laienkelch, Verzicht auf weltliche Herrschaft des Klerus beinhalteten, aufzuheben. Im Jahre 1462 versuchte der König von Rom eine Bestätigung der Kompaktaten zu erhalten, die aber von der Kurie abgelehnt wurde. Es kam zum Bruch und zur Zitation Podiebrads.

Bedeutsam sind die Reformbemühungen Pius' II. Schon bald nach seiner Wahl begann er mit der Vorbereitung der Reform der Kirche und der römischen Kurie. Die von ihm geplante Reformbulle blieb leider nur ein Entwurf. Er selbst hat dem Nepotismus seinen Tribut geleistet und zur Stärkung und zur Sicherung seiner Position mehrere Verwandte zu Kardinälen ernannt und seinen Landsleuten wichtige Ämter übertragen.

Am 15. August 1464 starb Pius II. in Ancona. Auf seinen Wunsch wurde er in der von ihm erbauten Kapelle des hl. Andreas in Rom beigesetzt. Die Urteile der Historiker über Pius II. lauten unterschiedlich. Wenn auch – bei allen persönlichen Qualitäten – sein Pontifikat von Mißerfolgen nicht verschont geblieben war, gehört Pius II. durch seine Ausstrahlungskraft, seinen Einsatz für die Kreuzzugsidee und sein Wirken für die Einheit der Christen zu den Großen der Papstgeschichte.

Nach seinem Tode versammelten sich die Kardinäle am 28. August zur Papstwahl in Rom. Bereits im zweiten Wahlgang wurde am 30. August Kardinal Pietro Barbo, ein Neffe Eugens IV., zum Papst gewählt: PAUL II.(1464–1471). Im Konklave hatte er eine Wahlkapitulation unterschreiben müssen, die u. a. die Fortführung des Türkenkrieges, die Berufung eines Allgemeinen Konzils innerhalb von drei Jahren und die Beschränkung des Kardinalskollegiums auf 24 Mitglieder vorschrieb.

Pietro Barbo war im Alter von 23 Jahren von Eugen IV. zum Kardinal ernannt worden. Als Papst fiel ihm die schwierige Aufgabe zu, Nachfolger eines Diplomaten und Humanisten von der überragenden Qualität eines Pius II. zu werden. Mit den Humanisten geriet der neue Papst in Konflikt, als er gleich zu Beginn seines Pontifikates das Kollegium der Abbreviatoren, die in der päpstlichen Kanzlei Auszüge aus den eingelaufenen Bittgesuchen und Entwürfe für die päpstliche Korrespondenz anzufertigen hatte, aufhob. Dadurch verloren zahlreiche Humanisten ihren Unterhalt. Ihr Wortführer, Bartolomeo Platina, protestierte und drohte mit einer Konzilsappellation. Daraufhin wurde er in der Engelsburg gefangengesetzt. Die Erregung der Humanisten gegen den neuen Papst wuchs, als Paul

II. auch die römische Akademie aufhob, die unter Leitung des Pomponius Laetus stand. Da der Verdacht einer Verschwörung gegen den Papst bestand, ging dieser entschieden gegen die Mitglieder der Akademie vor.

Die Humanisten rächten sich, indem sie den Papst als Barbaren bezeichneten. Platina z. B. nannte ihn in seiner Papstgeschichte einen Feind von Kunst und Wissenschaft.

In Italien bemühte sich Paul II. ohne größeren Erfolg um Frieden, wenn es auch 1470 zu einem Bündnis zwischen italienischen Staaten kam. Der Kreuzzugsaufruf des Papstes gegen die Türken löste keinen stärkeren Widerhall aus. Persönlich hat der Papst sowohl Ungarn als auch Fürst Skanderbeg von Albanien mit großen Geldmitteln unterstützt. Erst nach dem Tode Skanderbegs († 17. Januar 1467) eroberten die Türken Albanien und nahmen 1470 Negroponte, den letzten größeren Stützpunkt Venedigs gegen den Osten, ein. Den Plan eines Allgemeinen Konzils, dessen Einberufung bereits in der Wahlkapitulation verlangt worden war, realisierte der Papst nicht. Auch der Vorschlag Kaiser Friedrichs III., den er bei einem Besuch in Rom 1468 machte, ein Allgemeines Konzil in Konstanz zu berufen, wurde nicht verwirklicht. Der Papst schlug statt dessen einen Gesandtenkongreß in Rom vor.

Das Verfahren gegen den Böhmenkönig Podiebrad versuchte der Papst gütlich beizulegen. Ende 1466 aber mußte er den Bann und die Absetzung gegen ihn aussprechen. Trotzdem konnte der König seine Stellung halten. Ohne die dringend erforderliche Reform der Kirche begonnen zu haben, starb der Papst unerwartet am 26. Juli 1471, erst 53 Jahre alt.

§ 26

*Die Päpste der Renaissance*

Nach dem Tode Pauls II. wählten die Kardinäle am 9. August 1471 Francesco della Rovere: Sixtus IV. (1471–1484). Er war Franziskaner, theologisch gut gebildet, wurde 1464 Generalminister seines Ordens und 1467 Kardinal. In dem dreitägigen Konklave beschwor der Papst die üblichen Wahlkapitulationen. Aber einige Wochen später ernannte er im Widerspruch dazu zwei Neffen zu Kardinälen, die Franziskaner Pietro Riario und Giuliano della Rovere. Als Pietro nach seinem lasterhaften Leben 1474 starb, erhob Sixtus einen weiteren Neffen, Girolamo Riario, der später einen verhängnisvollen Einfluß auf den Papst ausgeübt hat. Das Bemühen Sixtus' IV., Girolamo ein großes Fürstentum zu verschaffen, verwickelte den Papst in große Auseinandersetzungen mit den italienischen Staaten und in mehrere Kriege. Sein Konflikt mit Florenz fand einen Höhepunkt in der sogenannten Pazzi-Verschwörung: Am 26. April 1478 erfolgte im Dom zu Florenz ein Mordanschlag gegen zwei Mitglieder der Familie Medici, bei dem Giuliano Medici ermordet und Lorenz Medici verletzt wurde. An dem Komplott war auch der päpstliche Nepote Girolamo Riario beteiligt. Ihr Ziel, die Herrschaft der Medici zu beseitigen, konnten die Verschwörer nicht erreichen. Die Medici nahmen vielmehr furchtbare Rache, der auch der Erzbischof von Florenz, der in die Verschwörung verstrickt war, zum Opfer fiel.

Von der innerkirchlichen Wirksamkeit Sixtus' IV. ist wenig zu berichten. 1475 feierte er das Jubeljahr, zu dem zahlreiche Pilger nach Rom kamen. Er förderte die Marienverehrung und begünstigte die Bettelorden. Den Kreuzzugsplan hat er wohl weiterverfolgt, ohne ihn jedoch verwirklichen zu können.

Die Konzilsfrage nahm auch Sixtus IV. nicht in Angriff, obschon in den Wahlkapitulationen die Berufung eines Konzils vorgeschrieben war. Die Konzilsdrohung konnte dadurch zum Mittel der politischen Auseinandersetzungen zwischen den europäischen Staaten und dem Papst werden. Die Drohung wurde verwirklicht, als Erzbischof Andrea Zamometič im März 1482 im Münster zu Basel ein Konzil berief. Er erklärte, zur Konzilsberufung als Christ, als Nachfolger der Apostel und aufgrund des Konstanzer Dekrets „Frequens" berechtigt zu sein. Obwohl seine Konzilsberufung politisch und kanonistisch schlecht vorbereitet war, fand sie die Unterstützung der Stadt Basel. Zamometič plante die Absetzung des Papstes und die Durchführung der Reform von Kirche und Kurie. Sixtus IV. aber verhängte über Basel das Interdikt. Das angekündigte Konzil trat nicht zusammen, Kaiser Friedrich III. ließ Zamometič in Haft nehmen.

Der Pontifikat Sixtus' IV. wirkte sich auf die Kirche negativ aus. Die von ihm im Widerspruch zu den Wahlkapitulationen ernannten 34 Kardinäle, davon 6 Nepoten, waren keine religiösen und würdigen Männer. So ging die Verweltlichung an der Kurie weiter. Trotz seiner persönlichen Güte und Frömmigkeit hat er durch seinen Nepotismus eine große Verantwortung auf sich geladen. An der Verweltlichung der Kurie trägt er eine Hauptschuld. Seine politischen Unternehmungen haben den Zusammenschluß und die gemeinsame Abwehr der Türkengefahr verhindert. Auch der Fiskalismus wurde entschieden weiterentwickelt, da der Finanzbedarf des Papstes durch seine Kriege und politischen Unternehmungen, die Aufwendungen für Kunst und Hofhaltung und die Versorgung der Familie entsprechend stieg. Andererseits sorgte der Papst für Kunst und Wissenschaft, z. B. für die Vatikanische Bibliothek und das Vatikanische Archiv. Er hat Rom in eine Stadt der Renaissance verwandelt und ist u. a. der Schöpfer der Sixtinischen Kapelle. Als Sixtus IV. am 12. August 1484 starb, hinterließ er seinem Nachfolger ein schweres Erbe.

Nach seinem Tode kam es zu Unruhen, Plünderungen und Straßenkämpfen. Das Konklave konnte aber am 26. August trotzdem beginnen. 25 Kardinäle nahmen daran teil. Am 29. August wurde Kardinal Giovanni Battista Cibo, Bischof von Molfetta, gewählt: INNOZENZ VIII. (1484–1492). Seine Wahl verdankte er Giuliano della Rovere, der auch während seines Pontifikates den maßgebenden Einfluß ausübte. Innozenz VIII. war ein friedliebender, nachgiebiger, ja schwächlicher Papst, von dem nicht viel Bedeutendes zu berichten ist. Gegen die Türkengefahr konnte der Papst sich nicht zu entscheidenden Maßnahmen aufraffen. Sein erbittertster Gegner war König Ferrante von Neapel, der durch Konzilsdrohung und Unruhen im Kirchenstaat Innozenz VIII. bedrängte, so daß der Papst im Sommer 1486 einen ungünstigen Friedensabschluß unterzeichnen mußte. Aber 1489 gab es bereits neue Auseinandersetzungen, und erst kurz vor dem Tode des Papstes, 1492, kam es zu einer Verständigung. Als Innozenz am 26. Juli 1492 starb, ging ein Pontifikat zu Ende, der das Ansehen des Papsttums nicht gefördert hatte.

Am 6. August 1492 traten 23 Kardinäle zum Konklave zusammen und wählten vier Tage später den Dekan des Kardinalskollegiums, Rodrigo Borgia, zum Papst: ALEXANDER VI. (1492–1503). Er war ein bedeutender Politiker und fähiger Staatsmann. Seine Heimat lag in der Nähe von Valencia. Als Neffe des Kardinals Alfonso Borgia kam er nach Italien, sein Onkel, Calixt III., berief ihn 1455 zum Kardinal, ein Jahr später zum Vizekanzler der römischen Kirche. Die Zeitgenossen rühmten seine diplomatische Gewandtheit, seine Kunst zu überzeugen und sein Auftreten. Bedenklich jedoch stand es um seine sittlichen Qualitäten. Seine Lebensführung entsprach keineswegs seinen hohen Ämtern. In den Jahren seit 1462 wurden ihm mehrere Kinder geboren. Eine Umkehr vollzog er auch nicht, als er 1468 die Priesterweihe empfing. Aus ehebrecherischen Beziehungen mit Vannozza de Cattaneis stammten Cesare, Juan, Joffré und Lucrezia, die nach seiner Wahl zum Papst entsprechend versorgt wurden.   Als Herrscher des Kirchenstaates hat sich Alexander VI. als kluger Politiker erwiesen und das politische Gleichgewicht in Italien zu erhalten versucht. Als König Karl VIII. von Frankreich 1494/1495 zu seinem Italienzug aufbrach und den Papst in Rom bedrängte, schloß Alexander VI. mit ihm einen Vergleich, ohne der französischen Forderung auf Investitur im Regnum nachzugeben. Im März 1495 kam es zum Abschluß der Heiligen Liga zwischen dem Papst, Venedig, Mailand, Deutschland und Spanien. Dadurch wurde Karl VIII. gezwungen, den Rückzug aus Italien anzutreten. In der zweiten Hälfte seines Pontifikates schloß sich dagegen Alexander immer mehr an Frankreich an.

Das politische Ansehen, das Alexander VI. genoß, zeigte sich auch im spanisch-portugiesischen Kolonialstreit. Er bestätigte u. a. 1493 die Demarkationslinie zwischen den spanischen und portugiesischen Besitzungen. Innerkirchlich hat sich in seinem Pontifikat die Nepotenwirtschaft und das üble Treiben der Borgia negativ ausgewirkt. Die Mißstände an der Kurie waren Anlaß zu scharfen Angriffen und förderten den Ruf nach Reform. Aber selbst ein Mann wie Alexander VI. hat sich diesem Ruf nicht ganz entzogen. Die Ermordung seines Lieblingssohnes Juan und ein Deckeneinsturz im Vatikanischen Palast während eines Unwetters, der ihm fast den Tod gebracht hätte, veranlaßten den Papst, sich den Fragen der Kirchenreform zuzuwenden. Die von ihm eingesetzte Reformkommission erstellte ein gutes Reformprogramm, vielleicht das beste, das in der Zeit zwischen dem Konzil von Basel und dem fünften Laterankonzil erarbeitet wurde. In der vorbereiteten Reformbulle hieß es: Wir beginnen die Reform mit unserem römischen Hof, der den übrigen ein Beispiel des tugendhaften Lebens geben soll.

Leider wurde die Veröffentlichung der Reformbulle zunächst hinausgeschoben, dann vergessen, weil Alexander VI. nicht die Kraft hatte, den Bruch mit seiner eigenen Vergangenheit zu vollziehen. Zu erwähnen sind noch seine Förderung der Orden, besonders der Augustiner, und die Unterstützung der Missionen, die dem Papst ein echtes Anliegen bedeutete.

Tragisch endete der Zusammenstoß Alexanders VI. mit dem Bußprediger Girolamo Savonarola, der seit 1491 Prior des Dominikanerklosters San Marco in Florenz war. Er forderte eine durchgreifende Reform der Kirche und prophezeite ein bald hereinbrechendes Strafgericht über Italien und die Kirche. Durch seinen Einfluß beherrschte er Florenz fast unbeschränkt. Der Zusammenstoß zwischen Savonarola und dem Papst hatte einen politischen Hintergrund. Florenz, von Savonarola unterstützt, weigerte sich, dem Bündnis der „Heiligen Liga" gegen Frankreich beizutreten, das 1495 – nach den großen militärischen Erfolgen Karls VIII. zwischen

Venedig, Ferdinand und Isabella von Spanien, Maximilian I. und dem Papst – zum Schutz der Christenheit gegen die Türken zur Erhaltung der Würde des Heiligen Stuhles und der Rechte des Römischen Reiches für 25 Jahre geschlossen wurde. Savonarola störte dadurch die politischen Pläne Alexanders VI. Da weiteste Kreise vom König von Frankreich und seiner Konzilsberufung die Reform der Kirche und eventuell die Ersetzung des Papstes durch einen würdigeren Nachfolger erwarteten, war die politische Haltung von Florenz und Savonarola verständlich.

Im Juli 1495 kam es zu einer Vorladung Savonarolas nach Rom, wo er ein Predigtverbot erhielt. Er weigerte sich aber unter Berufung auf sein Gewissen, der päpstlichen Anordnung zu gehorchen. Die Folge war seine Exkommunikation vom 13. Mai 1497. Er reagierte darauf mit der Erklärung, der Bann sei ungerecht und unverbindlich, trat in Flugschriften und seit Februar 1498 auch auf der Kanzel gegen den „simonistischen und ungläubigen Alexander" auf und versuchte dessen Absetzung durch ein Allgemeines Konzil zu erreichen. Mit seinem Plan einer Konzilsberufung ohne Papst betrat er jedoch nicht, wie Pastor meinte, den Weg aller Rebellen. Die Auffassungen, die er in seinen Fürstenbriefen, Briefentwürfen an die Herrscher von Frankreich, Spanien, England, Ungarn und Deutschland vertrat, waren keineswegs Ausdruck konziliaristischer Gedanken, sondern konnten sich auf papalistische Theologen, wie Torquemada und Antoninus von Florenz, stützen. Für Savonarola war Alexander VI. zudem ein Häretiker oder wenigstens, wie sein sittliches Verhalten zeigte, häresieverdächtig. In diesem Falle konnte ein Konzil – nach der übereinstimmenden Ansicht der Theologen – ohne Papst berufen werden.

Die Wandelbarkeit der Volksgunst sollte Savonarola zum Verhängnis werden. Als die erwartete Feuerprobe, durch die er seine göttliche Sendung unter Beweis stellen sollte, nicht zustande kam, wurde das Kloster vom Volke gestürmt, Savonarola gefangengenommen, gefoltert und am 23. Mai 1498 hingerichtet. Aber das hinderte Alexander VI. nicht, das Jubiläum des Jahres 1500 in Rom feierlich zu begehen.

Drei Jahre später, am 18. August 1503, starb der Papst unerwartet, vermutlich an dem gefährlichen römischen Fieber. Mit Alexander VI. erreichte das Renaissancepapsttum seinen Höhepunkt. Sein Pontifikat war für die Kirche ein Unglück. Wenn auch die Berichte über Alexander VI., u. a. das Tagebuch des päpstlichen Zeremonienmeisters Burckhard von Straßburg, das zahlreiche Vorwürfe gegen den Papst enthält, heute kritischer beurteilt werden, so bleiben doch genügend Tatsachen bestehen, die die versuchte Ehrenrettung Alexanders VI. unmöglich machen.

Nach dem plötzlichen Tode des Papstes trat das Konklave am 16. September 1503 im Vatikan zusammen. Am 21. September wurde als Übergangspapst der schwerkranke Francesco Todeschini-Piccolomini, ein Neffe Pius' II., gewählt. Er nannte sich Pius III. (1503). Sein Pontifikat dauerte nur 26 Tage, eine Tragik für die Kirche, da man von dem neuen Papst, der ein würdiger und reformwilliger Mann war, die Berufung eines Allgemeinen Konzils und durchgreifende Reformmaßnahmen hätte erwarten dürfen. Bereits am 18. Oktober 1503 starb er.

Zu seinem Nachfolger wählten die Kardinäle – nicht ohne Simonie – nach einem nur eintägigen Konklave am 1. November 1503 den Kardinal Giuliano della Rovere, einen Neffen Sixtus' IV., der sich Julius II. (1503–1513) nannte. Vor seiner Wahl hatte er wie üblich die Wahlkapitulationen beschworen. Er verfügte – seit 1471 Kardinal – über die erforderlichen kurialen Erfahrungen, die er besonders unter Innozenz VIII., dessen Pontifikat er beherrschte, hatte erweitern können. Julius II., ein Gegner der Borgia, war ein Gewaltmensch, mehr Feldherr als Papst. Als Aufgabe seines Pontifikates sah er die Stärkung der Macht des Kirchenstaates an. Die innerkirchlichen Anliegen traten bei ihm zurück. In seinem Pontifikat schufen Bramante den Plan zum Neubau der Peterskirche, Michelangelo das Deckengemälde der Sixtinischen Kapelle, Raphael seine Fresken im Vatikan. Die Regierungszeit Julius' II. bildet den Gipfel der Renaissancekunst in Italien. Sein Ziel war politisch die Stärkung der päpstlichen Gewalt im Kirchenstaat, die Zurückgewinnung der verlorenen Gebiete und die Vertreibung der „Fremden" aus Italien.

Zunächst eroberte Julius II. Perugia und Bologna, 1509 gelang es ihm durch die sogenannte Liga von Cambrai, Venedig die Romagna zu entreißen. 1511 verbündete er sich gegen die Franzosen mit Venedig und Spanien. Die frankreichfeindliche Politik Julius' II. hatte jedoch ernste Folgen. König Ludwig XII. von Frankreich verbot seinen Untertanen jeglichen Verkehr mit ihm und ließ auf einer Nationalsynode zu Tours im September 1510 über weitere Maßnahmen gegen Julius II. beraten. Er erneuerte die Pragmatische Sanktion und veranlaßte franzosenfeindliche Kardinäle zur Berufung des Konzils von Pisa. Das Konzil sollte am 1. September 1511 zusammentreten. In seinem Gutachten für den französischen König hatte der Rechtsgelehrte Philipp Decius betont: Zwar stehe im Regelfall die Berufung des Konzils dem Papst zu, die Autorität des Papstes sei jedoch nicht erforderlich, wenn der Papst angeklagt und gerichtet werden müsse. Ein Papst, der die notwendige Konzilsberufung verweigere, mache sich häresieverdächtig, und in diesem Falle gehe das Berufungsrecht auf die Kardinäle über.

Mit dem Konzilsplan des französischen Königs erklärte sich auch Kaiser Maximilian I. einverstanden. Dadurch war die Lage für den Papst noch nicht bedrohlich, doch berief Julius jetzt selbst für den 19. April 1512 ein eigenes Konzil in den Lateran. Bisher hätten die Kriegswirren, so argumentierte er, eine Konzilsberufung verhindert. Mit dieser Entscheidung war das Pisanum zur Bedeutungslosigkeit verurteilt. Das Laterankonzil wurde am 3. Mai 1512 von Julius II. eröffnet. Die Teilnehmer waren zum größten Teil Italiener. Im November 1512 erklärte auch Maximilian I. seinen Beitritt zum Konzil, der am 3. Dezember 1512 von Bischof Matthäus Lang von Gurk in der dritten Sitzung des Konzils ausgesprochen wurde.

Das Fünfte Laterankonzil war der letzte päpstliche Reformversuch vor der Reformation. Es hat eine Reihe von positiven Reformvorschlägen diskutiert und angenommen, die aber leider nicht verwirklicht wurden. Bereits in seiner Eröffnungspredigt hatte der Augustinergeneral Ägidius von Viterbo den Reformgedanken herausgestellt. In der vierten Sitzung hielt Christoph Marcellus seine berühmte Predigt auf den Papst: Alle Menschen erwarten, daß Julius II. die Kirche erneuert, denn er ist Hirte, Lehrer, Arzt und Steuermann. Am 30. März 1513 erschien eine Reformbulle, welche die zu große Last der Abgaben an die Kurie vermindern und Mißbräuche der päpstlichen Beamten abstellen sollte. Leider hat das Fünfte Laterankonzil seine Reformaufgabe nur ungenügend gelöst, vor allem wurde die Frage der Kurienreform, der bischöflichen Residenzpflicht, der Ämter- und Pfründenhäufung nicht bewältigt. Julius II. erlebte den Abschluß des Konzils, das erst am 16. Mai 1517 zu Ende ging, nicht mehr.

Das Verhältnis von Julius II. zu Kaiser Maximilian I. war abweisend, wenn er sich auch gelegentlich mit ihm verbündet hat. Von der Vorstellung beherrscht, die Fremden aus Italien zu vertreiben, suchte Julius ihn verständlicherweise von Italien und besonders von der Kaiserkrönung abzuhalten. Er erklärte sich einverstanden, daß Maximilian sich 1508 in Trient zum „erwählten deutschen Kaiser" ausrufen ließ. 1511 verfolgte der verwitwete Kaiser selbst den Plan, sich nach dem Tode Julius' II., der damals gerade schwer erkrankt war (August 1511), zum Papst wählen zu lassen, um Kaiser und Papst in einer Person zu sein. Als Möglichkeiten wurden erwogen, daß der Kaiser 1. Koadjutor des regierenden Papstes oder eines

Gegenpapstes werde, 2. sich selbst zum Gegenpapst oder legitimen Papst wählen lasse. Dem spanischen König Ferdinand dem Katholischen gelang es jedoch – nach der Genesung des Papstes –, Maximilian I. von seinem Bündnis mit Frankreich, der Unterstützung des Pisanums und damit auch von seinem Kaiser-Papst-Plan abzubringen.

Von innerkirchlichen Maßnahmen Julius' II. war bedeutsam das Verbot der Simonie bei der Papstwahl vom 14. Januar 1504, durch das simonistische Papstwahlen für ungültig erklärt wurden. Am 18. April 1506 nahm er die Grundsteinlegung für den Neubau der Peterskirche vor. Daneben bemühte er sich um die Ordensreform und die Förderung der Missionen, vor allem in Amerika.

Am 20. Februar 1513 riß ihn der Tod aus seinem rastlosen Schaffen. In der Beurteilung Julius' II. gehen die Ansichten der Historiker auseinander. Jacob Burckhardt hat ihn als den Retter des Papsttums durch die Wiederherstellung des Kirchenstaates bezeichnet. Man kann ihn zu den bedeutendsten Päpsten rechnen, wenn man nur das politische Wirken des Papstes sieht. Jedoch muß das Gesamturteil über seine kirchliche Wirksamkeit weit negativer lauten – trotz Laterankonzil und seiner Reformbemühungen –, ohne die scharfen Urteile in dem zeitgenössischen Dialog „Julius exclusus (e coelis)" zu übernehmen.

Das Konklave nach dem Tode des Papstes trat am 4. März 1513 im Vatikan zusammen. 25 Kardinäle nahmen daran teil, nicht jedoch die von Julius II. abgesetzten, schismatischen Kardinäle von Pisa. Die üblichen Wahlkapitulationen wurden beschlossen. Sie beinhalteten den Frieden zwischen den christlichen Völkern, die Reform der Kirche und der Kurie, die Fortsetzung des Konzils, die Zustimmung der Kardinäle mit Zweidrittel-Mehrheit für ein Vorgehen gegen Kardinäle und bei Ernennung neuer Mitglieder des Kardinalskollegiums.

Am 11. März wählten die Kardinäle Giovanni Medici, LEO X. (1513–1521), zum Papst. Man hatte ihn krank ins Konklave tragen müssen. Seine Heimat war Florenz. Bereits im Alter von 17 Jahren wurde er zum Kardinal ernannt. Als Papst führte er die Politik seiner Vorgänger, die antifranzösische Koalition, fort. Die politischen Rückschläge der Franzosen in Italien führten zur Aufgabe des Pisaner Konzils, das sich bereits am 11. Dezember 1511 nach Mailand, am 4. Juni 1512 nach Asti, später nach Lyon verlegt hatte, und zur Anerkennung des Fünften Laterankonzils durch Frankreich.

Als der französische König Franz I. im Jahre 1515 die Herrschaft übernahm und einen Italienzug vorbereitete, trat Leo X. dem Bündnis gegen Italien bei, mußte aber nach dem Sieg der Franzosen bei einer Zusammenkunft mit Franz I. in Bologna im Dezember 1515 auf Parma und Piacenza verzichten. Er erreichte zwar die Aufhebung der Pragmatischen Sanktion und den Abschluß eines Konkordats, in dem der französischen Krone große Zugeständnisse bei der Stellenbesetzung gemacht wurden. Aber sowohl die Kardinäle als auch das französische Parlament lehnten das Konkordat ab.

Das Laterankonzil wurde unter Leo X. fortgesetzt. In der achten Sitzung verurteilte das Konzil die Lehre von der doppelten Wahrheit, in der elften Sitzung im Dezember 1516 die Pragmatische Sanktion von Bourges durch die Bulle „Pastor aeternus". Darin wird betont, daß dem römischen Papst die volle Gewalt über alle Konzilien zustehe, über ihre Berufung, Verlegung und Aufhebung. In der Reformfrage kam man nicht zu tiefgreifenden Entscheidungen, vor allem fehlte der Wille zur Durchführung. Als das Konzil am 16. März 1517 zu Ende ging, war der letzte päpstliche Reformversuch vor der Glaubensspaltung weithin ohne wirksame Ergebnisse geblieben.

Ein bezeichnendes Licht auf die Situation in Rom und im Kardinalskollegium wirft die Verschwörung des Kardinals Alfonso Petrucci, der den Papst vergiften wollte. Er wurde am 16. Juli 1517 hingerichtet, die mitverschworenen Kardinäle ihrer Würden und Einkünfte beraubt und mit entsprechenden Geldstrafen belegt.

Im gleichen Jahr begann in Deutschland eine neue, größere Katastrophe. Der Augustinermönch und Professor Martin Luther übersandte am 31. Oktober 1517 95 lateinische Thesen über die Kraft des Ablasses an die zuständigen Bischöfe, den Erzbischof von Magdeburg als dem päpstlichen Ablaßkommissar und den Bischof von Brandenburg als dem zuständigen Diözesanbischof, und forderte zu einer theologischen Disputation auf. Der Wittenberger Professor verwarf in seinen Thesen den Ablaß nicht grundsätzlich, sondern wandte sich gegen Mißstände bei der Ablaßverkündigung. In seinem Brief an Erzbischof Albrecht behauptete er, daß die Ablaßprediger durch falsche Versprechungen über den Ablaß das Volk zur Furchtlosigkeit verführten, und forderte Albrecht auf, seine Ablaßinstruktionen zurückzuziehen. Aus seinen Disputationsthesen möge er erkennen, daß die Lehre vom Ablaß noch weithin ungeklärt sei.

Anlaß für Luthers Thesen war der Ablaß, den Papst Julius II. zu Beginn des 16. Jahrhunderts für den Bau der Peterskirche ausgeschrieben und den Papst Leo X. erneuert hatte. Zum päpstlichen

Ablaßkommissar in Deutschland bestimmte er Albrecht, der 1513 Erzbischof von Magdeburg und 1514 Erzbischof von Mainz geworden war. Zur Bezahlung der Gebühren, die er zur Erlangung dieser Ämter nach Rom zu entrichten hatte, mußte er sich 29 000 Rheinische Goldgulden bei dem Bankhaus Fugger leihen. Die Kurie übergab ihm als Entschädigung für acht Jahre die Ablaßpredigt zugunsten der Peterskirche. Von dem finanziellen Ertrag des Ablasses durfte er die Hälfte zur Tilgung seiner Schulden verwenden.

In der päpstlichen Ablaßbulle Leos X. vom 31. März 1515 war mit entsprechender theologischer Begründung die Zuwendbarkeit des Ablasses für die Verstorbenen erörtert worden. Luther bezeichnete die Absicht des Papstes, was den Wortlaut der Bulle angehe, als recht. Aber die Ablaßprediger leisteten Mißverständnissen Vorschub. Der Wittenberger Professor wies auf die Grenzen der Ablaßverkündigung hin, wenn er in seinen Thesen kritische Fragen stellte, wie: Warum der Papst, der reicher sei als Crassus, die Peterskirche nicht von seinem eigenen Gelde statt von dem der armen Gläubigen bauen lasse.

Zu dem Ablaß für die Verstorbenen bemerkte Luther, der Papst besitze über das Fegfeuer nicht mehr Lösegewalt, als jeder Bischof in seiner Diözese, ja jeder Pfarrer in seiner Gemeinde habe. In seinen Resolutionen zu den Ablaßthesen erklärte Luther ausdrücklich seine Bereitschaft, die 95 Thesen der Entscheidung des Papstes und des Konzils zu unterwerfen. Er übersandte die Resolutionen mit einem Brief an den Papst seinem Ordensoberen Staupitz mit der Bitte, sie an den Papst weiterzuleiten. Seinen Brief an den Papst beendete Luther mit den Worten: Deine Stimme will ich als die Stimme Christi erkennen, der in Dir herrscht und lebt.

Die römische Kurie wurde durch Erzbischof Albrecht über das Vorgehen und die Schriften Luthers unterrichtet. Die Anzeige des Erzbischofs löste automatisch die Eröffnung eines Prozesses wegen Häresieverdachts gegen Luther aus. Nach der bisher herrschenden Auffassung schaltete sich Papst Leo bereits Anfang Februar 1518 persönlich in das Verfahren gegen Luther ein und richtete angeblich am 3. Februar 1518 an Gabriel della Volta, den künftigen General der Augustiner, die Aufforderung, er solle Martin Luther, der in Deutschland Neuerungen vortrage, von seinem Vorhaben abbringen und zur Unterwerfung veranlassen. Aber dieser angebliche Brief Leos X. ist eine Fälschung, die der päpstliche Sekretär Pietro Bembo 1535 vorgenommen hat.

Im Oktober 1518 wurde Luther durch den päpstlichen Legaten, Kardinal Cajetan, auf dem Reichstag in Augsburg verhört, ohne daß man dort zu einer Verständigung kam. Am 16. Oktober 1518 appellierte Luther an den Papst und am 28. November vom Papst an das Konzil, obschon ihm bekannt war, daß die Päpste eine Appellation vom Papst an das Konzil verschiedentlich verboten hatten. Nach Luthers Auffassung besitzt der Papst kein Recht, eine solche Appellation zu verbieten. Er forderte die Berufung eines künftigen legitimen und freien Konzils, welches an einem sicheren Ort abgehalten werden solle und ihm die Möglichkeit gebe, seine theologischen Ansichten zu verteidigen.

Der Tod Maximilians I. am 12. Januar 1519 schuf eine neue Situation. Franz I. von Frankreich und Karl von Spanien bewarben sich um die Nachfolge. Kardinal Cajetan erhielt von Papst Leo X. den Auftrag, er möge versuchen, die Wahl Karls von Spanien mit allen Mitteln zu verhindern. Kurz vor der Wahl bat der Papst den Kurfürsten Friedrich den Weisen, sich für die Wahl des Königs von Frankreich einzusetzen oder selbst das Amt zu übernehmen. Der Papst versprach, alles nur Erdenkliche für Friedrich zu tun. Trotzdem wurde am 28. Juni 1519 Karl von Spanien gewählt, der sich Karl V. nannte.

In Rom nahm man im November 1519 den Prozeß gegen Martin Luther wieder auf. Friedrich der Weise wurde aufgefordert, Luther an seinem „bösen Unternehmen" zu hindern, weil sonst der Heilige Stuhl gezwungen wäre, mit geistlichen Zensuren gegen die kurfürstlichen Lande vorzugehen.

Am 15. Juni 1520 unterzeichnete Leo X. die Bannandrohungsbulle gegen Luther. Sie beginnt mit den Psalmworten: „Erhebe dich, Herr" (Exsurge Domine). 41 Sätze aus Luthers Schriften, die im Widerspruch zur Lehre der Heiligen Römischen Kirche stehen, werden wörtlich angeführt. Nach der Verbrennung der Bannandrohungsbulle durch Luther am 10. Dezember 1520 in Wittenberg verhängte Leo X. am 3. Januar 1521 über Luther den Bann. Auf dem Reichstag zu Worms erfolgte am 17. und 18. April 1521 ein Verhör Luthers, in dem er einen Widerruf seiner Ansichten ablehnte. Daraufhin legte am 19. April Kaiser Karl sein berühmtes Bekenntnis ab: Er sei fest entschlossen, alles daranzusetzen, um Glauben und Kirche zu verteidigen. Am 26. Mai 1521 unterzeichnete der Kaiser das sogenannte Wormser Edikt, in dem darauf hingewiesen wurde, daß die seit drei Jahren aufgekommenen Ketzereien bereits früher von der Kirche verurteilt worden seien. Der Papst habe vergeblich versucht, Luther von seiner Häresie abzubringen. Jedermann wird aufgefordert, die Vollziehung der päpstlichen Bannbulle zu unterstützen. Trotz des Wormser Ediktes konnte sich in den folgenden

Jahren die Reformation ungehindert entfalten, da das Edikt nicht durchgeführt wurde.

Am 1. Dezember 1521 starb Leo X. Das Urteil der Geschichtsschreiber über ihn lautet entschieden negativ. Bedenklich waren hauptsächlich sein Nepotismus, seine luxuriöse Hofhaltung, die Verschleuderung von Kirchengut. Es fehlte ihm das Verantwortungsbewußtsein für die kirchlichen Aufgaben, vor allem für die erforderliche Reform, obschon ihm zu Beginn seines Pontifikates zwei Kamaldulensermönche, Tommaso Giustiniani und Vincenzo Quirini, ein umfassendes Reformprogramm vorgelegt hatten.

Wenn auch die angebliche Aussage Leos X.: „Laßt uns das Papsttum genießen, da Gott es uns verliehen hat", nicht nachweisbar ist, so hat er weithin nach diesen Worten gehandelt. Bei der kirchlichen Auseinandersetzung und der beginnenden Reformation aber hätte die Kirche eines Reformpapstes bedurft, der eventuell die Ausbreitung der Glaubensspaltung hätte verhindern können.

# Dritter Abschnitt
# Die Neuzeit

# VI. Kapitel
# Die Päpste im Zeitalter der Reformation und der Katholischen Reform

## § 27

*Die Päpste im Zeitalter der Glaubensspaltung (1522–1565)*

Der lange ersehnte Reformpapst wurde der Kirche nach dem Tode Leos X. geschenkt. Am 9. Januar 1522 wählte das Kardinalskollegium den Niederländer Adrian von Utrecht zum Papst. Er nannte sich HADRIAN VI. (1522–1523). Der bisherige Bischof von Tortoso entstammte einfachen Verhältnissen. Er war 1459 in Utrecht als Sohn eines Schreiners geboren und wirkte später lange Jahre als angesehener Professor der Theologie an der Universität Löwen. Bekannt wurde er vor allem durch seinen Kommentar zum 4. Buch der Sentenzen des Petrus Lombardus. Kaiser Maximilian I. hatte ihn zum Erzieher seines Enkels, des Erzherzogs Karl, berufen. Nach dem Tode Ferdinands des Katholischen führte er für Karl die Regentschaft. Im Jahre 1516 wurde Adrian Bischof, 1517 Kardinal. Die Nachricht von seiner Wahl erreichte Adrian am 22. Januar 1522 in Spanien. Am 8. März nahm er die Wahl an und sprach in einer Erklärung die Hoffnung aus, daß Christus ihm Unwürdigen die Kraft verleihen werde, die Christenheit gegen die Angriffe des Bösen zu schützen, um die Irrenden nach dem Vorbild des guten Hirten zur Einheit der Kirche zurückzuführen.

Ende August 1522 traf der neue Papst auf dem Seeweg in Ostia ein. Seine Krönung erfolgte am 31. August. DIe Aufgaben, die der neue Papst zu lösen hatte, erwiesen sich als schwierig. In Deutschland ging der Abfall von der Kirche weiter, Ungarn war nach der Eroberung von Belgrad durch die türkischen Truppen bedroht, Rhodos belagert. In seiner ersten Rede im Konsistorium am 1. September erbat er die Unterstützung der Kardinäle für folgende Anliegen: 1. die Einigung der christlichen Fürsten zur Abwehr der Türken, 2. die Reform der Kirche.

Hadrian VI. fand in der Folgezeit in Rom wenig Verständnis und Hilfe. Seine Frömmigkeit und Askese wirkten befremdlich, seine

Reformvorstellungen und Reformwünsche wurden abgelehnt. Seine Sparsamkeit, die angesichts der Finanzlage erforderlich war, löste vor allem bei den Römern, die bereits die Wahl des unbekannten Niederländers mit Enttäuschung aufgenommen hatten, eine negative Reaktion aus. Es kam hinzu, daß Hadrian für die italienische Lebensart und den italienischen Lebensstil wenig aufgeschlossen war. Es überraschte daher nicht, daß gegen ihn bald der Vorwurf des Geizes erhoben wurde. Seine erste Wirksamkeit als Papst beeinträchtigte zudem die in Rom ausgebrochene Pest, der am 1. Oktober 1522 der Schweizer Kardinal M. Schinner, der zum Reformkreis Hadrians gehörte, zum Opfer fiel. Zu der von ihm erstrebten Reform der Kurie fehlten Hadrian die erforderlichen Mitarbeiter, so daß die Kurie nicht entsprechend arbeitsfähig war und die Kurienreform nur langsam anlaufen konnte. Die Situation an der Kurie erschwerte zugleich die Lage des Papstes gegenüber Deutschland. Hier war am 17. November 1522 der Reichstag in Nürnberg zusammengetreten, zu dem der Papst als seinen Legaten Francesco Chieregati entsandt hatte mit dem Auftrag, die deutschen Stände um Hilfe gegen die Türken und um die Ausführung des Wormser Ediktes zu bitten. Am 10. Dezember erörterte man die Lutherfrage, und der Legat erklärte vor den Ständen, daß der Papst ihn beauftragt habe, auf die bedrohliche Irrlehre Luthers hinzuweisen. Am 3. Januar 1523 verlas der päpstliche Legat das Breve und die Instruktion des Papstes, in denen er den lutherischen Irrtum und die Spaltung der Kirche verurteilte und gleichzeitig die Mitschuld der Kurie und der Kirche bekennt. Gott lasse die Verfolgung seiner Kirche geschehen wegen der Sünden der Menschen, besonders wegen der Sünden der Priester und Prälaten. Der Papst wolle allen Fleiß anwenden, damit zuerst die römische Kurie gebessert werde. „Wir alle, Prälaten und Geistliche, sind vom rechten Wege abgewichen."

Das freimütige Schuldbekenntnis des Papstes hatte aber nicht die erhoffte Wirkung. Die Stände erklärten am 5. Februar 1523, daß Maßnahmen gegen Luther die schwersten Unruhen auslösen würden. Sie forderten zunächt eine Reform der Kurie, die Einlösung der in den Gravamina der Deutschen Nation formulierten Wünsche und die baldige Berufung eines freien, christlichen Konzils in eine deutsche Stadt. Als Gegenleistung versprachen sie die Einstellung der aufrührerischen Predigt und ein Verbot weiterer Veröffentlichung lutherischer Schriften.

Papst Hadrian fand aber auch in den folgenden Monaten an der Kurie keine entsprechende Unterstützung bei seinen Reformbemühungen. Sein Versuch, Erasmus von Rotterdam für die Erneuerung der Kirche und zur Abwehr der Kirchenspaltung zu gewinnen, schlug ebenfalls fehl. Auf die Einladung des Papstes an Erasmus, nach Rom zu kommen, reagierte dieser ablehnend und entschuldigte sich mit Kränklichkeit, zudem könne er in Basel mehr wirken als in Rom. Seine Schriften würden an Gewicht verlieren, wenn er nach Rom ginge und damit offen Partei ergreifen würde.

Bei seinen Reformbemühungen konnte Hadrian jedoch auf die Hilfe des Kaisers hoffen. Karl schrieb dem Papst, in einträchtiger Zusammenarbeit von Kaiser und Papst würde man die großen Probleme der Zeit lösen können. Leider gelang es dem Papst nicht, die politischen Mächte Europas zu einer gemeinsamen Abwehrfront gegen die türkische Invasion zu vereinen. Die Gegensätze zwischen König Franz I. von Frankreich und dem Kaiser über die Führungsrolle in der Christenheit und nicht zuletzt die Herrschaft in Italien waren zu tief, als daß eine solche Einigung möglich gewesen wäre.

Der Kaiser erwartete vom Papst, seinem früheren Lehrer, den Beitritt zur Liga gegen Franz I. Aber Hadrian VI. mußte strengste Neutralität beobachten, wenn seine Bemühungen um eine gemeinsame Abwehr der Türkengefahr durch die europäischen Fürsten erfolgreich sein sollten. So kam es leider zu einer langsamen Entfremdung zwischen Kaiser und Papst, und das Vertrauen des französischen Königs blieb dem Papst trotzdem versagt. Inzwischen machten die Türken weitere Fortschritte. Am 21. Dezember 1522 eroberten sie die Insel Rhodos. Daraufhin verkündete der Papst am 30. April 1523 einen Waffenstillstand für drei Jahre in der ganzen Christenheit und versuchte, ihn mit den schwersten Kirchenstrafen auch durchzusetzen. Trotzdem scheiterten seine Bemühungen um den Frieden in Europa. Franz I. bereitete eine Invasion in die Lombardei vor und drohte dem Papst sogar mit dem Hinweis auf das Schicksal Bonifaz' VIII. Jetzt mußte sich auch Hadrian nach Bundesgenossen umsehen und verbündete sich deshalb mit Kaiser Karl V., Heinrich VIII. von England und Ferdinand von Österreich.

Die Enttäuschungen seines Pontifikates waren zu groß für Hadrian VI., der bereits am 14. September 1523 starb. Sein früher Tod ließ die großen Hoffnungen, die die Reformfreunde auf seinen Pontifikat gesetzt hatten, nicht in Erfüllung gehen. Das Reformprogramm wurde nach seinem Tode nicht weitergeführt, in Deutschland breitete sich das Luthertum immer weiter aus.

Wenn auch der Pontifikat Hadrians VI. mit einer Fülle von Mißerfolgen belastet ist, so hat er doch durch sein Beispiel anregend gewirkt und die Grundsätze vorgetragen, die Jahrzehnte später durch die Päpste in der Katholischen Reform verwirklicht werden sollten.

Das Konklave nach dem Tode Hadrians, das am 1. Oktober 1523 begann, war beherrscht von den Gegensätzen zwischen den kaiserlichen und den französisch orientierten Kardinälen. Nach fast zweimonatigem Konklave wurde am 19. November 1523 der neue Papst gewählt: Giulio de' Medici. Er nannte sich CLEMENS VII. (1523–1534). Als Kardinal war er ein entschiedener Anhänger des Papstes gewesen. Er kannte die anstehenden Probleme an der Kurie und in der Weltkirche. Bereits während der Regierung seines Vetters, Leos X., hatte er als Vizekanzler starken Einfluß an der Kurie ausgeübt. In seiner ersten Rede im Konsistorium nannte er als die zu lösenden Aufgaben: 1. die Luthersache, 2. den Frieden zwischen den christlichen Fürsten, 3. die Türkenabwehr. Aus dieser Reihenfolge kann man erkennen, welche Bedeutung der Papst der drohenden Glaubensspaltung zuschrieb. Diese vordringliche Einschätzung der reformatorischen Fragen wurde u. a. durch die Entsendung eines Kardinallegaten, Lorenzo Campeggio, nach Deutschland bestätigt, den der Papst am 8. Januar 1524 ernannte. Welche Wandlungen sich inzwischen in Deutschland vollzogen hatten, zeigte sich 1524 auf dem Reichstag von Nürnberg. Der päpstliche Nuntius Girolamo Rorario, der den Besuch Campeggios ankündigen und vorbereiten sollte, wurde auf dem Reichstag spöttisch empfangen. Der päpstliche Legat Campeggio erwähnte als zu klärende Probleme: 1. die Glaubensfrage, 2. die Verteidigung gegen die Türken. Die deutschen Stände dagegen verlangten die Einberufung eines Allgemeinen Konzils. Als Konzilsort nannte Karl V. Trient, das zum Reiche gehörte. Aber die Konzilsfurcht Clemens' VII., verursacht durch die Erinnerung an das Konstanzer und Basler Konzil, verhinderte eine Konzilsberufung. „Ein Konzil von Trient, allen entgegenstehenden Bedenken zum Trotz, als Erfüllung der reichsständischen Forderung eines freien, christlichen Konzils in deutschen Landen im Jahre 1524 berufen, ehe noch die neue Lehre und Frömmigkeit tiefe Wurzeln geschlagen hatte, in demselben Augenblick, als die soziale Revolution, der große Bauernkrieg, bei allen Verantwortlichen die Reaktion auslöste, wir dürfen die Perspektive nicht weiter ausmalen" (Jedin).

Im politischen Raum bemühte sich Clemens VII. zunächst um den Frieden zwischen den europäischen Mächten. Angesichts der Bedrohung durch die Türken war das ein Gebot der Stunde. Aber auch seine Friedensbemühungen scheiterten. Als Franz I. von Frankreich am 26. Oktober 1524 Mailand eroberte, schloß Clemens VII. mit Frankreich und Venedig ein Bündnis. Dieses Verhalten des Papstes hatte für die Ausbreitung der Reformation in Deutschland weitreichende Konsequenzen. Der Abfall von der Kirche in Deutschland nahm immer größere Ausdehung an. An ein gemeinsames Vorgehen des Reiches gegen die reformatorische Bewegung konnte man jetzt nicht mehr denken. Für die Politik Clemens' VII. war die Hoffnung bestimmend, er könne das habsburgische Übergewicht mit Hilfe Frankreichs beseitigen. Die politischen Berechnungen des Papstes wurden jedoch durch den Sieg des Kaisers zerstört. Nach der Gefangennahme Franz' I. war Karl V. zum mächtigsten Herrscher in Europa geworden. Im Frieden von Madrid, der am 14. Januar 1526 geschlossen wurde, mußte der französische König allen habsburgischen Forderungen zustimmen.

Bereits am 22. Mai 1526 schlossen sich der Papst, Frankreich und Venedig zur sogenannten Liga von Cognac zusammen. Das war der Beginn scharfer Auseinandersetzungen zwischen der Kurie und dem Kaiserhof. Der Kaiser forderte die Einberufung eines Allgemeinen Konzils, um Beschlüsse über die Kirchenreform, die Überwindung der Glaubensspaltung und die Türkenabwehr zu fassen. Am 6. Oktober 1526 versuchte Karl V. das Kardinalskollegium zur Konzilsberufung zu veranlassen, fand aber bei den Kardinälen keine Unterstützung.

In Deutschland waren auf dem Reichstag zu Speyer am 27. August 1526 die Stände inzwischen übereingekommen, bis zur Berufung eines Konzils so zu reagieren, wie es ein jeder vor Gott und der kaiserlichen Majestät verantworten könne. Dieser Beschluß kam praktisch einer Suspendierung des Wormser Ediktes gleich.

Während in Ungarn die Türken große militärische Fortschritte machten, war für den Papst die Auseinandersetzung in Italien das vordringliche Problem, besonders nachdem die kaiserlichen Truppen sich in Eilmärschen Rom näherten, wo sie auf reiche Beute hoffen durften. Am 6. Mai 1527 erreichten sie die Ewige Stadt. Rom erlebte eine verheerende Plünderung durch die führungslosen Soldaten. Der Papst mußte in die Engelsburg flüchten, wurde aber am 5. Juni gefangengenommen und konnte sich erst im Dezember die Freiheit durch große Zugeständnisse und erhebliche Geldsummen erkaufen. Der „Sacco di Roma", in dem man ein Strafgericht Gottes für das Rom der Renaissance sah, hatte für die Ewige Stadt katastrophale Auswirkungen.

Der Kaiser versuchte, den gefangenen Papst zur Annahme seiner Wünsche zu bringen: 1. Einberufung eines Allgemeinen Konzils, 2. Reform der Kirche, 3. Überwindung der Häresie und Unterdrückung der Ungläubigen. Clemens VII. dachte auch jetzt nicht daran, ein Konzil einzuberufen. Zwischen Kaiser und Papst kam es erst am 29. Juni 1529 zum Frieden und am 5. November 1529 zu einem persönlichen Zusammentreffen, bei dem Karl V. den Papst für das Konzil zu gewinnen versuchte. Jedoch gelang es ihm nicht, die Konzilsfurcht Clemens' VII. zu überwinden.

Die Übereinstimmung von Papst und Kaiser schien erreicht, als Karl V. am 24. Februar 1530 aus der Hand des Papstes die Kaiserkrone empfing. Aber zu einer echten Verständigung kam es auch in den folgenden Jahren nicht. Durch den Reichstag zu Augsburg, den Karl V. für den 8. April 1530 ausgeschrieben hatte, hoffte der Kaiser die Einheit der Kirche noch einmal zu retten. Er hielt einen Ausgleich zwischen den alt- und neugläubigen Ständen für möglich. Clemens VII. hatte Lorenzo Campeggio zu seinem Legaten für den Augsburger Reichstag ernannt. Als im Juli 1530 sich bereits abzeichnete, daß die protestantischen Stände die im Auftrag des Kaisers verfaßte Confutatio des Augsburger Bekenntnisses nicht annehmen würden, schrieb Karl V. dem Papst, daß ein Konzil nun nicht mehr zu umgehen sei. Das Wohl der Christenheit erfordere dringend die Einberufung eines Allgemeinen Konzils.

In Augsburg wurde das Wormser Edikt erneuert, die Rückgabe der geraubten Kirchengüter und die Wiederherstellung der geistlichen Jurisdiktion befohlen und den Protestanten bis zum 15. April 1531 eine Frist zur Unterwerfung gewährt. Der Kaiser verpflichtete sich, Clemens VII. dringend um die Einberufung eines Allgemeinen Konzils zu bitten, das Mißbräuche und Beschwerden abstellen und die Wiedervereinigung der Getrennten herbeiführen solle. Am 30. Oktober 1530 machte der Kaiser den Papst darauf aufmerksam, daß die Unionsverhandlungen gescheitert seien. Keine noch so große Gefahr, die das Konzil heraufbeschwören könnte, vermöge die Schäden aufzuwiegen, die die Nichtberufung des Konzils zur Folge haben werde. Aber zum Konzil kam es trotz verschiedener Initiativen des Kaisers nicht. Das Mißtrauen Clemens' VII. und die Intrigen Frankreichs verhinderten seine Berufung.

Leopold von Ranke hat Clemens VII. den unheilvollsten aller Päpste genannt. Selbst wenn dieses Urteil einer starken Einschränkung bedarf, kann man doch sagen, daß der Pontifikat Clemens' VII. für die Geschichte der Kirche verhängnisvoll war, nicht zuletzt deshalb, weil der Papst das so dringend erforderliche Konzil nicht berief. Als der Papst am 25. September 1534 starb, betrachteten viele Zeitgenossen seinen frühen Tod als ein Glück für die Kirche.

Zu seinem Nachfolger wählten die Kardinäle nach einem Konklave von nur zwei Tagen am 13. Oktober 1534 Alessandro Farnese: PAUL III. (1534–1549). Wenn man ihn auch noch zu den Renaissancepäpsten zählen muß, so bringt sein Pontifikat doch den Übergang zur Katholischen Reform. Alexander VI. hatte Alessandro Farnese 1493 zum Kardinal ernannt. Die Rücksicht auf seine Kinder und Enkel beeinflußte die Entscheidungen Pauls III. verschiedentlich unheilvoll. Aber er hat seine kirchliche Aufgabe in ganz anderer Weise gesehen als seine Vorgänger. So bedeutet sein Pontifikat einen neuen Anfang. Er unterstützte die Kräfte der innerkirchlichen Erneuerung, um das weitere Vordringen der Glaubensspaltung zu verhindern.

Sofort nach seinem Amtsantritt traf er Vorbereitungen für eine Konzilsberufung. Im Frühjahr 1535 ging der Papst daran, seine Konzilspläne zu verwirklichen. Er entsandte den Nuntius Vergerio nach Deutschland mit dem Auftrag, die Fürsten von dem Entschluß des Papstes, ein Konzil zu berufen, in Kenntnis zu setzen und ihre Ansichten über den Konzilsort zu erfragen. 1536 wurde das Konzil zunächst nach Mantua, 1537 nach Vicenza berufen, trat aber wegen politischer Schwierigkeiten nicht zusammen. Die im Schmalkaldischen Bund zusammengeschlossenen protestantischen Fürsten lehnten die Konzilseinladung ab. Die Eröffnung des Konzils wurde, da die Bischöfe ausblieben, zweimal verschoben und 1539 auf unbestimmte Zeit vertagt.

Der Kaiser versuchte daraufhin durch Religionsgespräche eine Einigung herbeizuführen. Aber bereits das Religionsgespräch von Regensburg im Jahre 1541 zeigte die Schwierigkeiten einer Verständigung. Im Sommer 1541 griff der Kaiser auf seinen Konzilsplan zurück und schlug während eines persönlichen Zusammentreffens mit dem Papst in Lucca im September 1541 Trient, das auf deutschem Reichsgebiet lag und die Forderung der deutschen Reichsstände nach einem Konzil in deutschen Landen erfüllte, als Konzilsort vor. Für den 1. November 1542 berief der Papst das Konzil nach Trient. Aber auch diese Berufung blieb erfolglos, weil es im Sommer 1542 zu einem neuen Krieg zwischen Franz I. und Karl V. kam (1542–1544). Am 29. September 1543 verfügte daraufhin der Papst die Suspension des Konzils. Mit dem Frieden von Crépy, der am 18. September 1544 zwischen Karl und Franz geschlossen wurde, war ein Haupthindernis der Konzilsberufung beseitigt. Der Vertrag enthielt zudem eine Geheimklausel, in der Franz I. seinen Widerstand gegen Trient als Konzilsort aufgab. Am 30. November 1544 hob der Papst die Suspension des Konzils auf und setzte den 15. März 1545 als Eröffnungstermin des Konzils fest. Aber als die päpstlichen Legaten, die Kardinäle Del Monte, Cervini und Pole, am 13. März in Trient eintrafen, war noch kein auswärtiger Bischof anwesend. Erst am 3. Adventssonntag, dem 13. Dezember 1545, konnte das Konzil eröffnet werden. Außer den päpstlichen Legaten und dem Ortsbischof Cristoforo Madruzzo nahmen 4 Erzbischöfe, 21 Bischöfe und 5 Ordensgenerale an der Sitzung teil. Im Frühsommer stieg die Zahl der Teilnehmer auf 66, etwa drei Viertel der Konzilsteilnehmer waren Italiener.

Die erste Tagunsperiode unter Papst Paul III. dauerte vom 13. Dezember 1545 bis zum 2. Juni 1547. Man beschloß gegen den Wunsch des Kaisers, Glaubensfragen und Reformfragen gleichzeitig zu behandeln. Grundlegend war das Dekret über die Glaubensquellen der vierten Sitzung. Neben der Heiligen Schrift wird die apostolische Tradition als gleichberechtigte Glaubensquelle anerkannt. In der fünften Sitzung verabschiedete man das Erbsündedekret, in der sechsten Sitzung das Rechtfertigungsdekret. Darin wird der Glaube als Anfang, Fundament und Wurzel allen menschlichen Heiles bezeichnet. Das Rechtfertigungsdekret ist ein theologisches Meisterwerk, auf dessen Formulierung man besondere Sorgfalt verwandt hat, und zugleich das bedeutendste der dogmatischen Dekrete des Konzils. Daneben wurde eine Reihe von Reformdekreten verabschiedet, u. a. das Dekret über die Residenzpflicht der Bischöfe. Man behandelte ferner die Sakramentenlehre im allgemeinen und Taufe und Firmung im besonderen.

Im Frühjahr 1547 verlegte sich das Konzil von Trient nach Bologna: In der siebten Sitzung am 11. März wurde der Translationsbeschluß mit Zweidrittelmehrheit gefaßt. Anlaß der Verlegung war der Ausbruch des Fleckfiebers in Trient, dahinter aber stand der Wunsch des Papstes, das Konzil aus dem Machtbereich des Kaisers – Trient – zu verlegen. Paul III. bestätigte deshalb den Verlegungsbeschluß. Aber 14 kaiserlich gesinnte Bischöfe blieben in Trient zurück, da sie die Translation als nicht rechtmäßig betrachteten.

Der Kaiser war entrüstet. Er hatte gerade den Sieg über den Schmalkaldischen Bund errungen (24. April 1547) und sah jetzt die Möglichkeit, die Einheit der Kirche wiederherzustellen. Er forderte deshalb vom Papst die Aufhebung der Verlegung und die Rückverlegung des Konzils nach Trient, da an ein Erscheinen der deutschen Protestanten in einer Stadt des Kirchenstaates – Bologna – nicht zu denken war.

Paul III. aber verweigerte die Zurückverlegung nach Trient mit der Begründung, über die Verlegung habe das Konzil allein zu befinden. Daraufhin ließ der Kaiser am 23. Januar 1548 in Rom feierlichen Protest gegen die Verlegung des Konzils nach Bologna einlegen. Die Spannungen zwischen Kaiser und Papst verstärkten sich, als der Kaiser die religiösen Verhältnisse im Reich durch das sogenannte Augsburger Interim vom 30. Juni 1548 eigenmächtig ordnete.

In Bologna hatte das Konzil inzwischen die Beratungen über die Eucharistie, die Buße, Krankenölung, Weihe und Ehe fortgesetzt. Es erörterte ferner die Lehre vom Fegfeuer, Ablaß und Meßopfer. Obwohl das Konzil während seiner Tagungsperiode in Bologna kein einziges Reformdekret verabschiedet hat, übte diese Periode auf die nachfolgenden Beschlüsse starken Einfluß aus, da man später an die Ergebnisse von Bologna anknüpfte. Am 13. September 1549 suspendierte der Papst das Konzil. Von dem innerkirchlichen Wirken Pauls III. sind noch seine Reformbemühungen hervorzuheben. Er ernannte eine Reihe von reformerisch gesinnten Kardinälen, wie Gasparo Contarini, der sich bereits als Laie als Kontroverstheologe betätigt hatte und später der führende Mann der Katholischen Reform in Rom wurde; ferner G. P. Caraffa, den Mitbegründer der Theatiner und späteren Papst Paul IV.; den Humanisten Sadoleto; M. Cervini, den späteren Reformpapst Marcellus II.; den Benediktiner Gregorio Cortese, und setzte eine Reformkommission ein, die eine Denkschrift über die Erneuerung der Kirche ausarbeitete.

Daneben förderte der Papst die Ordensreform. Er unterstützte die neuentstandenen Ordensgenossenschaften der Theatiner, Kapuziner, Barnabiten, Somasker und Ursulinen und bestätigte die Gesellschaft Jesu. Besondere Verdienste erwarb sich der Papst durch seine Bemühungen um die Einhaltung der Residenzpflicht. Zahlreiche Bischöfe der Zeit hatten ihre Bistümer nie gesehen und ließen sie nur durch einen Vikar verwalten. 1540 forderte der Papst achtzig in Rom anwesende Bischöfe auf, in ihre Diözesen zu gehen.

Zur Bekämpfung der auch in Italien vordringenden Glaubensneuerung organisierte er 1542 die Inquisition neu. Eine römische Zentralbehörde von sechs Kardinälen, später Sanctum Officium genannt, erhielt die Aufgabe, für die Reinerhaltung des Glaubens in der Universalkirche zu sorgen, gegen Abgefallene und Häresieverdächtige einzuschreiten.

Als Paul III. am 10. November 1549 starb, war die Reform der Kirche vorbereitet. Sein Pontifikat hatte einen neuen Anfang gesetzt, wenn auch sein Reformwille nur begrenzt war.

Am 29. November 1549 traten die Kardinäle zum Konklave zusammen. Erst am 7. Februar 1550 konnte man sich auf einen Kandidaten einigen, Kardinal Giovanni Maria del Monte: JULIUS III. (1550–1555). Der neue Papst erwies sich – wie Paul III. – weithin weltlich gesinnt und gab durch seinen Nepotismus Ärgernis, aber er förderte zugleich die Katholische Reform. Obschon er nicht zur kaiserlichen Partei gehörte, sorgte er für die Translation des Konzils. Am 14. November 1550 erschien die Verlegungsbulle über die Rückführung des Konzils nach Trient, wo die Kirchenversammlung – trotz des Widerspruchs Frankreichs – am 1. Mai 1551 eröffnet werden konnte. Die kaiserliche Minderheit, die nach der Verlegung des Konzils in Trient geblieben war, wurde durch dreizehn Bischöfe aus Deutschland verstärkt und dadurch das Übergewicht der Italiener gebrochen. Im Oktober 1551 und im Januar 1552 erschienen sogar Gesandte protestantischer Reichsstände: Brandenburg, Württemberg und Kursachsen. Ihre Forderungen, daß alle bisherigen Glaubensentscheidungen des Konzils rückgängig gemacht und die Lehre von der Superiorität des Konzils erneuert werden müßten, waren jedoch kaum erfüllbar.

Das Konzil bezeichnete den Begriff der Transsubstantiation und der Realpräsenz als geeignet für die Aussage über die Wesensverwandlung der eucharistischen Gestalten. Man veröffentlichte die Dekrete über die Eucharistie, die Buße, die Letzte Ölung sowie eine Reihe von Dekreten über die Amtsführung der Bischöfe und den Lebenswandel der Geistlichen. Der Verrat des Kurfürsten Moritz von Sachsen am Kaiser und der Vormarsch der Verbündeten nach Süden führten am 28. April 1552 zur Suspension des Konzils, das erst 1562 wiedereröffnet werden sollte.

Als das bedeutendste Ereignis während des Pontifikats Julius' III. gilt die Katholische Restauration in England, an der jedoch der Papst nicht beteiligt war. 1553 wurde Maria, die Tochter Katharinas von Aragón, Königin von England. Sie erlaubte den katholischen Gottesdienst und begann behutsam mit der Restauration.

Die Reform der römischen Kurie wurde unter Julius III. vorbereitet, aber nicht durchgeführt. Nach seinem Tode am 23. März 1555 gelang es der Reformpartei, die Wahl ihres Kandidaten M. Cervini, MARCELLUS II. (1555), im Konklave, das vom 6. bis 10. April 1555 dauerte, durchzusetzen. Marcellus war der erste Papst der Katholischen Reform. Leider hat er nur 21 Tage regiert und starb bereits am 30. April 1555.

Das neue Konklave, das am 14. Mai zusammentrat, wählte am 23. Mai den Dekan des Kardinalskollegiums, Giovanni Pietro Caraffa: PAUL IV. (1555–1559). Er stammte aus dem Königreich Neapel, war 1505 Bischof geworden, hatte mit Gaetano von Thiene den Theatinerorden gegründet und galt als Hauptvertreter der Katholischen Reform. Bei seiner Wahl war er bereits 79 Jahre alt. Leider belastete er sein Wirken durch außerordentliche Strenge und einen ausgeprägten Nepotismus. Durch Carlo Caraffa ließ er sich zum Krieg gegen Spanien verführen, der mit einer Niederlage der päpstlichen Truppen endete.

In England bereitete der Tod von Maria der Katholischen am 17. November 1558 der Restauration ein Ende. Elisabeth II. führte 1559 die anglikanische Liturgie wieder ein. In Polen wuchs die Gefahr der Protestantisierung des Landes. In Deutschland brachte der Augsburger Religionsfriede den protestantischen Reichsständen der Augsburgischen Konfession 1555 die reichsrechtliche Anerkennung.

Ferdinand I. von Österreich, dem Nachfolger Karls V., verweigerte Paul IV. die Anerkennung als Kaiser mit der Begründung, die Wahl Ferdinands unterliege der Prüfung durch den Papst. Auf innerkirchlichem Gebiete lehnte er eine Fortsetzung des Trienter Konzils ab. Er bemühte sich jedoch um die Beseitigung von Mißbräuchen an der Kurie. Großen Einfluß bekam unter ihm die Inquisition, von der sogar hochverdiente Persönlichkeiten, wie Kardinal Morone und Kardinal Pole, verdächtigt wurden. Die Bücherzensur ließ er scharf handhaben, 1559 veröffentlichte er den ersten päpstlichen Index der verbotenen Bücher.

Belastet wurde der Pontifikat Pauls IV. vor allem durch das schändliche Treiben seines Neffen, des Kardinalnepoten Carlo Caraffa, der sein Amt übel mißbrauchte. Seine 1559 erfolgte Amtsentsetzung und Verbannung konnte jedoch den moralischen Schaden nicht beheben. Nicht nur durch die unglückliche Politik Pauls IV. und seinen Nepotismus, sondern auch durch seine Härte erwies sich sein Pontifikat als eine große Enttäuschung (Jedin). Als Paul IV. am 18. August 1559 starb, entlud sich der Haß gegen den Papst in einem Volksaufstand.

Das Konklave nach seinem Tode war beherrscht von dem Gegensatz der französischen und der spanischen Partei. Es dauerte fast vier Monate, bevor die Kardinäle sich auf einen neuen Papst einigen konnten. Am 5. September waren die Kardinäle zum Konklave zusammengetreten, am 26. Dezember wählten sie Kardinal Giovanni Angelo Medici: Pius IV. (1559–1565). Paul III. hatte ihn zum Kardinal erhoben. Der neue Papst, ein konzilianter Mann, gehörte nicht zur Reformpartei, jedoch waren seine engsten Mitarbeiter Kardinal Morone und seit 1562 sein Neffe Carlo Borromeo Hauptförderer der Reform an der Kurie.

Pius IV. kehrte bewußt zur Kirchenpolitik Julius' III. zurück und setzte das Trienter Konzil fort. Am 18. Januar 1562 konnte das Konzil in Anwesenheit von 109 Kardinälen und Bischöfen wiedereröffnet werden. Am 11. März begann man mit der Erörterung der Residenzfrage, die eine Konzilskrise heraufbeschwor und einen längeren Stillstand der Konzilsverhandlungen verursachte. Die eine Partei vertrat die Ansicht, die Residenzpflicht beruhe auf göttlichem Recht und sei ein streng verpflichtendes göttliches Gebot. Die Gegenpartei sah in dem göttlichen Recht der Bischöfe einen Angriff auf den päpstlichen Primat. Am 11. Mai verbot der Papst die Residenzdebatte.

Anschließend konnte die Lehre über die Sakramente zum Abschluß gebracht werden. Das Konzil verabschiedete die Dekrete über die Kommunion unter beiden Gestalten, über die Kinderkommunion, das heilige Meßopfer, das Weihesakrament und die Ehe.

In dieser Zeit beschloß das Konzil auch eine Reihe von Reformdekreten. Kaiser Ferdinand I. hatte im Juni 1562 dem Konzil ein „Reformlibell" vorgelegt, das fünfzehn Artikel über die Reformation der Kirche an Haupt und Gliedern enthielt, u. a. die Gestattung des Laienkelches und der Priesterehe vorsah. Die Entscheidung über den Laienkelch überließen die Konzilsväter schließlich dem Papst, der 1564 für mehrere deutsche Diözesen unter bestimmten Bedingungen die Kommunion unter beiden Gestalten genehmigte. Das Verlangen nach Aufhebung des Zölibats wurde aber abgelehnt. Das zweite Reformdekret der 22. Sitzung vom 17. September 1562 wandte sich gegen Mißstände in den Diözesen, ohne dabei die Reformdenkschriften der weltlichen Mächte zu berücksichtigen. Die Botschafter legten daraufhin Protest ein. Die Krise des Konzils wurde verstärkt, als am 13. November der Kardinal von Lothringen, Charles Guise, mit dreizehn französischen Bischöfen in Trient eintraf. Er stellte sich auf die Seite der Opposition. Am 6. November war ein neues Residenzdekret vorgelegt worden, das die Verpflichtung der Bischöfe zur Residenz auf göttliches und menschliches Recht zurückführte. Die Opposition erstrebte eine episkopalistische, die Gegenseite eine kurialistische Lösung. In langen Verhandlungen bemühte man sich um eine Kompromißformel. Aber die gegenseitigen Positionen versteiften sich immer mehr, die weltlichen Mächte begannen zu intervenieren, und es drohte die Sprengung des Konzils. Kardinal Guise veranlaßte den Kaiser zu einem scharfen Mahnbrief an den Papst, daß er sich der Reform durch das Konzil nicht widersetzen möge. Der Streit über das Verhältnis von Papst und Konzil, dessen Ausbruch die Kurie bisher hatte vermeiden können, wurde immer heftiger. Da gelang es dem neuen Konzilspräsidenten Morone, den Kaiser in Innsbruck zu beruhigen und auch mit dem Kardinal von Lothringen einen Kompromiß zu finden. So konnte er das Konzil retten, das sich darauf beschränkte, die protestantische Lehre vom Bischofsamt zurückzuweisen. Es stellte die Einsetzung des neutestamentlichen Priestertums durch Christus und die Unterscheidung von höheren und niederen Weihen heraus. Die Residenzpflicht wurde als göttliches Gebot bezeichnet. Wichtig war auch die Verpflichtung für die Bischöfe, in ihren Diözesen Seminare zur Ausbildung der künftigen Priester zu errichten.

In der 24. Sitzung verabschiedete das Konzil zahlreiche Bestimmungen über die Abhaltung von Provinzialsynoden, Diözesansynoden, ferner über die Visitation der Diözesen, die Ausübung des Predigtamtes, die religiöse Unterweisung des Volkes und die Besetzung der Pfarreien. In der Schlußsitzung am 3. und 4. Dezember 1563 wurden die Dekrete über das Fegfeuer, die Heiligenverehrung und den Ablaß beschlossen. Mehrere unerledigte Reformen, u. a. die Reform des Meßbuches und des Breviers, die Ausgabe eines allgemeinen Katechismus, übertrugen die Konzilsväter dem Papst. Am 26. Januar 1564 bestätigte Pius IV. die Konzilsdekrete, die in den meisten Ländern angenommen wurden. Eine Zusammenfassung der dogmatischen Entscheidungen des Konzils, das sogenannte Tridentinische Glaubensbekenntnis, schrieb der Papst am 13. November 1564 für die Bischöfe, Ordensoberen und Doktoren verpflichtend vor. Wenn auch das Konzil die Glaubenseinheit nicht wiederherstellen konnte, so hat es doch eine Erneuerung der katholischen Kirche gebracht und die katholische Glaubenslehre gegen die reformatorischen Auffassungen abgegrenzt. Am 9. Dezember 1565 starb Papst Pius IV. An seinem Sterbebett stand Karl Borromäus. Sein Pontifikat hat für die katholische Restauration eine große Bedeutung. Er hat nicht nur das Trienter Konzil wiederaufgenommen, sondern auch glücklich zu Ende geführt. Das ist die unbestrittene Leistung seiner Regierungszeit.

## § 28

### Die Päpste der Tridentinischen Erneuerung

Elf Tage nach dem Tode Pius' IV. trat das Konklave zusammen. Am 7. Januar 1566 wählten die Kardinäle Michele Ghislieri: Pius V. (1566–1572). Er war Dominikaner und behielt auch als Papst die asketische Lebensweise bei, die er als Ordensmann geführt hatte. Pius V. verkörperte die Katholische Reform in ihrer reinsten Form und hat sich bemüht, die Trienter Reformen durchzuführen. In Befolgung eines Konzilsbeschlusses erschien 1566 der sogenannte

Römische Katechismus für die Pfarrer, 1568 das reformierte Brevier, 1570 das römische Meßbuch.

Das Hauptbemühen des Papstes galt der Reinerhaltung und Verteidigung des Glaubens. Gegen die Irrlehre ging er mit äußerster Strenge vor. Am 25. Februar 1570 wurde Elisabeth II. als Häretikerin und Förderin der Häresie gebannt und ihrer Herrschaft für verlustig erklärt. Es war das letzte Absetzungsurteil gegen einen regierenden Fürsten. Diese Maßnahme des Papstes löste eine heftige Katholikenverfolgung in England aus. Im Jahre 1568 veröffentlichte der Papst eine verschärfte Fassung der sogenannten Abendmahlsbulle. Man versteht darunter eine bis ins 13. Jahrhundert zurückreichende und im Laufe der Jahrhunderte erweitere Sammlung der dem Papst vorbehaltenen Zensuren, die seit Urban IV. (1364) jährlich am Gründonnerstag verkündet wurde.

Ein besonderes Verdienst erwarb sich Pius V. um die Verteidigung der Christenheit gegen die Türken, die 1571 Cypern eroberten. Am 7. Oktober 1571 kam es bei Lepanto im Golf von Korinth unter Führung von Don Juan d'Austria zu dem großen Seesieg über die Türken. Dieser Sieg war ein Erfolg des Papstes, dem es noch einmal gelungen war, die romanischen Völker zum gemeinsamen Kampf gegen die Türken zu verbinden.

Am 1. Mai 1572 starb Pius V., der 1672 selig- und 1712 heiliggesprochen werden konnte. Die Bedeutung seiner Persönlichkeit liegt darin, daß durch ihn die Trienter Beschlüsse in die Praxis umgesetzt und die Päpste zum Träger der Katholischen Reform wurden.

Bereits am 13. Mai erfolgte die Wahl eines Nachfolgers, Ugo Boncompagni: GREGOR XIII. (1572–1585). Er hatte lange als berühmter Rechtslehrer in Bologna gewirkt und dann die kuriale Ämterlaufbahn beschritten. Wenn er auch als religiöse Persönlichkeit weit hinter seinem Vorgänger zurücksteht, so hat er doch die Kirchenreform konsequent weitergeführt. Sein besonderes Verdienst ist der Ausbau der päpstlichen Nuntiaturen zu Trägern der Kirchenreform. Zu den bereits bestehenden, ständigen Nuntiaturen an den katholischen Höfen traten jetzt Nuntiaturen in Luzern für die Schweiz (1579), Graz für Österreich (1580), Köln für Niederdeutschland (1584).

Die bereits unter Pius V. errichtete Kardinalskongregation für Deutschland (1568) wurde unter ihm im Jahre 1573 erneuert und hat als „Deutsche Kongregation" entscheidendes für die Durchführung der Katholischen Reform in Deutschland geleistet.

Da die Errichtung von Priesterseminaren in Deutschland auf Schwierigkeiten stieß, förderte Gregor XIII. den Ausbau der in Rom vorhandenen Kollegien für den Priesternachwuchs. Das römische Kolleg der Jesuiten, deren großer Gönner er war, wurde in einem großen Neubau untergebracht und reich mit Einkünften versehen. Das Collegium Germanicum vereinigte er mit dem Ungarischen Kolleg und stattete es so großzügig aus, daß es hundert Alumnen Aufnahme bieten konnte. Aus ihm sind die kirchlichen Führungskräfte in Deutschland weitgehend hervorgegangen. 1579 gründete Gregor das Englische Kolleg, das ebenfalls den Jesuiten übergeben wurde. Durch weitere Kolleggründungen, u. a. für die Griechen, Armenier und Maroniten, machte er Rom zu einem Zentrum der theologischen Wissenschaft und der Priesterausbildung der Universalkirche.

Verdienstvoll war auch die Reform des Julianischen Kalenders, die seit Sixtus IV. geplant und unter Papst Gregor zum Abschluß gebracht wurde. Nach Befragung der christlichen Fürsten und Universitäten bestimmte er, daß zur Behebung der durch den Julianischen Kalender entstandenen Differenz zwischen dem bürgerlichen und dem astronomischen Jahr auf den 4. Oktober 1582 gleich der 15. Oktober folgen und künftig durch neue Schaltregeln der Gleichlauf gesichert werden sollte. Die protestantischen Staaten schlossen sich dieser Regelung hundert Jahre später an, die griechische Orthodoxie übernahm die Gregorianische Kalenderreform erst im 20. Jahrhundert.

Frankreich wurde während des Pontifikates Gregors' XIII. durch die Hugenottenkriege verheert. Von der Bartholomäusnacht 1572 hat Gregor nichts gewußt, ließ aber in Rom nach dem Erhalt der Nachricht, daß eine Rebellion verhindert worden sei und die „häretischen Verschwörer" die verdiente Strafe getroffen habe, ein feierliches Te Deum singen und der königlichen Familie seine Glückwünsche übermitteln. Als der Papst am 10. April 1585 starb, ging ein Pontifikat zu Ende, der reich an Arbeit und Erfolgen war.

Zu seinem Nachfolger wählten die Kardinäle am 28. April 1585 Kardinal Felice Peretti: SIXTUS V. (1585–1590). Er stammte aus einfachen Verhältnissen, war in den Franziskanerorden eingetreten und später General seines Ordens geworden. Pius V. hatte ihn 1570 zum Kardinal erhoben. Sixtus V. erwies sich seit den ersten Tagen seines Pontifikats als eine überragende Herrscherpersönlichkeit, schuf Ordnung im Kirchenstaat und sanierte die päpstlichen Finanzen. Daneben entfaltete er eine reiche Bautätigkeit. Er ließ z. B. die Kuppel von Sankt Peter vollenden. Durch ihn wurde Rom zu einer Stadt des Barock.

Die bedeutendste Leistung Sixtus' V. ist jedoch die Reform der römischen Kurie. Er reorganisierte das Kardinalskollegium und setzte die Zahl der Kardinäle auf siebzig fest: 6 Kardinalbischöfe, 50 Kardinalpriester, 14 Kardinaldiakone. Erst 1958 wurde diese Zahl zum ersten Mal überschritten.

Zur Erleichterung des Geschäftsgangs der Kurie traten an die Stelle des Konsistoriums, das bisher alle wichtigen Angelegenheiten an der Kurie unter dem Vorsitz des Papstes entschieden hatte, fünfzehn Einzelressorts, sogenannte Kardinalskongregationen. Sie sollten in Zukunft die ihnen zugewiesenen Aufgaben selbständig erledigen. Bis zur Kurienreform Pius' X. hat diese Einteilung Bestand gehabt. Sie erwies sich in der Folge als die wichtigste kirchliche Reform.

Um die Durchführung der Katholischen Reform hat sich Sixtus V. auch sonst eifrig bemüht. Er schärfte die regelmäßige Visitation der Bischöfe in Rom ein, wodurch eine persönliche Fühlungnahme mit dem oberhaupt der Kirche ermöglicht werden sollte, die aber zugleich den kurialen Zentralismus förderte. Weniger erfolgreich war sein Einsatz für die Wiederherstellung eines verbesserten Textes der lateinischen Bibel. Seit dem Trienter Konzil beschäftigte sich eine Kommission mit dieser Arbeit. Sixtus drängte auf einen raschen Abschluß der Revision. Er war aber mit dem Ergebnis der Kommissionsarbeit nicht zufrieden und nahm selbst Veränderungen vor. Infolge der überhasteten Arbeit erwies sich die Edition, die der Papst als die authentische Vulgata erklärte, als so fehlerhaft, daß sie bald nach dem Tode des Papstes zurückgezogen wurde.

In der auswärtigen Politik hat sich Sixtus V. in der Auseinandersetzung zwischen Spanien und Frankreich nicht auf die Seite der Weltmacht Spanien geschlagen, obwohl die spanische Politik weitgehend mit den Plänen des Papstes übereinstimmte. Denn nur die Erhaltung Frankreichs als Großmacht konnte das politische Gleichgewicht in Europa und damit auch die Freiheit des Kirchenstaates gewährleisten.

Am 27. August 1590 starb Sixtus V. Er gehört zu den bedeutendsten Päpsten des 16. Jahrhunderts. Unter seinem Pontifikat konnte der Apostolische Stuhl ein außergewöhnliches Ansehen und einen innerkirchlichen Machtzuwachs erringen. Rom war eine neue Stadt geworden.

Nach seinem Tode wählten die Kardinäle den Kardinal Giambattista Castagna: URBAN VII. (1590) zum neuen Papst, der aber bereits nach zwölf Tagen, am 27. September 1590, starb.

In dem neuen Konklave, das fast zwei Monate dauerte, wurde am 5. Dezember 1590 Niccolò Sfondrati: GREGOR XIV. (1590–1591) gewählt. Der fromme und asketische Papst war ein

Freund von Carlo Borromeo und Filippo Neri. Die Führung der Staatsgeschäfte überließ der kränkliche und politisch unerfahrene Gregor XIV. seinem Nepoten P. E. Sfondrati, der die kluge Politik Sixtus' V. aufgab und Spanien gegen Frankreich unterstützte. Heinrich IV. belegte der Papst mit dem Bann. Innerkirchlich führte Gregor XIV. das Reformwerk des Tridentinums durch die Regelung des bischöflichen Informativprozesses weiter. Am 16. Oktober 1591 starb er.

Zu seinem Nachfolger wählten am 29. Oktober 1591 die Kardinäle den betagten Giovanni Antonio Facchinetti: INNOZENZ IX. (1591). Er stammte aus Bologna, war 1560 Bischof von Nicastro geworden und hatte am Trienter Konzil teilgenommen. 1583 ernannte ihn Sixtus V. zum Kardinal. Im Konklave war er der Kandidat der spanisch-italienischen Partei und setzte als Papst die Politik Gregors XIV. fort, starb aber schon nach zwei Monaten, am 30. Dezember 1591.

Auch das neue Konklave stand – wie die vorhergehenden – unter dem starken Einfluß Spaniens. Am 30. Januar 1592 gelang es der spanischen Partei, die Wahl von Kardinal Ippolito Aldobrandini, CLEMENS VIII. (1592–1605), durchzusetzen. Er stammte aus Florenz und war ein Mann von Klugheit, Umsicht und Frömmigkeit. Gegenüber Frankreich schlug er eine neue Politik ein und erkannte Heinrich IV. von Frankreich an. So gewann das Papsttum gegenüber Spanien eine größere Bewegungsfreiheit. 1598 vermittelte der Papst den spanisch-französischen Frieden. Mit Unterstützung Heinrichs IV. konnte er nach dem Tode des kinderlosen Herzogs Alfons II. von Este Ferrara als päpstliches Lehen zurückgewinnen.

Das Jubiläumsjahr 1600 wurde unter ihm zu einem eindrucksvollen Erfolg. Die Gesamtzahl der Pilger wird auf über eine Million geschätzt. Der Papst selbst hörte in Sankt Peter Beichte und empfing die Pilger im Belvedere-Hof. Sein Pontifikat brachte die innere Erneuerung der Kirche und die Wiederherstellung der Autorität des Papsttums. Als Clemens VIII. am 5. März 1605 starb, hatte er – trotz Nepotismus und Verschwendungssucht – das Ansehen des Papsttums gefördert und die innerkirchliche Restauration weiter vorangetragen. Sein Nachfolger, Kardinal Alessandro Ottaviano de' Medici: LEO XI., der am 1. April gewählt worden war, starb bereits nach 26 Tagen am 27. April 1605.

## § 29
### Die Päpste in der Zeit der katholischen Restauration und des Dreißigjährigen Krieges

In dem Konklave nach dem Tode Leos XI. wurde die Erschütterung der Vormachtstellung Spaniens deutlich. Die Kardinäle einigten sich am 16. Mai 1605 auf Kardinal Camillo Borghese: PAUL V. (1605–1621). Er entstammte einer Juristenfamilie von religiöser Grundhaltung und war 1596 Kardinal geworden. Als Papst bemühte er sich, die Vollgewalt des Apostolischen Stuhles auch im politischen Raum wieder durchzusetzen. Dadurch geriet er in einen schweren Konflikt mit der Republik Venedig, die versuchte, das staatskirchliche System zu verwirklichen. Sie hatte den Bau von Kirchen, Klöstern und Spitälern ohne staatliche Genehmigung verboten und gegen zwei Geistliche Gerichtsverfahren durchgeführt und sich geweigert, sie an das zuständige kirchliche Gericht zu übergeben. Paul V. verurteilte dieses Vorgehen und verhängte am 17. April 1606 über die Republik Bann und Interdikt. Die Signorie verbot unter Todesstrafe die Veröffentlichung der päpstlichen Zensuren. Das Interdikt beachteten auf Anordnung der Regierung weite Kreise des Klerus nicht. Alle Geistlichen, die der päpstlichen Anordnung gehorchten, wurden aus Venedig ausgewiesen. Der Konflikt zwischen der Republik und dem Papst entwickelte sich zu einem Prinzipienstreit über das Verhältnis von geistlicher und weltlicher Gewalt. Erst im Jahre 1607 kam es durch Vermittlung Spaniens und Frankreichs zum Frieden. Der Papst lenkte ein und hob das Interdikt auf, ohne daß die Signorie ihren Standpunkt aufgab. Gegenüber Frankreich und Spanien nahm Paul V. eine neutrale Haltung ein.

In Deutschland verschärften sich während seines Pontifikats die konfessionellen Gegensätze. Die neugläubigen Reichsstände schlossen sich 1608 in der Union zusammen, die katholischen 1609 in der Liga unter Führung von Maximilian von Bayern. Als es 1618 zum Ausbruch des Dreißigjährigen Krieges kam, unterstützte der Papst sowohl Kaiser Ferdinand II. als auch die Liga mit ansehnlichen Hilfsgeldern. Innerkirchlich bedeutsam war die Förderung der Heidenmission durch den Papst. In Rom wurde unter ihm der Bau der Peterskirche vollendet. Leider ist sein Pontifikat durch einen starken Nepotismus belastet. Er begünstigte besonders die Familie Borghese.

Als Paul V. am 28. Januar 1621 starb, wurde nach einem kurzen Konklave am 9. Februar Alessandro Ludovisi: GREGOR XV. (1621–1623), gewählt. Er war vorher Erzbischof von Bologna. Trotz seines nur zweijährigen Pontifikates, in den sein Neffe Ludovico Ludovisi stark eingriff, hat Gregor XV. nachhaltig auf die Papstgeschichte eingewirkt. Zunächst ließ er die Papstwahl reformieren. Seine Papstwahlbulle vom 15. November 1621 schrieb die geheime Zettelwahl als Regel vor. Von größter Bedeutung wurde die Gründung der Propagandakongregation am 22. Juni 1622, die die Missionsarbeit in Amerika, Asien und Afrika, aber auch in den protestantischen Gebieten Europas koordinierte, wie die in den letzten Jahren herausgegebenen Akten der Propagandakongregation zeigen. Sie besaß gute finanzielle Möglichkeiten und außerordentliche Vollmachten und hat sich um die Erhaltung des katholischen Glaubens in Mitteleuropa größte Verdienste erworben.

Zu den Hauptanliegen Gregors gehörte die Durchführung der Trienter Reformdekrete. Nachhaltig förderte der Papst die Arbeit der Nuntien. Eine besondere Unterstützung erfuhren die Jesuiten. Gregor XV. kanonisierte 1622 die heiligen Ignatius von Loyola, Franz Xaver, Theresia von Avila und Philipp Neri. Er starb leider bereits am 8. Juli 1623.

Nach seinem Tode wurde am 6. August 1623 Maffeo Barberini, URBAN VIII. (1623–1644), gewählt. Er hat in seinem langen Pontifikat die Geschichte stark beeinflußt. Im Dreißigjährigen Kriege, der durch das Eingreifen Frankreichs und des Schwedenkönigs Gustav Adolf zu einer europäischen Auseinandersetzung geworden war, nahm Urban VIII. eine umstrittene Haltung ein. Er gewährte zwar seit Beginn seines Pontifikats auf Drängen des Kaisers und des Kurfürsten von Bayern noch geringe Hilfsgelder, ohne entschieden die Sache des Kaisers zu unterstützen. Am 6. März 1629 erließ Kaiser Ferdinand II. auf Bitten des Nuntius das Restitutionsedikt, das die Rückgabe aller seit 1555 von den Protestanten übernommenen Bistümer und Stifte verfügte. Die Machtstellung Ferdinands schien jetzt gefestigt. Aber Kardinal Richelieu, der die Leitung der französischen Politik übernommen hatte, bemühte sich um ein Bündnis gegen Habsburg, um dessen Macht zugunsten Frankreichs zu brechen. Auch den deutschen Reichsfürsten erschien die Vormachtstellung Ferdinands zu groß. Vor allem waren die Kurfürsten mit der Haltung des kaiserlichen Feldherrn Wallenstein nicht einverstanden. Das Verhältnis zwischen Kaiser Ferdinand und Maximilian von Bayern verschlechterte sich, nachdem die päpstliche Diplomatie sich für eine Verständigung zwischen Frankreich und Bayern einsetzte. 1630 mußte der Kaiser Wallenstein fallenlassen.

Im Januar 1631 verbündete sich Frankreich mit Gustav Adolf. Gemeinsam griffen sie Kaiser und Liga an. Der Papst vertraute auf die Zusicherung von Gustav Adolf, daß in den eroberten Gebieten der katholische Gottesdienst erhalten bleiben werde. Aber dieses Versprechen wurde nicht eingehalten. Auch seine Hoffnung, ein bayrisch-französisches Bündnis würde ein Zusammengehen Frankreichs mit den deutschen Protestanten verhindern, ging nicht in Erfüllung. Die Ansicht von Ranke, daß Urban VIII. aus Abneigung gegen Spanien und Vorliebe für Frankreich die antihabsburgische Politik Richelieus begünstigt und dadurch mittelbar den deutschen Protestantismus gerettet habe, hat einen richtigen Kern. Zwar darf man nicht die schwierige Situation übersehen, in der sich der Papst befand. Urban mußte über den Großmächten stehen und um den Frieden besorgt sein. Aber tatsächlich bedeutete seine angebliche Neutralitätspolitik eine Unterstützung Frankreichs und eine schwere Schädigung für die katholische Sache in Deutschland. 1635 war der Kaiser gezwungen, im Prager Frieden auf die Durchführung des Restitutionsediktes zu verzichten.

Für den Plan eines allgemeinen Friedenskongresses in Köln setzte sich Urban VIII. entschieden ein. Obschon die führenden katholischen Mächte ihre Verhandlungsbereitschaft erklärt hatten, kam der Kongreß nicht zustande. Der von Urban VIII. 1636 nach Köln entsandte Kardinallegat Martio Ginetti wartete vergebens, da Frankreich keinen Vertreter entsandte. Bis zu seinem Tode war der Papst um den Abschluß eines Friedensvertages, dessen Vorverhandlungen er noch erlebte, bemüht.

Belastet wird das Wirken Urbans VIII. durch seinen maßlosen Nepotismus. Während er für den Kaiser und den bayerischen Kurfürsten angeblich kein Geld hatte, bereicherte er seine Verwandten in größtem Ausmaße. Den Aufstand der Iren gegen die englische Herrschaft unterstützte der Papst, jedoch erlangten die Iren keine Religionsfreiheit.

Urban VIII. ist eine tragische Gestalt auf dem Stuhle Petri. Sein Pontifikat war erfüllt von dauernden Mißerfolgen, nicht zuletzt durch ihn selbst und seinen Verbündeten Richelieu verschuldet. Für den deutschen Katholizismus wirkte sich seine Regierungszeit verhängnisvoll aus. Seine Gewissensnot vor seinem Sterben war verständlich. Der Tod des Papstes am 29. Juli 1644 bedeutete für die Kirche kein Unglück.

In dem nachfolgenden Konklave wählten die Kardinäle, trotz des Eingreifens von Kardinal Mazarin, am 14. September Giambattista Pamfili: INNOZENZ X. (1644–1655). Der greise Papst war zu schwach, um sich von seiner Schwägerin, der herrschsüchtigen Donna Olimpia Maidalchini, zu lösen. Sie mißbrauchte ihre beherrschende Stellung an der Kurie zu schmählicher Bereicherung.

Das Ereignis in seinem Pontifikat war der Abschluß des Westfälischen Friedens. Nach langen Verhandlungen, an denen als päpstlicher Legat der Kölner Nuntius Fabio Chigi teilnahm, konnte durch den Frieden von Münster und Osnabrück der Dreißigjährige Krieg beendet werden. Zwar waren die Folgen des Westfälischen Friedens für die katholische Kirche bedrückend: 14 Erzbistümer und Bistümer und zahlreiche Abteien gingen für die Kirche verloren. Verständlicherweise protestierte der Nuntius gegen diese die Kirche so schädigenden Bestimmungen des Friedensvertrages. Der Papst wiederholte diesen Protest in dem Breve „Zelo domus Dei", das auf den 26. November 1648 zurückdatiert wurde. Der päpstliche Protest blieb ohne jede Wirkung.

Seit Innozenz X. übernahm der Kardinalstaatssekretär die Leitung der vatikanischen Politik. Die beherrschende Stellung des Kardinalnepoten war beendet.

Die Kämpfe zwischen Frankreich und Spanien machten die Lage des Papstes schwierig. Er selbst klagte, daß es so schwer für ihn sei, das Gleichgewicht zu bewahren. Die französische Diplomatie beschuldigte ihn der Parteilichkeit für Spanien, während Spanien der Ansicht war, der Papst zeige sich gegenüber Frankreich zu nachgiebig. Tatsächlich neigte Innozenz mehr zu Spanien, mußte aber auf Frankreich entsprechende Rücksichten nehmen.

Innerkirchlich förderte der Papst die Tridentinische Reform. Die kirchliche Erneuerung in Deutschland, die bald nach dem Westfälischen Frieden einsetzte, fand durch ihn starke Unterstützung. Schwere Kontroversen löste die Verurteilung des Cornelius Jansenius aus. Am 31. Mai 1653 wurden durch die Bulle „Cum occasione" fünf Sätze aus dem Werke „Augustinus" des Jansenius verworfen. Aber diese päpstliche Entscheidung beendete die Auseinandersetzungen nicht. Die Jansenisten anerkannten das päpstliche Urteil insoweit, als auch sie die zensurierten Sätze als häretisch bezeichneten, aber sie leugneten, daß sie der Lehre des Jansenius entsprächen. Der französische Minister und Kardinal Jules Mazarin forderte vergeblich die Anerkennung der päpstlichen Entscheidung. Die scharfen Kontroversen um Jansenius sollten sich auch in den nachfolgenden Pontifikaten noch fortsetzen.

Am 7. Januar 1655 starb Innozenz X. Er gehört zu den Päpsten, die das Ansehen des Apostolischen Stuhles nicht gefördert haben. Nach seinem Tode begann eine neue Epoche: die Säkularisierung der abendländischen Welt.

# VII. Kapitel
# Die Päpste vom Westfälischen Frieden bis zu Pius VII.

§ 30

*Die Päpste in der Zeit der Vormachtstellung Frankreichs*

Die Päpste in der Zeit nach dem Westfälischen Frieden waren im allgemeinen würdige, zum Teil ausgezeichnete Gestalten. Trotzdem mußten sie einen deutlichen Rückgang des Ansehens der apostolischen Autorität erleben.

Das Konklave nach dem Tode Innozenz' X. dauerte fast vier Monate und endete am 7. April 1655 mit der Wahl des Kardinals Fabio Chigi: ALEXANDER VII. (1655–1667). Er war Nuntius in Köln, hatte an den Friedensverhandlungen in Münster teilgenommen und seit 1651 als Staatssekretär die vatikanische Politik geleitet. Durch sein diplomatisches Geschick, seine Gelehrsamkeit und Frömmigkeit erwarb er sich großes Ansehen. Sein Verhältnis zu Frankreich war seit den Verhandlungen in Münster belastet. Im März 1656 kam es zur Abberufung des französischen Gesandten beim Heiligen Stuhl. Bei den Friedensverhandlungen zwischen Frankreich und Spanien, die zum sogenannten Pyrenäen-Frieden führten, wurde der Papst von Frankreich bewußt ausgeschaltet.

Nach dem Tode von Kardinal Mazarin am 9. März 1661 verschlechterte sich das Verhältnis zwischen Frankreich und dem Papst noch mehr. Der junge König Ludwig XIV., der jetzt mit 22 Jahren die Leitung der französischen Politik übernahm, war gewillt, seine kirchenpolitischen Vorstellungen, die ganz vom Geist des Gallikanismus erfüllt waren, durchzusetzen. Ein Anlaß bot sich, als es zu Streitigkeiten zwischen päpstlichen Soldaten und dem Gefolge des seit 1662 in Rom anwesenden französischen Gesandten kam. Sie erreichten ihren Höhepunkt, als die Soldaten sich dazu hinreißen ließen, am 20. August 1662 den Farnesepalast, den Sitz des französischen Gesandten, zu beschießen und die Frau des Gesandten und ihre Begleitung zu belästigen. Trotz der sofort ausgesprochenen Bereitschaft des Papstes, Genugtuung zu leisten, verließ der

Gesandte Rom. Die päpstliche Besitzung Avignon wurde besetzt und ein militärisches Vorgehen gegen den Kirchenstaat geplant. Im Vertrag von Pisa vom 12. Februar 1664 mußte sich der Papst ganz den französischen Wünschen beugen. In Rom wurde eine Gedenkpyramide mit einem Schuldbekenntnis gegenüber der Kaserne der päpstlichen Soldaten errichtet. In der Frage der Bischofsernennungen erhielt der französische König weitgehende Zugeständnisse. Frankreich seinerseits gab Avignon an den Papst zurück.

Den Bemühungen des Papstes um ein Bündnis der katholischen Fürsten gegen die Türken war nur ein teilweiser Erfolg beschieden. 1664 konnten die Türken, die bereits Wien bedrohten, zwar durch ein französisches Heer geschlagen werden, ohne daß jedoch der Sieg ausgenutzt wurde. Noch kurz vor seinem Tod richtete der Papst, der selbst erhebliche Mittel zur Türkenabwehr aufgewandt hatte, einen dringenden Hilferuf an Ludwig XIV. und die anderen katholischen Fürsten um Unterstützung im Kampf gegen die Türken.

Innerkirchlich hat Alexander VII. den Nepotismus – wenn auch bescheiden – weiter gefördert. Bei den 38 Kardinalsernennungen waren 33 Italiener, 2 Deutsche, 2 Spanier und nur ein Franzose. Eine besondere Freude war für Alexander der Übertritt der Königin Christine von Schweden, der Tochter und Nachfolgerin Gustav Adolfs, zur katholischen Kirche. Am 6. Juni 1664 verzichtete die Königin auf den Thron, legte am 2. November 1665 in Innsbruck öffentlich das katholische Glaubensbekenntnis ab und zog kurz vor Weihnachten 1665 in Rom ein.

Für das geistige Leben Roms war der durch Alexander VII. erfolgte Ausbau der Universität, der Sapienza, bedeutungsvoll. Der Papst beauftragte Bernini auch mit den Bauarbeiten im Vatikan, u. a. mit der Anlage des Petersplatzes. Als Alexander VII. am 22. Mai 1667 starb, war das Papsttum in seiner Autorität geschwächt und in Abhängigkeit von den Großmächten, die sich durch die sogenannten Exklusiven einen immer größeren Einfluß auf die Wahl eines neuen Papstes sicherten.

Nach einem Konklave von nur 18 Tagen wurde am 20. Juni 1667 Kardinal Giulio Rospigliosi zum neuen Papst gewählt: CLEMENS IX. (1667–1669). Er hatte als Nuntius in Spanien gewirkt, besaß aber das volle Vertrauen Ludwigs XIV., obschon er unter Alexander VII. Staatssekretär gewesen war. Angesichts seines Gesundheitszustandes galt er als ein Übergangspapst. Die beiden Hauptfragen seines Pontifikates waren die Türkenabwehr und der Versuch der Beilegung des Jansenismusstreites. Mit seinem Pontifikat verbindet sich der sogenannte Clementinische Friede, der wenigstens äußerlich den Streit um Jansenius beendete.

Nach dem Tode Clemens' IX. am 9. Dezember 1669 wirkten sich die Gegensätze zwischen Spanien und Frankreich im Konklave sehr negativ aus. Durch den Widerstand der Franzosen und der Spanier wurden je zwei Kandidaten praktisch von der Wahl ausgeschlossen. Erst nach einer Dauer des Konklaves von über vier Monaten kamen die Kardinäle zu einem Kompromiß. Am 29. April 1670 wählten sie den 80jährigen Kardinal Emilio Altieri: CLEMENS X. (1670–1676) zum Papst. Sein Adoptivneffe führte die Regierung und verstand es, sich dabei entsprechend zu bereichern.

Verdienstlich waren die Bemühungen des Papstes um eine Defensivallianz gegen die Türken. Mit seiner finanziellen Unterstützung konnte der spätere Polenkönig Johann Sobieski die Türken am 11. November 1673 schlagen. Im Sommer 1675 gelang ihm ein weiterer Erfolg bei der Verteidigung von Lemberg.

Die Einflußnahme der Mächte auf den Papst wurde u. a. bei den Kardinalsernennungen deutlich, bei denen Clemens unter dem ständigen Druck Frankreichs stand. Am 22. Juli 1676 starb der Papst.

Der Einfluß Frankreichs zeigte sich auch in dem Konklave nach dem Tode Clemens' X. Am 21. September 1676 wählten die Kardinäle nach einem Konklave von über zwei Monaten den Kardinal Benedetto Odescalchi mit Zustimmung Frankreichs zum neuen Papst. Im Konklave der Jahre 1669/70 war seine Wahl am Widerstand Frankreichs gescheitert. Nachdem aber der französische Gesandte die Zustimmung Ludwigs XIV. zur Wahl Odescalchis eingeholt hatte, wurde er einstimmig gewählt. Er nannte sich INNOZENZ XI. (1676–1689).

Der neue Papst entstammte einer reichen Kaufmannsfamilie in Como. Seine Religiosität, Gewissenhaftigkeit und Mildtätigkeit waren bekannt. Als Papst hielt er sich von jedem Nepotismus fern. Sein Pontifikat sollte beherrscht sein von dem Problem der Türkenabwehr und einer Regelung des Verhältnisses zu Frankreich. Ausgangspunkt der Spannungen mit Frankreich war das sogenannte Regalienrecht, das die französischen Könige für sich in Anspruch nahmen. Es besagte, daß in bestimmten französischen Diözesen der König die Pfründen, die während einer Sedisvakanz frei wurden, besetzen (geistliche Regalie) und die bischöflichen Einkünfte (zeitliche Regalie) verwalten konnte. Ludwig XIV. betrachtete dieses Regalienrecht als ein Recht des Königs und ordnete 1673 und 1675 an, daß es in allen der französischen Krone zugehörigen Ländern zu gelten habe. Fast alle französischen Bischöfe fügten sich dieser

Anordnung, die durch den französischen Nuntius dem Papst mitgeteilt wurde, der sich jedoch in Schweigen hüllte. Nur zwei Bischöfe widersprachen und appellierten an den Papst, nachdem sie bei ihrem Metropoliten keine Unterstützung gefunden hatten. Der Papst nahm die Appellation der beiden Bischöfe an und mahnte in zwei Breven vom März 1678 und Januar 1679 den König, auf die Ausübung des Regalienrechtes zu verzichten. In einem dritten Breve vom März 1680 warnte der Papst den König vor dem göttlichen Strafgericht.

Die französische Klerusversammlung stellte sich jedoch im gleichen Jahr auf die Seite des Königs. Im Konsistorium am 13. Januar 1681 wandte sich der Papst in einer scharfen Allokution gegen das Vorgehen des Königs. Daraufhin berief Ludwig 1681 eine Generalversammlung des Klerus, auf der die Ausdehnung des Regalienrechtes auf alle Bistümer gebilligt wurde. Anschließend beriet die Versammlung über die Grenzen der päpstlichen Gewalt und diskutierte die sogenannten Freiheiten der gallikanischen Kirche. Diese hatte Bischof Bossuet formuliert, der auf diese Weise eine radikalere Fassung verhindern wollte. Die Gallikanischen Freiheiten betonten, daß die Päpste nur eine geistliche Gewalt von Gott erhalten hätten. Die Könige und Fürsten unterständen in weltlichen Dingen keiner kirchlichen Gewalt und könnten daher nicht kraft kirchlicher Schlüsselgewalt abgesetzt werden. Die Gewalt des Apostolischen Stuhles sei durch die Konstanzer Dekrete über die Autorität der allgemeinen Konzilien, denen eine allgemeine Verbindlichkeit zugeschrieben wurde, begrenzt. Sie gelten nicht nur für die damalige Zeit des Schismas. Die Ausübung der päpstlichen Gewalt sei durch die kirchlichen Kanones geregelt. Die Grundsätze und Gewohnheiten der gallikanischen Kirche, die seit alters her bestehen, müßten in Geltung bleiben. Der Papst habe zwar bei Entscheidung von Glaubensfragen den vorzüglichen Anteil, aber seine Definition besitze ohne die Zustimmung der Universalkirche keine Unabänderlichkeit.

Diese Freiheiten der gallikanischen Kirche, die seit dem 15. Jahrhundert verschiedentlich offiziell verkündet worden waren, fanden die Zustimmung des größten Teils des französischen Klerus. Die Professoren und Doktoranden der Theologie und des Kanonischen Rechtes mußten ihre Verbindlichkeit anerkennen und wurden vom König auf sie verpflichtet.

In einem Breve vom 11. April 1682 wies der Papst die Beschlüsse der französischen Klerusversammlung scharf zurück. Überraschenderweise suspendierte Ludwig XIV. die Klerusversammlung, um die Verhandlungen mit Rom fortsetzen zu können. Innozenz war ebenfalls zum Nachgeben bereit, nicht zuletzt mit Rücksicht auf die drohende Türkengefahr. Die größte Schwierigkeit bei den Verhandlungen lag in der verweigerten Anerkennung der vom König ernannten Bischöfe durch den Papst. Der König bezeichnete dieses Verhalten als einen Bruch des Konkordats, und so kam es, daß innerhalb von sechs Jahren 35 Bistümer in Frankreich unbesetzt bzw. ihre Inhaber ohne Bischofsweihe blieben.

Die Vermutung Ludwigs XIV., die königlichen Maßnahmen gegen die Hugenotten, die 1685 zur Aufhebung des Ediktes von Nantes führten, könnten den Papst zum Einlenken bewegen, war trügerisch. Die Verhandlungen endeten ergebnislos.

Zu einer weiteren Auseinandersetzung mit Frankreich kam es 1687 wegen der sogenannten Quartierfreiheit der ausländischen Gesandten in Rom. Die Gesandten forderten nicht nur die Immunität, sondern auch eine ausgedehnte Zollfreiheit, deren Folgen umfangreiche Handelsgeschäfte waren. Der Papst hob das sogenannte Asylrecht der Gesandten auf, das zu einem Hindernis einer geordneten Rechtspflege zu werden drohte. Der entschiedenen Haltung des Papstes in dieser Frage beugte sich Venedig, dann Spanien, nur Frankreich war nicht bereit nachzugeben. Der neue französische Gesandte wurde deshalb vom Papst nicht empfangen. Innozenz XI. erklärte ihn für gebannt und ließ im November 1687 König Ludwig mitteilen, daß er den Zensuren der sogenannten Abendmahlsbulle verfallen sei.

Am 27. September 1688 appellierte Ludwig XIV. vom Papst an ein Allgemeines Konzil und ließ die päpstlichen Besitzungen Avignon und Venaissin (1688) besetzen. Der Botschafter wurde im April 1689 abberufen, und im Mai 1689 verließ auch der Nuntius die französische Hauptstadt. Erst unter dem neuen Papst, Alexander VIII., lenkte Ludwig XIV. ein, verzichtete auf das Quartierrecht und gab die päpstlichen Gebiete zurück.

Die größten Verdienste erwarb sich Innozenz XI. um die Türkenabwehr. Um diese zu erreichen, bemühte er sich um Frieden zwischen Frankreich und dem Kaiser, ohne daß er zunächst sein Ziel, ein Bündnis gegen die Türken, erreichen konnte. Am 14. Juli 1683 wurde Wien von den Türken eingeschlossen. Kurz vor der Übergabe schlug ein Ersatzheer aus österreichischen, polnischen und bayerischen Truppen die Türken am 12. September 1683 in die Flucht. Der Papst hatte ca. anderthalb Millionen Gulden zur Unterstützung der Truppen aufgewandt, so daß man die Befreiung den diplomatischen und finanziellen Bemühungen des Papstes zuschreiben darf. Auch in den kommenden Jahren war Innozenz bemüht, das Bündnis gegen die Türken zusammenzuhalten. Seine diplomatischen Aktivitäten unterstützte er durch großzügige Finanzhilfen. Allein dem Kaiser ließ er ca. fünf Millionen Gulden überweisen.

Innerkirchlich ist die Verurteilung des Laxismus, d. h. eines extrem Moralsystems, durch den Papst zu erwähnen, den Innozenz 1679 durch das Heilige Offizium verwerfen ließ. Zugleich verurteilte er auch den Quietismus, d. h. eine Bewegung, die der spanische Priester Miguel Molinos in Rom gegründet hatte. Ihre Anhänger betonten das Gnadenwirken Gottes unter Ausschaltung des eigenen Tuns. Das eigentliche Ziel Molinos' war die Pflege des persönlichen religiösen Lebens und besonders des beschaulichen Gebetes. Das Verfahren gegen ihn wurde 1687 abgeschlossen und endete mit der Verurteilung von 68 Sätzen aus seinen Schriften.

Am 12. August 1689 starb Innozenz XI., von den Römern bald nach seinem Tode als Heiliger verehrt, aber erst von Pius XII. 1956 seliggesprochen. Er gehört zu den bedeutendsten Päpsten des 17. Jahrhunderts.

Nach dem Tode Innozenz' XI. wählten die Kardinäle im Konklave am 6. Oktober 1689 Pietro Ottoboni: ALEXANDER VIII. (1689–1691). Er war fast 80 Jahre alt, verfügte aber noch über eine erstaunliche Arbeitskraft. 1682 berief ihn Innozenz ins Kardinalskollegium. Er hatte sich durch seine Liebenswürdigkeit größte Sympathien erworben. Im Kardinalskollegium nahm er eine führende Stellung ein. Seine Amtsführung wurde leider gleich zu Beginn seines Pontifikates durch seinen Nepotismus belastet. Angesichts seines Alters bemühte er sich, seine Verwandten noch rechtzeitig zu versorgen. Die Aufgaben, die der Papst zu lösen hatte, waren: 1. die Beilegung der Differenzen mit Frankreich, 2. die Türkenabwehr, 3. die Klärung theologischer Streitfragen. In Frankreich war die Zahl der vom Heiligen Stuhl nicht bestätigten Bischöfe durch die Auseinandersetzungen über das Regalienrecht immer mehr gewachsen. Trotz der Nachgiebigkeit Alexanders kam es in der Frage der Gallikanischen Artikel zu keiner Verständigung. Ludwig XIV. gab zwar Avignon zurück und verzichtete auf die Quartierfreiheit seines Gesandten in Rom, der Papst aber war nicht bereit, die vom König ernannten Bischöfe zu bestätigen, wenn sie nicht die Gallikanischen Artikel widerriefen. In einer Konstitution vom 4. August 1690, die aber erst kurz vor dem Tode Alexanders, am 31. Januar 1691, veröffentlicht wurde, erklärte der Papst die Ausdehnung des Regalienrechts und die vier Gallikanischen Artikel für ungültig. Das Verhältnis zum Deutschen Reich kühlte sich unter Alexander VIII. ab. Für den Türkenkrieg erhielt Kaiser Leopold von ihm viel weniger Subsidien als von seinen Vorgängern. Das war nicht zuletzt darauf zurückzuführen, daß Venedig, die Heimat des Papstes, die militärischen Erfolge Österreichs mit Mißtrauen beobachtete. So flossen die Hilfsgelder des Papstes jetzt nach Venedig. Die reservierte Haltung Alexanders VIII. gegenüber Deutschland zeigte sich auch bei den Kardinalsernennungen. Als der Papst beim dritten Konsistorium wiederum keinen vom Kaiser empfohlenen Kandidaten ernannte, wurde der deutsche Gesandte aus Rom zurückgerufen. Auf innerkirchlichem Gebiete ist die Verurteilung von 31 jansenistischen Irrtümern über Gnade und Willensfreiheit, ferner über das Verhältnis des Papstes zum Konzil und über die Eingrenzung der päpstlichen Unfehlbarkeit zu erwähnen. Nach kurzem Krankenlager verstarb Alexander am 1. Februar 1691.

Am 12. Februar 1691 traten die Kardinäle zur Papstwahl zusammen. Der Gegensatz zwischen der kaiserlichen und der französischen Partei verursachte ein fünfmonatiges Konklave. Erst am 12. Juli 1691 einigten sich die Kardinäle auf Antonio Pignatelli: INNOZENZ XII. (1691–1700). Er stammte aus süditalienischem Adel, war seit 1660 Nuntius in Polen und seit 1668 in Wien gewesen, wurde 1681 Kardinal und 1687 Erzbischof von Neapel. Als sein Vorbild galt Innozenz XI., den er nachzuahmen suchte. Von Nepotismus hielt er sich frei und erließ bereits 1692 eine Bulle: „Romanum decet Pontificem", die den Päpsten verbot, ihre Verwandten mit Ämtern zu versehen. Sie hatte tatsächlich den Erfolg, daß sie das Ende des ärgerniserregenden Nepotismus an der Kurie bedeutete.

Mit Ludwig XIV. kam Innozenz zu einem Ausgleich. Die Teilnehmer der Klerusversammlung von 1682 und Unterzeichner der Gallikanischen Artikel erklärten ihren Gehorsam gegenüber dem Papst. Das war eine verklausulierte Zurücknahme der Gallikanischen Artikel. Ludwig XIV. hob ebenfalls die Verpflichtung auf die Artikel auf. Den französischen Bischöfen wurde jetzt die päpstliche Bestätigung zuteil. Ende 1693 waren alle Bischofsstühle in Frankreich wieder kanonisch besetzt. Das Regalienrecht des Königs blieb praktisch bestehen.

Das Verhältnis des Papstes zu Kaiser Leopold I., mit dem er durch seine Tätigkeit als Nuntius in Wien persönlich bekannt war, verschlechterte sich durch die politische Annäherung des Papstes an Frankreich. Im Anfang seines Pontifikates gewährte zwar Innozenz XII. dem Kaiser noch entsprechende Unterstützungsgelder im Kampf gegen die Türken, dann aber kam es zu Spannungen, die u. a. durch die kaiserlichen Gesandten in Rom noch verschärft wurden.

In Polen bemühte sich der Heilige Stuhl nach dem Tode Sobieskis im Jahre 1696 um die Wahl eines katholischen Königs. Gegenüber dem neugewählten König, Kurfürst Friedrich August von Sachsen, der 1697 zum Katholizismus übertrat, verhielt sich der Papst anfangs neutral, sandte ihm aber nach Befestigung seiner Herrschaft ein Anerkennungs- und Glückwunschschreiben.

Beim Friedensschluß von Rijswijk 1697 zwischen Ludwig XIV. und der Großen Allianz war der Heilige Stuhl offiziell nicht vertreten. Auf Anregung des Papstes gelang es, die sogenannte Rijswijker Klausel durchzusetzen: Die katholische Religion ist in all den Orten, die aufgrund der Friedensbestimmungen unter protestantische Herrschaft kommen, in dem Zustand zu erhalten, in dem sie sich zur Zeit der Übergabe befand.

In der Frage der spanischen Erbfolge wurde der Papst von König Karl II., der kinderlos war, um Rat angegangen. Sowohl Kaiser Leopold I. als auch Ludwig XIV., die beide mit Schwestern Karls II. vermählt waren, erhoben Erbansprüche. Der Papst sprach sich anfangs keineswegs für Frankreich aus, sondern bejahte vielmehr die Entscheidung, daß der bayerische Kurprinz Joseph Ferdinand die Erbschaft antreten solle. Erst der plötzliche Tod des Prinzen bewirkte eine Änderung der vatikanischen Haltung. Innozenz XII. entschied sich jetzt für den französischen König. Der spanische König Karl folgte dem Rat des Papstes und machte Ludwig zum Erben.

In die letzten Lebensjahre Innozenz' XII. fällt der Streit zwischen den französischen Bischöfen Fénelon und Bossuet, der der Kurie zur Entscheidung vorgelegt wurde. Der Papst zensurierte am 12. März 1699 23 Sätze aus der Schrift Fénelons über das innere Leben. Ohne Zögern unterwarf sich Fénelon dem päpstlichen Urteil.

Im Vatikanstaat bemühte sich Innozenz XII. um Sparsamkeit bei den Ausgaben, er förderte die wirtschaftliche Entwicklung und den Handel im Kirchenstaat, verbesserte Verwaltung und Rechtsprechung. Besondere Aufmerksamkeit widmete er der Reform des Klerus.

Große Verdienste erwarb sich Innozenz XII. um die Ausbreitung des Glaubens. Unter ihm konnte die Missionierung von Mittel- und Südamerika erfolgreich fortgesetzt werden. Durch eine Reihe von Breven an den Schah versuchte der Papst die Situation der persischen Christen, besonders der in Großarmenien, zu verbessern. Er bemühte sich auch durch Franziskanermissionare um die Bekehrung des Negus von Abessinien und überwies der Propagandakongregation die Summe von 50000 Scudi für die Mission in Abessinien. Die

Missionsarbeit in China, die der Papst finanziell stark unterstützte, konnte in seinem Pontifikat weitergeführt werden. Leider wurde diese günstige Entwicklung durch das Wiederaufleben des Streites über die Erlaubtheit der chinesischen Riten beeinträchtigt.

Als der Papst am 27. September 1700 starb, ging ein neunjähriger Pontifikat zu Ende, der reich an Erfolgen und Problemen war. Bei seinem Tode wurde Innozenz gefeiert als ein Vater der Armen, als ein selbstloser Verwalter des Kirchengutes und als tieffrommer Papst.

Das nachfolgende Konklave war beeinflußt durch den Tod Karls II. am 1. November 1700. Es führte zur Wahl des Kardinals Giovanni Francesco Albani, der erst nach mehrtägiger Bedenkzeit die Wahl annahm. Er nannte sich CLEMENS XI. (1700–1721). Der neue Papst war 51 Jahre alt und galt unter Innozenz VIII., Alexander VIII. und Innozenz XII. als der einflußreichste Kardinal. Eine Belastung bedeutete in seinem Pontifikat der Spanische Erbfolgekrieg. Der neue spanische König Philipp V. wurde von Spanien und von den meisten europäischen Mächten anerkannt, jedoch legte Kaiser Leopold I. Protest ein und fand die Unterstützung von Brandenburg, England und Holland. Der Papst versuchte zunächst einer Entscheidung in der Thronfrage auszuweichen, erkannte dann aber doch Philipp V. an. Seine franzosenfreundliche Haltung war nicht zu übersehen. Der Versuch des Papstes, Italien aus dem Krieg zwischen Frankreich und dem Kaiser herauszuhalten, schlug fehl. Mantua wurde 1701 kampflos übergeben. Damit wurde Italien Kriegsschauplatz, sowohl der Kaiser als auch Frankreich verletzten dabei die Neutralität des Kirchenstaates.

Durch eine geschickte Propaganda gelang es Frankreich, das Bündnis zwischen dem Kaiser und den protestantischen Mächten als eine Gefährdung der Kirche zu werten. Frankreich und Spanien erschienen in dieser Sicht als die Schutzmächte des Katholizismus. Mit solchen Überlegungen konnte Frankreich den Papst noch stärker als bisher auf seine Seite ziehen. Die Folge war, daß die Spannungen zwischen Papst und Kaiser wuchsen. Diese Situation verschärfte sich noch nach dem Tode Leopolds I. im Jahre 1705. Sein Sohn Joseph I. ließ den Papst eindeutig seine Übermacht fühlen, besonders nachdem sich die französischen Truppen nach dem Sieg des Prinzen Eugen 1706 aus Norditalien zurückziehen mußten. Die kaiserlichen Truppen besetzten Parma und Piacenza. Im Mai 1707 mußte der Papst die Genehmigung zum Durchzug der kaiserlichen Truppen nach Neapel geben, das in kurzer Zeit erobert wurde. Da Clemens XI. weiterhin Philipp V. als König von Spanien anerkannte, sperrte der kaiserliche Thronprätendent Karl III. im April 1708 alle Einkünfte der Kurie in der Lombardei und in Neapel. Als die kaiserlichen Truppen Teile des Kirchenstaates besetzten, entschloß sich Clemens XI. im Herbst 1708 zur bewaffneten Gegenwehr. Er hoffte auf die Hilfe Ludwigs XIV., die aber ausblieb, und mußte so eine peinliche Niederlage hinnehmen: Die päpstlichen Truppen wurden entwaffnet. Clemens XI. sah sich gezwungen, am 15. Januar 1709 Karl III. als König von Spanien anzuerkennen und den Vorrang Kaiser Josephs I. vor dem französischen König zu bestätigen.

Die Anerkennung Karls III. durch den Papst beantwortete sein Thronrivale Philipp V. mit Vergeltungsmaßnahmen gegen Rom. Das führte am 10. Oktober 1709 zur endgültigen Anerkennung Karls III. durch die Kurie. Erst 1713/14 konnte der Spanische Erbfolgekrieg durch die Friedensbeschlüsse von Utrecht und Rastatt beendet werden. Dabei wurde die politische Ohnmacht des Papsttums deutlich. Sizilien z. B., wo der Papst Oberlehensherr war, sprach man ohne Befragung des Papstes dem Hause Savoyen zu. Gegen die Bestimmungen der Friedensverträge, die die kirchlichen Interessen schädigten, protestierte Clemens XI. am 21. Januar 1715 im Konsistorium.

Nach Beendigung des Spanischen Erbfolgekrieges bemühte sich der Papst wiederum um die Türkenabwehr, nachdem die Türken im Sommer 1715 große Angriffserfolge errungen hatten. Mit erheblichen Subsidien des Papstes wurde der Krieg gegen die Türken begonnen, der am 5. August 1716 den Sieg des österreichischen Feldherrn Prinz Eugen bei Peterwardein brachte. Im August 1717 konnte Belgrad erobert werden.

Die mit päpstlichen Geldern ausgerüstete spanische Flotte unterstützte nicht den Feldzug des Kaisers, sondern griff im August 1717 die kaiserlichen Besitzungen in Italien an und entriß Sardinien mitten im Frieden dem Kaiser. Der Papst mußte die schwerste Enttäuschung seines Pontifikates erleben: Er kam sogar in den Verdacht der Mitschuld an dem Verrat, und man warf ihm ein geheimes Einverständnis mit Spanien vor. In Wien forderte man den völligen Abbruch der Beziehungen zwischen Madrid und Rom, der als Folge von Übergriffen Madrids im Jahre 1718 tatsächlich erfolgte.

Auf innerkirchlichem Gebiet hatte Clemens XI. ebenfalls keine glückliche Hand. Der Rückgang des päpstlichen Ansehens zeigte sich z. B. in den jansenistischen Streitigkeiten, die unter seinem Pontifikat mit neuer Heftigkeit wieder auflebten. Der Papst bestätigte auf Drängen Ludwigs XIV. durch die Bulle „Vineam Domini" vom

16. Juli 1705 die Entscheidungen seiner Vorgänger gegen den Jansenismus. Eine Folge der Bulle war u. a. die Aufhebung und Zerstörung des Klosters Port Royal 1709 durch den französischen König.

Neue Auseinandersetzungen gab es um den gelehrten Oratorianer Paschasius Quesnel, der eine französische Übersetzung des Neuen Testamentes mit moralischen Überlegungen veröffentlicht hatte. Das Buch, das in weiten Kreisen lebhafte Zustimmung fand, enthielt jansenistische Gedanken und wurde von einigen französischen Bischöfen verurteilt. Die Frage nach der Rechtgläubigkeit des Werkes legte man auch dem Papst vor, der in einem Breve 1708 das Buch verwarf. Jedoch widersetzten sich das französische Parlament und jansenistisch beeinflußte Kreise unter Führung des Erzbischofs L. A. de Noailles von Paris, der früher für das Buch eine Empfehlung gegeben hatte. Auf Wunsch Ludwigs XIV. wurde dieses Problem in Rom durch eine Kardinalskongregation untersucht. Das Ergebnis dieser Untersuchung fand seinen Niederschlag in der Bulle „Unigenitus" vom 8. September 1713, durch die 101 Sätze aus dem Werk von Quesnel verurteilt wurden. Aber damit war der Streit nicht beendet. In zahlreichen Kampfschriften wurde die Bulle bekämpft. 1717 appellierten sogar einige Bischöfe deswegen vom Papst an ein Allgemeines Konzil. Der Appellation schlossen sich die Sorbonne und andere Theologische Fakultäten an. Clemens XI. verhängte über die Appellanten die Exkommunikation. Trotzdem dauerte der Widerstand fort. Erst nach dem Tode des Erzbischofs de Noailles († 1729), der kurz zuvor die päpstliche Entscheidung akzeptiert hatte, beruhigte sich die Lage. Der Jansenismus verlor in Frankreich allmählich an Bedeutung, nicht jedoch in den Niederlanden, wo es 1723 zu einem Bruch mit Rom kam.

Anerkennenswert sind dagegen die Missionsbemühungen des Papstes. Er gründete und unterstützte Missionskollegien und gab dadurch der Missionsarbeit fruchtbare Impulse. Verhängnisvoll war sein Eingreifen in den sogenannten Ritenstreit. Clemens XI. verbot die Anpassung an das Brauchtum der zu missionierenden Völker durch die Konstitution „Ex illo die" vom 19. März 1715. Durch diese Entscheidung wurde die Verbreitung des Glaubens, besonders in China, stark behindert. Die Folgen waren tragisch, der Fortschritt der Missionsarbeit wurde weithin gestoppt, wenn auch die Jesuitenmissionare die chinesischen Riten noch duldeten.

Als Clemens XI. am 19. März 1721 starb, ging ein auf weiten Strecken glückloser Pontifikat zu Ende. Er zählt zu den würdigsten Päpsten, hat jedoch durch seine unentschlossene und unkluge Haltung dem Ansehen des Papsttums schweren Schaden zugefügt, obschon man seine Verdienste, u. a. um die Türkenabwehr und um Kunst und Wissenschaft, nicht übersehen darf. Ein Denkmal seiner Hirtensorge, seines apostolischen Freimutes, seiner Religiösität und seiner rastlosen Tätigkeit sind seine Ansprachen, Predigten und Apostolischen Schreiben.

## § 31

*Die Päpste in der Zeit des Staatskirchentums bis zu Pius VII.*

Nach dem Tode Clemens' XI. wurde, nachdem durch die Exklusive des österreichischen Kardinals Althan die Kandidatur des bisherigen Staatssekretärs Fabricio Paolucci gescheitert war, am 8. Mai 1721 Kardinal Michael Conti zum Papst gewählt: INNOZENZ XIII. (1721–1724). Sein Pontifikat verlief ruhig. Dank seines diplomatischen Geschickes konnte er die Beziehungen zu den politischen Mächten verbessern. Innozenz XIII. starb bereits am 7. März 1724.

In einem Konklave von neun Wochen wurde am 29. Mai Kardinal Pietro Francesco Orsini gewählt. Er wollte sich Benedikt XIV. nennen, aber dagegen protestierten die Römer, die den Schismapapst Benedikt XIII. (Pedro Luna) nicht anerkannten. Daher nahm er den Namen BENEDIKT XIII. (1724–1730) an. Der neue Papst entstammte dem Geschlecht der Orsini, war 1668 in den Dominikanerorden eingetreten und hatte auf sein Erbe verzichtet. Bereits 1672 wurde er Kardinal, 1675 Erzbischof von Manfredonia, 1686 Erzbischof von Benevent. Als Bischof behielt er die Lebensweise eines Ordensmannes bei und entfaltete eine eifrige seelsorgliche Wirksamkeit. Daneben verfaßte er mehrere asketische und praktisch-theologische Werke. Als Papst gehörte das gottesdienstliche Wirken zu seinen Lieblingsaufgaben. Benedikt XIII. bemühte sich vordringlich um die Reform der kirchlichen Disziplin. Der innerkirchlichen Erneuerung dienten Visitationen und das römische Provinzialkonzil, das der Papst 1725 im Lateran hielt. Er wandte sich vor allem gegen jeden Luxus im Kirchenstaat.

Benedikt XIII. nahm eine Reihe von Selig- und Heiligsprechungen vor. Er kanonisierte u. a. den hl. Aloysius, den hl. Stanislaus Kostka, den hl. Johannes von Nepomuk und den hl. Johannes vom Kreuz. Das Fest des heiligen Papstes Gregor VII. dehnte er 1728 auf die ganze Kirche aus. Das Festoffizium mit der Erwähnung der Absetzung Heinrichs IV. und der Entbindung der Untertanen vom Treueid erschien den damaligen staatlichen Behörden so anstößig und gefährlich, daß es nicht nur in Frankreich, sondern auch in

Österreich und Venedig verboten wurde. Entschieden empfahl Benedikt XIII. die Lehre des hl. Thomas.

Kein Verhältnis hatte der Papst zur großen Politik. Seine Weltfremdheit und Unerfahrenheit, sein Mangel an Menschenkenntnis wirkten sich negativ aus, weil er sein besonderes Vertrauen einem Unwürdigen schenkte, Niccolò Coscia, den er von Benevent zum Konklave nach Rom mitgenommen hatte. Nach seiner Wahl zum Papst ernannte ihn Benedikt XIII. zum Erzbischof und machte ihn zum Kardinal. Dieser aber mißbrauchte seine Vertrauensstellung beim Papst in übelster Weise. Er verstand es, die Finanzen des Kirchenstaates in seine Hand zu bringen und die Untertanen des Papstes schamlos auszubeuten. Noch peinlicher war es, daß Coscia sich von fremden Staaten bestechen ließ. Jeder Versuch, den Papst über das Treiben seines Vertrauten aufzuklären, erwies sich als vergeblich. So blieb dessen Machtposition bis zum Tode Benedikts XIII. unerschüttert. Erst dann konnte seinem Treiben ein Ende bereitet werden. Nach Ausbrüchen der Volkswut gegen Coscia, der für die Mißwirtschaft im Kirchenstaate verantwortlich war, wurde ihm unter dem neuen Papst, Clemens XII., der Prozeß gemacht, der mit seiner Verurteilung zu zehnjähriger Haft und der Auflage endete, alles erpreßte, ungerechte Gut herauszugeben und eine Buße von 100000 Scudi zu zahlen. Durch das Treiben Coscias fällt ein dunkler Schatten auf den Pontifikat Benedikts XIII.

Auf kirchenpolitischem Gebiet war der Papst u.a. durch die Bestechlichkeit seines Vertrauten Coscia zu Zugeständnissen gezwungen, sowohl in Sardinien, wo das Patronatsrecht des Königs eine weitere Ausdehnung fand, als auch gegenüber Kaiser Karl VI. in der Sizilienfrage. Am 21. Februar 1730 starb Benedikt XIII., der ein ausgezeichneter Ordensmann war, dem aber für das Amt eines Papstes viele Voraussetzungen fehlten.

Nach seinem Tode konnte man nur durch strenge Maßnahmen die Ruhe und Sicherheit in Rom wiederherstellen. Das nachfolgende Konklave dauerte bis Juli. Erst dann einigten sich die Kardinäle, die von den verschiedenen katholischen Staaten beeinflußt waren, auf einen Kandidaten. Am 12. Juli 1730 wählte man einen Übergangspapst, den 79jährigen Kardinal Lorenzo Corsini: CLEMENS XII. (1730–1740). Er entstammte einer Florentiner Adelsfamilie, war bei seiner Wahl bereits kränklich und erblindete im zweiten Jahre seines Pontifikates vollständig. Einen großen Einfluß übte sein Nepote Kardinal Neri Corsini auf Clemens XII. aus. Der Papst erlangte als Förderer von Kunst und Wissenschaft, nicht aber als Kirchenpolitiker Bedeutung. Er ließ u.a. den Palazzo Corsini bauen, wo neue kostbare Gemäldesammlungen und seine wertvolle Bibliothek Aufnahme fanden. Die Mißstände in der Verwaltung wurden unter ihm nicht behoben, die Schuldenlast des Kirchenstaates wuchs, und der Rückgang der Autorität des Apostolischen Stuhles setzte sich fort. Gegenüber den Übergriffen der Staaten erwies sich Clemens XII. als hilflos und unfähig.

Die Lage der Katholiken in Deutschland suchte er durch Bittschreiben an den Kaiser zu erleichtern. Am 8. Dezember 1730 richtete der Papst ein Breve an Erzbischof Clemens August von Köln, in dem er sich gegen die Unterdrückungsmaßnahmen der Preußischen Regierung wandte.

Ein echtes Anliegen war für Clemens XII. die Sorge um die Missionen. Er unterstützte tatkräftig die Propaganda. Die Missionsarbeit auf den Philippinen, in Nordindien und Südamerika wurde in seinem Pontifikat erfolgreich weitergeführt.

Im Gegensatz zur Finanznot des Kirchenstaates stand das Mäzenatentum des Papstes. Die Vatikanische Bibliothek ließ er erweitern, führende Gelehrte wurden an den Vatikan berufen, so u. a. der Orientalist J. S. Assemani. Die Lateranbasilika erhielt die große Hauptfassade. Dort errichtete er zugleich eine Kapelle zu Ehren des hl. Andrea Corsini, eine der schönsten Kapellen Roms. Hier fand Clemens XII. nach seinem Tod am 6. Februar 1740 seine letzte Ruhe.

Das folgende Konklave ist das längste, das die neuere Papstgeschichte kennt. Es dauerte mehr als sechs Monate. Auf der einen Seite standen die Franzosen und Österreicher, auf der anderen Seite Spanien mit Neapel und Toscana. Am 17. August 1740 einigten sich die Kardinäle auf Kardinal Prosper Lambertini: BENEDIKT XIV. (1740–1758). Die Wahl sollte sich zum Segen für die Kirche auswirken. Benedikt hatte ein Gespür für die Zeitnotwendigkeiten. Er war am 31. März 1675 in Bologna geboren, wurde 1727 Erzbischof von Ancona und 1728 Kardinal. 1731 erfolgte seine Ernennung zum Erzbischof von Bologna. Neben einer intensiven bischöflichen Wirksamkeit fand er Zeit für theologisch-wissenschaftliche Arbeiten. So schrieb er Untersuchungen über die Selig- und Heiligsprechung und über die Diözesansynode. Beide Werke haben grundlegenden Charakter. Durch seine kanonistischen Schriften wurde er zum Begründer der Kirchenrechtsgeschichte.

Als Wissenschaftler war für Benedikt XIV. verständlicherweise die Pflege der Studien ein vordringliches Anliegen. In besonderer Weise förderte er das Studium der Kirchengeschichte, aber auch der Naturwissenschaften und der Medizin. Giuseppe Garampi machte er zum Präfekten des Vatikanischen Archivs. Für die Vatikanische

Bibliothek erwarb er die Bibliothek Ottoboni. Daneben förderte er auch die Kunst. Giovanni Battista Piranesi schuf in seinem Pontifikat die Kupferstiche von Rom.

Im Kirchenstaat bemühte sich Benedikt zunächst um die Sanierung der Finanzen und verringerte die Zahl der päpstlichen Truppen. Die Mißstände in der Verwaltung konnte er jedoch nicht beseitigen.

Als Papst gelang es ihm, kirchenpolitische Konflikte durch weitgehende Zugeständnisse an die Staaten zu verhindern. Mit König Carlo Emanuele III. von Sardinien erreichte er 1741 ein Übereinkommen: Ihm wurde das Apostolische Vikariat über die päpstlichen Lehensgebiete in Piemont übertragen. Auch mit Neapel konnte Benedikt XIV. zu einem Ausgleich kommen und am 2. Juni 1741 ein Konkordat abschließen. Mit Spanien kam es 1753 ebenfalls zu einem Konkordat, das dem spanischen König das Universalpatronat gewährte: Alle Benefizien, 12 000 mit Ausnahme von 52, deren Besetzung dem Papst vorbehalten war, wurden vom König vergeben. Dadurch geriet der spanische Klerus in eine bedenkliche Abhängigkeit vom König.

Auch Portugal wurde vom Papst das Patronatsrecht zugestanden. Die Besetzung der Bistümer erfolgte auf königliche Präsentation. Dem König von Preußen, der bis dahin für die Päpste nur der Markgraf von Brandenburg gewesen war, erkannte Benedikt XIV. den Königstitel zu. Trotzdem kam es mit Friedrich II. zu Differenzen. Der preußische König hatte durch die Eroberung Schlesiens eine große Zahl katholischer Untertanen gewonnen und beanspruchte für sich die oberste Kirchenhoheit. Er plante die Errichtung eines staatlichen katholischen Generalvikariats in Berlin als oberste geistliche Behörde für die Katholiken in Preußen. Das hätte die Gefahr der Bildung einer katholischen Landeskirche für Preußen, der der König vorstand, bedeutet. So nachgiebig Benedikt sonst war, gegen eine solche faktische Trennung Preußens von Rom mußte er protestieren.

Friedrich II. nahm auch das Recht der Bischofsernennung für sich in Anspruch. Er ernannte 1747 mit Hinweis auf sein Souveränitätsrecht den Grafen Schaffgotsch zum Koadjutor in Breslau. Da Schaffgotsch für sein Amt ungeeignet und unwürdig war, verbot der Papst dem Breslauer Kardinal Sinzendorf die Bischofsweihe des Koadjutors. Trotzdem wurde Schaffgotsch nach dem Tode Sinzendorfs vom König zu dessen Nachfolger ernannt, und Benedikt fügte sich den Realitäten.

In eine schwierige Situation geriet der Papst durch den Tod Kaiser

Karls VI. am 20. Oktober 1740. Zur Kaiserwahl wurde ein Nuntius nach Frankfurt entsandt. Seine Weisung lautete, er solle sich für keinen bestimmten Kandidaten einsetzen, sondern nur die Interessen des Heiligen Stuhles wahren. Nach der Wahl Karl Albrechts von Bayern am 24. Januar 1742 erkannte Benedikt den neuen Kaiser Karl VII., trotz des Protestes des österreichischen Gesandten, an. Während des Österreichischen Erbfolgekrieges bemühte sich der Papst um Neutralität, aber die streitenden Parteien dachten nicht daran, diese Neutralität zu respektieren. Ihre Truppen benutzten den Kirchenstaat als Durchmarschgebiet und nahmen rücksichtslos Requisitionen vor, der Kirchenstaat wurde sogar Kriegsschauplatz. Benedikt erklärte damals, er könne einen Traktat über das Martyrium der Neutralität schreiben.

Als Kaiser Karl VII. am 20. Januar 1745 starb, wählte man am 13. September 1745 den Gemahl Maria Theresias als Franz I. (1745–1765) zum Kaiser. Auch bei dieser Wahl hatte sich der Papst für völlige Unparteilichkeit entschieden. Dem neuen Kaiser stand Benedikt kritisch gegenüber. Er fürchtete eine Beeinträchtigung seiner alten Rechte durch den Kaiser. Da die Wahlanzeige, die erst Mitte Oktober in Rom eintraf, nicht in der üblichen Form erfolgt war, verlangte der Papst nach eingehenden Beratungen mit den Kardinälen eine neue Wahlanzeige. In Wien erfüllte man seine Forderung. Daraufhin wurde Franz I. am 15. Dezember von Benedikt anerkannt, obschon Frankreich und Spanien die größten Anstrengungen gemacht hatten, die Anerkennung zu verhindern.

Im Ritenstreit entschied Benedikt XIV. nach eingehender Prüfung der Angelegenheit durch die Bulle „Ex quo singulari" vom 11. Juli 1742, daß die chinesischen Bräuche nicht geduldet werden dürften. Er wies auf den Erlaß Clemens' XI. von 1715 hin und wiederholte, die Reinheit der christlichen Gottesverehrung, die von jedem Makel des Aberglaubens frei sein müsse, dürfe nicht gefährdet werden. Am 12. September 1744 verurteilte Benedikt die sogenannten „Malabarischen Riten" in Indien. Diese päpstlichen Entscheidungen erschwerten die Missionsarbeit und verhinderten besonders das Ziel, die führenden Schichten Chinas und Indiens für das Christentum zu gewinnen.

Unter dem Pontifikat Benedikts XIV. wuchs die Zahl der Gegner des Jesuitenordens, und Rom wurde ein Zentrum seiner Feinde, die sich mit allen Mitteln um eine päpstliche Aufhebung der Gesellschaft Jesu bemühten.

Die ersten Versuche, ein päpstliches Vorgehen gegen die Jesuiten zu erreichen, gingen von Portugal aus, wo König Joseph

(1750-1777) unter starkem Einfluß des Marquis de Pombal (Sebastian Joseph de Carvalho e Mello) stand, der ausgesprochene staatsabsolutistische Vorstellungen vertrat. Benedikt XIV. hatte sich bereits zu Beginn seines Pontifikates gegenüber den kirchenpolitischen ForderungenPortugals nachgiebig gezeigt und die Besetzung der Bischofssitze weithin dem König übertragen, um nach der langen Sedisvakanz die Ernennung von Bischöfen zu ermöglichen.

Mit der Berufung Pombals (1750) verschlechterte sich in Portugal das Verhältnis von Kirche und Staat. Der neue Minister erwies sich als ein entschiedener Gegner der Jesuiten, deren Einfluß auch am Hofe nicht unbedeutend war. Anlaß zu seinem Vorgehen gegen den Orden bildete die Haltung der Jesuiten in Amerika. Am 18. Juli 1750 hatten Spanien und Portugal einen Grenzvertrag geschlossen und einzelne Gebiete ausgetauscht. Sieben Indianerniederlassungen (Reduktionen), die unter Leitung von Jesuiten standen, wollte man verlegen und versuchte die Indianer zu zwingen, ihre wirtschaftlich blühenden Siedlungen aufzugeben. Sie sollten sich in unbesiedelten Gebieten eine neue Existenz und Heimat suchen. Gegen dieses unrechtmäßige Vorgehen protestierten verständlicherweise auch die Jesuiten. Der Widerstand der Indianer wurde mit Gewalt gebrochen und bei den Kämpfen viele Menschen getötet. Die Schuld an den blutigen Zwischenfällen versuchte man den Jesuiten zuzuschreiben. Das Eintreten der Jesuiten für die Rechte der Indianer nahm man zum Anlaß für eine Verleumdungskampagne gegen den Orden. Pombal verstand es, die Strömung der „aufgeklärten Kreise" gegen die Jesuiten auszunützen. Er warf ihnen vor, daß sie Unruhen gegen die Kolonialregierungen anzettelten und verderbliche Lehren gegen Kirche und König verbreiteten. 1755 begann er in Portugal mit Ausweisungen von einzelnen Jesuiten. Als es 1757 zu einem Aufstand portugiesischer Winzer kam, wurden wiederum die Jesuiten als Anstifter dieser Unruhen bezeichnet. Mit Hinweis auf angebliche Rebellion ließ Pombal 1757 die Jesuiten als Beichtväter vom Hofe entfernen. Mit unhaltbaren Behauptungen, u. a. daß die Jesuiten die Sklaverei unterstützt hätten, ging man gegen die Jesuiten vor. Von Papst Benedikt XIV. verlangte man ein Breve, um angebliche Mißstände bei den Jesuiten in Portugal und seinen überseeischen Besitzungen beseitigen zu können. Mit der Drohung, wenn der Papst nicht energische Heilmittel anwende, werde der König von seiner höchsten Gewalt Gebrauch machen, zwang man den Papst zu Zugeständnissen. Benedikt ernannte daraufhin am 1. April 1758 den Kardinal F. Saldanha von Lissabon zum Visitator der portugiesischen Jesuiten. Dieser aber war ein Verwandter von Pombal und von diesem völlig abhängig. Das Breve Benedikts hatte für den Jesuitenorden die schwersten Folgen: Es bot Pombal die Möglichkeit, seinen Kampf gegen die Jesuiten erfolgreich zu führen. Die kommenden Jahre sollten zeigen, daß damit das Schicksal der Jesuiten in Portugal und in den portugiesischen Missionsgebieten entschieden war.

Aus dem innerkirchlichen Wirken des Papstes ist noch zu erwähnen die Revision des Index und die Neuregelung des Indizierungsverfahrens von Büchern, die einen echten Fortschritt bedeuteten. Bei den Kardinalsernennungen stand Benedikt stark unter dem Einfluß der Regierungen und mußte sich deren Personalwünschen weithin fügen. Theologisch war Benedikt ein Freund der Benediktinerschule. Bedeutsam für das Eherecht wurde die sogenannte „Declaratio Benedictina", eine Verfügung über die gemischten Ehen, die bestimmte, daß in den Diasporagebieten der Niederlande und Norddeutschlands die Ehen von Nichtkatholiken unter sich und mit Katholiken auch ohne Einhaltung der Tridentinischen Form gültig sein sollten. In Deutschland erhob er 1752 die Fürstabtei Fulda zur Diözese.

Das Urteil über seinen Pontifikat ist zwiespältig. Er hat zwar in den Konkordaten mit Neapel, Savoyen und Spanien, aber auch gegenüber Portugal und Friedrich II. von Preußen größte Nachgiebigkeit, ja Schwäche gezeigt und kirchliche Positionen aufgegeben. Andererseits kann man ihn als einen der gelehrtesten Päpste, dessen Nachwirken bis heute feststellbar ist, würdigen. Pastor urteilt über ihn, daß er durch kluge Mäßigung den Frieden der Kirche bewahrt habe. Es sei das erste Mal seit der Kirchenspaltung gewesen, daß auch die protestantische Welt dem Inhaber des Stuhles Petri die verdiente Anerkennung nicht versagte. Wenn er auch nicht die Energie eines Gregors VII. oder Innozenz' III. besessen habe, so sei er doch nicht bloß einer der gelehrtesten, sondern auch einer der edelsten Päpste gewesen.

Nach Benedikts Tod am 3. Mai 1758 traten die Kardinäle bereits am 15. Mai 1758 zum Konklave zusammen. Am 22. Juni erhielt Kardinal Cavalchini 28 Stimmen. Als sein Stimmenanteil weiter stieg, teilte der französische Kardinal Luynes dem Kardinaldekan das offizielle Veto seiner Regierung mit und bat ihn, es zu veröffentlichen. Am 6. Juli wurde daraufhin Kardinal Carlo Rezzonico zum Papst gewählt: CLEMENS XIII. (1758–1769). Er war am 7. März 1693 geboren und studierte an der Universität Padua Theologie und Kanonisches Recht. 1737 ernannte ihn Clemens XII. zum Kardinal, Benedikt XIV. 1743 zum Bischof von Padua, wo er sich als Seelsorger bewährte.

Sein Pontifikat wurde beherrscht von der Jesuitenfrage. Zu seinem Staatssekretär ernannte der Papst Luigi Torrigiani, einen Freund der Gesellschaft Jesu, dem es jedoch nicht gelang, dem Kampf gegen den Orden Einhalt zu gebieten. Das damalige Kesseltreiben gegen die Jesuiten in seinen Ausmaßen und seinen Wirkungen hat man mit Recht als etwas Einmaliges in der Kirchengeschichte bezeichnet (B. Schneider). Der Angriff auf die Gesellschaft Jesu war weithin nur ein Vorwand, denn in Wirklichkeit wollte man die Kirche und das Papsttum treffen. Für die antikirchlichen Aufklärer galt der Orden mit seiner zentralistischen Verfassung, seinem besonderen Papstgelübde als ein Hauptfeind. Innerkirchlich löste die führende Stellung, die die Gesellschaft Jesu sich in der Kirche erobert hatte, Eifersucht aus.

In Portugal ging der Kampf gegen die Jesuiten weiter. Man beschuldigte sie der Teilnahme an einer Verschwörung gegen König Joseph I. und warf ihnen unerlaubte Handelsgeschäfte vor. Im Juni 1759 zog der Staat sämtlichen Besitz des Ordens in Portugal und in den portugiesischen Besitzungen ein. Bereits im September 1759 wurden die Jesuiten aus Portugal ausgewiesen und in den Kirchenstaat abgeschoben. Auch der jesuitenfreundliche Nuntius mußte Portugal verlassen, und zehn Jahre lang blieben die diplomatischen Beziehungen zwischen Lissabon und Rom unterbrochen.

Als nächstes Land folgte Frankreich dem jesuitenfeindlichen Vorgehen Portugals. In Frankreich hatte es schon lange eine Opposition gegen die Jesuiten gegeben, die seit 1656 einen ersten Höhepunkt in den sogenannten „Provinzialbriefen" von B. Pascal fand. Hundert Jahre später entzündete sich der Jesuitenhaß an Pater A. Lavalette, der Ökonom und dann Oberer der Jesuitenmission auf den Antillen-Inseln war. Die Jesuiten betrieben dort Plantagen und verkauften deren Erzeugnisse in Europa. Kriegsverluste und der Bankrott des französischen Handelshauses, mit dem sie arbeiteten, führten zu großen Verlusten. Nachdem die Pariser Jesuitenprovinz zunächst die entstandenen Schulden beglichen hatte, verweigerte der neue Provinzial die weitere Übernahme der Verluste und verwies die Gläubiger an die Jesuitenmission auf den Antillen, die nach den Ordenskonstitutionen für ihre Schulden haftbar war. Diese Rechtsauffassung teilten anfangs auch die Gerichte, aber 1770 entschied das Pariser Konsulargericht, daß die französischen Jesuiten zur Übernahme der Schulden verpflichtet seien. Das Urteil wurde in der französischen Öffentlichkeit beifällig aufgenommen und schädigte das Ansehen der Jesuiten sehr. Aufgrund des Urteils beschlagnahmte man im April 1762 den gesamten Besitz des Ordens in

Frankreich. Im August 1762 begann die Ausweisung der Jesuiten, und am 1. Dezember 1764 wurde die Gesellschaft Jesu offiziell in Frankreich aufgehoben. Es nützte nichts, daß sich die Mehrheit des französischen Episkopats für die Jesuiten aussprach. Auch die Intervention des Papstes bei Ludwig XV. konnte die Aufhebung nicht verhindern.

In Spanien, das bis dahin jesuitenfreundlich gewesen war, kam es zu einer Änderung der Haltung der Regierung, als im März 1766 ein Aufstand ausbrach, den soziale Mißstände veranlaßt hatten, für den man aber die Jesuiten verantwortlich machte. Als 1766 die Königinmutter Farnese starb, verloren die Jesuiten eine mächtige Förderin. Ein Jahr später wurden durch ein Dekret vom 27. Februar 1767 alle Jesuiten aus Spanien verbannt und die Güter des Ordens eingezogen. Der Protest des Papstes gegen das Vorgehen war wirkungslos.

Die Gesandten der katholischen Mächte stellten im Januar 1769 bei Clemens XIII. offiziell den Antrag auf Aufhebung des Jesuitenordens. Der Papst war nicht bereit, diese Forderung zu erfüllen, wollte jedoch in einer Angelegenheit von solcher Tragweite für die Gesamtkirche nicht allein vorgehen, sondern sie in der Kardinalskongregation am 3. Februar 1769 erörtern. Am Tag vorher starb der Papst.

Große Diskussionen lösten während des Pontifikats Clemens' XIII. die Erörterungen über die Kirchenverfassung aus. In Deutschland veröffentlichte 1763 der gelehrte Trierer Weihbischof Johann Nikolaus von Hontheim unter dem Pseudonym „Febronius" eine Untersuchung „Über den Zustand der Kirche und die rechtmäßige Gewalt des römischen Bischofs". Das Buch stellte zugleich im Untertitel das Anliegen der Wiedervereinigung der christlichen Kirchen heraus. Um die im Glauben getrennten Christen wiederzugewinnen, so argumentierte er, müsse die Kirche auf ihre ursprüngliche Verfassung zurückgeführt werden. Den Bischöfen und Konzilien solle man die durch die Päpste entrissenen Rechte zurückgeben und die Grenzen des päpstlichen Primats festlegen. Die päpstliche Unfehlbarkeit wird von Febronius geleugnet. Die kirchliche Gewalt besitzen nach ihm die Bischöfe bzw. das Allgemeine Konzil. Päpstliche Entscheidungen haben erst verpflichtenden Charakter durch den Konsens der Universalkirche. Dem Papst schreibt Febronius nur einen Ehrenvorrang zu. Die Bestätigung bzw. Absetzung der Bischöfe sollte wieder an den Episkopat zurückfallen. Die päpstlichen Rechte – wie Reservationen, Exemtionen und Dispensen – wollte er mit Hilfe eines freien, Allgemeinen Konzils und durch ein einheitliches Vorgehen der Bischöfe zusammen mit den weltlichen Fürsten einschränken. Um so stärker betonte er die Autonomie der deutschen Reichskirche gegenüber Papsttum und Kurie.

Das Werk des Febronius erregte starkes Aufsehen und löste zahlreiche Gegenschriften aus. Am 27. Februar 1764 ließ Clemens XIII. das Buch auf den Index setzen.

Im Kirchenstaat konnten unter Clemens XIII. die inneren und äußeren Schwierigkeiten nicht behoben werden. Die Finanznot hielt an, in den Jahren 1763 und 1764 kam es zu einer Hungersnot. Kirchenpolitisch wurde in seinem Pontifikat die Machtlosigkeit des Papstes deutlich. Frömmigkeitsgeschichtlich war bedeutsam, daß der tiefreligiöse Clemens – durch eine Denkschrift des polnischen Episkopats bewogen – 1765 die liturgische Feier des Herz-Jesu-Festes erlaubte.

Die Belastungen der letzten Jahre seines Pontifikates erwiesen sich für Clemens XIII. als zu groß. Am 2. Februar 1769 erlitt der Papst einen Schlaganfall, der seinen sofortigen Tod herbeiführte.

Bereits am 15. Februar 1769 traten die Kardinäle zum Konklave zusammen, das sich ganz als von der Jesuitenfrage beherrscht erwies. Bei allen katholischen Mächten bestand Einigkeit, daß kein Papst gewählt werden dürfe, der den Jesuiten freundlich gesinnt war. Spanien forderte sogar eine verbindliche Zusage des zu wählenden Papstes, die Gesellschaft Jesu aufzuheben. Auf die Empfehlung des spanischen Gesandten wurde – nachdem der Erzbischof von Neapel, Antonio Sersale, wegen zu großer Staatshörigkeit keine Chancen hatte – die Wahl des Kardinals Lorenzo Ganganelli vorangetrieben. Er erklärte, daß nach seiner Ansicht ein Papst die Gesellschaft Jesu wie jeden anderen Orden unter Beobachtung der Klugheit und Gerechtigkeit aus sehr wichtigen Gründen aufheben könne. Am 19. Mai 1769 wählten die Kardinäle einstimmig Ganganelli, der sich CLEMENS XIV. (1769–1774) nannte. Er war 1705 in Sant'Arcangelo bei Rimini geboren, 1723 bei den Franziskanern eingetreten, wurde 1740 Rektor des Bonaventurakollegs in Rom. Clemens XIII. ernannte ihn 1759 zum Kardinal. Zu seinem Staatssekretär berief der neue Papst den Kardinal Lazaro Opizio Pallavicini, der von 1760 bis 1767 Nuntius in Madrid gewesen und Spanien sehr verbunden war. Großen Einfluß übte auf ihn sein Ordensbruder Pater Bontempi aus.

Die ersten Bemühungen des Papstes galten der Wiederherstellung der diplomatischen Beziehungen mit Portugal, die seit 1759 abgebrochen waren. Sie hatten dank der weitgehenden Zugeständnisse des Papstes Erfolg. Die vakanten Diözesen erhielten wieder Bischöfe, die Nuntiatur in Lissabon wurde neu besetzt. Die Nachgiebigkeit des Papstes zeigte sich auch in dem Verzicht auf die Verkündigung der „Abendmahlsbulle", der ihm die Zustimmung aufgeklärter Kreise einbrachte. Am 22. Juli 1769 trugen die katholischen Mächte dem Papst durch den französischen Gesandten, Kardinal François-Bernis, wiederum die Forderung nach Aufhebung der Gesellschaft Jesu vor. Clemens XIV., furchtsam, gab dem Druck Frankreichs, das mit Abbruch der diplomatischen Beziehungen drohte, nach. In einem Brief vom September 1769 an Ludwig XV. versprach er die Aufhebung des Jesuitenordens, ohne jedoch einen Termin zu nennen. Die gleiche Zusage machte er Ende November Karl III. von Spanien und bat zugleich um etwas Geduld. Die Entscheidung in der Jesuitenfrage führte schließlich der neue spanische Gesandte in Rom herbei, der am 17. Juli 1772 seine Antrittsaudienz hatte. Er beantwortete den Versuch des Papstes, nur ein Verbot der Aufnahme neuer Novizen auszusprechen und dadurch das Aussterben des Ordens herbeizuführen – ohne eine offizielle Aufhebung –, mit der Drohung der Vertreibung aller Orden aus Spanien und dem Abbruch der diplomatischen Beziehungen.

Anfang des Jahres 1773 übergab man Papst Clemens XIV. den Entwurf einer Aufhebungsbulle des Jesuitenordens. Die Mitarbeiter an dem Entwurf wurden von Spanien reich beschenkt. Als im Frühjahr 1773 die Kaiserin Maria Theresia auf Drängen Spaniens ihre Neutralität in der Jesuitenangelegenheit wiederholte, stand der Aufhebung des Jesuitenordens nichts mehr im Wege.

Das Aufhebungsbreve trägt das Datum vom 21. Juli 1773 und beginnt mit den Worten: „Dominus ac redemptor noster". In Rom wurde es am 16. August verkündet. Einleitend wird darin auf das Recht des Papstes hingewiesen, Orden zu bestätigen oder aufzuheben. Die Päpste hätten bereits früher Orden, die ihrem Auftrag nicht mehr entsprachen, aufgehoben. Nach einer Aufzählung der gegen die Jesuiten erhobenen Vorwürfe wird die Aufhebung u. a. damit begründet, daß der Orden nicht wie früher die reichen Früchte bringe. Bei dem weiteren Bestehen des Ordens sei ein dauerhafter Friede in der Kirche kaum möglich. Im einzelnen werden dann die Schwierigkeiten genannt, die die Jesuiten mit anderen Orden und mit den Fürsten hatten. Die Bulle schließt mit der Aufhebungsverfügung und der Nennung der Durchführungsbestimmungen.

Papst Clemens XIV. fand für seine Entscheidung den Beifall der öffentlichen Meinung und der herrschenden Klasse. Das Vorgehen gegen den Orden war in den einzelnen Ländern unterschiedlich.

Unter dem Druck der bourbonischen Mächte ging man am brutalsten im Kirchenstaat gegen die Jesuiten vor. Der Ordensgeneral L. Ricci und die führenden Männer der Ordenskurie wurden in der Engelsburg in strenger Haft gehalten. Ricci beteuerte noch auf dem Sterbebette die Unschuld des Ordens. In Österreich und Deutschland führte man die Aufhebung zum Teil mit Bedauern durch. Der Besitz des Ordens fiel nicht, wie der Papst gehofft hatte, dem Kirchenstaat, sondern den einzelnen Staaten zu. Interessanterweise wurde die Durchführung des Breves in Preußen (durch Friedrich II.) und in Rußland (durch Katharina II.) verboten, um das katholische Schulwesen in ihren Ländern nicht zu gefährden.

Die Jesuiten unterwarfen sich weitgehend der päpstlichen Anordnung. Die Aufhebung des Ordens brachte vor allem für die höheren Schulen und Universitäten in Europa schwerste Verluste. Das Urteil über die päpstliche Maßnahme lautet unterschiedlich. Clemens XIV. stand bei dieser Entscheidung bekanntlich stark unter dem Druck der politischen Mächte. Er hatte versucht, die Aufhebung mehr als drei Jahre hinauszuschieben. Sein Plan, den Orden noch zu retten, indem er nur ein Verbot der Aufnahme von Novizen aussprach, war nicht erfolgreich. Sein Vorschlag zeigt aber, daß er die angeblichen Mißstände im Orden als nicht so gravierend ansah, daß sie eine Aufhebung gerechtfertigt hätten.

Die Entscheidung Clemens' XIV. dokumentiert den Niedergang der geistigen Macht des Papsttums. Weithin konnte es den Anschein haben, als ob das Ende der Kirche und des Papsttums gekommen sei. Als Dank für die Aufhebung gaben Frankreich und Neapel die von ihnen besetzten Gebiete des Kirchenstaates zurück.

In Deutschland formulierten 1769 die rheinischen Erzbischöfe die Beschwerden der deutschen Kirche in den sogenannten „Koblenzer Avisamenta", in denen sie sich u. a. gegen die Jurisdiktion der Nuntien wenden. Die neugewählten Bischöfe sollten nicht mehr verpflichtet werden, das Glaubensbekenntnis vor den Nuntien abzulegen.

Als am 22. September 1774 Clemens XIV. starb, ging ein Pontifikat zu Ende, der gekennzeichnet ist durch Schwäche gegenüber den europäischen Mächten, nicht allein in der Frage der Aufhebung des Jesuitenordens, sondern auch in anderen kirchenpolitischen Angelegenheiten. Ludwig von Pastor erhebt in seiner Papstgeschichte wohl mit Recht gegen ihn den Vorwurf des Ehrgeizes, der Furcht und der Berechnung. Clemens XIV. hat mit der Aufhebung der Gesellschaft Jesu der Kirche schweren Schaden zugefügt. Bei anderen Entscheidungen zeigte er sich seiner Aufgabe ebenfalls nicht immer gewachsen, wenn er auch theologisch gut gebildet, persönlich fromm und überaus liebenswürdig war. Nicht zuletzt hat sich der Papst um Kunst und Wissenschaft verdient gemacht.

Als Nachfolger wählten die Kardinäle nach einem Konklave von über vier Monaten am 15. Februar 1775 Kardinal Giovanni Angelo Braschi: Pius VI. (1775–1799). Er war am 25. Dezember 1717 in Cesena geboren, studierte Jura und empfing erst 1758 die Priesterweihe. 1766 machte ihn Clemens XIII. zum Schatzmeister der Apostolischen Kammer. Es gelang ihm, die zerrüttete wirtschaftliche und finanzielle Lage des Kirchenstaates zu verbessern. 1773 wurde er Kardinal. Als Papst übernahm er ein undankbares Erbe, und es war nicht seine Schuld, daß in seiner Regierungszeit die Autorität des Papsttums weiter abnahm und er selbst in der Fremde sterben mußte.

Pius VI. war persönlich fromm und vielseitig gebildet. Leider ist er vom Vorwurf des Nepotismus nicht freizusprechen. Für die Verschönerung Roms gab er große Summen aus. Er ließ u. a. die Obelisken vor dem Quirinalpalast, auf dem Platz vor Trinità dei Monti und auf der Piazza di Monte Citorio errichten. Das „Antiken-Museum" im Vatikan erfuhr in seinem Pontifikat einen großzügigen Ausbau. Rom wurde in dieser Zeit immer mehr ein Zentrum von Künstlern und Gelehrten.

Andererseits war seine Regierungszeit erfüllt von großen Problemen, die durch den Absolutismus der Fürsten, den Geist der Aufklärung und die Folgen der Französischen Revolution verursacht wurden. Der Absolutismus der Fürsten machte leider auch vor der Kirche nicht halt. Die ersten Regierungsjahre Pius' VI. verliefen noch ruhig, aber dann griff das Staatskirchentum tief in die Angelegenheiten der Kirche ein, so z. B. in Sizilien, wo der König das ausschließliche Präsentationsrecht für alle Bistümer des Landes forderte. Da der Papst daraufhin die Bistümer nicht besetzte, waren 1784 in Sizilien bereits 30 Bischofssitze vakant. Auch in Österreich wurden nach dem Tode der Kaiserin Maria Theresia die staatskirchlichen Grundsätze durch Kaiser Joseph II. (1765–1790) durchgeführt. Er schaltete 1783 durch einen Gewaltakt die Jurisdiktion des Passauer Bischofs in Österreich aus und beschlagnahmte den großen Besitz des Hochstifts Passau in Österreich. Hunderte von Klöstern hob er aus eigener Machtvollkommenheit auf. Seine Maßnahmen waren hier keineswegs einem antikirchlichen Geist entsprungen, sondern sie zielten auf eine Besserung der seelsorglichen Betreuung der Gläubigen durch Neuerrichtung von Pfarreien ab. Das Vorgehen Josephs II. führte zu einem intensiven Notenwechsel zwischen

Wien und Rom. Ende Februar 1782 reiste Pius VI. nach Wien, um in persönlichen Verhandlungen mit dem Kaiser zu einer Übereinkunft zu kommen. Leider war seine Reise ergebnislos. Pius wurde zwar vom Kaiser mit allen Zeichen äußerer Anerkennung und Ehrfurcht empfangen, konnte aber keinerlei Änderung der josephinischen Kirchenpolitik erreichen. Man hat diesen Bittgang des Papstes nach Wien als die verspätete Rache für Canossa bezeichnet. Die Wiener Verhandlungen machten deutlich, welche geringen Einflußmöglichkeiten ein Papst selbst bei katholischen Fürsten im 18. Jahrhundert noch hatte.

Eine kleine Genugtuung war für Pius VI. der Empfang, der ihm anschließend in Süddeutschland zuteil wurde. Hier erlebte er, vom bayerischen Kurfürsten Karl Theodor eingeladen, die Glaubenstreue des katholischen Volkes und seine Anhänglichkeit an den Apostolischen Stuhl.

In Toskana nahm der jüngere Bruder Kaiser Josephs II., Großherzog Leopold, die gleichen Eingriffe in die innerkirchlichen Angelegenheiten vor. Sein Berater war Bischof Scipione Ricci von Pistoja-Prato, ein Neffe des Jesuitengenerals, der als Häftling in der Engelsburg verstorben war. Ricci hatte sich ganz dem „Fortschritt" verschrieben und vertrat die gallikanischen und jansenistischen Gedanken. 1786 hielt er in Pistoja eine Diözesansynode, auf der umstürzende Beschlüsse gefaßt wurden und der Jansenismus und der Gallikanismus noch einmal einen Höhepunkt ihrer Nachwirkung erlebten. So nahm man die vier Gallikanischen Artikel von 1682 an, empfahl Quesnels Betrachtungen über die Heilige Schrift, verwarf Exerzitien und Volksmissionen und forderte die Abschaffung der Orden. Unter dem Druck der Gläubigen mußte Ricci 1791 von seinem bischöflichen Amt zurücktreten. Erst acht Jahre später konnte Papst Pius VI. es wagen, in der Bulle „Auctorem fidei" 85 Beschlüsse der Synode zu verurteilen.

In Deutschland verstärkten sich während des Pontifikats Pius' VI. die Tendenzen des reichskirchlichen Episkopalismus, der eine Beschränkung der päpstlichen Rechte zugunsten der bischöflichen forderte. Trotzdem gelang es dem Papst, von Weihbischof Hontheim 1778 den förmlichen Widerruf zu erreichen. Darin bekannte sich Hontheim als Verfasser des „Febronius" und bedauerte die Kränkung, die er dadurch dem Heiligen Stuhl zugefügt habe. „Die Autorität Eurer Heiligkeit, in der ich die Autorität Jesu Christi erkenne, hat mich vom Irrtum befreit." Der Weihbischof legt anschließend seine Ansichten über die Verfassung der Kirche und die Rechte des hl. Petrus dar und bezeichnet den Papst als Nachfolger

Petri, der die Fülle der Gewalt über die Gesamtkirche besitze. Jedoch zeigte der Kommentar, den Hontheim drei Jahre später über seinen Widerruf veröffentlichte, daß er seine Ansichten über die Kirchenverfassung nicht aufgegeben hatte.

Der Einfluß episkopalistischer Gedanken wurde 1785 deutlich, als Pius VI. auf Veranlassung des Kurfürsten Karl Theodor von Bayern in München eine Nuntiatur errichtete. Die Erzbischöfe von Köln, Trier und Mainz und der Fürstbischof von Salzburg fühlten sich durch die Errichtung der Nuntiatur in ihren Rechten beeinträchtigt, da sie ein Übergreifen der Jurisdiktion des Nuntius in ihre eigene Jurisdiktion befürchteten. In der „Emser Punktation" vom 25. August 1786 beschlossen sie, die Verhältnisse der deutschen Kirche gegenüber Rom neu zu ordnen und ein sogenanntes Reformprogramm auszuarbeiten. Darin wird u. a. die Aufhebung der päpstlichen Exemtionen und der Quinquennal-Fakultäten, d. h. Dispensvollmachten, die der Papst den Bischöfen für jeweils fünf Jahre gewährt, die Anwendung des bischöflichen Placet auf päpstliche Bullen und Breven gefordert. Der Kaiser wird gebeten, innerhalb von zwei Jahren ein Nationalkonzil zur Beseitigung der deutschen Beschwerden einzuberufen. Es gelang den Bischöfen jedoch nicht, diese Forderungen durchzusetzen. Nachdem der Kaiser ihren Vorstellungen keine eindeutige Unterstützung gewährte, lenkten die Bischöfe Rom gegenüber ein. Die Beschwerden wurden zwar in den nächsten Jahren noch einmal wiederholt, aber der Ausbruch der Französischen Revolution, der Einbruch der Revolutionsheere in Deutschland und die Säkularisation ließen diese Fragen in den Hintergrund treten. Der Untergang der geistlichen Staaten entzog diesen episkopalistischen Bestrebungen den Boden.

Die Nachwirkungen des Nuntiaturstreits, der die deutsche Kirche in große Auseinandersetzungen gestürzt hatte, endete mit der Entmachtung der deutschen Fürstbischöfe und der Auflösung der alten Kirchenverfassung in Deutschland.

Die größte Demütigung sollte der Papst durch die Folgen der Französischen Revolution erleben. Sie war verursacht durch die Mißwirtschaft der absolutistischen Regierung und die dadurch hervorgerufene Finanznot des Staates. Zum 5. Mai 1789 berief Ludwig XVI. die Reichsstände, Adel, Klerus und Bürgerschaft zur Beratung nach Versailles. Hier beschloß man, sich eine neue Verfassung zu geben. Die Kirche wurde, obschon sich viele Kleriker den demokratischen Forderungen anschlossen, in die revolutionäre Bewegung hineingezogen, da sie als eine Hauptstütze des verrotteten alten Systems galt. Besonders reizte natürlich der Kirchenbesitz dazu, eingezogen zu werden, um auf diese Weise die Staatsschuld zu mindern. Auf Antrag des Bischofs von Autun, Maurice de Talleyrand, wurde der Nation das gesamte Kirchengut zur Verfügung gestellt. Die antikirchliche Stimmung der Stände konnte jedoch auch dadurch nicht gemindert werden. Am 13. Februar 1790 erfolgte die Auflösung der religiösen Orden, am 12. Juli erließ man die sogenannten Zivilkonstitutionen des Klerus, durch die die Bistümer Frankreichs von 134 auf 83 reduziert und die Besetzung der Bischofsstühle und Pfarreien den politischen Organen übertragen wurden. Ziel dieser Maßnahmen war die Trennung der französischen Kirche von Rom. Trotz der Mahnungen des Papstes bestätigte der schwächliche König die neue Ordnung.

Pius VI. verwarf durch Breve vom 13. April 1791 die Zivilkonstitution und erklärte die „geschworenen" Geistlichen, die den geforderten Eid auf die Zivilkonstitution abgelegt hatten, für suspendiert, wenn sie nicht innerhalb von vierzig Tagen Widerruf leisteten. Die Verwirrung und Spaltung, die jetzt eintrat, war bedrückend, denn etwa ein Drittel der Geistlichen hatte den Eid abgelegt, die große Mehrheit und die meisten Bischöfe – außer vier – ihn verweigert. Den Widerstand des französischen Klerus versuchte die Regierung mit Gewalt zu brechen. Die nicht eidwilligen Geistlichen wurden verhaftet und zur Deportation verurteilt. Im September 1972 ließen die Machthaber ca. 300 Priester und 3 Bischöfe im Karmelitenkloster in Paris erschießen. Etwa 40 000 Priester wurden ausgewiesen. Sie fanden in fast allen Ländern Europas Aufnahme.

Der 1791 von 21 Priestern und 664 Laien gewählte konstitutionelle Erzbischof J. B. Gobel von Paris legte 1793 sein Amt nieder und bekannte sich zum Kult der Freiheit und Gleichheit. In Paris herrschte jetzt die Göttin Vernunft. Die Kirche von Frankreich schien vernichtet.

Im Kirchenstaat war die Stimmung der Bevölkerung nach den Septembermorden der Jakobiner verständlicherweise antirevolutionär. Der Abbruch der diplomatischen Beziehungen zwischen Frankreich und dem Heiligen Stuhl erfolgte im Mai 1791. Am 13. Januar 1793 wurde der französische Agent Hugo de Bassville, der in Rom sich als französischer Geschäftsträger gebärdete, auf dem Korso von einer franzosenfeindlichen Menge überfallen und starb zwei Tage später an den Verletzungen, die ihm bei dem Überfall zugefügt wurden.

Für den am 21. Januar 1793 enthaupteten König Ludwig XVI. hielt Pius VI. einen Trauergottesdienst und erklärte, der König sei wegen seiner Anhänglichkeit an den katholischen Glauben dem Haß seiner Feinde zum Opfer gefallen.

Der Papst, der bereits seine Verwerfung der Zivilkonstitution mit der Besetzung der in Frankreich gelegenen Grafschaften Avignon und Venaissin, die dem Kirchenstaat im September 1791 geraubt wurden, hatte büßen müssen, war gezwungen, 1796 auch die Besetzung des Kirchenstaates hinzunehmen. Im Waffenstillstand von Bologna vom 23. Juni 1796 mußte der Papst Bologna und Ferrara abtreten, die Festung Ancona übergeben, 21 Millionen Scudi zahlen sowie 500 wertvolle Handschriften und 100 Kunstwerke abliefern.

Als Pius VI. sich daraufhin mit Österreich und Neapel verbündete, fiel Napoleon wieder in den Kirchenstaat ein und diktierte dem Papst 1797 den Frieden von Tolentino, dessen Bedingungen noch härter waren. Der Kirchenstaat hatte weitere 25 Millionen Scudi zu zahlen. Noch mehr Kunstwerke wurden aus Rom nach Paris verschleppt.

Eine zunehmende Verschärfung der Lage ergab sich Ende des Jahres. Am 28. Dezember 1797 forderten einige hundert Aufrührer in Sprechchören in Rom Freiheit. Auf die Rufe: Es lebe die Republik! Es lebe die Freiheit! Nieder mit dem Papst! schritt das päpstliche Militär ein. Bei dieser Gelegenheit erschossen sie den französischen General Duphot, der sich an die Spitze der Revolutionäre gestellt hatte. Daraufhin rückten am 10. Februar 1798 französische Truppen in Rom ein. Am 15. Februar wurde die Republik proklamiert und der Papst für abgesetzt erklärt. In der Peterskirche ließ man aus Dank für die Wiederherstellung der römischen Republik das Te Deum singen. Pius VI. erhielt den Befehl, innerhalb von drei Tagen Rom zu verlassen. Als der Papst sich weigerte, wandte man Gewalt an und brachte ihn zunächst nach Siena, dann am 1. Juli nach der Kartause bei Florenz. Sein großes Gottvertrauen und seine Zuversicht auf eine bessere Zukunft der Kirche wurden deutlich in einem Schreiben, das er damals an die verbannten französischen Bischöfe in England richtete. „Gott wollte", so hieß es darin, „daß die Kirche ihre Geburt dem Kreuz und Leiden, ihre Glorie der Schmach, ihr Licht den Finsternissen des Irrtums, ihre Fortschritte den Angriffen der Feinde verdankt. War doch ihre Herrlichkeit niemals reiner, als wenn die Menschen sie am meisten zu verdunkeln suchten."

1799 brachte man den kranken Papst, der bereits in Rom die Bitte geäußert hatte, ihn in Rom sterben zu lassen, auf einer Bahre über die Alpen nach Frankreich, zuerst nach Grenoble, dann nach

Valence, wo er am 14. Juli ankam. Am 29. August 1799 erlöste ihn dort der Tod. Der persönliche Besitz des Papstes wurde als französisches Nationaleigentum verkauft.

Nach dem Tode Pius' VI. schien das Papsttum vernichtet. Rom war besetzt und der Papst in der Gefangenschaft verstorben. Die Feinde der Kirche hielten Leichenreden auf das Papsttum. Doch wiederum vollzog sich eine erstaunliche Wandlung: Der Felsen Petri überdauerte die Stürme der Zeit. Es gehört zu dem Großen und Unbegreiflichen in der Geschichte der Kirche Christi, daß den Zeiten ihrer tiefsten Demütigung Zeiten ihrer großen Kraft und unbezwingbaren Stärke folgen. Auch die Erniedrigung von 1799 barg in sich den Keim zu neuer Kraftentfaltung. Das Papsttum war nicht tot, sondern sollte vielmehr in den kommenden Jahrzehnten große Triumphe feiern können. Im Sterbejahr Pius' VI. erschien in Venedig ein Buch mit dem anachronistisch klingenden Titel „Der Triumph des Heiligen Stuhles und der Kirche über die Angriffe der Neuerer". Der Verfasser dieses so ganz unzeitgemäßen Buches war der Kamaldulenserpater Mauro Cappellari, der 1831 als Gregor XVI. den Apostolischen Stuhl besteigen sollte. Er verteidigte in dem Buch entschieden die Monarchie, Souveränität und Unfehlbarkeit des Papstes und wandte sich gegen die gallikanischen und febronianischen Tendenzen der Synode von Pistoja. Er sprach von dem kommenden Triumph des Heiligen Stuhles. Denn es sei leichter, die Sonne zu zerstören als Kirche und Papsttum. Tatsächlich erlebte das Papsttum in den kommenden Jahren einen Neuaufstieg.

Nach langen Vorbereitungen traten die Kardinäle am 1. Dezember 1799 in Venedig zum Konklave zusammen. Die Papstwahl fand unter österreichischem Schutz im Benediktinerkloster S. Giorgio statt. Gewählt wurde am 14. März Barnaba Luigi Chiaramonti, Bischof von Imola: PIUS VII. (1800–1823). Er war 1742 in Cesena geboren und mit sechzehn Jahren in den Benediktinerorden eingetreten. Pius VI. ernannte ihn zum Titularabt, später (1782) zum Bischof von Tivoli und (1785) zum Bischof von Imola. 1785 wurde er Kardinal. In der Revolutionszeit fanden viele französische Priester bei ihm Aufnahme. Aufsehen erregte er 1787 durch eine Predigt, in der er sich zu den neuen Verhältnissen äußerte und zur Unterwerfung unter die gesetzliche Obrigkeit aufforderte: „Werdet ganze Christen, dann werdet ihr auch gute Demokraten."

Nach seiner Wahl zum Papst bereitete Pius VII. seine Übersiedlung nach Rom vor. Der Sieg Napoleons bei Marengo am 14. Juni 1800, durch den er Italien zurückgewann, brachte für den Papst die Rückgabe von Rom und Umgebung sowie des Gebietes bei Fano.

Bereits am 3. Juli 1800 konnte Pius VII. seinen Einzug in Rom halten und wurde vom Volke jubelnd begrüßt.

Zu seinem Staatssekretär machte Pius VII. Ercole di Consalvi, der sich als hervorragender Staatsmann bewährte. Durch den Frieden von Lunéville wurde der Kirchenstaat 1801 in den Grenzen, wie sie im Frieden von Tolentino festgelegt waren, wiederhergestellt. Die übrigen Teile des Kirchenstaates teilte man der italienischen Republik zu.

Eine neue Situation ergab sich für den Papst durch den Abschluß des französischen Konkordats, das am 15. Juli 1801 zwischen Consalvi und Joseph Bonaparte unterzeichnet wurde. Napoleon sah im Katholizismus die Grundlage des Staates, wie er 1800 in einer Ansprache an die Mailänder Geistlichkeit betonte. Frankreich habe, durch seine Leiden belehrt, erkannt, daß die katholische Religion der einzige Anker sei, der wieder Halt und Festigkeit geben und es aus den Stürmen erretten könne. Am 27. Juli 1801 schrieb Napoleon an Pius VII.: die Kirche werde an Frankreich eine Stütze finden, wenn sie den Gehorsam gegen die bestehende Gewalt ihren Gläubigen zur Pflicht mache.

Das französische Konkordat bezeichnete einleitend den Katholizismus als die Religion der Mehrheit der französischen Bürger. Frankreich erhielt sechzig Bistümer, darunter zehn Erzbistümer. Die achtzig noch lebenden französischen Bischöfe, die den Eid auf die neue Verfassung nicht geleistet hatten, zwang der Papst zur Abdankung, die beeidigten Bischöfe die Regierung. Durch eine Bulle vom 29. November 1801 wurden die gesamten französischen Bischöfe ihres Amtes entsetzt. Ein Teil der Bischöfe protestierte und appellierte erfolglos an ein Allgemeines Konzil.

Durch das Konkordat erhielt Napoleon das Recht, die Bischöfe zu ernennen, die der Regierung einen Treueid zu leisten hatten; die Bischöfe ihrerseits ernannten die Pfarrer. Die Kirchengüter blieben im Besitz des Staates, der sich verpflichtete, die Geistlichen zu besolden. Auf diese Weise wurde durch das Konkordat die ganze französische Geistlichkeit von der Regierung abhängig gemacht.

Von der Kritik wurde das Konkordat unterschiedlich beurteilt. Zustimmung und Ablehnung hielten sich die Waage. Es war verständlich, daß nach den Ereignissen der Revolution eine Übereinstimmung mit dem Staat nur durch entsprechende Zugeständnisse erkauft werden konnte und Napoleon, trotz allen Verhandlungsgeschicks Consalvis, die eindeutig stärkere Verhandlungsposition hatte. Sein politisches Übergewicht, das ihm durch das Konkordat gegeben war, verstärkte Napoleon zusätzlich durch die sogenannten

27 Organischen Artikel, die er einseitig dem Konkordat beifügte. Darin wurde erklärt: alle päpstlichen Bullen und Breven, die Zulassung eines päpstlichen Legaten, die Annahme der Dekrete der Konzilien, die Abhaltung von National- und Provinzialsynoden bedürften der Zustimmung der Regierung. Die Professoren an den Priesterseminaren wurden auf die Gallikanischen Artikel festgelegt, die bürgerliche Ehe verpflichtend gemacht und die Pfarrer gezwungen, die kirchliche Trauung erst nach dem Abschluß der bürgerlichen Ehe vorzunehmen.

Ein Protest des Papstes gegen die Organischen Artikel erwies sich, wie vorauszusehen war, als völlig ergebnislos. Die Hoffnung des Papstes, bei einem persönlichen Zusammentreffen mit Napoleon, der ihn 1804 nach Paris zur Vornahme der Kaiserkrönung eingeladen hatte, eine Abschwächung der Organischen Artikel und weitere Zugeständnisse von Napoleon zu erhalten, ging nicht in Erfüllung. Die Reise des Papstes nach Paris gestaltete sich zu einem Triumphzug. Um so enttäuschender war seine Aufnahme in Paris. Napoleon behandelte den Papst wie einen Untergebenen. Nach der Krönung am 2. Dezember 1804 versuchte der Kaiser Pius VII. in Frankreich zurückzuhalten und schlug ihm – ohne Erfolg – Avignon oder Paris als Residenz vor.

Wie zu erwarten war, verschärften sich die Spannungen zwischen Napoleon und dem Papst. Denn auch in Italien zeigte sich Napoleon als Herr über die Kirche, ernannte die Bischöfe, löste Klöster auf, zog Kirchengüter ein und versuchte, den Papst zu seinem gefügigen Werkzeug zu machen. „Meine Feinde müssen auch die Ihrigen sein", schrieb er Pius VII. 1805 machte Napoleon seinen Bruder zum König von Neapel. Den Versuch Consalvis, die alte Oberlehenshoheit des Papstes über Neapel in Erinnerung zu bringen, beantwortete Napoleon mit Drohungen.

Als Pius VII. nicht auf die Forderung Napoleons einging, die päpstliche Neutralität aufzugeben, wurden die kaiserlichen Wünsche an den Papst immer weitgehender. So verlangte er, daß ein Drittel der Kardinäle Franzosen sein sollte, die Anerkennung der Gallikanischen Freiheiten und der Organischen Artikel und die Ernennung eines unabhängigen französischen Patriarchen. Als der Papst diese Bedingungen des Kaisers nicht erfüllte, ließ Napoleon am 2. Februar 1808 Rom besetzen. Die diplomatischen Beziehungen zwischen dem Papst und Frankreich wurden abgebrochen und vier weitere Provinzen des Kirchenstaates am 7. April 1808 mit dem Königreich Italien vereinigt, weil sich Pius weigerte, „die Engländer zu bekriegen". Napoleon erklärte, daß die Pippinische und Karolingische Schenkung zum Besten des Christentums, nicht aber zugunsten der Feinde „unserer heiligen Religion" gemacht worden seien. Am 6. September 1808 wurde der Amtssitz des Papstes, der Quirinal, von Soldaten umstellt. Am 17. Mai 1809 erfolgte die Vereinigung der päpstlichen Staaten mit Frankreich. Rom erklärte man zur kaiserlichen und freien Stadt. Der Papst sollte sich – so Napoleon – „auf die Leitung der Seelen beschränken".

Auf diese Maßnahmen Napoleons antwortete Papst Pius VII. am 10. Juni 1809 mit der Veröffentlichung der Bannbulle gegen die „Räuber des Patrimonium Petri". Ohne daß die französische Besatzung es verhindern konnte, war bereits wenige Stunden später die Exkommunikationsbulle an den drei Basiliken Roms angeschlagen. Napoleon reagierte darauf am 19. Juni mit der Anordnung: „Wenn der Papst im Widerspruch zum Geist des Evangeliums die Revolution predigt, soll man ihn festnehmen." In der Nacht vom 5. zum 6. Juli 1809 wurde der Papst durch den Gendarmeriegeneral Baron Radet gefangengenommen und mit seinem Staatssekretär Kardinal Pacca von Rom weggeführt. Über Florenz, wo Pius VII. in der Kartause bei Florenz, in der zehn Jahre vorher Pius VI. übernachtet hatte, kurze Rast machen konnte, brachte man ihn über Grenoble, Valence und Avignon am 17. August 1809 nach Savona, wo 2000 Männer bei seiner Ankunft Spalier bildeten und er im Bischofspalais Wohnung nehmen durfte. Das Ansehen Pius' VII. stieg durch diese Gewaltmaßnahmen Napoleons erheblich.

Die Kardinäle wurden Ende 1809 gezwungen, ihren Wohnsitz in Paris zu nehmen, wo sie besser überwacht werden konnten. Um die Bischöfe gegen den Papst ausspielen zu können, berief Napoleon zum 9. Juni 1811 Bischöfe aus Frankreich, Italien und Deutschland zu einem Nationalkonzil, das am 17. Juni in der Kathedrale von Paris zusammentrat. Aber das Konzil, zu dem sich etwa hundert Bischöfe, Erzbischöfe und Kardinäle versammelt hatten, verlief nicht nach den Wünschen Napoleons. So beantragte u. a. der Weihbischof von Münster, Caspar Maximilian Droste zu Vischering, daß man Napoleon bitten solle, dem Papst die Freiheit wiederzugeben. Der Antrag fand allgemeine Zustimmung.

Wegen der Besetzung der vakanten Bistümer wünschte das Konzil, mit dem Papst selbst zu verhandeln. Da das Konzil sich dem Willen Napoleons nicht gefügig zeigte, löste er es am 11. Juli auf und ließ drei Bischöfe verhaften. Aber am 5. August trat auf kaiserliche Anordnung die Bischofsversammlung wieder zusammen und nahm einen Antrag an, in dem festgelegt wurde, daß der Papst innerhalb von sechs Monaten die Bestätigung der erwählten Bischöfe erteilen solle. Falls sie innerhalb dieses Zeitraumes nicht erfolge, könne der Metropolit oder der älteste Bischof sie vornehmen. Eine Deputation von fünf Kardinälen und Bischöfen konnte auf ihr Drängen am 20. September die Zustimmung zu den Vorschlägen erreichen. Der Papst erließ ein Breve, das diese Bestimmungen bestätigte, jedoch mit dem Zusatz, der Metropolit habe die Einweisung der neuen Bischöfe in ihr Amt nur im Namen des Papstes zu erteilen.

Napoleon war mit diesen Ergebnissen des Nationalkonzils nicht zufrieden und löste es im Oktober 1811 auf. Das Konkordat von 1801 erklärte er für aufgehoben.

Im Mai 1812 erteilte Napoleon den Befehl, Pius VII. im geheimen nach Fontainebleau zu überführen, wo der Papst am 19. Juni ankam. Hier besserte sich seine Lage, und er konnte sich von den Strapazen der Reise erholen. Die französischen Minister machten ihm ihre Aufwartung, um neue päpstliche Zugeständnisse zu erreichen. Die Niederlage Napoleons in Rußland wurde in kirchlichen Kreisen als ein Strafgericht Gottes angesehen. Als Napoleon im Dezember 1812 von Rußland nach Fontainebleau zurückkam, schien ihm eine Versöhnung mit dem Papst politisch klug. Am 19. Januar 1813 machte Napoleon dem Papst einen Besuch, begegnete ihm auf das freundlichste und erreichte nach fünftägigen Verhandlungen die Unterzeichnung von elf Präliminarartikeln zum Konkordat. Darin verpflichtete sich der Papst, die vom Kaiser ernannten Bischöfe innerhalb von sechs Monaten zu bestätigen, andernfalls würde der Metropolit oder der älteste Bischof der Kirchenprovinz das Bestätigungsrecht erhalten. Der Papst versprach ferner, seinen Sitz in Frankreich oder Italien zu nehmen. Napoleon sagte ihm ein Jahreseinkommen von zwei Millionen Franken zu. Die Kardinäle erhielten die Erlaubnis, nach Rom zurückzukehren.

Diese Abmachungen ließ Napoleon als Konkordat von Fontainebleau veröffentlichen und den Friedensschluß zwischen Papst und Kaiser in allen Kirchen feierlich begehen. Die Nachricht von der Übereinkunft erregte in kirchlichen Kreisen starkes Befremden. Den Papst aber, um den sich jetzt die freigelassenen Kardinäle wieder versammelten, plagten tiefe Gewissensbisse wegen seiner Nachgiebigkeit. Auch die Kardinäle fanden einzelne Bestimmungen des Konkordates für zu weitgehend, besonders die Bestimmung über den Verzicht auf den Kirchenstaat, der in den Vereinbarungen über das päpstliche Einkommen wenigstens indirekt angedeutet war. Sie sprachen sich deshalb für einen Widerruf des Konkordats von Fontainebleau aus. Am 24. März 1813 schrieb Pius VII. an Napoleon und nahm mit Hinweis auf Papst Paschalis II., der Kaiser Heinrich V. gegenüber einen Widerruf geleistet habe, seine Zugeständnisse zurück und lud den Kaiser zu neuen Verhandlungen über die Regelung der Kirchenfrage ein.

Die militärischen Niederlagen, die Napoleon 1813 hinnehmen mußte, veranlaßten ihn zu einem Entgegenkommen gegenüber dem Papst. Er bot ihm u. a. die teilweise Wiederherstellung des Kirchenstaates und die Rückkehr nach Rom an. Im Januar 1814 ließ er Pius VII. nach Savona bringen, bis er ihm am 10. März 1814 die Freiheit zurückgab. Am 24. Mai 1814 konnte der Papst nach fünfjähriger Verbannung unter dem Jubel der Gläubigen wieder in Rom einziehen. Napoleon aber mußte am 11. April 1814 in Fontainebleau seine Abdankung unterzeichnen und sich auf die Insel Elba zurückziehen. Am 26. Februar 1815 gelang es ihm zwar, aus Elba zu entfliehen und die Herrschaft in Frankreich wieder zu übernehmen. König Murat von Neapel, der Schwager Napoleons, fiel in den Kirchenstaat ein und zwang den Papst am 22. März 1815 zur Flucht und zur Übersiedlung nach Genua. Murat wurde jedoch von den Österreichern geschlagen, und bereits am 18. Mai konnte der Papst seine Rückreise nach Rom antreten, wohin er am 7. Juli 1815 endgültig zurückkehrte.

Inzwischen hatte sich Consalvi, der jetzt wieder Staatssekretär des Papstes war, in London und Wien um die Wiederherstellung des Kirchenstaates bemüht. Am 23. Oktober 1814 forderte er die Teilnehmer des Wiener Kongresses und besonders Kaiser Franz I. von Österreich als Schirmherrn der Kirche auf, für die Wahrung der Rechte des Papsttums zu sorgen. Seine Bemühungen hatten Erfolg. Am 9. Juni 1815 erhielt der Papst durch den Beschluß des Wiener Kongresses den Kirchenstaat zurück. Nur Avignon und Venaissin fielen an Frankreich, ein kleiner Teil von Ferrara mußte an Österreich abgetreten werden.

Nach seiner Rückkehr nach Rom versuchte der Papst, zunächst im Kirchenstaat Ordnung zu schaffen. Die Kriege und die Kriegsbelastungen, besonders durch die Franzosen, hatten dort ein wahres Chaos geschaffen. Man bemühte sich weithin, die alten Zustände vor Ausbruch der Revolution wiederherzustellen. Wenn man auch einige sinnvolle Reformen beibehielt, gelang es nicht, einen fruchtbaren Neuansatz zu finden. Die Beschlüsse des Wiener Kongresses sollten vielmehr für Italien Ursache schwerer Auseinandersetzungen über die Einheit Italiens sein. Der Kampf gegen die sogenannte „Priesterherrschaft" und der Antiklerikalismus verstärkten sich im Kirchenstaat.

Die geistige Autorität des Papsttums jedoch fand weithin, auch in der nichtkatholischen Welt, Anerkennung. Als eine wichtige Stütze des Papsttums erwies sich der Jesuitenorden, den Pius VII. am 7. August 1814 wiederherstellte. Diese Entscheidung wurde zwar von den Liberalen kritisch aufgenommen und als ein Akt der „Gegenrevolution" bezeichnet, von den Katholiken aber dankbar begrüßt. Der schnelle Wiederaufstieg des Ordens dokumentierte das Ansehen, das er in weiten Kreisen der Gläubigen besaß.

Schwierige Fragen ergaben sich für Pius VII. durch die Neuordnung der kirchlichen Verhältnisse in fast allen Ländern Europas, die durch die Französische Revolution und ihre Folgen notwendig geworden war. Bei diesen Verhandlungen kam dem Papst das große Ansehen zugute, das er sich durch seine standhafte Haltung gegenüber Napoleon hatte erringen können. Der Heilige Stuhl unterzeichnete in den kommenden Jahren Konkordate u. a. mit Spanien, Frankreich, Bayern, Sardinien, Neapel, Rußland, Polen und Preußen. Die Kurie fand für ihre seelsorglichen Anliegen großes Verständnis.

In Deutschland machte die Neugliederung der deutschen Diözesen umfangreiche Verhandlungen notwendig. Im Frieden von Lunéville hatte Deutschland das linke Rheinufer an Frankreich abtreten müssen. Der sogenannte Reichsdeputationshauptschluß vom 25. Februar 1803 brachte die Säkularisierung des geistlichen Besitzes, die Aufhebung fast sämtlicher Stifte und Klöster in Deutschland und die Zerschlagung der Reichskirche. Auf dem Wiener Kongreß war der päpstliche Staatssekretär Consalvi mit seinem Vorschlag, durch ein Konkordat mit Gesamtdeutschland die kirchlichen Verhältnisse zu umschreiben, nicht durchgedrungen. An die Stelle eines Reichskonkordates traten die Verhandlungen Roms mit den einzelnen Staaten. Den Anfang machte Bayern, wo acht Bistümer neu umschrieben und entsprechend dotiert wurden. Der König und seine katholischen Nachfolger erhielten das Ernennungsrecht der Bischöfe. Preußen, das durch die Folgen der Säkularisation weite katholische Gebiete neu erworben hatte, war an einer Neuordnung der Verhältnisse zwischen Kirche und Staat besonders interessiert. Durch die Bulle „De salute animarum" erhielt Preußen zwei Kirchenprovinzen: 1. Köln mit den Bistümern Trier, Münster und Paderborn, 2. Gnesen mit Kulm und den exemten Bistümern Breslau und Ermland. Das Bistum Paderborn wurde erheblich erweitert, u. a. durch die Gebiete in Mitteldeutschland mit den ehemaligen Bistümern Magdeburg, Merseburg, Zeitz und Naumburg. Die Wahl der Bischöfe in Preußen blieb das Recht der Domkapitel, wenn auch bei der Wahl ein königlicher Wahlkommissar mitwirkte.

Mit den süddeutschen Staaten kam es 1821 zu einer neuen Bistumseinteilung. Durch die Zirkumskriptionsbulle „Provida sollersque" vom 16. August 1821 wurde die Oberrheinische Kirchenprovinz mit dem Erzbistum Freiburg (anstelle von Konstanz) und den Bistümern Mainz, Rottenburg, Fulda, Limburg kirchlich errichtet. Sie konnte jedoch wegen staatlicher Vorbehalte noch nicht rechtskräftig werden.

In Frankreich schlossen 1817 die zurückgekehrten Bourbonen ein neues Konkordat, das das napoleonische Konkordat von 1801 ersetzen sollte. Es sah die Vermehrung der Zahl der Bistümer und die Ausstattung der Bistümer und Pfarreien mit Gütern und Staatsrenten vor. Sein Inkrafttreten scheiterte jedoch am Widerstand der Kammern, und so blieb das Konkordat von 1801 in Geltung.

In Rom selbst bemühte sich Pius VII. tatkräftig um den weiteren Ausbau der Stadt. Schon bald nach seiner Erhebung zum Papst setzte er die Ausgrabung des antiken Rom, vor allem des Forums und des Colosseums, fort. In Ostia konnte die alte römische Hafenstadt ausgegraben werden. Zahlreiche Kirchen in Rom wurden während seines Pontifikats restauriert. Die Universitäten und Akademien sowie die Vatikanische Bibliothek erfuhren durch Pius VII. eine großzügige Förderung. Auch durch die Unterstützung von sonstigen wissenschaftlichen und künstlerischen Projekten erwarb sich der Papst Verdienste. Tatkräftig unterstützte er verschiedene caritative Unternehmungen und errichtete u. a. ein Generalinstitut der Caritas. Der Missionsgedanke erfuhr in seinem Pontifikat eine Neubelebung. Missionsvereine entstanden. Neben den alten Orden und Missionsinstituten stellten sich auch neuere Kongregationen in den Dienst der Missionsaufgabe. Besonders aber machte sich die Laienwelt das Missionsanliegen zu eigen. Am 3. Mai 1822 wurde das Werk der Glaubensverbreitung gegründet und am 15. März 1823 von Pius VII. genehmigt.

Ein großes Problem blieb nach der Restauration der innere Friede im Kirchenstaat. Der Ruf nach der Einheit Italiens ließ sich nicht mehr zurückdrängen. Bereits 1817 kam es zu einem Aufstand im Kirchenstaat, der durch Geheimbünde ausgelöst wurde. 1821 verbot der Papst die sogenannten Carbonari, die während der Franzosenherrschaft in Italien entstanden waren mit dem Ziel, die Franzosen zu vertreiben. Sie forderten nach dem Abzug der Franzosen die Einheit Italiens. Das Verbot des Papstes hatte keine größere Wirkung. Der innere Friede im Kirchenstaat wurde zudem durch Mängel in der Verwaltung und der Rechtspflege gestört. Die Opposition gewann immer stärkeren Einfluß.

# VIII. Kapitel
# Die Päpste im 19. Jahrhundert

### § 32
#### Die Päpste in der Zeit der Restauration und der katholischen Bewegung

Am 20. August 1823 starb Pius VII. im Alter von 81 Jahren nach einem Pontifikat von 23 Jahren. Die Nachricht von seinem Tod löste in der ganzen Welt tiefe Trauer aus. Mit Recht hat man ihn als eine religiöse Natur von einer geistigen Strahlkraft bezeichnet, die weit über die Grenzen der Kirche hinausreichte (Aubert). Sein Leben war geprägt von Güte, Selbstlosigkeit und Frömmigkeit. Ihn zeichneten äußerste Gewissenhaftigkeit, Strenge gegen sich und Nachsicht gegen andere aus. In den Kämpfen und Leiden seines Pontifikates zeigte Pius VII. eine erstaunliche Standhaftigkeit. Bei aller Ausgleichsbereitschaft verteidigte er entschieden die Rechte der Kirche. Sein Wirken hat zu dem Neuaufstieg des Papsttums im 19. Jahrhundert wesentlich beigetragen.

Nach dem Tode des Papstes standen sich im Kardinalskollegium zwei Parteien gegenüber: die Zelanti (Eiferer) und die Liberalen. Kandidat der ersten Gruppe war Kardinal Severoli, Bischof von Viterbo, der früher Nuntius in Wien gewesen war. Gegen ihn legte Österreich sein Veto ein. Daraufhin wurde am 28. September 1823 auf Vorschlag von Severoli Kardinal Annibale della Genga: LEO XII. (1823–1829), gewählt. Er war 1760 auf Schloß Genga bei Spoleto geboren und hatte als Nuntius in Deutschland gewirkt. Pius VII. ernannte ihn 1816 zum Kardinal und Bischof von Sinigaglia und danach (1818) von Spoleto.

Die ersten Maßnahmen des Papstes ließen eine Abkehr von der Haltung seines Vorgängers vermuten. In seinem ersten Rundschreiben verwarf er den Indifferentismus und eine falsche Toleranz. Bereits wenige Wochen später bat er Kardinal Consalvi zu sich, um seinen Rat in kirchenpolitischen Dingen zu erfragen. Daraufhin sprach sich der Papst für die Anerkennung der bestehenden Staatsformen aus. 1827 vereinbarte er mit den südamerikanischen Staaten, die sich von Spanien getrennt hatten, eine Neuregelung der kirchlichen Verhältnisse. Sechs südamerikanische Bistümer wurden besetzt, ohne auf die königlichen Patronatsrechte Spaniens Rücksicht zu nehmen.

Die Neuordnung der deutschen Kirche brachte er durch weitere Verträge zum Abschluß. Mit dem Königreich Hannover einigte er sich 1824 auf die Neuerrichtung der exemten Bistümer Hildesheim und Osnabrück in der Zirkumskriptionsbulle „Impensa Romanorum Pontificum" vom 26. März 1824. 1827 kam die Neuregelung der kirchlichen Verhältnisse am Oberrhein zum Abschluß. Das Bistum Konstanz wurde aufgelöst und der Bistumsverweser Ignaz Heinrich von Wessenberg ausgeschaltet. Die Bulle „Ad Dominici gregis custodiam" vom 11. 4. 1827 brachte weitere Bestimmungen über die Bischofswahlen, den Informativprozeß, die Besetzung der Domkapitel, die Errichtung von Seminarien und den freien Verkehr der Bischöfe mit Rom. Zum Erzbischof von Freiburg ernannte der Papst den bisherigen Münsterpfarrer Bernhard Boll (1827–1836).

Im innerkirchlichen Bereich setzte sich unter Leo XII. die literarische Unterstützung des Papsttums, die u. a. von dem Laientheologen Graf Joseph de Maistre in seinem Werk „Du Pape" entschieden vorangetragen wurde, fort. Auch der Abbé Félicité de Lamennais verteidigte das Papsttum als die Quelle aller Autorität. Leo XII. nahm ihn 1824 in Rom herzlich auf. Lamennais gehörte in Frankreich in den folgenden Jahren zu den eifrigen Verfechtern des Ultramontanismus.

1825 ließ Leo XII. das Jubeljahr, das 1800 unter Pius VII. nicht hatte gefeiert werden können, feierlich begehen. Rom wurde wieder ein Zentrum von Pilgern aus aller Welt.

Erfolgreich bemühte sich Leo XII. auch um die Neuordnung des Unterrichtswesens im Kirchenstaat. Rom und Bologna erhielten Universitäten ersten Ranges mit je 38 Lehrstühlen. Weitere Universitäten (mit je 17 Lehrstühlen) errichtete er in Ferrara, Perugia, Camerino und Fermo. Dagegen stand der Volksschulunterricht erst in den Anfängen.

Die Vatikanische Bibliothek erfuhr unter Leo XII. eine bedeutsame Erweiterung. Die kurz vor dem Tode Pius' VII. abgebrannte Sankt-Pauls-Basilika ließ er wieder aufbauen. In Santa Maria Maggiore wurden die Mosaiken restauriert, das marmorne Baptisterium und der Taufbrunnen geschaffen. Die Grabungen am römischen Forum gingen weiter, so daß die Reste des klassischen Rom immer stärker sichtbar wurden.

Daneben förderte der Papst die caritativen Unternehmungen durch den Bau von Kranken- und Waisenhäusern. Durch Almosenkassen und Arbeitshäuser suchte er die Bettelei zurückzudrängen. Energisch bekämpfte er das Banditenunwesen und ging streng gegen die Geheimbünde vor.

Durch sein vorbildliches Leben hat Leo XII. zur Besserung der religiösen Situation im Kirchenstaat beigetragen. Er hatte die besten Absichten, suchte nichts für sich, war vorbildlich fromm und von einfachster Lebensführung. Die Weltmission nahm in seinem Pontifikat einen weiteren Aufschwung. Vor allem unterstützte er die neu aufblühende Orientmission. 1824 wurde das koptische Patriarchat von Alexandrien wiedererrichtet. Die Missionsarbeit in Nord- und Südamerika förderte der Papst durch die Gründung mehrerer Bistümer und Apostolischer Vikariate.

Am 10. Februar 1829 starb Papst Leo XII. Seine Erneuerungsbestrebungen fanden nicht den Beifall der Massen. Die Liberalen schmähten ihn als reaktionären Fanatiker. Aber auch von den Zelanti erhielt er keinen Beifall. Um so größer war die Verehrung, die er in der Weltkirche genoß. Dank seines Reformeifers darf er zu den bedeutenden Päpsten des 19. Jahrhunderts gezählt werden.

Am 31. März 1829 wählten die Kardinäle Francesco Saverio Castiglioni zum neuen Papst. Er nannte sich PIUS VIII. (1829–1830). Leider dauerte seine Regierungszeit nur zwanzig Monate. Castiglioni war 1761 zu Cingoli in der Mark Ancona geboren. 1800 ernannte ihn Pius VII. zum Bischof von Montalto, 1816 zum Kardinal. Seit 1821 wirkte er als Bischof von Frascati.

Pius VIII. war von bestem Willen beseelt, gelehrt und gewissenhaft. Als die Hauptursachen des Verfalls der Religiösität, der politischen und sozialen Ordnung nannte der Papst die Gleichgültigkeit in Glaubensfragen und die Angriffe gegen die Lehre der Kirche. Im Kirchenstaat bemühte sich Pius VIII. um die Durchführung von Reformen und förderte Kunst und Wissenschaft. In seiner Kirchenpolitik zeigte er sich weitherzig und versöhnlich. In Fragen der Lehre und der kirchlichen Disziplin blieb er fest und unerschütterlich. Das zeigte sich u.a. in seiner Stellungnahme zur Mischehenfrage. 1830 richtete er an den Erzbischof von Köln und die Bischöfe von Trier, Münster und Paderborn ein Breve über die gemischten Ehen, in dem bestimmt wurde, daß solche Ehen nur dann kirchlich eingesegnet werden dürften, wenn katholische Kindererziehung versprochen werde. Der Papst ermahnte die Bischöfe, ihre Anstrengungen zur Vermeidung von Mischehen fortzusetzen. Sollten alle Mahnungen nichts fruchten, so könne der Seelsorger zur Vermeidung eines größeren Übels passiv der Eheschließung assistieren und den Trauungsakt in das Eheregister eintragen, müsse sich aber jeder kirchlichen Zeremonie oder anscheinenden Billigung enthalten.

Die päpstliche Entscheidung wirkte sich bald folgenschwer im sogenannten preußischen Mischehenstreit aus.

In Frankreich kam es während seines Pontifikates zur Juli-Revolution von 1830, bei der der strengkirchlich gesinnte König Karl X. (1824–1830) gestürzt und Louis Philippe von Orléans (1830–1844) zum König erhoben wurde. In England erfolgte in seiner Regierungszeit die Emanzipation der englischen Katholiken. Sie brachte den Katholiken größere Freiheiten und das Recht, ins Parlament gewählt und zu Staatsämtern zugelassen zu werden. In Irland blieb die Freiheit der Katholiken zwar noch beschränkt.

Als am 30. November 1830 Pius VIII. starb, fand sein Tod in der katholischen Welt eine herzliche Anteilnahme. Er hatte trotz der Kürze seines Pontifikats weithin die in ihn gesetzten Hoffnungen erfüllt.

Das Konklave, das nach seinem Tode zusammentrat, dauerte mehr als zwei Monate. Erst am 2. Februar 1831 wurde Bartolomeo Capellari, GREGOR XVI. (1831–1846) gewählt. Er war am 28. September 1765 in Belluno geboren und trat mit jungen Jahren in den Kamaldulenserorden ein. 1805 wurde er Abt des Gregoriusklosters in Rom, 1825 Kardinal und war seit 1826 Präfekt der Propagandakongregation. 1799 hatte er die Schrift „Triumph des Heiligen Stuhles" verfaßt. Er besaß eine gute theologische und kanonistische Bildung. Auch als Papst blieb er der bedürfnislose Mönch, schlicht und liebenswürdig, strahlte Ruhe und Freundlichkeit aus. Der Anfang seines Pontifikates war überschattet durch Unruhen in Bologna, in Umbrien und in den Marken. Hier wurden die päpstlichen Beamten vertrieben und provisorische Regierungen eingesetzt. In Rom kam es zehn Tage nach seiner Wahl zu einem Aufstandsversuch, der aber keine Folgen hatte. Die Vertreter der aufständischen Städte erklärten auf einem Nationalkongreß in Bologna, daß die Priesterherrschaft der Heiligen Schrift widerspreche. Sie hofften auf die Unterstützung des französischen Bürgerkönigs Louis Philippe, der aber nicht eingriff. Als am 21. März 1831 die Österreicher einrückten, war der Aufstand bald zu Ende, wenn auch die revolutionäre Untergrundtätigkeit geheim fortgesetzt wurde.

Bereits 1821 hatten die europäischen Mächte Vorschläge zu einer Reform des Kirchenstaates gemacht. Am 31. Mai 1831 legten sie ein von dem preußischen Gesandten von Bunsen redigiertes Memorandum vor, in dem außer einer Amnestie Reformen, u. a. eine stärkere

Beteiligung der Laien in der Verwaltung und der Rechtspflege, gefordert wurden, ferner die Selbstverwaltung der Gemeinden, die Bildung eines Staatsrates und eines Finanzrates. Aber zu einschneidenden Reformen erklärte sich die Kurie nicht bereit. Bedenklich war vor allem, daß die Verschuldung des Kirchenstaates dauernd wuchs, nicht zuletzt dadurch, daß der Papst die Kosten für den Unterhalt der österreichischen und französischen Schutztruppen zu tragen hatte.

Die Unzufriedenheit, besonders der gebildeten Kreise in Italien, wuchs, da die Kurie sich gegenüber der immer stärker werdenden nationalen italienischen Einheitsbewegung ablehnend verhielt. Führer dieser Einheitsbewegung war der Genueser Rechtsanwalt Giuseppe Mazzini. Er richtete 1831 an König Karl Albert von Savoyen-Piemont die Aufforderung, sich an die Spitze der Einheitsbewegung zu stellen. Der König möge wählen, ob er der erste Mann seiner Zeit oder der letzte der italienischen Tyrannen sein wollte. Mazzini forderte den Sturz der „reaktionären" Regierungen Italiens und das Ende der päpstlichen Herrschaft.

Ein führender Mann der italienischen Einheitsbewegung war auch Vincenzo Gioberti, den man 1833 aus Piemont verbannt hatte. In Brüssel ließ er 1843 seine Schrift erscheinen: Del primato morale e civile degli Italiani (Von dem moralischen und bürgerlichen Primat der Italiener). Darin bezeichnete er Italien als das vorzüglichste Land Europas u. a. deshalb, weil dort die Hauptstadt des Katholizismus sei. Die Erhebung Italiens könne nicht gelingen ohne das Papsttum, den Angelpunkt Italiens. Er forderte die Einigung Italiens zu einem Staatenbund, dessen Präsident der Papst sein solle. Leider nahm Gegor XVI. das nationale Anliegen nicht auf.

Dagegen hat er die Führung der Universalkirche tatkräftig in die Hand genommen. In seinem Rundschreiben an die Bischöfe der Welt „Mirari vos" von 1832 rief der Papst dazu auf, sich fest an den Mittelpunkt der Weltkirche, den Stuhl Petri, anzuschließen. Zugleich wurden die Ansichten von Lamennais über die Notwendigkeit der Trennung von Kirche und Staat verworfen.

1835 verurteilte der Papst auch die Auffassungen des Bonner Professors Georg Hermes, der den praktischen Zweifel an die Spitze der theologischen Spekulation stellte, um durch Überwindung dieses Zweifels zum Glauben zu gelangen. Er wollte die Möglichkeit und Erkennbarkeit der Offenbarung in Schrift und Tradition rein vernunftgemäß beweisen. Gleichzeitig verwarf der Papst die Lehre des Abbé Bautain in Straßburg, der der Vernunft die Fähigkeit absprach, Gott zu erkennen.

Das Verhältnis zu den europäischen Mächten gestaltete sich unter Gregor XVI. unterschiedlich. 1842 forderte er für die spanische Kirche, die eine kirchenfeindliche Regierung zu erdulden hatte, zum Gebete auf. Er konnte seit 1844 eine Besserung der kirchenpolitischen Verhältnisse in Spanien erreichen. Mit Portugal kam es 1841 zu einer Verständigung. Keinen Erfolg hatte jedoch der Papst in seinem Einsatz für die Katholiken in Rußland, die unter Zar Nikolaus zum Übertritt zur Orthodoxie gezwungen wurden. Auch eine persönliche Unterredung zwischen dem Papst und dem Zaren im Dezember 1845 in Rom war ergebnislos. In der Türkei erhielten die Christen 1839 volle Religionsfreiheit.

In Preußen kam es zu Auseinandersetzungen über die Mischehenfrage, die der deutschen Kirche die Befreiung von den Fesseln des Staates brachte. Das Breve Pius' VIII., daß bei gemischten Ehen ohne das Versprechen der katholischen Kindererziehung von den Geistlichen nur eine passive Assistenz bei der Eheschließung zu leisten sei, hatte die preußische Regierung den Bischöfen nicht mitgeteilt. Sie versuchte die Kurie zu einer Milderung des Breves zu bestimmen. Als Rom sich dazu nicht bereit erklärte, setzte man die Bischöfe unter Druck: 1834 ließ sich der Kölner Erzbischof Ferdinand August Graf von Spiegel durch den preußischen Gesandten in Rom, Bunsen, zu einer geheimen Konvention verleiten, durch die das päpstliche Breve umgedeutet wurde. Die Suffraganbischöfe von Trier, Münster und Paderborn stimmten der Konvention zu und verzichteten auf die Forderung des Versprechens der katholischen Kindererziehung vor der Trauung. Die Kurie war im November 1836 durch den Widerruf des Trierer Bischofs Hommer über die Konvention unterrichtet worden. Im September 1837 erklärte der neue Erzbischof Clemens August von Droste zu Vischering, daß er sich in der Mischehenfrage nach dem päpstlichen Breve richten werde. Als die Versuche der preußischen Regierung, den Erzbischof zur Amtsniederlegung zu veranlassen, erfolglos blieben, wurde Clemens August am 20. November 1837 wegen angeblichen Wortbruchs und revolutionärer Umtriebe verhaftet. Der Papst erhob am 10. Dezember 1837 gegen diese Gewalttat in der feierlichen Form einer Allokution an die Kardinäle schärfsten Protest. Erst unter König Friedrich IV., der im Juni 1840 den Thron bestieg, kam es zum Ende des Kirchenstreites. Im August 1840 ordnete der König zunächst die Haftentlassung und Rückkehr des Erzbischofs Martin von Dunin an, der 1839 wegen seiner Haltung in der Mischehenfrage „abgesetzt" und inhaftiert worden war. 1841 konnte er sein Amt als Bischof von Gnesen-Posen wieder übernehmen. Schwieriger gestalteten sich die Verhandlungen über die Zukunft des Kölner Erzbischofs Clemens August. Ihn hatte die Regierung bereits 1839 aus der Haft entlassen, wollte ihn jedoch nicht wieder als Erzbischof zulassen. Preußen forderte seine Abdankung, andernfalls werde man mit den anderen Regierungen zur „Abwehr der Bedrohung durch Rom in Kontakt treten müssen". Nach schwierigen Verhandlungen zwischen dem Vatikan und Preußen kam es am 23. September 1841 zu einer Einigung. In Köln sollten ein Koadjutor und Administrator ernannt werden. Im Auftrag des Papstes reiste der Eichstätter Bischof von Reisach zu Clemens August, um von ihm das Einverständnis zur Ernennung eines Koadjutors zu erreichen. Der Erzbischof erklärte sich bereit, dem Wunsch des Heiligen Stuhles nachzukommen.

Durch die Vereinbarung vom 23. September 1841 zwischen Berlin und Rom wurde auch der freie Verkehr der Bischöfe mit dem Papst, die Durchführung der Bischofswahl gemäß der Bulle „De salute animarum", die Freiheit der kirchlichen Mischehenpraxis erreicht. So hatte sich aus dem Mischehenstreit die erste mit modernen publizistischen Mitteln geführte Massenbewegung für die Kirchenfreiheit entwickelt, die beim Papst und den Gläubigen stärksten Rückhalt fand und den preußischen Staat in einer bis dahin unbekannten Weise an die Grenzen seiner Macht stieß (Lill).

Im September 1844 besuchte Erzbischof Clemens August Rom, wo er vom Papst und von den Kardinälen herzlich aufgenommen wurde. Am 19. Oktober 1845 starb er in Münster. Papst Gregor XVI. würdigte das Andenken des Toten und bezeichnete ihn als einen Bischof, der „mit einer ganz einzigartigen Fürsorge für die Reinheit der Lehre und die Pflege einer wahren Frömmigkeit den glühendsten Eifer für die Religion verband".

Besondere Förderung ließ Gregor XVI. den Missionen zuteil werden. Für die griechischen Katholiken der Walachei, von Moldau und Siebenbürgen begründete er die orientalische Hierarchie. Algier machte er 1838 zum Bischofssitz. Insgesamt wurden während seines Pontifikates siebzig Bistümer und Apostolische Vikariate errichtet.

Am 1. Juli 1846 starb Gregor XVI. Er war ein frommer und gütiger Papst, der in apostolischer Festigkeit seine Verantwortung für die Kirche wahrnahm. Hervorzuheben ist die mönchische Einfachheit des Papstes, seine erstaunliche Arbeitsleistung, sein reiches Wissen und seine ausgeprägte Bescheidenheit. Nicht so positiv lautet das Urteil über ihn als Fürst des Kirchenstaates. Die Schäden des Kirchenstaates hat er nicht beheben können und scharfe Reaktionen der Bevölkerung veranlaßt. Die revolutionäre Bewegung wuchs in seiner Regierungszeit. So war bei seinem Tod der Ruf nach einem „Versöhnungspapst" verständlich.

## § 33

### Der Pontifikat Pius' IX.

Das Konklave nach dem Tod Gregors war beherrscht durch die Gegensätze zwischen den „Starren" und den Liberalen. Bereits nach zwei Tagen wählte man als Kompromißkandidaten Giovanni Conte Mastai-Ferretti: PIUS IX. (1846-1878). Er war am 13. Mai 1792 in Senigallia geboren, wurde 1819 Priester und 1827 Erzbischof von Spoleto, 1832 Bischof von Imola. Papst Gregor XVI. ernannte ihn 1840 zum Kardinal. Für das päpstliche Amt brachte Pius IX. gute Voraussetzungen mit: Er war vorbildlich in seiner Lebensführung, verbindlich, fromm, wohltätig und erfüllt von einer unbedingten Hingabe an seine Aufgabe. Der neue Papst schlug sofort einen freieren Kurs ein. Die politischen Gefangenen wurden amnestiert, Rom erhielt eine bürgerliche Gemeindeverfassung und einen Staatsrat. Jeden Donnerstag gab der Papst öffentliche Audienzen.

Die liberalen Ideen und Maßnahmen, die in Italien lebhafte Zustimmung auslösten, brachten Pius IX. bald in Konflikt mit Österreich. Hier verfolgte der österreichische Kanzler Fürst Metternich den neuen Kurs des Papstes mit Mißtrauen. Als Österreich im Juli 1847 die Besatzungstruppen in Ferrara, die es dort aufgrund der Wiener Verträge halten durfte, um 900 Mann verstärkte, protestierte der Papst, der daraufhin als Nationalheld gefeiert wurde. Man rief zum Widerstand gegen Österreich auf, und die italienische Einheitsbewegung erhielt neue Impulse. Der italienische Nationalist Mazzini forderte Pius IX. auf, sich an die Spitze der nationalen Bewegung zu stellen, sonst würde das italienische Volk sich vom Kreuze losreißen und seine eigenen Wege gehen.

Die Forderungen der Radikalen in Italien wurden immer weitgehender. Sie versuchten den Papst zum Werkzeug ihrer nationalen Anliegen zu machen. Am 1. Januar 1848 wollte man dem Papst 34 Forderungen des Volkes (u. a. Pressefreiheit, Bewaffnung der Bürgerwehr, Entfernung der Jesuiten) überreichen. Als der Papst bei diesem Anlaß nicht erschien, revoltierte die Menge. Der Papst wagte es noch am folgenden Tage, sich dem Volke zu zeigen, und fuhr durch den Korso zum Quirinal.

Die revolutionäre Bewegung, die ganz Europa erfaßte, machte auch vor dem Kirchenstaat keinen Halt. Im Januar 1848 brach in

Sizilien und Neapel die Revolution aus, wo der König eine Verfassung erlassen mußte. Im Februar revoltierte man in Piemont und Toskana. Am 8. Februar kam es in Rom zu einer Demonstration, bei der der Rücktritt der päpstlichen Minister gefordert wurde. Der Papst erklärte sich zum Nachgeben bereit. Weitere Zugeständnisse erzwang auch im Kirchenstaat die Nachricht von der Pariser Februar-Revolution. Am 14. März 1848 wurde die Verfassung, das Fundamentstatut für die weltliche Regierung des Kirchenstaates, veröffentlicht, das die Einführung von zwei Kammern vorschrieb. Aber die Frage der verfassungsmäßigen Rechte des Volkes trat hinter der sogenannten nationalen Bewegung zurück. In der österreichischen Lombardei brach Mitte März 1848 die Revolution aus. Daraufhin entschloß sich König Karl Albert von Piemont zum Kampf gegen Österreich und rief ganz Italien zur Teilnahme am heiligen Krieg gegen die Fremden auf. In Italien wurde der Ruf allgemein: Hinaus mit den Barbaren!

Als der Papst in einer Konsistorialansprache am 29. April 1848 sich weigerte, an dem Befreiungskampf Italiens teilzunehmen, da er als Papst allen Völkern mit der gleichen väterlichen Liebe begegnen müsse, verlor er rasch an Popularität in Italien. Man bezeichnete ihn sogar als „eidbrüchigen Vaterlandsfeind". Am Tage der Eröffnung des Abgeordnetenhauses am 15. November 1848 wurde der päpstliche Ministerpräsident Pellegrino Rossi ermordet, der Papst am folgenden Tag im Quirinal belagert. Die Umstürzler forderten vom Papst die Kriegserklärung an Österreich, die Proklamation der italienischen Einheit und eine neue Regierung. Der Papst reagierte darauf mit der Feststellung: es widerspreche seiner Würde als Oberhaupt des Staates und der Weltkirche, sich von Rebellen Bedingungen vorschreiben zu lassen. Daraufhin beschossen die Revolutionäre den Quirinal, ihre Angriffe forderten mehrere Menschenleben. Um weiteres Blutvergießen zu vermeiden, erklärte sich der Papst zu Zugeständnissen bereit und genehmigte die vorgelegte Ministerliste der neuen Regierung. Die Schweizer Garde wurde von den neuen Machthabern entwaffnet. Am 24. November floh der Papst mit Hilfe des französischen und des bayerischen Gesandten aus Rom nach Gaeta. König Ferdinand von Neapel nahm ihn hier herzlich auf. Der Prostaatssekretär G. Antonelli und die übrigen Kardinäle verlegten ebenfalls ihren Wohnsitz nach Gaeta. Die Flucht des Papstes löste in der katholischen Welt lebhafte Reaktionen aus. Aus vielen Ländern kamen Teilnahms- und Ergebenheitsbezeugungen. Marseille und Avignon luden den Papst zum Aufenthalt in ihre Stadt ein, das russische Kabinett versprach seine Hilfe, der preußische

König bot dem Papst eine Zufluchtsstätte an. Aber Pius IX. entschied sich, in Gaeta zu bleiben und die Gastfreundschaft des Königs von Neapel weiter anzunehmen, um möglichst in der Nähe von Rom zu sein.

In Rom wurde am 9. Februar 1849 die Republik proklamiert. Einige Wochen vorher, am 4. Dezember 1848, hatte Pius IX. den Beistand der europäischen Mächte angerufen. Am 24. April 1849 landeten 10 000 französische Soldaten in Civitavecchia und marschierten am 30. April auf Rom, wurden aber von dem italienischen Nationalistenführer G. Garibaldi zurückgeschlagen. Ende Juni rückten die verbündeten Truppen von verschiedenen Seiten auf Rom zu. Am 3. Juli eroberten die Franzosen die Stadt und stellten die päpstliche Herrschaft wieder her. Aber die päpstliche Regierung konnte sich nur mit Unterstützung ausländischer Truppen behaupten. Am 12. April 1850 kehrte der Papst nach Rom zurück. Es war bedauerlich – wenn auch verständlich –, daß Pius IX. nach den Erfahrungen der letzten Jahre nicht seinen „Liberalismus" wieder aufgriff, sondern einen schroff antiliberalen Kurs steuerte. Das frühere absolutistische Regiment wurde auf weiten Strecken erneuert, die Verhältnisse im Kirchenstaat spitzten sich dadurch immer mehr zu.

Nachdem der Traum eines italienischen Staatenbundes unter Führung des Papstes nicht hatte realisiert werden können und Pius IX. sich der nationalen Bewegung versagt hatte, wandten sich die italienischen Patrioten immer mehr gegen ihn. Die Führung der italienischen Einheitsbewegung übernahm jetzt Piemont-Sardinien, wo unter König Viktor Emanuel II. der Ministerpräsident Graf Camillo Cavour an der Vertreibung der Österreicher und der politischen Einigung der Nation arbeitete. Der Papst hatte inzwischen 20 000 Soldaten zur Verteidigung des Kirchenstaates angeworben, die sich aber gegenüber den italienischen Heeren nicht behaupten konnten. Sie wurden am 18. September 1860 entscheidend geschlagen. Die päpstliche Herrschaft in der Romagna, in der Mark und in Umbrien hörte auf. Die Gebiete wurden mit Piemont vereinigt. Pius IX. verhängte zwar über die „Räuber des Kirchenstaates" den Bann, ohne jedoch damit politische Wirkungen zu erzielen. Die päpstliche Herrschaft beschränkte sich jetzt nur mehr auf Rom und das Patrimonium Petri. Am 17. März 1861 ließ sich Viktor Emanuel zum König von Italien ausrufen. Der italienische Ministerpräsident C. B. Conte Cavour hatte Ende 1860 dem Papst die Anerkennung seiner Souveränität, weitgehende Freiheiten und Privilegien der Kirche anbieten lassen und versucht, ihn dafür zum Verzicht auf Rom zu bewegen. Pius IX. lehnte diese Vorschläge ab. Im September 1861 machte Cavours Nachfolger einen neuen Vermittlungsvorschlag: Er bot dem Papst die Souveränität und eine feste Dotation an, ferner die Freiheit der Kirche und den Verzicht des Königs auf die Ernennung der Bischöfe. Aber die Kurie hielt an der Auffassung fest, daß das Papsttum auf den Kirchenstaat nicht verzichten dürfe. Obschon der Kirchenstaat finanziell kaum noch lebensfähig war, lautete die Antwort des Papstes auf diese Vorschläge: „Non possumus".

Die Stadt Rom war durch französische Truppen geschützt. 1864 verpflichtete sich die italienische Regierung gegenüber Frankreich, die päpstlichen Gebiete nicht anzugreifen. Trotzdem fiel der italienische Nationalistenführer G. Garibaldi 1867 mit seinen Freischärlern in den Kirchenstaat ein, wurde aber von päpstlichen und französischen Truppen am 3. November 1867 bei Mentana geschlagen. Erst der Ausbruch des Deutsch-Französischen Krieges führte das Ende des Kirchenstaates herbei: Am 20. September 1870 besetzten die Piemontesen, ermutigt durch den preußischen Gesandten von Arnim, Rom. Der feierliche Protest des Papstes gegen die Beraubung des Heiligen Stuhles blieb erfolglos. Durch eine Volksabstimmung am 2. Oktober versuchte man die Besetzung Roms nachträglich zu rechtfertigen. In einer Enzyklika vom 1. November 1870 exkommunizierte Pius IX. alle Urheber und Teilnehmer der Usurpation Roms. Im Juni 1871 wurde Rom Hauptstadt des italienischen Königreichs und der Quirinal königliche Residenz.

Da der Papst zu Verhandlungen mit dem Königreich Italien nicht bereit war, suchte es von sich aus die Stellung und die Rechte des Heiligen Stuhles zu regeln. In dem sogenannten Garantiegesetz vom 13. Mai 1871 anerkannte es die Souveränität und Unverletzlichkeit des Papstes, gewährte ihm eine Jahresrente von dreieinviertel Millionen Lire und überließ ihm die Paläste des Vatikans und des Laterans sowie die Villa Castelgandolfo zum Nießbrauch. Das Königreich verbürgte sich für den freien Verkehr mit den Bischöfen der Welt und die freie Ausübung seines geistlichen Amtes. Die italienischen Bischöfe sollten vom Papst frei ernannt werden. Der Staat verzichtete auf jeden Treueid.

Bereits am 15. Mai 1871 verwarf Pius IX. das Garantiegesetz. Er wollte diesen Rechtsbruch der Besetzung des Kirchenstaates nicht sanktionieren, und so blieb die Römische Frage ungelöst. Auch die Annahme der Dotation lehnte er als eine indirekte Anerkennung der Usurpation ab in der Erwartung, daß die Liebesgaben der Gläubigen, der sogenannte Peterspfennig, dem Apostolischen Stuhl den Ausfall an Einkünften ersetzen werden. Seitdem lebte der Papst als der Gefangene des Vatikans. Noch in seinem letzten Regierungsakt vor seinem Tod hat Pius IX. am 17. Januar 1878 dagegen protestiert, daß nach dem Tode des Königs sein ältester Sohn durch die Annahme des Titels „König von Italien" den Raub des Kirchenstaates zu sanktionieren versuchte. Erst 1929 kam es zu einer Regelung und Lösung der Römischen Frage.

Das Ende des Kirchenstaates stellte aber nur ein – wenn auch wichtiges – Problem des Pontifikates Pius' IX. dar. Innerkirchlich war seine Regierungszeit, übrigens die längste, die die Papstgeschichte kennt, nicht weniger ereignisreich. Unter Pius IX. wurde Rom immer mehr zum Mittelpunkt des Katholizismus. Bezeichnend war die Ausbildung des kirchlichen Zentralismus, der das Papsttum auf die Höhe seines innerkirchlichen Einflusses brachte. Die Französische Revolution in Frankreich, die Säkularisation in Deutschland hatten die Bischöfe ihrer politischen Macht beraubt. Die innerkirchliche Erneuerung förderte den sogenannten ultramontanen Gedanken, gegen die antikirchlichen Kräfte der Aufklärung und des Staatskirchentums verbanden sich die Gläubigen mit Rom. Die Entwicklung wurde auch dadurch begünstigt, weil die Päpste des 19. Jahrhunderts Männer waren, die als geistliche Inhaber des höchsten Kirchenamtes vorbildlich lebten und sich ganz ihrer Aufgabe verschrieben hatten.

Von seinem höchsten Lehramt machte Pius IX., der von seiner Aufgabe, der Hüter der Glaubenswahrheiten zu sein, tief durchdrungen war, mehr Gebrauch als seine Vorgänger. Von Gaeta aus hatte der Papst am 3. Februar 1849 ein Rundschreiben an die Bischöfe der Weltkirche gerichtet mit der Anfrage nach der Möglichkeit der Dogmatisierung der Lehre von der Unbefleckten Empfängnis Mariens. Die Bischöfe stimmten in ihrem Gutachten mit großer Mehrheit einer Definition zu. Nur vier Bischöfe äußerten Zweifel an der Lehre und 36 fragten nach der Opportunität der feierlichen Glaubensentscheidung. Im November 1854 versammelten sich in Rom etwa 200 Bischöfe aus allen Ländern, die die Absicht des Papstes, das neue Mariendogma zu verkünden, lebhaft bejahten. Am 8. Dezember 1854 erklärte Pius IX. feierlich, daß Maria durch eine besondere Gnade Gottes im Hinblick auf die Verdienste Christi vom ersten Augenblick ihrer Empfängnis an von der Erbsünde bewahrt geblieben sei. Die Dogmatisierung fand in der katholischen Welt eine lebhafte Zustimmung.

Pfingsten 1862 folgten wiederum über 300 Bischöfe der Einladung des Papstes nach Rom. Anlaß ihres Kommens war die Heiligsprechung von 26 japanischen Märtyrern von Nagasaki, die 1857 ihr

Leben für den Glauben geopfert hatten. Die Bischofsversammlung erörterte auch die Römische Frage und sprach den Wunsch nach Fortbestand der weltlichen Herrschaft des Papstes aus.

Zehn Jahre nach der Verkündigung des Dogmas von der Unbefleckten Empfängnis Mariens veröffentlichte Pius IX. am 8. Dezember 1864 die Enzyklika „Quanta cura", der von Kardinalstaatssekretär Antonelli ein Syllabus, d. h. eine Zusammenstellung der hauptsächlichsten Irrtümer der Zeit, beigefügt war. Die Sätze betrafen Ansichten über den Pantheismus, Naturalismus, Rationalismus, Indifferentismus, Sozialismus und Kommunismus, irrige Lehren über die Gesellschaft, die christliche Ehe und die natürliche und christliche Sittenlehre. Der Syllabus wurde in verschiedenen Staaten zum Anlaß einer kirchenfeindlichen Polemik. In Rußland, Frankreich und Teilen von Italien verbot man seine Veröffentlichung. „Fortschrittliche" Kreise bezeichneten ihn als eine Absage der katholischen Kirche an die moderne Zeit und den neuzeitlichen Staat.

Das bedeutendste Ereignis im Pontifikat Pius' IX. war die Einberufung des Ersten Vatikanischen Konzils. Über dreihundert Jahre hatte kein Allgemeines Konzil mehr stattgefunden. Am 6. Dezember 1864 überraschte der Papst die Kardinäle mit der Mitteilung, daß er die Absicht habe, ein Allgemeines Konzil zu berufen. Er beauftragte alle Mitglieder des Kardinalskollegiums unter strengster Schweigeverpflichtung, seinen Plan zu prüfen und ihm in schriftlichen Gutachten ihre Ansichten mitzuteilen. Im Frühjahr 1865 berief er eine Kommission von fünf Kardinälen zur Beratung der Konzilsvorfragen. Ferner holte der Papst von den in Rom residierenden Kardinälen Gutachten ein über die Durchführung des Konzilsprojektes, dessen Notwendigkeit und Opportunität sowie die Ziele und Methoden der kommenden Kirchenversammlung. Die offizielle Konzilsankündigung erfolgte am 26. Juni 1867 im öffentlichen Konsistorium. Der Papst erklärte, er wolle ein heiliges Ökumenisches Konzil zur Beseitigung vieler kirchlicher Übel und zur Ausdehnung des Reiches Christi abhalten. In einer am 1. Juli überreichten Glückwunschadresse sprachen die Bischöfe ihre Freude über diesen Entschluß und die Hoffnung aus, das Konzil möge ein Werk der Einheit, Heiligung und Befriedung werden, damit die Kirche in neuem Glanz erstrahle. In seiner Antwort an die mehr als 500 Bischöfe, die sich zu der 18. Säkularfeier des Martyriums der Apostelfürsten Petrus und Paulus in Rom versammelt hatten, stellte der Papst das kommende Konzil unter den Schutz der Mutter des Herrn.

Die offizielle Einberufung des Ersten Vatikanischen Konzils erfolgte am 29. Juni 1868. Auch die getrennten Kirchen des Orients und an die Protestanten erging eine Einladung. Als Aufgabe des Konzils bezeichnete es der Papst, die katholische Welt zu einer machtvollen Manifestation der Wahrheit zu versammeln und die kirchliche Disziplin den geänderten Zeitverhältnissen anzupassen.

Die Konzilsankündigung fand zunächst lebhafte Zustimmung, wenn auch einzelne Kritik. Diese steigerte sich, als die römische Jesuiten-Zeitschrift „Civiltà cattolica" einen Artikel ihres Pariser Korrespondenten veröffentlichte, in dem es hieß, man erwarte in Frankreich vom Konzil die Definition der Lehre von der päpstlichen Unfehlbarkeit und die Annahme dieser Lehre durch Akklamation. Dieser Artikel war Anlaß zu einem Kesseltreiben gegen das bevorstehende Konzil. In Deutschland veröffentlichte der Kirchenhistoriker Ignaz Döllinger in der liberalen Augsburger Allgemeinen Zeitung unter dem Pseudonym „Janus" fünf Artikel über „Der Papst und das Konzil", in der er journalistisch übertreibend historische Bedenken gegen die Dogmatisierung der Lehre von der päpstlichen Unfehlbarkeit vortrug. Aber nicht nur durch die Zeitung, sondern auch auf dem Weg über die Diplomatie versuchte Döllinger ein Eingreifen der europäischen Regierungen gegen die angeblichen vom Konzil drohenden Gefahren zu erreichen. Bei dem bayerischen Ministerpräsidenten Fürst Hohenlohe, der sich Döllingers Bedenken zu eigen machte, wurde er in diesem Sinne vorstellig. Der Versuch, ein diplomatisches Eingreifen der Regierungen zu veranlassen, mußte fehlschlagen, da für einen möglichen Protest der Regierungen keinerlei Gründe gegeben waren. Hohenlohe erfuhr in der Frage der Intervention selbst von Bismarck eine peinliche Abfuhr. Trotzdem gelang es, einen Teil der deutschen Katholiken, besonders jene, die der Kirche bereits entfremdet waren, gegen das Konzil zu mobilisieren, obschon im September 1869 die deutschen Bischöfe von Fulda aus einen beruhigenderen Hirtenbrief erließen. Sie wiesen darauf hin, daß der Heilige Geist die Kirche regiere und sie vor jedem Irrtum bewahren werde.

Am 8. Dezember 1869 wurde das Konzil in der Peterskirche in Rom von Pius IX. feierlich eröffnet. Bereits bei Beginn waren 642 stimmberechtigte Konzilsväter anwesend. Die Gesamtzahl der Teilnehmer belief sich auf über 700. Wenn wir damit die Zahl der Bischöfe vergleichen, die sich auf den vorhergehenden Konzilien zusammengefunden hatten, ist das eine eindrucksvolle Zahl. Das Erste Vatikanische Konzil konnte von allen bis dahin stattgefundenen Konzilien die höchste Teilnehmerzahl aufweisen und war eine echte Repräsentation der Universalkirche. Aus Deutschland nahmen 20 Bischöfe am Konzil teil. Die Mehrheit – fünfzehn – gehörte zur sogenannten konziliaren Minorität, die eine Definierung der Unfehlbarkeit des Papstes als inopportun betrachtete und zum Teil auch aus theologischen Gründen und Überlegungen ablehnte.

Die Konzilsväter wählten in der Zeit vom 14. Dezember 1869 bis 14. Januar 1870 vier Deputationen: 1. für Fragen des Glaubens, 2. für Fragen der Kirchendisziplin, 3. für Ordensangelegenheiten, 4. für Fragen der orientalischen Riten und der Missionen. Diese Deputationen mußten die in der Generalkongregation sämtlicher Konzilsväter zu erörternden Anträge vorbereiten. Bereits vor dem Konzil hatten sieben Kommissionen 51 „Schemata", Dekretentwürfe, erarbeitet. Jedoch konnten davon nur zwei zur Beratung und Abstimmung kommen: die dogmatische Konstitution über den katholischen Glauben und über die Kirche Christi. In der dritten öffentlichen Sitzung am 24. April 1870 wurde die Konstitution über den katholischen Glauben, die die Grundlehren des Christentums beinhaltete, z. B. die Lehre von der Schöpfung, Offenbarung, dem Glaubensakt, den Fragen über Glaube und Wissen, einstimmig angenommen. Darin wurden zugleich die Irrlehren des Atheismus, Materialismus, Pantheismus, Rationalismus und Traditionalismus verworfen.

Schwieriger gestaltete sich die Verabschiedung des Schemas über die Kirche Christi. Bereits Ende Januar 1870 beantragten 380 Konzilsväter die Einfügung des Abschnittes über die Unfehlbarkeit des Papstes in das Schema. Am 6. März 1870 wurde dieser Antrag dem Konzil zur Beratung vorgelegt. Die Debatten über die Opportunität einer Definition der Lehre von der päpstlichen Unfehlbarkeit waren lebhaft. Die Zahl der grundsätzlichen Gegner dieser Ansicht erwies sich jedoch als gering. Angesichts der drohenden Haltung einzelner Regierungen, u. a. in Österreich-Ungarn, Preußen und Bayern, äußerten verständlicherweise eine Reihe von Bischöfen gegenüber einer Definition Bedenken, da sie Zwischenfälle mit ihren Regierungen vermeiden wollten. Auch glaubten sie, daß man mit Rücksicht auf die scharfe Agitation der Unfehlbarkeitsgegner von einer Entscheidung dieser Frage absehen sollte. Zu diesen Minoritätsbischöfen gehörten u. a. Bischof Hefele von Rottenburg und Bischof von Ketteler aus Mainz. Hefele argumentierte gegen eine Dogmatisierung mit der Honorius-Frage (vgl. oben S. 92). Aber die Versuche der Minorität, durchschlagende Gründe gegen die Lehre von der päpstlichen Unfehlbarkeit anzuführen, scheiterten. Auch die Hoffnung, daß Döllinger den Minoritätsbischöfen theologische Gegenargumente liefern würde, ging nicht in Erfüllung.

Zu den Hauptvertretern der Majorität auf dem Konzil gehörten u. a. Kardinal Manning von Westminster, Bischof Konrad Martin von Paderborn, der früher Professor an der Bonner Universität gewesen war, und Bischof Senestrey von Regensburg.

Von den österreichischen Bischöfen standen Kardinal Rauscher von Wien, Kardinal Schwarzenberg von Prag und der Fürstprimas Simor von Gran auf der Seite der Minorität, im Hinblick auf die drohende Haltung der österreich-ungarischen Regierung eine nicht überraschende Tatsache.

Die Abstimmungen über die Unfehlbarkeitsfrage auf dem Konzil brachten eindeutige Mehrheitsverhältnisse. Bereits in der Generalkongregation vom 13. Juli 1870 sprach sich eine überwältigende Mehrheit der Bischöfe für die Dogmatisierung der Lehre von der päpstlichen Unfehlbarkeit aus. 451 Konzilsväter stimmten mit Ja, 62 mit bedingt Ja und nur 88 mit Nein. In der vierten öffentlichen Sitzung am 18. Juli 1870 war die Majorität noch überzeugender. 533 Konzilsväter bejahten die Vorlage, nur 2 entschieden sich dagegen, nachdem zuvor 57 Gegner der Definition mit Erlaubnis des Papstes vor der Abstimmung aus Rom abgereist waren.

Pius IX. bestätigte in derselben Sitzung den Konzilsbeschluß und verkündete die dogmatische Konstitution, die mit den Worten beginnt: „Pastor aeternus". Sie behandelt Einsetzung, Fortdauer, Bedeutung und Wesen des Primats des römischen Bischofs und sein unfehlbares Lehramt. Gegenüber dem Episkopalismus und Gallikanismus entschied das Konzil, daß die Gewalt des Papstes eine unmittelbare, höchste Jurisdiktionsgewalt über die Gesamtkirche in Fragen des Glaubens und der Sitte, der Disziplin und der Leitung der Kirche sei. Kathedralentscheidungen des Papstes in Fragen des Glaubens und der Sitte bezeichnete die Konstitution als unfehlbar. Sie bedürfen nicht der Zustimmung der Universalkirche. Wörtlich heißt es im Kapitel 4: Der römische Papst besitzt, wenn er ex cathedra spricht, d. h., wenn er in Ausübung seines Amtes als Hirte und Lehrer aller obersten apostolischen Autorität eine Lehre, die den Glauben oder die Sitte betrifft, als von der gesamten Kirche festzuhalten definiert, durch den göttlichen Beistand, der ihm im hl. Petrus verheißen ist, jene Unfehlbarkeit, mit der der göttliche Erlöser seine Kirche bei der Definition einer Lehre über Fragen des Glaubens und der Sitte ausgestattet haben wollte. Deshalb sind solche Definitionen aus sich selbst und nicht aus der Zustimmung der Gesamtkirche unabänderlich. Mit dieser Formulierung sollte jede gallikanische Tendenz zurückgewiesen werden.

Die Bischöfe, die Gegner einer Definierung der Lehre von der päpstlichen Unfehlbarkeit gewesen waren, unterwarfen sich nach dieser Entscheidung des Konzils. Die beiden in der Konzilsaula anwesenden Bischöfe, die mit Nein gestimmt hatten, sprachen sofort ihre Zustimmung aus, die übrigen Bischöfe im Laufe der kommenden Zeit. Bischof von Ketteler hatte bereits vor seiner Abreise von Rom in einem Brief an den Papst erklärt, daß er sich voll und ganz den Beschlüssen des Konzils unterwerfen werde.

Als am 19. Juli 1870 der Krieg zwischen Frankreich und Deutschland ausbrach, reisten zahlreiche Bischöfe in ihre Heimat. Die Schutztruppen Frankreichs wurden aus Rom abgezogen, das daraufhin am 20. September Soldaten aus Piemont besetzten. Das Ende des Kirchenstaates war damit gekommen. Am 20. Oktober 1870 verkündete der Papst die Vertagung des Konzils auf einen günstigeren Zeitpunkt.

Durch das erzwungene Ende des Konzils konnten wichtige Fragen des Schemas „Über die Kirche Christi" nicht mehr behandelt werden. Auch die übrigen vorgesehenen 49 Schemata mußten unerledigt bleiben.

Die Bedeutung des Ersten Vatikanischen Konzils liegt in seinen Entscheidungen über den Primat und die Unfehlbarkeit des Papstes. Schmidlin urteilt in seiner Papstgeschichte: „Wer heute aus der historischen Schau das Vatikanum und seine Folgen überblickt, kann die ängstlichen Befürchtungen der Minoritätspartei kaum begreifen."

Durch die Diskussion der unterschiedlichen theologischen Auffassungen und die Berücksichtigung der Haupteinwände war unter der Leitung der Vorsehung ein Ergebnis erzielt worden, das eine jahrhundertelange Entwicklung zum Abschluß brachte.

Das Papsttum ging aus dem Konzil und auch aus dem Zusammenbruch der weltlichen Macht in den folgenden Jahrzehnten gestärkt hervor. Rom wurde immer mehr zum geistigen Mittelpunkt der Weltkirche. Die innere Geschlossenheit der katholischen Kirche bestätigte sich eindrucksvoll auf und nach dem Konzil. Die Befürchtungen der liberalen Staaten, die durch einzelne Kreise der Minorität in der Ansicht bestärkt worden waren, daß das Dogma von der päpstlichen Unfehlbarkeit „staatsgefährdend" sein könnte, erwiesen sich als trügerisch. Die damaligen Gutachten und Bedenken einzelner Staatsrechtler nimmt man heute mit Erstaunen zur Kenntnis.

Nach dem Konzil kündigte Österreich noch 1870 das Konkordat vom Jahre 1855, das bereits 1868 in wichtigen Fragen des Ehe- und Schulwesens außer Kraft gesetzt worden war. Preußen erließ Sonderbestimmungen gegen die katholische Kirche, auch in der Schweiz wurde der kirchenpolitische Kampf verschärft. Die Regierungen von Frankreich, Belgien, Spanien und Portugal verhielten sich passiv.

In Deutschland, Österreich und der Schweiz kam es nach dem Vaticanum zur Abspaltung der Altkatholiken, die aber trotz der Unterstützung durch den Staat und die liberale Presse keine größere Bedeutung gewinnen konnten. Im September 1871 beschlossen die Gegner des Konzils auf dem Altkatholiken-Kongreß in München – trotz der Warnungen Döllingers – die Errichtung einer eigenen Kirche. Der Einfluß der Altkatholiken nahm in Deutschland in der Folgezeit ständig ab, wenn er auch u. a. unter dem Nationalsozialismus infolge der Unterstützung durch die Partei eine Wiederbelebung erfuhr.

Größte Bedeutung hatte der Pontifikat Pius' IX. für die Weltkirche. In England, das bis dahin Missionsland gewesen war, stellte der Papst 1850 für die etwa 700 000 Katholiken die Hierarchie wieder her und ernannte zum ersten Erzbischof von Westminster N. Wiseman, den er in das Kardinalskollegium berief. Außerdem wurden zwölf Suffraganbistümer errichtet. Die Reaktionen auf die Wiederherstellung der kirchlichen Hierarchie waren lautstark. Es kam zu Straßendemonstrationen gegen die „päpstliche Agression" in England, sie hatten aber keine ernsteren Folgen. Als Wiseman 1865 starb, berief Pius IX. Henry Edward Manning zu dessen Nachfolger. In Irland, wo die Katholiken 1829 größere Freiheiten erhalten hatten und etwa 80% der Gesamtbevölkerung ausmachten, ernannte Pius IX. 1849 den Rektor des Irischen Kollegs in Rom, Paul Cullen, zum Erzbischof von Armagh und berief ihn 1866 in das Kardinalskollegium. Er war der erste Kardinal aus Irland und hat den irischen Katholizismus nachhaltig geformt.

In den Niederlanden, wo den Katholiken 1848 die Religionsfreiheit wiederum garantiert worden war, erneuerte Pius IX. ebenfalls die in der Reformationszeit zerstörte kirchliche Hierarchie und errichtete das Erzbistum Utrecht mit vier Suffraganbistümern: Haarlem, Breda, 's-Hertogenbosch und Roermond. Auch in Holland löste die Errichtung der neuen Bischofssitze eine Protestwelle aus, die jedoch die Freiheit der Kirche nur in Einzelpunkten einschränkte.

In Amerika entwickelte sich während des Pontifikats Pius' IX. der Katholizismus sehr lebhaft, besonders die Einwanderung aus Irland, wo 1845–1847 eine große Hungersnot wütete, und aus Deutschland führte zu einer starken Zunahme der katholischen Bevölkerung. Ihre Zahl wuchs von 4% im Jahre 1840 auf 11% im Jahre 1870. Immer neue Kirchenprovinzen entstanden. Auch die

Zahl der Priester erhöhte sich überraschend schnell. Während zu Beginn des Pontifikats Pius' IX. Amerika nur etwa 700 Priester hatte, stieg diese Zahl auf 6000 im Jahre 1875. 1866 wurde in Baltimore ein Plenarkonzil abgehalten. 1875 ernannte der Papst den ersten amerikanischen Kardinal: John McCloskey.

Die Missionsarbeit fand durch Pius IX. eine starke Förderung. „Der lange Pontifikat bildete, missionarisch gesehen, in allen wesentlichen Teilen eine Fortsetzung, aber auch eine Verstärkung der Reform Gregors XVI." (Beckmann). In seinem Pontifikat wurde das Missionsanliegen unter den Gläubigen immer lebendiger. Die Missionsvereine, die sich seit 1822 gebildet hatten, nahmen einen erfreulichen Aufschwung. In Deutschland war 1839 der Ludwig-Missionsverein in München gegründet worden, 1841 der Franziskus-Xaverius-Verein in Aachen. Von den Erfolgen der Missionsarbeit unter Pius IX. legen u. a. die von ihm errichteten Bistümer und Apostolischen Vikariate ein deutliches Zeugnis ab. 29 Erzbistümer, 132 Bistümer, 33 Apostolische Vikariate, 15 Apostolische Präfekturen und 3 Apostolische Delegaturen wurden in seiner Regierungszeit neu geschaffen.

Mit verschiedenen Staaten konnte Pius IX. Verträge unterzeichnen, die die Lage der Katholiken erleichterten. 1847 schloß Pius IX. mit Rußland ein Konkordat, das aber erst 1856 in Rußland veröffentlicht wurde und die Leiden der Katholiken nur leicht milderte, im wesentlichen jedoch keine Änderung der kirchenpolitischen Situation herbeiführte. Besondere Schwierigkeiten hatte die Kirche in Polen zu erdulden. Der Heilige Stuhl protestierte zwar immer wieder bei der Russischen Botschaft in Rom gegen die Verletzungen des Konkordats von 1847. Unter Zar Alexander II. besserte sich die Lage der Katholiken, aber die polnische Erhebung von 1863–1864 verschlechterte wieder die Situation der Katholiken. Die russischen Behörden beantworteten die Unterstützung der Aufständischen durch den Klerus mit der Deportation von über 400 Klerikern und Bischöfen nach Sibirien. 114 Klöster wurden geschlossen. Am 24. April 1864 legte Pius IX. energisch Protest gegen die grausame Unterdrückung ein. Als der Papst am 29. Oktober 1866 erneut Anklage gegen die Unterdrückung der Katholiken erhob, setzte die russische Regierung das Konkordat offiziell außer Kraft.

1851 konnte der Papst die Konkordate mit Spanien und Toskana, 1855 mit Österreich, 1857 mit Portugal, 1859 erneut mit Spanien, 1860 mit Haiti, 1861 mit Honduras, 1862 mit Ekuador, Venezuela, Nikaragua und San Salvador unterzeichnen.

In Deutschland verbesserte sich in der Regierungszeit Pius' IX.

die Stellung der Katholiken. Das Kölner Ereignis (1837) hatte das Selbstbewußtsein der deutschen Katholiken entscheidend gestärkt. Ein Zeichen für die innere Erneuerung des deutschen Katholizismus war der Aufschwung des Ordenslebens, den Deutschland damals erlebte. Die Revolution von 1848 brachte für die Kirche größere Freiheiten. Im deutschen Katholizismus entwickelte sich ein blühendes Vereinsleben. Die Pius-Vereine, die 1848 der Mainzer Domdekan A. F. Lennig zur Erringung der religiösen Freiheit und der Förderung christlicher Gesinnung gegründet hatte, breiteten sich schnell aus. Aus ihnen ging 1848 die Generalversammlung der katholischen Vereine Deutschlands hervor, aus der sich die späteren Katholikentage entwickelten, denen Pius IX. regelmäßig seinen Segen erteilte. Seit 1848 tagte alljährlich die Konferenz der deutschen Bischöfe, auf der es zu einheitlichen Stellungnahmen des Episkopats zu Gegenwartsfragen kam. Die erste Bischofskonferenz fand vom 22. Oktober bis 16. November 1848 in Würzburg statt. Sie formulierte in einer umfangreichen Denkschrift an die deutschen Regierungen ihre kirchenpolitischen Ansprüche. Die Mehrzahl von ihnen sprach sich auch für einen nationalkirchlichen Zusammenschluß unter einem Primas aus. Pius IX. wurde um die Erlaubnis der Abhaltung eines deutschen Nationalkonzils gebeten, auf dem Reformen der Liturgie und der kirchlichen Disziplin beschlossen werden sollten. Die Antwort des Papstes fiel negativ aus: das Nationalkonzil wurde verschoben.

Auch kirchenpolitisch entwickelte sich die Lage der katholischen Kirche in Deutschland günstig. In der Preußischen Verfassung von 1848/50 wurde der Kirche das Recht der selbständigen Ordnung und Verwaltung ihrer Angelegenheiten zugesichert. 1866 erklärte König Wilhelm I. von Preußen, daß man staatlicherseits keinen Grund zu Klagen über die katholische Kirche habe. Die Kriege mit Österreich 1866, mit Frankreich 1870/71 und die Gründung des Kaiserreiches 1871 brachten jedoch eine Wendung in der kirchenpolitischen Haltung Preußens. Die militärischen Erfolge Preußens gegen die „katholischen" Staaten Österreich und Frankreich wurden als Niederlagen des Katholizismus interpretiert. Die Beschlüsse des Ersten Vatikanischen Konzils waren für Preußen, das sich auf entsprechende Gutachten von liberalen Katholiken stützen konnte, der Anlaß, die katholische Kirche als staatsgefährlich zu verdächtigen. Im Ultramontanismus sah man eine Bedrohung des „protestantischen Kaisertums". Deshalb versuchte man die Kirche wieder dem Staat zu unterwerfen und das preußische Staatskirchentum zu erneuern. Es kam zu einer kirchenpolitischen Auseinandersetzung, dem „Kulturkampf", für den Fürst Otto von Bismarck die eigentliche Verantwortung trägt. Das Motiv seines Vorgehens lag u. a. in seiner Beurteilung der Zentrumspartei, in der er einen Mittelpunkt aller Gegner des neuen Reiches und ein Werkzeug der kurialen Politik in Deutschland sah. Zu den weiteren Ursachen gehörte der Streit um das Unfehlbarkeitsdogma und das Bündnis Bismarcks mit den Nationalliberalen.

Das im Sommer 1870 gegründete Zentrum, die Vertretung des deutschen Katholizismus, konnte bereits im ersten Reichstag im März 1871 die zweitstärkste Fraktion werden. Im Herbst 1870 hatte Papst Pius IX. den König von Preußen um Hilfe bei der Wiedererlangung des Kirchenstaates gebeten. Das Zentrum unterstützte die päpstlichen Anliegen und betrachtete die Unabhängigkeit des Papstes als ein Lebensinteresse der deutschen Katholiken. Am 8. Juli 1871 erfolgte die Aufhebung der katholischen Abteilung des Kultusministeriums. In der Folgezeit verschärfte die Regierung die antikatholischen Maßnahmen. Bischof Krementz von Ermland sperrte man als erstem Bischof die staatlichen Bezüge. Am 10. Dezember 1871 wurde der „Kanzelparagraph" verabschiedet. Den sogenannten Mißbrauch der Kanzel, d. h. die Behandlung „staatlicher" Angelegenheiten in einer den Frieden gefährdenden Weise, bedrohte der Staat mit Gefängnisstrafen bis zu zwei Jahren. Weitere Maßnahmen richteten sich gegen den Feldpropst der Armee, Bischof Namszanowski. Er wurde in den Wartestand versetzt und am 15. März 1873 die Feldpropstei bis auf weiteres aufgehoben. Ein diplomatischer Protest des Vatikans, mit dem 1868 die Errichtung der Feldpropstei vereinbart worden war, blieb unbeantwortet. Im Frühjahr 1872 hatte Bismarck versucht, den Kardinal Hohenlohe dem Papst als Botschafter aufzudrängen. Als der Papst ablehnte, blieb nur ein Geschäftsträger am Vatikan, der Ende 1872 abberufen wurde.

Am 7. Juli 1872 verabschiedete der Reichstag das Jesuiten-Gesetz. Es schloß den Jesuitenorden, die Redemptoristen und Lazaristen vom gesamten Reichsgebiet aus. Die Reaktion des Papstes auf dieses Ausnahmegesetz, das die rechtsstaatlichen Prinzipien verletzte, war scharf. Pius IX. hatte bereits vor dessen Verabschiedung zum Widerstand gegen die Verfolgung der Kirche aufgerufen. Die Kampfgesetze gegen die katholische Kirche standen im Widerspruch zur Verfassung. Am 7. August 1873 wandte sich der Papst persönlich an den Kaiser, nachdem die sogenannten Mai-Gesetze vom 11.–14. Mai 1873 verabschiedet waren. Sie sahen u. a. die Errichtung eines königlichen Gerichtshofs für kirchliche Angelegenheiten vor und unterwarfen die freie Ausbildung der künftigen Priester und die Anstellung der Geistlichen einer staatlichen Bevormundung. Das Fernziel Bismarcks war die Bildung einer katholischen Nationalkirche. Von den elf preußischen Bischöfen ließ der Staat fünf gefangensetzen und staatlich absetzen, zwei weitere wurden durch den Gerichtshof für kirchliche Angelegenheiten abgesetzt. Preußen stellte alle Geldleistungen des Staates an die katholische Kirche durch das sogenannte „Brotkorbgesetz" vom 22. April 1875 ein, ohne dadurch die Widerstandskraft der deutschen Katholiken brechen zu können.

Pius IX. erklärte in seiner Enzyklika „Quod nunquam" vom 5. Februar 1875 die Gesetze, die der göttlichen Einrichtung der Kirche widersprächen, für nichtig. Preußen antwortete darauf mit der Verabschiedung weiterer Kampfgesetze gegen die katholische Kirche. Der Versuch Bismarcks, die ausländischen Staaten zu einem gemeinsamen Vorgehen gegen die katholische Kirche zu gewinnen, schlug fehl, in Deutschland folgten Baden, Hessen-Darmstadt und Sachsen seinem kirchenfeindlichen Vorgehen. In Bayern, wo sich König Ludwig II. gegen die Beschlüsse des Ersten Vatikanischen Konzils wandte, wurde der Altkatholizismus, ohne größere Erfolge erringen zu können, von staatlicher Seite stark begünstigt und das Staatskirchentum wieder praktiziert.

1878 waren in Preußen zwei Drittel der Bischöfe von der Regierung „abgesetzt", mehr als tausend Pfarreien waren ohne geregelte Seelsorge, die theologischen Konvikte und Priesterseminare geschlossen. Von wenigen staatshörigen Pfarrern und Katholiken abgesehen, stand die große Mehrheit von Klerus und Gläubigen auf der Seite von Papst und Bischöfen. Der Kulturkampf stellte sich immer mehr als ein politischer Fehler heraus. Preußen galt in der Welt als ein intoleranter Staat. Im deutschen Katholizismus führte der Kampf gegen die Kirche zu einer inneren Stärkung. Er bewirkte den weiteren Ausbau der Zentrumspartei, der katholischen Vereine und der katholischen Presse.

Am 7. Februar 1878 starb Pius IX., verehrt von den Gläubigen, die ihm nach dem Verlust des Kirchenstaates und dem Kampf gegen die Kirche mit um so größerer Liebe anhingen. Kein Papst des 19. Jahrhunderts hatte bei den Gläubigen einen solchen Rückhalt wie Pius IX. Die angeblichen Papstweissagungen des Malachias, die ihn als „Kreuz vom Kreuze" bezeichneten, schienen ihre Erfüllung zu finden. In weitesten Kreisen der Kirche wurde er als der große Dulderpapst verehrt, der bewußt den Weg des Kreuzes zu gehen bereit war.

## § 34
### Der Pontifikat Leos XIII.

Nach dem Tode Pius' IX. traten die Kardinäle am 18. Februar 1878 in Rom zum Konklave zusammen und wählten am dritten Tag Gioacchino Vincenzo Pecci: LEO XIII. (1878–1903). Der neue Papst, geboren am 2. März 1810 in Carpineto bei Anagni, hatte sich u. a. seit 1843 als Nuntius in Brüssel und seit 1846 als Bischof von Perugia bewährt. Er war ein Theologe und Humanist mit glänzender Bildung, verbindlich, diplomatisch erfahren. Bereits als päpstlicher Delegat in Benevent und Perugia zeigte er sein soziales Engagement. Durch seine Tätigkeit als Nuntius in Brüssel wurde er mit der katholischen Bewegung in Belgien bekannt und lernte zugleich die Probleme der Industrialisierung Europas und die parlamentarische Regierungsform kennen. Als Bischof bemühte er sich um die Erneuerung der theologischen Studien auf neuscholastischer Grundlage. Eingehend beschäftigte er sich mit dem Problem: Kirche und moderne Gesellschaft. 1853 ernannte ihn Pius IX. zum Kardinal. Nach dem Tode des päpstlichen Staatssekretärs G. Antonelli ging Pecci nach Rom, wo er 1877 Camerlengo, Kardinalkämmerer, wurde. Zu den Aufgaben seines neuen Amtes gehörte es, während der Sedisvakanz die Leitung der Geschäfte und die Vorbereitung der neuen Papstwahl zu übernehmen. Seine Wahl zum Papst erfolgte überraschend am 20. Februar 1878.

In seiner ersten Enzyklika vom 21. April 1878 nannte Leo XIII. als Ziel seines Pontifikates die Versöhnung von Kirche und Kultur. Die Kirche sei Hort der ewigen und unwandelbaren Grundsätze von Sitte und Gerechtigkeit und besitze die Heilmittel gegen alle Übel, die die menschliche Gesellschaft belasteten. Er werde versuchen, das wohltätige Handeln von Kirche und Papsttum in die moderne Gesellschaft zu tragen und die Vorurteile gegen die Kirche zu zerstreuen. Tatsächlich gelang es Leo XIII. in seinem langjährigen Pontifikat, viele Hindernisse für eine missionarische Verkündigung abzubauen und das Verhältnis zu den europäischen Staaten zu verbessern.

In Deutschland bot der Pontifikatswechsel für Bismarck einen günstigen Anlaß, auch einen Kurswechsel in seinem Kampf gegen den Katholizismus vorzunehmen, denn die Zeit für die Beendigung des Kulturkampfs war reif geworden. Leo XIII. zeigte noch an seinem Wahltag Kaiser Wilhelm I. seine Wahl an und sprach die Hoffnung aus, daß er von der Hochherzigkeit des Kaisers die Wiederherstellung des Friedens der Gewissen seiner katholischen Untertanen erwarte. Aber es dauerte noch einige Zeit, bis dieser Friede von Preußen gewährt wurde. Der Antwortbrief Kaiser Wilhelms war wenig verbindlich. Er forderte den Papst auf, den Klerus zur Anerkennung des Gehorsams gegen die Staatsgewalt anzuhalten. Diese Reaktion des Kaisers konnte Leo XIII. mit dem Hinweis beantworten, daß eine Voraussetzung dafür die Wiederherstellung der Verfassung und die Änderung bestimmter preußischer Gesetze und Verfassungsbestimmungen sei. Verhandlungen zwischen Bismarck, dem Münchener Nuntius A. Masella und dem Wiener Nuntius L. Jacobini brachten keine entscheidenden Fortschritte. Erst 1880 kam es zu einer Annäherung, als der Papst in einem Schreiben an den Kölner Erzbischof Paulus Melchers vom 24. Februar 1880 sich bereit erklärte, die Anzeigepflicht für die Geistlichen bei der Staatsregierung zuzugeben.

1882 wurde wieder ein preußischer Gesandter am Heiligen Stuhl ernannt. Es folgten weitere Zugeständnisse der preußischen Regierung. Am 17. Dezember 1882 machte der deutsche Kronprinz dem Papst in Rom einen Besuch. 1885 bot Bismarck Leo XIII. im Streit zwischen Deutschland und Spanien über den Besitz der Karolinen-Inseln das Schiedsrichteramt an, eine Aufgabe, die der Papst zur Zufriedenheit beider Seiten löste. 1886 und 1887 wurden endlich die Wünsche des Papstes weithin erfüllt und der große Schutt der Mai-Gesetzgebung ausgeräumt. Befriedigt konnte Leo XIII. am 23. Mai 1887 in seiner Ansprache an die Kardinäle das Ende des Kulturkampfes konstatieren.

Auch in den übrigen deutschen Bundesländern besserte sich – wieder nach preußischem Vorbild – durch den Abbau von Kulturkampfmaßnahmen die Situation für die katholische Kirche. In Belgien dagegen verschärften sich unter Leo XIII. die Spannungen zwischen Staat und Kirche. 1879 führte man die religionslose Schule ein. Der Protest der Kirche und des Papstes führte zum Abbruch der diplomatischen Beziehungen zwischen Belgien und dem Heiligen Stuhl. Erst 1884 kam es nach dem parlamentarischen Sieg der Katholiken zu einer Änderung der kirchenfeindlichen Gesetze. Der Nuntius kehrte wieder nach Brüssel zurück.

Das Verhältnis der Kurie zu Frankreich wurde durch zahlreiche antikirchliche Gesetze belastet, die wiederholt den Protest des Papstes herausforderten. Freundlichkeiten Leos XIII. beantwortete die französische Republik mit brutalem Vorgehen gegen kirchliche Einrichtungen, besonders gegen die geistlichen Kongregationen. Die von Leo XIII. den französischen Katholiken empfohlene Politik der Zusammenarbeit mit der Republik hatte keinen Erfolg. Der Verzicht auf die Wiederherstellung der Monarchie und die Anerkennung der Republik wurden nicht honoriert. Die letzten Jahre des Pontifikates Leos XIII. machten den Fehlschlag seiner franzosenfreundlichen Politik offenkundig.

In Italien scheiterte der Versuch des Papstes, zu einem Frieden mit dem Quirinal zu kommen. Die Notwendigkeit der weltlichen Herrschaft des Papstes hatte Leo XIII. bereits in seinem ersten Rundschreiben betont. Er beklagte sich immer wieder über seine „Gefangenschaft" im Vatikan. Bezeichnend für die Haltung radikaler italienischer Kreise sind die Vorfälle bei der Überführung der Leiche Pius' IX. von Sankt Peter zur Kirche San Lorenzo fuori le Mura in der Nacht zum 13. Juli 1881, als antikirchliche Fanatiker die sterblichen Überreste des Papstes in den Tiber zu werfen suchten. Trotzdem hoffte Leo XIII. in den Jahren 1886–1890 auf eine friedliche Lösung der Römischen Frage mit Unterstützung von Bismarck, der Zentrumspartei und Österreichs. Für den Restkirchenstaat forderte er Unabhängigkeit im Inneren. Aber eine Einigung zwischen dem Vatikan und der italienischen Regierung kam nicht zustande. So blieb es bei dem Verbot einer politischen Betätigung der Katholiken Italiens. Seit 1890 verschlechterte sich das Verhältnis zwischen Papst und Quirinal weiter.

In Spanien kam es unter Leo XIII. ebenfalls zu antikirchlichen Maßnahmen, obschon der Papst sich bemühte, die Katholiken zum Gehorsam gegen die legitime Obrigkeit zu veranlassen. Der kurzlebigen ersten Republik Spaniens (1873/74) war die bourbonische Monarchie wieder gefolgt. Spanien erlebte unter König Alfons XII. die Periode der Restauration. Zu einem Konflikt zwischen Staat und Kirche kam es 1899 wegen der religiösen Orden. Sie wurden 1901 unter Staatsaufsicht gestellt. Die antikirchliche Haltung verstärkte sich noch seit der Übernahme der Krone durch den sechzehnjährigen König Alfons XIII. am 17. Mai 1902.

Innerkirchlich hat Leo XIII. versucht, die Reformtätigkeit des Ersten Vatikanischen Konzils fortzusetzen. Er erließ 46 Rundschreiben über zentrale christliche Fragen zu Ehe und Familie, Gesellschaft und Staat. Er wandte sich u. a. gegen die totalitären Bestrebungen des Sozialismus, legte die christliche Gesellschaftslehre dar, behandelte die Arbeiterfrage. In seinem Rundschreiben über die Erneuerung der theologischen Wissenschaft „Aeterni Patris" vom 4. August 1879 empfahl der Papst den hl. Thomas von Aquin als Vorbild bei den philosophischen und theologischen Studien. In der Bibel-Enzyklika „Providentissimus Deus" vom 18. November 1893 betonte Leo XIII. die Bedeutung des Studiums der Heiligen Schrift. 1902 errichtete er zur Pflege und Überwachung des Bibelstudiums die Päpstliche Bibelkommission.

Sozialpolitisch bedeutsam war die Enzyklika „Rerum novarum" vom 15. Mai 1891, in der er es als Aufgabe der Kirche bezeichnete, den Gegensatz zwischen Besitzenden und Arbeitenden zu mildern. Beide seien notwendig und voneinander abhängig. Die Arbeitgeber sollten die Menschenwürde des Arbeiters achten und die Arbeitszeit begrenzen. Ausbeutung gehe gegen das menschliche und göttliche Gesetz. Die Arbeiter forderte der Papst auf, treu ihre Pflicht zu erfüllen und keine Gewalttätigkeiten zu begehen. So vertrat die Enzyklika eine vermittelnde Position.

Als sein Hauptziel bezeichnete Leo XIII. die Wiedervereinigung derer, die im Glauben und im Gehorsam von der Kirche getrennt sind. Das Jahr 1879 brachte das Ende des Chaldäischen Schismas, 1879 vereinigten sich auch die Armenier wieder mit dem Heiligen Stuhl, 1883 errichtete Leo XIII. in Rom das Armenische Kolleg zur Priesterausbildung. Er bemühte sich, die Eigenart dieser Christen anzuerkennen und der geistigen Latinisierung der Ostkirchen Einhalt zu gebieten. 1894 erklärte der Papst: „Die Erhaltung der östlichen Riten ist viel wichtiger, als man glauben möchte. Das ehrwürdige Alter, das die verschiedenen Riten auszeichnet, stellt eine erhabene Zierde der ganzen Kirche dar und bestätigt die göttliche Einheit des katholischen Glaubens."

Am 29. Juni 1896 veröffentlichte Leo XIII. die Enzyklika „Satis cognitum" über die Einheit der Kirche, die Christus von seinen Jüngern erwarte: die Einheit der katholischen Kirche. Der Papst erhoffte eine große Konversionsbewegung. In diesem Zusammenhang stehen auch die Bemühungen um die Wiedervereinigung der katholischen mit der anglikanischen Kirche. Seit 1892 diskutierte man die Gültigkeit der anglikanischen Weihen. Im März 1896 ernannte Leo XIII. eine päpstliche Kommission zur Untersuchung der Frage der Gültigkeit der anglikanischen Weihen. Die Untersuchung endete im Jahre 1896 mit der Feststellung, daß die Fortdauer der apostolischen Sukzession in der anglikanischen Kirche nicht gegeben sei. Wenn auch die Unionsbemühungen Leos XIII. ohne größere Erfolge blieben, so bedeutete doch sein Pontifikat den Beginn einer neuen Haltung zu den orthodoxen Christen.

Eine großzügige Förderung ließ der Papst der Wissenschaft zuteil werden. Für die Geschichtswissenschaft war höchst bedeutsam die von Leo XIII. vorgenommene Öffnung des Vatikanischen Archivs für die Geschichtsforscher im Jahre 1881. Er veranlaßte auch eine Erleichterung der Benützung der Vatikanischen Bibliothek. Den

Dominikanerorden betraute er mit der Herausgabe der Werke des hl. Thomas von Aquin. Bekannte Wissenschaftler, wie Joseph Hergenröther und John Henry Newman, berief er ins Kardinalskollegium. Zu Leitern der Vatikanischen Bibliothek bzw. des Vatikanischen Archivs ernannte er anerkannte Gelehrte, wie den Jesuiten Franz Ehrle und den Dominikaner Heinrich Denifle.

Der Missionsarbeit hat Leo XIII. neue Impulse gegeben. Sie beschränkte sich hauptsächlich auf die nordischen, russischen, orientalischen Missionen und die Bemühungen um die katholischen Einwanderer Nordamerikas. Die bestehenden Missionsvereine wurden vom Papst nachdrücklich empfohlen und weitgehend unterstützt. Große Erfolge konnten die Missionare in Afrika und Ozeanien erringen. Zu erwähnen ist auch der Ausbau der Mission in China. In Japan, wo man 1889 die volle Religionsfreiheit gewährte, konnten bereits 1891 in Tokio ein Erzbistum und drei Suffraganbistümer (Nagasaki, Osaka und Hakodate) gegründet werden.

Auch in Amerika machte der Katholizismus unter Leo XIII. beachtliche Fortschritte. 1889 wurde die Katholische Universität in Washington eröffnet. Die Verurteilung des „Amerikanismus" durch den Papst behinderte die Ausbreitung des Katholizismus im Lande kaum. Unter „Amerikanismus" verstand man das Bemühen, die Lehre und die Disziplin der Kirche den amerikanischen Verhältnissen anzupassen. Leo XIII. verurteilte u. a. die Meinung, daß den Zeitgenossen unverständliche Dogmen nicht beachtet werden sollten. Ferner verwarf der Papst die Ansicht, daß die natürlichen Tugenden wichtiger als die übernatürlichen seien. Kardinal J. Gibbons von Baltimore erklärte in einem Brief an den Papst, daß dieser „Amerikanismus" mit den Ansichten der amerikanischen Katholiken nicht übereinstimme, während der Erzbischof F. W. Katzer von Milwaukee dem Papst dafür dankte, daß er durch seine Verurteilung des Amerikanismus die Kirche in Amerika vor einer großen Gefahr gerettet habe. Die Ausbreitung des Glaubens während des Pontifikates Leos XIII. wird in den nachfolgenden Zahlen sichtbar: 248 Erzbistümer und Bistümer, 48 Apostolische Vikariate und Präfekturen wurden neu errichtet.

Als Leo XIII. am 20. Juli 1903 starb, hatte er dem Papsttum in der katholischen Welt und darüber hinaus großes Ansehen verschaffen können. Durch seine Verbindlichkeit und Kompromißbereitschaft war es ihm gelungen, zahlreiche Differenzen zwischen Staat und Kirche beizulegen. Er gehört zu den einflußreichsten Päpsten seines Jahrhunderts. Als das Fazit seines Pontifikates bezeichnet Schmidlin die Versöhnung der modernen Menschheit mit der Kirche.

# IX. Kapitel
# Das Papsttum und die moderne Welt

§ 35

*Die Regierungszeit Pius' X.*

Als das Konklave nach dem Tode Leos XIII. zusammentrat, standen sich im Kardinalskollegium wiederum zwei Parteien gegenüber. Kandidat der stärksten Gruppe, die aus den meisten italienischen, französischen und spanischen Kardinälen bestand, war Kardinal M. Rampolla, der letzte Staatssekretär Leos XIII. Zur Gegenpartei gehörten die österreichischen und deutschen Kardinäle, die Niederländer, Amerikaner und einige Italiener. Als die Zahl der Stimmen für Rampolla weiter anstieg, sprach der Fürstbischof von Krakau, Kardinal J. Puzyna, im Namen des Kaisers Franz Joseph von Österreich beim dritten Wahlgang am 2. August 1903 die Exklusive, d. h. Einspruch, gegen die Wahl Rampollas aus. Sie war zuletzt 1823 und 1830 angewandt worden. Obwohl der Dekan des Kardinalskollegiums und die meisten Kardinäle gegen diese Einmischung des Kaisers entschieden protestierten, war damit die Wahl Rampollas unmöglich gemacht. Im siebten Wahlgang am 4. August wurde dann der Patriarch von Venedig, Giuseppe Melchiorre Sarto, mit 50 von 62 Stimmen gewählt, obschon er gebeten hatte, von seiner Wahl abzusehen, da er sich dieser Aufgabe nicht gewachsen fühle. Der neue Papst nannte sich Pius X. (1903–1914) in Erinnerung an die heiligen Pius-Päpste, die in den letzten Zeiten so mutig die Verfolgungen gegen die Kirche ertragen hätten.

Sarto war am 2. Juni 1835 als Sohn eines Kleinbauern bei Vicenza in Venetien geboren. 1858 erhielt er die Priesterweihe, wirkte dann als Kaplan und Pfarrer und wurde 1875 Domherr in Treviso, 1884 Bischof von Mantua. Hier bemühte er sich besonders um die Erneuerung des Klerus und den religiösen Wiederaufbau seiner Diözese. 1893 ernannte ihn Leo XIII. zum Kardinal und Patriarchen von Venedig. Er erhielt aber nicht die staatliche Bestätigung. Als 1894 König Umberto I. nach Venedig kam, machte ihn der Patriarch auf die negativen Folgen dieses Zustandes aufmerksam. Der König war beeindruckt, die staatliche Bestätigung wurde bald erteilt. In Venedig förderte Sarto die Reform der Diözese. Persönlich vorbildlich in seiner Lebenshaltung und seiner Wohltätigkeit, ein ausgesprochener Seelsorger, wirkte er erfolgreich an der religiösen Erneuerung in Venedig.

Als Papst galt sein vordringliches Bemühen der innerkirchlichen Erneuerung. Die politischen Aktivitäten Leos XIII. beurteilte er kritisch. Nach seiner Ansicht, die durch die tatsächlichen Gegebenheiten weithin bestätigt wurde, war die Politik Leos XIII. auf weiten Gebieten gescheitert. So wandte sich Pius X. von der Kirchenpolitik ab und konzentrierte sich auf das religiös-seelsorgliche Problem und das Ziel: „Alles in Christus erneuern", das er in seiner Inthronisations-Enzyklika vom 4. Oktober 1903 aufzeigte. Als vordringliche Aufgabe betrachtete er die Heranbildung eines Klerus, der „Christus in sich selbst gestaltet haben muß, wenn er ihn in anderen gestalten soll". Er betonte die Bedeutung der Liebe mit Hinweis auf das Beispiel des Herrn. Fast prophetisch lauten die Schlußworte, in der die „Römische Frage" angeschnitten wird: „In allen wird die Überzeugung wachsen, daß die Kirche als eine Gründung Christi volle Freiheit genießen muß und keiner anderen Herrschaft unterworfen sein darf. Unser Kampf für diese Freiheit bedeutet nicht nur die Verteidigung der heiligsten Rechte der Religion, sondern ist auch ein Schutz für das allgemeine Wohl und die Sicherheit der Völker."

Der Verwirklichung dieses Programms galt der ganze Einsatz des Papstes. Überraschend vielseitig sind die Reformen, die Pius X. veranlaßte. Er begann mit der Reform der Kirchenmusik. Als der eigentliche Gesang der katholischen Kirche wird der Gregorianische Gesang bezeichnet, der deshalb beim Gottesdienst besonders zu verwenden sei. Daneben sorgte Pius X. für die Neukodifikation des Kirchenrechtes. Das war ein vordringliches Anliegen, weil das damals verbindliche Gesetzbuch der Kirche noch das in vielen Punkten überholte und total überalterte Corpus Iuris Canonici war. Die Codex-Kommission bestand aus Kardinälen und Vertretern der theologischen und kanonistischen Wissenschaft. Als Sekretär der Kommission arbeitete Pietro Gasparri. Eine Reihe von wichtigen Ergebnissen der Kommission veröffentlichte der Papst zur Erprobung in Form von Reformerlassen, u. a. die Neuordnung der Papstwahl: Am 20. Januar 1904 verbot Pius X. jede Einmischung einer weltlichen Gewalt bei Strafe der Exkommunikation. Die Vorkommnisse im Konklave von 1903 mit der Exklusive gegen Rampolla sollten sich nicht mehr wiederholen. Am 25. Dezember 1904 wurden die bestehenden Vorschriften über die Erledigung des Heiligen Stuhles und die Papstwahl zusammengefaßt und ergänzt. Neue Bestimmungen über Verlöbnis und Eheschließung erließ der Papst am 2. August 1907. Am 29. Juni 1908 erfolgte die Entscheidung über die Neuordnung der römischen Kurie, die eine Verminderung der Zahl der Kongregationen brachte. Die Zuständigkeiten und Aufgaben der einzelnen Behörden wurden entsprechend verteilt, ein Beamtenrecht geschaffen, das Taxenwesen durch Reduzierung erhöhter Gebühren verbessert. In den „Acta Apostolicae Sedis" schuf Pius X. ein päpstliches Amtsblatt, in dem seit dem 1. Januar 1909 die päpstlichen Konstitutionen und Erlasse der römischen Behörden veröffentlicht wurden. Am 3. Dezember 1909 folgten die Dekrete über die regelmäßigen Berichte der Bischöfe über den Zustand ihrer Diözesen nach einem einheitlichen Formular und über die Visitatio liminum, den regelmäßigen Besuch der Bischöfe in Rom.

Pius X. veranlaßte auch eine Neuorganisation des kirchlichen Gerichtshofes, der Rota, und die Erstellung einer neuen Prozeßordnung, die vom Papst am 2. August 1910 bestätigt wurde. Ebenfalls bedeutsam war die Brevier-Reform vom 1. November 1911. Auf pastoralem Gebiet erwies sich das Kommunion-Dekret vom 20. Dezember 1905 als zukunftsträchtig. Es empfahl den bereits vom Konzil von Trient gewünschten öfteren und täglichen Empfang der heiligen Kommunion, in dem der Papst ein wirksames Mittel zur religiösen Vervollkommnung sah. Das Dekret ließ er am 8. August 1910 durch Bestimmungen über die Kinderkommunion ergänzen. Als Kommunionalter nannte der Papst ungefähr das siebente Lebensjahr.

Starke Impulse erhielt durch Pius X. auch die Liturgische Bewegung. Bereits in seinem Erlaß über die Erneuerung der Kirchenmusik hatte der Papst darauf hingewiesen, daß die „tätige Teilnahme" der Gläubigen an der Feier der Eucharistie und an den liturgischen Gebeten der Kirche die „erste und unerläßliche Quelle des christlichen Geistes" sei.

Die Bedeutung des Bibelstudiums hat Pius X. ebenfalls verschiedentlich betont. Am 7. Mai 1909 gründete er das Bibel-Institut. Bereits 1907 hatte er den Benediktinerorden mit der Revision der Vulgata beauftragt.

In Italien selbst bemühte sich der Papst durch Visitationen und durch die Neuordnung des theologischen Studiums sowie durch die Errichtung von Regionalseminaren um eine religiöse Erneuerung. Auch die Studienordnungen der italienischen Priesterseminare wurden verbessert. Der Papst verpflichtete den Klerus, wenigstens alle drei Jahre an geistlichen Exerzitien teilzunehmen. Als Grundlage für den Religionsunterricht schrieb er einen neuen Katechismus vor. Er forderte die häufige Heranziehung von Laienkatecheten. Bereits 1905 rief er die Laien auf, gemeinsam all ihre Lebenskräfte einzusetzen, um Jesus Christus wieder in die Familie, in die Schule und in die Gesellschaft hineinzustellen.

Nicht immer glücklich war dagegen der Pontifikat Pius' X. in kirchenpolitischer Hinsicht. Gegenüber Italien setzte der Papst die Politik Leos XIII. fort, erlaubte aber in bestimmten Fällen die Teilnahme der Gläubigen an Parlamentswahlen.

In Frankreich kam es 1905 zu einer Trennung von Kirche und Staat, die sich bereits unter Leo XIII. abgezeichnet hatte, nachdem im Juli 1904 die diplomatischen Beziehungen zwischen Frankreich und dem Heiligen Stuhl abgebrochen worden waren. Am 2. Februar 1906 verwarf Pius X. in scharfer Form das französische Trennungsgesetz, aber es kam trotzdem zu einem Modus vivendi. Der Gottesdienst konnte fast überall in Frankreich ermöglicht werden. Als positiv erwies sich die jetzt völlig freie Ernennung von Pfarrern durch die Bischöfe ohne Rücksichtnahme auf den Staat. In Rom betrachtete man besonders die freie Wahl von Bischöfen als einen Gewinn, der sich aus der neuen kirchenpolitischen Situation ergab.

In Deutschland griff der Papst 1912 in den Gewerkschaftsstreit ein. Hier war es zu Auseinandersetzungen innerhalb des deutschen Katholizismus zwischen der Kölner und der Berliner Richtung gekommen. Die Kölner setzten sich für christliche, interkonfessionelle Gewerkschaften ein, während die Berliner Richtung sich für katholische Arbeitervereine aussprach. Der Papst wies in der Enzyklika „Singulari quadam" vom 24. September 1912 darauf hin, daß es vom Standpunkt des Glaubens aus besser sei, wenn sich die katholischen Arbeiter in Berufsorganisationen rein katholischer Prägung zusammenfänden. Aber angesichts der besonderen Lage in Deutschland könne es geduldet werden, sich den christlichen Gewerkschaften anzuschließen. Pius X. äußerte den Wunsch, daß die Katholiken, die den christlichen Gewerkschaften angehören, gleichzeitig Mitglieder der katholischen Arbeitervereine seien, damit hier ihr katholischer Glaube entsprechend gepflegt werden könne.

Die Differenzen zwischen Preußen und der Kurie wegen einzelner Formulierungen über die Reformation in der Borromäus-Enzyklika des Papstes vom 26. Mai 1910 konnten rasch beigelegt werden. Pius X. hatte in der Enzyklika den hl. Karl Borromäus als Vorbild eines wahren Reformers herausgestellt – im Gegensatz zu den falschen Reformern des 16. Jahrhunderts, denen der Papst Aufruhr gegen die kirchliche Autorität und Servilität gegenüber den damaligen Fürsten vorwarf.

Tiefgreifender waren die Auseinandersetzungen über Reformkatholizismus und Modernismus. Hauptvertreter eines Reformkatholizismus waren in Deutschland der Kirchenhistoriker Albert Ehrhard, der Dogmatiker Hermann Schell und der Historiker Philipp Funk. Sie erstrebten eine zeitgemäße Erneuerung des deutschen Katholizismus und kamen dabei mit dem kirchlichen Lehramt in Konflikt. Mit Unrecht hat man sie „Modernisten" genannt.

Als eigentlichen Modernismus bezeichnet man eine rationalistische Richtung innerhalb der katholischen Theologie, die zu Beginn des 20. Jahrhunderts in Frankreich, England und Italien hervortrat. Einzelne Modernisten sprachen von den Dogmen der Kirche als von wandelbaren Symbolen der religiösen Wahrheit. Sie vertraten besonders in der Dogmengeschichte und Bibelkritik einen übersteigerten Entwicklungsgedanken. Hauptvertreter waren in Frankreich Alfred Loisy, Exeget am Institut Catholique in Paris, in England George Tyrrell, in Italien Romolo Murri. Pius X. verurteilte in dem Dekret „Lamentabili" vom 3. Juli 1907 65 exegetische und dogmengeschichtliche Thesen, die man zumeist den Schriften von Loisy entnommen hatte. In der Enzyklika „Pascendi dominici gregis" vom 8. September 1907 wurde der Modernismus als das Sammelbecken aller Häresien bezeichnet. Am 1. September 1910 schrieb der Papst den Weihekandidaten und Seelsorgsgeistlichen die Ablegung des Antimodernisteneides vor. Die Hauptvertreter des Modernismus fielen in der Folgezeit nicht nur von der Kirche, sondern von jeglichem Christentum ab.

Als eine Gegenbewegung zum Modernismus kann man den Integralismus bezeichnen, der zu Beginn des 20. Jahrhunderts einen einflußreichen Vertreter in Monsignore U. Benigni († 1934) fand, der mit Unterstützung bestimmter Kreise der Kurie versuchte, die Lehre der Kirche gegen jede Form von Modernismus, nicht immer mit glücklichen Mitteln, zu verteidigen.

Wirksame Hilfe und Unterstützung wandte Pius X. der Heidenmission zu. Er bemühte sich, den Missionseifer der Katholiken zu stärken, förderte besonders die Missionsgenossenschaften und Missionsvereine. Die Missionsarbeit wurde unter seinem Pontifikat in fast allen Ländern der Erde erfolgreich fortgeführt.

In einem Apostolischen Schreiben vom 2. August 1914 an alle Katholiken der Welt rief der Papst die Völker zum Gebet auf, gab seiner Erschütterung über den begonnenen Krieg und seine Schrekken Ausdruck und wies auf Christus den Friedensfürsten hin. „Ich würde gern mein Leben opfern, wenn ich damit den Frieden Europas erkaufen könnte." In der Nacht vom 19. zum 20. August 1914, kurz nach dem Ausbruch des Ersten Weltkrieges, starb Pius X.

Eindrucksvoll ist das Testament des Papstes, in dem es heißt: „Arm bin ich geboren, arm habe ich gelebt, arm will ich sterben." Trotz vieler Mißerfolge und Schwierigkeiten war der Pontifikat Pius' X. geprägt durch seine beeindruckende Persönlichkeit. Seine menschlichen Tugenden, seine seelsorglichen Bemühungen, seine Lauterkeit und seine Güte fanden die Anerkennung der Welt. Er war ein typisch „religiöser Papst". Politik oder Diplomatie zählten nicht zu seinen starken Seiten. Das ganze Gewicht legte er auf die geistlichen Aufgaben des Papsttums und versuchte die Kirche vor einer unchristlichen Akkommodation an den modernen Geist zu schützen.

Pius X. gehört wegen der Reorganisation der Kurie, der Neuordnung des Kirchenrechts, besonders aber wegen der religiösen Erneuerung der Kirche, die er stark gefördert hat, zu den großen Reformpäpsten. Das Ziel seines Pontifikats, „Alles in Christus erneuern", hat er weithin verwirklichen können. Pius XII. sprach ihn 1954 heilig. Mit der Charakterisierung „konservativer Reformpapst" (Aubert) ist seine Bedeutung umschrieben. Er wird immer einen hervorragenden Platz in der Geschichte der Päpste innehaben.

§ 36
*Der Pontifikat Benedikts XV.*

Als die Kardinäle nach dem Tode Pius' X. in Rom zum Konklave zusammentraten, war Italien noch nicht in den Krieg eingetreten. Am 3. September 1914 wählten sie den Erzbischof von Bologna, Kardinal Giacomo della Chiesa, zum Papst. Er nannte sich BENEDIKT XV. (1914–1922). Der neue Papst, der einer alten Adelsfamilie aus Genua entstammte (geb. 21. November 1854), war 1878 zum Priester geweiht worden. Er wurde Schüler von Kardinal Rampolla und arbeitete seit 1887 im päpstlichen Staatssekretariat. 1907 ernannte ihn Papst Pius X. zum Erzbischof von Bologna und berief ihn am 25. Mai 1914 ins Kardinalskollegium. Er brachte die diplomatische Erfahrung und Gewandtheit mit, die ein Papst in den blutigen Auseinandersetzungen des Ersten Weltkrieges zwischen den gegnerischen Staaten besitzen mußte. Sein Staatssekretär wurde nach dem Tode von Kardinal D. Ferrata († 10. 10. 1914) der gelehrte Kirchenrechtler Kardinal P. Gasparri.

Benedikt XV. hat in den Schrecken des Ersten Weltkrieges eine strikte Neutralität bewahrt. Er bemühte sich, allen Völkern die Ideale der Liebe, des Friedens und der Versöhnung immer wieder zum Bewußtsein zu bringen. Den Krieg bezeichnete er als einen „Selbstmord des gesitteten Europa". Die Lage des Papstes gestaltete sich besonders schwierig, als Italien 1915 in den Krieg eintrat. Zu Beginn des Jahres 1915 hatte Benedikt noch versucht, zwischen Österreich und Italien zu vermitteln. Er entsandte Eugenio Pacelli nach Wien, wo dieser von Kaiser Franz Joseph empfangen wurde und Besprechungen mit dem Außenminister führte, ohne jedoch zu einem greifbaren Ergebnis zu kommen.

Der Kriegseintritt Italiens machte die Unzulänglichkeit des italienischen Garantiegesetzes für den Vatikan deutlich. Die vatikanischen Gesandten Österreichs, Bayerns und Preußens mußten Rom verlassen. Der freie Verkehr zwischen dem Heiligen Stuhl und den Mittelmächten wurde stark behindert. Im Krieg suchten beide Parteien den Papst in ihre diplomatischen Bemühungen einzuschalten. Am 12. Dezember 1916 überreichten die Mittelmächte dem Papst ihr Friedensangebot mit der Bitte um Unterstützung. Benedikt XV. antwortete durch den Nuntius, er habe sichere Nachricht, daß der amerikanische Präsident Wilson zur Friedensvermittlung bereit sei, falls sämtliche kriegführenden Staaten sich zu einer gewissen Abrüstungsverpflichtung entschließen würden. Man könne auch mit guten Gründen annehmen, daß die Ententemächte zu Friedensunterhandlungen geneigt seien, wenn Deutschland etwas über die Friedensbedingungen bekannt gäbe. Als Voraussetzung betrachte man die Garantie der Wiederherstellung und völligen Unabhängigkeit Belgiens (Steglich).

Am 16. Januar 1917 sandte Benedikt XV. ein Handschreiben an Kaiser Wilhelm II. über einen möglichen Frieden. Es wurde vom Kaiser mit dem Vermerk versehen: Der Vatikan und Wilson sind anscheinend gleich weltfremd und utopisch. Öffentlich äußerte sich der Papst über das Friedensangebot der Mittelmächte nicht, da England ihn unterrichtet hatte, daß jede päpstliche Friedensbemühung in der damaligen Situation, wo sich die Mittelmächte in einer günstigen militärischen Lage befanden, ablehnend aufgenommen werde. Das Schweigen Benedikts wurde besonders in Deutschland negativ registriert, aber eine päpstliche Initiative wäre unter den damaligen Umständen erfolglos gewesen.

Sechs Monate später schien die Situation für einen päpstlichen

Friedensplan günstiger zu sein. Nach Fühlungnahme mit Deutschland und England sandte Benedikt XV. am 1. August 1917 eine Friedensnote an die am Krieg beteiligten Regierungen. Darin forderte der Papst, daß an Stelle der Gewalt der Waffen die moralische Macht des Rechtes treten solle. In der Frage der Kriegsschäden sieht die Note den vollständigen Verzicht beider Seiten vor. Deutschland solle Frankreich und Belgien räumen und dafür seine Kolonien wiedererhalten. Außerdem schlug der Papst eine gleichzeitige und gegenseitig kontrollierte Abrüstung vor.

Der Friedensplan des Papstes löste in allen Ländern heftige Debatten aus. Von beiden kriegführenden Seiten wurde dem Papst Parteilichkeit vorgeworfen. In Deutschland wies der Evangelische Bund einen „Papstfrieden" schärfstens ab, weil er dadurch eine Stärkung der römischen Macht befürchtete. Der deutsche Kaiser nahm den Friedensappell offiziell beifällig auf. Von der Gegenseite antwortete nur Präsident Wilson und erklärte, es gehe um die Erreichung eines sicheren Friedens und keiner bloßen Aufgabe des Kampfes. Die britische Regierung versprach eine wohlwollende, ernstliche Prüfung. Die übrigen Ententemächte beantworteten den päpstlichen Friedensvorschlag überhaupt nicht. In Frankreich bezeichnete ihn Ministerpräsident Clemenceau als „antifranzösisch". Er sei eher geeignet zur Festigung der Macht der deutschen Rechtsverletzer und zu ihrer Entbindung von aller Sühne für das mißhandelte Recht.

Angesichts dieser Reaktionen hatte der Friedensvorschlag Benedikts XV., dessen überparteilicher Charakter heute anerkannt ist, keine Aussicht auf Erfolg. Ein entscheidender Grund für das Scheitern seiner Friedensbemühungen war, daß die Alliierten keinen vom Papst vermittelten Frieden wünschten. Sie hatten bereits im Londoner Geheimvertrag vom 26. April 1915 auf die Forderung Italiens den Ausschluß jeder Vertretung des Heiligen Stuhles bei künftigen Friedensverhandlungen vereinbart. Die früher verschiedentlich ausgesprochene Vermutung, daß die deutsche Regierung aus konfessionellen Gründen den päpstlichen Friedensversuch abgelehnt habe, ist nicht zutreffend (Steglich).

Nach der vergeblichen Friedensaktion Benedikts XV. wurde der Einsatz des Vatikans zur Linderung der Kriegsleiden, u. a. durch den Austausch von Verwundeten, die Lieferung von Lebensmitteln und durch die Sorge für die Kriegsgefangenen, um so stärker. Nach Beendigung des Ersten Weltkrieges bemühte sich der Papst, die Schäden des Krieges zu heilen und eine Versöhnung der Völker herbeizuführen.

In verschiedenen Ansprachen wies der Papst darauf hin, daß der Versailler Friedensvertrag nach seinen Vorstellungen von einem wahren Frieden weit entfernt sei. Um so entschiedener betonte er die Notwendigkeit eines christlichen Dauerfriedens, eines Friedens der Versöhnung. Nur die religiöse Erneuerung könne die Rettung vor dem Chaos bringen.

Das wachsende internationale Ansehen des Papsttums zeigte sich darin, daß Frankreich 1921 wieder die diplomatischen Beziehungen zum Vatikan aufnahm, nachdem bereits gleich zu Beginn des Krieges England und Holland Gesandtschaften beim Heiligen Stuhl eingerichtet hatten. Die bisherige preußische Vatikangesandtschaft wurde 1920 in eine Botschaft des Deutschen Reiches umgewandelt. Der neue sozialdemokratische Reichspräsident Friedrich Ebert hatte seine Wahl dem Papst mitgeteilt. Benedikt XV. beglückwünschte ihn zu seiner hohen Würde und sprach die Genugtuung darüber aus, daß die Verbindung zwischen dem Deutschen Reich und dem Apostolischen Stuhl nicht nur erhalten bleibe, sondern gepflegt werden solle. An seiner Mitarbeit werde es nicht fehlen.

Die Frage nach dem Verhältnis des Heiligen Stuhls zur Weimarer Republik fand eine erste Beantwortung bei der 1920 erforderlichen Wahl des neuen Kölner Erzbischofs. Es ging dabei um die Fortgeltung der Bestimmungen der Bulle „De salute animarum", die 1821 zwischen Kardinal Consalvi und Preußen vereinbart worden waren. Welchen Einfluß sollte nach der Novemberrevolution 1918 und der Abdankung des Kaisers die deutsche Republik auf die Bischofswahlen haben? In Rom hatte man die Absicht, das Bischofswahlrecht der deutschen Domkapitel und die Einflußnahme des Staates nicht weiter anzuerkennen. Den gemeinsamen Bemühungen der deutschen Bischöfe, der Domkapitel und des Staates gelang es jedoch, den Bestand der alten Rechtslage zu sichern. Besondere Verdienste erwarb sich dabei Fürstbischof Bertram von Breslau, dessen bereits 1916 erfolgte Berufung ins Kardinalskollegium der Papst im Dezember 1919 publizierte.

Im Konsistorium vom 7. März 1921 berief Benedikt XV. die Erzbischöfe Faulhaber von München und Schulte von Köln zu Kardinälen. Im gleichen Jahr errichtete der Papst das Bistum Meißen und ernannte Bischof W. Berning von Osnabrück zum Apostolischen Vikar für die Nordischen Missionen. Das Apostolische Vikariat Anhalt wurde in die Diözese Paderborn eingegliedert.

Erfolgreich bemühte sich Benedikt XV. auch um die Versöhnung Frankreichs mit dem Heiligen Stuhl. Sie wurde durch Zugeständnisse von beiden Seiten vorbereitet. Die Kanonisation von Jeanne d'Arc, der französischen Nationalheiligen, am 16. Mai 1920 dokumentierte die päpstliche Friedensbereitschaft. Am 9. Mai 1921 ernannte Frankreich wieder einen Botschafter beim Heiligen Stuhl.

Das Verhältnis des Heiligen Stuhles zu Italien besserte sich nach dem Kriege ebenfalls. 1919 gründete der sizilianische Priester Don Luigi Sturzo mit Duldung der Kurie eine katholische Partei, die Italienische Volkspartei. Damit vollzog sich in der Haltung des Vatikans eine notwendige Wandlung. Die Italienische Volkspartei gewann bei den Wahlen zahlreiche Parlamentssitze und ermöglichte eine stärkere Entfaltung des Katholizismus im öffentlichen Leben.

Für das innerkirchliche Leben erwies sich die Einführung eines neuen kirchlichen Gesetzbuches als bedeutsam, des „Codex Iuris Canonici", das am 27. Mai 1917 veröffentlicht wurde und ein Jahr später in Kraft trat. Dieser einheitliche Kirchenrechtskodex war den modernen Verhältnissen angepaßt. Er bedeutete einen echten Fortschritt und förderte das religiös-kirchliche Leben. 1917 gründete Benedikt XV. die Kongregation für die orientalischen Kirchen und das Orientalische Institut in Rom. Eine besondere Förderung ließ der Papst der Missionsarbeit, die durch den Krieg stark gelitten hatte und nach dem Friedensschluß nur langsam wiederaufgenommen werden konnte, angedeihen. Am 30. November 1919 rief er in seinem Apostolischen Schreiben „Maximum illud" die Katholiken der Welt zur Teilnahme am Missionswerk auf. Besonderen Wert legte er auf die Heranbildung eines einheimischen Klerus. Mit Recht hat man die Bedeutung dieser päpstlichen Stellungnahme für die weitere Missionsgeschichte herausgestellt.

In den letzten Monaten vor seinem Tode suchte Benedikt XV. vor allem die Hungersnot in Rußland zu lindern, die nach seinen Informationen eine furchtbare Katastrophe war. Die Bemühungen des Papstes, die Weltöffentlichkeit auf diesen Notstand hinzuweisen, fanden leider nur ein schwaches Echo. Benedikt aber überwies eine Million Lire zur Hilfe für die Hungernden in Rußland.

Am 22. Januar 1922 starb Benedikt XV. Seine letzten Worte waren: „Wir wollen unser Leben gern opfern für den Frieden der Welt." Die Welt betrauerte ihn als den Papst der Gerechtigkeit, des Friedens und der Liebe. Durch seine versöhnliche und aufgeschlossene Haltung hat er die Kirche durch die Schwierigkeiten des Ersten Weltkrieges hindurchgesteuert und das Ansehen des Heiligen Stuhles bei allen Völkern steigern können.

## § 37
### Papst Pius XI.

Bereits am 6. Februar 1922 wählten die Kardinäle einen Nachfolger, den Erzbischof von Mailand, Kardinal Achille Ratti: Pius XI. (1922–1939). Er war am 31. Mai 1857 in Desio bei Monza geboren, wirkte nach seinem Studium an der Gregoriana als Professor am Priesterseminar in Mailand, seit 1907 als Präfekt der Ambrosianischen Bibliothek und seit 1914 als Präfekt der Vatikanischen Bibliothek. 1918 ernannte ihn Benedikt XV. zum Apostolischen Visitator in Polen, wo er 1919 Nuntius wurde. 1921 berief ihn der Papst zum Erzbischof von Mailand und zum Kardinal.

In seinem ersten Rundschreiben als Papst, „Ubi arcano", vom 23. Dezember 1922 nahm Pius XI. die kirchenpolitischen Vorstellungen Pius' X. und Benedikts XV. auf. Sein Programm faßt er in die Worte zusammen: Der Friede Christi im Reiche Christi. Die Hauptaufgabe des neuen Papstes bestand darin, nach dem Zusammenbruch des Ersten Weltkrieges die Völkerverständigung zu fördern. Diesem Ziel diente u. a. die Feier des Heiligen Jahres, die Pius XI. für 1925 ankündigte. In seinem päpstlichen Sendschreiben bat der Papst um das Gebet der Gläubigen: 1. für die Wiederherstellung des wahren Friedens unter den Völkern, 2. für die Rückkehr der getrennten Christen zur katholischen Kirche, 3. für die Klärung der Verhältnisse im Heiligen Lande in einem dem Recht der katholischen Kirche entsprechenden Sinne. Das besondere Anliegen Pius' XI. war der Hinweis an alle Völker auf das Königtum Christi. 1925 führte er das Christkönigsfest ein und weihte das Menschengeschlecht dem Herzen Jesu. Das Heilige Jahr, das der Papst 1925, dann 1929 (aus Anlaß seines 50jährigen Priesterjubiläums) und 1933 (zur Erinnerung an den Tod und das Erlösungswerk Christi) feiern ließ, führte Hunderttausende von Gläubigen nach Rom.

Bereits in seiner ersten Enzyklika hatte Pius XI. 1922 zur Gründung der Katholischen Aktion, d. h. der Teilnahme der Laien am hierarchischen Apostolat, aufgerufen, um die ganze Gesellschaft in Christi Geist zu erneuern. Pius XI. verstand die Katholische Aktion bewußt unpolitisch. Für Deutschland wurde das Schreiben des Papstes an Kardinal Adolf Bertram von Breslau vom 13. November 1928 richtungweisend. Darin betont der Papst, daß in der Katholischen Aktion alle Gläubigen ohne Unterschied des Alters oder des Geschlechtes, des Standes und der Parteizugehörigkeit zusammenstehen sollten.

Innerkirchlich bedeutsam waren die verschiedenen Enzykliken, die Pius XI. veröffentlichte. Die Lehre von der christlichen Ehe legte der Papst in der Enzyklika „Casti connubii" vom 31. Dezember 1930 vor. Darin wendet er sich u. a. gegen die sogenannte medizinische, soziale und eugenische Indikation und den Mord des keimenden Lebens. Die Ehescheidung wird entschieden abgelehnt. Pius XI. fordert eine Regelung der wirtschaftlichen und sozialen Verhältnisse, die es den Familienvätern ermöglicht, das Notwendige zu verdienen und zu erwerben, um sich, Frau und Kinder standesgemäß und den heimatlichen Verhältnissen entsprechend zu ernähren.

Sozialpolitisch einflußreich wurde die Enzyklika „Quadragesimo anno", die Pius XI. anläßlich des 40. Jahrestages der Enzyklika „Rerum novarum" Leos XIII. am 15. Mai 1931 erließ. Darin behandelte er die sozialen Probleme der Gegenwart. Als Ziel katholischer Sozialreform nannte der Papst die Entproletarisierung der Proletarier. Kapitalismus und Marxismus werden als Verirrungen gekennzeichnet. Den marxistischen Sozialismus bezeichnete er als unvereinbar mit der Lehre der katholischen Kirche. Der Kapitalismus habe Rücksicht zu nehmen auf das Gemeinwohl, die soziale Gerechtigkeit und die Menschenwürde des Arbeiters. Scharf spricht sich der Papst gegen die zügellose Konkurrenz aus.

In weiteren Enzykliken nahm Pius XI. u. a. zur Frage der Missionen (1926), zur christlichen Erziehung (1931), zum Priestertum (1935), zum atheistischen Kommunismus (1937) und zum Nationalsozialismus (1937) Stellung.

Eine besondere Förderung ließ der Papst der Kunst und Wissenschaft zuteil werden. 1937 errichtete er die „Päpstliche Akademie der Wissenschaften". Durch die Apostolische Konstitution „Deus scientiarum Dominus" reformierte er 1931 u. a. das philosophisch-theologische Studium.

Es war verständlich, daß der Papst eine verstärkte Unterstützung der Vatikanischen Bibliothek angedeihen ließ. Sie erfuhr in seinem Pontifikat eine wertvolle Bereicherung ihres Bestandes. 1928 ließ der Papst ein modernes Büchermagazin für 250000 Bände errichten.

Eine große Bedeutung erlangte der Pontifikat Pius' XI. für die Verbreitung des Glaubens. Mit Recht hat man ihn einen Missionspapst genannt. Die katholische Missionsarbeit versuchte er zu fördern und die angerichteten Kriegsschäden zu beheben. Pius XI. bemühte sich deshalb um eine Zentralisierung des Missionswerkes. 1922 ließ er das 300jährige Jubiläum der Propagandakongregation feiern und veranstaltete einen internationalen katholischen Missionskongreß in Rom. Seit 1926 spendete er zahlreichen Priestern aus Missionsländern in Sankt Peter persönlich die Bischofsweihe.

Beim Tode des Papstes standen bereits vierzig Missionsgebiete unter der Leitung einheimischer Priester. In seinem Pontifikat wurden über 200 Apostolische Vikariate und Präfekturen errichtet.

Verständiges Interesse zeigte Pius XI. auch gegenüber den Kirchen des Ostens. Bereits 1923 richtete der Papst in seiner Enzyklika „Ecclesiam Dei", die dem Gedächtnis des Märtyrerbischofs Josaphat von Polozk gewidmet war, an die von Rom getrennten Kirchen des Ostens die Bitte um Rückkehr zur Einheit der Kirche. 1929 regte der Papst die Kodifikation des orientalischen Kirchenrechts an. 1935 wurde erstmals ein Orientale, der syrische Patriarch Tappouni, Mitglied des Kardinalskollegiums.

Die Unionsgespräche mit der anglikanischen Kirche, die seit 1921 begonnen hatten, fanden unter Pius XI. eine Intensivierung. Gesprächspartner waren Lord Halifax und Kardinal Mercier. Die Gespräche wurden 1923, 1925 und 1926 fortgesetzt und fanden mit ausdrücklicher Billigung des Heiligen Stuhles und des Erzbischofs von Canterbury statt. Sie scheiterten aber an den gegensätzlichen Auffassungen, besonders dem Kirchenbegriff, speziell in den Ansichten über das Papsttum. Reserviert verhielt sich der Papst gegenüber den protestantischen Unionsversuchen. „Die Einheit, wie Christus sie will, kann nicht mit, sondern nur *in* der katholischen Kirche wiederhergestellt werden", erklärte er in seiner Enzyklika „Mortalium animos" vom 6. Januar 1928.

Die 500 Selig- und 33 Heiligsprechungen, die Pius XI. vornahm, brachten zugleich eine Förderung des religiösen Lebens. So kanonisierte der Papst u. a. die spanische Karmelitin Theresia vom Kinde Jesus; den Reformer des 16. Jahrhunderts Petrus Canisius; den Jesuitenkardinal Bellarmin; den Gründer des Salesianerordens, Don Bosco; den bedeutenden Theologen und Naturforscher Albert den Großen; den bayerischen Kapuzinerbruder Konrad von Parzham; den Pfarrer von Ars, Johann Baptist von Vianney; die beiden englischen Märtyrer des 16. Jahrhunderts, Thomas Morus und Kardinal John Fisher; nicht zuletzt den französischen Ordensgründer Johannes Eudes.

Das Verhältnis zwischen dem Heiligen Stuhl und den einzelnen Staaten versuchte Pius XI. zu verbessern, eine angesichts der schwierigen Situation der Nachkriegszeit nicht leicht zu lösende Aufgabe. Durch neue Vereinbarungen konnte er die Lage der katholischen Kirche in verschiedenen Ländern normalisieren und für die Kirche die freie Religionsausübung erlangen. Mit Pius XI. begann wieder eine Ära der Konkordate: 1922 wurde das Konkordat mit Lettland, 1924 mit Bayern, 1925 mit Polen, 1927 mit Litauen, 1927/

1929 mit Rumänien, 1929 mit Italien, 1929 mit Preußen, 1932 mit Baden, 1933 mit Österreich, 1933 mit Deutschland und 1935 mit Jugoslawien abgeschlossen.

Die bedeutendste kirchenpolitische Leistung Pius' XI. war die Lösung der Römischen Frage und der Friede zwischen der Kurie und dem Königreich Italien. Nach zweieinhalbjährigen Verhandlungen kam es am 11. Februar 1929 zum Abschluß der sogenannten Lateranverträge zwischen dem Heiligen Stuhl und Italien. Nach sechzig Jahren Auseinandersetzung wurde zwischen Quirinal und Vatikan die Gründung des souveränen Staates der Vatikanstadt vereinbart, ein Finanzabkommen und ein Konkordat abgeschlossen. Die Lateranverträge bezeichnen die Person des Papstes als unverletzlich und erklären die katholische Religion zur Staatsreligion. Die Souveränität des Heiligen Stuhles wird gemäß der Überlieferung und den Erfordernissen seiner Aufgabe in der Welt anerkannt. Er besitzt das volle Eigentum und die ausschließliche, unumschränkte souveräne Gewalt und Jurisdiktion über die Vatikanstadt, deren Grenzen genau festgelegt werden. Der Heilige Stuhl erhält auch als Eigentum die Patriarchalbasiliken Johannes im Lateran, Santa Maria Maggiore, Sankt Paul, die Paläste der Kurialbehörden und die Villa Castelgandolfo. Diesen Grundstücken kommt Immunität zu. Das Gesandtschaftsrecht des Heiligen Stuhles wird anerkannt, die Sicherheit des Konklaves gewährleistet. Der Vatikan seinerseits erkennt das Königreich Italien an und erklärt die Römische Frage als endgültig und unwiderruflich beigelegt.

In einem Finanzabkommen wird dem Heiligen Stuhl eine Entschädigung von 750 Millionen Lire in bar und eine Rente von 5% für eine Milliarde Lire in Staatsanleihen für die erlittenen Verluste zugesprochen. Das Konkordat sichert die freie Ausübung der geistlichen Gewalt, die freie und öffentliche Ausübung des Kultus und die kirchliche Jurisdiktion zu. Die italienischen Bischöfe werden frei vom Papst ernannt. Die kirchliche Eheschließung hat bürgerliche Wirkung. Der Papst verbietet allen Welt- und Ordensgeistlichen die Betätigung in einer politischen Partei.

Die Lateranverträge sind in ihrer Bedeutung nicht zu überschätzen. Damit wurden die seelsorglichen und religiösen Aufgaben des Papsttums entsprechend herausgestellt. Die politischen Interessen traten in den Hintergrund, ohne daß die Freiheit des Heiligen Stuhles beschnitten wurde. Die Päpste konnten sich jetzt, von den vielfältigen Lasten eines modernen Staates befreit, ganz ihrer religiösen Aufgabe widmen. Das moralische Ansehen des Papsttums erlebte eine weltweite Steigerung.

Die Lateranverträge bewirkten zugleich eine Versöhnung der Päpste mit dem italienischen Staat und leiteten eine neue Epoche in der Kirchengeschichte ein. Der Katholizismus wurde in Italien wieder ein staatstragendes Element. Seit den Lateranverträgen konnte auch der italienische Katholik bewußter Patriot sein.

Dieser Wandel wurde von Benito Mussolini mit herbeigeführt. Er war Sohn eines Anarchisten und Sozialisten aus der Romagna und ursprünglich revolutionärer Sozialist. Er arbeitete zunächst als Volksschullehrer, dann als Gewerkschaftsfunktionär, entwickelte sich vom Atheisten und Linksrevolutionär zum Narionalisten und gründete einen freikorpsähnlichen Kampfbund ehemaliger Frontkämpfer, der sich gegen Gewerkschaften und Kommunisten stellte. 1922 trat Mussolini mit seinen Anhängern den „Marsch auf Rom" an und konnte am 28. Oktober 1922 die politische Macht in Italien übernehmen. Nach und nach wurde der faschistische Ein-Parteien-Staat ausgebaut, ohne daß die Monarchie abgeschafft wurde.

Die Ablehnung des Kommunismus, Sozialismus, Liberalismus und der Freimaurerei sowie die Erklärung, daß die katholische Religion Staatsreligion sei, verschafften B. Mussolini, besonders nach dem Abschluß der Lateranverträge, im italienischen Katholizismus Sympathien. Zwar kam es bald nach dem Abschluß der Lateranverträge zu Spannungen, die durch den Totalitätsanspruch des Faschismus verursacht wurden: Zu den Differenzpunkten gehörten die Fragen der Jugenderziehung, der Bestand der katholischen Organisationen und die Arbeit der Katholischen Aktion. Am 29. Juni 1931 wandte sich der Papst in einer scharfen Enzyklika gegen die Verabsolutierung des Staates, die mit dem Recht der Familie und dem Recht der Kirche auf die Jugendbildung im Widerspruch stehe, und verteidigte die Arbeit der Katholischen Aktion. Es gelang, den Konflikt zwischen dem Faschismus und dem Heiligen Stuhl beizulegen. Am 2. September 1931 wurde ein Abkommen unterzeichnet, durch das die Tätigkeit der Katholischen Aktion und der katholischen Jugendverbände auf religiös-erzieherische Aufgaben eingeschränkt wurde. Übrigens war bereits im Artikel 43 des Konkordates der unpolitische Charakter der Katholischen Aktion betont worden. Die Aussöhnung besiegelte ein offizieller Staatsbesuch Mussolinis im Vatikan. Zwar kam es auch in den folgenden Jahren zu Differenzen, die jedoch keine größeren Folgen hatten.

Die Beziehungen zwischen dem Apostolischen Stuhl und Deutschland entwickelten sich unter Pius XI. positiv. In der Weimarer Epoche gehörte die Zentrumspartei, die Partei der großen Mehrheit der deutschen Katholiken, zu den politischen Kräften, die nach der Niederlage von 1918 den Wiederaufbau von Deutschland mit in die Hand nahmen. Gemeinsam mit den Sozialdemokraten hat das Zentrum das politische Gesicht Deutschlands nach dem Ersten Weltkrieg mitgeformt.

Vordringliches Anliegen der Kurie war die Neuordnung der kirchlichen Verhältnisse nach dem Zusammenbruch des Kaiserreiches. Die Reichsverfassung von Weimar hatte den Grundsatz der Trennung von Kirche und Staat aufgestellt, die Kirche aber als öffentlich-rechtliche Körperschaft anerkannt. Die Zusammenarbeit zwischen Kirche und Staat in Deutschland war durch keine Auseinandersetzung belastet. Bereits 1924 wurde das Länderkonkordat mit Bayern abgeschlossen. Der Heilige Stuhl und der Freistaat Bayern trafen, von dem Verlangen beseelt, die Lage der katholischen Kirche in Bayern den veränderten Verhältnissen gemäß dauernd neuzuordnen, eine feierliche Übereinkunft. Danach gewährleistet Bayern der katholischen Religion freie und öffentliche Ausübung, erkennt das Recht der Kirche zu bindenden Gesetzen und Anordnungen innerhalb ihrer Zuständigkeit an, sichert ungestörte Kultübungen und den Staatsschutz der Geistlichen bei Erfüllung ihrer Amtspflichten zu. Der Staat kommt seinen vermögensrechtlichen Verpflichtungen gegen die Kirche zur Dotation der Bischofsstühle, Domkapitel und Pfarreien unter Bewilligung des kirchlichen Besteuerungsrechtes stets nach. Über die Bischofswahl vereinbarten die Vertragspartner, daß der Heilige Stuhl bei der Ernennung von Bischöfen volle Freiheit genießt, unter den vom Domkapitel ihm unterbreiteten und durch die Bischöfe eingesandten Kandidatenlisten eine Auswahl zu treffen. Die Kurie tritt aber vor der Publikation des neuen Bischofs mit der Regierung ins Einvernehmen, um sich zu vergewissern, daß keine politischen Einwände gegen den Kandidaten vorhanden sind. Am 24. Januar 1925 erfolgte die Ratifizierung des Vertragswerks.

Sechs Monate später siedelte Nuntius Eugenio Pacelli von München nach Berlin über. Seine besonderen Bemühungen galten hier der Vorbereitung des Abschlusses eines Reichskonkordates oder wenigstens eines Konkordates mit Preußen. Trotz des Widerstandes des Evangelischen Bundes konnte am 14. Juni 1929 eine feierliche Konvention zwischen dem Heiligen Stuhl und dem Freistaat Preußen geschlossen werden. Darin gewährt der preußische Staat gesetzlichen Schutz für die Bekenntnisfreiheit und die Ausübung der katholischen Religion. Der Artikel 2 umschreibt die Diözesanorganisation. Die Bistümer Paderborn und Breslau werden zu Erzbistümern erhoben, in Aachen und Berlin neue Diözesen errichtet. Über die Bischofswahl wird festgelegt, daß nach Erledigung eines Bischofsstuhles das Domkapitel wie auch die Bischöfe Preußens dem Papst Listen von geeigneten Bischofskandidaten einreichen. Unter Würdigung dieser Listen benennt der Heilige Stuhl dem Kapitel drei Personen, aus denen es den neuen Bischof zu wählen hat. Vor seiner Ernennung wird durch Anfrage bei der preußischen Staatsregierung festgestellt, daß Bedenken politischer Art gegen den erwählten Bischof nicht bestehen. Obschon es dem Evangelischen Bund gelang, 3 Millionen Unterschriften gegen das Konkordat zu sammeln, konnte es bereits am 13. August 1929 ratifiziert werden.

Das religiöse Leben in Deutschland nahm unter Pius XI. einen erfreulichen Aufschwung. Ausdruck dieser religiösen Aktivitäten waren u. a. die Katholikentage. An die Präsidenten des Vorbereitungskomitees der Katholikentage von Hannover (1924), Dortmund (1928), Münster (1930), Würzburg (1931), Essen (1932) sandte der Papst Anerkennungstelegramme. Das lebendige religiöse Leben in Deutschland wurde ferner sichtbar in dem blühenden katholischen Vereinsleben, besonders aber der Jugendbewegung, der Liturgischen Bewegung, der Sozialen Bewegung und der Bibelbewegung. So richtete der Papst 1923 an den Paderborner Dompropst Simon als dem Leiter des Winfriedbundes zur Wiedergewinnung der getrennten Brüder für den katholischen Glauben einen Ermunterungsbrief. 1924 rühmte er die Werke und Verdienste des Bonifatiusvereins, 1927 die Arbeit des Katholischen Frauenbundes.

Am Aufkommen des Nationalsozialimus war die Führung des deutschen Katholizismus nicht beteiligt. Nur ein geringer Teil der katholischen Bevölkerung sympathisierte mit dem Nationalsozialismus. Das Programm Hitlers wurde schon frühzeitig durch die deutschen Bischöfe verworfen. Punkt 24 des nationalsozialistischen Parteiprogramms vom 24. Februar 1920 lautete: Wir fordern die Freiheit aller religiösen Bekenntnisse im Staat, soweit sie nicht dessen Bestand gefährden oder gegen das Sittlichkeits- und Moralgefühl der germanischen Rasse verstoßen. Die Partei als solche vertritt den Standpunkt eines positiven Christentums, ohne sich konfessionell an ein bestimmtes Bekenntnis zu binden. Insbesondere veranlaßten die Rassenlehre des Nationalsozialismus, die Ablehnung des Alten Testamentes, der „Mythus des 20. Jahrhunderts" des Parteiideologen Alfred Rosenberg die deutschen Bischöfe, den Katholiken den Eintritt in die Nationalsozialistische Deutsche Arbeiterpartei (NSDAP) als mit dem Glauben nicht vereinbar zu erklären und die Übertretung des bischöflichen Verbots mit Kirchenstrafen zu belegen.

Am 30. Januar 1933 übernahm Hitler die Regierungsbildung. Bei den Wahlen vom März 1933 konnte sich das Zentrum weithin behaupten. Es erhielt in verschiedenen katholischen Gegenden 65% aller Stimmen. Aber die Parteien der Nationalen Konzentration, die NSDAP und die Deutschnationale Volkspartei, erreichten durch das Ausschalten der Kommunisten die parlamentarische Mehrheit. In seiner Regierungserklärung vom 23. März 1933 betonte der neue Reichskanzler Adolf Hitler, er sehe in den beiden christlichen Konfessionen wichtigste Faktoren der Erhaltung des Volkstums. Er versprach ferner, die Rechte der Kirchen nicht anzutasten, die Verträge zwischen den Ländern und den Kirchen zu respektieren und die freundschaftlichen Beziehungen zum Heiligen Stuhl auszugestalten.

Für die deutschen Bischöfe ergab sich nach dieser Regierungserklärung eine neue Lage. Sie nahmen ihr Verbot des Beitritts zur NSDAP zurück, ohne jedoch die Verurteilung der Irrtümer aufzuheben, und riefen die Katholiken zur Mitarbeit im neuen Staate auf. Papst Pius XI. und sein Staatssekretär Eugenio Pacelli standen dem Nationalsozialismus äußerst kritisch gegenüber. Seit März 1933 neigte Pius XI. dazu, Hitler in einem positiveren Lichte zu sehen. Zu dieser Haltung wurde er durch die Feststellung veranlaßt, daß in der Person Hitlers erstmals ein Staatsmann öffentlich der Weltgefahr des Bolschewismus den Kampf ansagte. Die kritische Beurteilung des Kommunismus durch den Papst ging zurück auf Erfahrungen, die er als Nuntius in Polen miterlebt und die sich seitdem immer wieder bestätigt hatten. In seiner Ansprache im Konsistorium vom 13. März 1933 sagte Pius XI.: „Und trotzdem blieb bis zu den jüngsten Zeiten die Stimme des römischen Papstes die einzige, um die schweren, der christlichen, bei fast allen Völkern eingeführten, Kultur drohenden Gefahren aufzuzeigen."

Die Regierung Hitler – Papen versuchte ihre angeblich positive Haltung zur Kirche durch das Angebot des Abschlusses eines Reichskonkordates zu bekräftigen. Auf Anregung von Vizekanzler Franz von Papen verhandelte die Reichsregierung mit dem Vatikan. Am 7. April 1933 traf von Papen in Rom ein. Er zeigte sich bei den Gesprächen den Wünschen des Heiligen Stuhles sehr entgegenkommend. Die deutsche Reichsregierung akzeptierte den vatikanischen Entwurf eines Reichskonkordates ohne wesentliche Abänderungswünsche. Die entscheidenden Verhandlungen zwischen dem Vatikan und der Reichsregierung fanden Anfang Juli 1933 zwischen Kardinalstaatssekretär Pacelli, der von dem ehemaligen Vorsitzenden der Zentrumspartei, Prälat Ludwig Kaas, und dem Freiburger Erzbischof Konrad Gröber beraten wurde, und Vizekanzler Franz von Papen statt. Bereits am 8. Juli einigte man sich über den Text des Reichskonkordates, das am 20. Juli feierlich von Eugenio Pacelli und Franz von Papen unterzeichnet und am 10. September 1933 ratifiziert wurde. Das Reichskonkordat setzte die bestehenden Länderkonkordate mit Bayern, Preußen und Baden nicht außer Kraft, sondern ergänzte sie nur, wo entsprechende Einzelbestimmungen fehlten.

Im Konkordat gewährleistete das Deutsche Reich die Freiheit des Bekenntnisses und der öffentlichen Ausübung der katholischen Religion. Das Recht der katholischen Kirche, innerhalb der Grenzen der für alle geltenden Gesetze ihre Angelegenheiten selbständig zu ordnen und zu verwalten und im Rahmen ihrer Zuständigkeit für ihre Mitglieder bindende Gesetze und Anordnungen zu erlassen, wird anerkannt. Dem Heiligen Stuhl wird zugesichert, daß er in seinem Verkehr und seiner Korrespondenz mit den Bischöfen, dem Klerus und den übrigen Angehörigen der katholischen Kirche in Deutschland volle Freiheit genieße. Die Kirche habe grundsätzlich das freie Besetzungsrecht für alle Kirchenämter ohne Mitwirkung des Staates.

Der Vatikan verpflichtete sich u. a., daß die Bulle für die Ernennung von Erzbischöfen, Bischöfen, eines Koadjutors usw. erst dann ausgestellt werde, nachdem der Name des dazu Ausersehenen dem Reichsstatthalter bei dem zuständigen Land mitgeteilt und festgestellt sei, daß gegen ihn Bedenken allgemeiner politischer Natur nicht bestünden. Bevor die Bischöfe von ihrer Diözese Besitz ergreifen, leisten sie in die Hand des Reichsstatthalters bzw. des Reichspräsidenten einen besonderen Treueid.

In den Einzelbestimmungen wurde u. a. festgestellt, daß der katholische Religionsunterricht in den Volksschulen, Berufsschulen, Mittelschulen und höheren Schulen ordentliches Lehrfach ist und in Übereinstimmung mit den Grundsätzen der katholischen Kirche erteilt wird. Die Beibehaltung und Neueinrichtung katholischer Bekenntnisschulen bleiben gewährleistet. An allen katholischen Schulen werden nur solche Lehrer angestellt, die der katholischen Kirche angehören und Gewähr bieten, den besonderen Erfordernissen der katholischen Bekenntnisschule zu entsprechen. Den Geistlichen wird die Mitgliedschaft in politischen Parteien und die Tätigkeit für solche Parteien vom Heiligen Stuhl untersagt. Die katholischen Organisationen und Verbände, die ausschließlich religiösen, rein kulturellen und caritativen Zwecken dienen und als solche der kirchlichen Behörde unterstellt sind, werden in ihren Einrichtungen und in ihrer Tätigkeit vom Staat geschützt. Dasselbe gilt von den katholischen Organisationen, die außer den genannten

Zwecken auch sozialen oder berufsständischen Aufgaben dienen, sofern sie die Gewähr dafür bieten, daß sie ihre Tätigkeit außerhalb jeder politischen Partei entfalten.

Die Reichsregierung verfolgte verständlicherweise mit dem Abschluß des Reichskonkordates politische Ziele. Aber der Vatikan konnte auf keinen Fall Verhandlungen über den Abschluß eines Reichskonkordates ablehnen. Tatsächlich hat sich das Konkordat in den folgenden Jahren für den deutschen Katholizismus positiv ausgewirkt und hat die Verfolgung der Kirche eingeschränkt. Der Vatikan wollte, wie es ausdrücklich im „Osservatore Romano" vom 27. Juli 1933 hieß, mit dem Abschluß des Reichskonkordates keineswegs die Lehre und die Ziele des Nationalsozialismus gutheißen. Wie Pius XII. am 2. Juni 1945 feststellte, hat das Konkordat in den nachfolgenden Jahren für die deutschen Katholiken größeres Unheil verhütet. Trotz aller Verletzungen, denen das Konkordat ausgesetzt war, ließ es den Katholiken eine rechtliche Verteidigungsgrundlage, eine Stellung, hinter der sie sich verschanzen konnten. „Wenn Hitler sich im Sommer 1933 in dem Erfolg sonnte, als Konkordatspartner des Heiligen Stuhles nun den Status internationaler Vertragswürdigkeit erklommen zu haben, so hatte er diesen für ihn erfreulichen Effekt – und niemand wußte das besser als er – eingehandelt gegen eine langfristige Hypothek, denn vom Tage der deutschen Unterschrift an lief unter den Augen einer nicht unkritischen Weltöffentlichkeit das Experiment der Erprobung von Hitlers Vertragstreue, einer druckempfindlichen unterirdischen Bombe vergleichbar, die, durch ein Zuviel an wachsendem Konkordatsschutt eines Tages zur Detonation gebracht, die Fassade von Hitlers Vertragswürdigkeit demolieren konnte" (Volk).

Im Abschluß des Reichskonkordats sahen zwar fortschrittliche Kreise des deutschen Katholizismus eine Möglichkeit der Begegnung von Kirche und „Nationaler Bewegung". Sie rechneten damals jedoch nicht damit, daß feierlich abgeschlossene internationale Verträge gebrochen und eine offizielle Regierungserklärung abgegeben werde ohne die Absicht, diese einzulösen.

Der Vatikan hatte ein Reichskonkordat seit langem gewünscht. Das letzte Reichskonkordat war das Wiener Konkordat von 1448 zwischen Papst Nikolaus V. und Kaiser Friedrich III. In der Weimarer Zeit bemühte sich Nuntius Pacelli vergebens, den Abschluß eines Reichskonkordates zu erreichen, der damals am Widerstand der Kommunisten, Deutschnationalen und des Evangelischen Bundes scheiterte. Welche Erwartungen man nicht nur in Deutschland mit dem Reichskonkordat verband, wird aus einem Kommentar der

Zeitung der französischen Katholiken „La Croix" deutlich, die den Vertragsabschluß als das größte kirchenpolitische Ereignis seit der Reformation wertete.

Die Hoffnungen, die man an den Abschluß des Konkordates knüpfte, wurden jedoch bald enttäuscht. Immer mehr setzte sich die Erkenntnis durch, daß die Zusagen, die Hitler im Konkordat gemacht hatte, nur taktische Schachzüge waren. Denn sehr bald setzte ein planmäßiger Kampf von seiten des nationalsozialistischen Staates gegen die katholische Kirche ein. Die Kirchenpresse wurde zensiert, beschlagnahmt und verboten. Die kommenden Jahre brachten die Auflösung katholischer Organisationen und Vereine, besonders der Jugendverbände. Die katholische Schule konnte zwar dank des Reichskonkordats, in dem ihre Beibehaltung und Einrichtung vereinbart war, bis 1939 bestehenbleiben. Auch die zahlreichen katholischen Privatschulen wurden seit 1939 aufgelöst.

Seit 1933 entstanden immer neue Konzentrationslager, in die politisch mißliebige Personen eingewiesen wurden. Gegen die Übergriffe der nationalsozialistischen Machthaber hat Pius XI. verschiedentlich seine Stimme erhoben. In den Jahren 1933–1936 richtete der Papst 34 Protestschreiben an die Reichsregierung. Alle Versuche, Hitler zur Einhaltung des Konkordates zu bewegen, waren vergeblich. Am 14. März 1937 veröffentlichte daraufhin der Papst die Enzyklika „Mit brennender Sorge" gegen die Untaten des Nationalsozialismus, in der er in scharfer Form auf die unchristlichen Lehren und auf das unmenschliche Verhalten des nationalsozialistischen Regimes hinwies. Sie war eine Abrechnung mit Hitlers Unaufrichtigkeit und eine weltweit vernehmbare Anklage gegen die nationalsozialistische Religionspolitik, wie sie keine andere auswärtige Macht in Friedenszeiten gewagt hat und wie sie auch für den Vatikan ohne das legitimierende Instrument des Reichskonkordats, mit dessen Bestimmungen der kirchliche Vertragspartner Hitler beim Wort nehmen konnte, ganz undenkbar gewesen wäre (Volk).

Die Enzyklika begann mit den Worten: „Mit brennender Sorge und steigendem Befremden beobachten Wir seit geraumer Zeit den Leidensweg der Kirche, die wachsende Bedrängnis der ihr in Gesinnung und Tat treubleibenden Bekenner und Bekennerinnen." Der Papst hob die intensiven Bemühungen des Heiligen Stuhles hervor, die Reichsregierung zur Einhaltung des Reichskonkordates zu veranlassen. Über die Konkordatsverhandlungen bemerkte der Papst: „Als Wir im Sommer 1933 die Uns von der Reichsregierung angetragenen Konkordatsverhandlungen abschließen ließen, leitete Uns die pflichtgemäße Sorge um die Freiheit der kirchlichen Heilsmission in Deutschland und das Heil der ihr anvertrauten Seelen, zugleich aber der Wunsch der friedlichen Weiterentwicklung des deutschen Volkes. Trotz mancher Bedenken haben Wir daher Uns damals den Entschluß abgerungen, Unsere Zustimmung nicht zu versagen." Die Reichsregierung habe aber die Vertragsumdeutung, die Vertragsumgehung und Vertragsverletzung zum Gesetz ihres Handelns gemacht.

Entschieden wandte sich Pius XI. auch gegen die nationalsozialistische Rassenlehre. Wörtlich sagte er: „Wer die Rasse oder das Volk oder den Staat ... zur höchsten Norm aller, auch der religiösen Werte macht und sie mit Götzenkult vergöttert, der verkehrt und fälscht die gottgeschaffene und gottbefohlene Ordnung der Dinge." Der Papst wies ferner darauf hin, daß die deutschen Katholiken von tausend Formen organisierter religiöser Unfreiheit umgeben seien, und beklagte den Mangel wahrheitsgetreuer Unterrichtung und normaler Verteidigungsmöglichkeit.

An der Entstehung der Enzyklika hatten die deutschen Bischöfe einen starken Anteil. Die Fuldaer Bischofskonferenz hatte bereits am 18. August 1936 in einem Schreiben an Pius XI. um ein päpstliches Rundschreiben über die Lage der Kirche in Deutschland gebeten. Am 16. Januar 1937 schlugen die Kardinäle Bertram, Faulhaber und Schulte sowie die Bischöfe von Galen und Preysing in einer Konferenz bei Kardinalstaatssekretär Pacelli eine öffentliche Erklärung des Papstes vor und wiederholten diesen Vorschlag am 17. Januar in einer Audienz bei Pius XI. Bereits am 16. Januar hatte Pacelli Kardinal Faulhaber um die schriftliche Fixierung einiger Gedanken für die vorgeschlagene Enzyklika gebeten. Am 18. Januar bat er ihn um einen förmlichen Entwurf der Enzyklika. Am 21. Januar übergab Kardinal Faulhaber den handschriftlich verfaßten, elfseitigen Entwurf, der den Kern der Enzyklika „Mit brennender Sorge" bildet. Der Faulhaber-Entwurf wurde nahezu vollständig dem päpstlichen Rundschreiben zugrunde gelegt und seine Formulierungen weitgehend, zum Teil wörtlich übernommen, jedoch erheblich erweitert. Die Erweiterungen und Ergänzungen des Staatssekretariats brachten noch eine Verschärfung des Inhalts. Bei der letzten Redaktion vom 10. März wurden Korrekturen und Ergänzungen Pius' XI. berücksichtigt. Am 12. März übersandte Kardinalstaatssekretär Pacelli die Enzyklika an den Berliner Nuntius Orsenigo zur Übermittlung an den deutschen Episkopat. Sie konnte trotz scharfer Überwachung durch Kuriere den einzelnen Pfarreien in Deutschland zugestellt und am Palmsonntag, dem 21. März 1937, in den Kirchen verlesen werden. Die Druckereien in

Deutschland, die es wagten, die Enzyklika nachzudrucken, wurden staatlicherseits geschlossen.

Das Rundschreiben des Papstes fand in der deutschen Öffentlichkeit starke Beachtung, im Ausland blieb jedoch ein stärkeres Echo aus, so daß Pius XI. hier von einem Komplott des Schweigens sprechen konnte. Für die Katholiken in Deutschland bedeutete jedoch die Veröffentlichung den Beginn einer verschärften Verfolgung. Die Lage der Katholiken milderte sich erst mit dem Ausbruch des Zweiten Weltkrieges, weil der NS-Staat alle Kräfte zur Erringung des Endsieges einsetzen wollte. Die Abrechnung mit den Kirchen sollte bis dahin aufgeschoben werden.

Die Verhältnisse des Heiligen Stuhles zu Österreich gestalteten sich während des Pontifikats Pius' XI. ausgesprochen günstig. Der Führer der Christlich-Sozialen Partei, Prälat Ignaz Seipel, war in der Zeit von 1922 bis 1929 dreimal Bundeskanzler. 1933 konnte das Konkordat zwischen dem Heiligen Stuhl und Österreich abgeschlossen werden. Es wurde am 5. Juli 1933 unterschrieben und die Ratifikationsurkunden am 1. Mai 1934 ausgetaucht. Im Artikel 1 garantiert die Republik Österreich der Kirche die freie Ausübung ihrer geistlichen Gewalt und öffentlichen Religion. Sie gewährt die volle Freiheit im Verkehr und Briefwechsel des Heiligen Stuhles mit dem Episkopat. Die Administratur von Nordtirol und Vorarlberg wird zum Bistum Innsbruck-Feldkirch erhoben. Die Bischofsernennung liegt beim Heiligen Stuhl. Die Bischöfe legen dem Vatikan bei einer Sedisvakanz eine Liste geeigneter Persönlichkeiten vor. In Salzburg wählt das Metropolitankapitel aus einer päpstlichen Dreierliste den Erzbischof. Die Republik verspricht, ihre finanziellen Pflichten gegen die Kirche zu erfüllen. 1934 errichtete Bundeskanzler Engelbert Dollfuß den Christlichen Ständestaat. Es war der konsequenteste Versuch, den in der Enzyklika „Quadragesimo anno" entwickelten Gedanken einer berufsständischen Ordnung in die praktische Politik umzusetzen. Als Dollfuß am 15. Juli 1934 von Nationalsozialisten ermordet wurde, verwirklichte sein Nachfolger, Bundeskanzler Kurt Schuschnigg, die gesellschaftspolitischen Vorstellungen des „Christlichen Ständestaates". Dieser fand 1938 mit dem Einmarsch deutscher Truppen in Österreich sein Ende. Dem Versuch von Kardinal Innitzer, durch Nachgiebigkeit gegen das nationalsozialistische Regime den Kampf gegen die Kirche hinauszuzögern, war kein Erfolg beschieden. Das österreichische Konkordat von 1934 bezeichneten die neuen Machthaber als erloschen. Die katholischen Vereine und Verbände, die katholischen Zeitungen wurden verboten, die Schule entkonfessionalisiert. Die finanziellen

Leistungen des Staates an die Kirche stellte das neue Regime 1939 ein. Die Situation der katholischen Kirche in Frankreich besserte sich unter Papst Pius XI. Bereits in der Enzyklika „Maximum gravissimumque" vom 18. Januar 1924 nahm der Papst die Trennungsgesetze von Staat und Kirche – bei aller grundsätzlichen Ablehnung – als Realitäten hin und erlaubte – anstelle der verworfenen Kultusvereine – Diözesanvereinigungen zum Unterhalt der Kirchen. 1929 ließ der Staat eine Reihe von Missionskongregationen wieder zu. 1935 machte der französische Außenminister Laval im Vatikan einen offiziellen Besuch, der den Verständigungswillen zwischen Staat und Kirche bekräftigte. Kardinal Eugenio Pacelli reiste als Päpstlicher Legat nach Lourdes, Lisieux und Paris.

Scharfe Auseinandersetzungen rief in Frankreich die Verurteilung der „Action française" durch Pius XI. im Jahre 1926 und 1927 hervor. Diese Bewegung war nationalistisch und royalistisch. Sie trat unter Führung von Charles Maurras und Léon Daudet für die Wiederherstellung eines mächtigen, monarchischen Frankreich ein und fand in intellektuellen katholischen Kreisen starke Sympathien. Sie bekämpfte die kirchenfeindliche Gesetzgebung der Republik. Pius XI. verurteilte die Bewegung als atheistisch und neuheidnisch. Seine Erklärung löste größte Erregung und heftigen Widerspruch in weiten kirchlichen Kreisen in Frankreich aus. Es kam zur Abdankung des französischen Kardinals L. Billot und zur Absetzung des Rektors des Französischen Kollegs in Rom. Nur zögernd unterwarfen sich einige französische Bischöfe und Theologen.

Mit Polen konnte 1925 Papst Pius XI. ein Konkordat abschließen. Bereits die Verfassung der Republik Polen, dessen Wiederaufrichtung als selbständiger Staat erst mit der deutschen Niederlage im Ersten Weltkrieg ermöglicht wurde, hatte 1921 der katholischen Kirche eine Vorzugsstellung eingeräumt. Das Konkordat garantierte der Kirche die erforderliche religiöse Freiheit und sah die Errichtung von fünf Kirchenprovinzen für die Katholiken des lateinischen Ritus vor: Gnesen-Posen, Warschau, Wilna, Lemberg und Krakau. Für die Katholiken des griechisch-katholischen Ritus schuf man das Erzbistum Lemberg und zwei Suffraganbistümer, für den armenischen Ritus ebenfalls ein Erzbistum Lemberg. Nach Artikel 11 des Konkordates steht die Ernennung der Bischöfe dem Heiligen Stuhle zu. Der Papst hat aber vorher beim Präsidenten festzustellen, ob keine Gründe politischer Art gegen den erwählten Bischof vorliegen. Die Bischöfe haben vor ihrem Amtsantritt die Achtung vor der Regierung und die Abwendung jeder Bedrohung vom Staat zu beschwören. 1928 versicherte der polnische Außenminister Zaletzki bei seiner Papstaudienz, daß die Beziehungen zwischen Republik und Kurie nie so herzlich gewesen seien wie heute. Polen erlebte in den nachfolgenden Jahren einen innerkirchlichen Aufschwung, wie der Papst in einem Briefe von 1935 an den polnischen Episkopat betonte.

In Rußland mußte die Kirche im Pontifikat Pius' XI. eine schwere Verfolgung erdulden, die zwar in erster Linie die orthodoxe Kirche, aber auch die römisch-katholische Kirche traf. Bereits am 29. April 1922 rief der Papst die zivilisierte Welt und die christlichen Mächte zur Hilfe für die verfolgten und von Hunger heimgesuchten Ostvölker auf. Er erbat besonders den Schutz der religiösen Interessen in Rußland durch die Garantie der Gewissensfreiheit, freier Religionsausübung und Rückgabe des kirchlichen Eigentums. 1922 überwies der Papst eine Spende von zweieinhalb Millionen Lire für die Hungernden in Rußland. Am 12. November wies er in einer Enzyklika auf die blutige Christenverfolgung in der Sowjetunion hin. 1925 entsandte er Bischof d'Herbigny zur Visitation der kirchlichen Verhältnisse in die UdSSR. Dieser weihte 1927 geheim neue Bischöfe und bestellte Administratoren. Damals schätzte man die Zahl der lateinischen Katholiken noch auf anderthalb Millionen in acht Diözesen. Die ukrainische Kirche wurde 1930 vernichtet und Tausende von Gläubigen und Priestern erschossen oder verbannt. Der Papst rief 1930 in einem Apostolischen Schreiben das Weltgewissen zum Protest auf „gegen die schrecklichen sakrilegischen Verbrechen wider Gott und die Seelen, die Tag für Tag in Rußland begangen werden". 1937 veröffentlichte der Papst die Enzyklika „Divini redemptoris", eine scharfe Verwerfung des atheistischen Kommunismus.

In Spanien kam es in der Regierungszeit Pius' XI. 1931 zur Abschaffung der Monarchie. Die neue Verfassung vom 9. Dezember 1931 bestimmte die Trennung von Kirche und Staat. Alle staatlichen Leistungen an die Kirche hörten auf, der Religionsunterricht in den Schulen wurde abgeschafft, 1932 der Jesuitenorden aufgelöst. In einer Pfingstenzyklika vom Jahre 1933 protestierte Papst Pius XI. feierlich gegen das der Kirche angetane Unrecht und forderte die Katholiken auf, begangene Fehler wiedergutzumachen und mit allen erlaubten Mitteln die Freiheit der Kirche zu erkämpfen. 1936 kam es zum Bürgerkrieg, in dem 20000 Kirchen von den Kommunisten zerstört, 11 Bischöfe und über 7000 Welt- und Ordenspriester, Schwestern und Seminaristen sowie zahlreiche Gläubige ermordet wurden. Er endete 1939 mit dem Sieg von General Franco. 1941 erkannte der Vatikan die neue Regierung an.

In Mexiko fand während des Pontifikats Pius' XI. eine schwere Kirchenverfolgung statt. Der offene Kampf gegen die Kirche hatte bereits 1917 begonnen, als die neue Verfassung in Kraft gesetzt wurde. Präsident Calles (1924–1928), ein radikaler sozialistischer Freimaurer, ließ viele Kirchen, katholische Schulen, Klöster und Seminare schließen und zahlreiche Bischöfe verbannen. Über 5000 Bischöfe, Priester und Laien opferten ihr Leben für den Glauben. Pius XI. erhob am 18. November 1926 in seiner Enzyklika „Iniquis afflictisque" schärfsten Protest gegen die Kirchenverfolgung. Im Juni 1929 kam es durch amerikanische Vermittlung zu einer Übereinkunft zwischen Kirche und Staat und zur Aufhebung des päpstlichen Interdiktes, so daß die Feier des Gottesdienstes wieder ermöglicht wurde. Ende 1931 brach der Kampf gegen die katholische Kirche erneut aus. In weiteren Rundschreiben von 1932 und 1937 protestierte der Papst nochmals gegen die antikirchlichen Unterdrückungsmaßnahmen und forderte die mexikanischen Katholiken zur Standhaftigkeit auf. Erst Präsident Camacho (1940–1946) stellte die beschlagnahmten Kirchen wieder für den Gottesdienst zur Verfügung.

So war der Pontifikat Pius' XI. belastet durch Verfolgungen der Kirche, blutige Revolutionen und Kriege in verschiedenen Ländern. Auch die antisemitischen Maßnahmen, u. a. in Deutschland und Italien, waren für den Papst Anlaß zu ernster Sorge. Bereits in seiner Enzyklika „Mit brennender Sorge" hatte sich der Papst gegen die nationalsozialistischen Rassengesetze gewandt. 1938 beauftragte er mehrere Theologen mit der Abfassung des Entwurfs einer Enzyklika gegen Rassendiskriminierung und Antisemitismus. Ihre Veröffentlichung unterblieb infolge der Krankheit des Papstes.

Noch stärker überschattete die Sorge um den Frieden der Welt die letzten Lebensjahre Pius' XI. Bereits die 10-Jahres-Feier seines Pontifikates hatte der Papst unter das Anliegen gestellt, daß der Welt der Friede erhalten bleibe. Den Ausbruch des Zweiten Weltkrieges erlebte der Papst nicht mehr. Am 10. Februar 1939, wenige Monate vor Kriegsbeginn, starb Pius XI. Am 14. Februar wurde seine sterbliche Hülle in den Grotten von Sankt Peter beigesetzt.

Pius XI. zählt zu den bedeutendsten Päpsten der neueren Kirchengeschichte. Sein Pontifikat stellte auf vielen Gebieten einen Höhepunkt dar. Mit seiner universalen Bildung und Gelehrsamkeit überragte er seine Vorgänger. Durch die Lösung der „Römischen Frage", den Abschluß wichtiger Konkordate, die Förderung des Laienapostolates, durch seine Enzykliken und durch seine Maßnahmen zum Einsatz eines einheimischen Klerus hat Pius XI. richtungweisend gewirkt. Die durch den Papst begonnene Enteuropäisierung der Mission sollte sich in den nachfolgenden Jahren des Krieges segensreich auswirken. Pius XI. gehört zu den „großen Päpsten".

§ 38
*Die Regierungszeit Pius' XII.*

Nach dem Tode Pius' XI. wählten die Kardinäle am 2. März 1939 im dritten Wahlgang den bisherigen Kardinalstaatssekretär Eugenio Pacelli zum neuen Papst. Er nannte sich PIUS XII. (1939–1958). Pacelli, geboren am 2. März 1876, war ein gebürtiger Römer und seit 1901 im päpstlichen Staatssekretariat tätig. Benedikt XV. hatte ihn 1917 zum Nuntius in München und 1920 zum Nuntius in Berlin ernannt. In den Jahren seiner Tätigkeit in Deutschland erwarb sich Pius XII. nicht nur eine hervorragende Kenntnis der deutschen Sprache, sondern auch der deutschen Kultur. Bedeutende Ereignisse seines Wirkens in Deutschland als Nuntius waren der Abschluß des Konkordats mit Bayern im Jahre 1924 und 1929 mit Preußen. Pius XI. ernannte ihn 1929 zum Kardinal, 1930 zum Kardinalstaatssekretär. Pacelli hat in den nachfolgenden Jahren entscheidend die vatikanische Kirchenpolitik mitbestimmt. Seine Wahl zum Papst wurde in der ganzen katholischen Welt lebhaft begrüßt. Der Wahlspruch seines Pontifikats lautete: „Der Friede ist das Werk der Gerechtigkeit." Das große Ziel des neuen Papstes war, wie er kurz nach seiner Krönung am 12. März 1939 erklärte, die Rettung des Friedens. Die Friedensbemühungen Pius' XII. sind erst in den letzten Jahren eingehend erforscht und in ihrem Umfang deutlich geworden. Bereits am 20. April 1939 gab der Papst die Anregung, daß in allen Kirchen der Welt für die Erhaltung des Friedens gebetet werden solle. Als Deutschland im April 1939 den Deutsch-polnischen Vertrag und das Deutsch-englische Flottenabkommen kündigte, wurde Pius XII. bei den Regierungen von Frankreich, Deutschland, England, Italien und Polen vorstellig. Seinen Friedensvorschlag ließ er am 3. Mai den Nuntien in Berlin, Paris, Warschau und den Gesandten Englands beim Heiligen Stuhl übergeben. Der Berliner Nuntius Orsenigo überreichte ihn am 5. Mai dem deutschen Reichskanzler, der sich in Berchtesgaden aufhielt. Der Nuntius wurde mit der Antwort verabschiedet, daß Hitler die Angelegenheit demnächst mit Mussolini besprechen werde. Im Augenblick sehe Hitler keine Kriegsgefahr.

Am 6. und 7. Mai kam es zu einer Unterredung der Außenminister

Deutschlands und Italiens. Man vereinbarte, dem Papst für seine Intervention zu danken und ihn zugleich zu bitten, von einem Appell an die fünf Mächte Deutschland, Italien, Frankreich, England und Polen abzusehen. Auch von den übrigen Regierungen kamen ablehnende Reaktionen. Keine der fünf angegangenen Regierungen war an einer Fünf-Mächte-Konferenz interessiert. Man erklärte dem Papst, daß keine Veranlassung bestehe, um den Frieden besorgt zu sein.

Aber Pius XII. ließ sich nicht täuschen. Am 30. Mai ließ er Mussolini bitten, er möge Hitler veranlassen, das Problem der Freien Stadt Danzig mit Ruhe zu behandeln. Seine Intervention war auch jetzt erfolglos. Anfang Juli 1939 erklärte der englische Gesandte, daß England seine Bündnisverpflichtungen wegen Danzig in jedem Fall erfüllen werde. Pius XII. ließ diese Mitteilung sofort Mussolini übermitteln mit der Bitte, Hitler von der entschiedenen Haltung Englands zu unterrichten, jedoch wiederum ohne Ergebnis. Am 11. August erfuhr der italienische Außenminister, daß Hitler zum Krieg entschlossen sei. Der Papst warnte einige Tage später, am 19. August, vor Gewaltmaßnahmen. Er wies hin auf die unsagbare Verantwortung der führenden Politiker. Als dann die Nachrichten von dem Nicht-Angriffspakt zwischen Hitler und Stalin eintrafen, war man sich im Vatikan über die Konsequenzen dieses Vertrages im klaren. Noch einmal appellierte der Papst am 24. August 1939 an die Welt, die Vernunft siegen zu lassen. Mit den Worten: „Mit dem Frieden ist nichts verloren, mit dem Krieg kann alles verloren sein", sprach der Papst eine eindringliche Mahnung aus, die leider nicht den erhofften Erfolg hatte. Der Appell an die Öffentlichkeit war ein letzter Versuch des Papstes, den Krieg noch zu verhindern, nachdem alle diplomatischen Schritte, den Frieden zu retten, als gescheitert angesehen werden mußten. Der Friedensappell des Papstes, der in seinen wesentlichen Teilen von Monsignore Montini abgefaßt war (B. Schneider), stellt einen ersten Höhepunkt der Friedensbemühungen des Papstes dar.

Den weiteren Anstrengungen des Papstes, noch einen Kompromiß zu erreichen und Zeit zu gewinnen, war kein Erfolg beschieden. Am 1. September 1939 marschierten die deutschen Truppen in Polen ein: der Zweite Weltkrieg begann. Mit dem Ausbruch der militärischen Auseinandersetzungen wurde für Pius XII. die Beilegung des Krieges die vordringlichste Sorge. Die Erlangung eines wahren Friedens galt für ihn als die wichtigste Aufgabe, wie er in seinem Brief an Erzbischof Frings von Köln am 3. März 1944 betonte: er habe in den vergangenen fünf Jahren alle seine Kräfte für den Frieden eingesetzt. Um seiner Friedenstätigkeit die Aussicht auf einen Erfolg zu sichern, hielt Pius XII. während der Kriegsjahre unverrückt an der Neutralität des Heiligen Stuhles fest.

Nach Ausbruch des Krieges war das vordringliche Anliegen des Papstes, Italien aus dem Kriegsgeschehen herauszuhalten. Es gelang ihm durch seine Intervention, den Kriegseintritt Italiens bis zum Juni 1940 hinauszuzögern. Aufschlußreich für die Friedensbemühungen Pius' XII. ist sein Brief vom 12. März 1944 an den Trierer Bischof Bornewasser, in dem es heißt: „Für das Schifflein Petri stehen die Zeichen auf Sturm und verlangen vom Steuermann ein nicht geringes Maß von Wachsamkeit, Geduld und Ausdauer ... In diesem furchtbarsten und verwickeltsten aller Kriege verfolgen Wir nur ein Ziel und lassen es keinen Augenblick und in keiner Unserer Handlungen aus dem Auge: die Unparteilichkeit des Heiligen Stuhles unversehrt zu wahren, der Kriegsnot abzuhelfen und Wege zu einem für alle erträglichen Frieden zu suchen."

Pius XII. hat immer wieder zum Frieden gemahnt und die psychologischen, rechtlichen und religiösen Grundlagen eines dauerhaften Friedens formuliert (Leiber). Besonders in seinen Weihnachtsansprachen entwickelte der Papst ein Programm für einen wahren, gerechten und dauerhaften Frieden.

Große Verdienste erwarb sich Pius XII. durch seine Bemühungen, die Ewige Stadt aus den Kämpfen herauszuhalten und vor Luftangriffen zu bewahren. Mehr als 5000 Juden gewährte er in römischen Kirchen und Klöstern und im Vatikan Asyl. Auf einen öffentlichen Protest gegen die Judenvernichtungen durch das Hitler-Regime verzichtete er, nachdem die nationalsozialistischen Machthaber auf einen entsprechenden Protest der holländischen Bischöfe mit verstärkter Judenverfolgung reagiert hatten. Seine Haltung in dieser Frage wird deutlich aus dem Brief vom 30. April 1943 an Bischof Preysing in Berlin: „Zu dem, was im deutschen Machtraum zur Zeit gegen die Nichtarier vor sich geht, haben Wir in Unserer Weihnachtsbotschaft ein Wort gesagt. Es war kurz, wurde aber gut verstanden. Daß den nichtarischen oder halbarischen Katholiken, die Kinder der Kirche sind wie alle anderen, jetzt, im Zusammenbruch ihrer äußeren Existenz und in ihrer seelischen Not, Unsere Vaterliebe und Vatersorge in erhöhtem Maße gilt, brauchen Wir nicht erst zu versichern. So wie die augenblickliche Lage ist, können Wir ihnen leider keine andere wirksame Hilfe zukommen lassen als Unser Gebet. Wir sind aber entschlossen, je nachdem was die Umstände heischen oder erlauben, von neuem Unsere Stimme für sie zu erheben ..." Für die katholischen Nichtarier wie auch für die Glaubensjuden habe der Heilige Stuhl caritativ getan, was nur in seinen Kräften stand, in seinen wirtschaftlichen und moralischen. Der Papst erwähnte, daß dem Heiligen Stuhl auch von jüdischen Zentralen wärmste Anerkennung für sein Rettungswerk ausgesprochen worden sei. Bekanntlich sandten 1942 u. a. die jüdischen Gemeinden von Bolivien, Costarica, Südafrika, Chile, die Union der Orthodoxen Rabbiner von Amerika und Kanada, der Großrabbiner von Zagreb Danktelegramme an den Heiligen Stuhl.

Die Schrecken des Krieges suchte der Papst so weit zu lindern, wie es ihm nur möglich war. Gleich am ersten Kriegstag richtete er einen Such- und Nachrichtendienst für Kriegsgefangene und Vermißte ein, der mehr als 11 Millionen Antworten vermitteln konnte. Nach dem Kriege gelang es einer päpstlichen Hilfskommission durch die Lieferung von Liebesgaben, die materielle Not in den verschiedensten Ländern Europas zu mildern. Bald nach dem Kriege wandte sich der Papst gegen den Vorwurf einer Kollektivschuld der Deutschen und wies darauf hin, daß die Maßstäbe des Rechts und der Humanität auch gegenüber Besiegten Geltung hätten. Aber die furchtbaren Greuel der nationalsozialistischen Machthaber wurden von den Siegern mit neuen Gewaltmaßnahmen beantwortet, u. a. mit der Vertreibung vieler Millionen Deutscher aus ihrer Heimat, mit der unmenschlichen Behandlung Hunderttausender von Kriegsgefangenen. Der Papst aber gab durch die Entsendung eines Apostolischen Visitators nach Deutschland, des amerikanischen Erzbischofs Muench, ein Beispiel christlicher Haltung und Versöhnungsbereitschaft.

Die innerkirchliche Tätigkeit Pius' XII. war von nicht geringerer Bedeutung. Er hat nicht nur zu den Problemen der Kriegs- und Nachkriegszeit Stellung bezogen, sondern auch die theologische Entwicklung entscheidend gefördert. Es gibt kaum eine religiöse Grundsatzfrage, die Pius XII. in seinen Apostolischen Schreiben und Reden nicht angeschnitten hätte.

Der Inhalt seines ersten Rundschreibens „Summi pontificatus" vom 20. Oktober 1939 war verständlicherweise stark vom Ausbruch des Zweiten Weltkrieges mitbestimmt. Einleitend weist er darauf hin, daß er den Krieg mit seinem ganzen Einsatz vergeblich zu beschwören suchte. Er erinnerte an das abgrundtiefe Leid unzähliger Menschen und nannte die Not der Gegenwart eine Rechtfertigung des Christentums, wie sie erschütternder nicht gedacht werden könne. „Auf einem gigantischen Gipfelpunkt widerchristlicher Irrtümer und Bewegungen sind aus ihnen unsagbar bittere Früchte gereift, und diese sprechen ein Verdammungsurteil, dessen Wucht jede bloß theoretische Widerlegung übertrifft." Als die tiefste Wurzel der Irrtümer der Gegenwart bezeichnet der Papst die Verkennung des natürlichen Sittengesetzes und die Loslösung der Staatsgewalt von Gott und von den Naturrechten der Menschen.

Der Papst erinnert anschließend an die Leiden der Kriegsopfer. „Das Blut ungezählter Menschen, auch von Nichtkämpfern, erhebt erschütternde Klage, insbesondere auch über ein so geliebtes Volk wie das polnische, dessen kirchliche Treue und Verdienste um die Rettung der christlichen Kultur mit unauslöschlichen Lettern in das Buch der Geschichte geschrieben sind und ihm ein Recht geben auf das menschlich brüderliche Mitgefühl der Welt. Was heute geschehen ist und weiter geschieht, stand wie eine Vision vor Unserem Auge, als Wir in einer Zeit, wo noch nicht alle Hoffnung geschwunden war, nichts unversucht ließen, um in den Unserem heiligen Amt gemäßen Formen und mit den Uns zu Gebote stehenden Mitteln den Waffengang zu verhüten und die Wege zu einer für beide Teile ehrenvollen Vereinbarung offenzuhalten. Überzeugt davon, daß der Gewaltanwendung von der einen Seite die bewaffnete Antwort der Gegenseite folgen werde, erachteten Wir es – selbst auf die Gefahr von Mißverständnissen Unserer Absichten und Ziele hin – für eine unabweisbare Pflicht Unseres Amtes und ein Gebot christlicher Liebe, alles daranzusetzen, um der Menschheit und der Christenheit die Schrecken eines neuen Weltbrandes zu ersparen. Unsere Mahnungen sind, wenn auch nicht ungehört, so doch unbefolgt verhallt."

Die Aufnahme dieser ersten Enzyklika Pius' XII. im nationalsozialistischen Deutschland war entschieden ablehnend. Der Chef der Geheimen Staatspolizei Müller urteilte vereinfachend: „Die Enzyklika richtet sich ausschließlich gegen Deutschland, sowohl auf weltanschaulichem Gebiet wie bezüglich der deutsch-polnischen Auseinandersetzung. Ihre Gefährlichkeit auf außen- und innenpolitischem Gebiet bedarf keiner weiteren Erörterung."

Theologisch bedeutsam war besonders die Enzyklika „Mystici corporis" vom 29. Juni 1943, die das Kirchenverständnis zum Inhalt und die Diskussionen über den modernen Kirchenbegriff stark beeinflußt hat. Sie beantwortete die Frage nach dem Wesen der Kirche und der Kirchengliedschaft. Die Kirche wird als der mystische Leib Christi umschrieben und eine Erläuterung der geheimnisvollen und engen Verbindung Christi mit seiner Kirche bzw. den Gläubigen gegeben.

Richtungweisend war auch die große Bibelenzyklika „Divino afflante Spiritu" vom 30. September 1943 über die zeitgemäße Förderung der biblischen Studien. Die Veranlassung dieser Enzyklika bildete die 50jährige Wiederkehr der Veröffentlichung des Bibelrundschreibens „Providentissimus Deus" Leos XIII. Pius XII. nahm dieses Jubiläum zum Anlaß, um die Bedeutung von „Providentissimus Deus" in Erinnerung zu bringen und zugleich auf die besonderen Aufgaben hinzuweisen, die den katholischen Exegeten in der Gegenwart gestellt seien. Die Enzyklika würdigt die Bemühungen Leos XIII. und seiner Nachfolger um die biblischen Studien. Nach einem Überblick über den augenblicklichen Stand der Bibelwissenschaft betont der Papst die Bedeutung der biblischen und orientalischen Sprachen für die Schrifterklärung. Die erste Sorge der Exegeten müsse es sein, den Wortsinn der biblischen Texte herauszuarbeiten, vor allem aber müsse der theologische Lehrgehalt der biblischen Texte herausgestellt werden.

Die dritte bedeutende Enzyklika Pius' XII. behandelte die Liturgie. Sie beginnt mit den Worten „Mediator Dei" und trägt das Datum vom 20. November 1947. In ihr wird erstmals lehramtlich zur Liturgischen Bewegung Stellung genommen. Es sei die erhabene Würde der Liturgie, daß sie der Gottesdienst des ganzen mystischen Leibes sei. Der Priester stelle in der Eucharistiefeier die Person Christi dar. Der Papst hebt zugleich die Stellung der Laien hervor und betont, daß auch die Gläubigen, jedoch in anderer Weise, die göttliche Opfergabe darbringen.

Am 12. August 1950 veröffentlichte Pius XII. die Enzyklika „Humani generis". Diese wandte sich gegen falsche Ansichten, die die Grundlagen der katholischen Lehre zu untergraben drohten. Ein Höhepunkt der lehramtlichen Tätigkeit Pius' XII. war die Verkündigung des Glaubenssatzes von der leiblichen Aufnahme Mariens in den Himmel. Sie erfolgte nach einer Befragung des Weltepiskopates am 1. November 1950. 1954 eröffnete der Papst das Marianische Jahr zur Erinnerung an die vor hundert Jahren dogmatisierte Lehre von der Unbefleckten Empfängnis Mariens. In seiner Enzyklika „Ad coeli Reginam" vom 11. Oktober 1954 wies Pius XII. auf die königliche Würde Mariens hin und setzte das Fest vom Königtum Mariens ein. Die Bedeutung der Herz-Jesu-Verehrung stellte der Papst in seiner Enzyklika „Haurietis aquas" vom 15. Mai 1956 heraus und zeigte die Zusammenhänge zwischen der Christologie und der Herz-Jesu-Verehrung auf.

In der sozialen Frage hat Pius XII. die Tradition seiner Vorgänger, Leos XIII. und Pius' XI., fortgesetzt, wenn er auch keine eigene Sozialenzyklika veröffentlicht hat. Verschiedentlich hat sich der Papst zur sozialen Frage geäußert. Der Umfang dieser päpstlichen

Verlautbarungen wird sichtbar in der „Sozialen Summe Pius' XII.", die die Dominikanertheologen Utz–Groner in drei Bänden herausgegeben haben. Hier sei nur hingewiesen auf die Ansprache des Papstes zur 50-Jahr-Feier des Rundschreibens „Rerum novarum" vom 1. Juni 1941. Darin betont der Papst, daß Leo XIII. der Welt seine soziale Botschaft übermittelt habe aus der tiefen Überzeugung heraus, daß die Kirche nicht nur das Recht, sondern auch die Pflicht habe, zu den Fragen des menschlichen Zusammenlebens autoritativ Stellung zu nehmen. Es gehöre zum Geltungsbereich der Kirche, über diejenigen Belange des sozialen Lebens, die an das Gebiet der Sittlichkeit heranreichen oder es berühren, zu befinden, ob die Grundlagen der jeweiligen gesellschaftlichen Ordnung mit der ewig gültigen Ordnung übereinstimmen, die Gott durch Naturrecht und Offenbarung kundgetan habe. Nach R. Leiber war Pius XII. in der sozialen Frage fortschrittlich genug, um die Konservativen aufzurütteln, und konservativ genug, um die Fortschrittlichen zu zügeln.

Zur Ökumenischen Bewegung nahm Pius XII. eine offenere Haltung ein als seine Vorgänger. Aber auch er betonte, daß die Einheit der Christen nur durch die Rückkehr zur Kirche verwirklicht werden könne. Oftmals hat der Papst in seinen Reden die „getrennten Brüder" angesprochen und auch Gesprächskontakte zwischen Theologen bejaht, so z. B. in Deutschland die Gespräche des Jaeger-Stählin-Kreises unter Erzbischof Lorenz Jaeger von Paderborn und Landesbischof Wilhelm Stählin von Oldenburg, die seit 1946 geführt wurden. 1952 wurde eine nichtamtliche katholische Konferenz für die ökumenischen Fragen mit J. Willebrands gegründet.

Die Bedeutung der lehramtlichen Aussagen Pius' XII. wird in der starken Berücksichtigung seiner Lehren durch das Zweite Vatikanische Konzil ersichtlich. Die große Mehrheit der Papstzitate in den Konzilsdokumenten stammt aus dem Werk Pius' XII.

Ein persönliches Verhältnis hatte Pius XII. zu Deutschland. Bereits als Kardinalstaatssekretär haben ihn die Fragen der deutschen Kirche stark beschäftigt, wie u. a. aus dem Notenwechsel zwischen dem Heiligen Stuhl und der Deutschen Reichsregierung ersichtlich wird. Gegenüber dem Nationalsozialismus nahm er eine entschieden ablehnende Haltung ein, die ihn aber nicht gehindert hat, mit der Regierung Hitler – Papen 1933 zu verhandeln. Er war der Ansicht, daß der Vatikan sich durch eine Ablehnung der Konkordatsverhandlungen ins Unrecht setze und die deutschen Katholiken schweren Gefahren ausliefere. Nach seiner Auffassung war es leicht, einen Kirchenkampf zu beginnen, aber schwer, ihn durchzuhalten. Wenn der Kampf der Kirche aufgezwungen werde, müßten die Katholiken wissen, daß die oberste Leitung der Kirche vorher alles versucht habe, ihnen diese Auseinandersetzungen zu ersparen. Die späteren Ausgleichsbemühungen des Papstes waren zwar angesichts der politischen Haltung des nationalsozialistischen Systems zur Aussichtslosigkeit verurteilt. Aber die ablehnende Haltung der Hitler-Regierung hat seine Liebe zu Deutschland nicht beeinträchtigen können. Nach dem Sieg der Alliierten war er der erste, der sich verständnisvoll über Deutschland geäußert hat und den Mut hatte, öffentlich für Deutschland Stellung zu nehmen.

In seiner Missionsenzyklika von 1951 zeigte Pius XII. ein großes Entgegenkommen und Verständnis für fremde Gebräuche und Traditionen. In zahlreichen Missionsgebieten wurden unter seinem Pontifikat Bischofssitze errichtet, u. a. in China, Britisch-Westafrika, Britisch-Ostafrika, Südafrika, Französisch-Afrika, Burma und in den skandinavischen Ländern. Die Zahl der Diözesen und Apostolischen Vikariate und Präfekturen erhöhte sich unter seinem Pontifikat von 1696 auf 2048.

Glanzvolle Ereignisse in seiner Regierungszeit waren die 33 Heiligsprechungen, die Pius XII. vornahm, darunter die Heiligsprechung Pius' X. und die Seligsprechung Innozenz' XI. Die tiefe Verehrung, die Pius XII. bei den Gläubigen der Welt besaß, zeigte sich besonders bei der Feier des Heiligen Jahres 1950, als Rom einen bis dahin nicht gekannten Andrang von Pilgern erlebte, die der Papst in eindrucksvollen Audienzen empfing.

Der internationale Charakter der Kirche kam in den Kardinalsernennungen Pius' XII. von 1946 und 1953 zum Ausdruck, durch die das traditionelle Übergewicht der Italiener im Kardinalskollegium beseitigt und auch Bischöfe außereuropäischer Länder berücksichtigt wurden. Durch die Erhebung von drei deutschen Kardinälen im Jahre 1946 anerkannte Pius XII. den mutigen Einsatz deutscher Bischöfe unter der nationalsozialistischen Herrschaft: Bischof Clemens August Graf von Galen aus Münster, Bischof Konrad von Preysing aus Berlin und Erzbischof Josef Frings von Köln berief er in das Kardinalskollegium.

Blutige Verfolgungen hatte die Kirche unter Pius XII. in den Herrschaftsgebieten des Kommunismus zu erdulden. Besonders in China mußte die Kirche eine erbarmungslose Unterdrückung erleiden. 1946 hatte Pius XII. dort eine eigene Hierarchie mit 105 Diözesen und ca. 40 Apostolischen Präfekturen errichtet. Drei Jahre später (1949) kam es zur Machtübernahme durch die Kommunisten und zur Ausrufung der „Volksrepublik". Alle ausländischen Missionare wurden ausgewiesen, die meisten chinesischen Priester und Bischöfe gefangengesetzt, die Kirchen geschlossen. Pius XII. richtete am 18. Januar 1952 einen Apostolischen Brief an die chinesischen Katholiken, in dem er gegen die Ausweisung und Verurteilung der Missionare protestierte. Am 7. Oktober 1954 veröffentlichte er eine eigene Enzyklika an die Völker Chinas. Gegen die „patriotische Vereinigung der Katholiken" und die von Rom nicht gebilligten Bischofsweihen wandte sich der Papst in einem Rundschreiben vom 29. Juni 1958. In Rußland ging, trotz Milderungen während des Zweiten Weltkrieges, die Christenverfolgung weiter. In Ungarn, Polen, Litauen, Lettland, Jugoslawien wurde der Einfluß der Kirche mit blutiger Gewalt zurückgedrängt. Als 1944 die frühere polnische Westukraine mit 4,5 Millionen Katholiken unter russische Herrschaft kam, begann dort sofort der Kampf gegen die mit Rom verbundene Kirche. Fast 1000 Priester und alle fünf Bischöfe mit dem Metropoliten Josef Slipyi wurden verhaftet und abgeurteilt. Erst nach 17 Jahren Gefangenschaft gelang es dem Vatikan, die Freilassung des Metropoliten zu erreichen. In der Ukraine beschlossen schismatische Priester unter russischem Druck auf einer Scheinsynode den Anschluß an die Moskauer Kirche. 1949/50 erfolgte ebenfalls die Eingliederung der Ruthenischen Kirche in der Slowakei in die russische Orthodoxie. Auch in Rumänien mußte 1948 die Union mit Rom aufgekündigt werden. Sämtliche Bischöfe wurden verhaftet und am 1. Dezember 1948 die katholischen Bistümer aufgehoben. Erst nach dem Tode Stalins kam es zu einer Milderung der Katholikenverfolgung im kommunistischen Machtbereich.

Sein Urteil über Pius XII. faßt Robert Leiber in die Worte zusammen: „Nicht jeder Pontifikat braucht sich einer Sonderaufgabe gegenüber zu sehen, die er erfüllen soll. Die ordentliche Verwaltung der Gesamtkirche ist schon Aufgabe genug." Pius XII. habe die Vorsehung jedoch eine Sonderaufgabe gestellt: die Kirche durch den Zweiten Weltkrieg hindurchzuführen. „Die Aufgabe war schwer, aber Pius XII. hat sie glänzend gelöst. Die Kirche hat in dieser Zeit der rohen Gewalt, des Hasses und des Mordens an Ansehen, Vertrauen und Wirkungsmöglichkeiten nur gewonnen." Bereits 1949 hatte der protestantische Kirchenhistoriker Heinrich Hermelink geurteilt, daß unter Pius XII. und in den Jahren nach 1945 die moralische Autorität des Heiligen Stuhles ein noch kaum dagewesenes Höchstmaß erreicht zu haben scheine.

Jede Persönlichkeit hat ihre Grenzen, erklärte R. Leiber. Aber das Zeugnis könne man Papst Pius XII. ausstellen: er habe sein

Können und seine Arbeitskraft restlos und ununterbrochen in den Dienst der Kirche Christi gestellt.

Als Papst Pius XII. am 9. Oktober 1958 starb, wurde die Todesnachricht in der ganzen Welt mit Erschütterung aufgenommen. Die Anteilnahme an seinem Tode war beispiellos. „Für einen Augenblick schien unsere zerrissene Welt einig. Es war ein stiller Triumph der Kirche und ihrer Größe, für die Papst Pius XII. sein Letztes eingesetzt hat. Über die Bedeutung dieses Pontifikats mag endgültig eine spätere Zeit urteilen, die den nötigen Abstand vom Heute gewonnen hat, über dessen Reichtum für Kirche und Menschheit besteht indes kein Zweifel... Die Aufgabe des Stellvertreters Christi, Lehrer der Völker zu sein, hat der verstorbene Papst in einem Ausmaß erfüllt, daß man versucht sein mag, ihn unter dieser Rücksicht den Größten seiner Vorgänger beizugesellen" (Leiber).

Das Testament des Papstes, der zu seinen Lebzeiten nicht nur die Katholiken, sondern die Mehrzahl seiner Zeitgenossen tief beeindruckt hat, lautete: „Erbarme Dich meiner, o Gott, nach Deiner Barmherzigkeit. Diese Worte, die ich im Bewußtsein meiner Unzulänglichkeit aussprach, als ich mit Bestürzung meine Wahl zum Papst annahm, wiederhole ich nun mit größerer Berechtigung, da die Vergegenwärtigung der Mängel, Unzulänglichkeiten und Fehler, die während eines so langen Pontifikates und in solch schwerer Zeit begangen wurden, mir meine Unzulänglichkeit und Unwürdigkeit klarer vor Augen geführt hat." Hier wird die religiöse Persönlichkeit des Verstorbenen deutlich, der durch die Hingabe an sein Amt, seine geistige Führungskraft, seine diplomatische Gewandtheit und seine tiefe Religiosität neue Beurteilungsmaßstäbe für die Papstgeschichte gesetzt hat.

§ 39
*Der Pontifikat Johannes' XXIII.*

Nach dem Tode Pius' XII. begann das Konklave am 25. Oktober 1958, zu dem sich 51 Kardinäle versammelt hatten. Sie wählten am 28. Oktober den Patriarchen von Venedig, Angelo Giuseppe Roncalli, zum neuen Papst. Er nannte sich JOHANNES XXIII. (1958–1963). Im Spätmittelalter hatte es bereits einen Papst Johannes XXIII. gegeben. Er war auf dem Konzil von Konstanz 1415 abgesetzt worden. Nach der Papstliste im Annuario Pontificio zählt Johannes XXIII. sen. zu den Gegenpäpsten, da er der sogenannten Pisaner Papstreihe angehört.

Als Wahlspruch wählte der neue Papst die Worte: Gehorsam und Friede. Bereits am 4. November, dem Feste des hl. Karl Borromäus, den er hochverehrte und dessen Visitationsakten er herausgegeben hatte, wurde er in Sankt Peter feierlich gekrönt.

Angelo Roncalli, der am 25. November 1881 in Sotto il Monte im Bistum Bergamo geboren war, entstammte einer armen Familie mit dreizehn Kindern, die verständlicherweise unter sehr bescheidenen Verhältnissen aufwuchsen. Trotzdem konnte der hochbegabte Angelo das Gymnasium besuchen. Im Jahre 1900 begann er das Studium der Theologie im Seminario Romano di Sant'Apollinare in Rom. Seine römischen Studien schloß Roncalli mit der Promotion zum Dr. theol. ab. 1904 wurde er zum Priester geweiht und 1915 von seinem Heimatbischof Giacomo Radini Tedeschi zu seinem Sekretär und zugleich zum Professor am Priesterseminar in Bergamo berufen, wo er Kirchengeschichte, Patrologie und Apologetik las. Als 1915 Italien in den Weltkrieg eintrat, wurde Roncalli zunächst Sanitätssoldat, später Militärpfarrer. 1921 erhielt er einen Ruf an die Propagandakonkregation nach Rom. Hier dozierte er zugleich am Römischen Seminar Patrologie.

1925 berief ihn Pius XI. zum Apostolischen Visitator für Bulgarien und ernannte ihn zum Titularbischof von Areopolis in Palästina. Nach neunjähriger Tätigkeit in Sofia wurde er Apostolischer Delegat für die Türkei und für Griechenland. Er nahm seinen Sitz zunächst in Istambul, seit 1937 in Athen. Er blieb dort auch, als die deutschen Truppen Griechenland besetzten.

Am 23. Dezember 1944 übertrug ihm Pius XII. überraschend die wichtige Aufgabe eines Apostolischen Nuntius in Paris. Er wurde der Nachfolger von Monsignore Valeri, der Vertreter des Heiligen Stuhles bei Marschall Pétain gewesen war und jetzt wegen seiner Kollaboration mit der Vichy-Regierung weichen mußte.

Am 1. Januar 1944 überreichte der neue Nuntius Roncalli dem Staatspräsidenten General de Gaulle sein Beglaubigungsschreiben. Dabei übermittelte er der französischen Nation die ersten Glückwünsche nach der Befreiung von der deutschen Besetzung. Mit Geschick konnte er die Forderung nach Abberufung von 33 französischen Bischöfen, die ebenfalls der Kollaboration mit Pétain beschuldigt wurden, abwenden und die bestehenden Spannungen mildern. Es gelang ihm auch, die französische Regierung für den Plan zu gewinnen, die kriegsgefangenen deutschen Theologiestudenten in einem eigenen Lager in Chartres zusammenzufassen, wo sie ihr Studium fortsetzen konnten.

1951 übernahm Roncalli zugleich das Amt des ständigen Beobachters des Heiligen Stuhles bei der UNESCO. Am 12. Januar 1953 wurde er Kardinal und Erzbischof und Patriarch von Venedig. Aufschlußreich sind die Worte, die er bei seiner Ankunft an die Gläubigen von Venedig richtete: „Betrachtet euren Patriarchen nicht als Politiker oder als Diplomaten, sondern seht in ihm nur den Seelenhirten, der berufen ist, seine Sendung an den kleinen Leuten zu erfüllen gemäß dem Auftrag des Herrn." Roncalli hat sich nie gescheut, darauf hinzuweisen, daß er von armen Eltern stammt. So heißt es in seinem Tagebuch: „Ich bin aus der Armut und den kleinen Verhältnissen in Sotto il Monte hervorgegangen, ich habe immer versucht mich nie davon zu entfernen." Als Erzbischof hat Roncalli alle Pfarreien seiner Erzdiözese besucht und mehr als dreißig Pfarreien errichtet.

Als er am 28. Oktober 1958 zum Papst gewählt wurde, war er der großen Welt weithin ein Unbekannter. Äußerlich unterschied er sich stark von dem asketisch schlanken Pius XII. Seine füllige Gestalt bedeutete für viele eine Enttäuschung, da man in Pius XII. den Idealtyp eines Papstes gesehen hatte. Johannes XXIII. galt bei seiner Wahl als typischer Übergangspapst. Mit seinen 77 Jahren konnte man nur mit einem kurzen Pontifikat rechnen. Daß der Papst selbst eine lange Dauer seines Pontifikates nicht erwartet hat, zeigen die Worte, die er bei der Besitzergreifung der Lateranbasilika am 23. November 1958 sprach: „Wir haben nicht das Recht, einen langen Weg vor Uns zu sehen." Und doch wurde die Regierungszeit Johannes' XXIII. für die Kirchengeschichte von großer Bedeutung. Bei seiner Krönung am 4. November 1958 erklärte der Papst, daß er nichts anderes sein wolle als ein guter Hirt.

In seiner Ansprache vom 25. Januar 1959 an die Kardinäle nannte er als die Aufgaben seines Pontifikates: 1. die Einberufung einer römischen Diözesansynode, 2. die Versammlung eines Allgemeinen Konzils, 3. die Revision und Neukodifizierung des Kirchenrechtes. Der Wortlaut dieser Ansprache wurde am 27. Februar 1959 in den „Acta Apostolicae Sedis" veröffentlicht.

Verständlicherweise bedeutete die Ankündigung der Berufung eines Allgemeinen Konzils eine Sensation. Nach fast hundert Jahren sollten sich wieder die Bischöfe der Weltkirche zu einer allgemeinen Synode versammeln. Bekanntlich war das Erste Vatikanische Konzil (1869/70) nicht abgeschlossen, sondern infolge des Ausbruchs des Deutsch-Französischen Krieges und des dadurch verursachten Abzugs der französischen Schutztruppen aus Rom nur suspendiert worden.

Die Ankündigung des Ökumenischen Konzils weckte in weiten

Kreisen der Welt höchste Erwartungen. Besonders löste die Einladung des Papstes an die nichtkatholischen Gemeinschaften, anläßlich des Konzils nach der Einheit zu suchen, kaum realisierbare Hoffnungen aus. Die Wunschvorstellungen einer Union der Kirchen wurden noch verstärkt, als der Papst wenige Tage später, am 30. Januar 1959, in S. Giovanni e Paolo erklärte: „Wir wollen nicht aufzuzeigen suchen, wer recht oder unrecht hat: Die Verantwortung ist geteilt. Wir wollen nur sagen: Kommen wir zusammen, machen wir den Spaltungen ein Ende." Der Papst scheint sich bei der improvisierten Konzilsankündigung über die zu bewältigenden Schwierigkeiten nicht ganz klar gewesen zu sein. Ein eigentliches Konzilsprogramm hatte Johannes XXIII. nicht. Er glaubte zunächst, daß das Konzil nach drei Monaten beendet werden könne. Aber bald zeigte sich, daß diese Absicht nicht zu verwirklichen war. Die überraschende Berufung des Konzils begründete Johannes XXIII. kurze Zeit danach mit einer plötzlichen Eingebung. Zwar hatte er bereits als Patriarch von Venedig mit Pius XII. über die Möglichkeit eines Konzils gesprochen. Nach seiner Wahl zum Papst unterbreiteten Kardinal Ottaviani und Erzbischof Ruffini von Palermo Johannes XXIII. den Vorschlag, ein Konzil einzuberufen. Eine letzte Klärung, wie es zur Konzilsberufung kam, steht noch aus.

Pfingsten 1959 wurde die erste Vorbereitende Konzilskommission eingesetzt. Inzwischen hatte sich die Erkenntnis durchgesetzt, daß das kommende Ökumenische Konzil eine Angelegenheit der römisch-katholischen Kirche sein werde. Der Papst erklärte, daß die Kirche sich zunächst den Erfordernissen der Zeit anzupassen habe. Wenn diese Aufgabe erfolgreich gelöst sei, könne sie die getrennten Brüder mit größerer Aussicht auf Erfolg zur Einheit einladen. In seiner Ansprache vor den Mitgliedern des päpstlichen Griechischen Kollegs vom 14. Juni 1959 fiel aus dem Munde des Papstes zum ersten Mal das Wort: Anpassung, „aggiornamento". Wenn die Kirche modernisiert und verjüngt erscheine, dann könne sie zu den getrennten Brüdern sagen: Kommt zu uns.

In seiner Antrittsenzyklika „Ad Petri cathedram" vom 29. Juni 1959, die zugleich die offizielle Konzilsankündigung darstellt, bezeichnete der Papst als die Hauptziele des Konzils: 1. die Entwicklung des katholischen Glaubens, 2. die Erneuerung des christlichen Lebens der Gläubigen, 3. die Anpassung der kirchlichen Disziplin an die Erfordernisse unserer Zeit. Alle diese Ziele sollten im Dienst an der Einheit der Christen stehen.

Vom 24. bis 31. Januar 1960 fand die römische Diözesansynode statt. Als ihre Aufgabe schwebte dem Papst vor, daß sie der Beginn der Erneuerung der Kirche werden solle. Die Erkenntnis, die Seelsorge in Rom müsse den veränderten Verhältnissen einer modernen, schnell wachsenden Großstadt angepaßt werden, veranlaßte Johannes XXIII., diese römische Diözesansynode – übrigens die erste in der Geschichte der Stadt – abhalten zu lassen. Ihr Verlauf und ihre Ergebnisse wurden von weiten Kreisen mit Überraschung zur Kenntnis genommen. Man äußerte die Befürchtung, hier solle ein Modellfall für das kommende Konzil geschaffen werden.

Pfingsten 1960 begann der zweite Abschnitt der Konzilsvorbereitungen. Am 5. Juni 1960 errichtete der Papst zehn Konzilskommissionen, die Zentralkommission und ein Sekretariat zur Förderung der Einheit der Christen, dessen Leitung der deutsche Kurienkardinal Augustin Bea SJ übernahm. Durch die Arbeit des Einheitssekretariats wurde die Frage der Wiedervereinigung von den Bischöfen der ganzen Welt als zentrales Problem erkannt und die Bereitschaft zum Dialog zwischen den Konfessionen geweckt.

Der Papst forderte die Bischöfe, Orden, katholischen Universitäten und Theologischen Fakultäten der ganzen Welt auf, ihre Vorschläge für die auf dem Konzil zu erörternden Probleme mitzuteilen. Eine Fülle von Vorschlägen unterschiedlichsten Inhalts war die Antwort auf diese Bitte des Papstes. Eine Bearbeitung des weitreichenden Materials erwies sich als kaum möglich.

Es bedeutete deshalb eine Überraschung, als der Papst bereits am 25. Dezember 1961 durch die Apostolische Konstitution „Humanae salutis" das Konzil für das Jahr 1962 einberief. Ein Eröffnungsdatum nannte Johannes XXIII. noch nicht. Zur Teilnahme am Konzil lud er auch die Weihbischöfe ein. Am 2. Februar 1962 setzte er den Konzilsbeginn auf den 11. Oktober 1962 fest. Eine Woche vor dem Konzil unternahm der Papst eine Wallfahrt nach Loretto und Assisi, um dort für das Gelingen des Konzils zu beten. Es war die erste längere Reise, die ein Papst nach fast hundert Jahren „Gefangenschaft im Vatikan" ausführte.

Die erste Sitzungsperiode des Konzils fand vom 11. Oktober bis zum 8. Dezember 1962 statt. Die Konzilsväter tagten in der Peterskirche. Das Zweite Vatikanische Konzil war die zahlenmäßig größte Kirchenversammlung, die die Geschichte kennt. Über 2500 Konzilsväter versammelten sich in Rom. Zum ersten Mal in der Kirchengeschichte folgten 18 nichtkatholische Kirchen der Einladung des Papstes und entsandten offizielle Konzilsbeobachter. Beim Ersten Vatikanischen Konzil hatten sowohl die Orthodoxen als auch die Protestanten die Einladung Pius' IX. scharf zurückgewiesen.

In seiner Eröffnungsrede am 11. Oktober 1962 machte Johannes XXIII. deutlich, daß er diese Kirchenversammlung als etwas Neues aufgefaßt wissen wollte: die wahre Lehre sollte durch die Darlegung der Glaubenswahrheiten strahlender aufleuchten. Auf Verwerfungsurteile wolle man verzichten.

Als in der ersten Generalkongregation vom 13. Oktober 1962 die Wahl der Konzilskommissionen stattfinden sollte, stellte Kardinal Liénart von Lille den Antrag, die Wahl um einige Tage zu verschieben, da ein näheres Kennenlernen in der kurzen Zeit unmöglich gewesen sei. Der Antrag wurde angenommen.

Die Konzilsväter behandelten zunächst das Schema über die heilige Liturgie, überwiesen es jedoch nach 16 Tagen an eine Kommission. Größere Schwierigkeiten ergaben sich bei der Beratung des Schemas von den Quellen der Offenbarung. Es stieß auf den entschiedenen Widerspruch von fast zwei Drittel der Konzilsväter und wurde – trotz des Fehlens der Zweidrittelmehrheit – vom Papst abgesetzt, der eine gemischte Kommission zur Erarbeitung eines neuen Schemas ernannte. An ihrer Spitze standen die Kardinäle Ottaviani und Bea.

Als drittes Schema wurde das der öffentlichen Kommunikationsmittel erörtert. Hierbei ergab sich wegen der unterschiedlichen Verhältnisse in den einzelnen Kontinenten und Ländern die Schwierigkeit, daß eine Aussage, die für die Gesamtkirche Verbindlichkeit und Geltung haben konnte, kaum zu erarbeiten war.

Die Einheit mit der Ostkirche bildete den Inhalt des vierten Schemas. Da diese Frage in enger Verbindung mit dem Schema über die Kirche stand, erschien es sinnvoll, mit der abschließenden Beratung zu warten, bis das Kirchenschema allgemein behandelt wurde. Obschon man das Hauptschema über die Kirche bis zum 8. Dezember nicht mehr durchdiskutieren konnte, beschloß man, wenigstens mit der Erörterung dieses Kirchenschemas zu beginnen.

Das Ende der ersten Sitzungsperiode war überschattet durch die ernste und unheilbare Krankheit des Papstes. Zum Abschluß der Konzilssession kam der schwerkranke Papst nur zu seiner Schlußansprache in die Peterskirche. Er sollte die zweite Sitzungsperiode des Konzils nicht mehr erleben.

Nicht nur durch die Berufung des Konzils, sondern auch durch weitere Maßnahmen seines Pontifikates hat Johannes XXIII. in der Papstgeschichte einen neuen Anfang gesetzt. Für viele überraschend war seine unkonventionelle Art, besonders aber die Güte, die er ausstrahlte. Man hat von ihm gesagt, er habe ein Herz wie eine Kugel aus klarstem Kristall. Sein Amt als Nachfolger des hl. Petrus verstand er als Dienstamt. Er war in Wahrheit „servus servorum Dei",

„Knecht der Knechte Gottes". Er besuchte die Kirchen, Gefängnisse, Krankenhäuser Roms, er reiste u. a. nach Loretto und Assisi und setzte sich damit über die traditionelle Haltung der bisherigen Päpste hinweg. An den Stationsgottesdiensten, die er in Rom wieder einführte, nahm Johannes XXIII. persönlich teil. Am Gründonnerstag vollzog er selbst die Fußwaschung, am Karfreitag beteiligte er sich an der Kreuzverehrung und weihte in der Osternacht das Taufwasser. Er führte die große Fronleichnamsprozession in Rom wieder ein. Seelsorglichen Motiven entsprangen auch seine Bemühungen um die Reform der Kurie und des Kirchenrechts. Mit den Führern der kommunistischen Welt eröffnete Johannes XXIII. das Gespräch. Seine Hauptsorge dabei war die Hilfe für die unterdrückten Gläubigen im kommunistischen Machtbereich. Er zeigte sich sogar bereit, Chruschtschows Tochter und Schwiegersohn Adschubej am 7. März 1962 zu empfangen.

Ein großes Anliegen bildete für den Papst die Förderung der Bestrebungen zur Wiedervereinigung der getrennten Christen. Von den nichtkatholischen Christen sprach der Papst als von den „getrennten Brüdern". Aufschlußreich für das neue ökumenische Klima unter Johannes XXIII. war der Besuch führender nichtkatholischer Kirchenmänner im Vatikan, u. a. der Besuch des anglikanischen Erzbischofs Geoffrey Fisher von Canterbury im November 1960.

Die Kundgebungen seines Lehramtes waren stärker den pastoralen als den dogmatischen Fragen gewidmet. In acht Enzykliken hat Johannes XXIII. zu den wichtigsten Zeitfragen Stellung genommen. In seiner Antrittsenzyklika vom 29. Juni 1959 „Ad Petri cathedram" wies der Papst darauf hin, daß Wahrheit, Einheit und Friede im Geist der Liebe gefördert werden sollten, und erinnerte an die Teilnahme der ganzen Welt – ohne Unterschied der Nationen und Weltanschauungen – beim Tode seines Vorgängers Pius' XII. Er gab seiner Freude darüber Ausdruck, daß seine Absicht, ein Ökumenisches Konzil einzuberufen, eine so breite und zustimmende Aufnahme gefunden habe.

In der zweiten Enzyklika Johannes' XXIII., die der Erinnerung des hundertsten Todestages des Pfarrers von Ars, Johannes M. Vianney, gewidmet war, kam seine Sorge um die Priester zum Ausdruck. Sie datiert vom 1. August 1959. Der Papst stellt darin den heiligen Pfarrer von Ars dem Klerus und Volk als das leuchtende Vorbild des Seelsorgers und Büßers vor Augen. Im ersten Teil spricht er im Anschluß an die drei Evangelischen Räte von der priesterlichen Askese. Er weist darauf hin, daß der Priester ein offenes

Ohr haben müsse für die Mahnung des Herrn: Wer mir nachfolgen will, der verleugne sich selbst, nehme sein Kreuz auf sich und folge mir nach. Im weiteren Verlauf machte Johannes XXIII. auf die Bedeutung von Gebet und Eucharistieverehrung im Leben des Priesters aufmerksam und bezeichnete die heilige Messe als die Quelle persönlicher priesterlicher Heiligkeit. Er stellt den Seeleneifer des heiligen Pfarrers von Ars als Beispiel seelsorglichen Verantwortungsbewußtseins hin und appelliert abschließend an die Jugend, die christlichen Familien und an alle Gläubigen, die Priester durch Gebet und Tat zu unterstützen und dafür zu sorgen, daß immer wieder junge Menschen der Berufung zum Priestertum Folge leisten.

Über das Rosenkranzgebet veröffentlichte Johannes XXIII. am 26. September 1959 sein drittes Rundschreiben, „Grata recordatio", in dem er Klerus und christliches Volk zum eifrigen Rosenkranzgebet während des Monats Oktober aufruft. Er bezeichnet es als das sicherste Mittel dafür, daß die römische Diözesansynode und das Ökumenische Konzil ein Erfolg würden.

Zur Missionsfrage hat sich Johannes XXIII. in seiner vierten Enzyklika geäußert, die das Datum vom 29. November 1959 trägt. Bereits in der Homilie der Krönungsmesse hatte der Papst die Mission als sein wichtigstes Anliegen genannt. In der Missionsenzyklika begründete er eindringlich die Notwendigkeit der einheimischen Hierarchie, des einheimischen Klerus und wies auf die Bedeutung der Laien in den Missionen hin. Abschließend machte er auf die Nöte und Sorgen der Kirche in den Missionsländern aufmerksam, dankte den Missionaren, Missionsschwestern und Laienhelfern und forderte zur weiteren geistigen und materiellen Hilfe für die Missionen auf. Am 8. Mai 1960 unterstrich er diese Worte durch die von ihm vorgenommene Konsekration von 14 Bischöfen aus Übersee, darunter 8 aus dem Eingeborenenklerus Afrikas, in der Peterskirche in Rom.

Seine stark beachtete Sozialenzyklika „Mater et magistra" veröffentlichte der Papst unter dem 15. Mai 1961. Einleitend wies er auf das Rundschreiben „Rerum novarum" hin und betonte die Notwendigkeit des wirtschaftlichen Ausgleichs zwischen den Völkern verschieden hoher Wirtschaftsstufen. Die Neuordnung des gesellschaftlichen Lebens müsse im Geist der Wahrheit, der Gerechtigkeit und der Liebe erfolgen.

Die sechste Enzyklika widmete Johannes XXIII. dem Gedächtnis von Papst Leo dem Großen und der Frage der Einheit der Kirche. Sie trägt das Datum vom 11. November 1961 und würdigte Leo – in Erinnerung an die 1500jährige Wiederkehr des Todes des Papstes –

als Hirten und Lehrer der Kirche. Er mache uns deutlich, daß die Kirche *eine* sein müsse, der Bischof von Rom der Mittelpunkt der sichtbaren Einheit sei und den Lehrprimat innehabe.

Dem Thema der Buße ist die siebte Enzyklika des Papstes gewidmet. Sie datiert vom 1. Juli 1962 und beginnt mit den Worten „Poenitentiam agere". Johannes bezeichnete darin die Buße als den Anfang der Sündenvergebung und der Erlangung des ewigen Heiles. Er wies hin auf die Buße im Alten und Neuen Testament, die Praxis der Kirche, das Beispiel der Konzilien und rief mit ernsten Worten zu Gebet und Buße als der besten Vorbereitung für das Konzil auf.

Zu den einflußreichsten Enzykliken gehört das letzte Rundschreiben Johannes' XXIII., „Pacem in terris", vom 11. April 1963 über den Frieden unter allen Völkern in Wahrheit, Gerechtigkeit, Liebe und Freiheit. Sie wandte sich an alle Menschen guten Willens. Darin wiederholte er die mahnenden Worte seines Vorgängers Pius XII. von 1939: Nichts ist mit dem Frieden verloren, aber alles kann mit dem Kriege verloren sein. Die allgemeine Erklärung der Menschenrechte, die am 10. Dezember 1948 von der Vollversammlung der Vereinten Nationen angenommen worden war, würdigte der Papst als einen Akt von höchster Bedeutung. Er nahm auch Stellung zur Frage der Koexistenz und erklärte: Es könne der Fall eintreten, daß Fühlungnahmen und Begegnungen über praktische Fragen, die in der Vergangenheit unter keiner Rücksicht sinnvoll erschienen, jetzt wirklich fruchtbringend seien oder es morgen sein könnten. Die Entscheidung, in welcher Weise und in welchem Grade eine nützliche Zusammenarbeit gesucht werden sollte, auf sozialem, wirtschaftlichem, kulturellem und politischem Gebiet, stehe allein der Klugheit zu.

Trotz der Bejahung der Koexistenz hat Johannes XXIII. zur Verfolgung der Kirche nicht geschwiegen, sondern seit seinem Regierungsantritt tätige Anteilnahme an dem Schicksal der Gläubigen in den Ländern des Ostblocks gezeigt. Bereits in seiner ersten Rundfunkbotschaft fand er für sie herzliche Worte des Gedenkens. An die Kardinäle A. Stepinac, Erzbischof von Agram († 10. 2. 1960), und J. Mindszenty, den Primas von Ungarn, die beide ihrer Freiheit beraubt waren, sandte Johannes XXIII. gleich nach seiner Krönung persönliche Telegramme. Während einer Gebetsstunde für die Christen in China kündigte er seine Absicht der Einberufung des Zweiten Vatikanischen Konzils an. Im Jahre 1961 verfaßte er ein eigenes Gebet für die Kirche des Schweigens. Eine Genugtuung war für ihn die Freilassung des Metropoliten Josef Slipyi von Lemberg, der siebzehn Jahre in sowjetischer Gefangenschaft hatte zubringen müssen. Seine Ausreise nach Rom deutete zugleich den Klimawechsel in den Beziehungen zwischen Vatikan und Ostblock an.

Bei der Regierung der Kirche bediente sich Johannes XXIII. in verstärktem Maße der Hilfe des Kardinalskollegiums, dem er die Aufgabe zuschrieb, die vermehrte Last der Leitung der Gesamtkirche mitzutragen. Diese Überlegung veranlaßte den Papst auch, die seit Sixtus V. 1586 festgelegte und durch den Codex Iuris Canonici vorgeschriebene Zahl der Kardinäle von 70 bereits bei der ersten Kardinalsernennung vom 15. Dezember 1958 zu überschreiten und auf 75 zu erhöhen. Im Jahre 1959 stieg ihre Zahl auf 79 und 1962 auf 87.

In seinem Pontifikat hat Johannes XXIII. zehn Heiligsprechungen und fünf Seligsprechungen vorgenommen. Seinen Wunsch, Papst Pius IX. heiligzusprechen, konnte er nicht mehr verwirklichen. 1959 erhob er den hl. Laurentius von Brindisi zum Kirchenlehrer.

Die Bindung Johannes' XXIII. an die Tradition zeigte sich in seiner Entscheidung vom 3. Juli 1959, daß die französischen Arbeiterpriester abgelöst werden sollten. In den gleichen Zusammenhang gehört auch das Monitum des Heiligen Offiziums vom 20. Juli 1961 an die Exegeten des Neuen Testamentes. Aus dieser traditionellen Haltung Johannes' XXIII. ist auch die Apostolische Konstitution „Veterum sapientia" vom 22. Februar 1962 erwachsen, die die Bedeutung der lateinischen Sprache und ihre Vorzüge für die Reinerhaltung des Glaubens hervorhebt.

Vom Geist der Tradition erfüllt war auch die Frömmigkeit Johannes' XXIII. Seine tiefe Religiosität wurde gespeist durch die innige Verehrung des heiligen Altarssakramentes und eine lebendige Marienverehrung. Das „Geistliche Tagebuch" des Papstes zeigt eine herkömmliche Spiritualität. Sein Wahlspruch lautete: „Durch Maria zu Jesus". Die Marienverehrung Johannes' XXIII. wird auch darin sichtbar, daß er als Zeit für die erste Sitzungsperiode des Konzils die Tage vom Feste der Mutterschaft Mariens bis zum Fest der Unbefleckten Empfängnis Mariens festsetzte. Überraschend für viele war die Aussage Johannes' XXIII. in seinem „Geistlichen Tagebuch", er habe während seines ganzen Lebens wöchentlich gebeichtet. „Die heilige Beichte, gut vorbereitet und regelmäßig freitags oder samstags abgelegt, bleibt immer eine Grundlage auf dem Weg der Heiligung."

Die religiöse Tiefe Johannes' XXIII. wird deutlich in seinem geistlichen Testament, das er am 29. Juni 1954 in Venedig schrieb: „In der Stunde, da ich vor dem Einen und Dreifaltigen Gott erscheine, der mich erschaffen und erlöst hat, der mich zu seinem Priester und Bischof berufen und mich mit Gnaden ohne Ende überhäuft hat, vertraue ich meine arme Seele seiner Barmherzigkeit an. Ich bitte ihn demütig um Verzeihung für meine Sünden und Fehler. Ich opfere ihm das wenige Gute auf, das ich mit seiner Hilfe, wenn auch unvollkommen und armselig, zu seiner Ehre im Dienst der heiligen Kirche und zur Erbauung meiner Brüder habe vollbringen können. Ich bitte ihn schließlich, er möge als guter und milder Vater mich mit seinen Heiligen in die ewige Seligkeit aufnehmen. Arm, aber als Kind ehrbarer und bescheidener Leute geboren, bin ich besonders froh, arm zu sterben, nachdem ich das, was mir – übrigens in sehr bescheidenem Maß – im Laufe der Jahre als Priester und Bischof zur Verfügung stand, nach den verschiedenen Umständen und Erfordernissen meines einfachen und bescheidenen Lebens an die Armen und an die heilige Kirche, die mich ernährt hat, verteilt habe. Ich danke Gott für diese Gnade der Armut, die ich schon in meiner Jugend gelobt habe: Armut im Geiste, als Priester des heiligsten Herzens, und wirkliche Armut. Sie hat mir die Kraft gegeben, nie etwas zu erbitten, weder Posten noch Geld, noch Gunsterweise, weder für mich noch für meine Angehörigen oder meine Freunde."

In dieser tiefreligiösen Haltung hat Johannes XXIII. dem Tod entgegengesehen. Seit Anfang 1962 wußte er um den Ernst seiner Krankheit. Bereits bei den Schlußfeierlichkeiten der ersten Konzilssession erklärte er: „Ich bin bei euch. Im nächsten Jahr wird es vielleicht ein anderer Papst sein." Seit Beginn des Jahres 1963 verschlechterte sich sein Gesundheitszustand. Nach schwerem Todeskampf rief ihn Gott der Herr am Pfingstmontag, dem 3. Juni 1963, um 19.49 Uhr in sein ewiges Reich. Die Anteilnahme der Welt an seinem Tode war groß. Nur wenige seiner Vorgänger sind von der Weltöffentlichkeit so betrauert worden wie Johannes XXIII. Die Gewerkschaften Italiens, auch die kommunistischen, regten an, die Arbeit zur Stunde der Beerdigung als Zeichen der Trauer für zehn Minuten zu unterbrechen. Diese Anregung wurde weithin im Land befolgt, als am 6. Juni Johannes XXIII. in den Vatikanischen Grotten unter Sankt Peter in der Nähe der Gruft Pius' XI. beigesetzt wurde.

Johannes XXIII. hat durch seine ausgeprägte Einfachheit, seine kindliche Frömmigkeit und seine menschliche Güte die Sympathie seiner Zeitgenossen gefunden. Man gab ihm den Beinamen „Johannes der Gute". Seine Ausstrahlungskraft war bedeutend. Er gilt als der Papst unseres Jahrhunderts, der in allen Teilen der Welt größte Sympathien besaß. Viele, die sich heute auf Johannes XXIII. berufen, übersehen, daß er kein Freund plötzlicher Änderungen, sondern sinnvoller, allmählicher Reformen war. Er erstrebte eine religiöse Verinnerlichung der Kirche, aber kein „Sich-gleichförmig-Machen" mit dieser Welt. Schon heute kann man sagen, daß der Pontifikat Johannes' XXIII. einen neuen Abschnitt in der Papstgeschichte eingeleitet hat. Als der „Konzilspapst" wird er in die Geschichte eingehen.

§ 40
*Papst Paul VI.*

Am 19. Juli 1963 versammelten sich über achtzig Kardinäle zum Konklave. Im fünften Wahlgang am 21. Juni wählten sie Giovanni Battista Montini zum neuen Papst. Er nannte sich PAUL VI. Sein Wahlspruch lautete: „In nomine Domini", „Im Namen des Herrn".

Der neue Papst war 65 Jahre alt. Am 26. September 1897 in Concesio bei Brescia als Sohn eines Rechtsanwalts geboren, begann er nach seiner Reifeprüfung 1916 das Studium der Theologie und wurde 1920 zum Priester geweiht. Im selben Jahr erfolgte seine Promotion zum Dr. jur. can. in Mailand. Anschließend studierte er an der Gregoriana und an der Sapienza in Rom und besuchte seit 1921 die Päpstliche Diplomatenschule. 1923 arbeitete er in der Nuntiatur in Warschau und trat 1924 in das Päpstliche Staatssekretariat ein. Gleichzeitig wurde er Geistlicher Assistent der Union katholischer Studenten Italiens, eine Aufgabe, die er bis zum Jahre 1933 wahrnahm. Er gehörte zu den Männern der Kurie, die den geistigen Widerstand gegen den Faschismus pflegten. Während seiner langjährigen Tätigkeit im Staatssekretariat hat Montini diese entschieden antifaschistische Haltung beibehalten. 1931 übernahm er eine Dozentur für die Geschichte der päpstlichen Diplomatie an der Päpstlichen Diplomatenschule. Als 1937 der bisherige Sekretär der Kongregation für die Außerordentlichen Angelegenheiten der Kirche, G. Pizzardo, zum Kardinal erhoben und D. Tardini sein Nachfolger wurde, übernahm Montini die Aufgabe eines Substituten (Unterstaatssekretärs). Dadurch gehörte er zu den engsten Mitarbeitern von Eugenio Pacelli. Als dieser 1939 zum Papst gewählt wurde, bestätigte er Tardini und Montini in ihren Ämtern. Nach dem Tode von Staatssekretär L. Maglione im Jahre 1944 übernahm Tardini die außerordentlichen, vorwiegend politischen Angelegenheiten und Montini die ordentlichen, innerkirchlichen Aufgaben im

Staatssekretariat. 1952 machte Pius XII. sie zu Prostaatssekretären. Am 1. Nobember 1954 ernannte der Papst Montini zum Erzbischof von Mailand, der größten Diözese Italiens. Sein neues Amt übernahm er am 6. Januar 1955. Der Erzbischof von Mailand gilt als der Sprecher des italienischen Episkopats. Als Erzbischof suchte Montini zu allen Kreisen der Gläubigen Kontakt. Besondere Beziehungen verbanden ihn durch seine Tätigkeit als Akademikerseelsorger mit den Intellektuellen Italiens. Aber er fand auch schnell Verbindung zu den Künstlern, den Unternehmern, dem Mittelstand und den Arbeitern. Er bemühte sich um eine zeitgemäße Reform der Seelsorge, um eine liturgische Erneuerung und den Bau neuer Kirchen. Während seiner bischöflichen Tätigkeit in Mailand hatte Montini 72 Kirchen konsekriert, weitere 19 waren noch im Rohbau, als er zum Papst gewählt wurde.

Johannes XXIII. ernannte Montini im ersten Konsistorium am 15. Dezember 1958 zum Kardinal. Am Zweiten Vatikanischen Konzil nahm der Mailänder Erzbischof als Mitglied der Kommission für die Außerordentlichen Angelegenheiten intensiven Anteil, hielt sich aber in den Konzilsdebatten zurück.

Nach seiner Wahl am 21. Juni 1963 spendete Paul VI. gemäß altem Herkommen von der äußeren Loggia von Sankt Peter zum ersten Mal den Apostolischen Segen. Am 24. Juni 1963 sprach er zu den Pfarrern von Rom. Er betonte, daß er in Mailand in den Dialog mit den Vertretern der modernen Welt getreten sei, und forderte sie auf, die direkte Begegnung mit den Menschen und jeder Gruppe, den Gläubigen und den Fernstehenden, zu suchen. An demselben Tag empfing der Papst das Diplomatische Korps. Bereits am 27. Juni setzte er den Beginn der zweiten Sitzungsperiode des Zweiten Vatikanischen Konzils auf den 29. September 1963 fest.

In seiner Rundfunkbotschaft vom 27. Juni 1963 an die katholische Welt gedachte der Papst seiner Vorgänger: Pius' XI., der sich durch die unbezähmbare Stärke seiner Seele auszeichnete, dann Pius' XII., der die Kirche mit dem Licht einer Lehre von hoher Weisheit erfüllt, und endlich Johannes' XXIII., der der ganzen Welt Beweise einer einzigartigen Güte gegeben und in seinem kurzen, doch durch große Taten hervorragenden Pontifikat die Herzen aller Menschen gewonnen habe.

Als die wichtigste Aufgabe seines Pontifikates bezeichnete er die Weiterführung des Zweiten Vatikanischen Konzils. Daneben erwähnte er die Revision des Codex Iuris Canonici und die Fortsetzung der Bemühungen um die soziale Ordnung und den Frieden der Welt. Eine Aufgabe seines Pontifikates werde es sein, sich mit allem Eifer für die Einheit der Christen einzusetzen. Johannes XXIII. habe im Sterben sein Leben Gott in Dankbarkeit aufgeopfert, damit der Wunsch des Herrn in Erfüllung gehe: „Es mögen alle eins werden." Die nichtkatholischen Christen sollten wissen, daß sie in der Kirche von Rom das Vaterhaus finden werden, das die Schätze ihres religiösen Erbes noch erhöhen und mit einem neuen Ruhmestitel schmücken möchte. Damit bekannte sich der Papst deutlich zu den Zielen und Grundsätzen des Pontifikats seines Vorgängers. Die Amtsübernahme des neuen Papstes fand ihren Abschluß mit der Krönung am 30. Juni, die durch das Fernsehen in viele Länder übertragen wurde.

Am 29. September 1963 fand die Eröffnung der Zweiten Sitzungsperiode des Konzils statt. Dabei richtete der Papst an die versammelten Konzilsväter und die Delegierten der von der katholischen Kirche getrennten christlichen Gemeinschaften eine bedeutungsvolle Ansprache, die sich mit der Eröffnungsrede Johannes' XXIII. vergleichen läßt. Er gedachte wiederum seines Vorgängers und würdigte dessen Gestalt und Werk. In vier Punkten entwickelte Paul VI. die Aufgaben des Konzils: 1. Vertiefung des Selbstverständnisses der Kirche, 2. innerkirchliche Erneuerung, 3. Förderung der Einheit der Christen, 4. Dialog mit der Welt. Er erinnerte an die Entwicklung der Ekklesiologie bis zur Enzyklika „Mystici corporis" Pius' XII. Jetzt scheine die Zeit gekommen zu sein für eine Aussage über die Kirche, nicht durch feierliche Erklärungen, sogenannte dogmatische Definitionen, sondern mehr durch Erklärungen über das, was die Kirche über sich selbst denkt.

Mit diesen Worten bekräftigte Paul VI. die Ansicht Johannes' XXIII., daß das Konzil keine unfehlbaren Lehrentscheidungen verkünden wolle. In seiner Ansprache forderte der Papst eine Kirche der Liebe als Voraussetzung für die Erneuerung der Welt. Starke Beachtung fanden die Worte, die er an die getrennten Christen richtete. Er dankte zunächst den Delegierten für ihr Kommen und schloß das Schuldbekenntnis an: „Wenn Uns eine Schuld an dieser Trennung zuzuschreiben ist, bitten Wir demütig Gott um Verzeihung und bitten auch die Brüder um Vergebung, wenn sie sich von Uns verletzt fühlen. Was Uns betrifft, sind Wir bereit, der Kirche zugefügtes Unrecht zu verzeihen und den großen Schmerz wegen der langen Zwietracht und Trennung zu vergessen." Gleichzeitig wies der Papst darauf hin, daß wir unseren Glauben, von dem wir mit Sicherheit annehmen, daß er göttlichen Ursprungs sei, offen und ehrlich bekennen. Wörtlich sagte er: „Trotzdem glauben wir, daß er in keiner Weise ein Hindernis darstellt für die ersehnte Wiederherstellung der Einmütigkeit zwischen Uns und den von Uns getrennten Brüdern." Diese Worte Pauls VI. erinnerten an das berühmte Schuldbekenntnis von Papst Hadrian VI., das er 1522 seinem Legaten für den Reichstag zu Nürnberg mitgab.

In seiner Ansprache vergaß Paul VI. nicht die Erwähnung der verfolgten Kirche des Ostens, wo sich die Situation trotz der Freilassung des Metropoliten Slipyi von Lemberg im Februar 1963, des Erzbischofs Beran von Prag und vier weiterer tschechischer Bischöfe im Oktober 1963 nicht entscheidend geändert hatte. Eine Verschlechterung der kirchenpolitischen Verhältnisse wurde in der Tatsache sichtbar, daß einzelne Bischöfe aus dem Ostblock, die an der ersten Sitzungsperiode des Konzils teilnehmen durften, für die zweite Sitzungsperiode keine Ausreiseerlaubnis mehr bekamen. Auf diese Verhärtung der Situation wies der Papst mit seiner Frage hin: „Wo sind Unsere Brüder aus den Ländern, wo der Kirche der Krieg erklärt worden ist, und in welcher Lage befindet sich die Religion dort?"

Am 30. September 1963 nahm das Konzil seine Arbeit wieder auf und setzte in der 37. Generalkongregation die Erörterung des Schemas „De ecclesia" fort. Obschon nach einer kurzen Generaldebatte das Kirchenschema in der 38. Generalkongregation als Arbeitsgrundlage angenommen wurde, kam es in Einzelfragen, besonders über das Verhältnis von Papst und Bischöfen, zu aufschlußreichen und fruchtbaren Debatten zwischen den Konzilsvätern.

Die zweite Sitzungsperiode des Konzils fand ihren Abschluß mit der Ökumenismus-Debatte. In der feierlichen öffentlichen Sitzung vom 4. Dezember 1963 wurde die Konstitution über die heilige Liturgie und das Dekret über die publizistischen Mittel angenommen und vom Papst „gemeinsam mit den ehrwürdigen Brüdern" promulgiert.

In seiner Schlußrede würdigte Paul VI. die in dieser Konzilsperiode geleistete Arbeit, ohne sich im einzelnen zu kontroversen Fragen zu äußern. Er erwähnte jedoch das wichtige und vielschichtige Problem des Bischofsamtes und äußerte die Hoffnung, das Konzil möge die mariologischen Anliegen „in der besten und geeignetsten Weise" lösen, so daß wir Maria mit dem Titel „Mutter der Kirche" schmücken könnten. Der Papst nannte ausdrücklich das Schema über die Offenbarung, dessen Aussagen die geoffenbarten Wahrheiten „gegen Irrtum, Mißbrauch und Zweifel" schützen müsse, zugleich aber den Theologen „in Treue zum Lehramt der Kirche und unter Ausnutzung aller modernen Hilfsmittel" zu forschen erlaube.

Paul VI. deutete bereits die Errichtung der nachkonziliaren Kommissionen an und ließ den Wunsch anklingen, daß die kommende Sitzungsperiode den glücklichen Abschluß der noch anstehenden Fragen bringen möge. Gleichzeitig kündigte der Papst eine dreitägige Pilgerreise nach Palästina an: er wolle das Land sehen, aus dem der hl. Petrus ausgezogen und in das keiner seiner Nachfolger bisher zurückgekehrt sei. Paul VI. trat seine Reise am 4. Januar 1964 an und fand in Palästina von den Arabern eine herzliche Aufnahme. Bei seinem Besuch an den heiligen Stätten wurde er von der Menge begeistert gefeiert. Zurückhaltender war sein Empfang in Israel. Die Begegnung Pauls VI. mit dem ökumenischen Patriarchen Athenagoras I. in Jerusalem bildete ein ökumenisches Ereignis. Mit Recht sprach der Papst nach seiner Rückkehr davon, daß ein seit langem erstarrtes und brachliegendes Erdreich in Bewegung gebracht worden sei.

Am 14. September 1964 wurde die dritte Sitzungsperiode des Konzils begonnen. Sie brachte den Höhepunkt des Konzils. In seiner Eröffnungsansprache machte der Papst bereits deutlich, daß er das Schema über die Kirche als das wichtigste Problem ansah. Er betonte, Natur und Aufgabe des Episkopats als Ergänzung der Lehre vom Primat seien zu klären. Die Abstimmungen über das Kirchenschema brachten besonders bei den Aussagen über die Kollegialität der Bischöfe einen Anstieg der Nein-Stimmen auf über 300, weil zahlreiche Väter darin eine Gefährdung des päpstlichen Primats sahen. Scharfe Kritik wurde auch an dem Schema „Über das Hirtenamt der Bischöfe" geübt. Noch heftiger prallten die Ansichten der Konzilsväter bei den Beratungen über die Religionsfreiheit und über die Juden-Erklärung aufeinander. Im November kam es zu einer weiteren Krise. Der Papst hatte zur Lehre über das Bischofskollegium eine „erklärende Anmerkung" (Nota explicativa praevia) angebracht, die jede Beeinträchtigung des päpstlichen Primats ausschließen sollte. Eine Reihe von Vätern sah darin einen Eingriff in die Autorität des Konzils. Als am 19. November die Abstimmung über die Erklärung der Religionsfreiheit abgesagt wurde, verursachte diese Maßnahme eine heftige Erregung. Amerikanische Bischöfe setzten sogleich eine Petition an den Papst in Umlauf mit der Bitte, daß noch vor dem Ende dieser Sitzungsperiode über die Erklärung zur Religionsfreiheit abgestimmt werden sollte. In kurzer Zeit erhielt die Petition über 400 Unterschriften von Konzilsvätern. Nach Schluß der Generalkongregation begaben sich die Kardinäle Meyer, Ritter und Léger zum Papst, erreichten aber nur die Zusage, daß die Erklärung zur Religionsfreiheit als erster Punkt auf die Tagesordnung der vierten Sitzungsperiode kommen werde. Seine päpstliche Autorität machte Paul VI. auch bei der Verabschiedung des Ökumenismus-Dekretes geltend, als er Kardinal Bea vierzig Änderungsvorschläge zum Text übersandte. Am 20. November wurden die Dekrete über den Ökumenismus und über die katholischen Ostkirchen angenommen. Das Schema über die christliche Ehe überwies man an den Papst. Am 21. November fand die feierliche Schlußsitzung der dritten Session statt. In seiner Schlußansprache würdigte Paul VI. Maria als „Mutter der Kirche".

Während der Zeit zwischen der dritten und vierten Konzilssession erklärte der Papst am 24. Juni 1965 in seiner Ansprache an die Kardinäle, daß er die Reform der Kurie, die Revision des kirchlichen Gesetzbuches, die Neuregelung des Mischehenrechtes und das Studium der Frage der Geburtenkontrolle zu realisieren gedenke.

Die vierte Sitzungsperiode des Konzils begann am 14. September 1965 mit einer Konzelebration des Papstes mit 26 Bischöfen aus Ländern, in denen die Kirche verfolgt wurde bzw. politische Unruhen herrschten. Am Abend des Eröffnungstages fand eine Bußprozession statt, die der Papst anführte und die von Santa Croce zur Lateranbasilika zog. Paul VI. trug eine Kreuzreliquie und brachte dadurch zum Ausdruck, woher jede echte Kirchenreform ihre Kraft holen muß. Die Beratungen über die Religionsfreiheit nahm man am 15. September wieder auf. In der Folgezeit wurde das Schema 13 über die Kirche in der Welt von heute eingehend diskutiert, das erweiterte Missionsschema beraten und die Konzilsvorlage vom Dienst und Leben der Priester durchgesprochen. Beim Konzilstext über die Offenbarung meldete Papst Paul VI. wiederum einige Änderungswünsche an. Elf Vorlagen konnten in dieser Schlußperiode verabschiedet und vom Papst verkündet werden.

Am 7. Dezember 1965 kamen die Konzilsväter zum letzten Mal in Sankt Peter zusammen. In seiner Schlußansprache faßte Paul VI. die Ziele des Zweiten Vatikanischen Konzils in die Worte zusammen: die Menschheit von heute in brüderlicher Liebe zu Gott zurückführen. Die festliche Schlußfeier des Konzils fand am folgenden Tag, dem Fest der Unbefleckten Empfängnis Mariens, auf dem Petersplatz statt. Unter freiem Himmel feierte der Papst die heilige Messe und richtete Botschaften an die Regierenden, die Wissenschaftler, die Künstler, die Frauen, die Armen, Kranken und Leidenden, die Arbeiter und die Jugend. Die Verlesung des päpstlichen Schlußdekretes bildete den Abschluß des Zweiten Vatikanischen Konzils.

Das Konzil hat wichtige Reformansätze geliefert. Wenn auch bis heute noch keine Erneuerung der Kirche sichtbar wird, so sei daran erinnert, daß auch die Tridentinische Reform lange Zeit brauchte, bevor sie sich in der Gesamtkirche auswirken konnte.

Sehr bald wurden die postkonziliaren Kommissionen gebildet. Bereits am 14. September 1965 schuf Paul VI. die Bischofssynode, ein päpstliches Beratungsorgan, das bisher in den Jahren 1967, 1969, 1971 zusammengetreten ist. Für den 27. September 1974 ist wiederum eine Synode angekündigt, die die Frage behandeln wird: Die Evangelisation der heutigen Welt.

Die Kurienreform versuchte Paul VI. seit 1965 in mehreren Stufen durchzuführen. Am 1. März 1968 wurde die neue Geschäftsordnung veröffentlicht. Damit fand eine Entwicklung ihren vorläufigen Abschluß, die bereits unter Pius XII. einsetzte, aber erst unter Paul VI. konkrete Gestalt annahm.

Einschneidend war das neue Papstwahlrecht und die Festlegung einer Altersgrenze für Bischöfe. Im Dekret über die Hirtenaufgabe der Bischöfe, „Christus Dominus", vom Oktober 1965 setzten sich die Konzilsväter selbst das 75. Lebensjahr als mögliche Altersgrenze. Am 6. August 1966 nahm Paul VI. diesen Gedanken auf und richtete in dem Apostolischen Schreiben „Ecclesiae sanctae" an alle Bischöfe die „Einladung", zu dem genannten Zeitpunkt ihr Rücktrittsgesuch einzureichen. Diese Bestimmung wurde am 21. November 1970 durch ein Motu proprio des Papstes in veränderter Form auf die Kardinäle ausgedehnt. Diese verlieren mit dem 80. Lebensjahr ihr Papstwahlrecht und dürfen nicht mehr am Konklave teilnehmen.

Einflußreich war auch die Lehrverkündigung des Papstes. Von den Enzykliken Pauls VI. sind zu erwähnen: 1. die Antrittsenzyklika „Ecclesiam suam" vom 6. August 1964. Sie wendet sich an alle Menschen guten Willens und behandelt das Mysterium der Kirche. In diesem Zusammenhang erörtert sie den Dialog der Kirche mit sich selbst, mit den übrigen Christen und mit der nichtchristlichen sowie atheistischen Welt. 2. Am 3. September 1965 veröffentlichte der Papst das Rundschreiben „Mysterium fidei", „Geheimnis des Glaubens". Darin sprach er sich entschieden gegen den Versuch aus, das Dogma von der Wesensverwandlung der Eucharistie aufweichen zu lassen. Die Kirche habe keinen Anlaß, gute und bewährte Lehrtraditionen aufzugeben. 3. Vom 24. Juni 1967 stammt die Enzyklika „Sacerdotalis caelibatus" über die priesterliche Ehelosigkeit. Der Zölibat bekunde eine einzigartige Wirklichkeit des Reiches Gottes, wie es inmitten der modernen Gesellschaft lebendig sei. Die bestehende Vorschrift der priesterlichen Ehelosigkeit müsse auch heute noch mit dem priesterlichen Heilsdienst verbunden sein. 4. Das Rundschreiben „Humanae vitae" über Fragen der Ehe und der Geburtenregelung datiert vom 25. Juli 1968. Mit ihm bekräftigte Paul VI. die traditionelle Lehre der Kirche und bot eine Gesamtschau des Menschen. Die eheliche Liebe offenbare ihre wahre Natur und ihren Adel, wenn sie in ihrem letzten Ursprung gesehen werde, in Gott, der die Liebe ist. Die Ehe, das Sakrament der irdischen Liebe, fordere von den Eheleuten Unauflöslichkeit, Treue und Fruchtbarkeit. 5. Die Entwicklungsenzyklika „Populorum progressio" vom 26. März 1967, über den Fortschritt der Völker. Darin stellt Paul VI. die Notwendigkeit des sozialen Ausgleichs zwischen den gesellschaftlichen Klassen und zwischen den Industrie- und Entwicklungsnationen heraus. Der Papst vertritt die Ansicht, daß die Sicherung des Friedens in der Welt unmöglich sei, solange sich ihre Aufspaltung in reiche und arme Völker fortsetzt. Deshalb wiederholt er in seiner Enzyklika die Aufforderung, die er bereits 1964 in Bombay ausgesprochen hatte, zur Gründung eines Weltentwicklungsfonds. Paul VI. versuchte mit aller Schärfe der Menschheit die Entwicklungsproblematik zum Bewußtsein zu bringen und wies darauf hin, daß das Gebot der Nächstenliebe weltweit geworden sei. Die Betonung der Dringlichkeit der Entwicklungshilfe hat ihm den Vorwurf eingetragen, er vertrete eine Theologie der Revolution und der Gewalt. Aber diese Auffassung hat der Papst als ein Mißverständnis seiner Ansichten zurückgewiesen.

Zu den lehramtlichen Äußerungen Pauls VI. gehört das Credo des Gottesvolkes, das er am 30. Juni 1968, zum Abschluß des Glaubensjahres, zu dem er anläßlich der 1900-Jahr-Feier des Martyriums der Apostelfürsten Petrus und Paulus 1967 aufgerufen hatte, an die Gläubigen und an alle Menschen, die auf der Suche nach der Wahrheit sind, richtete. Darin faßte der Papst das Glaubensbekenntnis des Konzils von Nicäa zusammen und ergänzte es durch Aussagen über die Jungfräulichkeit Mariens, die Erbsünde, die Notwendigkeit der Kindertaufe, den Opfercharakter der Messe, die Existenz der Engel und das Geheimnis der Eucharistie. Mit diesem Credo sprach Paul VI. ein klärendes Wort, auf das weite Kreise der Gläubigen schon lange gewartet hatten.

Innerkirchlich bedeutsam waren die Kardinalsernennungen Pauls VI. Hier setzte der Papst die Linie seines Vorgängers verstärkt fort. Bereits 1965 ernannte er 27 Kardinäle, 1927 folgte die Berufung weiterer 27 Kardinäle, und 1969 kreierte Paul VI. nochmals 35 Kardinäle. Damit stieg ihre Zahl auf 136. Mit der Erweiterung des Kardinalskollegiums wollte der Papst die Universalität der Kirche, die auch im Heiligen Kollegium zum Ausdruck kommen müsse, andeuten. 1973 gab es eine neue Höchstzahl: 145 Kardinäle.

Die meisten Neukreierten stammten aus Europa. 15 Europäern standen 2 Afrikaner, 2 Nordamerikaner, 5 Lateinamerikaner, 2 Asiaten und 3 Australier gegenüber. Auch heute noch stellt Europa fast zwei Drittel aller Kardinäle.

1964 errichtete Paul VI. das Sekretariat für die nichtchristlichen Religionen und 1965 das Sekretariat für die Nichtglaubenden. 1971 gründete er einen „Päpstlichen Rat für Katastrophen- und Entwicklungshilfe" zur Koordinierung der kirchlichen Caritas und Entwicklungshilfe. Zu den intensiven Bemühungen des Papstes gehört das Ringen um den Frieden in der Welt. Wenn sich Paul VI. auch darüber klar war, daß seine Friedensarbeit bei der politischen Weltlage nur begrenzte Erfolgschancen haben konnte, so wollte er doch durch seine Ansprachen und Aufrufe eine Gesinnungsänderung herbeiführen und ein Friedensbewußtsein in der Welt schaffen, das den Krieg aus der politischen Wirklichkeit verbannt. Er regte einen alljährlichen Tag des Friedens an, der Neujahr 1968 zum ersten Mal begangen wurde. Seitdem richtete er jedes Jahr am Neujahrstag eine Friedensbotschaft an die Welt.

In diese Bemühungen um den Frieden ist auch die vatikanische Ostpolitik einzuordnen. Hier setzte Paul VI. den Weg Johannes' XXIII. fort. Eine Änderung in der Haltung der sowjetischen Regierung gegenüber der katholischen Kirche war bereits durch das Glückwunschtelegramm Chruschtschows zum 80. Geburtstag Johannes' XXIII. im November 1961 sichtbar geworden. Dieser Wandel setzte sich fort in den Besuchen Adschubejs bei Johannes XXIII. im März 1962, des Außenministers Gromyko bei Paul VI. im April 1966, in der Audienz des sowjetischen Staatsoberhauptes Podgorny am 30. Januar 1967 und in dem Empfang des Außenministers Gromyko durch Paul VI. am 12. November 1970. Bei dieser Gelegenheit sprach der Papst auch die Situation der Kirche in der Sowjetunion und in den Ostblockländern an.

In Polen besserte sich unter dem Pontifikat Pauls VI. die Situation der katholischen Kirche. Ein sichtbares Zeichen dafür war die Aufhebung des Ausreiseverbots für den Primas von Polen, Kardinal Wyszyński, der 1968 wieder die Erlaubnis zu einem Rombesuch erhielt.

In der Tschechoslowakei kam es unter dem Pontifikat Pauls VI. zu einem verstärkten Druck auf die Kirche. Im Oktober 1970 wurden die Gespräche zwischen Prag und Rom wiederaufgenommen. Ende Februar 1973 konnten als Ergebnis schwieriger Verhandlungen vier neue Bischöfe ernannt werden. Die Lage der katholischen Kirche wird durch die Tatsache beleuchtet, daß es bis Anfang des

Jahres 1973 nur einen einzigen Diözesanbischof und einen Apostolischen Administrator gab. Die übrigen zwölf Diözesen mußten von Kapitularvikaren verwaltet werden, da die Regierung nur bereit war, „Friedenspriester" zu Bischöfen zu ernennen. Noch 1972 entzog man vom „Kirchensekretariat" staatlicherseits Geistlichen die Genehmigung zur Ausübung seelsorglicher Tätigkeit. Die Situation der Kirche ist von einer Normalisierung weit entfernt. Noch neun Diözesen sind unbesetzt. Die neu ernannten Bischöfe, die sich zum Teil als „Friedenspriester" und durch ihre Nachgiebigkeit gegenüber dem kommunistischen System kompromittiert hatten, fanden nicht immer die Zustimmung ihrer Gläubigen.

In Albanien ging die Unterdrückung der Kirche weiter. Seit dem Zweiten Weltkrieg wurde dort fast die Hälfte der katholischen Geistlichen getötet. 1967 bezeichnete sich Albanien offiziell als erstes atheistisches Land der Welt. Es besteht ein amtliches Verbot jeglicher Religionsausübung.

Mit Ungarn konnten im Pontifikat Pauls VI. die Gespräche fortgesetzt werden, die vor mehr als einem Jahrzehnt begonnen hatten. 1964 unterzeichneten der Vatikan und Ungarn eine Vereinbarung über die Ernennung von fünf neuen Bischöfen. Im September 1971 verließ Josef Kardinal Mindszenty sein Asyl in der amerikanischen Botschaft in Budapest, in der er 15 Jahre zugebracht hatte, und reiste nach Rom. Er mußte sich verpflichten, nichts zu veröffentlichen, was die Beziehungen des Vatikans zum kommunistischen Ungarn beeinträchtigen könnte. Inzwischen ist das Erscheinen seiner Memoiren mit dem Titel „Ich kann und will nicht länger schweigen" für 1974 angekündigt. Bei der Eröffnungsmesse der Bischofssynode 1971 war Mindszenty Konzelebrant. In seiner Ansprache würdigte Paul VI. die Festigkeit des Kardinals. Die ungarische Regierung erlaubte im Februar 1972 die Ernennung vier weiterer Bischöfe. Bis heute ist die Lage der Kirche in Ungarn geprägt von mangelnder Freiheit und staatlicher Bevormundung. Im Februar 1974 erfolgte die Suspendierung von Kardinal Mindszenty als Erzbischof von Gran, die mit seelsorglichen Notwendigkeiten begründet wurde. Sie fand zum Teil scharfe Kritik.

Zwischen dem Heiligen Stuhl und Rumänien kam es nach schweren Verfolgungen in den vergangenen Jahren im Mai 1973 zu Gesprächen auf höchster Ebene anläßlich des Besuches von Staats- und Parteichef U. Ceausescu bei Paul VI., bei denen die Situation des Katholizismus in Rumänien eingehend besprochen wurde. Dabei ging es vor allem um die Unterdrückung der Katholiken des byzantinischen Ritus, die 1948 zwangsweise in die Orthodoxie eingegliedert worden waren bzw. in den Untergrund gehen mußten.

Mit Jugoslawien, wo sich seit 1956 eine Entspannung in der religionspolitischen Lage angebahnt hatte, kam es im August 1970 zur Aufnahme der diplomatischen Beziehungen. Zum ersten Mal wurden zwischen einem kommunistisch regierten Lande und dem Apostolischen Stuhl volle diplomatische Kontakte aufgenommen. Am 29. März 1971 empfing Papst Paul VI. Marschall Tito. Dabei wurde von den „freundschaftlichen Beziehungen" zwischen dem Vatikan und Jugoslawien gesprochen.

In den Rahmen der neuen vatikanischen Ostpolitik gehört auch die Ernennung der bisherigen Bischöflichen Kommissare in der DDR zu Apostolischen Administratoren, die am 23. Juli 1973 erfolgte. Die betroffenen westdeutschen Bistümer waren vorher durch den Apostolischen Nuntius über diese Entscheidung informiert worden. Die Ernennung zum Apostolischen Administrator hatte zur Folge, daß dieser sein Amt unmittelbar im Auftrag des Apostolischen Stuhles ausübt. Mit dieser Maßnahme trug der Apostolische Stuhl den veränderten politischen Verhältnissen zwischen der Bundesrepublik Deutschland und der DDR Rechnung. Eine endgültige Regelung steht noch aus.

Ob die vielfachen Zugeständnisse des Vatikans die Situation der katholischen Kirche in den Ostblockländern wesentlich erleichtern, ist eine Frage, die erst die Zukunft beantworten kann.

Das Verhältnis zwischen der Orthodoxie und Rom, das sich seit dem Beginn des Zweiten Vatikanischen Konzils entscheidend gebessert hatte, vertiefte sich während des Pontifikats Pauls VI. An der gegenseitigen Annäherung hatten u. a. die Begegnungen Pauls VI. mit dem Ökumenischen Patriarchen Athenagoras I. in Jerusalem im Januar 1964 und in Konstantinopel im Juli 1967, nicht zuletzt der Gegenbesuch des Patriarchen in Rom nachhaltigen Anteil. Paul VI. bezeichnete bei seinem Besuch in Konstantinopel 1967 die orthodoxe Kirche als die Schwester der römischen Kirche, nachdem durch die Aufhebung des Bannes von 1054 am 7. Dezember 1965 ein großes Hindernis bei den gegenseitigen Beziehungen weggeräumt worden war. In den letzten Jahren hat sich eine immer festere Verbindung zwischen der Orthodoxie und Rom herausgebildet. Sie zeigte sich u. a. in dem Besuch des koptischen Patriarchen von Alexandrien, Shenouda III., im Mai 1973 in Rom, der von neun Bischöfen begleitet war. Der Patriarch traf dreimal mit Paul VI. zusammen. Das gemeinsame Glaubensbekenntnis in der Erklärung zum Abschluß des Besuches zeigt, daß die theologischen Differenzen zwischen der koptischen und der römischen Kirche weithin behoben sind. Die Gespräche machten zugleich deutlich, daß Paul VI. einen Schwerpunkt der ökumenischen Bemühungen im Gespräch mit den Ostkirchen sieht.

Neue Wege in der Papstgeschichte beschritt Paul VI. durch seine Weltreisen. Seiner Fahrt ins Heilige Land 1964 folgten Reisen zu den Eucharistischen Kongressen nach Bombay (1964) und nach Bogotà (1968). 1967 besuchte der Papst Fátima, 1969 Genf, 1969 Afrika. Ein weltweites Echo löste 1965 seine Reise nach Amerika und seine Rede vor der UNO aus. 1970 unternahm er im November-Dezember eine Fernostreise und besuchte Teheran, Ceylon, Manila, Samoa, Sidney und Hongkong.

Zu den wenig beachteten neuen Akzenten des Pontifikats Pauls VI. gehört die starke diplomatische Aktivität des Heiligen Stuhles im Dienst des Friedens. Die Zahl der diplomatischen Vertretungen des Vatikans verdoppelte sich in der Regierungszeit Pauls VI. Das gewachsene Ansehen des Apostolischen Stuhles zeigte sich in der Teilnahme des Vatikans an der Konferenz für europäische Sicherheit und Zusammenarbeit im Juli 1973 in Helsinki. Seit dem Wiener Kongreß beteiligte sich der Vatikan zum ersten Mal als Vollmitglied an einer Konferenz der europäischen Staaten.

Entsprechend einer jahrhundertealten Tradition hat Paul VI. das Jahr 1975 als „Heiliges Jahr" angekündigt, das diesmal nach dem Wunsch des Papstes in den einzelnen Diözesen vorbereitet werden soll. Das Heilige Jahr steht unter dem Leitwort „Wiederversöhnung und Erneuerung". Als Höhepunkt der allgemeinen Besinnung und als Frucht der in den Ortskirchen durchgeführten Erneuerungsbemühungen sollen im Jahre 1975 Pilgerreisen nach Rom stattfinden, um dort die kirchliche Einheit in und mit Rom neu zu erleben. Der Papst erhofft sich durch die Feier des Heiligen Jahres eine religiöse Erneuerung, die nicht ohne Einfluß auf Nichtkatholiken und Nichtchristen sein würde.

Für den Historiker ist es zu früh, eine Gesamtwürdigung des Pontifikates Pauls VI. zu versuchen. Die Frage „Wohin steuert der Vatikan?" läßt sich heute noch nicht beantworten. Bis jetzt fehlt der erforderliche Zugang zu den Quellen. Das Urteil der Tagespublizistik über Paul VI. ist kein ausreichender Beurteilungsmaßstab. Papst Paul VI. weiß, daß Gott der Herr der Geschichte ist, und vertraut auf das Wort des Herrn: „Du bist Petrus, der Fels, und auf diesen Felsen will ich meine Kirche bauen, und die Pforten der Hölle werden sie nicht überwältigen."

# Schluß

Wenn wir rückblickend die Geschichte der Päpste verfolgen, dann werden Größe, aber auch Versagen vieler Inhaber des Apostolischen Stuhles sichtbar. Oft haben göttlicher Auftrag und menschliche Schwachheit in Spannung und Widerspruch miteinander gestanden. Aber die Kirche steht und fällt nicht mit den persönlichen Qualitäten eines Papstes, sondern der Herr ist es, der seine Kirche leitet. Das Menschliche in der Papstgeschichte, das sich bereits in der Verleugnung des Petrus zeigt, wurde oft überstrahlt von hervorragenden Päpsten, die bewußt den Weg der Nachfolge Christi gegangen sind.

Ein Blick in die Geschichte bestätigt zugleich, daß das Papsttum ernstere Krisensituationen als die heutigen überstanden hat. Verschiedentlich totgesagt, erlebte es immer wieder neue Blütezeiten. Diese wechselvolle Entwicklung von Petrus bis zu Papst Paul VI. deutlich zu machen ist das Anliegen dieser „Papstgeschichte".

# Weiterführende Literatur zur Papstgeschichte

Die Literaturangaben beschränken sich im wesentlichen auf das letzte Jahrzehnt. Sie sind zu ergänzen durch die bei den einzelnen Papstartikeln im ‚Lexikon für Theologie und Kirche' (1957ff.) verzeichnete Literatur. Eine vorzügliche Bibliographie zur Papstgeschichte findet sich im ‚Archivum Historiae Pontificiae', bisher (1974) 11 Bde.

| | | |
|---|---|---|
| AHC | = | Annuarium Historiae Conciliorum |
| AHP | = | Archivum Historiae Pontificiae |
| AKG | = | Archiv für Kulturgeschichte |
| DA | = | Deutsches Archiv |
| dtv | = | Deutscher Taschenbuch-Verlag |
| HB | = | Herder-Bücherei |
| HJ | = | Historisches Jahrbuch |
| HZ | = | Historische Zeitschrift |
| LThK | = | Lexikon für Theologie und Kirche |
| MIÖG | = | Mitteilungen des Instituts für Österreichische Geschichtsforschung |
| QFIAB | = | Quellen und Forschungen aus italienischen Archiven und Bibliotheken |
| RQ | = | Römische Quartalschrift |
| ThPQ | = | Theologisch-Praktische Quartalschrift |
| ZKG | = | Zeitschrift für Kirchengeschichte |
| ZRGkan | = | Zeitschrift der Savigny-Stiftung... Kanonistische Abteilung |
| ZThK | = | Zeitschrift für Theologie und Kirche |

## 1. Gesamtdarstellungen

F. X. Seppelt – G. Schwaiger, Geschichte der Päpste, 5 Bde. (²1954–59).
G. Schwaiger, Geschichte der Päpste. Von den Anfängen bis zur Gegenwart (1964).
J. Haller, Das Papsttum. Idee und Wirklichkeit, 5 Bde. (²1950–53, Neudruck Darmstadt 1962).
E. Caspar, Geschichte des Papsttums (bis Mitte des 8. Jahrhunderts), 2 Bde. (1930–33).

G. Buchheit, Das Papsttum. Von seiner Einsetzung bis zum Pontifikat Pauls VI. (1962).
The Papacy. An illustrated history from St. Peter to Paul VI, ed. by Ch. Hollis (1964); deutsche Ausgabe: Urbi et Orbi. Das Papsttum und seine Geschichte (1964).
C. Falconi, Storia dei Papi e del Papato (1967 ff.).

## 2. Hand- und Lehrbücher der Kirchengeschichte

K. Bihlmeyer – H. Tüchle, Kirchengeschichte, 3 Bde. ($^{18}$1969).
Handbuch der Kirchengeschichte, hrsg. von H. Jedin, bisher 8 Bde. (1962–74).
J. Lortz, Geschichte der Kirche in ideengeschichtlicher Betrachtung, 2 Bde. (1962–64).
Geschichte der Kirche, hrsg. von L. J. Rogier – R. Aubert – M. D. Knowles, bisher 4 Bde. (1963 ff.).
A. Franzen, Kleine Kirchengeschichte ($^{3}$1973).
Die Kirche in ihrer Geschichte, hrsg. von K. D. Schmidt – E. Wolf (1962 ff.).
Ökumenische Kirchengeschichte, hrsg. von R. Kottje – B. Möller, bisher 2 Bde. (1970–73).

## 3. Spezialfragen zur Papstgeschichte

H. Tüchle, Papstgeschichtsschreibung: LThK VIII, 49–53.
G. Schwaiger, Papstgeschichte: Sacramentum mundi III (1969) 991–1011.
Ders., Papst: LThK VIII, 36–44.
R. Schieffer, Der Papst als Pontifex Maximus. Bemerkungen zur Geschichte eines päpstlichen Ehrentitels: ZRGkan 88 (1971) 300–309.
G. Thils, Papauté et Épiscopat: Volk Gottes. Festgabe für J. Höfer, hrsg. von R. Bäumer – H. Dolch (1967) 41–62.
O. Karrer, Das Bischofsamt und das Petrusamt in der Kirche: Volk Gottes (1967) 64–83.
G. Schwaiger, Der päpstliche Primat in der Geschichte der Kirche: ZKG 82 (1971) 1–15.
K. Bosl, Papstgeschichte als Problem historischer Theorie und Methode: Zeitschrift für Bayerische Landesgeschichte 33 (1970) 986–995.
B. Schneider, Moderne Papstfabeln: AHP 2 (1964) 329–338.
M. Schenk, Die Unfehlbarkeit des Papstes in der Heiligsprechung (1965).
W. Reinhard, Papa Pius. Prolegomena zu einer Sozialgeschichte des Papsttums: Von Konstanz nach Trient. Festgabe für A. Franzen, hrsg. von R. Bäumer (1972) 262–299.
G. B. Ladner, Die Papstbildnisse des Altertums und des Mittelalters, bisher 2 Bde. (1941–70).
W. Reinhard, Familie und Klientel. Untersuchungen zur gesellschaftlichen Struktur und Dynamik des Papsttums und politischen Sozialgeschichte der frühen Neuzeit (Diss. habil. Freiburg i. Br. 1973).

H. Bacht, Primat und Episkopat im Spannungsfeld der beiden Vatikanischen Konzile: Wahrheit und Verkündigung II (1967) 1447–66. Festschrift M. Schmaus, 2 Bde. (1967).

K. Rahner – J. Ratzinger, Primat und Episkopat (1961).

C. Mirbt – K. Aland, Quellen zur Geschichte des Papsttums und des römischen Katholizismus I (⁶1967).

## 4. Das christliche Altertum

### Die frühchristliche Kirche Roms bis Konstantin

O. Cullmann, Petrus, Jünger, Apostel – Märtyrer (²1960).

P. Gaechter, Petrus und seine Zeit (1958).

H. Lietzmann, Petrus, römischer Märtyrer (1936).

K. Aland, Der Tod des Petrus in Rom: Kirchengeschichtliche Entwürfe (1960) 35–104.

E. Kirschbaum, Die Gräber der Apostelfürsten (²1959).

Ders., Zu den neuesten Entdeckungen unter der Peterskirche in Rom: AHP 3 (1965) 309–316.

L. Hertling, Communio: Church and Papacy in Early Christianity (1972).

M. Maccarone, Cathedra Petri und die Entwicklung der Idee des päpstlichen Primates vom 2.–4. Jahrhundert: Saeculum 13 (1962) 278–292.

K. Hofstetter, Das Petrusamt in der Kirche des 1.–2. Jahrhunderts: Begegnung der Christen, hrsg. von M. Roesle – O. Cullmann (²1960).

L. Hertling, Communio und Primat: Una Sancta 17 (1962) 71–125.

G. D'Ercole, Communio – Collegialità – Primato e ‚sollicitudo omnium ecclesiarum' dai Vangeli a Costantino (1964).

H. J. Vogt, Coetus sanctorum. Der Kirchenbegriff des Novatians und die Geschichte seiner Sonderkirche (1968).

### Die Reichskirche bis zum Ausgang der Antike

P. Stockmeier, Zum Problem des sog. „Konstantinischen Zeitalters": Trierer Theologische Zeitschrift 76 (1967) 197–216.

V. Monachino, Communio e primato nella controversia ariana: AHP 7 (1969) 43–78.

Ders., Il primato nello scisma Donatista: AHP 2 (1964) 7–44.

B. Lohse, Kaiser und Papst im Donatistenstreit: Ecclesia et Res publica (1961) 76–88.

J. Ortiz de Urbina, Nizäa und Konstantinopel (1964).

P. Th. Camelot, Ephesus und Chalcedon (1963).

Das Konzil von Chalkedon. Geschichte und Gegenwart, hrsg. von A. Grillmeier – H. Bacht, 3 Bde. (²1962).

P.-P. Joannou, Die Ostkirche und die Cathedra Petri im 4. Jahrhundert (1972).

E. Herman, Chalkedon und die Ausgestaltung des konstantinopolitanischen Primats: Grillmeier-Bacht, Das Konzil von Chalkedon II (²1962) 459–490.

W. Marschall, Karthago und Rom im 4. und 5. Jahrhundert. Die Stellung der nordafrikanischen Kirche zum Apostolischen Stuhl (1971).
H. M. Klinkenberg, Unus Petrus. Generalitas Ecclesiae bei Augustinus: Universalismus und Partikularismus im Mittelalter (1968) 216–242.
P. Stockmeier, Leo I. des Großen Beurteilung der kaiserlichen Religionspolitik (1959).
H. Fuhrmann, Die Fabel von Papst Leo und Bischof Hilarius: AKG 43 (1961) 125–162.
W. Ensslin, Auctoritas und Potestas. Zur Zwei-Gewalten-Lehre des Papstes Gelasius: HJ 74 (1955) 261 ff.
R. Schieffer, Das V. Ökumenische Konzil in kanonistischer Überlieferung: ZRGkan 59 (1973) 1–34.
G. Langgärtner, Die Gallien-Politik der Päpste im 5. und 6. Jahrhundert (1964).
W. Marschall, Eine afrikanische Appellation an Gregor d. Gr.: Ius et salus animarum: Festschrift für B. Panzram (1972) 407–421.
O. Giordano, L'invasione longobarde e Gregorio Magno (1970).
R. Bäumer, Die Wiederentdeckung der Honorius-Frage: Römische Quartalschrift 56 (1961) 200–214.
F. Dvornik, Byzanz und der römische Primat (1966).
W. de Vries, Rom und die Patriarchate des Ostens (1963).
W. Ohnsorge, Abendland und Byzanz (Darmstadt 1958).
P. Conte, Chiesa e primato nelle lettere dei Papi del seculo VII (1971).
L. Magi, La Sede Romana nella corrispondenza degli imperatori e patriarchi bizantini (1972).

## 5. Das abendländische Mittelalter

### Das Frühmittelalter

W. Ullmann, Die Machtstellung des Papsttums im Mittelalter ($^2$1969).
Ders., A Short History of the Papacy in the Middle Ages (1972).
G. Barraclough, The Medieval Papacy (1968).
E. Eichmann, Weihe und Krönung des Papstes im Mittelalter (1951).
H. Zimmermann, Papstabsetzungen des Mittelalters (1968).
F. Krämer, Über die Anfänge und Beweggründe der Papstnamenänderung im Mittelalter: RQ 51 (1956) 148–188.
W. Seegrün, Das Papsttum in Skandinavien bis zur Vollendung der nordischen Kirchenorganisation 1164 (1967).
C. G. Fürst, Cardinalis. Prolegomena zur Rechtsgeschichte des römischen Kardinalskollegiums (1967).
K. Ganzer, Die Entwicklung des auswärtigen Kardinalats im hohen Mittelalter (1963).
Saggi storici intorno al Papato (Rom 1959).
K. Jordan, Die Entstehung der römischen Kurie (1963).
H. Fuhrmann, Studien zur Geschichte der mittelalterlichen Patriarchate: ZRGkan 71 (1954) 61–84.

J. Benzinger, Invectiva in Romam, Romkritik im Mittelalter (1968).
F. Kempf, Kanonistik und kuriale Politik im 12. Jahrhundert: AHP 1 (1962) 11–52.
E. Pitz, Papstreskript und Kaiserreskript im Mittelalter (1971).
J. F. Böhmer, Regesta Imperii II/5: Papstregesten, bearb. von H. Zimmermann (1969).
H. Fuhrmann, Einfluß und Verbreitung der pseudoisidorischen Fälschungen (1972 ff.).
Das Constitutum Constantini, hrsg. v. H. Fuhrmann (1968).
E. Caspar, Das Papsttum unter fränkischer Herrschaft (1956).
Ders., Pippin und die römische Kirche (Nachdruck 1973).
W. Ullmann, Papst und König. Grundlagen des Papsttums in der englischen Verfassung des Mittelalters (1966).
P. Classen, Karl der Große, das Papsttum und Byzanz (1968).
W. Mohr, Fränkische Kirche und Papsttum zwischen Karlmann und Pippin (1966).
W. H. Fritze, Papst und Frankenkönig. Studien zu den päpstlich-fränkischen Rechtsbeziehungen von 754–824 (1973).
W. Delius, Papst Hadrian II. (867–872) und die beiden Hinkmare: Antwort aus der Geschichte. Festschrift W. Drees (1968) 49–65.
H. Grotz, Erbe wider Willen. Hadrian II. (867–872) und seine Zeit (1970).
H. Zimmermann, Das dunkle Jahrhundert (1971).
D. Lohrmann, Das Register Papst Johannes' VII. (1968).
W. Ullmann, Magdeburg, das Konstantinopel des Nordens. Aspekte von Kaiser- und Papstpolitik bei der Gründung des Magdeburger Erzbistums 968: Jahrbuch für die Geschichte Mittel- und Ostdeutschlands 21 (1972) 1–44.
E. Quiter, Untersuchungen zur Entstehungsgeschichte der Kirchenprovinz Magdeburg (1969).
W. Kölmel, Regimen Christianum. Weg und Ergebnisse des Gewaltenverhältnisses und des Gewaltenverständnisses vom 8.–14. Jahrhundert (1970).
P. van der Baar, Die kirchliche Lehre der Translatio Imperii (1956).
W. Goez, Translatio Imperii (1958).
H. M. Klinkenberg, Der römische Primat im 10. Jahrhundert: ZRGkan 72 (1955) 1–57.
P. E. Schramm, Kaiser, Rom und Renovatio ($^2$1957).
T. E. Moehs, Gregorius V., 996–999 (1972).
K. Hallinger, Gorze – Kluny (Nachdruck 1971).
G. Tellenbach, Neue Forschungen über Cluny und die Cluniazenser (1959).
K. J. Hermann, Das Tuskulaner-Papsttum (1973).


Die Machtstellung des Papsttums im Hochmittelalter:

J. Wollasch, Die Wahl des Papstes Nikolaus II.: Adel und Kirche (1968) 205–220.

D. Hägermann, Zur Vorgeschichte des Pontifikates Nikolaus' II.: ZKG 81 (1970) 352–361.

H.-W. Klewitz, Reformpapsttum und Kardinalskolleg (1957).

Y. Congar, Der Platz des Papsttums in der Kirchenfrömmigkeit der Reformer des 11. Jahrhunderts: Sentire ecclesiam (1961) 196–217.

J. Déer, Das Papsttum und die süditalienischen Normannenstaaten (1967).

Ders., Papsttum und Normannen (1972).

H. E. Cowdrey, The Cluniacs and the Gregorian Reform (1970).

H. G. Krause, Das Papstwahldekret von 1059 und seine Rolle im Investiturstreit: Studi Gregoriani VII (1960).

F. Kempf, Pier Damiani und das Papstwahldekret von 1059: AHP 2 (1964) 73–89.

W. Stürner, Der Königsparagraph im Papstwahldekret von 1059: Studi Gregoriani 9 (1972) 37–52.

Ders., „Salvo debito honore et reverentia". Der Krönungsparagraph im Papstwahldekret von 1059: ZRGkan 54 (1968) 1–56.

J. Spörl, Gregor VII. und das Problem der Autorität: Reformata Reformanda I (1965) 59–73.

Ch. Schneider, Prophetisches Sacerdotium und heilsgeschichtliches Regnum im Dialog 1073–77 (1972).

H. Mordek, Proprie auctoritates apostolice sedis. Ein zweiter Dictatus papae Gregors VII.?: DA 28 (1972) 105–132.

L. F. J. Meulenberg, Der Primat der römischen Kirche im Denken und Handeln Gregors VII. (1965).

St. Runciman, Geschichte der Kreuzzüge, 3 Bde. (1957–60).

A. Waas, Geschichte der Kreuzzüge, 2 Bde. (1956).

H. E. Mayer, Geschichte der Kreuzzüge (1965).

J. Fleckenstein, Heinrich IV. und der deutsche Episkopat. Ein Beitrag zur Problematik von Worms, Tribur und Canossa: Adel und Kirche (1968) 232–236.

W. Goez, Zur Erhebung und ersten Absetzung Papst Gregors VII.: RQ 63 (1968) 117–144.

Ders., Papa qui et episcopus. Zum Selbstverständnis des Reformpapsttums im 11. Jahrhundert: AHP 8 (1970) 27–59.

H. Zimmermann, Wurde Gregor VII. 1076 in Worms abgesetzt?: MIÖG 78 (1970) 121–131.

T. Schmid, Zu Hildebrands Eid vor Kaiser Heinrich III.: AHP 11 (1973) 374–386.

Canossa als Wende, hrsg. von H. Kämpf (1963).

Studi Gregoriani, ed. G. Borino 1–9 (1947–72).

P. E. Hübinger, Die letzten Worte Papst Gregors VII. (1973).

A. Becker, Papst Urban II. (1088–89) I (1964).

F. J. Gossman, Pope Urban II and Canon Law (1960).

R. Somerville, The French Councils of Pope Urban II: AHC 2 (1970) 56–65.

Ders., The Councils of Urban II (1972).

Ders., Honorius II, Conrad of Hohenstaufen and Lothar III: AHP 10 (1972) 341–346.

O. Engels, Papst Gelasius II. als Hagiograph: QFIAB 35 (1955) 1–45.

O. Engels, Papsttum, Reconquista und spanisches Landeskonzil im Hochmittelalter: AHC 1 (1969) 37–49, 241–287.

F. J. Schmale, Papsttum und Kurie zwischen Gregor VII. und Innozenz II.: Probleme des 12. Jahrhunderts (1968) 13–32.

F. J. Schmale, Studien zum Schisma des Jahres 1130 (1961).

P. Classen, Zur Geschichte Papst Anastasius' IV.: QFIAB 48 (1968) 36–63.

M. Pacaut, Alexandre III. (1956).

M. W. Balderin, Alexander III and the 12th Century (1968).

W. Heinemeyer, „beneficium – non feudum, sed bonum factum". Der Streit auf dem Reichstag zu Besançon 1157: Archiv für Diplomatik 15 (1969) 155–236.

R. Foreville, Lateran I–IV (1970).

G. Baaken, Die Verhandlungen zwischen Kaiser Heinrich VI. und Papst Coelestin III. in den Jahren 1195–1197: DA 27 (1971) 457–513.

H. Tillmann, Papst Innozenz III. (1954).

F. Kempf, Papsttum und Kaisertum bei Innocenz III. (1954).

K. Schatz, Papsttum und partikularkirchliche Gewalt bei Innocenz III.: AHP 8 (1970) 61–111.

H. Roscher, Papst Innocenz III. und die Kreuzzüge (1969).

M. Maccarone, Vicarius Christi. Storia del titolo papale (1952).

W. de Vries, Innozenz III. (1198–1216) und der christliche Osten: AHP 3 (1965) 87–126.

Die Register Innozenz' III., ed. O. Hageneder – A. Haidacher – A. A. Strnad, I (1964 ff.).

L. Buisson, Exempla und Traditio bei Innozenz III.: Adel und Kirche. Festschrift G. Tellenbach (1968) 458–476.

E. Kennan, Innocent III and the First Political Crusade: A Comment on the Limitations of Papal Power: Traditio 27 (1971) 231–249.

M. Maccarone. Studi su Innocenzo III (1972).

B. Moeller, Papst Innozenz III. und die Welt des Mittelalters: Bleibendes im Wandel der Kirchengeschichte (1973) 151–167.

K.-V. Selge, Franz von Assisi und die römische Kurie: ZThK 67 (1970) 129–161.

J. A. Watt, The Theory of Papal Monarchy in the 13th Century (1965).

E. Weise, Die Amtsgewalt von Papst und Kaiser und die Ostmission, besonders in der ersten Hälfte des 13. Jahrhunderts (1971).

B. Roberg, Die Union zwischen der griechischen und der lateinischen Kirche auf dem 2. Konzil von Lyon (1964).

Ders., Der konziliare Wortlaut des Konklave-Dekrets „Ubi periculum": AHC 2 (1970) 231–262.

O. Engels, Die Staufer (1972).

K. Ganzer, Papsttum und Bistumsbesetzungen in der Zeit Gregors IX. bis Bonifaz' VIII. (1968).

H. Wolter – H. Holstein, Lyon I – Lyon II (1972).

P. Herde, Ein Pamphlet der päpstlichen Kurie gegen Kaiser Friedrich II. von 1245/46: DA 23 (1967) 468–538.
Stupor mundi, hrsg. von G. Wolf (1968).
W. Seegrün, Kirche, Papst und Kaiser nach den Anschauungen Kaiser Friedrichs II.: HZ 207 (1968) 4–41.

## Das Papsttum im Spätmittelalter

M. Bertram, Die Abdankung Papst Cölestins (1294) und die Kanonisten: ZRGkan 87 (1970) 1–101.
A. Xavier, Bonifatio VIII. (1971).
L. Thier, Die Kreuzzugsbemühungen unter Papst Clemens V. (1972).
D. N. Nicol, Byzantine Request for an Ecumenical Council in the 14th Century: AHC 1 (1969) 69–95.
D. P. Waley, The Papal State in the 13th Century (1961).
J. Lecler, Vienne (1965).
M. J. Wilks, The Problem of Sovereignty in the later Middle Ages. The Papal Monarchy with Augustinus Triumphus and the Publicists (1963).
E. Hillenbrand, Kurie und Generalkapitel des Predigerordens unter Johannes XXII. (1316–34): Adel und Kirche (1968) 499–516.
J. E. Weakland, Johann XXII before his Pontificate, 1244–1316: AHP 10 (1972) 161–185.
L. Buisson, Potestas und Caritas. Die päpstliche Gewalt im Spätmittelalter (1958).
A. Maier, Zwei unbekannte Streitschriften gegen Johann XXII. aus dem Kreis der Münchener Minoriten: AHP 5 (1967) 41–78.
Ders., Schriften, Daten und Personen aus dem Visio-Streit unter Johann XXII: AHP 9 (1971) 143–186.
M. Dykmans, Les Sermons de Jean XXII sur la vision béatifique (1973).
A. Schütz, Die Appellationen Ludwigs des Bayern aus dem Jahre 1323/24: MIÖG 80 (1972) 71–112.
A. Erler, Aegidius Albornoz als Gesetzgeber des Kirchenstaates (1970).
H. O. Schwöbel, Der diplomatische Kampf zwischen Ludwig dem Bayern und der Römischen Kurie 1330–46 (1968).
H. Hoberg, Die Einnahmen der Apostolischen Kammer unter Innozenz VI. (Teil II, 1972).
Y. Renouard, La papauté à Avignon ([2]1962).
O. Přerovský, L'elezione di Urbano VI (1960).
M. Seidlmayer, Die Anfänge des Großen Abendländischen Schismas (1940).
A. Esch, Bonifaz IX. und der Kirchenstaat (1969).
A. Maier, Die „Bibliotheca Minor" Benedikts XIII.: AHP 3 (1965) 139–191.
Das Konzil von Konstanz, hrsg. von A. Franzen – W. Müller (1964).
W. Brandmüller, Das Konzil von Pavia – Siena, 2 Bde. (1968–74).
Von Konstanz nach Trient. Festschrift für A. Franzen, hrsg. von R. Bäumer (1972).
P. de Vooght, Les Pouvoirs du concile et l'autorité du pape au concile de Constance (1965).

R. Bäumer, Die Bedeutung des Konstanzer Konzils für die Geschichte der Kirche: AHC 4 (1972) 26–45.

J. Gill, Konstanz – Basel – Florenz (1967).

Ders., The Council of Florence (²1961).

Ders., Eugenius IV (1961).

H. Jedin, Bischöfliches Konzil oder Kirchenparlament? (²1966).

R. Bäumer, Die Stellungnahme Eugens IV. zum Konstanzer Superioritätsdekret: Das Konzil von Konstanz (1964) 337 ff.

Ders., Eugen IV. und der Plan eines Dritten Konzils: Reformata Reformanda I: Festschrift für H. Jedin (1965) 87–128.

H. Raab, Die „Condordata Nationis Germanicae" in der kanonistischen Diskussion des 17. bis 19. Jahrhunderts (1956).

E. Pitz, Supplikensignatur und Briefexpedition an der römischen Kurie im Pontifikat Calixts III. (1972).

H. Diener, Enea Silvio Piccolominis Weg von Basel nach Rom: Adel und Kirche (1968) 516–533.

C. Head, Pope Pius II as a Student of English History: AHP 9 (1971) 187–208.

Enea Silvio Piccolomini, Papa Pio II, ed. D. Maffei (1968).

O. Ferrara, Alexander VI. Borgia (1957).

H. Marc-Bonnet, Les papes de la Renaissance 1447–1527 (1953).

F. Bérence, Les papes de la Renaissance (1966).

R. Bäumer, Nachwirkungen des konziliaren Gedankens in der Theologie und Kanonistik des frühen 16. Jahrhunderts (1971).

O. de la Brosse, Le pape et le concile. La comparaison de leurs pouvoirs à la veille de la réforme (1965).

R. De Maio, Savonarola e la Curia Romana (1969).

## 6. Die Neuzeit

### Allgemeines

L. von Pastor, Geschichte der Päpste, 16 Bde. (Nachdruck 1955).

J. Schmidlin, Papstgeschichte der neuesten Zeit, 4 Bde. (1933–39).

A. Haidacher, Geschichte der Päpste in Bildern (1965).

A. Hudal, Die österreichische Vatikanbotschaft 1806–1918 (1952).

G. Franz-Willing. Die Bayerische Vatikangesandtschaft 1803–1943 (1965).

Die Außenminister der Päpste, hrsg. von V. Sandfuchs (1962).

### Die Päpste im Zeitalter der Reformation und der Katholischen Reform

J. Lortz, Die Reformation in Deutschland, 2 Bde. (1939).

R. Bäumer, Martin Luther und der Papst (²1971).

Lutherprozeß und Lutherbann, hrsg. von R. Bäumer (1972).

P. Berglar, Die kirchliche und politische Bedeutung des Pontifikates Hadrians VI.: AKG 54 (1972) 97–112.

R. E. McNally, Pope Adrian VI and Church Reform: AHP 7 (1969) 253–285.

G. Müller, Die römische Kirche und die Reformation 1523–34 (1969).

Ders., Zur Vorgeschichte des Tridentinums. Karl V. und das Konzil während des Pontifikates Clemens' VII.: ZKG 74 (1963) 83–108.

H. Jedin, Geschichte des Konzils von Trient, bisher 3 Bde. (1951–71).

Ders., Kirche des Glaubens – Kirche der Geschichte, 2 Bde. (1966).

Ders., Die Päpste und das Konzil in der Politik Karls V.: Kirche des Glaubens II (1966) 148–159.

H. Lutz, Papsttum, europäische Staatenwelt und Kirchenpolitik um die Mitte des 16. Jahrhunderts: Jahresbericht der Görres-Gesellschaft 1964 (1965) 13–26.

Ders., Christianitas afflicta. Europa, das Reich und die päpstliche Politik 1552–56 (1964).

E.-W. Zeeden, Das Zeitalter der Gegenreformation (1967).

Acta Reformationis Catholicae, hrsg. von G. Pfeilschifter, bisher 6 Bde. (1959–74).

H. Jedin, Krisis und Abschluß des Trienter Konzils (1964).

Ders., Die Kosten des Konzils von Trient unter Paul III.: Kirche des Glaubens II (1966) 187–201.

Ders., Papst und Konzil. Ihre Beziehungen vor, auf und nach dem Trienter Konzil: Kirche des Glaubens II (1966) 414–428.

Weltkonzil von Trient, hrsg. von G. Schreiber, 2 Bde. (1951).

J. Krasenbrink, Die Congregatio Germanica und die katholische Reform in Deutschland (1972).

W. Reinhard, Papstfinanz und Nepotismus in der Zeit Pauls V. 1605–21 (1974).

J. Semmler, Beiträge zum Aufbau des päpstlichen Staatssekretariats unter Paul V. 1605–1621: RQ 54 (1959) 40–80.

Ders., Das päpstliche Staatssekretariat in den Pontifikaten Pauls V. und Gregors XV. 1605–23 (1969).

D. Albrecht, Die deutsche Politik Gregors XV. (1956).

H. Tüchle – G. Denzler, Die Protokolle der Propagandakongregation 1622–67, 3 Bde. (1962–72).

J. Grisar, Francesco Ingoli über die Aufgaben des kommenden Papstes nach dem Tode Urbans VIII.: AHP 5 (1967) 289–324.

A. Kraus, Das päpstliche Staatssekretariat unter Urban VIII. 1623–44 (1964).

Ders., Die auswärtige Politik Urbans VIII.: Mélanges E. Tisserant IV (1964) 407–426.

L. Hammermayer, Grundlinien und Entwicklung des päpstlichen Staatssekretariats von Paul V. bis Innozenz X. 1605–55: RQ 55 (1960) 157–202.

## Die Päpste vom Westfälischen Frieden bis zu Pius VII.

K. Repgen, Der päpstliche Protest gegen den Westfälischen Frieden und die Friedenspolitik Urbans VIII.: HJ 75 (1956) 94–122.

Ders., Die Römische Kurie und der Westfälische Friede. Idee und Wirklichkeit des Papsttums im 16. und 17. Jahrhundert, 2 Bde. (1962–65).

Ders., Finanzen, Kirchenrecht und Politik unter Urban VIII.: RQ 56 (1961) 62–74.

P. Mikat, Die Römische Kurie und der Westfälische Friede: ZRGkan 85 (1968) 95–135.
H. Jedin, Papst Innozenz IX. – Verteidiger des christlichen Abendlandes: Kirche des Glaubens I (1966) 287–291.
P. Blet, Innocent XI et l'Assemblée du Clergé de France de 1682. La rédaction du Bref „Paternae Charitati": AHP 7 (1969) 329–377.
Ders., Les assemblées du clergé et Louis XIV (1972).
N. Huber, Österreich und der Heilige Stuhl vom Ende des Spanischen Erbfolgekrieges bis zum Tode Clemens' IX. 1714–21 (1967).
L.-P. Raybaud, Papauté et pouvoir temporel sous les pontificats de Clément XII et Bonoît XIV 1730–58 (1963).
F. Hanus, Die preußische Vatikangesandtschaft 1747–1920 (1954).
R. Reinhardt, Zur Kirchenpolitik Benedikts XIV.: RQ 60 (1965) 259–268.
R. Haynes, Philosopher King. The Humanist Pope Benedict XIV (1970).
G. Schwaiger, Die Geltung des Papsttums im 18. Jahrhundert: Wahrheit und Verkündigung II (1967) 1153–69.
E. E. Y. Hales, Revolution and Papacy 1769–1849 (1960).
L. Pásztor, Le „Memorie sul Conclave tenuto in Venezia" di Ercole Consalvi: AHP 3 (1965) 239–308.
E. E. Y. Hales, Napoleon and the Pope. The story of Napoleon and Pius VII (1962).

## Die Päpste des 19. Jahrhunderts

J. Schmidlin, Papstgeschichte der neuesten Zeit, 4 Bde. (1933–1939).
K. O. von Aretin, Papsttum und moderne Welt (1970).
S. Olszamowska-Skowrońska, La correspondence des papes et des empereurs de Russie 1814–78 (1970).
R. Hacker, Die Beziehungen zwischen Bayern und dem Heiligen Stuhl 1825–1848 (1967).
G. Martina, Pio IX e Leopoldo II (1967).
Ders., Pio IX, 1846–1850 (1974).
P. Pirri, Pio IX e Vittorio Emanuele II, dal loro carteggio privato, III: La questione romana (1864–70), 2 Bde. (1961).
R. Aubert, Le pontificat de Pie IX (²1963).
Ders., Vaticanum I (1965).
E. E. Y. Hales, Papst Pius IX. (1957).
G. Müller, Die römisch-katholische Kirche während des Pontifikates Pius' IX.: Zeitschrift für Religions- u. Geistesgeschichte 13 (1961) 219–243.
N. Miko, Das Ende des Kirchenstaates, 4 Bde. (1964–70).
J. Schasching, Die soziale Botschaft der Kirche von Leo XIII. bis Johannes XXIII. (²1963).
J. Glazik, Päpstliche Rundschreiben über die Mission von Leo XIII. bis Johannes XXIII. (1961).
Die päpstliche Autorität im Selbstverständnis des 19. und 20. Jahrhunderts, hrsg. von E. Weinzierl (1970).
Hundert Jahre nach dem Ersten Vatikanum, hrsg. von G. Schwaiger (1971).

F. Engel-Janosi, Die politische Korrespondenz der Päpste mit den österreichischen Kaisern 1804–1918 (1964).

Ders., Österreich und der Vatikan 1846–1918, 2 Bde. (1958–60).

B. Schneider, Der Syllabus Pius' IX. und die deutschen Jesuiten: AHP 6 (1968) 371–392.

G. Maron, Die römisch-katholische Kirche von 1870–1970 (1972).

R. Lill, Vatikanische Akten zur Geschichte des deutschen Kulturkampfes I (1970).

Ch. Weber, Kirchliche Politik zwischen Rom, Berlin und Trier 1876–1888 (1970).

R. Lill, Die Wende im Kulturkampf (1973).

H. Sorgenfrei, Die geistesgeschichtlichen Hintergründe der Sozialenzyklika „Rerum novarum" (1970).

G. P. Fogarty, The Vatican and the americanist Crisis (1974).

## Das Papsttum und die moderne Welt

G. Schwaiger, Geschichte der Päpste im 20. Jahrhundert (1968), dtv 482.

Z. Obertyński, Kardinal Puzyna und sein Veto: Festschrift F. Loidl, III (1971) 177–195.

L. Bedeschi, La curia Romana durante la crisi modernista (1968).

F. Engel-Janosi, Die Pontifikate Pius' X. und Benedikts XV. (1960).

J. Lenzenweger, Neues Licht auf die Papstwahlen von 1914 und 1922: ThPQ 112 (1964) 51–58.

G. Jarlot, Doctrine pontificale et Histoire. L'enseignement social de Léon XIII, Pie X et Benedict XV (1964).

Ders., Pie IX. Doctrine et action sociale (1973).

W. Steglich, Der Friedensappell Papst Benedikts XV. vom 1. August 1917 und die Mittelmächte (1970).

R. Morsey, Zur Vorgeschichte des Reichskonkordates aus den Jahren 1920 und 1921: ZRGkan 75 (1958) 237–267.

Il cardinale Gasparri e la Questione Romana, ed. G. Spadolini (1973).

F. Engel-Janosi, Vom Chaos zur Katastrophe. Vatikanische Gespräche von 1918–1938 (1971).

A. Martini, Il cardinale Faulhaber e l'enciclica „Mit brennender Sorge": AHP 2 (1964) 303–320.

D. Golombek, Die politische Vorgeschichte des Preußenkonkordates 1929 (1970).

L. Volk, Das Reichskonkordat vom 20. Juli 1933 (1972).

A. Kupper, Staatliche Akten über die Reichskonkordatsverhandlungen 1933 (1969).

D. Albrecht, Der Notenwechsel zwischen dem Heiligen Stuhl und der deutschen Reichsregierung I (1965); II (1969).

F. Sandmann, Die Haltung des Vatikans zum Nationalsozialismus im Spiegel des ‚Osservatore Romano' 1929–39 (Diss. Mainz 1965).

B. Schneider, Der Friedensappell Papst Pius' XII. vom 24. August 1939: AHP 6 (1969) 415–424.

Ders., Pius XII. Friede, das Werk der Gerechtigkeit (1968).
J. Becker, Der Vatikan und der II. Weltkrieg: Geschichte in der Gegenwart. Festschrift für K. Kluxen (1972) 301–317.
Pius XII., Der Papst an die Deutschen, hrsg. von B. Wüstenberg – J. Zabkar (1956).
B. Schneider, Die Briefe Pius' XII. an die deutschen Bischöfe 1939–1944 (1966).
D. Tardini, Pius XII. als Oberhirte, Priester und Mensch (²1962).
S. Friedländer, Pius XII. und das Dritte Reich (1965).
A.-F. Utz – J. F. Groner, Aufbau und Entfaltung des gesellschaftlichen Lebens. Soziale Summe Pius' XII., 3 Bde. (Freiburg i. d. Schweiz 1954 ff.).
Heilslehre in der Kirche. Dokumente von Pius IX. bis Pius XII., deutsch von A. Rohrbasser (1953).
R. Leiber, Pius XII.: Stimmen der Zeit 163 (1958–59) 81–109.
C. Falconi, Das Schweigen des Papstes (1966).
J. D'Hospital, Drei Päpste. Pius XII., Johannes XXIII. und Paul VI. (1971).
Le Saint Siège et la guerre en Europe. Actes et documents du Saint Siège relatifs à la seconde guerre mondiale, ed. P. Blet – R. A. Graham – A. Martini et B. Schneider, bisher 7 Bde. (1965–73).
R. Guardini, Papst Pius XII. und die Liturgie: Liturgisches Jahrbuch 6 (1956) 125–138.
S. Mayer, Die Bedeutung Papst Pius' XII. für das Recht: Archiv für Katholisches Kirchenrecht 130 (1961) 436–471.
W. Adolph, Verfälschte Geschichte. Das Verhalten Papst Pius' XII. zur Judenverfolgung (1963).
Johannes XXIII., Geistliches Tagebuch. (1968), Herder-Bücherei 304/305.
Johannes XXIII. – Zeugnis seines Nachfolgers Paul VI. (1965), Herder-Bücherei 217.
L. Elliot, Johannes XXIII. (1974).
L. Capovilla, Johannes XXIII. (³1964).
G. Lercaro, Johannes XXIII. (1967).
D. A. Seeber, Das Zweite Vaticanum. Konzil des Übergangs (1966), Herder-Bücherei 260/261.
Ders., Paul – Papst im Widerstreit (1971).
J. Guitton, Dialog mit Paul VI. (1969), Fischer-Bücherei 966.
Friede als Auftrag. Papst Paul VI. über den Frieden, hrsg. von A. Sustar (1968).
Quellen zur Geschichte des Papsttums II: Die Jahre 1966 und 1967, hrsg. von K. Aland (1972).
N. Del Ré, La curia Romana (³1970).
L'attività della Santa Sede nel 1971 (1972).
R. Raffalt, Wohin steuert der Vatikan? (1973).

Für die Papstgeschichte nach 1946 bietet die „Herder-Korrespondenz" eine informative Berichterstattung.

# Papstliste

| | |
|---|---|
| 1. Petrus | 64/67 (?) |
| 2. Linus | 64/67–79 (?) |
| 3. Anaklet I. | 79–90/92 (?) |
| 4. Clemens I. | 90/92–101 (?) |
| 5. Evaristus | 101–107 (?) |
| 6. Alexander I. | 107–116 (?) |
| 7. Sixtus I. | 116–125 (?) |
| 8. Telesphorus | 125–138 (?) |
| 9. Hyginus | 138–142 (?) |
| 10. Pius I. | 142–154/155 (?) |
| 11. Anicetus | 154/155–166 (?) |
| 12. Soter | 166–174 (?) |
| 13. Eleutherus | 174–189 (?) |
| 14. Victor I. | 189–198/199 (?) |
| 15. Zephyrinus | 199–217 (?) |
| 16. Calixtus I. | 217–222 |
| Hippolyt | 217–235 |
| 17. Urban I. | 222–230 |
| 18. Pontianus | 230–235 |
| 19. Anterus | 235–236 |
| 20. Fabianus | 236–250 |
| 21. Cornelius | 251–253 |
| Novatian | 251–258 (?) |
| 22. Lucius I. | 253–254 |
| 23. Stephanus I. | 254–257 |
| 24. Sixtus (Xystus) II. | 257–258 |
| 25. Dionysius | 260–267/268 |
| 26. Felix I. | 268/269–273/274 |
| 27. Eutychianus | 274/275–282/283 |
| 28. Cajus (Gaius) | 282/283–295/296 |
| 29. Marcellinus | 296–304 |
| 30. Marcellus I. | 307–308/309 (?) |
| 31. Eusebius | 308/309–310 (?) |
| 32. Miltiades (Melchiades) | 310/311–314 |
| 33. Silvester I. | 314–335 |
| 34. Marcus | 336 |
| 35. Julius I. | 337–352 |
| 36. Liberius | 352–366 |
| Felix II. | 355–358 († 365) |
| 37. Damasus I. | 366–384 |
| Ursinus | 366–367 |
| 38. Siricius | 384–399 |
| 39. Anastasius I. | 399–402 |
| 40. Innozenz I. | 402–417 |
| 41. Zosimus | 417–418 |
| 42. Bonifatius I. | 418–422 |
| Eulalius | 418–419 |
| 43. Coelestin I. | 422–432 |
| 44. Sixtus III. | 432–440 |
| 45. Leo I., d. Gr. | 440–461 |
| 46. Hilarus | 461–468 |
| 47. Simplicius | 468–483 |
| 48. Felix II. (III.) | 483–492 |
| 49. Gelasius I. | 492–496 |
| 50. Anastasius II. | 496–498 |
| 51. Symmachus | 498–514 |
| Laurentius | 498–506 |
| 52. Hormisdas | 514–523 |

| | | | | |
|---|---|---|---|---|
| 53. Johannes I. | 523–526 | | 93. Paul I. | 757–767 |
| 54. Felix III. (IV.) | 526–530 | | Constantinus II. | 767–768 |
| 55. Bonifatius II. | 530–532 | | Philipp | 768 |
| Dioskur | 530 | | 94. Stephan III. (IV.) | 768–772 |
| 56. Johannes II. | 533–535 | | 95. Hadrian I. | 772–795 |
| (Mercurius) | | | 96. Leo III. | 795–816 |
| 57. Agapet I. | 535–536 | | 97. Stephan IV. (V.) | 816–817 |
| 58. Silverius | 536–537 | | 98. Paschalis I. | 817–824 |
| 59. Vigilius | 537–555 | | 99. Eugen II. | 824–827 |
| 60. Pelagius I. | 556–561 | | 100. Valentin | 827 |
| 61. Johannes III. | 561–574 | | 101. Gregor IV. | 827–844 |
| 62. Benedikt I. | 575–579 | | Johannes | 844 |
| 63. Pelagius II. | 579–590 | | 102. Sergius II. | 844–847 |
| 64. Gregor I., d. Gr. | 590–604 | | 103. Leo IV. | 847–855 |
| 65. Sabinian | 604–606 | | 104. Benedikt III. | 855–858 |
| 66. Bonifatius III. | 607 | | Anastasius III. | 855 |
| 67. Bonifatius IV. | 608–615 | | 105. Nikolaus I. | 858–867 |
| 68. Deusdedit | 615–618 | | 106. Hadrian II. | 867–872 |
| (Adeodatus I.) | | | 107. Johannes VIII. | 872–882 |
| 69. Bonifatius V. | 619–625 | | 108. Marinus I. | 882–884 |
| 70. Honorius I. | 625–638 | | (Martin II.) | |
| 71. Severinus | 640 | | 109. Hadrian III. | 884–885 |
| 72. Johannes IV. | 640–642 | | 110. Stephan V. (VI.) | 885–891 |
| 73. Theodor I. | 642–649 | | 111. Formosus | 891–896 |
| 74. Martin I. | 649–653 | | 112. Bonifatius VI. | 896 |
| 75. Eugen I. | 654–657 | | 113. Stephan VI. (VII.) | 896–897 |
| 76. Vitalianus | 657–672 | | 114. Romanus | 897 |
| 77. Adeodatus II. | 672–676 | | 115. Theodor II. | 897 |
| 78. Donus | 676–678 | | 116. Johannes IX. | 898–900 |
| 79. Agatho | 678–681 | | 117. Benedikt IV. | 900–903 |
| 80. Leo II. | 682–683 | | 118. Leo V. | 903 |
| 81. Benedikt II. | 684–685 | | 119. Christophorus | 903–904 |
| 82. Johannes V. | 685–686 | | 120. Sergius III. | 904–911 |
| 83. Konon | 686–687 | | 121. Anastasius III. | 911–913 |
| Theodor | 687 | | 122. Lando | 913–914 |
| Paschalis | 687–692 | | 123. Johannes X. | 914–928 |
| 84. Sergius I. | 687–701 | | 124. Leo VI. | 928 |
| 85. Johannes VI. | 701–705 | | 125. Stephan VII. | |
| 86. Johannes VII. | 705–707 | | (VIII.) | 929–931 |
| 87. Sisinnius | 708 | | 126. Johannes XI. | 931–935/936 |
| 88. Constantinus I. | 708–715 | | | |
| 89. Gregor II. | 715–731 | | 127. Leo VII. | 936–939 |
| 90. Gregor III. | 731–741 | | 128. Stephan VIII. | |
| 91. Zacharias | 741–752 | | (IX.) | 939–942 |
| Stephan II. | 752 | | 129. Marinus II. | |
| 92. Stephan II. | | | (Martin III.) | 942–946 |
| (III.) | 752–757 | | 130. Agapet II. | 946–955 |

| | | | |
|---|---|---|---|
| 131. Johannes XII. | 955–963/964 | Coelestin II. | 1124 |
| | | Innozenz II. | 1130–1143 |
| 132. Leo VIII. | 963–965 | 164. Anaklet II. | 1130–1138 |
| 133. Benedikt V. | 964 | Victor IV. | 1138 |
| 134. Johannes XIII. | 965–972 | 165. Coelestin II. | 1143–1144 |
| 135. Benedikt VI. | 972–974 | 166. Lucius II. | 1144–1145 |
| Bonifatius VII. (Franco) | 974 | 167. Eugen III. | 1145–1153 |
| | | 168. Anastasius IV. | 1153–1154 |
| 136. Benedikt VII. | 974–983 | 169. Hadrian IV. | 1154–1159 |
| 137. Johannes XIV. | 983–984 | 170. Alexander III. | 1159–1181 |
| 138. Bonifatius VII. | 984–985 | Victor IV. | 1159–1164 |
| 139. Johannes XV. | 985–996 | Paschalis III. | 1164–1168 |
| 140. Gregor V. | 996–999 | Calixtus III. | 1168–1178 |
| Johannes XVI. | 997–998 | Innozenz III. | 1179–1180 |
| 141. Silvester II. | 999–1003 | 171. Lucius III. | 1181–1185 |
| 142. Johannes XVII. | 1003 | 172. Urban III. | 1185–1187 |
| 143. Johannes XVIII. | 1003/1004–1009 | 173. Gregor VIII. | 1187 |
| | | 174. Clemens III. | 1187–1191 |
| 144. Sergius IV. | 1009–1012 | 175. Coelestin III. | 1191–1198 |
| 145. Benedikt VIII. | 1012–1024 | 176. Innozenz III. | 1198–1216 |
| Gregor VI. | 1012 | 177. Honorius III. | 1216–1227 |
| 146. Johannes XIX. | 1024–1032 | 178. Gregor IX. | 1227–1241 |
| 147. Benedikt IX. | 1032–1045/1055 | 179. Coelestin IV. | 1241 |
| | | 180. Innozenz IV. | 1243–1254 |
| Silvester III. | 1045–1046 | 181. Alexander IV. | 1254–1261 |
| 148. Gregor VI. | 1045–1046 | 182. Urban IV. | 1261–1264 |
| 149. Clemens II. | 1046–1047 | 183. Clemens IV. | 1265–1268 |
| 150. Damasus II. | 1048 | 184. Gregor X. | 1271–1276 |
| 151. Leo IX. | 1049–1054 | 185. Innozenz V. | 1276 |
| 152. Victor II. | 1055–1057 | 186. Hadrian V. | 1276 |
| 153. Stephan IX. (X.) | 1057–1058 | 187. Johannes XXI. | 1276–1277 |
| 154. Benedikt X. | 1058–1059 | 188. Nikolaus III. | 1277–1280 |
| 155. Nikolaus II. | 1058–1061 | 189. Martin IV. | 1281–1285 |
| 156. Alexander II. | 1061–1073 | 190. Honorius IV. | 1285–1287 |
| Honorius II. | 1061–1072 | 191. Nikolaus IV. | 1288–1292 |
| 157. Gregor VII. | 1073–1085 | 192. Coelestin V. | 1294 |
| Clemens III. | 1080–1100 | 193. Bonifaz VIII. | 1294–1303 |
| 158. Victor III. | 1086–1087 | 194. Benedikt XI. | 1303–1304 |
| 159. Urban II. | 1088–1099 | 195. Clemens V. | 1305–1314 |
| 160. Paschalis II. | 1099–1118 | 196. Johannes XXII. | 1316–1334 |
| Theoderich | 1100–1102 | Nikolaus V. | 1328–1330 |
| Albert | 1102 | 197. Benedikt XII. | 1334–1342 |
| Silvester IV. | 1105–1111 | 198. Clemens VI. | 1342–1352 |
| 161. Gelasius II. | 1118–1119 | 199. Innozenz VI. | 1352–1362 |
| Gregor VIII. | 1118–1121 | 200. Urban V. | 1362–1370 |
| 162. Calixtus II. | 1119–1124 | 201. Gregor XI. | 1370–1378 |
| 163. Honorius II. | 1124–1130 | 202. Urban VI. | 1378–1389 |

|     |                  |            |
| --- | ---------------- | ---------- |
|     | Clemens VII.     | 1378–1394  |
| 203.| Bonifaz IX.      | 1389–1404  |
|     | Benedikt XIII.   | 1394–1417  |
|     |                  | († 1423)   |
| 204.| Innozenz VII.    | 1404–1406  |
| 205.| Gregor XII.      | 1406–1415  |
| 206.| Alexander V.     | 1409–1410  |
| 207.| Johannes XXIII.  | 1410–1415  |
| 208.| Martin V.        | 1417–1431  |
|     | Clemens VIII.    | 1423–1429  |
| 209.| Eugen IV.        | 1431–1447  |
|     | Felix V.         | 1439–1449  |
| 210.| Nikolaus V.      | 1447–1455  |
| 211.| Calixtus III.    | 1455–1458  |
| 212.| Pius II.         | 1458–1464  |
| 213.| Paul II.         | 1464–1471  |
| 214.| Sixtus IV.       | 1471–1484  |
| 215.| Innozenz VIII.   | 1484–1492  |
| 216.| Alexander VI.    | 1492–1503  |
| 217.| Pius III.        | 1503       |
| 218.| Julius II.       | 1503–1513  |
| 219.| Leo X.           | 1513–1521  |
| 220.| Hadrian VI.      | 1522–1523  |
| 221.| Clemens VII.     | 1523–1534  |
| 222.| Paul III.        | 1534–1549  |
| 223.| Julius III.      | 1550–1555  |
| 224.| Marcellus II.    | 1555       |
| 225.| Paul IV.         | 1555–1559  |
| 226.| Pius IV.         | 1559–1565  |
| 227.| Pius V.          | 1566–1572  |
| 228.| Gregor XIII.     | 1572–1585  |
| 229.| Sixtus V.        | 1585–1590  |
| 230.| Urban VII.       | 1590       |
| 231.| Gregor XIV.      | 1590–1591  |
| 232.| Innozenz IX.     | 1591       |
| 233.| Clemens VIII.    | 1592–1605  |
| 234.| Leo XI.          | 1605       |
| 235.| Paul V.          | 1605–1621  |
| 236.| Gregor XV.       | 1621–1623  |
| 237.| Urban VIII.      | 1623–1644  |
| 238.| Innozenz X.      | 1644–1655  |
| 239.| Alexander VII.   | 1655–1667  |
| 240.| Clemens IX.      | 1667–1669  |
| 241.| Clemens X.       | 1670–1676  |
| 242.| Innozenz XI.     | 1676–1689  |
| 243.| Alexander VIII.  | 1689–1691  |
| 244.| Innozenz XII.    | 1691–1700  |
| 245.| Clemens XI.      | 1700–1721  |
| 246.| Innozenz XIII.   | 1721–1724  |
| 247.| Benedikt XIII.   | 1724–1730  |
| 248.| Clemens XII.     | 1730–1740  |
| 249.| Benedikt XIV.    | 1740–1758  |
| 250.| Clemens XIII.    | 1758–1769  |
| 251.| Clemens XIV.     | 1769–1774  |
| 252.| Pius VI.         | 1775–1799  |
| 253.| Pius VII.        | 1800–1823  |
| 254.| Leo XII.         | 1823–1829  |
| 255.| Pius VIII.       | 1829–1830  |
| 256.| Gregor XVI.      | 1831–1846  |
| 257.| Pius IX.         | 1846–1878  |
| 258.| Leo XIII.        | 1878–1903  |
| 259.| Pius X.          | 1903–1914  |
| 260.| Benedikt XV.     | 1914–1922  |
| 261.| Pius XI.         | 1922–1939  |
| 262.| Pius XII.        | 1939–1958  |
| 263.| Johannes XXIII.  | 1958–1963  |
| 264.| Paul VI.         | seit 1963  |